西安交通大学
XI'AN JIAOTONG UNIVERSITY

研究生"十四五"规划精品系列教材

高级管理学

杨建君 等 编著

西安交通大学出版社
XI'AN JIAOTONG UNIVERSITY PRESS

内容简介

本书的目的是希望能为读者提供一本理论视野开阔、信息量大、系统性强的高级管理学读物。通过阅读该书,进一步夯实读者的管理理论基础,使读者掌握精深的专业知识,为培养读者发现管理问题、分析管理问题以及解决管理问题奠定基础和提供指导。

本书分为六大篇,即基础篇、继承篇、框架篇、治理篇、创新篇、发展篇,共十七章。本书是按照管理主体、管理客体、管理组织、管理机制、管理情境、管理绩效这个线索进行编写的。其特点是:突破传统管理学教材的框架结构,建立新的体系;注重知识的系统性,体现能力的培养;追踪学科前沿,形式比较独特。

本书的适用对象主要是学术型硕士/博士研究生。本书主要作为学术型研究生教学和科研的参考用书,也可以为非管理专业的学生跨专业报考管理学科硕士/博士提供参考,还可以为其他管理学研究者和实践者提供参考。

图书在版编目(CIP)数据

高级管理学 / 杨建君等编著. — 西安 : 西安交通大学
出版社,2021.9(2023.10 重印)
ISBN 978 - 7 - 5693 - 2278 - 1

Ⅰ.①高… Ⅱ.①杨… Ⅲ.①管理学 Ⅳ.①C93

中国版本图书馆 CIP 数据核字(2021)第 183746 号

书　　名	高级管理学	
	GAOJI GUANLIXUE	
编　　著	杨建君 等	
责任编辑	王建洪	
责任校对	史菲菲	
装帧设计	伍　胜	

出版发行　西安交通大学出版社
　　　　　(西安市兴庆南路 1 号　邮政编码 710048)
网　　址　http://www.xjtupress.com
电　　话　(029)82668357　82667874(市场营销中心)
　　　　　(029)82668315(总编办)
传　　真　(029)82668280
印　　刷　西安日报社印务中心

开　　本　787mm×1092mm　1/16　　印张 29.5　　字数 739 千字
版次印次　2021 年 9 月第 1 版　2023 年 10 月第 3 次印刷
书　　号　ISBN 978 - 7 - 5693 - 2278 - 1
定　　价　79.80 元

如发现印装质量问题,请与本社市场营销中心联系。
订购热线:(029)82665248　(029)82667874
投稿热线:(029)82668133　(029)82665379
读者信箱:xj_rwjg@126.com

前言

一

"高级管理学"，英文名"advanced management studies"，是西安交通大学管理学院长期以来面向管理学科硕士生开设的一门必修的基础课。自 2021 年春季以来，"高级管理学"又列入社会统考博士生的选修课程，同时也是同等学力硕士生、同等学力博士生的必修课程。

"高级管理学"课程的定位是从科学研究的角度探讨一些管理学比较基础性、原生性的问题，如人的行为究竟是如何产生的，是理性的还是非理性的，管理学的科学性和非科学性等，还包括对一些主要的管理理论进行梳理和评论，解释和提出一些管理理论以及实践有价值的科学现象和科学问题。

该课程不同于针对本科生或者一般管理培训开设的普通管理学或管理原理课程。该课程主要服务于研究生教学、科研之目的，所以它是在普通管理学、经济学、组织行为学等基础上，从研究科学问题的视角，帮助硕士/博士研究生探索管理科学有争议的深层次的科学问题，了解和掌握管理学最新理论和研究进展，培养学生将实际问题抽象转化为有经济学和管理学相关理论为依托的科学问题的能力，进而深入分析问题和解决问题。

然而，长期以来，该课程一直没有一本与之配套、正式出版的教材。授课教师要么选用相近的书籍或者专著作为参考书，要么自己编写讲义，以满足教学的要求。虽然研究生教学或者说大学本科教学是以教师的课堂讲解为主的教学方式，教材和参考书终究是参考，但作为一门比较成熟且开设了十几年的专业基础课，在研究生教学过程中始终没有一本正式出版的配套教材，总觉得是一种缺憾，尤其是没有一本我们交大教授自己编著的《高级管理学》，实在是说不过去。

本人于 2016 年初开始接手这门课。上了两轮后，自己就萌生了编写一部适合研究生教学用的配套教材的想法。适逢 2016 年底，西安交通大学研究生院设立教改计划，本人就申请了教材建设类的项目，并获批立项。该项目是从 2017 年初开始，实施期限为两年。

项目获批后，本人立即组织人马，构建了一个以研究生为主、有导师参与的十几人的编写团队。根据我们事先申请项目时经专家组论证过的《高级管理学》编写大纲，团队成员进行了适当的分工，然后就开始了"写作—汇报—讨论—写作"的编写模式。经过一年多的努力，初稿终于完成，总字数约 54 万字，到 2018 年底顺利通过了学校研究生院的项目验收考核。

本来，我们按原计划定于 2020 年初正式出版该教材，但由于种种原因推迟了。2020 年 8 月，学校又启动了西安交通大学研究生"十四五"规划精品系列教材项目计划，我们又得到了该计划的资助，并且与西安交通大学出版社签订了正式出版合同，才使该书的出版走上了正轨。2020 年 11 月，我们又在原稿基础上，组织了以我带的博士研究生为主的团队，重新进行教材的校正、修改、完善工作，特别是补充编写了管理学近年来最新的研究进展，包括网络化数字化智能化时代管理研究的一些热门话题、最新研究内容以及"十四五"研究展望等。我们又花费了近一年的时间，前后共修改、完善了五稿，今天终于"千呼万唤始出来"。

二

本教材的指导思想是：在"双一流"和"新商科"学科建设的大背景下，以培养具有国际视野和本土情怀的高级管理人才为指导，教材编写注重基础性与原生性相结合，研究与应用相结合；为学生提供一本理论视野开阔、信息量大、系统性强的教材；通过课程教学和教材的使用，进一步夯实学生的管理理论基础，使学生掌握精深的专业知识，为培养研究生发现问题、分析问题以及解决问题的能力奠定基础和提供指导。

本教材的适用对象主要为学术型硕士/博士研究生。本教材主要作为学术型研究生教学和科研的参考用书，也可以为非管理专业的学生跨专业报考管理学科硕士/博士提供参考，还可以为其他管理学研究者和实践者提供参考。

本教材的特色有：

（1）突破传统管理学教材的框架结构，建立新的体系。传统的管理学教材大多数沿用程序学派的结构与体系，基本上是沿着管理的四大职能，即计划、组织、领导、控制这个主线展开的。本教材是按照管理主体、管理客体、管理组织、管理机制、管理情境、管理绩效这个思路展开的，在内容上力图突破现有的管理学内容范围，重新确立新的框架。全书共分为六大篇、十七章，这种体系构建在国内外相关教材中很少见到。同时，我们还特别增加了经典管理学理论的评述，以便读者查阅。

（2）注重知识的系统性，体现能力的培养。本教材包括六大篇内容，即基础篇、继承篇、框架篇、治理篇、创新篇、发展篇等。这六大部分是一个有机的整体，充分体现了该教材的系统性。另外，本教材特别体现了对学生科研能力的培养，有助于研究生深入了解和掌握管理学最新理论研究进展，培养学生将实际问题抽象转化为有经济学和管理学相关理论支持的研究问题的能力。

（3）追踪学科前沿，形式比较独特。本教材除了介绍管理学基础知识之外，力争反映工商管理、管理科学与工程的一些最新研究问题、国内外研究热点等，特别是网络化数字化智能化时代管理科学面临的挑战和变革，力图追踪学科前沿。

本教材每章的形式也比较独特，包括本章导读、正文、本章案例阅读、本章要点小结、思考和讨论题、本章参考文献等。尤其是每一章后面附了2～3个阅读案例，供读者理论联系实际，进行思考和参考。

三

根据教材编写的需要，我们组织了一个比较庞大的团队，前后有苏中锋教授、弋亚群教授、周密教授、葛京副教授、魏泽龙教授、王磊讲师等参与指导，有刘力萌等二十多名研究生参与编写工作。教材具体编写分工如下：第一章，管理学研究基础问题（杨建君、刘力萌）；第二章，管理科学研究范式与方法（杨建君、李姝瑜、许婷）；第三章，管理理论演变（杨建君、苏中锋、翟玲玲）；第四章，管理主体（弋亚群、刘怡、陈玉、李姝瑜）；第五章，管理客体（弋亚群、郭文钰、姬璟）；第六章，管理组织（周密、刘康馨、颜雪）；第七章，管理机制（周密、刘康馨、王瑞娟）；第八章，管理情境（葛京、蔡益书、谷磊）；第九章，管理绩效（葛京、谷磊、游海）；第十章，现代企业制度（王磊、吴霞、吴杰）；第十一章，公司治理理论（王磊、刘子凡、吴杰）；第十二章，公司治理运作（杨建君、刘瑞佳、古力）；第十三章，网络组织治理（杨建君、刘瑞佳）；第十四章，创新管理基础（魏泽龙、谢排科、王舒阳、邓程）；第十五章，创新管理视角（魏泽龙、邓程、宋茜、张琳倩）；第十六章，创新前沿（苏中锋、陈婕、王佳奇、李姝瑜）；第十七章，经典管理理论与评述（杨建君、吕冲冲、张峰）。研究生当中有的已经毕业,有的依然在读,在这里,谨向这些老师和同学们表示深深的谢意。没有他们的付出,就不会有本书的出版。全书由杨建君教授统稿定稿。

另外,还要特别感谢西安交通大学出版社的大力支持和帮助,特别是出版社的王建洪编辑主动与我协调,做了大量的编辑校对工作,在此表示特别的谢意。

通过编写此书稿,我们深深体会到,完成一本高质量的教材,其难度不亚于写一本专著。编写教材既要梳理和介绍本专业已有的知识内容,又要介绍最新的研究热点和研究进展。同时,编写一本"有特色"的教材本身就有挑战性。另外,将几十个人的写作班子统一在一个主题、一个风格下实属不易。特别是在介绍经典知识、介绍别人的研究、引用别人的研究,以及介绍我们自己的研究成果时,各章在准确把握以及适度介绍和引用上,难免参差不齐、多寡不等。总之,由于学术水平所限,书中可能还存在一些问题,恳请读者阅读时批评指正,以便我们再版时修正完善。

杨建君

2021 年 9 月于交大

目录

第四篇　治理篇

第六篇　发展篇

第一篇

基础篇

第一章
管理学研究基础问题

本章导读

迄今为止，人们对管理学相关问题的研究一直充满争议，众说纷纭，就连管理的定义也没有达成一致的认识。本章将集中讨论关于管理、管理学、管理理论构建以及管理学研究框架等基础性的问题，具体包括：管理涉及其含义、管理职能、管理特点、人类管理行为难题等；管理学涉及管理学范围界定、管理学地位、管理学学科属性等；管理理论构建涉及管理理论的构建基础和路径、与其他学科理论构建的区别等；管理学研究框架涉及管理学研究的架构、研究内容等。

第一节 关于管理

一、管理的含义

在人们的日常生活中，管理活动无时不有，无处不在。人类的政治、经济、社会、文化等活动等都离不开管理。然而，令人遗憾的是，人们对管理的理解五花八门，众说纷纭，还没有达成共识。那么，什么是管理？对此，中外学者们都有着各自的观点和定义。

西方学者对于管理的认识起步比较早，很多西方著名学者都给出了管理的含义。美国学者 R.M.霍德盖茨在《美国企业经营管理概论》一书中认为，管理就是通过其他人来完成的工作。美国管理学家丹尼尔·A.雷恩认为，可把管理看成是这样的一种活动，即它发挥某些职能，以便有效地获取、分配和利用人的努力和物质资源，来实现某个目标。美国著名管理学家，1978年诺贝尔经济学奖获得者赫伯特·A.西蒙认为管理就是决策，管理贯穿于管理的全过程。"科学管理之父"泰勒提出管理就是要确切地知道让别人干什么，并注意使他们用最好最经济的方法去干，管理的主要目的应该是使雇主实现最大限度的富裕，使每个雇员实现最大限度的富裕。法国著名管理学者亨利·法约尔将管理定义为计划、组织、指挥、协调和控制，是一种分配于领导人与整个组织成员之间的职能。美国学者哈罗德·孔茨认为管理就是设计和保持一种良好的环境，使人在群体里高效率地完成既定目标的过程。现代著名管理学家德鲁克提出，归根到底管理是一种实践，其本质不在于知而在于行；其验证不在于逻辑，而在于成果，其唯一的权威就是成就。

我国古代将管理一词解剖为："管"即管辖、管束、管制，是属于"硬"的制度，而"理"即治理、处理、料理，是属于"软"的文化。我国研究学者也提出了对管理的不同见解。周三多、陈传明等提出管理是社会组织中，为了实现预期的目标，以人为中心进行的协调活动。杨文士和张雁将管理定义为：管理是指一定组织中的管理者,通过实施计划、组织、人员配备、指导与领导、控制等职能来协调他人活动,使别人同自己一起实现既定目标的过程。

上述定义从不同的角度揭示了管理的含义,综合国内外学者提出的管理思想与理念,我们对管理给出一个尝试性的定义:管理是指管理者在其存在的环境中,依赖其掌握的资源,运用其拥有的能力,通过一定的制度(方法),对管理对象进行集成和配置,达到预期目的的一种活动(过程)。对此定义的理解如下：

(1)管理是任何组织必须具有的活动。组织只有通过管理行为才能实现预期目标。正如德鲁克所言,管理就是一种实践活动。这些活动包括计划、组织、领导、控制等,它们是实现组织目标的手段,同时构成管理的基本职能。

(2)管理的对象是组织的各种资源。资源包括人、财、物、时间、空间、信息、无形资产等。当今是数字经济时代,数据也成为重要的资源和生产要素。其中最重要的资源是人力资源,是认识所有主体的核心,强调认识管理的核心因素是人。人既是管理者又是被管理的对象。组织中所有的资源和活动都是围绕人而展开的,比如提升人的福祉等。

(3)管理的有效性在于充分利用各种资源,发挥各种资源的有效性。管理者的最终责任是以有效益和高效率的方式协调、使用组织资源,最终实现组织目标和目的。效益是组织实现其既定目标的程度,强调确定正确的组织目标;效率是组织的投入产出比,强调选择合适的行动方法和途径,以比较节约的方法来实现组织的预定目标。

(4)管理的过程是计划、组织、领导、控制等职能的有机配合和系统执行。管理的各个职能既要相对独立、各有分工,更应有机配合、互相协作和系统执行,只有这样才有可能达成组织既定的目标。

(5)对管理的理解可以分为三个层次:第一层总体为理念层,包括思想、观念、意识等;第二层总体为方法层,包括技术、手段、工具等;第三层总体为行动层,包括行为、活动、实践等。其中,理念强调新颖性,方法强调可操作性,行动强调结果。

二、管理的职能

在各种不同的管理工作中,管理者常常会在管理活动中采取一些相似性的程序或具有共性内容的管理行为,这其实就是管理的职能的体现。管理的职能也就是管理的职责和功能。管理的职能是由法国著名管理学者亨利·法约尔首次提出的,他认为所有管理者都行使着计划、组织、指挥、协调和控制这五种管理职能。之后哈罗德·孔茨等纷纷对管理的职能进行了进一步的探讨和补充,将管理职能发展成为现代管理理论分析管理工作的主导方法和工具。管理职能把管理的过程划分成几个部分,从理论上来讲,更有助于描述管理活动的整个过程;在实践中也更有利于管理人员从事管理工作,实现管理活动的专业化和职业化。

从目前的发展来看,综合当今主流观点,管理学界普遍认可的管理职能包括计划职能、组织职能、领导职能、控制职能,除此以外,部分学者认为创新职能也应该纳入管理职能的范畴。下面从这五个方面对管理的职能进行简要的分析。

(一)计划职能

组织的存在是为了实现特定的目标,因此需要明确组织要实现的目标,并制订实现目标的具体方案,这就是管理的计划职能。计划是确立组织的目标,并设计达成目标所需要的行动的过程、步骤和方法。这是管理的基础,也是管理的首要职能。有效的计划不仅能为组织指明发展的方向和目标,统一组织的思想,同时也为组织制订行动步骤提供了衡量的基点、控制的依据和考核的标准。

首先,要明确管理活动的条件,包括组织内部的能力和对外部环境的研究,即组织内部所具有的资源条件和能力状况,对资源的利用状况和对能力的发挥状况,组织的社会责任等,以及组织所处外部环境所面临的机遇和挑战。在确定了活动条件的基础上,就能够确认哪些发展目标是有能力实现的,哪些业务是有发展前景的,哪些事情是具备条件的,从而确定组织活动方向和目标,并落实到进一步的实施计划中。

其次,要编制行动计划,即在确定了组织未来的活动方向和目标后,要详细分析实现相应目标所需要采取的具体行动,明确采取相应的行动对各个部门、各个岗位甚至具体到每一个人都有何具体的要求。同时要保证完成行动计划所需要的资源能够与任务相匹配,任务与职责相匹配。

在计划实施之后,要注重计划落实情况的反馈,从而使计划更加完善。

（二）组织职能

组织是确保具体的计划方案落实到行动的过程,即安排什么人完成什么样的工作,使工作能够高效地完成。管理的组织职能是管理活动的根本职能,是其他一切管理活动顺利进行的保证,即建立组织结构,协调组织氛围,通过建立组织内部的权责利关系进而实现组织目标的工作过程。组织职能具体包括根据行动需求和组织目标设立岗位或职位,并进行人员配备,让适当的员工在适当的岗位从事相应的工作,两者相匹配,然后形成部门;明确不同部门的职责和任务以及各个部门在实现目标过程中的相互关系,划分管理层次,由此构建起组织架构,更进一步的工作还有岗位设置、岗位职责、岗位工作流程以及工作标准等。组织职能的目的是为了建立一个有助于发挥组织成员潜力的良好的合作工作环境,从而更好地实现组织目标。

（三）领导职能

领导职能是组织对每个成员或群体的行为进行引导和施加影响的活动过程。领导过程包括领导者运用职权、威信、监督、沟通、指导、激励等多种手段实现组织目标。领导职能是最富有艺术性的一项管理职能,领导者利用组织赋予的法定职权、组织传统的职权和个人魅力型职权施展影响,促进组织成员为实现组织目标而自愿奉献。这首先要求领导者对组织成员的特点非常熟悉,同时了解其需求,对成员进行激励,影响组织中的人或团队,确保组织内统一意志、统一行动,心往一处想,劲往一处使,并指导和指挥他们的工作。

另外,领导职能也要求领导者采取有效的沟通渠道,协调和解决组织中的冲突,使组织中成员能够全心全意、士气高昂地为实现组织目标而努力奋斗。

（四）控制职能

控制职能是指为了确保组织目标以及为此拟定的活动计划能够实现,而对组织内部的管理活动进行监控,对计划的实际执行效果进行衡量,并对执行过程中出现的偏差及时纠正的过程。控制一般包括事先控制、事中控制和事后控制。控制的最大难点在于如何掌握真实准确的被控制对象的有关信息和控制标准的确立。此外,控制职能还包括根据组织所处的内外环境的变化,对活动计划进行及时调整,尤其是当活动计划与企业现实状况相冲突时,控制职能要及时发挥作用,迅速调整既定计划,应对组织环境的变化,保证组织的稳定发展。组织目标、活动计划及控制标准是在具体的环境下执行的,一旦环境发生重大变化,既定目标难以实现,既定计划也难以执行,此时管理者就要做出相应的改变和调整。

(五)创新职能

随着社会环境和市场环境急剧变化,尤其是技术的变化越来越快,竞争日益激烈,很多组织来不及应变,纷纷被淘汰,因此有学者提出创新是组织赖以生存发展的关键,应将创新职能作为一项新的管理职能列入管理活动中。创新是以不同于现有的思维模式的方式或有别于常规的思想,对组织的工作方案、产品、服务和业务流程等进行革新创造,以顺应环境变化或获得更有益于组织发展的效果。也有人认为,创新不应该作为一项独立职能,创新职能其实贯穿于计划、组织、领导、控制职能中。当然,人们对创新的理解也不尽相同,比如营利性组织与非营利性组织对创新的把握就不一样。这也是有些人不同意将创新职能列入管理职能的理由。在21世纪,随着经济全球化,消费个性化、差异化需求的增加,以及竞争环境的复杂变化,更加要求组织不断创新,否则就会面临被淘汰的危险。总之,富有创新能力的组织能够不断地将创造性思想通过创新性行为转换为某种有价值的成果,从而获得更强的竞争力和更稳定的市场地位。

管理的这五项职能构成了组织实现目标的过程。一般而言,在现实的管理活动中,各种职能之间并没有明确清晰的界限,并且几种职能经常打乱顺序,相互融合、穿插在管理活动中。计划职能、组织职能、领导职能、控制职能这四项职能都有各自的表现形式,而创新职能是通过这四项职能来展示自己存在的,即体现为计划创新、组织创新、领导创新和控制创新。管理五大职能的运作是由管理实践活动中的具体要求决定的,要根据实际情况灵活运用各种职能,不能机械性的理解。

有关管理职能研究中一些有争议的话题,迄今为止也没有令人信服的答案,比如计划的稳定性和变化性,有人甚至怀疑由于未来的不确定性,人类能否制订明确的计划;组织结构如何适应网络化数字化智能化时代的变化,科层制组织结构能不能满足组织发展的要求,与互联网时代相匹配的组织结构又是怎样的;领导的本质到底是什么;领导者和管理者的联系和区别会朝着怎样的方向发展;控制的度如何把握;等等。

关于计划、组织、领导、控制、创新五大职能的关系见图1-1。

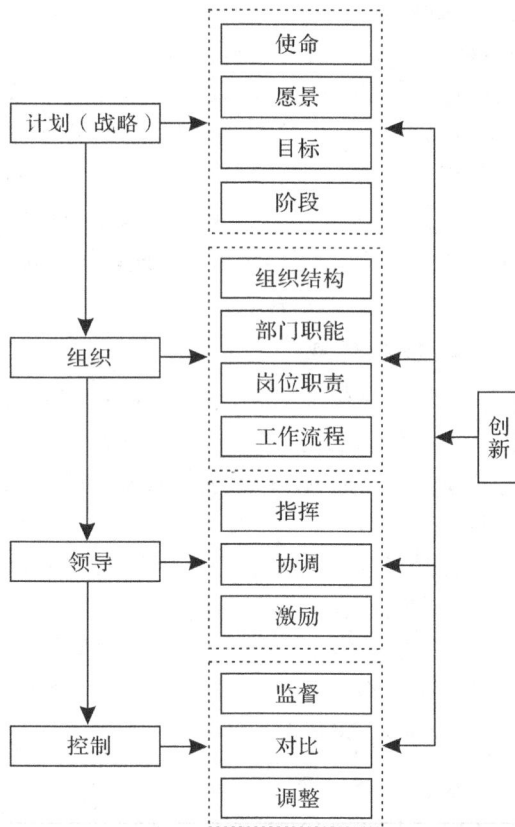

图1-1 管理职能关系图

三、管理的科学性与艺术性的统一

科学最早的意思就是知识。科学是被普遍认同的关于自然、社会和思维等的客观知识体系。科学能够被实践所检验，同时能够解释实践和指导实践。而管理本身就蕴含着普适性，并且管理需要建立在科学基础之上，依靠科学作为理论指导，重事实、遵循规律、符合逻辑。因此，管理具有科学性的特点。管理的科学性来自管理要素的客观性以及人的智力结构的能动性，即依靠人的智力和理性能力去发现和利用管理任务、管理对象及管理主体本身的客观性和固有的规律性或普适性。人类社会生产的发展是有规律的，管理作为进行社会生产的必备条件是与社会生产的规律性联系在一起的。例如，泰勒的科学管理将科学和技术进步应用于工程中，在提高管理水平的同时也促进了生产效率的提高。通过管理实践活动的进行，管理的理论不断完善更新，形成成熟的管理知识体系，可运用于指导日后的管理实践活动。由此可知，管理的内容本身应该能够形成科学的管理普适性，形成一套科学的知识体系。

管理的艺术性是指面对复杂多变的现实社会和组织管理问题，管理没有固定不变的模式可以遵循。管理要考虑环境和具体情境因素，需要随机制宜，随环境和情景的变化而变化。管理活动所处的环境和要处理的诸多问题常常又是很难有规律可循的，管理现象背后几乎不存在恒定不变的规律，因此，不存在一成不变的管理模式和方法，需要随着环境的变化而采取相应的灵活的方案措施来应对。同时，管理是以人为主体，与管理者的素质密切相关，管理活动需要凭借人的直觉经验和洞察力。在很多情况下，这种直觉经验和洞察力是难以用语言来形容和具体描述的，对直觉、洞察力的运用是灵活而富有创造性的。换句话说，管理问题的处理是离不开直觉和洞察力的。在实践中，要求管理者具备随机制宜的管理能力，因地、因时并根据管理对象的不同，结合现实情况的变化，运用掌握的管理知识和积累的实践经验，以及管理者自身具备的远见、个人魅力和胆识，有效解决具体多变的管理问题。

管理的科学性和艺术性是相互统一的，也可称为理性与直觉的统一。二者不是绝对对立的，而是相辅相成，相互促进和补充的，是一个对立统一体。管理的艺术性必须建立在科学性的基础上，根据科学理论的指导，合理发挥，如果缺少科学性，那么管理就会变为仅凭经验和直觉的盲目行为。同样，管理的科学理论源自实践，是管理实践的提炼和升华。从实践中提炼出的理论有很高的规范性和原则性，而具体的管理活动是在具体情境下展开的，如果缺少了艺术性，管理就会成为僵化的教条主义。兵法云："置之死地而后生。"项羽用之"破釜沉舟"取得了胜利，而马谡教条用之则"失街亭"。兵法上讲这一条原理时，并没有告知具体的应用情况，更没有说明具体的应用条件，这就需要管理者根据实际情况作出判断。一个合格的管理者，既要懂管理的科学理论和方法，又要注重实践中的管理应变，具有高超的管理艺术。

四、人类管理行为难题

管理活动是以人为主体开展的，但人是具有多种复杂特征和属性的主体，人的行为也很难预测，同时管理活动所处的环境也是变化多端的，这就使得在管理行为中存在着多种难题。

（一）不连贯性

人的行为很容易受到周围许多细小的不确定因素的影响，从而使其偏离原有的特定的情形，并且行为的偏离幅度有时会很大，甚至表现出与原定行为完全相反的行为。这就是人的行为的不连贯性。管理的成败往往在很大程度上不是完全取决于主流、大多数，而是受制于少数特殊的、不受重视的细节因素的影响。主要侧重点在于环境中细微的、不确定的、时有时无的一些因素对行为产生冲击，使得行为不确定地偏离其主流轨道。人的行为的不连贯性给管理活动的实际操作造成了较大的困难，往往这种情形下既定的活动方案也难以落实。

（二）环境依赖性

人是环境的产物，对环境有着依赖性。人的行为往往会随着环境的变化而变化。环境变化对人的影响作用不可忽视，甚至在环境的影响下会"创造"出具有特定性格、属性特征的人，使其偏离原有轨道，改变人的主流特色。与不连贯性不同的是，环境依赖性主要强调环境中一些比较重要的、确定的、持续不变的因素对行为潜移默化的作用。不同的组织环境，不同的规章制度，甚至不同的文化氛围下，人都会有不同的反应和行为特点。

管理环境中，文化环境的作用尤其重要。在管理活动中，组织的氛围、组织的文化环境等都对组织成员有着重要的影响。组织在长期的实践活动中会形成被组织成员普遍认可和遵循的具有本组织特色的价值观念、行为准则、道德规范及习惯等的组织文化。这样的文化氛围与环境具有引导员工和组织演进方向、调动员工积极性、增强组织凝聚力、规范员工行为的作用。

（三）动机的隐蔽性

人的行为取决于动机，动机又来源于需求。可是，人的真实动机具有不可知性、难知性，即观察者通过被观察者的行为而推知其动机与被观察者的真实动机的差异性。这种特点来源于往往能够从外在看到的都是人的行为，而人的行为有时与其内在的真实动机是不一致的。在观察者的眼中，被观察者的行为与其真实动机有时是相互脱节的。人们在某一时刻某一空间的行为是一定的，但人们在那一时刻和空间的动机是多样的，人们很难观察到行为与动机的一一对应性。另外，人们之所以使其行为对真实动机具有隐蔽性，是为了维护自身的利益。动机的隐蔽性导致管理者很难准确把握被管理者内心的想法和需求，很难一眼就看清各自的想法和打算，很难判断其真实需求，因此难以使管理措施有的放矢、对症下药，难以采取措施提高被管理者为组织奉献的主动性。人的动机的隐蔽性需要管理者通过管理机制的设计，文化的改善，巧妙的管理方法，利用人们对环境的依赖性，使人们尽可能多地释放私有信息和真实信息，采取沟通等其他有效方式了解被管理者的需求，提高认识真实动机的能力。

（四）应变性

人具有与生俱来的随机应变性，当环境发生变化时，人会采取一定的对策来应对，即人对环境的能动的改造作用，强调人对环境的能动的变更性。根据弗洛伊德的理论，人的应变性是"自我"的重要变现。行为科学中认为，人会根据其目标、价值观和所处的环境选择自己的生活道路和行为方式，对自己有利的会充分利用，不利的会设法回避，甚至变不利为有利。行为的这种应变性会给政策、规章制度以及各项管理措施的具体实施带来很大的困难。例如，众所周知的"上有政策，下有对策"。当管理者制订了活动方案，部署安排具体的工作给被管理者时，被管理者会采取应对措施来完成工作，但有时工作完成的效果难以被掌控和监管，给管理带来了挑战。应付人类自身这种应变性的办法，是事先尽可能地预计到可能发生的情况，防患于未然。

（五）复杂性

英国管理学家查尔斯·汉迪在其著作《组织的概念》一书中讨论组织效力时，指出了影响组织效力的六十多种不同变量，而事实上影响的变量也许不止六十多种。这说明管理环境是非常复杂的,影响管理活动的因素是非常多的。因此,管理活动的环境与管理对象之间相互作用的结果并不是一一对应的。管理活动是管理环境与个体共同作用的结果,与多种因素有关。经常存在"多因一果"现象或者"一因多果"现象,管理环境相同,但管理对象的差异特点会使得管理结果出现很大不同;同样,管理对象相同,但在不同的管理环境下,最终管理结果也难以把控,二者共同作用结果的复杂性给管理带来了难题。

(六)难以精确描述和度量

描述和度量人的行为是认识和把握行为的基础。但人的行为很难准确描述和精确度量,很难用复杂的数学公式表达出来。人是具有独立思考和决策能力的个体,具有很强的复杂性,很难用"人的行为是一个什么样的数学函数?"去衡量或者预测一个人将会采取什么行为,或一个人的行为是什么,将来或发展到何种程度,都只能是大概预测或定性描述。这一点与自然科学和技术有很大的差别。虽然有许多社会科学在想方设法来描述和分析人的行为,如心理学、精神病学、行为科学、社会心理学、社会学、神经科学、智能科学等,但到目前为止,得到的结论和认识还是非常有限的,整体上缺乏比较准确的、可以操作的度量方法。

(七)认识能力的有限性

诺贝尔经济学奖获得者西蒙认为,现实生活中作为管理者或决策者的人是介于完全理性与非理性之间的"有限理性"的"管理人"。人处于一定的社会组织中,人的行为是人与人、人与组织相互影响整合的结果,并且由于人认识能力的有限性,管理者所追求的只能是"满意"决策或尽量提高有限理性程度,而非"最优"决策。西蒙第一次提出了最优决策和满意决策的概念。所谓最优决策是追求理想条件下的最佳目标。根据西蒙的分析,最优决策必须具备三个条件:决策人对所有可能选择的方案及其结果要无所不知;决策人具有非常高超的估测能力;决策人对所有可能的结果都有完备的对策程序。这三个条件很难具备,即便做得到,也要花费过多的时间和经费。所以,决策者在一般情况下只能取满意决策。满意决策是指事先确定一个最低满意度的标准,决策的结果在此标准之上即可,即在现实可能的条件下去取得比较满意的结果。

2017年10月9日,瑞典皇家科学院宣布诺贝尔经济学奖授予芝加哥大学商学院教授理查德·塞勒(Richard H. Thaler),以表彰其在行为经济学领域所做出的贡献。和传统的经济学假设人是理性人不一样,塞勒教授质疑理性人假设,认为人的行为有许多是非理性的。那么,人的行为到底是理性的,是有限理性的,还是非理性的,如何回答这个问题,恐怕答案远远没有那么简单。

(八)非完全信息

一方面,管理活动需要充分了解组织内部的环境及所处的外部环境信息,比如市场信息、技术信息、客户信息、竞争对手信息以及政府政策等,但通常情况下组织所能够掌握的信息是有限的,非完全信息会给组织决策、执行等造成一定的困扰,因此人们只能在有限信息下进行决策。另一方面,组织获取信息是需要付出代价的,比如要花费人力物力成本等,这也在一定程度上加大了管理的难度和复杂性。因此,管理者几乎不可能掌握完全的信息,多数情况下是非完全信息下的决策与管理。其实,通常人追求的是"信息对称",而做到"信息对称"就很不容易了。

(九)管理环境的难以模拟和不可重复性

管理的现实环境是很难模拟甚至是不可模拟的,不存在两个完全一样的管理环境。管理的主体是人,对象主要也是人,而人的因素、组织行为都是不可重复的,即使有些情况可通过模拟来还原当初的情况,但其实是不能完全恢复到原来状态的。可以说,每一次的管理活动都具有唯一性,是独一无二的,这就要求每一次的管理活动都需要管理者做出因地、因时、因人的具体决策。

人类管理行为面对的难题不是哪一个组织或团队独有的,而是人类管理过程中都要面对、共同遇到的难题,需要人们共同来解决。

第二节　管理学争议

管理学是管理科学的简称。管理学有狭义和广义之分,狭义上指运筹、优化、算法等,英文表述为 management science;广义上泛指研究管理行为及其规律(普适性)的科学,英文表述为 management sciences。在学术界,关于管理学学科属性的争议从未停止,以科学管理之父泰勒为代表的管理学家认为,管理学是一门科学,有着一套严格的和规范化的管理程序以及管理科学理论。现代管理学家德鲁克提出,管理学是汇集人类价值与行为准则之大成的或是汇集社会秩序与智力探索之大成的完整学科,是一门人文学科。管理学的学科属性到底是自然科学、社会科学还是人文学科,需要进一步的探讨。

一、管理学的界定

首先要明确对于管理学本身的界定,它是属于科学、技术,还是工程范畴,或者要明确管理学更偏重于三者中的哪一种,还是三者的结合。因为科学、技术、工程既有联系,又有各自的特点和属性。目前这一界定也处在争论之中,没有统一答案。

"科学"(science)一词源于拉丁文,原意为"知识"。科学的本质是发现。科学作为人类知识的一种独特存在方式,其形成和发展源自人类追求自由的"人文"理想。与科学相对应的是"人文"(humanity)。人文有两层意思:一是指理想的"人"("人性");二是指为培养理想的人(人性)而设置的学科和课程。一般地讲,科学具有如下特征:客观性(规律性)和实证性(可验证);理性和系统性;探索性和创造性;统一性和共享性;抽象性和可重复性。

无论是自然科学还是社会科学,人们对科学研究的目的有共同的认识,那就是:科学的直接目的就是寻找真相(reality)、追求真理(truth),科学的终极目的是为人类造福。与科学对应的是非科学,比如我们通常所说的艺术、宗教、迷信、哲学、魔术属于几种典型的非科学。

技术(technology)的本质是发明,是指人类为满足自己的物质、精神生产以及其他非生产性活动的需要,运用自然和社会规律所创造的一切物质手段和方法的总和。技术是人类社会的需要与自然界物质运动规律相结合的产物。技术具有两个特征,即技术是主体和客体的统一;技术也具有过程性,是指技术由潜在向现实转变。另外,技术作为一种中介手段,也是生产力的构成要素。

工程(engineering)是指人们综合运用科学、技术,有组织、系统化地改造客观世界的实践活动,工程的本质是建造。工程的特征包括以下几点:工程追求的目标是社会现实,由概念到物化;工程是按照一定的社会目标和规则对科学、技术和社会的整合;工程本身就是一个复杂系统。因此,相对于科学和技术,工程往往较难把握。

表1-1对科学、技术、工程三者的目的与任务、过程与方法、成果性质与评价标准、研究取向和价值观念、研究规范、产生机理进行了比较分析。

表1-1　科学、技术、工程的比较

比较项目	科学	技术	工程
目的与任务	认识世界,揭示自然界的客观规律;解决自然界"是什么""为什么"问题	改造世界,实现对自然界的利用;解决自然界"做什么""如何做"问题	把观念形态转化为现实,并以物的形式呈现给人们
过程与方法	追求精确的数据和完备的理论,从认识的经验上升到理论;主要运用实验、推理、归纳、演绎等	追求比较明确的应用目标,利用科学理论解决实际问题,认识由理论向实践转化;主要运用调查、设计、试验等	工程目标的确定、方案设计、项目决策,以及工程完成要考虑的方方面面的因素
成果性质与评价标准	知识形态的理论或知识体系,具有公共性、共享性和溢出性;评价是非、正误,以真理为标准	科学知识和生产经验的物化形态,某种程序或人工器物,具有商品性;评价利弊得失,以功利为标准	遵循"计划-实施-观测-反馈-修正"路线评价成败,工程达不到预期目标就意味着失败
研究取向和价值观念	好奇、兴趣取向,与社会现实联系较弱;价值中立	任务取向,与社会现实联系紧密;处处时时体现价值判断	用好与坏、善与恶来评价,在各方利益间权衡
研究规范	普遍性、共有性、无私性、创造性	以获取经济和物质利益为目的,具有保密性(如专利)	团队与协作
产生机理	已有的现象和新现象无法解释,需要产生新理论;已有的理论不能解释事实,需要完善更新理论	人类的欲望和现实之间的差距,满足欲望需要新手段、方法、工具	人类实现欲望、目标所催生的具体行动过程

可见,科学重在发现,技术重在发明,工程重在创建。

综上所述,我们认为管理学很难简单地讲完全属于科学、技术还是工程,可能在某些特定的场景下某一方面的范畴表现得更突出些,更多情况下可能是科学、技术、工程三者的结合。管理学中的原理部分更具有科学的属性,因为管理原理揭示的是管理行为发生和存在的理由。管理行为是如何发生的,管理行为怎样才能变得最有效率,这行为背后的规律是客观存在的,探究的对象是管理行为本身,以及改变管理对象的思想观念和行为方式。但科学的可重复性或可再现性的特征,管理学是很难甚至是不可能实现的,管理的具体情境很难完全再现或还原。管理者的思维方式就是具体问题具体分析,这也是管理者在实施管理的过程中必备的工作方法,这和自然科学的实践有着十分明显的区别。此时的"管理"无法做到为了既定的目的而改变哪个系统的外部环境。管理的过程需要管理者具备运用理论或主观能动性去进行管理实践活动的技能,要解决管理中遇到的问题,涉及"做什么""如何做"等问题,体现出技术范畴的特征,并且管理本身是一种实践,要求管理者综合运用科学、技术去改造管理客观世界的实践活动,这涉及了工程的范畴。综上所述,很难说管理学是科学不是技术,或者说是技术不是工程。因此,我们认为管理学兼具科学、技术、工程的特点,是三者的结合,只是在不同的情景下,科学、技术和工程表现的侧重点不一样罢了。

二、管理学的学科属性

对管理学的学科属性定位应放在学科谱系中。以自然科学和人文学科为两端的学科频谱带,是一个连续分布的学科系列。越是靠近自然科学一端,其科学性就越强,表现为主体客体分离的程度、研究方法的理性程度;越是靠近人文学科一端,其科学性就越弱。这种差别产生的主要原因是人的因素的影响。不同学科门类中,"人"的因素在研究中的地位不同。基于现代人文主义的观点,在越是靠近自然科学一端的学科中,"人"越不具有真正"人"的属性,也就是说自然科学的研究要尽可能摆脱人的因素的干扰;在越是靠近人文学科一端的学科中,"人"就越能够称其为"人",也就是说人文学科的研究中必须考虑人的因素。

(一)自然科学、人文学科、社会科学的比较

1. 自然科学与人文学科的比较

自然科学与人文学科是一对对立统一体。自然科学与人文学科的对立与分界的背后,体现的是科学传统与人文主义传统的差别。科学传统中的理性传统与功利主义传统,是使科学之所以成为科学的根本。其中的理性传统决定了科学的研究对象与研究方法的独特性,功利主义传统则决定了科学对现实世界的未来预测性与普遍适用性。人文主义传统则恰恰相反。以自由为核心思想的人文主义是对人性的解放与人类发展的彰显,这决定了人文学科的研究必然是以人的感受与价值为核心的,强调人的价值判断与主观感受,强调人之所以为"人"的尊严,强调人才是最终的目的,而自然科学更具有工具的属性。

2. 自然科学与社会科学的比较

社会科学从人文学科中独立出来,很大程度上是受到自然科学的影响,而这种影响主要体现为自然科学方法在社会研究中的应用,比如建模、统计、实验等。社会科学的研究方法也符合科学方法的基本特征,即实证性、客观性和清晰性。由于社会科学的研究对象是人与人之间的关系及其制度化的产物,所以与自然科学相比,社会科学的研究仍然有其独有的特征:①社会科学的研究对象不仅包括客观环境因素,还包括个人心理和生理因素,以及人际关系等社会因素。这使得社会科学的研究很难做到如自然科学一样的主体与情境的彻底分离;②社会科学的研究对象具有较大的不确定性,尤其是影响因素及其变化的不确定性,这使得社会科学研究不仅很难在严格意义上重复进行,更使其结论的普适性受到了挑战,因而社会科学研究结论对人类社会现象的解释与预测能力也总是遭到人的质疑。

3. 社会科学与人文学科的比较

社会科学脱胎于人文学科,但由于社会科学的独立和发展,使得人文学科的研究范围越来越受到挑战。社会科学以研究人的社会关系和社会现象为对象,并不能完全取代以"人类价值和意

义"为独立研究对象的人文学科。同时,对社会规律的探求也不能取代对现实生活中人的感受、目的、意志和价值的了解。二者之间的最大区别在于社会科学关心的是人类社会活动在社会系统中的"功能"与"功效",其本质是功利性的;人文学科关心的是人类活动对人的生存价值、尊严与意义的探求,其本质是非功利性的。其实,有时候社会科学与人文学科的区别也并不是那么明显。

(二)管理学的科学特质

尽管人们对管理学是不是科学一直有争议,而且这种争议还会一直持续下去,但管理学还是有一些科学特质的。

1. 管理学的研究对象所具有的科学特质

管理学的研究对象是人与组织的管理行为,可以进一步将其分为管理现象和管理活动两个层面。管理现象是伴随着人类社会的出现而产生和演化的一种社会现象,和其他自然和社会现象一样,它是客观存在的。作为一种客观存在的现象,在对其进行研究时是可以将其客体化和对象化的。对其研究的结果可以形成一般性的管理原理,因而具有一定的普适性。这是管理学研究对象中具有科学特质的一面。

但作为管理活动的管理,由于涉及复杂而丰富的管理对象,如人、财、物、时间、空间、信息、无形资产等,尤其涉及对人的管理,还有管理情境和管理目标,尤其是涉及一些管理对象之间的相互联系时,往往呈现出动态化的表现特质,所以无法将之完全对象化,使之脱离人与人之间的互动与人的主观价值判断,对其进行研究的结果也不具有一般的适用性。这是管理学研究对象中不具有科学特质的一面。

2. 管理学的研究方法所具有的科学特质

泰勒科学管理的实质恰恰在于它在方法论上的革命,即通过实验来研究问题。"搬运铁块""产煤试验"与"金属切削"三大实验奠定了泰勒制的基础。泰勒在实验中追求的规范化、定量化、最优化,恰恰体现了近代自然科学方法论向管理学的渗透。

从科学管理理论开始,寻求管理定量化、规范化、最优化的努力一直没有停止过。随着计算机和信息技术的发展,尤其是近年来人工智能和大数据技术的快速发展,各种科学方法的引进,特别是数学和统计学的渗透,以追求定量分析为主的现代管理科学学派把这种追求发挥到了极致,从而力图让管理科学更加贴近硬科学。

管理中的管理活动更多地涉及对人的管理,涉及人与人之间、人与组织之间、组织与组织之间、组织与环境之间的关系,这些关系是难以定量化的,因而科学的方法很难解决这些问题。因此,在管理学中要将研究对象的本体和环境相分离几乎是不可能完成的任务。

3. 管理理论在一定程度上说明并解释了世界

管理学的一些理论和原则在实践中产生,并指导了实践的发展。如果前提假定和边界条件清楚,一些严谨的管理理论是可以用来解释现实、解决问题和预测未来的。

对于管理学是否存在普遍性的规律,学者们一直存有怀疑,认为管理现象背后没有像自然现象背后一样存在的恒定不变的规律。管理学中虽然存在一些原则和规则,但它们不是永恒的,其适用性是有限制的,它们会因时代、社会条件、组织环境的不同而不同。

(三)管理学的人文特质

1. 管理学是涉及人的学问

管理学在很大程度上是一门关于人的学问。管理活动几乎离不开人,管理很重要的部分就是对人的管理。而作为管理者和被管理者的双方都是具有思维能力、复杂历史文化背景和社会关系、差异化性格和行为方式的人,有着各自的价值观念、偏好、追求和情感,这就和艺术一样涉及寻求人生意义的问题。管理学必须从人的本性及价值的角度来考虑人。对于管理活动中人的研究是很难量化的,迄今为止也找不到一个数学方程来完全描绘人的行为,更难以刻画和代替人的思维。人们无法将管理系统本体和环境隔离处理,也就难以实验和验证。在很多情况下,管理者的非理想(直觉、知觉等)对事物的判断可能比科学的理性有更好的效果。

2.管理活动及管理理论关注人的尊严与价值

管理活动及管理理论在一定程度上关注人的存在、人的尊严与价值。不论何种人性假设("经济人""社会人""自我实现人""复杂人""文化人""知识人""权变人""现实人"假设等),管理理论一直关注人的存在、人的尊严和价值。尽管管理学者们提出的人性假设理论没有一个能得到普遍的认同,但这些关于人性的假设中一般都包括人需要尊重和自我实现的内容,体现了一定的人文主义精神。从一个更广泛的视野看,认识是手段还是目的不应该是一个有争议的话题,因为人类的一切行为都应当是服从于人的幸福这一目的的。但经济学、管理学等学科在关注人性问题时,在很大程度上是把人作为服务于组织目标的手段,具有很强的功利性。

3.管理学离不开人的价值判断

对人的管理涉及人与人之间的互动和相互关系的调整,这使得研究者本人的价值判断不可避免地渗透到对管理活动的研究中来。管理活动所涉及的对象、场合、时间是具体的,或者说不具备更强的一般性,并且随着环境背景等要素的变化,一切关于人的因素都会发生变化。因而在管理科学研究中,研究者的价值观念要跟上这些环境要素的变化,更多的是要采取"主位"研究的取向。

管理学主要围绕着人展开,管理活动的主体是"人",并且在管理活动中要考虑人的历史文化背景、内在动机等许多因素。这就明显区别于自然科学将人看作是"物"的做法,并且自然科学中追求量化、可重复性、通用性等,而管理行为本身是很难用具体的数值和公式等来衡量的,并且具有不可重复性和不可模拟性。

管理活动关注人的价值,注重对人的潜能的开发,同时也离不开人的价值判断,这一要素使得管理学的学科属性偏向于人文学科。

综上所述,管理学的学科属性应该在学科频谱带上的位置上处于社会科学与人文学科之间。"人"在管理学中这一特殊因素,使得管理科学既无法成为纯粹的社会科学,也无法成为纯粹的人文学科,因此具有了这样的学科属性和定位,如图1-2所示。

	自然科学	社会科学 管理学	人文学科
研究对象	自然客体 本体与情境分离	社会客体 本体与情境难以彻底分离	主体与客体的关系 本体与情景交融
研究目的	功利性知识 普适性与预测性	功利性知识 有一定的普适性与预测性	价值与意义 独特性与意外性
研究方法	逻辑与实证的科学方法 定量性与可重复性	逻辑与实证的科学方法 难以严格定量重复	想象与直觉的思辨方法 创造性与不可重复

图1-2 管理学学科定位频谱带

(资料来源:林曦.管理学的学科属性与学科定位[J].社会科学管理与评论,2006(3):88-96.)

第三节　管理学理论构建

一、管理学理论构建的哲学基础

　　管理理论中研究问题的方式、看待问题的方法都借鉴了哲学的思想,包括多分、多样、变化等,特别是二分法辩证的思想。

　　在现实社会中,人、事、物及其相互之间的关系都是客观存在的,其存在的状态和运动规律是具有多样性的,因此人们认识和分析事物的思维方式、处理与解决问题的方法也应该是多种多类的,这就是哲学的"多分"思想。多分论,包括一元不分、一元二分以及一元多分。一元不分即唯一论,也就是一个事物是一个不可分割的整体,事物的存在状态与运动规律是唯一的,事物之间的关系一一对应,一因一果,一果一因,事物之间不存在第二种联系。一元二分即二元观,也可以称为二分法,是指把一个事物的整体人为地分成对立的两个部分,形成整个概念体系。一元二分的观点在现实中为多数人所接受。一元二分实际上就是给人们分析问题解决问题提供了一个参照系、一个标杆,因为现实中的许多问题往往不是两个极端,更不是对立的极端,多数情况下是两个极端的中间状态。一元多分即多元观,指的是事物的存在状态和运动规律可以一分为三或一分为多,关于管理学偏向于科学、技术、工程的讨论就采用了三分法的哲学思想。

　　首先,在管理学中,由于客观世界人、事、物的存在状态和运动规律及其要求具有多样性,因此在认识和分析人、事、物的存在状态和运动规律以及这些要素内在关系与外在联系时都要从多个维度来展开,不能够固化思维模式,不能用一种思维模式或者从单一视角来看待这些因素之间的关系。其次,分析问题要客观、系统全面且深入地看待人、事、物以及它们之间的关系,处理问题要全方位、细致地考虑。比如,需要根据员工具体的个性、品德、态度等的不同方面来考虑安排怎样的岗位,从而充分发挥人的主观能动性,提高人力资源利用的效率。最后,在对待和处理问题时,要采用辩证的思想,杜绝走极端,尽可能不使矛盾激化,要有所为和有所不为,有进有退,动静结合,分清轻重缓急,在决策时要根据目标要求、具体环境与条件,具体问题具体分析,从而采取满意的方案。

　　自然界和人类社会的人、事、物每时每刻都在发生着变化,静止是相对的,变化是绝对的。事物变化的种类与形式很多,管理也是一个动态的辩证发展过程,把握与顺应事物运动变化的规律,以变应变,与时俱进地采取相应的管理行为是实施有效管理的必然要求。哲学中变化论的主要观点有对立统一观、量变质变观、渐变突变观等。对立统一观即事物对立面的统一和斗争规律,是自然界、人类社会和人类思维等领域的任何事物都包含着内在的唯物辩证法的规律。量变质变观是指一切事物的变化发展首先都是从量变开始的,量变是质变的前提和必要准备,当事物的量变达到一定程度时必然会引起质变,质变是量变的必然结果。"量变—质变—新的量变—新的质变"这样的曲折前进,使事物向高层次复杂化方向发展。渐变突变观中的渐变是指事物连续、渐进地发生变化;突变是指事物变化的突然转换,往往有质的飞跃,是一个质变的过程。

　　哲学是人类智慧的精华。管理者在管理活动中要正确运用哲学思维,尤其是辩证思维,要用多分、多样、变化的观点来看待、管理现实问题。管理者需要通过理论学习、经验总结、咨询等方式,把握管理对象运动变化的规律性,并遵循其规律性形式,才能正确地开展决策,提高管理效能。同时要重视量的积累,避免急于求成,从而实现质的飞跃。对管理对象和管理的方式方法要根据具体问题来具体分析，既要使用适宜的、随机应变的技巧来实时善变，又要善于保持相对稳定不变。

二、管理学理论构建的实践基础

"管理是一种实践，其本质不在于知，而在于行，其验证不在于逻辑，而在于成果，其唯一的权威就是成就。"这是著名管理学家彼得·德鲁克的著名论述。管理学理论是在长期的企业管理实践中产生并经过实践检验和证明的理论，是客观事物的本质的正确反映。管理科学不同于理论科学，它是应用科学，源于实践，高于实践。管理学不像硬科学那样可以揭示出明确的规律，更强调特定情境下的运作，因此，实践对于管理学来说，具有更重要的意义。

管理学的研究主体和实践中的管理主体不一致，也就是说，管理理论的研究者在构建了科学参照系并试图对实践予以指导的同时，研究者并不是一个真正组织管理者，这样就导致了研究者和管理者对一些理论的不同看法。一直以来，管理学研究在科学严谨性和实践相关性之间保持平衡的状态都处于争论之中。研究者所提出的命题即便在总体层面上是正确的，但从管理实践者所处的活动情境角度看，却过于简单化了，有时也很难反映现实。这也是人们一直争论的原因。

在这方面，不同的学者提出了不同的看法。

Chia 和 Holt 认为，学者们对于抽象的解释性知识有着更大的偏好，而对于实践知识关注不够，相对于那些在管理实践中能够发挥作用的知识，学者们似乎更乐于探求纯理性和真理性的知识。尽管人们一再呼吁管理研究和教育应该更贴近于实践，但许多商学院仍然将通过概念性模型等工具而获得"严谨性"和"精确性"作为权威性知识的判断标准之一。

Ferraro 和 Clark 指出，从 1950 年开始一直到现在，回顾管理学科的这段发展史能够发现，管理研究一直是偏向对严谨性的强调，大大忽略了研究的实用性要求，这种或关注"科学严谨性"或关注"实践相关性"的部落制现象造成了两个不良后果，一是科学严谨性和实践相关性无法融合，这样就不能得到真正有价值的研究；二是过分强调科学严谨性，学者们从各自角度出发，运用不同角度、借鉴不同理论去研究的往往是同一个问题，往往不利于原创性思想的产生。

Sandberg 和 Tsoukas 也发现了管理理论与实践的脱节。在他们看来，对科学理性的盲从是导致管理理论与实践脱节的重要原因。科学理性所强调的化繁为简和超然物外，忽视了管理实践中的多样性，也使我们对管理全貌的认识变得难以企及。作为对科学理性的一种补充，他们认为借助实践理性来发展理论将有助于我们更全面、更客观地认识真实的世界，从而使这类理论将更具有实用性。他们提出的实践理性理论有助于从业者更好、更清晰地表达和展示那些他们以往日常活动中晦涩难懂的事物，因此能把握实践的精髓。特别地，通过实践逻辑的阐明，实践理性理论让从业者得以更好地理解与参与，尤其是改善自身的实践。

也有学者就如何做才能真正实现科学严谨性和实践相关性两者的融合和兼顾进行了思考。Starkey 和 Madan 提出，为了弥合科学性与实用性之间的鸿沟，首先应该澄清管理研究的科学目标，并以研究为导向确立合作关系。管理研究的科学身份有别于其他社会科学。管理研究的本质和一般性在于理解、评判和构建集体行为模型。在管理研究中，如同在其他设计科学的学科中一样，传统的实验室研究和田野研究都非常重要。

为什么管理理论研究总是与实践脱节？这里不仅有研究者的原因，包括研究者的动机、目的、使用的方法等，也有研究者所处的环境与制度原因，还有研究对象的客观变化等原因。我们可以从以下五个方面简要加以分析：

（1）管理科学研究与管理实践的目的不同。科学研究是从现象中抽象概念，通过建模，总结规律，从而上升到理论，而管理实践活动关注的主要是期望的结果，计划想要的东西，不太关注用什么理论、用什么方法来达到目的。

（2）管理科学研究与管理实践表达和变现的方式不同。科学研究过程及其成果有独特的范式以及相应的表达方式，如理论、模型等，而管理实践活动中，无论用什么方式表达，只要让行为者听懂理解即可，甚至表达越简单越好。

（3）管理科学研究与管理实践活动检验的标准不同。科学研究成果的检验标准主要是学术论文，而衡量学术论文的主要工具就是学术期刊，除此之外，还有各个级别各个层次的项目和获奖；而管理实践的检验标准就是业绩，正像德鲁克所言，检验管理的只能是成就，而不是逻辑。

（4）管理科学研究与管理实践服务的对象不同。科学研究的最终目的是要解决实际问题，科研成果短期或者直接的服务对象是研究者、学者，或学术共同体内的人，而管理实践服务的对象几乎是所有的人。

（5）管理科学研究与管理实践的目的不同。科学研究的主要目的是揭示真相，追求真理，主要表现在于理论创新，而管理实践的目的重在能够解决实际问题，能否有效地解决问题并实现预期目标。

总之，管理理论研究与实践脱节的问题，需要从多方面入手解决方能取得好的效果。

三、管理学理论构建的方法论基础

（一）关于方法（methods）和方法论（methodology）

"工欲善其事，必先利其器。"这句话表明做任何事情方法是很重要的。首先要明确什么是方法，什么是方法论。方法就是主体作用于客体的手段和途径，就是人们具体运用的研究办法。方法论是从系统思维出发，设计全过程的活动和步骤，是指导研究的一般思想方法和哲学观点。简言之，方法就是在方法论的指导下所采取的具体研究手段和途径。例如，安排一天的活动，早上吃饭，上午上课，中午吃饭，下午参加活动，这种整体的秩序和重要项的安排就是方法论，而至于具体吃什么、怎样吃就是方法问题。又如，学位论文中的调查研究方法论，方法论属于"顶层设计"，而方法属于"操作层面"。

（二）关于实证研究（empirical study）和规范研究（normative study）

实证研究是收集资料探求研究对象的客观状态，通过调研事实，考察案例，收集和分析数据，用事实和数据来说明和论证问题。实证研究可以是定性研究，也可以是定量研究，回答是什么（what）、为什么（why）、怎么样（how）等问题。实证研究包括：描述性研究（descriptive or positive）——what；解释性研究（explanatory）——why；预测性研究（forecasting）——how。英文文献中关于实证研究有两种说法：一种是 empirical study，其实 empirical study 的本意是"经验研究"，按语义翻译成"实证研究"也能表达其意；另一种是 positive study，其本意是"描述性研究（descriptive study）"，这只是实证研究的一种，显然不能完全表达实证研究的含义。所以，人们通常把实证研究翻译成 empirical study。

规范研究是寻求最优（满意）的行的方案，就是用价值、假设和认定来进行界定、判断和推导。规范研究可以是一般思辨，也常用数理模型来分析主体的行为，回答应当怎么做（ought to do)、如何做(how to do)等问题,体现研究者强烈的价值观和判断。李怀祖于 2015 年提出了一种新的研究方法,即改良性研究(prescriptive study),也就是介于实证研究和规范研究中间状态的一种研究方法,如图 1-3 所示。

图 1-3　改良性研究

　　研究方法是多元化的,不同学科侧重运用的研究方法也不同。哲学注重思辨法,社会学注重田野调查,心理学注重实验法,统计学注重数学分析和推导,政治学注重案例法,数学注重抽象、定义、推理和精算,物理注重分析和实验法,化学注重分析、实验和试剂,医学注重分析、实验、解剖和显微等。但这些方法都要遵循同一个原则,必须具有科学性。科学的研究方法必须具备以下要素:①观察、假设、实验;②记录规律性事件;③遵从真理和事实;④总结理论。

　　除了实证研究、规范研究外,也有人把理论研究作为一种相对独立的研究方法。所谓理论研究就是进行纯理论的探讨,即运用逻辑推理的方法进行说理,用公理、定理演绎,用常识推论等,几乎不做实证研究和规范研究的内容。

　　总之,理论研究、实证研究、规范研究是现在科学研究常用的三种研究方法,但这三种研究方法既有区别又有联系。实际上,一篇文章多数情况下是这三种情况的不同组合,很难讲只有理论研究而没有实证或没有规范研究,或者其他的情况等,只是在不同的研究情况下,三者的侧重点不同罢了。图 1-4 为理论研究、实证研究和规范研究的论证方法分类图,可以看出,管理类论文通常使用的实证研究,就是一种非实验的研究方法,包括有干扰研究如问卷调查、无干扰研究如运用二手数据等。

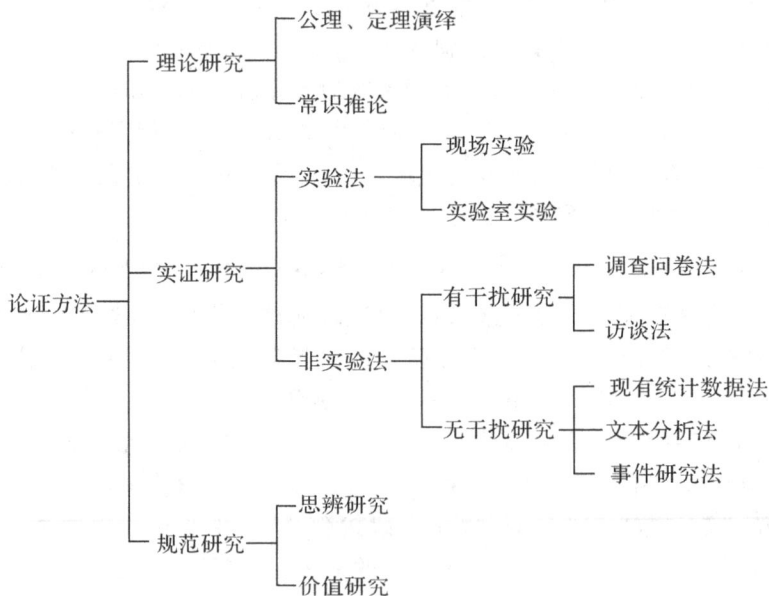

图 1-4　论证方法分类图

(三)我们理解的实证研究

实证主义研究起源于西方,是对传统的以思辨为主的经院研究的反思,反思后产生的一种比较流行的研究方法。20世纪实证主义的分析呈现出以下特点:科学有一套相关的语言和数字可以对因果关系进行描述,并且认为这些因果关系的描述中至少有一部分是可被经验性的观察来检测,或证实或证伪;科学是独立于研究者个性和地位的客体(也就是我们所说的应采用客位研究的取向);传统的实证主义认为所有知识都是科学学派,认为所有的一切都可以被测量。后实证主义对传统的实证主义有所修正,比如重实证,但不唯实证。

英国科学哲学家卡尔·波普尔提出证伪主义,认为一项假设,即使收集到再多与之相一致的经验证据,也不能证明其是真理。能够被证伪的理论,内容必须是明确的,必须给予人们关于外部世界确定的信息。理论只要是合理的,可以被证伪的,就可以了,至于它是从哪里产生的、什么时候产生的并不重要。一切知识命题,只有能够被经验和事实证伪才是科学的,否则就是伪科学。

当然,波普尔的观点也只是一家之言。我们认为实证研究是现代科学研究的科学性和规范性的基础,是推动学科创新和发展的重要手段。实证研究让我们有了量的把握。马克思曾说:一种科学,只有在成功地运用数学时,才算达到了真正完善的地步。其实,实证研究的主要特征就是摆事实、讲道理、重证据。我们认为实证研究可以分为两种:①定性研究(质性研究),如文献研究、历史研究、田野调查、访谈、案例、扎根研究等;②定量研究(量化研究),如问卷调查、数学分析、统计、数理建模等。实证研究的具体方法见图1-5。

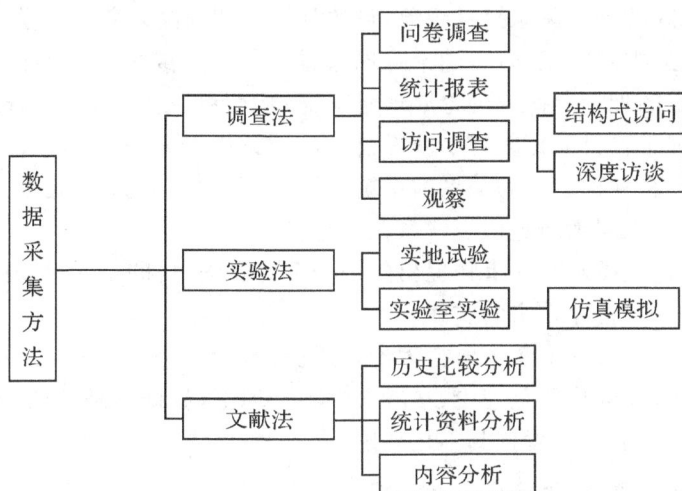

图1-5 实证研究具体方法图

(资料来源:风笑天.现代社会调查方法[M].武汉:华中科技大学出版社,2005.)

(四)关于形式逻辑

形式逻辑是指从已有的经验、感知、体会、理论进行推导,形成结论和新的理论。形式逻辑具有抽象的假定、价值理念、认定、模型推导等特点。形式逻辑常见的两种方法为归纳法和演绎法。归纳法是指试图从许许多多的个案中归纳出一般性的普遍真理,即从特殊到一般。例如,李白是人,李白的生命不是永恒的;杜甫是人,杜甫的生命不是永恒的……从而得到所有人的生命都不是永恒的结论。演绎法则侧重从一般性的普遍真理出发,来证明个别的真实性,即从一般到特殊。例如,人的生命都不是永恒的,李白是人,那么李白的生命不可能是永恒的。形式逻辑除了归纳和演绎之外,还有常见的方法就是类比,或简单理解就是比较。类比也是科学研究中常见的方法,应用好了会产生非常好的效果,如比较经济研究、比较管理研究等。当下流行的一种定性比较研究分析(qualitative comparative analysis,QCA)就受到了人们的欢迎。

通过以上内容,关于研究方法的有关论述,我们可以得到以下结论:

(1)管理科学与通常人们理解的自然科学不同,它不是纯粹的科学,或者说是一门经验科学。管理科学本身的复杂性和边界的模糊性,决定了几乎所有的方法都可以应用到管理科学的研究当中。

(2)对于理论研究、实证研究、规范研究三种研究方法而言,多数的管理科学研究是实证与规范相结合,理论与实证相结合,定量与定性相结合,只是针对不同的问题和问题所处的情景,侧重点不同罢了。

(3)研究中要善于运用图表。英文中有句话,One picture worths a thousand words,one video makes everything alive,可见图表的重要性和表达力。

四、管理学理论构建

(一)理论是什么

理论是什么?Kerlinger对理论的界定比较流行,认为理论是一组相互关联的构念、定义和命题,通过变量之间的特定关系揭示现象,目的是解释和预测现象。科学哲学家亨普尔对于理论的界定为:理论追求解释规律性,理论将现象看作其背后或之下的实体和过程的显现;这些实体和过程受特定的理论定律或理论原理所支配,从而可以为研究对象提供比较深入和准确的理解。组织管理学科目前比较容易获得公认的理论内涵是:理论表明的是在相应的逻辑和假设前提下对于一系列构念之间关系的系统性解释,在这个系统中,构念与构念之间通过命题相联系,变量与变量之间则通过假设联系在一起。

简而言之,理论是人类对某一事物提出的一个系统看法,目的是对事物的现象和因果关系做出系统合理的解释,以指导未来的实践。

当然,我们也可以从另一个角度看待理论,这就是Sutton等于1995年提出的理论不是什么,他们认为文章的这些部分不是理论:参考文献不是理论,数据不是理论,变量或构念列表不是理论,图表不是理论,假设或者预测不是理论。

(二)什么是好的管理理论

关于什么是好的管理理论,显然更没有一个统一的看法,更无法形成一致的定义。劳伦斯·纽曼在《社会研究方法》提到,所谓"好"的理论:第一,必须建立在真实经验的基础上;第二,必须具有融贯性,即不仅要具有内在的逻辑一致性,还要和其他已被大家接受的理论相融合;第三,必须在实践中表现出有效性,即理论能够用于实践,为实践行动提供更多启示,为解决问题提供更多思路,为探索未来提供新的知识;第四,应该遵从简约原则,即具有最低程度的复杂性。

虽然好的管理理论的定义难以给出,但从理论与实践相结合的视角,好的管理理论的特征还是基本能描述清楚的。我们认为,一个好的管理理论应该具备以下特征:

(1)能够解释事物深层次因果关系,具有强大预见性;

（2）应该尽可能严谨：确保理论的内外部效度，即适合该情景的构念和关系检验；

（3）实践相关性：应该关注具体情境中最重要、最有趣的现实问题；

（4）应该有用：解决实际问题，这是理论的最高境界，如果做不到这一点，至少应该能够创新性地解释现象；

（5）简洁明白：好理论不应该有太多约束条件，最好能用简单的语言或大家都能明白的公式表述；

（6）比较基础的理论：作为基础能够得到很多推论，可推演新理论。

（三）管理知识的来源

目前，关于管理知识的来源，人们把其归结为三类：一是管理经验说，二是管理诠释说，三是管理理论构建说。

管理经验说，指管理知识来源于个体和组织的实践活动，是对管理实践活动的经验总结和提炼。由这种方法总结出的知识具有直观性，有深切的体会。但其缺点也是明显的，这种知识缺乏系统性，是一种属于个别的、未被验证的、差异化的、主观体验的知识。

管理诠释说，指对管理现象的诠释与解析，对管理历史经验或管理思想史的诠释与解析，对管理学的理论与实践进行辨析、澄明进而产生新知识。运用这种方法总结提炼的知识，可基于历史视角，也可基于当下实践视角，体现管理理论与实践的人文性、践行性、艺术性。

管理理论构建说，指仿照工科研究模式以构建模型提出假设、验证模型、验证假设为主要研究倾向，以数据分析和统计分析为工具的管理科学化研究而产生知识。运用这种方法总结和提炼知识，上升到理论高度，从而总结出系统化的理论。这种构建理论的方法，可使管理理论研究主体从直接参与者、咨询者变成管理实践的旁观者，管理理论研究转型到管理数理模型支撑的管理抽象理论研究导向阶段。

（四）管理理论构建路径

尽管人们总结出三种管理学知识的来源，但毋庸置疑，管理学知识和理论来源于实践，以实践为导向，由实践推动产生理论知识体系。Tranfield 等于 1998 年提出了一个理论知识产生路径的详细图解，如图 1-6 所示，这对我们研究管理理论的构建路径提供了思路和借鉴。

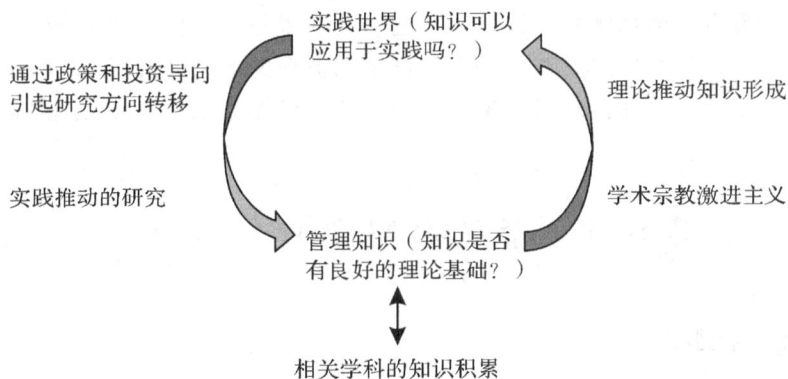

图 1-6　知识产生的双重路径

图 1-6 右侧代表知识的产生路径是由理论到实践，理论先于实践，即在理论研究者从相关学科中汲取有关知识的基础上，形成本学科的知识体系，并用于指导实践，也就是理论推动

知识形成。这种知识产生路径的极端形式是学术宗教激进主义,指的是该学科成为其他学科知识的堆砌。另一条知识产生路径是在图的左侧,即通过政策和投资导向引起研究方向转移,是以问题为导向的,从相关学科中吸取某些对实践有指导意义的知识。这种知识产生的路径往往缺乏体系性,可能会受到政府政策和投资导向的影响,使得研究导向偏离既定方向,出现研究方向上的摇摆。管理理论的构建路径更倾向于左侧的方式,因为其毕竟是以管理实践问题为导向的。管理学界实践先于理论发展的例子,从侧面说明了管理学科理论与实践之间的辩证关系。

Bedeian 认为,管理学科不仅要向外看,去关注实践世界的发展,也要向内看,去紧密关注我们自身所在的学科性质。但学者们也提出了管理学理论的重要性,Ferraro 等提出,理论能够影响行为,并可以在某些情况下自我实现。理论的自我实现,要求人们必须首先清楚这种理论,并有能力根据它的口令做出选择,其次社会和物质安排的改变要以理论为依据。

总之,不管人们对管理理论的构建有多少争议,管理理论的构建也应该遵从一般科学理论构建的基本规则,也就是"实践—理论—实践",即从实践中总结理论,再把理论应用到实践中去,以检验理论,指导实践。

以下举一个例子,简要说明管理理论的推进。

现实背景:几乎相同的外部环境条件下,有些企业绩效满意,有些企业绩效不满意,为什么会产生如此大的差异?

具体问题:基于公司治理的视角,不同的治理结构为什么会产生相同(或不同)的绩效?治理结构是如何影响绩效的?与创新行为有关系吗?

更广泛的理论问题:"产权论"认为企业的绩效源于产权,"超产权论"认为企业的绩效源于市场竞争,二者如何融合来解释企业绩效?

模型构建:不同治理结构(市场控制与组织控制模式)—技术创新方式(产品创新和过程创新)—企业绩效(战略绩效和财务绩效)。

实证检验:不同的公司治理结构下,企业技术创新选择的倾向不同,绩效追求也不同,如市场控制治理结构下,企业倾向于产品创新选择;组织控制治理结构下,企业倾向于过程创新选择;产品创新选择与企业财务绩效正相关;过程创新选择与企业战略绩效正相关等。

理论贡献:①扩展和融合了产权论和超产权论,治理结构把产权和竞争融合在一起共同作用于企业绩效;②发现了治理结构导致绩效的机制之一就是企业技术创新,包括产品创新和过程创新;③提出与"后发优势理论"对日美企业技术创新现象不同的解释,日本的企业为什么倾向于过程创新,与企业的公司治理结构有相关性;④一定程度上回答了企业"有治理无绩效""有创新难持久"的问题。

第四节　管理学研究框架与内容

一、管理学研究框架

以往大多管理学教材按照管理的计划、组织、领导、控制职能作为编著的框架,管理学研究也基本是循着这个大思路走过来的。我们提出一个新的管理学研究框架,即按照管理学的研究内容(对象)进行划分,包括管理主体、管理客体、管理组织、管理机制、管理情境、管理绩效、创新管理和组织治理。本书将管理研究的框架设计为六大篇,共十七章,之所以这么考虑主要是从研究的角度进行定位的。由于本书主要是管理学研究者,包括教师、研究生以及管理学爱好者使用,因此定义为高级管理研究,或高级管理学。本书具体内容包括:第一篇是基础篇,包括管理学研究基础问题和管理科学研究范式与方法两章,主要讨论关于管理、管理学学科属性、管理学理论以及管理学学科范式、研究方法等基础性的话题。第二篇是继承篇,包括管理理论演变一章,主要讨论古典管理理论、行为科学理论、现代管理理论、当代管理理论以及数字化智能化环境下管理研究若干方向。第三篇是框架篇,包括管理主体、管理客体、管理组织、管理机制、管理情境和管理绩效六章。第四篇是治理篇,包括现代企业制度、公司治理理论、公司治理运作和网络组织治理四章。第五篇是创新篇,包括创新管理基础、创新管理视角和创新前沿三章,主要讨论了创新理论,创新思维,创新管理体系的战略视角、资源能力视角、组织视角、制度文化视角,以及自主创新与协同创新、最新的创新理念和实践等。第六篇是发展篇,包括经典管理理论与评述一章,主要讨论了组织、社会、制度方面的理论。

二、管理学研究内容

(一)管理主体

管理的主体是实施管理活动的首要负责群体。比如企业家、领导者、管理者等,他们是负责整个组织的运营过程和最终绩效的群体。这部分管理群体的素质、结构、来源、特征以及相互之间的关系都对组织的资源分配和利用效率有着直接的影响。这一管理群体的角色直接关系到组织的兴衰成败,因此对这一群体的研究是管理学的重要组成部分。

企业家、领导者和一般管理者是这个群体的典型代表。企业家、领导者和一般管理者三者在概念和职责范围等方面有区别有联系,也有各自的侧重和范围。与企业家相关的理论,涉及如古典经济学中的企业家理论,包括魁奈、萨伊、穆勒的理论;新古典经济学中的企业家理论,包括马歇尔、熊彼特和奈特的理论;新自由主义经济学中的企业家理论,包括科斯、诺斯等学者的理论;德鲁克的企业家理论和彭罗斯的企业家理论等。与领导者相关的理论,可以根据各个理论的研究侧重点大致分为以下三种,首先是以领导者为中心的领导者理论,包括领导特质理论和领导行为理论,以及魅力型领导理论、真诚领导理论等新发展的理论;其次是以情境为研究中心的理论,包括权变理论、领导-成员交换理论和代理理论等;再次是以下属为研究中心的领导理论,包括变革型领导理论、自我领导理论等。至于一般管理者的理论涉及很多,此处不再赘述。

(二)管理客体

管理的客体是包括人、财、物、时间、空间、信息、无形资产、环境等在内的多种组织资源。管理者开展管理活动的对象即为组织的资源。网络化数字化智能化环境下组织的发展不仅要求对人、财、物等传统的组织资源进行合理配置,更要对高新技术和信息资源进行整合利用,因此,对多种组织资源进行整合配置也是管理学研究的重要内容之一。具体来说,管理的客体有企业员工、企业团队、物质对象、企业所处的环境以及信息等。企业员工方面,涉及员工行为理论,包括:员工行为理论基础;员工行为的前因变量,如人格、能力、态度及其价值观;员工行为的过程,如知觉过程、动机过程;员工行为的表现;等等。企业团队、组织方面,涉及团队协作理论、组织理论等,如群体与组织文化、组织结构与变革。物质对象方面,包括企业的资本和设施,涉及的理论有资本理论和设备管理理论等。企业所处的环境是组织生存的土壤,环境的变化必然制约组织活动的方向和内容,包括时间和空间,涉及时空管理理论等,同时组织要长远发展,一定要处理好和环境的关系。随着信息化的普及,数字经济时代的到来,企业对信息的管理日益重要。信息管理其实就是对组织知识资源的管理,包括企业的知识获取、存储、转移、创造,以及联盟伙伴间的知识转移等。

(三)管理组织

组织是个体间分工协作、共同完成组织目标的一个载体。管理学中对管理组织的研究涉及组织结构、组织形式、组织职能、组织行为以及组织变革等方面,相关理论主要是组织理论。人们对组织的本质的认识不同,其产生的管理思想和理论流派也相应不同,从而有了不同的组织理论研究视角。不同的情境下,组织的结构和形式都各不相同,有着典型的类型特征,特别是网络化数字化智能化给管理组织带来的新变化和新思考,因此对组织设计的研究,以及对组织中人员的配备和权力分配的研究都十分重要。

(四)管理机制

机制是从生物学中引进的术语。机制在管理学中既抽象也具体。机制在组织系统中起着重要作用。在组织系统中,机制是应对、协调并解决各种矛盾的重要工具,从而达到将企业资源充分利用,实现协同发展的目的。当外部条件发生变化时,良好的机制能够使组织迅速做出反应,保证目标的实现。管理的机制包括目标管理、流程管理、组织文化等。目标管理是当组织目标与个人目标不一致时,协调二者之间关系的重要手段。流程管理是生产对组织结构的一种改造和影响,为优化分工与合作之间的冲突提供了一种解决规范,是组织最基础的管理内容。此外,优秀的组织文化是一个组织卓越的管理模式的坚强后盾。组织文化是在一定的社会和文化背景下,在组织的长期经营发展中形成的、企业所持有的、能够被组织成员所认可和接受的价值标准、行为准则、道德规范等的总和。企业的管理机制还包括很多,如企业决策机制、激励机制、约束机制等,是一个很复杂又很现实的研究话题。

(五)管理情境

情境是组织实践在此时此地的约束条件或存在环境,涉及文化、社会、法律、制度和习俗等因素的影响。管理学研究有两个重要的要求:一是研究的严谨性(rigour,即研究要符合相关研究范式和科学方法),二是研究的切题性(relevance,即管理学研究要创造有益于提高实践水平的知识——实践相关性)。不严谨的研究会产生无效知识,有悖于研究共同体的价值观;缺乏切题性的研究,即便它再严谨,也不能解决实际问题,至少不能说是一个好的研究。因此,管理学研究特别注重研究的情境。研究情境最本质的目的是为了说明知识的非普适性。情境化能产生同时满足严谨性和切题性的研究,还能产生既有效又有用的知识。研究者如果特别强调研究成果的有用性,包括解释现象和解决问题,那么研究必须和情境现实紧密结合。因为只有情境现实才能帮助研究者开发可验证的、切题的并且是有效的理论。

高度的情境化就是本土化,因此,关于管理情境的研究主要体现在本土化研究上。本土化研究往往是与主流研究相对的,这不仅是地理上的含义,更重要的是意识形态上的含义。主流研究的情境往往被视为默认的和有共识的,产生于该情境的理论拥有更强的合法性,研究者无需在理论情境方面进行很多的解释和说明。相对而言,本土化研究针对的是大多数研究者并不很熟悉的情境,研究者需要花很多精力去解释他们的研究情境,这导致本土化研究的结论在得到主流范式认可时面临更多的合法性问题。

(六)管理绩效

绩效包括组织绩效和个人绩效,是组织期望的结果,也是员工对组织的承诺,因此,企业管理要基于对人、财、物的合理配置实现既定目标。企业通过员工满意度的提高、财务指标的改善、产出效率的提升等来衡量企业发展的绩效。绩效管理是对绩效实现过程的各个要素进行管理。以企业为例,企业战略为前提的管理活动,是通过对企业战略的定位、目标分解、计划实施、结果评价,将评价结果应用在日常管理活动中,由此激励员工不断改善业绩,从而实现组织目标的管理活动。绩效管理的对象层次,包括企业组织、员工、利益相关者以及其他社会成员,不同层次之间有着密切的联系。组织通过采取一定的方法和手段影响员工的心理和行为,引导员工实现组织目标,提高企业绩效;反之,企业绩效的提高进一步促进了员工的投入意愿和个人绩效提升。企业在为客户创造价值获取经济业绩的同时,也要承担相应的社会责任,从而保证自身的稳定健康发展。管理绩效涉及的理论包括绩效管理理论、控制理论以及不确定性、危机、应急、突发事件管理理论。

(七)创新管理

随着竞争日益激烈,企业为了能够长期稳定发展,必须进行创新。创新包括技术创新、服务创新和商业模式创新等。创新需要宽松的环境,也需要管理。熊彼特曾经提出假设,企业技术创新与市场集中度之间存在正相关性,并且企业规模越大,技术创新就越有效率。对于上述观点,也有人持不同观点。不过,作为创新大师的熊彼特,其对创新理论研究的贡献是不容置疑的。熊彼特关于创新的观点可以总结为以下几点:创新是生产过程中内生的;创新是一种革命性的变化;创新必须能够创造出新的价值;创新是经济发展的本质规定;创新的主体是企业家。著名管理学家德鲁克提出创新是企业家的特殊工具,通过应用创新,企业家把变化作为不同业务与服务的机遇。创新可以作为一门学科、一种学术或者一项实践。创新是从新思想(创意)的产生、研究、开发、试制、制造,到商业化的全过程,是将远见、知识和冒险转化为财富的能力,特别是将科技知识和商业知识有效结合并转化为价值。广义上说,一切创造新的商业价值或社会价值(非商业价值)的活动都可以被称为创新。由此可见,创新管理对企业非常重要,密切联系着企业的兴衰成败,因此是管理学研究内容的重要构成之一。

(八)组织(公司)治理

治理最初见于公司研究,如 corporate governance,现扩展到组织治理、大学治理、社区治理、社会治理、国家治理等。治理的本质就是主体的参与以及主体之间权责利的制度安排,而制度就是调整、协调相关行为主体之间的利益、地位等相互关系,并指导和制约行为主体行为的一系列规则和程序。组织的集体行动、交易行为等需要规则和程序来协调。规则要能为各参与方所接受,保证公正公平。组织(公司)治理涉及的理论基础有:公司治理理论、产权理论、契约理论、委托代理理论、利益相关者理论、管家理论等。

我们对公司治理的认识主要是:

(1)公司治理的本质主要是处理所有者与经营者之间关系的一种契约制度。尽管人们后来提出了公司治理的利益相关者理论,但利益相关者理论只是前者派生出来的而已,只有所有者和经营者之间的关系才是最基本的,因为公司从一开始并且首先是所有者和经营者的盟约。所以,公司治理就是根据一个国家的公司法和公司章程,以简约的方式规范所有者和经营者关系和行为的一种契约制度。

（2）公司治理的核心问题是企业控制权的配置问题。即谁来控制企业，谁来控制经营者，用什么方式控制，如何控制等，也就是说，所有者选择什么样的代理人与如何激励代理人努力工作是公司治理必须回答的问题。因此，如何激励有能力的企业家，使其积极努力工作，减少偷懒行为，最大限度降低由于错误决策导致的风险，这些构成公司治理结构的核心问题。

（3）公司治理问题不只是一个孤立的企业制度问题。在企业内部，它是企业管理行为的制度基础。在企业外部，除了主要涉及所有者与经营者之间的关系问题之外，还涉及与债权人、其他利益相关者之间的关系。事实上，无论是外国还是中国，公司治理涉及的面之广、影响之大是众所周知的，正因为如此，企业的改制特别是国有企业的改制要受到来自社会方方面面的关注。

上述八个方面的研究内容是相互联系的，站在管理程序上审视，其逻辑在于：情境是环境因素，治理与创新属于手段或方法因素，主体通过组织与机制的影响作用于客体，从而产生绩效，如图 1-7 所示。

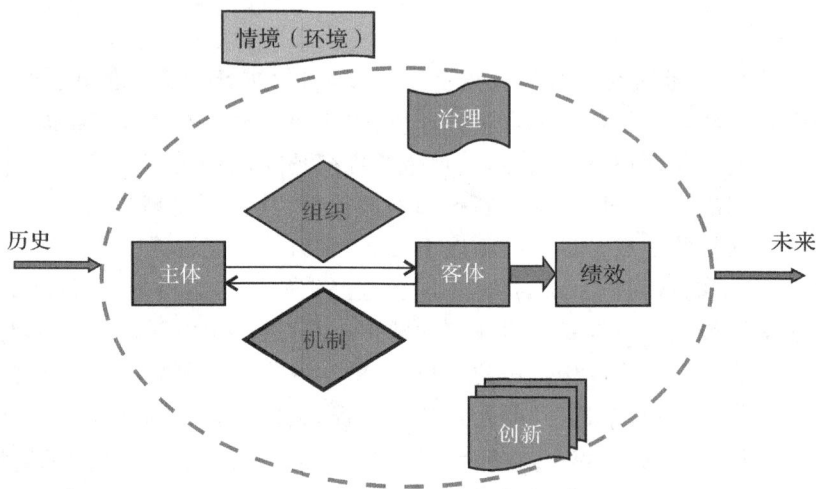

图 1-7　管理研究内容关系图

本章案例阅读

【案例 1-1】　　　　　　　　**稻盛和夫拯救日本航空公司**

亚洲最大航空企业之一、有着 57 年历史的日本航空公司于 2010 年 1 月 19 日宣布破产，被誉为日本"经营之神"的 78 岁高龄的稻盛和夫在这样的情况下临危受命，出任破产重建的日航的董事长。当时的日航经营效率非常低下，管理者不考虑企业现实，核算意识薄弱，甚至完全不查看财务数据来判断经营的盈亏结果，且各个部门之间的责任与义务模糊不清，没有工作默契，管理干部与员工之间的关系松散，各行其是。

稻盛和夫首先意识到，日航的重建要依靠管理者共同推进，于是开始了对管理干部的培训。稻盛和夫在培训期间与管理者们一起聚餐探讨学习内容，连续几个月，管理人员作为领导者的意识逐渐树立起来了，通过共同学习也产生了一定的向心力。

此外，稻盛和夫身体力行，他经常一周五天都上班。稻盛和夫在日航一分钱都不拿，他只身一人,没带任何团队,是义务担任日航会长。到日航后,奔波的路途上坚持乘坐经济舱,他开始创造机会到一线的工作现场去,和空姐、飞行员以及所有的工作人员访谈交流。当时的日航,从干部到普通员工都有一种很深的悲观心理,心理压力都比较大,更重要的是从上到下还没有对现状有一个比较清醒的认识,所以稻盛和夫和每一个人交谈,让员工意识到现在是一种多么艰难的情况。这么大年纪而且不拿一分钱,还亲自跟每一个人谈话,这让日航的员工非常感动。通过稻盛和夫的身体力行,日航广大一线员工受到感召,全体工作人员的态度都有了很大的转变,纷纷加入帮助公司改善服务的热潮,他们都希望通过自己的力量来拯救和改变日航。

另外,稻盛和夫认为数字是最能反映企业真实经营状况的,经营者要掌握企业经营的实际状况才能做出正确的决策。原有的经营者没有盈亏意识,不知道每个航班、每条航线具体的盈亏状况。稻盛和夫开始培养大家养成共同阅读财务报表的习惯,通过和大家一起分析损益表和财务报表,让每个部门的人来分析并汇报自己部门如何削减经费,如何进行下一步的经营。

2010年11月,距日航宣布破产不到1年时间,重组后的日航盈利已达1400亿日元,而让负债累累的日航扭亏为盈只花了短短的3个月时间。

(资料来源:曹岫云.稻盛和夫拯救日航[J].销售与市场(评论版),2011(6):82-85.)

【案例1-2】 **领导者干领导的事**

武某刚刚大学毕业来到一家钢铁公司,给张总经理做秘书。张总经理可谓日理万机,因为公司的大小事情都必须向他汇报,得到他的指示才能行事。不久,张总经理因为每日太过奔波劳累,病倒了。新上任了王总经理。他要求武某学会分清轻重缓急,有些事情可以直接转交给其他副总经理处理。这样,王总经理就有更多时间去考虑公司的长远目标,确立组织发展方向。因为业绩突出,王总经理干了一年就被调到总公司去了。之后又来了李总经理。他到任之后,先是了解了一下公司的总体情况,感到非常满意,就对下面的经理说:"公司目前的运营一切顺利。我看大家都做得很到位,总经理嘛,关键时刻把把关就可以了,不是很重要的事情你们就看着办吧。"

【案例1-3】 **课堂上的小组教学**

在小组教学中,学生们聚集在一起讨论一些话题。他们除了从老师那儿学习相关知识外,也彼此讨论学习。这种教学方法能有效提升学生的学习动机以及解决问题的能力,并使其对相关概念获得更为深入的了解。在小组教学中,学生们在听过老师及同学们的观点之后,将被要求针对其中存在争议的话题进行讨论,并从中形成自己对某事的看法。教师在小组教学过程中扮演着重要角色,他需要向学生们交代各自在讨论过程中所扮演的角色,当学生忘记自己的角色或不清楚讨论的重点时,教师要通过恰当的方式带领他们进入主题以及为他们解说重点。此外,教师也要留意自己是学生的榜样,学生随时都在观察、效仿及认同自己的行为。

本章要点小结

1.管理是指管理者在其存在的环境中,依赖其掌握的资源,运用其拥有的能力,通过一定的制度(方法),对管理对象进行集成和配置,达到预期目的的一种活动(过程)。管理的职能就是管理的职责和功能,包括计划职能、组织职能、领导职能、控制职能和创新职能。管理是科学性和艺术性的统一。

2.人类管理行为难题包括不连贯性、环境依赖性、动机的隐蔽性、应变性、复杂性、难以精确描述和度量、认识能力的有限性、非完全信息、管理环境的不可模拟和不可重复性等。

3.管理科学属于科学、技术还是工程范畴存在着争议。管理学具有科学特质和人文特质，其学科属性介于社会科学和人文学科之间。

4.管理研究的方法总体来讲包括理论研究、实证研究和规范研究，多数研究是三种研究方法的综合运用。

5.管理学理论构建的哲学基础包括多分论、多样论、变化论等。管理学研究在科学严谨性和实践相关性之间保持平衡的状态处于争论之中。管理理论构建遵循的基本准则依然是"实践—理论—实践"。

6.管理知识的来源有三个：管理经验、管理诠释、管理理论构建。

7.管理学按照其研究内容进行划分，可以分为管理主体、管理客体、管理组织、管理机制、管理情境、管理绩效、创新管理和组织治理等，它们是一个有机整体。

思考和讨论题

1.如何理解人性假设，管理者如何合理把握人性假设？

2.为什么管理行为如此复杂？

3.人的行为究竟由什么决定，管理学又如何解释人的行为？

4.管理学的本质是研究什么的，或者说管理学是关于什么的科学？

5.如何理解管理的科学性和艺术性？

6.管理学属于科学、技术，还是工程，或者更偏重于谁，或者三者兼具？

7.什么是好的管理理论，如何构建好的管理理论？

本章参考文献

[1]暴丽艳，林冬辉.管理学原理[M].北京：清华大学出版社，2010.

[2]雷恩.管理思想的演变[M].北京：中国社会科学出版社，1986.

[3]德鲁克.管理的实践[M].北京：机械工业出版社，2013.

[4]法约尔.工业管理与一般管理[M].迟力耕，张璇，译.北京：机械工业出版社，1993.

[5]高良谋.管理学高级教程[M].北京：机械工业出版社，2015.

[6]孔茨，韦里克.管理学[M].9版.北京：经济科学出版社，1993.

[7]法约尔.工业管理与一般管理[M].北京：机械工业出版社，2007.

[8]李朋林，胡华清.行为难题的一种解释[J].西北大学学报（哲学社会科学版），1997(4)：67-70.

[9]李先江.管理学[M].北京：北京大学出版社，2012.

[10]林曦.管理学的学科属性与学科定位[J].社会科学管理与评论，2006(3)：88-96.

[11]刘刚.管理学[M].北京：中国人民大学出版社，2016.

[12]卢润德.管理科学源[M].北京：经济科学出版社，2014.

[13]马凌,施涛,何建洪,等.高级管理学[M].北京:科学出版社,2012.

[14]霍德盖茨.美国企业经营管理概论[M].北京:中国人民大学出版社,1985.

[15]史兆荣,王成杰,陈学云,等.管理学原理与实务[M].北京:清华大学出版社,2016.

[16]王利平.管理学原理[M].北京:中国人民大学出版社,2009.

[17]西蒙.管理行为:管理组织决策过程的研究[M].北京:北京经济学院出版社,1988.

[18]徐淑英,任兵,吕力.管理理论构建论文集[M].北京:北京大学出版社,2016.

[19]续增.管理学的属性与学科定位[J].中外企业文化,2000(10):6-11.

[20]杨文士,张雁.管理学[M].北京:中国人民大学出版社,2009.

[21]周三多,陈传明,鲁明泓.管理学原理与方法[M].4版.上海:复旦大学出版社,2005.

[22]史密斯,希特.管理学中的伟大思想:经典理论的开发历程[M].北京:北京大学出版社,2016.

[23]徐淑英,任兵,吕力.管理论构建论文集[M].北京:北京大学出版社,2016.

[24]BEDEIAN A G. Improving the journal review process:the question of ghostwriting[J]. American Psychologist,1996,51(11):1189-1189.

[25]FABRIZIO F,JEFFREY P,ROBERT I S. How and why theories matter:a commet on felin and foss[J]. Organization Science,2009(20):669-675.

[26]TAYLOR F W. The principles of scientific management[M]. New York:Harper Bros,1911.

[27]ROBERTR C,BOBIN H. The nature of knowledge in business schools[J]. Academy of Management Learning & Education,2008,7(4):471-486.

[28]SANDBERG J,TSOUKAS H. Grasping the logic of practice:theorizing through practical rationality[J]. Academy of Management Review,2011,36(2):338-360.

[29]STARKEY K,MADAN P. Bridging the relevance gap:aligning the stakeholders in the future of management research[J]. British Journal of Management,2001(12):3-6.

[30]TAYLOR C. Human agency and language:philosophical papers[M]. Cambridge:Cambridge University Press,1985.

第二章
管理科学研究范式与方法

本章导读

管理学研究范式与研究方法对管理学的发展起着至关重要的作用,近年来受到学者们的广泛关注。本章首先介绍范式理论及管理学学科范式,并阐明管理学学科范式与其他社会科学及自然科学范式的区别;其次介绍了管理学研究的方法论和方法,并阐述了各种研究方法的定义、异同及适应性等;最后分析了数字化时代大数据对社会科学研究的影响,以及管理学价值性中的矛盾和管理学的学科边界与合法性。

第一节　管理学学科范式

一、范式理论

范式(paradigm)作为科学方法论的重要概念,最初在《科学革命的结构》中出现,由美国科学史家托马斯·库恩于 1970 年提出,并从那以后成为其科学管理哲学的基石。此后,有无范式成了区分科学与非科学的标准。库恩对范式的解释具备多样性,但无论是哪种解释,库恩对于范式有一个基本的认知,即范式是一个认识世界的标准、一个认识世界的框架。范式是一个整体的范畴,包括信念、理论、技术、价值。他认为范式与"科学共同体"很相似,"科学共同体"意味着来自世界各地不同的学者们,也就是"科学共同体"的成员,有着共同的信念、价值观,利用相似甚至一致的技术手段来开展研究。而这些共同的信念规定了学者们的理论体系的建立,他们从共同的基本观点出发,采用共同认可的研究方法,提出自己研究得出的理论模型或者概念框架,形成科学大树的枝干,然后再填充其枝叶,同时也为未来的研究提供了方向。

范式存在的意义主要在于其指明了我们的研究应当从哪里入手,并且告诉我们可以提出哪些问题,同时也指明我们应当如何回答所提出的研究问题以及回答问题所使用的方法和手段。范式的确立为一门学科的研究者提供着某种共同的基本信念,信念来源于无数经验的归纳,包含研究者的本体论社会观与历史观、认识论方法论观念、基本理论假设等。或许它并不符合真理,但通过科学共同体的作用,使得这门学科的研究者们相信其真理性,并在相当长的时间内并不怀疑其真理性。可以说,一门学科是否有自身的研究范式是检验一门学科是否成熟的标志。

科学史上的重大成果往往会成为范式的内容,主要包括一些重大的基本理论、信念、研究框架等。库恩认为,范式是一个多维概念,包含了不同层次的内容,主要包含以下四个方面:一是研究学者们在某一学科的研究中所共同认可的信念、价值观、方法论等;二是学科研究过程中被大家公认的研究范例;三是各个学科最基本的科学理论,以及发展过程中所取得的重大进展和成就;四是某些学科在研究过程中需要使用的设备、仪器等辅助物品及使用方法。图2-1总结了范式的不同层面。

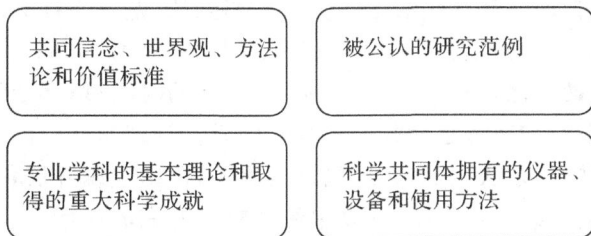

共同信念、世界观、方法论和价值标准	被公认的研究范例
专业学科的基本理论和取得的重大科学成就	科学共同体拥有的仪器、设备和使用方法

图2-1 范式的不同层面

学者马斯特曼曾经给库恩在《科学革命的结构》一书中提到的范式做出了总结,认为范式一共有二十二种意义,大体可以分为元范式、社会学范式和人造范式三大类。其中,元范式是指一种形而上学观念或实体,而不是一个科学的观念或实体;社会学范式是关注于社会学方面的范式;人造范式是指以更为具体的方式来使用范式。对于管理学来说,管理学大师德鲁克认为:"社会科学对事实有其自成一套的基本假设,这套假设构成了这门学科的范式。"总的来说,范式就是科学共同体承认的共同信念,是科学共同体共同遵守的规章制度,是决定科学共同体看到什么、提出什么问题和以什么方式思索、解决问题的标准。

库恩认为,范式在整个科学发展中具有核心地位,扮演着不同的角色:作为精神工具,范式体现一种世界观和信仰,能够推动科学创造的进步;作为实用工具,范式在实际应用中发挥重要作用,当发生重大的科学革命时,其出现的标志往往就是新范式出现,来代替旧的范式,这一个过程就表现为科学革命这一形式。具体来说,范式有几大特征:一是范式完整地囊括了学科的基础理论、特定的符号、使用的方法及器材、发展过程中的重要观点等方面,是一个有机的整体;二是范式也是科学家们、研究学者们开展研究所使用的工具;三是范式的形成需要很长时间,但一旦形成就得到了学者们的普遍认可,具备了稳定性,同时也伴随着学科研究的推进而不断进步,即具备灵活性;四是范式是社会的、历史的,其发展需要研究人员的参与,需要时间的积淀。图2-2为范式的基本特征。

- 科学结构性和完整性
- 工具性和实践性
- 相对稳定性和灵活性
- 社会性和历史性

图2-2 范式的基本特征

库恩把范式作为一种规则,往上上升到一种形而上学的承诺,往下延伸到科学研究的细节部分。无论怎么说,范式都是人类思想从各个层面上的一种统一。自从库恩提出范式理论后,范式理论就迅速地应用到了自然科学、人文学科和社会科学的各个领域,每个领域的研究者都以此为模板总结出自己学科的各种范式,用范式理论重新梳理自己学科的历史。当然,管理科学也不例外。

二、管理学范式

管理学作为一门兼具人文学科特性的社会科学,其研究对象是人和组织及其管理问题,是属于社会事实的范畴。管理学是在生活工作实践中产生的,是由于社会的需要而产生的,管理学研究的目标就是如何通过合理协调来利用有限的人力、物力、时间等资源和条件提高生产力,提高效率,实现效益最大化。管理学学科在一百多年的时间里,不断地与其他学科交流,形成了多学科交叉融合、多种方法和手段共用的学科体系。管理学是一门强调实用的学科,旨在运用自然科学的实证原则和方法,从观察经验事实出发,总结组织开展各类活动所能使用的一般性的方法,用于指导组织的工作实践,提高组织的效率并完成目标。

范式本身蕴涵着独特的研究方法与分析方法,当某个范式支配着一门科学的时候,这个范式所蕴含的独特的研究方法与分析技术就贯彻在这个范式所支配的各种理论当中。管理学范式的提出是在近代,尤其是从20世纪初至20世纪60年代,基本形成了独立的知识体系。范式的发展经历了一个动态的过程,随着管理学科中学派的兴起与更迭,范式也不断发生着变化。19世纪末是古典理论与科学管理理论蓬勃发展的时期,古典管理范式也随之处于统治地位。到了20世纪50年代,行为理论逐步兴起,导致不同学派的范式展开竞争,这些范式服务于不同的管理思想,其理论之间相互竞争,或并存、或交替发展,形成了百家争鸣的局面。

按照库恩的理论,管理学范式包含了管理学家对他们所研究主题的本体信念、共有价值、符号通式、典型案例的分析,还包含管理学家对管理学历史阶段的一个划分。一般来说,管理学家把管理学的历史划分为这样几个阶段:管理研究前范式时期、科学管理范式时期、组织管理范式时期、行为管理范式时期及现代的多元化管理范式时期。管理学研究范式是研究学者们开展研究所遵循的基本理论、基础原则,为学者们研究管理问题指明了方向,也提供了研究方法和手段。管理学学科范式的历史演变如图2-3所示。

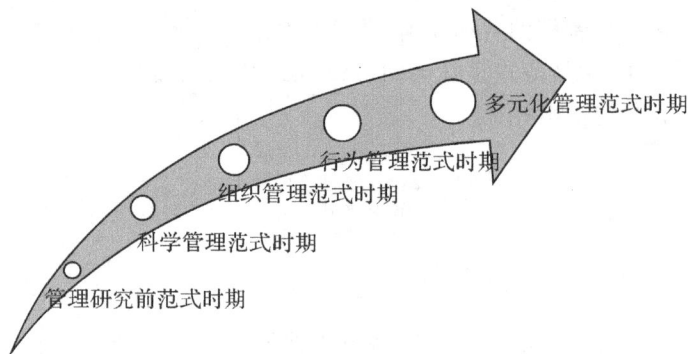

图2-3 管理学范式的历史演变

从某种意义上说,管理学范式体现了管理学家们认为的管理学未来的研究方向。这种观点认为范式是关于某一学科的某一研究主题的未来研究潜力。在这种定义下,管理学范式包含了研究学者们研究主题未来的研究方向,研究主题中的基本概念,研究主题所涉及的具体现象和问题,以及分析研究主题所运用的方法。甚至管理学范式还一定程度上涉及了研究学者们的价值前提,虽然学者的价值观不会直接体现在研究范式中,但它会影响到研究学者们如何选择其领域及主题。

研究管理学范式,需要从管理的本质入手进行探讨,管理实质上就是通过协作来高效率地完成组织目标。对于管理的本质,通常有以下几种理解:一是组织开展管理活动,其出发点是为保证正常开展社会活动并完成组织的目标;二是管理学本质上研究的问题其实是关于人类本身的;三是开展管理研究及管理活动其实是为有效地协调组织所具有的内部资源以及所面临的外部环境;四是管理是为了使得组织未来的发展能够匹配外部环境,并使得组织成员的目标与组织的目标相一致。无论对于管理的本质的理解如何,通常都会涉及组织目标,因此,管理研究的范式围绕组织目标来开展,其出发点是组织目标,管理过程中、研究过程中运用各种方法均为实现组织的目标。

事实上,管理学研究是有多种研究范式和研究方法的。我国学者乌家培教授认为,管理学科的不同领域的学者们从不同的视角出发,采用不同的逻辑思考一般的组织或者组织的特殊形式——企业,得出了多样化的观点。从 20 世纪初期出现行为科学理论范式开始,管理学范式就呈现出百花齐放、百家争鸣的局面,具体表现为各种管理理论范式长期共存,并且在其各自领域都具备相当的影响力,体现出了蓬勃的生命力。但在各个时期中,没有任何一种范式能够完全凌驾于其他范式之上处于统治地位。众多学者都对范式进行了研究,但目前的成果主要集中在梳理已有的管理学范式上。例如,从社会学角度出发,罗珉把管理研究范式分为激进结构主义(或规范范式)、职能主义(或实证主义)、诠释型(或后实证主义、后经验主义)、激进人道主义(人文主义);黄速建等考虑与管理研究相关的学科方法论,提出自然科学范式、社会科学范式、人文科学范式、哲学范式、多元学科研究范式的分类方法;根据目标的不同,张展等把管理学理论范式分为两种,一是科学主义范式,其目标是提高管理效率,二是人本主义范式,其目标是使管理更加人性化;吴金希等则将管理学范式分为实证主义范式和解释主义范式,其根据是管理学的研究特性。图 2-4 梳理了管理学范式的不同类别研究。

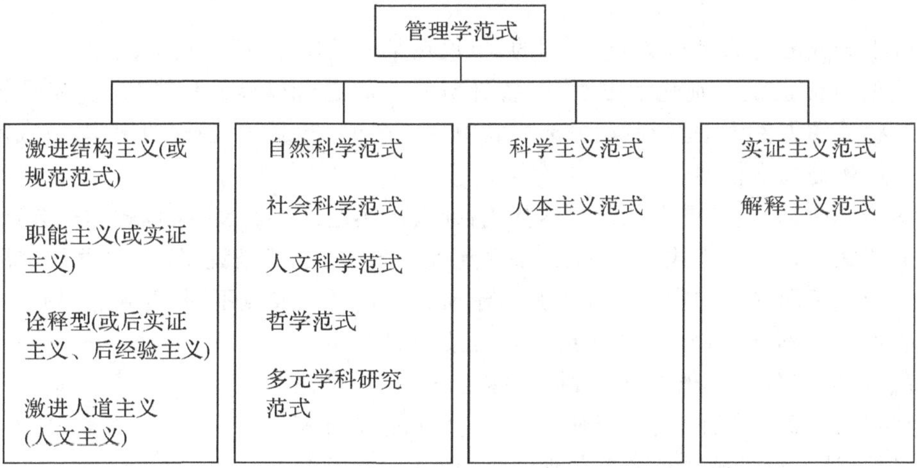

图 2-4 管理学范式分类研究的梳理

三、其他社会科学及自然科学的范式

范式被许多科学和学科所接受,因此范式在某一固定时间内是稳定的,且不会受到质疑,被学者们普遍认可,提供给学者们所研究的学科的研究框架和模型,是学者们进行研究共同遵从的世界观、认识论和行为方式。库恩认为,不仅仅是管理学,其他社会科学领域和自然科学领域中也有各自的范式,也就是说,范式理论除了帮助开展管理学研究的作用以外,还可以用于社会科学及自然科学领域。

(一)社会科学范式

在社会科学领域中,范式就是用于观察世界的一套参考框架,我们可以利用范式所提供的框架来思考世界、认识世界。社会科学范式主要包含五个方面:一是从本体论社会历史观念出发,社会科学范式包含了研究对象自身的属性和作用过程;二是社会范式提供了开展研究的方法论;三是范式提供了进行研究所依赖的最基础的理论假设;四是包含研究领域有潜力、有兴趣的主题;五是基本政策纲领。图2-5总结了社会科学范式的五个基本方面。

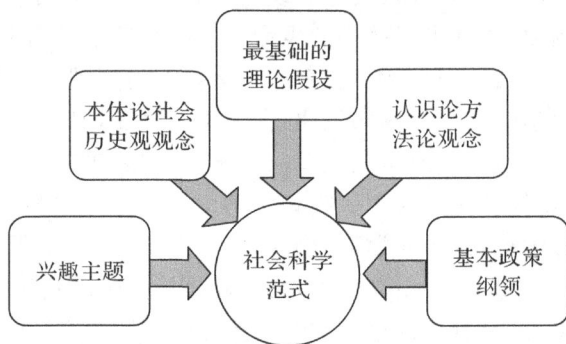

图2-5 社会科学范式的基本方面

社会科学研究的对象是特殊的、个别的,仅仅在某一情况下、某一时间发生的事件,进行分析时所采用的方法也是个别化的方法,具备针对性。而之所以展开科学研究,就是想从特殊的、个体的、感性的事件中抽丝剥茧,分离出其中的一般的、普遍的、理性的规律,范式就是提供了我们分离规律的基本框架。

社会学领域中,里茨尔提出三种基本范式:社会事实范式、社会定义范式和社会行为范式。社会科学的范式同管理学范式类似,也具备多元性的特点,也就是说,社会科学很难用一种范式来概括。产生不同的范式很大程度上是由于研究者们的出发点不同、着眼点不同、基本假设不同以及兴趣主题不同。例如在社会现实中,按照研究主体的不同,我们可以划分不同的层次,包括个体层面、人际交往层面、社会结构层面,不同的范式所研究的层次可能有所不同。除此之外,社会科学范式还具备其他特征,包括民族性与地域性、价值性或目的性,以及互补性等特征,且这些特征均不同于自然科学。图2-6归纳了社会科学范式的特征。

- 多元性范式
- 民族性与地域性
- 价值性或目的性
- 互补性

图2-6 社会科学范式的特征

(二)自然科学范式

自然科学是人类认识自然的实践活动,追求普遍的定然判断。但自然科学中学者们的研究成果并不能就此认为是真理。从哲学的角度来讲,自然科学中的研究产物仍然是经由人类活动所得的产物,只能在研究过程中无限趋近于真理。在学者们开展研究时,他们依据现有的范式进行研究,研究所得结合了研究学者们的主观价值以及所使用的范式的特点和缺陷。

自然科学的范式相较于社会科学的研究范式有很大不同,具体有以下几个方面:一是在研究前制定研究目标及研究过程中涉及的研究范围方面,自然科学只研究事实,研究过程是单纯的、客观的对事实、知识的探索,而不考虑其应用价值;二是学者们在进行自然科学的研究时,需要排除个体因素,如个人的价值观、信仰、习惯和态度等,强调标准化、客观化,使用定量方法开展研究;三是对于结果的呈现,自然科学强调准确性,利用数学语言给出结果,这与使用的定量方法一致,并且得出的结果需要经得起检验,是一般化的。自然科学如此强调定量,与其哲学基础有关,其哲学基础是实证主义,实证主义要求根据现象得出结论,而不是依赖思辨方法得出结论。图2-7归纳了自然科学范式的特征。

- 在研究的范围和目标上,规定只以事实为研究对象,把科学研究看作探索纯粹知识的活动
- 在研究过程方面,排除研究主体的价值、态度和个体因素对结果形成的影响
- 在研究的结论上,要求准确、用数学语言

图2-7 自然科学范式的特征

(三)社会科学范式与自然科学范式的区别

社会科学范式与自然科学范式既存在共同点,但又相互有所差异。其共同点主要有以下几点:一是整体性,无论是社会科学范式还是自然科学范式,都是一个有关研究主题、研究方法的整体框架;二是工具性,无论是社会科学范式还是自然科学范式,都是为研究而服务的工具;三是稳定性,范式往往在相当一段长的时间内都是稳定的,直到出现现有范式无法解决甚至会质疑现有范式的问题时,会出现新的范式来解决新的问题。

当然,两类范式也存在不同。一是与社会科学范式的多样性、多元性相比,自然科学范式相对比较单一,不会像社会科学范式一样在同一时期出现多种范式并存的局面。二是自然科学范式既然是单一的,那么也就不会像社会科学范式一样受到民族、地域的影响。自然科学范式是通用的,不会因地制宜。三是社会科学范式具备的价值性、目的性对于自然科学范式来说也是不需要进行考虑的,大自然对人类一视同仁,其中蕴含的规律也一视同仁,因此自然科学范式及其内容不因人类的价值与目的而改变。而社会科学范式蕴含着研究人员的价值观、研究目的,不同的范式要解决的问题是不同的,往往涉及人们的实际利益需要,甚至会体现出阶级性。四是同一学科不同的社会科学范式是互补的,其中可能涉及不同的视角互补、不同的价值观互补、不同的基本假设互补等,互补的范式帮助我们从不同的角度更全面地认识世界,但自然科学是客观的,其范式不存在互补的问题。

第二节　管理学研究方法

在科学研究中,之所以会形成不同的学科,是因为不同学科的研究对象和研究方法不同,这也正是区别不同学科的关键。其中,研究对象的差异是使得不同学科区分开来的最根本因素,如社会科学的研究对象是社会现象,而自然科学则是探究世界客观存在的自然现象。一门学科之所以能成为科学,不仅仅是研究对象的差异,还要看其是否能形成自己的科学研究方法,这是学科成为科学的基本保证。只有形成系统的科学研究方法,才意味着这门学科已经成熟,正如黑格尔所说,"一门学科的研究方法并不是该学科外在的形式,而是该学科内容的灵魂"。

对于管理学学科来说,其研究方法也是在学科的发展过程中逐步形成与完善的,其形成经过了长时间的积淀,成为支撑管理学发展的因素之一。与管理学学科体系的多元性相适应,管理学学科的研究方法也是多元化的、多层次的。通过研究管理学的发展过程及其脉络可以发现,管理学及其研究方法都与其他学科进行交叉。管理学在其研究过程中,不断地对其他相关学科进行吸收和借鉴,如社会学、经济学等,形成了多学科交叉的局面。正因为如此,对于管理学学科的研究,其问题具备复杂性,是一般性和特殊性的统一,因此管理学研究的方法也需要多样化,与管理学研究多学科交叉的特点相适应。

一、关于方法与方法论

管理学的研究方法和方法论是两个在含义上既相互联系又互相区别的概念。如果用人来比喻方法和方法论,方法就是人们的眼睛,通过眼睛我们可以看见世界发生的一切;方法也是人们的手足,我们可以通过手足改变世界;甚至方法也可以是手足的延伸工具,可以比作人类发明的各种工具、器械,如大数据、机器人等。方法论指导我们采用什么样的方法来观察世界和改造世界,类似人的骨骼,一旦方法论改变,相当于换了一个人。不同的方法论类似于不同的人,所使用的方法会有所不同,感知到的世界及改造世界的方法也会有所不同。方法论和方法的关系是顶层设计与下层操作的关系,方法就是在方法论指导下的具体办法。

(一)管理学研究方法

在科学研究中,方法即为开展研究所使用的工具,指导我们如何收集资料以及提供收集资料所使用的工具。例如,生物领域的学者和管理学领域的学者采用不同的研究方法支持其研究,生物领域的学者开展研究使用显微镜观察细胞,而管理学领域的学者利用问卷调查获取一手数据,前者不会使用后者的方法,后者也不会采用前者的工具。

管理学研究方法是指管理学中各种具体管理学方法的汇总,是研究主体认识管理这一研究对象本质和规律所采用的思路与程序,是研究主体把握管理这一研究对象的方式、法则、手段和规范的总和。管理学方法包含认识问题和解决问题两大类方法,具体来说,管理学开展研究,首先要认识现象,挖掘现象中包含的问题;其次面对管理问题,要进行解决。由于管理现象的复杂性和管理学科的交叉性、多元化,管理研究往往不可能仅靠某一种单一的方法就能够解决问题、完成研究,需要多种类、多层次的方法结合使用,因此多种方法就形成了管理学研究方法体系。

管理学研究方法体系是指在进行管理研究的过程中为实现管理研究目的所采用的一系列的相互联系、相辅相成的方法。与管理研究范式类似,管理学研究方法体系也是在管理学科的形成和发展中逐渐进步和形成的。针对不同的研究目的、研究对象,所使用的管理学研究方法有所不同,也就是说管理学研究的主题和目的决定了研究所使用的数据及其信息采集的方法。具体来说,管理学研究方法按照不同的维度可以有三种分类方法,如图2-8所示。

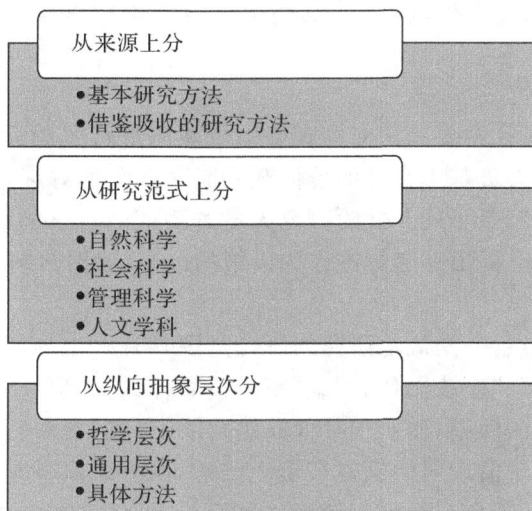

从来源上分
- 基本研究方法
- 借鉴吸收的研究方法

从研究范式上分
- 自然科学
- 社会科学
- 管理科学
- 人文学科

从纵向抽象层次分
- 哲学层次
- 通用层次
- 具体方法

图2-8 管理学研究方法分类的三个维度

管理学的研究方法涵盖多种方法,片面地强调管理学研究中的某种方法都是有失偏颇的,比如过分强调实证研究方法等,各种方法的有效融合才是促进管理学研究快速发展的重要途径。

(二)管理学研究方法论

方法论是一种具备哲学意义的理论学说,它为研究学者们提供了研究全过程所应当遵循的价值观和基本假设,提供了探索真理的一般途径和方法。一门成熟的学科往往已经建立了成熟的方法论体系,也就是说,方法论的成熟度和其独特性是判断学科是否成熟、是否有别于其他学科的重要因素。

现代管理方法论,既包括传统学科的理论方法的最新发展内容,也包括各横断学科、新兴学科等现代科学方法论的内容。崔援民将现代管理方法论体系的内容进行了以下初步划分:①系统科学方法群;②控制论、信息论方法群;③系统自组织理论方法群;④相似理论方法群;⑤数学、统计学方法群;⑥决策科学、经济学方法群;⑦其他方法群。这种划分方式是相对的,各种方法之间其实是相互支持、彼此融合的,因此现代管理方法论相当突出的一个特征就是不断融合、趋向统一。这种融合和统一,既表现在管理方法和管理理论的趋同上,也表现在不同学科的研究方法逐渐趋同上。

管理学作为一门社会科学,其具备的科学性和艺术性已经成为广泛的共识。正是由于管理学既具备自然科学的客观性、科学性,也具备人文学科的思辨性,因此在管理研究方法论中,也存在着实证论和诠释论的分歧。其中,实证论强调理性、逻辑性,采用这种方法的研究力图保证其研究过程的规范性和客观性,通过案例、调查、大量的数据佐证、统计学知识等与定量技术相关的知识和技术来验证其假设的合理性。回顾管理学研究的历史过程,实证主义在研究中占据了领导地位,泰勒的科学管理、运筹学、系统工程等都是采用实证主义的思想。诠释论则强调洞察力、思辨。在管理学领域里,由于人的复杂性导致同一个管理学问题在不同的主体、不同的情境下其过程和结果都有所不同,诠释论认为应当以描述和解释为主,强调以自然的、参与性的观察为手段,注重在研究对象的过程和整体进行丰富性、生动性、深层次性的描述,并在此基础上进行想象和移情,因此和实证论有很大的区别。

1.规范研究与实证研究

(1)规范研究。规范研究主要是指对客观事物或现象进行主观评价的研究分析方法。规范研究的开始往往是研究人员基于自己的价值观判断某现象的好坏,但不同的人基于不同的价值观有可能对该现象的判断不同。此时研究人员若要证明自己的观点,或者探求现象背后的本质,必须根据价值判断,提出一套标准作为决策的依据,运用归纳演绎的方法,来概括出其中的理论,用以指导实践。

规范研究具有三个特点:一是规范研究的研究范围具有一定的局限性,它只能回答"应该是什么"或"不应该是什么"、"应该做什么"或"不应该做什么"、"应该怎样"或"不应该怎样"等之类的"应该"或"不应该"的问题,而对于其他问题则缺乏一定的说服力。二是客观性不足,规范研究是基于研究人员的价值观对问题进行演绎推理,没有事实的检验和证实。三是规范研究是一种价值判断,而不是某个客观事实运行的过程,其研究对象和讨论的基础是基于个人或团队的评价标准。

正是由于规范研究自身具备的几个特点,其研究目的往往是要找出更优解,如更合理的活动规则,更优化的活动程序。但是,其特点也决定了规范研究很难建立一套系统、完整的理论,很难找出普遍性的原则和方法。

(2)实证研究。实证研究方法是指从某个可以证实的假设前提出发来分析人们和组织的活动,并预测活动后果的一种分析方法。实证研究在自然科学的运用中更加广泛,通常先对观察到的现象进行抽象,分离出其中的本质,然后运用科学的方法进行分析推理,得出其中的因果关系,并对未来可能存在的现象和情况进行预测。实证研究方法关注于问题本身是什么,如何解决,存在什么样的规律,但不涉及价值判断,并且对于规律的验证往往需要用实际证据、数据来证明。

实证研究方法具备四个特点:一是实证研究方法所研究的问题与规范研究的问题不同,实证研究的问题是"是什么"或"不是什么"的问题。二是实证研究方法具备客观性,其结论的正确与否不与个人的价值相关,且需要实际证据证明。三是实证研究方法是对客观事实、经济运行的过程进行判断,不依赖于个人或者团队的评价标准。四是实证研究方法具备科学性和务实性,其研究的过程是可复制的,定量与定性相结合,不以人的意志为转移。

管理学中常用的实证研究方法可以被分为两类,即直接研究法和间接研究法,这两类研究方法又各自包括不同的具体方法。其中,直接研究法包含实验法、实地研究法(田野调查法)、访问法、集体访谈法、问卷法等,这几种方法都直接与研究对象接触。文献法、文本调查法、比较分析法等属于间接研究法,不直接参与到研究对象的活动中去,是非参与性的研究。与非参与性研究相对应,还有一种不常用的方法是参与性研究,采用这种方法的研究人员会直接参与到研究对象的活动中去。此外,按照不同的标准,实证方法也可以有不同的分类方法。按照研究对象可以分为全面研究、典型研究、重点研究、个别研究和抽样研究,其中,抽样研究按照抽样方法又可分为随机抽样研究和非随机抽样研究。图 2－9 对实证研究的具体方法进行了分类。

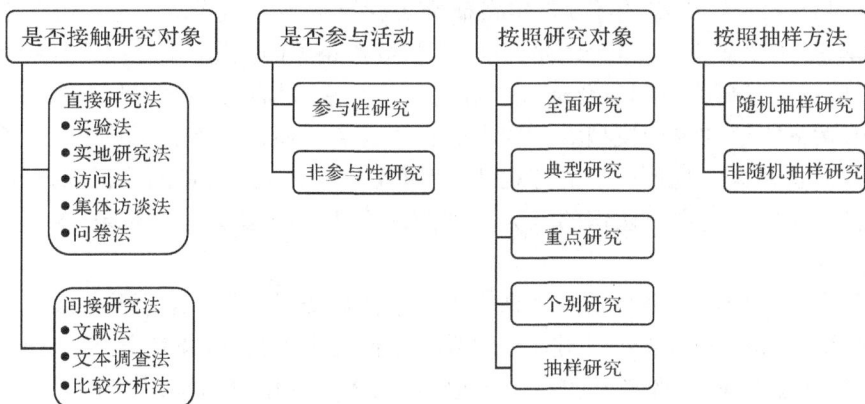

图 2－9　实证研究方法的分类

(3)规范研究和实证研究的结合。规范研究比较多的是要表达自己对某一事物或现象的看法,带有比较强烈的感情色彩。实证研究的目的只是说明一个现象,并不解释这一现象背后的性质和实质是什么,也没有任何的感情色彩。关于规范研究方法和实证研究方法的争论在管理学发展的历史中从未停止。规范研究的支持者认为实证研究方法过分关注框架中的细枝末节,其结论只是既定事实,缺乏理论贡献。而实证研究方法的支持者认为规范研究方法缺乏科学性、客观性,忽视检验现有理论,缺乏最基本的理论支撑,从而以这种研究方法得出的整个理论框架脱离了最基本的理论支撑。

规范研究方法和实证研究方法各有其优缺点。事实上,从管理学发展史来看,规范分析方法和实证分析方法是可以在管理学理论研究中结合在一起的。我们认为,正确的态度应当是消除两者对峙的状态,取两者精华,将实证研究方法和规范研究方法结合在一起使用。将两者结合,一是能将使用规范研究方法经过演绎推理得到的结论利用实证研究方法进行验证;二是采用规范研究方法能够保证假说经过思维的模拟检验,而实证研究方法则保证假说经过实践检验,二者结合则使得假说经过双重检验,促使定性的、抽象的假说向具体的、可度量的理论转化;三是二者相结合能够使得理论与实际相结合,保证理论的应用价值。

2.定性研究与定量研究

(1)定性研究。定性研究是一种探索性研究,也是一个发现问题的过程。定性研究通常用来提出假设和确定研究中所应当涉及的变量,一般研究的问题是事物"是什么"、现象"为什么会发生"等,通过文字从不同角度来描述事物及现象的本质特征。因此,通过使用定性研究方法,研究人员可以获得多角度的信息,寻找出事物多角度的本质内涵和联系。通俗地讲,定性研究就是对事物的质的方面的分析和研究,通过认识事物的质,寻找事物的本质联系。

定性研究方法往往搜集许多描述性的资料,如文字和图片,不涉及数据,其理论基础主要是解释主义科学方法论,对社会现象进行带有价值观影响的解释,因此其结论往往是模糊的、不完全确定的。定性研究通常采用深度访谈法、行动研究法、参与观察法、个案研究法等方法开展研究,通过对资料进行归纳总结来对现象进行描述,对事物的本质进行挖掘。

(2)定量研究。20世纪40年代后,定量研究方法开始发展起来,出现了运筹学、统计学、系统工程等学科,主要研究"有多少""是多少"等和数量相关的问题,注重利用数字来对研究内容进行量化,因此定量研究也叫量化研究。和定性研究注重描述性分析相对应,定量研究则是利用与数字有关的方法和统计模型等对调查资料中变量之间的关系进行研究,测试其相关性和因果关系等。这种方法具备一定的客观性,利用数字对事物进行量的分析和研究,一定程度上避免了定性分析对人的主观认识的偏见,帮助人们更精确地认识社会现象,准确把握事物的内在规律。

与定性研究的社会现象是与主体息息相关的本体论假设不同,定量研究认为社会现象是独立的,是客观存在的,因此必须利用客观的方法进行观察和测量,并且研究者进行研究时,也必须保持中立的原则,避免将自己的主观价值、观点掺入其中,研究者应当采用精确的、数量的、流程化、方法化的客观研究方法来对假设进行验证,观测其假设变量之间的关系。

(3)定量研究和定性研究的区别。

①研究目的不同。定性研究往往用来明确某一种现象是否存在、是否存在变化,其本体论基础是现象,是人们主观的解释,主要依靠逻辑推理、历史事实和生活经验等开展主观分析并得出结论。而定量研究确定了某一事物存在的数量问题,根据客观的数字结果探究其中的关系、定律等。定性研究为定量研究的内容指明了方向,而定量研究为定性研究提供了客观证明。

②研究者与研究对象的关系不同。在定性研究中,研究者往往与研究对象存在紧密的联系,因此研究者对研究对象往往有浓厚的主观思考,其价值观、个人认知能力与研究对象、研究结果紧密相关。而开展定量研究的研究者与其研究对象相对独立,其研究对象客观存在,不以研究者的意志为转移。

③研究方法不同。定性研究与定量研究所研究的内容不同决定了其所使用的资料、数据的格式、内容不同,因此二者搜集资料和数据、处理数据、分析数据的方法有所不同。定性研究通常使用深度访谈、观察法、个案研究法等搜集资料,利用归纳、推理演绎的方法进行资料分析和研究。而定量研究则利用调查法、问卷收集法、实验法等方式搜集数据,再利用统计学的方法进行数据处理。

④研究步骤不同。定性研究的研究过程通常包括以下几个步骤:明确研究问题→明确研究目的→明确研究对象→收集研究对象资料→与研究对象建立联系→开展调查→分析调查资料→得出结论。定量研究方法的研究过程与定性研究既存在差异,也有共同的部分,具体包括的步骤为:明确研究问题→提出研究假设→明确研究变量→选择测量工具→随机抽样→控制无关变量→数据测量与收集→数据清洗与信效度分析→数据分析→验证研究假设→得出结论。

综上,定性研究与定量研究的对比如表2-1所示。

表 2－1　定性研究与定量研究的比较

对比项目	定性研究	定量研究
研究目的	明确某一种现象是否存在,是否存在变化。事物是什么、现象为什么会发生等	确定某一事物存在的数量问题。研究有多少、是多少等和数量相关的问题
研究者与研究对象的关系	研究者往往与研究对象存在紧密的联系	研究者与其研究对象相对独立
研究方法	使用深度访谈、观察法、个案研究法等搜集资料,利用归纳、推理演绎的方法进行分析	利用调查法、问卷收集法、实验法等方式搜集数据,再利用统计学的方法进行数据处理
研究步骤	明确研究问题→明确研究目的→明确研究对象→收集研究对象资料→与研究对象建立联系→开展调查→分析调查资料→得出结论	明确研究问题→提出研究假设→明确研究变量→选择测量工具→随机抽样→控制无关变量→数据测量与收集→数据清洗与信效度分析→数据分析→验证研究假设→得出结论
表达的特点	强调研究者对社会现象的理解和意义的发现	精确、形式化、可操作化、数量化
对象选择	选择单一或几个对象	随机抽样
理论基础	解释主义科学方法论	实证主义哲学

(4)定性研究和定量研究的联系。定性研究与定量研究的研究模式上的差异是显而易见的。然而,定性研究和定量研究并不是完全割裂的,二者的本质都是系统地、科学地开展研究的方法,而且通常都通过比较的方式对问题进行解释和分析。

定性研究是研究者本人处在研究情境中,收集资料进行归纳、形成结论,通常对问题和现象进行深入的解释,其特点是具备归纳性、解释性、描述性、整体性。但定性研究的结论无法推论到总体,其研究的结果不具备精确性,会受到研究者主观判断的干扰。定量研究针对事物及问题中可以量化的部分进行研究,通过数据的测量和分析检验研究假设是否正确。定量研究具有可预测性、数据处理精确性、探索性和验证性等特点,可提供事物发生的量变信息,结果可推论到总体,结论是演绎性的。定量研究提供信息来验证假设,但只能提供粗略的解释,其研究结果具有一定程度的片面性,因为并不是所有的问题和事物都能够进行量化。定量研究的结论具有概括性,一定程度上可以适用于全体。

定性研究与定量研究各具特色,优缺点各有不同。定性研究的过程相对较短,花费的时间较短,所需要的成本也较低,而且由于采用的方法往往是访谈、观察、深入调查等,可以很好地反映研究对象的动机和态度,通过与定量研究的配合,往往能够对问题进行深入的挖掘。但正因为定性研究所采用的方法往往是针对少数群体进行调查,其调查对象的代表性有所局限,调查对象不够广泛,不能代表全体,且定性研究受到研究者的主观影响较大。定量研究更具备科学性,其利用统计学、数学的方法进行研究,较为客观,受研究者的主观影响较小,准确度和精度较高。但定量研究中含有大量数据,需要研究者进行深刻以及准确地对数据结果进行解读,否则数据结果仅仅是数据的堆砌。定性研究与定量研究的优缺点对比如表 2－2 所示。

表 2 - 2　定性研究与定量研究的优缺点比较分析

优缺点	定性研究	定量研究
优点	时间短、成本低,能反映出被调查者的动机和态度,具有较好的深度挖掘性	更具科学性,客观,受研究者的主观影响较小,准确度和精度较高
缺点	调查对象不够广泛,不具备代表性,受研究者主观性的影响较大	如果对数据不善于利用和分析,则缺乏现实指导意义

定量研究与定性研究两种研究方法都有自己特有的特点、优越性以及局限性,并不存在绝对的好坏,两者只是从事物的不同角度、不同方面入手来开展研究。同时,两者并不存在天然的对立关系,相反,两者是相互关联和相互补充的。在实际的研究中,将定性研究与定量研究结合起来进行研究,才能相互提供帮助和支持。如果片面地认为只能使用其中一种研究方法,就无法利用两种方法的优点进行互补,也无法完全克服两种方法的缺陷。例如,只采用定性分析,很难对问题进行客观的研究;只采用定量分析,就只能局限于事物可以量化的部分,只能掌握事物的局部。

定性研究与定量研究不能相互替代,二者是统一的。管理学作为一门社会科学,其研究对象的复杂性本就决定了管理学的研究方法不是单一的,而是多样的,甚至会延展到除管理学以外的其他学科的内容与方法。事实上,定性研究是进行定量研究的基础和前提,没有定性的定量是一种盲目的、毫无价值的定量,而定量研究使定性研究更加科学、准确。总之,定性是定量的依据,定量是定性的具体化。我们应当摒弃非此即彼的想法,在开展研究时,应当充分发挥两者各自的优势,合理地利用定性研究与定量研究,相互借鉴,以达到互补的效果。

二、大数据助力社会科学研究

(一)大数据的含义

随着互联网等数字科技的蓬勃发展,我们现在已经处于大数据时代,如何运用大数据所带来的变革与创新,已成为学术界和实业界面临的新的机遇与挑战。大数据分析思想已经推广到了社会科学研究的多个学科领域。现实越来越表明,大数据将助力于社会科学研究。

大数据是传统数据处理应用软件不足以处理的大或复杂的数据集的术语,又称为巨量资料,简言之,就是海量数据。但大数据并不是只有数据量巨大这一个特征。IBM 提出大数据有五个特征:volume(大量)、velocity(高速)、variety(多样)、value(低价值密度)、veracity(真实性)。

实际上,在没有大数据这个概念之前,我们就面临着处理海量数据的问题,我们称之为数据挖掘,指从大量数据中探索出规律、知识等。当今的大数据,就是更加广泛化的数据挖掘,不仅仅应用于科学研究,而且可以用于社会运转的方方面面,为社会带来巨大的影响。同样地,社会科学领域也深受大数据的影响,甚至可以说,大数据为社会科学领域带来了颠覆性的变革和挑战。由于大数据将人类社会传统的生活方式颠覆为数字化生活,使得人们的生活环境、行为态度等都产生一定的改变,并且被数据记录和保存,使得分析人类社会和行为的社会科学学科也迎来了革命性的变化。

（二）大数据的基本特征

一般地，大数据具备以下几个特征：

（1）数据海量。数据海量是大数据的基本特征，而且数据的量级随着技术的进步不断增加、不断变化。

（2）数据多样。大数据并不局限于传统意义上的数字，其形式多种多样，如网络日志、社交媒体数据等。

（3）社交网络数据源。大数据真正的兴奋点来自社交网络，如国外的 Facebook，国内的微博、微信等。随着互联网的普及与发展，来自社交媒体的数据每天可达亿级。

（4）公开易获得。海量数据并不是保密的，大数据的意义也不在于存储，其数据会在各种类型的商业活动过程中自动存储，并且在一定的规则下可以进行采集，同时也有许多机构提供商业性质的数据。

（5）重预测而非了解现状。在激烈的商业竞争中，对未来的预见能力对于企业的影响至关重要，企业利用大数据重在通过已有的历史数据反映未来可能发生的情况，对未来进行预测。从科学研究的角度来说，自然科学对于现象重在了解而非预测未来，而大数据时代，其应用重在预测，是客观的数据背后人的主观行为，因此大数据与社会科学领域息息相关。

（6）重全体轻抽样。大数据本身就是海量数据，其在商业运行中自动存储，并且随着技术进步，数据的存储和处理能力得到提升，能够涵盖的数据量级越来越大，类型越来越多。尽管大数据不能完全等同于包含总体，但能够尽可能地具备代表性。这并不代表大数据不需要抽样，理论上讲，再大的局部也没有随机抽样更具代表性，因此随机抽样也是必要的方法论。

（7）非结构化数据。随着大数据能够涵盖的数据类型越来越多，其包含的非结构化数据也越来越多。而且通过对大数据的利用往往是要发现先前未知的、有用的信息，这些信息更多隐藏在非结构化数据中。有一种说法，只有 10% 的是结构化数据，90% 的数据都是非结构化数据。

图 2-10 归纳了大数据的七个基本特征。

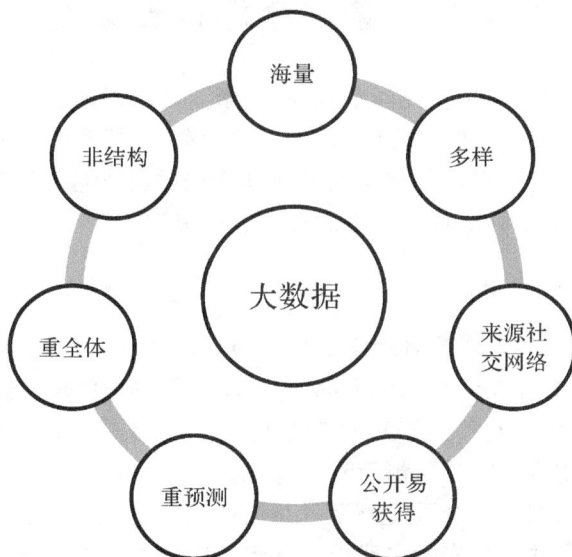

图 2-10　大数据的基本特征

(三)大数据助力社会科学发展

大数据时代的到来对社会科学研究产生巨大影响,对研究范式提出新的要求,也就是说,基于大数据的研究会成为自然科学、社会科学研究必须考虑和使用的研究范式,具体体现在以下几个方面。

1.延伸经典学说

社会科学的流派和体系众多,但追本溯源,往往都能追溯到少数经典的假说和理论上,这些理论往往由过去的学者提出,立意高远,强有力的概括了未来社会、理论的发展和变迁。由于这些理论的宏观性,其复杂的内容并不能直接与现实的具体事件相连,过去传统的横截面数据、面板数据等无法对宏大的理论进行验证,但大数据庞大的体量和类型则提供了可能。

2.拓展人类的经验范畴

大数据的海量数据使得研究者基于简单的统计描述就可能展现过去未曾发现的规律,这大大拓展了个体经验的边界,具备有限经验和认知的个体研究者可以通过大数据的利用得到新的启示,提炼其中存在的规律和理论。而且大数据的近似全样本的特点一定程度上能够避免研究者的个体经验不足导致的主观性的干扰,可以开阔研究者的思维。

3.缓解研究方法的分歧

大数据使得定性研究和定量研究能够进一步融合,缓和二者的差异,更好地联系两种研究方法。对于定性研究而言,大数据可以通过海量规模的样本直接发现和展示出社会现象的规律,避免定性方法单一样本带来的偏差。对于定量研究而言,大数据的样本扩大也能使得定量分析的准确度和精确度增强,成为研究人员开展因果分析的利器。

4.优化变量的测量

宏大的理论变量的测量是否具备说服力往往是研究中的一大难点,在过去,小范围的数据中往往很难找到对应的测量方式,而大数据则为变量的准确测量提供了可能。

第三节 管理学价值性矛盾

当今的管理学研究领域,既是存在许多机遇,不断涌现新理论、新观点的领域,也是一个受到许多批评,让人颇为困惑的领域。管理学作为一门学科,包括密切相关的三部分内容——管理科学、管理伦理和管理艺术,它们分别反映了管理实践的科学性、道德性和艺术性。随着社会的发展,管理学面临着一系列的价值性矛盾和实践困境。

一、严谨性与实践性的矛盾

近年来,国际国内学术界对主流管理学的质疑愈演愈烈。一方面,管理学理论对于社会实践的指导能力不足,与社会存在一定程度上的脱节,不能很好地解决实践问题;另一方面,管理学的原创理论不足,往往借鉴和移植相关学科的理论,严重依赖其他社会科学。也就是说,管理学研究在实践方面和学术研究方面都面临着危机。

出现这种双重价值困境的一个重要原因就是研究人员和实践人员的分离。也就是说,开展管理学研究的研究人员并不是实际实践中进行组织管理的管理人员。科研人员与实践人员的分离状态导致科研人员所研究的内容并不是实践人员认为的亟待解决的管理问题,而科研人员在研究过程中也无法保证面面俱到,无法将实践中产生的问题完全转化为科学研究问题。

由于科学研究的实验要求等客观问题,研究过程中往往需要对实践中的琐碎现象加以简化,因此,管理学术研究如何在"科学严谨性"和"实践相关性"之间保持平衡的问题始终是一个在学术界和理论界争执不休的难题,受到了诸多关注。

一些学者认为管理学研究中"科学严谨性"和"实践相关性"之间的矛盾不可弥合。持该观点的人认为,科学是一个自我指认、自我参考的系统,具有高度的自创性和自洽性。同时,实践系统和科学系统都具备封闭性,通俗地讲,类似于俗语"隔行如隔山"。实践系统和科学系统其中蕴含的制度逻辑是完全不同的,二者逻辑不同、认知不同,所产生的需求和知识很难进行交流和吸收。因此,科学研究中的"科学严谨性"标准与"实践相关性"标准很难弥合。

尽管如此,也有相当一部分学者认为二者之间的矛盾可以弥合,而且,近年来已经有众多学者开始思考如何在研究中兼顾"科学严谨性"和"实践相关性"。例如,Starkey 与 Madan 认为,为了弥合科学与实用性之间的鸿沟,首先应该明确管理研究的科学目标,并以研究为导向确立合作关系。

因此,如何理解管理科学研究的"科学严谨性"和"实践相关性"的含义(也有人称"科学规范性"和"实践切题性"),如何把握管理科学研究的"科学严谨性"和"实践相关性"二者之间的关系,是一个要继续争论的话题。

二、方法与理论构建的矛盾

管理研究中存在这样一种矛盾,即管理顶级期刊主导下的管理研究范式主要以实证研究方法为主,这是因为管理学期刊致力于推动管理学的规范研究,进而使管理学科成为具备范式一致性的学科。这种期望导致管理学期刊所青睐的管理学研究具备方法上的一致性和严谨性,而定性研究方法、规范研究方法均受到研究者的主观影响,因此想要保证严谨性,往往需要采用实证研究方法。但实证研究最为突出的局限性就是缺乏对理论要素的详细阐述,因此,就产生了管理学研究方法与理论构建之间的矛盾。

实证方法作为目前管理学研究的主流研究范式,虽然与理论构建存在一定矛盾,但并不是对理论构建毫无贡献。一方面,理论的构建需要进行完整的研究设计,方法是研究设计中不可或缺的一环,通过对方法的运用,才能得到最终的理论;另一方面,通过使用实证方法,能够对构建的理论进行验证。

可见,理论的构建需要创造性,可能会与方法有某些冲突,即管理科学的规范性和管理理论的创造性可能存在一定的冲突。但关键是如何理解二者之间的冲突关系,如何协调二者之间的冲突,这是一个需要继续探讨的问题。

三、学科边界与合法性

20 世纪早期的科学管理运动是管理的科学化进程的开始,科学管理为管理作为科学的基本理念提供了智力基础。一百多年来,各门学科日益深入,一直秉承着分科治学的理念。20世纪 70 年代,人们认识到许多问题需要多门学科交叉合作,单凭一门学科很难解决问题,因此出现越来越多的学科交叉融合的情况,跨学科研究也日益受到重视。

管理学科本身就进行了学科交叉融合,管理学的许多理论也来源于其他社会科学领域,如社会学、经济学、心理学等。这背后的原因在于管理学科的应用性和实践性,其并不是一门纯理论的学科,而是必须立足于实践,以问题为导向,着力解决现实中的管理问题。管理学必须根据现实问题与情况,充分调动可利用的知识与方法,而不局限于管理学范围内。因此,管理学不是一种纯粹追求真理和规律的自然科学,不是仅用于欣赏和展示的艺术,也不是一种开展思想教育的哲学或伦理,而是实实在在以解决现实问题为目的的综合知识。

正因为管理学的学科交叉性和综合性,不禁让人思考管理学作为一门独立学科的价值所在。更重要的是,管理学如果从其他相关学科借鉴大量概念、框架和方法,只专注于构建完整的科学体系而忽略了管理学本身解决现实问题的目的,则使得管理学的跨学科发展与实践相关性之间矛盾重重。此外,管理学的受用客体正变得日益多元化、复杂化,使得管理学更加无所适从。

事实上,现在人们已经越来越认识到基于科学规范模式下的管理学研究在发现和预测方面所具有的积极意义,管理科学在管理学科和管理实践的发展过程中都发挥着极其重要的作用,并且目前正沿着良好的态势发展。

本章案例阅读

【案例 2-1】 **如何管理**

在一个管理经验交流会上,有两个公司的总经理分别论述了各自对管理的看法。

A 公司总经理认为,企业首要的资产是员工,只有员工们都把企业当成自己的家,把个人的命运与企业的命运紧密联系在一起,才能充分发挥他们的智慧和力量为企业服务。因此,管理者有什么问题,都应该与员工们商量解决;平时要十分注重对员工需求的分析,有针对性地给员工们提供学习、娱乐的机会和条件;每月在黑板报上公布当月过生日员工的姓名,并祝他们生日快乐;如果哪位员工生儿育女了,公司应派车接送,总经理应亲自送上贺礼。在 A 公司里,员工们都普遍地把企业当作自己的家,全心全意地为企业服务,企业日益兴旺发达。

B 公司总经理则认为,只有实行严格的管理才能保证为实现企业目标所必须开展的各项活动的顺利进行。因此,企业要制定严格的规章制度,建立严格的控制体系,注重上岗培训,实行计件工资制和岗位责任制等。在 B 公司里,员工们都非常遵守规章制度,努力工作以完成任务,公司发展迅速。

【案例 2-2】 **关于研究方法**

方法论是人类认识世界、改造世界的根本方法,对于任何一个学者来说,都非常重要。正如迈尔斯所说:研究者要想为读者呈现一个确实可信的研究报告,就必须要向外界清楚阐述自己的研究倾向以及如何构建这个世界的外观,也就是研究方法。扎根理论是当前社会科学中最有影响的研究范式之一,是走在质性研究革命的最前沿的方法论。因为它将量化研究和质性研究的传统分歧进行调和,将宏观研究和微观研究之间的鸿沟进行填补。但同时,扎根理论又是一个充满争议、开放包容与不断发展的新兴研究方法。其核心思想强调从经验数据中构建理论,一切皆为数据,备忘录、访谈、观察、思考、文本、文献等都可以作为扎根理论的原始数据,并进行系统分析与逐步归纳,最终在经验事实基础上抽象出理论,解决社会科学研究中普遍存在的理论性研究与经验性研究之间严重脱节的现象。扎根理论经过众多学者的努力,其体系日臻完善,呈现多元化的发展趋势,但也产生了误解与争议。

(资料来源:吴毅,吴刚,马颂歌.扎根理论的起源、流派与应用方法述评:基于工作场所学习的案例分析[J].远程教育杂志,2016,35(03):32-41.)

【案例2-3】　　　　　　　　　　**管理实践方法**

2001年电信运营商中国铁通成立。由于需要进行电信本地网的建设,参与其他电信运营商的竞争,公司成立了"铁通一号工程"项目。该项目直接影响到未来市场格局划分,各个厂家非常重视。"铁通一号工程"开展了招标。

华为最终中标,回顾其销售过程,其成功的销售源于理论的思考、系统的分析和具体的方法。①深入调研,知己知彼。华为接到任务后立刻开始做深入的调查研究,包括铁通内部的组织结构、决策链、负责人背景、各相关厂家与铁通交往的历史情况、设备情况、客户关系情况等。②以客户为中心,深入关系。铁通的市场人员都是技术人员出身,没有市场经验和意识,华为根据自己的经验,以客户为中心,与他们探讨如何经营、提供销售技巧、帮助他们拓展客户、撰写铁通市场分析报告以解决他们的建设思路问题等,做到了其他厂家不能做到的事情。③抓住需求,迅速切入。项目时间非常紧迫,但铁通初建,没有设备、市场、经验等,急迫地想知道如何建设与运营,华为畅谈电信运营商的建设与经营之道,成功建立客户关系,把握了客户建设思路。④发现问题。虽然客户关系已经建立,但产品还没有得到认可。华为在与铁通交谈过程中,有意识地询问竞争对手的情况,寻找对方的不足,加以引导,使铁通认识到对手产品的不足,并着重介绍自有产品的优势,成功使铁通信赖华为的产品。

本章要点小结

1. 范式是一个具有整体性的认识世界的框架和价值标准,是集信念、理论、技术、价值为一体的一个范畴。

2. 范式包含了不同层次的内容,大致可分为:某一科学家集团或学术共同体在某一学科中所具有的共同信念、共同世界观、方法论和价值标准;科学实际活动中为某一科学研究传统的出现提供了模型的某些被公认的范例;科学共同体一致接受的专业学科的基本理论和取得的重大科学成就;科学共同体拥有的仪器设备和使用方法。

3. 范式具有独有的特征:范式具有科学结构性和完整性;范式具有工具性和实践性;范式具有相对稳定性和灵活性;范式具有社会性和历史性。

4. 管理学是一门强调实用的学科,旨在运用自然科学的实证原则和方法,从观察经验事实出发,探索组织的管理活动的基本规律和一般方法,用于解决组织的管理问题,指导组织的管理实践,实现组织的目标。

5. 管理学范式包含了管理学家对他们所研究主题的本体信念、共有价值、符号通式、典型案例的分析,还包含管理学家对管理学历史阶段的一个划分。

6. 社会科学范式是由本体论社会观观念、认识论方法论观念、基本理论假设、研究主题和基本政策纲领等五个因素,按一定结构组成的有序整体,是社会科学理论体系和研究活动的重要组成部分和构成因素。

7. 管理学的研究方法和方法论是两个在含义上相互区别的概念:方法是人看世界的眼睛,以及应对和改造世界的手足,甚至可作为手足功能之延长的工具;方法论是具体方法在本质上的集合。

8. 管理学研究方法论中,存在着实证论和诠释论的分歧:实证论是科学主义方法论思想的具体体现,强调理性和逻辑的中心作用;诠释论认为知识产生于思维活动,而思维能力取决于个体相互之间共有的包含互惠观点的符号或象征,强调管理学与自然科学的差异。

9.规范研究主要是指对客观事物或现象进行主观评价的研究分析方法,以人们的主观价值判断为前提,主要运用演绎和归纳的方法,从事物的规则来概括理论概念,并试图以此引导实践活动。

10.实证研究方法是指从某个可以证实的假设前提出发来分析人们的活动,并预测活动后果的研究分析方法,在观察到事实的基础上运用科学的抽象法通过分析推理对经济和社会现象的因果关系进行客观的指示,并对有关现象做出预测。

11.规范分析要表达自己对某一事物或现象的看法,带有比较强烈的感情色彩;实证分析只是说明一个现象,并不解释现象背后的性质和实质。理想的选择应该是消除两者之间的对峙与争辩状态,同时承认彼此的正确性和价值性,以此促成两者在研究过程中一定程度的结合运用。

12.定性研究是一种探索性研究,是一种用来定义问题或寻找处理问题的途径,常常用来制定假设或是确定研究中包括的变量;定量研究是指采用数量的方法来对资料或信息进行分析、比较,从而得出有价值的结论。定性研究是进行定量研究的基础和前提,定量研究使定性研究更加科学、准确,二者相辅相成。

13.定量研究与定性研究两种研究方法都有自己特有的特点、优越性以及局限性,并不存在绝对的好坏,两者只是从事物的不同角度、不同方面入手来开展研究。同时,两者并不存在天然的对立关系,相反,两者是相互关联和相互补充的。在实际的研究中,将定性研究与定量研究结合起来进行研究,才能相互提供帮助和支持。

14.大数据是传统数据处理应用软件不足以处理的大或复杂的数据集的术语,又称为巨量资料,简言之,就是海量数据。大数据具备以下几个特征:数据海量、数据多样、社交网络数据源、公开易获得、重预测而非了解现状、重全体轻抽样、非结构化数据。

思考和讨论题

1.范式的概念和意义是什么?

2.如何理解管理学范式?

3.如何区分管理学研究方法和方法论?

4.如何理解管理学研究方法论中的分歧?

5.什么是规范研究和实证研究?它们各有什么优缺点?

6.什么是定性研究和定量研究?它们各有什么优缺点?

7.如何理解大数据的概念?大数据有哪些特点?大数据对社会科学有什么影响?

8.如何理解管理学严谨性和实践性的矛盾?

9.如何理解管理学方法与理论构建的矛盾?

10.如何看待管理学的学科边界与合法性?

本章参考文献

[1]德鲁克.21世纪的管理挑战[M].北京:机械工业出版社,2009.

[2]崔援民.现代管理方法论[M].北京:中国商业出版社,1996.

[3]段钎.企业管理学范式研究[D].武汉:武汉大学.

[4]高良谋,高静美.管理学的价值性困境:回顾、争鸣与评论[J].管理世界,2011(01):145-167.

[5]韩巍."管理学在中国":本土化学科建构几个关键问题的探讨[J].管理学报,2009,6(06):711-717.

[6]洪芳.定性研究和定量研究的比较分析[J].南方论刊,2013(12):52-53.

[7]胡国栋.科学哲学视角下管理学的学科属性、理论拓展与范式整合[J].管理学报,2016,13(09):1274-1285.

[8]黄速建,黄群慧.管理科学化与管理学方法论[M].北京:经济管理出版社,2005.

[9]罗珉.管理学范式理论研究[M].成都:四川人民出版社,2003.

[10]罗珉.管理学:科学主义还是人本主义[J].四川大学学报(哲学社会科学版),2005(03):16-20.

[11]罗珉,李永强.构建管理学理论范式的经济学方法评析[J].西南交通大学学报(社会科学版),2004(05):51-56.

[12]吕力,田鹏,方竹青.双重压力下的主流管理学及IACMR:问题与反思[J].管理学报,2017,14(04):511-518.

[13]MYLÉNE H,杨震宁,王以华.复杂性理论的启示:管理学研究需要多元化方法[J].科学学与科学技术管理,2008(04):11-18.

[14]秦金亮.国外社会科学两种研究范式的对峙与融合[J].山西师范大学学报(社会科学版),2002,29(02):5-10.

[15]邱仁宗.科学方法和科学动力学[M].上海:上海知识出版社,1984.

[16]谭力文.论管理学的普适性及其构建[J].管理学报,2009(03):285-290.

[17]乌家培.经济学与管理学的关系[J].管理科学学报,2000(02):82-83.

[18]吴金希,于永达.浅议管理学中的案例研究方法:特点、方法设计与有效性讨论[J].科学学研究,2004(S1):105-111.

[19]武永花.经济学的分析方法:实证分析和规范分析[J].价值工程,2008(03):11-12.

[20]徐明明.论社会科学范式[J].自然辩证法研究,1996(12):19-22.

[21]杨义.现代中国学术方法综论[J].中国社会科学,2005(03):134-150,208.

[22]赵晓毅,刘家顺.论管理学研究方法体系的形成和发展[J].科技管理研究,2011,31(02):212-215,205.

[23]WILSON R D,CRESWELL J W. Research design:qualitative and quantitative approaches [J]. Journal of Marketing Research,1996,33(2):252.

[24]KHURANA R. From higher aims to hired hands:the social transformation of American business schools and the unfulfilled promise of management as a profession princeton [M]. New Jersey:Princeton University Press,2007.

[25]LOUIS K S. Multisite/multimethod studies:an introduction[J]. American Behavioral Scientist,1982,26(1):6-22.

[26] NEUMAN W L. Social research methods (5th Edition) [M]. Boston:Allyn and Bacon,2003.

第二篇

继承篇

第三章

管理理论演变

本章导读

　　管理是人类的一种实践活动。管理理论是对管理实践的反映、概括与总结,是对管理活动的理念与认识系统化的提炼与升华。人们运用管理理论去指导管理实践,并在实践中修正和完善管理理论,从而推动了管理理论的不断发展。本章力图认识和理解管理理论的产生与发展、演变与创新过程,对管理理论产生和发展的脉络进行梳理,整理各个时期的不同管理思想和管理理论,这对于运用这些理论、发展这些理论、指导管理实践是必要的。另外,本章也将指出数字化智能化背景下未来管理研究关注的方向,供研究者、学习者参考。

第一节　古典管理理论

一、早期管理思想家的探索

　　早期的管理思想是不系统、零碎的,还没有形成专门的管理理论和管理学派,主要代表人物及其管理思想如下。

(一)斯密的思想

　　亚当·斯密(Adam Smith,1723—1790年),英国古典经济学家。1776年,他发表了《国民财富的性质和原因的研究》(简称《国富论》)。在书中,他系统地阐述了其政治经济学的观点,为资本主义经济的发展奠定了理论基础。同时,他也提出了颇有影响的管理思想,特别对劳动分工给企业带来的变化进行了具体论述。斯密认为,劳动分工是带来劳动生产率提高的主要因素,劳动分工对提高劳动生产率的作用体现在:①分工能增强劳动者的熟练程度;②分工使每个人专门从事某项作业,节省了从一种工作转变到另一种工作所损失的时间;③分工使专门从事某项作业的劳动者比较容易改良工具和发明机械。此外,斯密还提出了"共同利益"的观点。他认为经济活动是产生于私人利益基础之上的共同利益,人们参与经济活动的目的就是追求个人利益的实现,而任何个人利益的实现都需要他人的协助。这种观点对以后西方经济理论诸学派的发展都具有深远的影响。

(二)欧文的思想

　　罗伯特·欧文(Robert Owen,1771—1858年),英国管理思想的先驱,是在企业管理中最早重视人的地位和作用的企业家和改革家。他的主要思想是:①重视工厂管理中人的因素,企业应该致力于对人力资源的投资和开发。他在自己的工厂里进行了一系列的改革试验,如改进工人的劳动条件、缩短工人的劳动时间、提高童工的就业年龄、提供免费的饭菜、改善工人住宅等。通过改革试验,他认为重视人的因素和尊重人的地位可以使工厂获得更多的利润。②灵活稳健的人事管理政策。如不虐待工人、提高工资、关心工人、不解雇工人、工厂主要与工人和睦相处等。③鼓励竞赛精神,代替残酷的惩罚。对于不认真工作的工人,欧文不采取体罚和训斥的措施,而是借助于道义上的劝告和对人的上进心的尊重,来鼓励竞赛精神。欧文最早注意到人的因素对提高劳动生产率的重要性,并率先在人事管理方面进行了探索,被称为"人事管理之父"。他的这些思想对以后西方管理理论行为科学的兴起产生了重要影响。

(三)巴贝奇的思想

查尔斯·巴贝奇(Charles Babbage,1792—1871年),英国剑桥大学数学教授,是世界上第一台机械计算机的设计者。查尔斯·巴贝奇将技术方法应用于管理当中,是倡导科学管理的先驱者。他于1832年出版的《论机器和制造业的经济》一书,论述了专业分工、工作方法、机器与工具的使用、成本记录等,是管理学史上一本重要的文献。查尔斯·巴贝奇的管理思想集中体现在以下几个方面:①进一步发展了关于劳动分工对提高劳动生产率作用的思想,详细分析了劳动分工的好处;②阐明了关于体力劳动和脑力劳动分工的主张;③强调了劳资关系的协调对提高劳动生产率的作用;④设计并发明了一些有助于提高作业效率的机器、工具。他曾发明了一种"计数机器"用来计算工人的工作量、原材料的利用情况,以提高效率。

人类对于管理的思考,可以追溯到距今极其遥远的古代。但是,完整形态的管理科学的兴起,是产业革命后资本主义经济的发展;同时,由于西方近代工厂制的出现,大规模协作劳动成为基本劳动形态,迫切需要科学地管理,因此,管理思想的产生首先是在产业革命集中的地区呈现出繁荣景象,后来从英国传到美国及其他西方国家。在20世纪以前,这些思想只是个别存在,没有对管理做系统的整体性研究,直到19世纪末,由于经济科学、自然科学以及工程技术的发展,才为系统地研究管理问题提供了可能。

美国管理科学家泰勒在1911年出版的《科学管理原理》一书,标志着管理理论的形成,管理科学从此而发展起来。

二、泰勒和科学管理理论

(一)泰勒及其管理理论的创立

弗雷德里克·温斯洛·泰勒(Frederick Winslow Taylor,1856—1915年),美国著名管理学家、经济学家,被后世成为"科学管理之父"。1856年,泰勒出生在美国费城一个富裕的律师家庭。1875年,他进入费城一家小型水泵制造厂当学徒工。22岁时转到费城米德维尔钢铁公司。先后当过技工、工长、总机械师、总绘图师,28岁时任钢铁公司的总工程师。同时,泰勒通过业余自学,获得了斯蒂芬工艺学院机械工程学位。1886年,泰勒参加了当时著名的美国机械工程师协会,并于1906年当选为该协会的主席。1898年,他独立开业,从事工厂管理咨询工作。以后他利用大部分时间从事写作、讲学,宣传他的科学管理方法。泰勒在生产技术方面所完成的技术革新和发明创造不胜枚举,先后获得100多项专利,在机械制造的高速切削和精密切削方面做出了尤为突出的贡献。他在管理史上引人注目的贡献是他通过一系列试验和调查研究,提出了一套被后人称之为"泰勒制"的管理理论。他的代表作是《科学管理原理》。

在19世纪末之前,工厂的管理主要是凭企业主个人的经验。不仅管理凭经验,而且生产方法、工艺的制定等也都是凭个人经验,靠饥饿政策迫使工人工作。企业主为了赚取更多的利润,采取的手段不外乎是延长劳动时间,或增强劳动强度。这种方法必然使劳资双方的矛盾越来越大。因而,工厂主所面临的问题是怎样才能既解决劳资关系问题,又不减少所获得的利润,这就需要一套系统的管理理论和科学的管理方法与之相适应。

泰勒认为,当时的管理当局不懂得用科学的方法来进行管理,不懂得工作程序、劳动节奏和疲劳因素对劳动生产率的影响,并且工人也缺乏培训,没有正确的操作方法和适用的工具,这些大大影响了劳动生产率的提高。为了改进落后的管理,提高劳动生产率,泰勒于1880年在米德维尔钢铁厂开始了对工人操作动作研究、时间研究和金属切削研究等工作。1898年,他在伯利恒钢铁公司又进行了搬运生铁、铁锹和金属切削等试验。通过上述一系列试验和长期的管理实践,泰勒提出了一整套提高劳动生产率的科学管理理论和方法。

(二)泰勒科学管理理论的主要内容

1.科学管理的中心问题是提高劳动生产率

泰勒认为,当时提高劳动生产率的潜力非常大,工人们之所以消极怠工,是由于雇主和工人对工人一天究竟能干多少活心中无数,而且工人工资太低,多劳也不多得。为了发掘工人们劳动生产率的潜力,就要制定出有科学依据的工作量定额,即所谓的"合理的日工作量"。为此,泰勒进行了时间和动作研究。

所谓时间研究,就是研究人们在工作期间各种活动的时间构成。其具体方法是选择技术熟练的工人,把他们的每一项动作、每一道工序所使用的时间记录下来,加上必要的休息时间和其他延误时间,得出完成该项工作所需的总时间。

所谓动作研究,就是研究工人干活时动作的合理性,即研究工人在干活时,其身体各部位的动作,经过比较分析之后,去掉多余动作,改善必要动作。

泰勒进行了一项很有名的"搬运生铁块试验"。当时,他在伯利恒钢铁公司研究管理时,发现工人干活时虽然十分卖力,但工作效率并不高,每人每天平均只能把12.5英吨(1英吨=1016.04千克)的铁块搬上火车。于是,泰勒和他的助手们进行了以下试验:首先,对搬运操作进行工时测定和计算,得出的结论是,工人在10小时工作时间内必须有58%的休息时间,只能用42%的时间从事繁重的搬运劳动。每个工人每天可以搬运的量是47.5英吨。其次,挑选一个工人,训练他去搬运,经过试验表明,是可能完成搬运生铁数量的。完成任务后,给以每日1.85美元的高工资。最后,对装卸工进行挑选,普遍实行高工作量、高工资制度。这就是泰勒的"血汗制":工资提高61%,而工作量提高36.2%。

根据时间研究和动作研究而确定的"合理的日工作量",就是所谓的工作定额原理。泰勒认为,这个"合理的日工作量"是以科学的事实和法则为依据的,劳资双方都必须遵守这个标准,既不允许工人利用工会的力量来改变这个标准,也不允许雇主像过去那样任意地确定工资率。

2.强调必须为每项工作选择"第一流的工人"

所谓第一流的工人,包括两个方面:一方面是该工人的能力最适合做这种工作;另一方面是该工人必须愿意做这种工作。这就是说,人具有不同的天赋和才能,只要工作对一个人适合,而他又愿意努力去干,他就能成为第一流的工人。例如,身强力壮的工人干重活是第一流的,但干精细活就不一定是第一流的。而心灵手巧的女工虽然不能干重活,但干精细活却是第一流的。所以,要根据人的能力和天赋,把他们分配到相应的工作岗位上去。

在制定工作定额时,泰勒是以第一流的"能在不损害其健康的情况下维持很长年限的正常速度"为标准的。这种速度不是以突击活动或持续紧张为基础,而是以工人能够长期坚持的正常速度为基础。泰勒还认为,健全的人事管理的基本原则是使工人的能力同工作相匹配。企业管理当局的责任在于为雇员找到最适合的工作,并培训他们成为第一流的工人,激励他们尽最大的力量来工作。

3. 推行标准化管理

为使每个作业人员能确实达到一定的作业标准,就要从作业方法到材料、工具、设备和环境都实施标准化管理。过去工人的作业方法和使用工具只是根据自己或师傅的经验和习惯来确定的。泰勒认为,必须用科学的方法对工人的作业方法、使用的工具、设备的摆放和作业环境的布置等进行分析,消除各种不合理的因素,把各种最好的因素结合起来,形成一种最好的作业方式。

泰勒进行了著名的"铁锹试验"。在伯利恒钢铁公司进行的铁锹试验中,泰勒发现用同一把铁锹铲不同的物料是不合理的。比如铲煤末时,每铲负重是 3.5 磅(1 磅＝0.4536 千克),而在铲铁矿石时,每铲负重是 38 磅。泰勒通过安排第一流的铲工进行试验后确定,每一铲的负重在 21 磅时,产生的效率最高。为此,泰勒提出应准备几种负荷大体在 21 磅不同规格的铁锹,供工人选择使用,以使工人铲重物时用小铁锹,铲轻物时用大铁锹。从此以后,工人上班时都不自带铲子,而是根据物料情况从公司领取特别的标准铁锹。这种做法大大提高了生产效率。

4. 实行"差别计件工资制"

泰勒认为,工人"磨洋工"的重要原因之一是付酬制度的不合理。计时工资不能体现按劳付酬,干多干少在时间上无法确切地体现出来。他在分析了原有的付酬制度之后提出,要在科学地制定劳动定额的前提下,采用"差别计件工资制",鼓励工人完成或超额完成定额,并且根据工人完成工作定额的不同,采取不同的工资率。如果工人没有完成定额,就按低工资率付酬,为正常工资率的 80%。如果工人超额完成了定额,则按高工资率付酬,全部生产成果按正常工资率的 125% 付酬。泰勒认为,根据工人的实际工作表现而不是根据工作类别支付工资,这实际上等于按工人做出的贡献付酬,不是按工人的工作等级付酬,能大大促使工人积极性的提高。"差别计件工资制"能促使劳动生产率大大提高,虽然工厂主的支出增加了,但由于工人采用了科学的工作方法和对其实施激励措施,克服了消极怠工和故意"磨洋工"的现象,使得生产效率提高的幅度大大高于工资增长的幅度,所以对工厂主是有利的。

5. 主张计划与执行相分离

泰勒认为应该用科学的工作方法取代经验工作方法。在过去的管理中,生产中的大部分工作由工人来负责完成,管理当局只是告诉工人做什么,而不告诉工人怎么做,工人凭个人的习惯、经验来选择工具和决定操作方法。工作效率的高低取决于工人所采取的工作方法是否合理,所使用的工具是否规范,因此需要一套科学的工作方法。泰勒认为,工人凭经验很难找到科学的工作方法,而且他们也没有时间研究这方面的问题,所以应该把计划同执行分离开来。计划由管理当局负责,执行由工长和工人负责,这样有助于采用科学的工作方法。管理当局(计划部门)的主要任务有:进行调查研究,为定额和操作方法提供科学依据;制定有科学依据的定额和标准化操作方法、工具;拟订出计划并发布指示和命令;比较"标准"和"实际情况",进行有效的控制。

以上五点是泰勒科学管理理论的主要内容,除此之外,泰勒还强调雇主与工人合作的"精神革命"。泰勒认为,雇主和工人之间必须建立良好的合作关系,双方都必须认识到提高劳动生产率对双方都是有利的。因此,雇主和工人都必须来一次"精神革命",即相互协作,共同为提高劳动生产率而努力。他认为,科学管理的实质内容就在于这种重大的"精神革命"。遗憾的是,泰勒所希望的这种"精神革命"并没有出现。泰勒还提倡实行职能制,其用意在于摆脱直线制分工不明确的缺点，使工厂管理高度专业化。泰勒还强调例外管理，就是企业的高级管理人员为了减轻处理纷乱烦琐事物的负担，把一般的日常事务授权给下级管理人员去处理，而自己只保留对重要事项的决策权和控制权。这些思想，对后来专业化分工的建立和事业部制的实施产生了较大的影响。

泰勒的上述管理制度被后人称为"泰勒制"，并赋予"管理科学"一词。鉴于泰勒对科学管理理论的创立和做出的贡献，他被后世称为"科学管理之父"。

（三）对泰勒科学管理理论的评析

1.泰勒科学管理理论的贡献

（1）泰勒科学管理的最大贡献在于其所提倡的在管理中运用科学的方法和他本人的科学实践精神。泰勒科学管理的精髓是运用精确的调查研究和科学知识来代替个人的经验和判断。它开辟了管理从经验转向科学的局面，这在管理理论发展史上具有划时代的意义。泰勒认为管理部门和劳动者双方都必须采纳一种观点："双方都必须承认，在一切关于在组织中所进行的工作方面，用精确的调查研究和科学知识来代替个人的判断或意见乃是必不可少的。"

（2）泰勒科学管理理论的基本原理有许多是管理的重要内容，并为现代管理理论和管理方法的发展奠定了基础。如选择第一流工人、实行标准化管理、强调例外管理等许多思想在今天仍具有重大的应用价值。实践证明，科学管理原理不仅对提高美国的劳动生产率，而且对世界上其他在企业管理中应用"泰勒制"国家的劳动生产率的提高，具有显著的促进作用。

（3）泰勒和他的同事们创造和改进了一系列有助于提高劳动生产率的技术和方法。如时间与动作研究、差别计件工资制等，这些方法和技术在当时的美国产生了很大的影响，并成为近现代合理组织生产的基础。再如泰勒和他的同事们发现了能大大提高金属切削速度的高速钢，他们对不同的金属材料、不同刀具、不同切削速度等对效率的影响进行了试验，所写成的论文也成为当时金属切削的规范性文件。

2.泰勒科学管理理论的不足

（1）科学管理理论的前提是把人视作"经济人"。管理活动的目的在于追求经济效益，工厂主、管理者、工人参加管理都仅仅是为了经济利益。泰勒认为工人的主要动机是经济的。工人只有单独劳动才能好好干，而集体的鼓励通常是无效的。他还认为工人是很笨拙的，对作业的科学化完全无知，工人的一举一动只能严格按照管理者的要求去做。他曾说："现在我们需要最佳的搬运铁块的工人，最好他蠢得和冷漠得像公牛一样，这样他才会受到有智慧人的训练。"显然，科学管理理论忽视了管理中的非经济因素。

（2）科学管理理论属于"机械模式"的理论。他过分强调管理制度、规范等技术因素，不注重人群社会因素，忽视了人的主动性。泰勒所主张的专业分工、计划与执行的分离、作业科学化和严格的监督等，加剧了体力劳动与脑力劳动的分离，加剧了劳资之间及管理人员和工人之间的矛盾。过去的管理仅仅是一般地规定任务，而现在还要规定一整套操作规程和步骤，控制越来越严密，管理越来越专横，越来越强调服从，工人在工作中无主观能动性可言。由于强调采用科学的方法，使工人的分工越来越细，操作越来越简单，越来越成为机械的附属品。

（3）科学管理理论仅局限于解决具体工作的作业效率和管理效率的研究，而忽视了高层次经营问题的研究。尽管泰勒的追随者们在后来的研究中，在某种程度上注意到了组织原则问题，但由于时代背景和自己视野的局限性，使这些研究难成系统。

三、法约尔和一般管理理论

(一)法约尔及其管理理论特点

20世纪初,科学管理理论传到了欧洲,在此基础上,欧洲也出现了一些古典的管理理论及其代表人物,其中影响最大的要属法约尔和他的一般管理理论。

亨利·法约尔(Henry Fayol,1841—1925年),法国人,管理实践家、管理学家,被后世称为"管理理论之父"。1860年,法约尔毕业于法国国立矿业学院,同年被高芒特里-福尔尚布德矿冶公司聘任为采矿工程师。他在工作期间,很快就显露出非凡的管理才能,先后任矿井经理、总经理等职。由于法约尔的悉心经营,公司虽经变迁,但一直是法国经济实力较强的企业。

法约尔的管理理论虽以企业为研究对象,但涉及行政机关、军队、宗教等团体的管理问题,具有管理的普遍性。法约尔对自己长达30年的公司管理实践经验和问题进行了概括和总结,发表了一系列的论文和专著。其中,1916年发表的《工业管理与一般管理》被公认为他的代表作。

由于法约尔与泰勒的经历不同,因此他们研究管理的着眼点也就不同。泰勒作为一个技术工程师,一直从事基层的管理工作,这决定了他只能把研究的重点放在直接生产过程中的作业管理上。而法约尔几乎终身担任公司的高层领导职务,这决定了他在考虑企业的管理问题时,最关心的是企业整体管理效率的提高。因此,法约尔一直从大企业的全局来研究管理问题,并把组织理论作为他研究的重要方向。

(二)法约尔一般管理理论的主要内容

1.把管理职能同其他职能分开,区别了经营和管理的概念

法约尔认为,管理不同于经营,管理只是整个经营活动的组成部分。他把企业的整个经营活动概括为六个方面,其关系见图3-1。

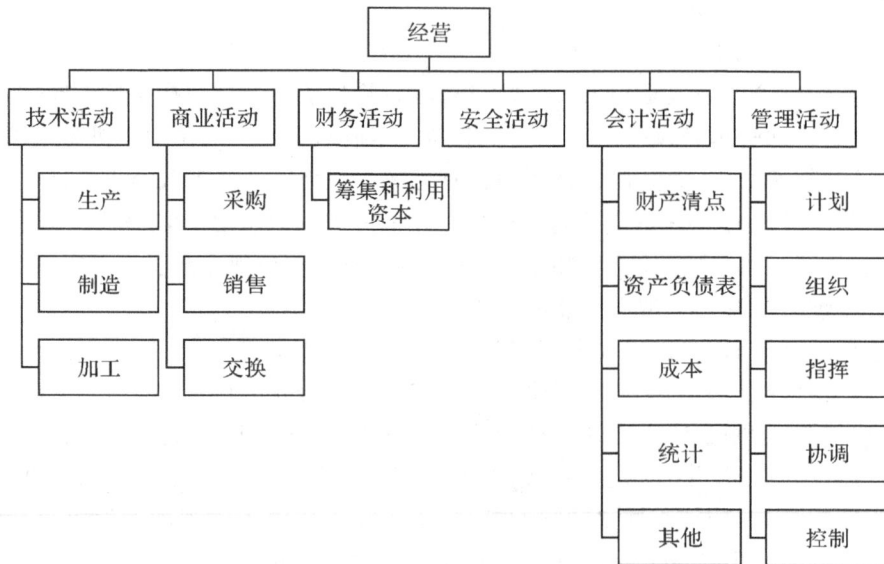

图3-1 经营与管理的关系

①技术活动,指生产、制造、加工等。

②商业活动，指采购、销售、交换等。

③财务活动，指资本的筹措和运用。

④安全活动，指财产和人员的保护。

⑤会计活动，指货物盘点、资产负债表制作、成本核算、统计等。

⑥管理活动，指计划、组织、指挥、协调、控制。

法约尔指出，无论企业规模大小，简单还是复杂，都存在上述六项活动。同时，随着组织层次中职位的升高，人员技术能力的相对重要性降低，管理能力的要求逐步加大，并且随着企业规模的增大，管理能力显得更加重要。

2. 明确了管理工作的五项职能

法约尔第一次提出了管理工作的五项职能（五项要素），这就是计划职能、组织职能、指挥职能、协调职能和控制职能。他提出的这五项基本职能，形成了一个完整的管理过程，因此，他又被称为管理过程学派的创始人。

（1）计划职能。计划即探索未来和制订行动方案。这是管理的首要职能。法约尔主张任何组织要达到预订的目标都首先应有科学的计划，任何组织制订计划时都应结合本组织的特点。他指出，一个合理的计划应该具有统一性、连续性、灵活性、准确性等共同特征。

（2）组织职能。组织职能就是组织为达成预定的目标提供所需一切条件的活动，包括有关组织结构、规章制度的建立，以及职工的招募、评价和训练等。他指出了人力资源，特别是管理人员的能力对组织效率的重要意义。

（3）指挥职能。指挥就是对下属活动给予指导。组织机构一旦建立，如何使这些组织及其成员发挥最大作用，就成为指挥的任务。这就要求指挥者对下属必须有透彻的了解，定期检查组织机构，对不称职人员及时处理，经常与主要助手开会协商，以便达到指挥的统一。

（4）协调职能。协调指连接、联合、调和所有的活动和力量，以实现共同目标。这包括安排好一系列重要的比例，调整好各部门之间的关系。

（5）控制职能。控制就是为了确保实际工作与预订的计划相符而进行的一切活动。控制的目的就是发现问题，解决问题，以保证企业经营活动的正常进行。控制应当包括对人、对物和对各项活动的全面控制，它与其他四种管理职能都有关系，即控制促使计划编制得更准确，使组织简化和加强，提高指挥效率，并便于进行协调。

3. 提出了管理的一般原则

法约尔总结了实际工作经验，在他的《工业管理与一般管理》一书中首先提出了 14 项一般管理原则，具体如下。

（1）劳动分工。法约尔认为，劳动分工是"人类最伟大的进步"。实行劳动的专业化分工可以提高效率，是各种机构、团体进步和发展的正常方法，具有明显的优势。这种分工不只局限于技术工作，也适用于管理工作。

（2）权力与责任。权力是指发布命令并强迫别人服从的力量，而责任则是随着权力而来的奖惩。权力与责任是相互联系的，责权不相应是组织的缺陷。法约尔指出，避免滥用权力的最好办法乃是提高个人的素质，特别是要提高其道德方面的素质，因此主管人员的权力除了取决于职位以外，还受其智慧、经验、道德品质等方面的影响。

（3）纪律。纪律的实质是遵守企业内部各方达成的协议。纪律是由领导人创造的。组织纪律的状况取决于领导人的道德状况，取决于领导人能否以身作则，赏罚分明。一个组织的成功不能没有纪律，离开了纪律，任何组织都不能兴旺发达。

（4）统一指挥。无论什么时候，一个下属只应接受一个上级的命令。这是一条普遍的、永久性的规则。如果两个领导人同时对同一个人或同一件事行使命令权力，就会出现混乱，其结果必将使组织的纪律受到侵害，整个组织将日趋衰败。所以，在任何情况下，都不应有双重指挥的社会组织。

（5）统一领导。为实现相同目标而进行的集体活动，只能有一个领导人和一项计划。这是统一行动、协调力量和一致努力的必要条件。

（6）个人利益服从整体利益。任何个人都不应把个人利益置于组织整体利益之上，当两者出现矛盾时，领导者要进行公正协调，使其一致起来。

（7）个人报酬。职工是"经济人"，报酬和支付方式要公平，对工作成绩和工作效率优良者应有奖励。但奖励不应超过某一适当的限度，即奖励应以能激发职工的热情为限，否则将会出现副作用。

（8）集中。集中指权力的集中和分散程度。法约尔认为集中和分散作为一种管理制度并没有好坏之分，只是两者适用的组织特点不同。一个组织，必须有某种程度的集中，但集中到何种程度才合适，取决于管理人员与下属的素质以及所处的环境、条件等因素。

（9）等级链。企业管理中的等级链是从最高管理人员到最低管理人员之间应建立关系明确的权限等级结构，以保持上下沟通灵敏，这样既保持了行动上的迅速，又提高了效率。

（10）秩序。所谓秩序是指"凡事各有其位"。它包括物品秩序和社会秩序两类。在一个组织内，人员和物品都必须各有其位，各就其位，否则，工作将会杂乱无章。

（11）公平。管理必须对每一个职工以同样的原则和态度来处理问题，才能建立公正和平等的气氛。法约尔认为，在正常情况下，几乎每个人都有平等的愿望，都希望领导者能公平地对待他们以及他们的工作。领导者如果不公平，往往导致他们积极性下降，甚至造成思想上的混乱。

（12）人员稳定。一个人要想熟练地从事某项工作，需要相当长的时间作保证。管理人员更是如此。所以，企业管理人员必须是稳定的，这可使企业兴旺发达。人员不必要的流动是管理不善的原因和结果。

（13）首创精神。管理人员不仅要有首创精神，还要尽可能地鼓励和发展职工的首创精神，这对整个企业来说将是一种巨大的动力。法约尔认为，发明创造是首创精神，而建议与发挥主动性也属于首创精神。领导者要激发和支持每个雇员的主动性和创造力。

（14）人员的团结。在一个企业中，全体成员的和谐与团结是该企业发展的巨大力量，所以，领导者要尽一切可能，保持和巩固人员团结，这对实现组织目标具有重要意义。

法约尔的14项管理原则，包含了许多成功的经验和失败的教训，为后人的管理研究和实践指明了方向。

（三）对法约尔一般管理理论的评析

1.法约尔一般管理理论的贡献

法约尔的管理理论和泰勒的管理理论同属于古典管理理论的杰出代表，但法约尔管理理论的系统性和理论性更强。法约尔第一次把企业作为一个有机整体，对企业的全部活动进行了考察和分析。他对管理职能和管理原则的阐述，为管理理论的发展奠定了坚实的基础。他所提出的五项管理职能及六种经营活动，构成了一个完整的管理过程。他所提出的管理原则，虽然有些杂乱，却给人以重要的启示，如统一指挥、统一领导、等级链等原则都对后来有很大的影响。他的理论是管理思想和理论发展史上的一个里程碑。

法约尔还积极地提倡和推进管理教育。他首次论证了管理教育的必要性,认为在大学和专科学校都应讲授管理学。随着社会的发展和管理活动复杂性的提高,进行管理教育的必要性和重要性越来越为人们所认识。

2.存在的不足

法约尔管理理论的主要不足之处在于他的管理原则过于僵硬,不具体。正如他自己所强调的,这些原则并不完整。比如,统一指挥就可能与劳动分工发生矛盾。当某一层次的管理人员制定决策时,按照劳动分工原则,他就要考虑来自各个专业部门的意见或指示,但这是统一指挥原则所不允许的。例如,某一分厂的会计人员,在组织上隶属于这个分厂,但按照统一指挥原则,总厂财务部门就无法指挥分厂的会计人员。所以,如何为统一指挥与管理职能专业化(劳动分工)找到统一的联系界限,也成为后来管理学研究的重要内容。

四、韦伯和理想行政组织体系理论

(一)韦伯及其理想行政组织体系的主要内容

韦伯的行政组织理论是古典管理理论的第三大重要支柱。

马克斯·韦伯(Max Weber,1864—1920年)出身于德国一个有着广泛的社会和政治关系的富裕家庭,他从小受到了良好的教育。1889年,他获柏林大学博士学位。韦伯对经济学、政治学、社会学、宗教学等都颇有研究,担任过大学教授、政府顾问、编辑、作家等,是古典管理理论在德国的代表人物。他的代表作是《社会组织与经济组织理论》。韦伯最早提出了一套较为完整的所谓"理想行政组织体系"理论,被后人尊称为"组织理论之父"。

韦伯在行政组织理论方面的主要观点有权力论、理想的行政组织体系。

1.权力论

韦伯认为任何一种组织都是以某种形式的权力为基础的,如果没有权力,组织就不能实现目标,所以,权力是组织规范发挥作用的保证。韦伯将社会所接受的权力划分为三种类型:合法合理的权力、传统的权力和个人魅力型的权力。

(1)合法合理的权力。这种权力是社会组织的基础,没有这种权力来指导组织,组织目标就不能实现。因为这种权力具有连续性,从而为管理的连续性提供了基础。合法合理的权力是由社会公认的法律规定的。它要求人们绝对服从,不管是普通老百姓还是领袖官员。

(2)传统的权力。这种权力以对传统习惯的信仰与尊重为基础,是由历史沿袭下来的惯例、习俗而规定的权力。对这种权力的服从是绝对地服从于统治者,因为它具有沿袭下来的神圣不可侵犯的权力地位。

(3)个人魅力型的权力。它是以对个人的迷信和崇拜为基础。因为领导者具有神圣特殊的英雄主义或卓越非凡的特质,使人们认为对他的服从是正当的。

韦伯认为,上述三种类型的权力中,合法合理的权力最合乎理性。可见,合法合理的权力观是韦伯组织理论的基本观点。

2.理想的行政组织体系

韦伯认为,在现代生活中,人们要做出有社会意义的行动,就必须加入一个大规模的组织,在那里他们被分配具体工作,他们必须牺牲个人的志向和兴趣,全心致力于整个组织的目标,按照组织规定的程序而工作。韦伯还认为,大规模的组织要求管理合理化。资本主义的发展就需要稳定、严格而可靠的管理。为了研究如何对行政组织实行最有效的管理,他设计了一个理想的行政组织模式,把组织的活动分成各种具体的任务,再将这些任务分配给组织中的各个成员或各个职位,并明确规定每一个成员或职位的责任和权力,有固定的办事程序。他认为这是最符合理性原则和高效率原则的一种组织结构形式。图3-2表示的是韦伯理想的行政组织结构。

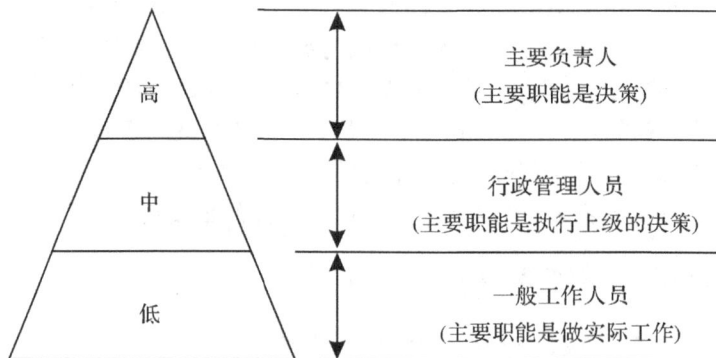

图3-2　韦伯理想的组织结构图

(二)韦伯的理想行政组织理论评价

韦伯行政组织理论的基本点是要通过职务或职位,而不是通过家族个人或世袭地位来进行管理,即用行政管理制度来代替传统的管理制度。他对管理学的最大贡献是他所提出的理想行政组织模式。他认为这种组织体制适用于各种管理工作及各种组织,是对工业社会中大型而复杂的组织进行行政管理的最有效手段。韦伯的理想行政组织体系为现代组织管理理论奠定了基础,他不仅对古典管理理论的完善做出了重要贡献,而且对以后的管理理论有着一定的影响。

韦伯所处的时代是德国工业化迅速发展的年代,他提倡以法管理,使组织合理化,以提高效率。这是符合资本主义政治、经济发展要求的。但是,韦伯所设计的理想行政组织体系具有高度的机械性,过分强调集权化、制度化,而忽视了人的主动性因素,这可能会助长某些形式的独裁领导,导致组织失去活力。并且,韦伯的组织理论缺乏对组织与环境之间相互关系的探讨,这是传统组织理论中存在的共同问题。因此,韦伯所倡导的理想行政组织模式最适合于以生产率为主要目标的常规组织活动,而不适合于以创造和革新为重点的非常规组织活动。

第二节　行为科学理论

一、人际关系学说

(一)霍桑试验

人际关系理论的代表人物是乔治·埃尔顿·梅奥(George Elton Mayo)和他的助手弗里茨·罗特利斯伯格(Fritz Roethlisberger),代表作是梅奥于1933年发表的《工业文明的人类问题》,罗特利斯伯格和狄克森合作于1939年发表的《管理与工人》。梅奥原为澳大利亚人,

1922年移居美国,在宾夕法尼亚大学的沃顿财贸学院任教。他在费城一家工厂做过试验,发现改善工作条件,增加工间休息,可以减少工人的"悲观主义精神",提高"士气"和工作效率。1926年,他作为一名工业研究副教授到哈佛大学任教。后来,他成为导致人际关系理论形成的、著名的霍桑试验的领导人。

1. 霍桑试验的背景

霍桑试验从1924年开始,延续了八年。当时,美国工业面临着以下情况:

第一,"泰勒制"和福特生产流水线的推行,使工人处于异常紧张、单调、乏味的状态,工人士气低落。

第二,第一次世界大战以后,国际工人运动迅速发展,工人的组织程度、文化水平和觉悟有所提高,工人已不能满足于"泰勒制"式的管理,工人阶级作为一种政治力量在保卫本阶级利益的斗争中,越来越不容忽视。

第三,生产实践日益显示出人的士气、积极性对提高劳动生产率的影响和作用,使管理学者和从事实际管理的有识之士逐渐认识到发挥人的作用和潜力的重要性。

在上述情况下,1924年,美国国家科学院的全国科学技术研究委员会决定在西方电气公司下属的霍桑工厂进行试验。霍桑工厂当时有2.5万人,位于芝加哥西部工业区,该工厂具有良好的娱乐条件、医疗制度和较为完善的养老金制度,是美国第一流的大工厂,但工人生产效率不高。

2. 霍桑试验的过程

霍桑试验由以下几个单项试验组成。

第一,照明试验。霍桑试验早期,试验者以寻求劳动条件与生产效率关系为目的,选定两个电话继电器装配组做对比试验。他们将照明亮度、房间湿度、温度、休息时间、工作时间、休息时提供茶点、工资报酬等条件进行变化,对这些条件变化和工人生产状况做出科学测定与精确记录。结果发现,不管这些条件如何变化,试验组的产量一直上升。试验进行了三年,每个工人每周继电器平均生产量从2400个上升到3000个。

第二,继电器第二装配组和云母片剥离组试验。以梅奥为首的霍桑试验研究小组总结了前期的照明试验结果,并重新设计了试验。他们成立了两个新的试验小组:一个是继电器第二装配组,挑选五名有经验的继电器装配工参加,试验之前他们实行的是集体刺激工资制,在开始试验的前九周改为个人刺激工资制。开始时总产量上升,当又恢复到原来的集体刺激工资制后,小组成绩降到试验前原有水平的96.2%。另一组是云母片剥离组,将其置于特别观察室,保留原有的个人刺激工资制,对休息间歇、工作日长短等条件予以改变,同时将产量记录下来。该组试验进行了14个月,产量一直上升,最后达到原产量的115%。试验小组认为,使得产量提高的原因在于"小组中精神状态的一种巨大改变";在于"士气",工人由于试验而受到注意、关注,因而提高了士气;在于"监督",监督者由工头而改为试验人员,他们不被认为是工头,形成了"更为自由而愉快的工作环境";在于工人的"主人感",试验中劳动条件改变后,观察者不断问其感觉,征求意见,工人也似乎是试验的"主人";在于"满足感",工人因受到关心、意见被倾听而得到心理的满足。总之,试验改变了原来的监督方式和上下级之间、同事之间关系的"社会环境"。

第三,访谈活动。试验小组从1928—1930年有计划地同工人广泛谈话,共2.1万人次。访谈设想的目的是:改变监督的方式,将过去的命令式监督改变为坦率的、让人感到关心的、愿意倾听意见的监督。设想的谈话方式是问答式,每次谈话时间半小时,提问内容是对公司的规划、政策、工作条件、工头态度等方面的意见。在谈话进程中试验人员发现,工人对所提问题不感兴趣,工人认为重要的事并非公司认为重大的事,谈话进行不下去。后来,谈话改变为不定内容随便交谈,时间也不受半小时的限制。访谈者的任务就是让工人讲话。实际上,访谈的内容绝大部分是"发泄气愤""诉苦"。但这"泄泄气"的机会,使工人们在心理上感到处境改善了,而事实上没变。心理感觉与事实不是一回事。研究表明,工人由于关心自己的个人问题而产生"悲观主义情绪",影响了工作成绩。根据访谈活动的启示,试验者经过厂方同意,开始训练监工,使之能倾听并理解工人的个人问题。监工被训练成访谈者,多听少说,注意关心人,较为热情,注意处理社会和个人情况的技巧。监督方式的改变,提高了工人士气,工厂产量得到了提高。

第四,绕线室试验。绕线室试验又称为非正式组织研究试验。在访谈活动中,研究小组发现工人中存在着一种"无形的组织",决定对其进行试验研究。他们选择了 14 名装配电话中央交换机设备中的接线器的男工,将其置于一间单独的观察室进行工作。这些工人由分成三个小组的绕线圈的绕线工 9 人、电焊工 3 人和检验工 2 人组成。在试验中,实行集体刺激工资制,并强调必须互相协作。工作场地布局、工具、设备、操作方法都是按照科学管理方法设计的。试验方式是自然观察方式。

试验人员除发现集体有意限制产量这一现象外,还发现了非正式组织的存在,具体表现为:其一,小组人员替换和帮助工作。公司严禁这么做。但实际上,除检验外,小组每一个人都互相帮助。人们乐意帮助互有交情的人,受到欢迎的一个非正式"头头",得到了最多的帮助。其二,存在着非正式组织。他们在工作上互相帮助,休息时间互相结合在一起做游戏、吹牛、开玩笑,且是分伙进行的,每个团伙各有自己的"头头"。同时,不同工种的人 3 个一伙、5 个一帮相互结合在一起谈论自己感兴趣的话题,而一些过于自信、傲气、不随和的人则被排除在这些"小团伙"之外。其三,非正式组织的规范。如限产,互相帮助,不应该向监工报告任何损害同伙的事情,不应该对人保持距离或多管闲事,不应该过于喧嚷、自以为是、热心当"头头"等。这些规范所遵循的是与公司要求完全不同的逻辑。

(二)人际关系理论的基本内容

1."社会人"假设

梅奥等人认为,古典管理理论把人看作是"经济人",认为工厂主、工人追求的都是金钱,所以经济因素是管理中刺激人的积极性的唯一动力。而霍桑试验证明,人是"社会人"。所谓"社会人",是指以人类的社会需要(安定感、归属感、友谊、关心、尊重等)为动机,作为集团的一员而行动的人,这些人不仅有经济需要,而且有更为重要的、解决其积极性的社会需要。"社会人"认为社交需要是人类行为的基本激励因素,而人际关系则是形成人们身份感的基本因素。管理人员应当满足职工的归属、交往和友谊的需要,工人的效率随着管理人员满足他们社会需求的程度的增加而提高。

2.职工的情绪与劳动生产率

科学管理的基本思路是:通过科学的工作方法和经济刺激来直接达到提高劳动生产率的目的;而人际关系理论的基本思路是:科学的工作方法和经济刺激决定情绪(劳动态度),情绪(劳动态度)则决定工作效率。

这里的情绪是指职工作为社会的人所得到的心理满足程度。情绪决定劳动态度,劳动态度决定劳动生产率。作业条件和方法、经济刺激必须通过对职工情绪的作用才能对劳动生产率产生影响。职工情绪决定于两个方面的情况：一是个人情况，如家庭、社会交往等因素；二是车间情况，指个人通过自己与车间同伴、上级的接触而形成的在车间的人群关系情况。

3. 非正式组织的地位和作用

正式组织是为了有效地实现管理目的、依据权力把各种成员之间的关系安排得合理而有秩序的组织。正式组织所遵循的规范逻辑是效率逻辑，遵循合理化准则。非正式组织是职工之间相互接触、相互作用的社会关系形成的自发组织。非正式组织所遵循的规范逻辑是感情逻辑，遵循非合理化的组织规范。非正式组织存在和发展的基础是职工的安定感、归属感、友谊等社会需要。

（三）对人际关系理论的简评

古典管理理论强调通过作业条件和方法的改进、经济刺激来提高生产效率，而人际关系理论认为更重要的是提高职工士气、组织好集体内部的合作、改善人际关系、上下沟通交流，使正式组织的效率需要与非正式组织的需要平衡起来。人际关系理论提出改进管理，要让职工参与决策，要协商处理与职工相关的问题，建立面谈制度，注意掌控非正式组织的"头头"，提高职工的满足度，设法促进良好的人际关系，美化工厂环境，完善娱乐设施、福利设施等。

人际关系理论使管理理论的发展发生了根本性变化：由过去以"事"为中心的管理转向以"人"为中心的管理；由只在金钱和物质条件上下功夫转向着眼于满足人的社会需要；由过去完全靠纪律强制、监督管理转向引导，通过引导把职工行为纳入管理者希望的轨道。人际关系理论开拓了一个广阔而又崭新的管理科学研究的新领域，也为管理方向的变革指明了方向，导致了管理上的一系列变革，其中许多措施仍然为我们今天所用。

不过，人际关系理论的缺陷也是明显存在的，如它过分强调非正式组织的作用，然而实践证明，非正式组织并非经常地对每个人的行为有决定性的影响，多数情况下起作用的依然是正式组织；它过多地强调情感的作用，似乎职工的行为主要受感情和关系的支配。另外，它过分否定经济报酬、作业环境和外部监督的作用。

二、行为科学理论的发展

（一）激励和领导理论探索

如上所述，以梅奥为代表的人际关系理论提出了工作条件、安全、人际关系等激励因素。但是，其缺陷也是明显存在的。组织人道主义则是作为它的反应而出现的。作为一种哲学，组织人道主义试图把新的重点放在人及其各不相同的需要上，放在作为满足的一种手段的工作上，放在如何设计组织才能实现人们及组织的目标上。作为一种作业技术，这种人道主义对我们关于人及最适合于现代环境的激励、领导和组织形式的假设提出了挑战。

亚伯拉罕·马斯洛（Abraham H. Maslow）1954 年在他的代表作《动机与个性》一书里提出的层次需求理论，为人道主义心理学者铺平了道路。他主张通过改进组织实践来提高职工的精神健康。克里斯·阿吉利斯（Chris Argyris）以这个思想为依据并加以发展，提出了一个人类行为的"个性对组织"假设，并且提出"不成熟—成熟"连续统一体中的位置就可表明他自我实现的程度。

道格拉斯·麦格雷戈（D. Megregor）提出了"X 理论"和"Y 理论"，以 X 理论代表传统的指挥和控制观点,以Y理论作为"人力资源管理的一种新理论的有限的开端"。之后,费雷德里克·赫茨伯格(Frederick Herzberg)又提出了"激励—保健"理论。阿德福(C. Alderfer)又补充了成长与个人发展理论。

激励是一个相当长的过程。激励能否达到预期的目的,能否使激励对象得到满足,弗鲁姆(V. H. Vroom)的期望值理论、波特(L. W. Porter)和劳勒(Z. Z. Lawler)对期望模式的完善、亚当斯(J. S. Adams)提出的公平理论等在这些方面做了些探索性研究。

在领导理论研究方面,典型的三种理论是关于领导的特质理论、领导的行为作风理论和领导的权变理论。

领导的特质理论主要研究领导者的个人特性,以期预测选拔具备什么素质的人作为领导最合适。这种理论阐述的重点是领导者与非领导者的个人品质差别。例如,吉普(Gibb)的研究认为,天生的领导者应该具有诸如善言、外表英俊潇洒、智力过人等7项先天特性;斯托格狄尔(Stogdill)等人认为领导者应该具有可靠、勇敢、风度优雅、责任心强、自律等16项先天特性等。

领导的行为作风理论是人们在特质理论研究受阻后的一种截然不同的研究方向,它研究领导者在领导过程中所采取的领导行为作风,以及不同的领导行为作风对员工的影响,希望了解有效领导者的行为作风是否有什么独特之处,以期寻求在所有情况下都适合的领导行为或作风。如社会心理学家勒温(K. Lewin)创始了领导的作风理论,这一理论的重点是研究领导者的工作作风以及不同工作作风对员工的影响,以期寻求最佳的领导作风。在俄亥俄州立大学及密歇根大学研究的基础上,布莱克(R. Black)和莫顿(J. F. Mouton)于1964年提出了"管理方格论"。

在领导的特质理论、行为作风理论受阻之后,不少学者认识到,领导的效率如何,不只决定于领导者的个人素质,也不只决定于某种固定不变的领导行为或作风,而要取决于领导者所处的具体环境,如被领导者的条件、工作性质、时间要求以及组织气氛等。于是,有人提出了领导的权变理论。如菲德勒(Fred E. Fiedler)于1951年提出了第一个综合的领导模型,坦南鲍姆(R. Tannenhaum)和施米特(W. H. Schmidt)于1958年提出了专制-民主连续统一体模型,心理学家卡曼(Karman)于1966年创立的领导生命周期理论等。

人们对组织人道主义的微观方面和宏观方面进行了考察,以显示出从人际关系到组织行为的转变,以及系统理论对组织理论的影响。虽然对于如何才能最好地实现人和组织之间的和谐尚存在着疑问,但达到这个目标的手段,将随着我们对人及其组织的了解不断进步。

(二)群体行为理论探索

群体行为学派是从人类行为学派中分化出来的,因此与人际关系学派关系密切,甚至易于混同。但它关心的主要是群体中人的行为,而不是人际关系;它以社会学、人类学和社会心理学为基础,而不以个人心理学为基础;它着重研究各种群体行为方式,从小群体的文化和行为方式,到大群体的行为特点,都在它研究之列。它也常被叫作"组织行为学"。"组织"一词在这里可以表示公司、政府机构、医院或其他任何一种事业中一组群体关系的体系和类型。有时则按切斯特·巴纳德的用法,用来表示人们间的协作关系。而所谓正式组织则指一种有着自觉的精心筹划的共同目的的组织。克里斯·阿吉利斯甚至用"组织"一词来概括"集体事业中所有参加者的所有行为"。

不难想象,实际管理人员是不会同意让"组织"包括如此广泛的群体行为类型的。可是,管理人员碰到的许多问题又的确是由群体行为类型、态度、愿望、偏见所引起的。有些问题来自企业内部的群体,更多的问题来自公司、部门、机构之外人们的文化环境。群体行为学派的最大问题也许是它的成员总想把"组织行为"和"管理活动"人为地等同起来。群体行为是管理的一个重要方面,但并不等同于管理。

总之,霍桑试验引起了很多学科人员的关注,特别是由霍桑试验而总结出的人际关系理论,大大拓宽了管理理论研究的范围和视野。一种新的方法在更大范围内引入了人与组织行为关系的研究,从而使一门新的科学从管理学中渐渐分离出来,这就是行为科学。行为科学跨越了心理学、社会学、社会心理学和文化人类学等学科,它的研究范围涉及人类的需求、动机、激励、人性的假设、领导能力、沟通、变革过程、团体动力、个人特征研究、个人行为、群体内部关系、组织的社会系统方法、自我发展过程的影响等,可以说,行为科学为我们理解组织中发生的行为和组织的复杂性等问题,已经做出了贡献并将继续做出贡献。

第三节　现代管理理论

20 世纪 60 年代,美国著名管理学家哈罗德·孔茨(Harold Koontz)发表论文《管理理论的丛林》,概括了当时六种不同的管理理论流派,即管理过程学派、经验学派、人类行为学派、社会系统学派、决策理论学派和数学学派。1980 年,孔茨根据发展的情况,发表《再论管理理论的丛林》,将其重新归纳为十一个学派,即经验学派、人际关系学派、组织行为学派、社会系统学派、社会技术系统学派、决策理论学派、系统管理学派、管理科学学派、权变理论学派、经理角色学派和经营管理学派,本节将介绍几个主要理论学派的观点。

一、管理过程学派

管理过程学派把管理看作是在组织中通过别人或同别人一起完成工作的过程,因而要认真分析这一过程,从理论上加以概括,确定一些基础性的原理,并由此形成一种管理理论。有了管理理论,就可以通过研究,通过对原理的实验,通过传授管理过程中包含的基本原则,来改进管理的实践。管理过程学派的创始人是法约尔,代表人物是孔茨,他们提出管理的基本过程是计划、组织、指挥、协调和控制。这个学派把它的管理理论建立在以下七条基本信念的基础上:①管理是一个过程,可以通过分析管理人员的职能从理性上很好地加以剖析。②可以从管理经验中总结出一些基本道理或规律,这些就是管理原理。它对认识和改进管理工作能起一种说明和启示的作用。③可以围绕这些基本原理开展有益的研究,以确定其实际效用,增大其在实际中的作用和适用范围。④这些原理只要还没被证明为不正确或被修正,就可以为形成一种有用的管理理论提供若干要素。⑤就像医学和工程学那样,管理是一种可以依靠原理的启发而加以改进的技能。⑥即使在实际应用中由于背离了管理原理而造成损失,但管理学中的原理,如同生物学和物理学中的原理一样,仍然是可靠的。⑦尽管管理人员的环境和任务受到文化、物理、生物等方面的影响,但管理理论并不需要把所有的知识都包括进来才能起一种科学基础或理论基础的作用。

二、社会系统学派

社会系统学派的创始人是美国管理学家切斯特·巴纳德(Chester I. Barnard),他在组织理论研究方面做出了重要贡献。

巴纳德运用了法国社会学家佩尔多、德国管理学家韦伯和美国管理学家梅奥、卢因、福莱特等人的理论，结合本人的实践经验，研究管理组织问题。他于1938年出版《经理的职能》一书，建立了社会系统理论。这种理论是以协作系统为核心论述组织内部平衡和对外部条件适应的管理理论。巴纳德认为社会的各级组织都是一个协作的系统，经理人员是协作系统因素中的关键因素，经理在系统中的作用，就是在协作系统中作为相互联系的中心，并对协作进行有效的协调，从而使系统保持运转。他还提出，作为一个协作系统应包括的三个要素为协作意愿、共同目标、信息联系。为此，经理人员的职能是：①建立和维持一个信息联系的协作系统；②招募和选聘能最好地做出贡献、能协调地进行工作的人员，并使之有效率地进行工作；③规定组织目标；④授权的职能；⑤决策的职能。社会系统理论所讲的协作系统的三个基本要素和经理人员的五项职能，都是为了达到组织内部的平衡，并使这种协作系统适应于外部的条件，以求得系统维持正常的运转和顺利的发展。

三、管理科学学派

管理科学学派，又称"数量学派""运筹学派"。它的特点是把现代自然科学和技术科学的最新成果应用于管理研究，制定管理决策的数学和统计模式，并通过电子计算机等现代科技评估与优化决策。一般认为，管理科学学派的创始人是英国物理学家布莱克特和美国的埃尔伍德·斯潘塞·伯法（E. S. Buffa）。布莱克特在第二次世界大战期间领导了一个科学家小组，在解决雷达合理布置、反潜艇战、组织管理等问题的过程中，创立和发展了运筹学的数学分析和计算技术。

管理科学学派可以认为是泰勒"科学管理"的继续和发展。他们的出发点，都反对只凭经验、直觉、主观判断进行管理，主张用科学的方法，探求最有效的工作方法或最优方案，达到最高的工作效率，以最短的时间、最小的支出，得到最大的效果。与"泰勒制"不同的是，现代管理科学学派的研究，已突破原来"操作方法"等范围，向管理组织的所有活动方面扩展，并采用了现代数学方法、电子计算机、系统论、信息论、控制论等技术，形成了一系列新的组织管理方法和技术。

管理科学学派的主要内容可简要概括为以下几个方面：

(1)管理科学学派对组织的认识。它认为组织是由"经济人"组成的一个追求经济效益的系统，同时又是一个由物质技术和决策网络组成的系统。

(2)管理科学学派研究的目的。它的目的在于把科学的原理、方法和工具应用于管理的各种活动，以取得最大的经济效益。

(3)管理科学学派的应用范围。它着重于管理过程中的计划、控制职能问题的解决。它的思想方式和成果已广泛渗透、运用于管理活动之中。

(4)管理科学学派解决问题的步骤。这些步骤包括：①提出问题；②建立所研究系统的数学模型；③从模型中得出解决问题的方案；④对模型和得出的方案进行验证；⑤建立对解决问题方案的控制；⑥实施方案。

四、系统管理学派

系统管理学派的代表人物是美国管理学家弗里蒙特·卡斯特（F. E. Kast）、詹姆斯·罗森茨韦克(J. E. Rosenzweig)等,他们将路德维希·冯·贝塔朗菲(L. V. Bertalanffy)的一般系统理论和诺伯特·维纳(N. Wiener)的控制论应用于企业管理领域,出版有《系统理论和管理》《组织与管理:系统与权变的方法》等著作,形成了系统管理理论。这种管理理论侧重于对企业的组织结构和模式进行分析,并从系统概念和特征(整体性、层次性、关联性、目的性等)出发来考察计划、组织、控制等管理职能。系统管理学派认为,从系统的观点来考察和管理企业,有助于提高企业的效率,使各个系统和有关部门的相互联系网络更加清楚,更好地实现企业的总体目标。其理论要点是:①企业是一个人造的开放系统,它同外部环境之间存在着动态的相互作用,并具有内部和外部的反馈网络,能够不断地进行调节,以适应环境和本身的需要;②企业的组织结构是一个完整的系统,同时也是一个管理信息系统。系统管理理论在 20 世纪 60 年代最为盛行,它的许多内容为自动化、控制论、管理信息系统以及权变理论的发展奠定了基础。

五、经验学派

经验学派又称案例学派,其代表人物是美国的管理学家彼得·德鲁克(Peter F. Drucker)。德鲁克先后担任美国通用汽车公司、克莱斯勒公司、国际商用机器公司等大企业的顾问,还是纽约大学、本宁顿学院的教授,1945 年创立了德鲁克管理咨询公司,自任董事长。20 世纪 50 年代以来,德鲁克出版了大量著作,主要代表作有《管理实践》《管理:任务、责任和实践》《有效的管理者》等。经验学派的主要观点是古典管理理论和行为科学都不能完全适应企业发展的实际需要。有关企业管理的科学应从企业管理的实际出发,以大企业的管理经验为主要研究对象,加以概括和理论化,向企业管理人员提供实际的建议。经验学派主张通过案例研究经验,不必企图去确定一些原则,只要通过案例研究一些企业管理人员的成功经验和他们解决实践问题的方法,便可以在相仿情况下进行有效的管理。

六、决策理论学派

决策理论学派的代表人物是赫伯特·西蒙(Herbert A. Simon),其代表作是 1960 年出版的《管理决策新科学》。西蒙曾在美国芝加哥大学、卡内基梅隆大学和纽约大学长期讲授计算机、心理学课程,并从事计量经济学的研究,1961—1965 年任美国社会科学院研究委员会主席。由于他对经济组织的开创性研究而获得 1978 年诺贝尔经济学奖。西蒙将经济学、社会学、心理学、系统论、数学和计算科学综合运用于对管理活动的研究,创立了决策理论学派。该学派的主要见解如下:

1. 管理就是决策

管理的中心问题是决策,管理的过程就是在研究各种方案中做出抉择、付诸行动的过程。管理中的高、中、下层人员的工作过程都是决策的过程。高层管理人员决定经营目的和总方针,中层管理人员执行总目标、总方针和决策部门的目标和计划,下层监督人员就日常生产计划、作业分配做出决策。

2. 决策过程

决策过程包括四个阶段:①收集资料,即收集信息,对变化进行预测,确认变革的必要性和目的。②设计方案,提出多个行动方案及实施细节。③选择方案,抉择行动方案。④执行方案,实施前的检查、在实施中完善、实施后的评估等。

西蒙认为,要使各级人员的决策保持组织需要的一致性,就必须通过信息系统向他们提供由他们自己进行决策的前提。决策前提包括两部分：一是价值前提，相当于决策目的，如组织目的、效率标准等；二是事实前提，相当于实现目的的手段，如通过施加教育使下属人员掌握处理各种情况的知识和技术等。在此基础上，提出所谓决策的合理性，即在能评价行动结果一定的价值体系下，选择适当的代替行动。

3.决策类型

西蒙第一次提出了程序化和非程序化决策、最优决策和满意决策的概念。所谓程序化决策，是指那些经常反复出现的且有现成资料可参考的决策。所谓非程序化决策，是指对那些不经常重复出现，不能以现成的程序来表达的问题所进行的决策，如战略决策多属这类决策。所谓最优决策是追求理想条件下的最佳目标。根据西蒙的分析，最优决策必须具备三个条件：决策人对所有可能选择的方案及其结果要无所不知；决策人具有非常高超的估测能力；决策人对所有可能的结果都有完备的对策程序。这三个条件很难具备，即便做得到，也要花费过多的时间和经费。所以，决策者在一般情况下只能取满意决策。满意决策是指事先确定一个最低满意度的标准，决策的结果在此标准之上即可，即在现实可能条件下去取得比较满意的结果。

七、权变理论学派

权变理论是一种比较新的管理思想，主要代表人物是美国的弗雷德·卢桑斯（Fred Luthars）、英国的琼·伍德沃德（Joan Woodward）。权变理论学派强调，组织行为是复杂的，环境的复杂性更增加了管理的难度，管理者的实际工作取决于所处的环境条件。权变管理同情境管理的意思差不多，常常通用。但有的学者还是认为应该加以区别，情境管理只是说管理者实际上做些什么取决于既定情境，而权变管理则意味着环境变化同管理对策之间存在着一种积极的相互关系。按权变的观点，管理者可以针对一条装配线的具体情况来确定一种适应于它的高度规范化的组织形式，并考虑二者之间的相互作用。

有的学者认为，权变理论不仅要考虑现有的情况，而且要考虑既定方案对企业行为方式的影响。例如，一种按业务职能（如财务、工程、生产与营销）设置的组织机构可能非常适合于当时的情况，但是管理者应当考虑到这样的组织机构往往会引起把职能部门的利益置于整个企业的利益之上的行为方式。

管理实践本来就要求管理者在应用理论和方法时要考虑现实情况。科学和理论的任务绝不是、也不可能是规定在某种具体情况下该怎么办，管理科学和管理理论没有、也不可能提供在每一种情况下如何做事的"最好办法"。

八、经理角色学派

经理角色学派是一个新的学派，同时受到管理学研究者和实际管理者的重视，其推广得力于亨利·明茨伯格（Henry Mintzberg）。经理角色学派主要通过观察经理的实际活动来明确角色的内容。对经理（从总经理到领班）实际工作进行研究的人早就有，但把这种研究发展成为一个众所周知的学派的却是明茨伯格。

明茨伯格系统地研究了不同组织中五位总经理的活动，得出的结论说明总经理们并不按人们通常认为的那种职能分工行事，即只从事计划、组织、协调和控制工作，而是还进行许多别的工作。

明茨伯格根据他自己和别人对经理实际活动的研究，认为经理扮演着十种角色。这十种角色分为三大类：人际方面的角色、信息方面的角色和决策方面的角色。①人际角色：代表人角色、领导者角色、联络者角色。②信息角色：监督者角色、传播者角色、发言人角色。③决策角色：企业家角色、资源分配者角色、冲突管理者角色、谈判者角色。

第四节　当代管理理论

随着计算机、互联网等信息技术的发展，特别是数字经济的出现，使人们越来越深刻地感到解决问题的手段总是赶不上问题的产生。这是一个竞争越来越激烈的时代，企业管理与时俱进、不断变革的时代。当代企业的生产经营活动呈现出以下几个特点：生产技术的运用和复杂程度大大增加；产品升级换代的周期大大缩短；劳动生产率的提高更多地依赖于人的知识和智力；协作比分工更重要；等等。

与此相适应，当代企业管理所面临的背景特征是：

(1)环境的不确定性增加。传统的经济学与管理学理论大多建立在环境基本不变或变化不大的假设前提下，但是随着社会生产的不断发展，现实环境不仅发生着剧烈的变化，而且变化的趋势也越来越难以预测，甚至是无法预测。

(2)管理对象的复杂性提高。随着社会的进步，管理对象的复杂程度在不断增加，特别是人的复杂程度比以往任何时候都增强了，如人的思维、行为的动机、面临的压力、接受的挑战等都将超过以往。

(3)竞争的激烈程度超过以往。市场经济的本质特征之一就是竞争。当今世界，竞争的方式、内容、范围、程度等都较以前发生了巨大变化。优胜劣汰比以往任何时候都体现得更加残酷。有人用VUCA这四个字母来形象地描述我们所处的这个时代的特征，即 volatility(易变性)、uncertainty(不确定性)、complexity(复杂性)、ambiguity(模糊性)。事实上，当代企业管理的许多变革就是适应这样一个背景而产生发展的。

在这种大背景下，产生了许多当代管理理论，如企业文化理论、领导理论、竞争战略理论、流程再造理论、学习型组织理论、资源理论、能力理论、知识基础理论、制度理论、社会资本理论、社会学习理论、网络理论等。其中，企业再造理论、学习型组织理论、企业战略理论无疑是受到人们高度关注的三个理论。

一、三个代表性理论

(一)企业再造理论

迈克尔·哈默(Michael Hammer)和詹姆斯·钱皮(James Champy)于1994年出版了《公司再造》(*Reengineering The Corporation*)，该书一出版便引起了管理学界和企业界的高度重视，并迅速流传开来。

企业再造理论把矛头直接指向了亚当·斯密的分工理论。200多年来，亚当·斯密的分工理论一直支配着美国企业的管理，对生产力的发展曾经起到巨大的推动作用，但是在迅速变化的当今时代，已越来越不适应社会发展的需要了。哈默与钱皮认为，公司再造就应当是根据信息社会的要求，抛开分工的旧包袱，按照自然跨部门的作业流程重新组装，以期在管理绩效上，如成本、质量、服务和效率方面，获得跨越式的改善。

企业再造的基本特点是：①向基本信息挑战，进行创造性思维；②彻底的变革，使企业脱胎换骨;③跨越式的发展;④从业务流程开始。按照哈默和钱皮的定义,业务流程是企业以输入各种原材料为起点到企业创造出对顾客有价值的产品为终点的一系列活动。

流程的改造得益于信息技术的高度发展,因为信息技术的发展使得效率不一定产生于分工,而有可能产生于整合之中。因此,在传统的组织职能理论基础上进行以流程为线索的调整,正在成为人们探讨高效的组织管理的新模式。

(二)学习型组织理论

所谓学习型组织(learning organization),是指通过培养弥漫于整个组织的学习气氛而建立起来的一种符合人性的、有机的组织。在学习型企业中,要求人们不断地去拓展他们的能力,学习相互之间如何在一起工作,发挥参与精神以及如何要求不断变革的对策以适应瞬息万变的环境变化。

对学习型组织模式的构造,有鲍尔·沃尔纳(Paul Woolner)的四阶段模型,有约翰·瑞定(John Redding)的第四种模式,当然,影响较大的当属彼得·圣吉(Peter Senge)的模型。1990年,彼得·圣吉出版了《第五项修炼》。该书一出版立即引起了轰动,他提出了构建学习型企业的五项基本修炼:

(1)培养"自我超越"的员工。"自我超越"的修炼要求每个员工学习如何认清、加深和不断实现他们内心深处最想实现的愿望,他们对生命的态度应该全心投入,不断创造和超越。

(2)改善心智模式。每个人的心智模式影响着人们如何了解这个世界以及如何采取行动,而组织内部也可能存在一种共有的心智模式。

(3)建立"共同愿景"。"共同愿景"是大家共同愿望的景象,是能感召组织成员的共同目标。当人们致力于共同关心的愿望时,才会产生创造性学习。

(4)促进有效的"团队学习"。"团队学习"的修炼要求团队成员能够超越自我,克服防备心理,学会如何相互学习与工作,形成有效的共同思维。

(5)形成全局性的"系统思考"。"系统思考"的修炼要求人们能够综观全局,形成系统思维模式,使人们思考影响我们诸种因素的内部联系。

可以看出,学习型组织理论的基点自然是建立在企业变革的基础之上,但它却从一个全新的角度来考察企业这种组织形式。正如彼得·圣吉所揭示的五项基本修炼那样,学习不仅是为了企业的生存,提高企业的竞争力,更是为了实现个人与企业的真正融合,以使人们在组织中活出生命的意义。这种对企业组织的全新认识确实颇有新意。

(三)企业战略理论

战略管理理论在当代管理丛林中居于重要的地位。20世纪80年代以来,企业竞争战略理论呈现出以下三大主要流派。

1.结构学派

结构学派的代表人物当属迈克尔·波特(M. E. Porter)教授,他在前人研究的基础上,从结构分析的角度提出了竞争战略的一些观点。波特认为,一个产业内部的竞争状态取决于五种基本竞争力的相互作用,即进入威胁、替代威胁、买方砍价能力、供方砍价能力和现有竞争对手的竞争。在此分析的基础上,他提出了可供选择的三种基本竞争战略:总成本领先战略、差别化战略和目标集中战略。这三种战略的实施与资源和技能有关,同时存在着程度不同的风险。继产业结构分析之后,波特还给出了竞争对手理论分析模型,内容涉及如何识别竞争对手等。

2.核心能力学派

核心能力学派强调在企业生产、经营行为过程中以能力为出发点来判定和实施企业经营战略。该学派有两种代表性的观点,一是以加里·汉默尔(Gary Hamel)和哥印拜陀·普拉霍莱德(C. K. Prahalad)为代表的"核心能力观";另一种是以乔治·斯多克(George Stalk)、菲利普·伊万斯(Philip Evans)和劳伦斯·舒尔曼(Lawrence E. Shulman)为代表的"整体能力观"。前者所说的"核心能力",是指蕴含于一个企业生产、经营活动中具有明显优势的单个要素(如技术、成本等)和要素组合;后者的"整体能力"主要表现为组织成员的集体技能和知识以及员工相互交往方式的组织程序。这两种能力观都强调企业内部行为和过程所体现的特有能力。显然,自"核心能力"的观点提出以来,企业如何识别和培养核心能力成为人们关注的焦点,这也可以说是能力学派理论创新的重要表现。

3.资源学派

顾名思义,资源学派强调"资源"的重要性,其主要代表人物是大卫·柯斯(David Collis)和辛西娅·蒙哥马利(Cynthia A. Montgomery)。在他们看来,资源是一个企业所拥有的资产和能力的总和,因此,一个企业要想获得成功,就必须拥有独特的具有竞争力的资源,并将资源配置到战略中去。如何评价企业的资源,资源学派提出了五项标准:①资源的不可模仿性;②资源的持久性;③资源的占有性;④资源的替代性;⑤资源的竞争性。通过上述五个方面的评估,通常能够表明一个企业的总体状况,从而为制定和选择竞争战略提供坚实可靠的基础。

资源学派的另一个代表人物当属资源基础理论(resource-based view,RBV)的创始人杰伊·巴尼(Jay B. Barney)。RBV 侧重讨论企业内部资源和能力来解释企业如何获得竞争优势,且认为公司是异质的,这种异质性可以持续,因而给公司带来独特的竞争优势。

巴尼将资源分为三类,即物质资本资源、人力资本资源、组织资本资源,具体包括所有资产、能力、组织流程、公司属性、信息、知识等。企业的发展不在于企业在市场中更好的定位,而在于企业拥有有价值的(valuable)、稀缺的(rare)、难以模仿(不可复制)的(inimitable)、不可替代的(non-substitutable)资源(具体含义见表 3-1)以及竞争对手无法复制的价值创造战略。

表 3-1 资源的四个特征

有价值的 (valuable)	资源必须使公司能够构思或实施创造价值的策略,从而提高其效率和效益
稀有的 (rare)	在实施创造价值战略时,宝贵的公司资源不能被大量竞争或潜在的竞争公司同时拥有
不可复制的 (inimitable)	有价值的公司资源仅由一家公司控制以产生竞争优势,而其他公司则无法复制它
不可替代的 (non-substitutable)	必须没有在战略上等同的(可以用来替换原资源的)宝贵资源

资料来源:BARNEY J. Special Theory Forum:The Resource-based View with the Conversation of Strategy[J]. Strategic Management Journal,1991,13(5):363-380.

二、管理理论发展与管理研究新框架

纵观管理思想和理论的发展演变,其背后的背景离不开工业革命和技术进步的影响。人类迄今为止共发生了三次工业革命。三次工业革命推动了人类过去 250 多年的经济增长,极大地丰富了人类的产品,而每一次的工业革命都离不开科技的创新发展。如今我们又面临着汹涌澎湃的第四次工业革命的到来,它已经对管理实践的变革和管理理论的发展提出了新的要求。其实,每一次管理思想和理论的进步,都是工业革命和技术进步的产物。以下我们以工业革命和技术进步演进为线索和逻辑,重新探讨管理思想和理论的演变,并以创业企业管理为例,提出管理学发展的框架,即所谓的第四代管理理论的框架设想。

(一)第一代管理理论

第一代管理理论历经的大致时间范围在19世纪末20世纪初到20世纪三四十年代,它是管理学理论创立的开始。

管理学理论为什么始于这个时期,当然与第一次工业革命有着密切的联系。第一次工业革命大约从1760年开始持续到1840年,其标志性的事件就是蒸汽动力的发明、纺织业的机械化和冶金工业的变革。

第一次工业革命促使传统的工厂生产组织方式发生变革,即原来的那种分工不很明确的生产组织方式已经不能适应工业革命的变化,必须要创造一种高效率高效能的组织方式,才能适应工业革命的变化。这为科学管理理论的诞生奠定了基础,或者说,在这种背景下才逐步产生了第一代管理理论。

可见,第一代管理理论是以事为中心,即以提高事物工作的效率为中心。

第一代管理理论把人假定为经济人。所谓经济人,简单的理解就是以追求物质利益为主的人。经济人与经济学讲的理性人是不同的。由此得出,对待经济人的管理方式就是"胡萝卜加大棒"式的管理。基于这种管理实践和管理方式提炼出的管理理论,比较强调理性和规范、加强控制、效率导向、崇尚资源等。

第一代管理理论的代表人物有泰勒、法约尔、韦伯、孔茨等。

(二)第二代管理理论

第二代管理理论历经的大致时间范围在20世纪三四十年代到20世纪六七十年代,它是管理学理论开始发展时期。

这一时期管理理论发展的背景当然是第二次工业革命,即所谓的电气革命。第二次工业革命大约从1860年开始持续至第二次世界大战前后,其标志性的事件就是电力和内燃机的发明和应用,还有石油化学工业、家用电器等新产品、新产业的出现。

经历了第一次工业革命后,科学管理理论已经诞生,但人们马上发现科学管理在实际中大大提升效率,即科学管理理论在产生巨大作用的同时,也出现了一些新问题和新情况。面对这些新问题和新情况,管理理论解释不了,人们又开始思考和修正现有管理理论的不足。于是,人们把管理关注的对象又重新转回到人上来。因此,第二代管理理论是以人为中心,人又重新成为人们关注和强调的话题。

第二代管理理论把人假定为社会人。所谓社会人,简单的理解就是以追求精神情感需求为主的人,即物质利益不再是唯一的追求,除此之外,人们还有情感、心理等精神层面的需求。基于这种社会人假设提炼出的管理理论,比较关注人的情感和人性,关注员工行为和人际关系背后的期望、动机和需求。

第二代管理理论的代表人物有梅奥、马斯洛、赫兹伯格、弗洛姆、斯金纳、罗宾斯等。

(三)第三代管理理论

第三代管理理论历经的大致时间范围在 20 世纪七八十年代到 21 世纪初,它是管理学理论深入发展时期。

这一时期管理理论发展的背景当然是第三次工业革命,即所谓的信息革命,也有人叫自动化革命。第三次工业革命大约从 20 世纪 50 年代开始直到现在,其标志性的事件就是计算机的发明、信息化和现代通信产业的变革。

第三次工业革命的发生,特别是计算机的发明和使用,加之外部环境更加激烈的竞争,争夺市场,吸引客户,人们开始把目光转到外部,即满足客户需求才是企业管理真正关注的核心,才是企业生产和发展的基石。因此,以客户为中心就逐渐成为企业管理实践和管理理论关注的重点。

关于第三代管理理论对人性的假设,开始有了争议,有人认为是知识人,有人认为很难用一种状态去描述,人就是复杂人。基于这种知识人或复杂人假设,这时期的管理理论比较关注知识和创新。随着人类社会从工业经济时代转向知识经济时代,知识与创新成为组织获得持续竞争优势和动态能力的主要来源。组织管理必须高度关注知识人的成长,以知识人的观点设计组织发展的哲学、运行体系和激励模式尤为关键。以互联、开放、合作、共享为特征的管理实践模式逐渐成熟,因此,知识和创新就成为第三代管理理论的主旋律。

确切地讲,第三代管理理论很难找到代表人物,迈克尔·哈默、詹姆斯·钱皮、彼得·圣吉、迈克尔·波特、加里·汉默尔、哥印拜陀·普拉霍莱德、大卫·柯斯、辛西娅·蒙哥马利、杰伊·巴尼等算是有一定的代表性,这是一个真正的管理理论丛林时代。

(四)第四代管理理论的设想

1.基本梳理

第四代管理理论历经的大致时间范围在 21 世纪初到现在,它是管理学理论受到高度挑战,将发生大变革时期。

这一时期管理理论发展的背景就是我们现在讲的第四次工业革命,即所谓的人工智能革命。当然,这一阶段信息化的影响也没有完全消失。

第四次工业革命的概念始于德国。德国政府最早提出"工业 4.0"战略,并在 2013 年的汉诺威工业博览会上正式推出,其目的是为了提高德国工业的竞争力,在新一轮工业革命中占领先机。业界普遍认为,"工业 4.0"概念即以智能制造为主导的第四次工业革命,或革命性的生产方法。"工业 4.0"包括三大主题:一是智能工厂,二是智能生产,三是智能物流。"工业 4.0"的本质,就是通过数据流动自动化技术,从规模经济转向范围经济,以同质化规模化的成本,构建出异质化定制化的产业。"工业 4.0"的核心特征是万物互联。互联网技术降低了产销之间的信息不对称,加速两者之间的相互联系和反馈,催生出消费者驱动的商业模式。

随着时间的推移和新技术的发展,现在人们对第四次工业革命的理解也更加宽泛。第四次工业革命,是以新计算技术、区块链技术、物联网技术、人工智能、先进材料、多维打印、生物技术、地球工程、空间技术为主的技术革命。尤其是第五代通信技术,绝对不只是速度的提升,更带来了通信领域以及其他全方位的变革。人工智能就像蒸汽机革命一样,成为很普遍的现象。

由此可见,第四次工业革命带来的管理变革和商业模式变革,使得供应商、生产者、消费者高度融为一体,产业正在向价值共创共享的时代转变和发展。企业管理的中心正在向价值共创共享转移。

第四代管理理论对人性的假设,也有较多争议,有自主人、智慧人等说法。总之,第四次工业革命才刚刚开始,工业革命本身发展还有很大变数,与其相适应的管理理论的建立还差得很远,对一些管理现象的认知还要随着技术的发展而发展,因此有人主张没必要太在意这个时期人性的假设问题。也许到了一定程度,这个问题就迎刃而解了。

陈劲、尹西明认为,"第四次工业革命时代,企业和社会管理决策依托从知识管理进一步向自动自主管理和智慧、智能决策转型,以'智能制造''智慧企业'和'智慧城市'为代表的全球管理探索,正日趋成为企业管理实践新的前沿,也是管理理论和管理学者亟待或正在关注的新现象、新问题"。

在这种新技术革命的背景下,管理理论关注的问题非常前沿,也充满了挑战,如人机协同管理、智慧管理、绿色管理、系统性风险管理、数字化转型管理、产业链演化管理、全球安全战略管理、复杂系统韧性管理、全球治理参与管理、创新变革管理等。

2. 量子管理

丹娜·左哈尔(Danah Zohar),美籍英国人,在麻省理工学院获得物理和哲学学位。丹娜·左哈尔 2000 年出版了《魂商》和《精神资本:我们赖以生存的财富》,2016 年出版了《量子领导者:商业思维和实践的革命》,是量子管理理论的创始人。

左哈尔认为,牛顿式思维重视定律、法则和控制,强调"静态""不变";量子思维重视的却是不确定性、潜力和机会,强调"动态""变化";在 21 世纪竞争激烈的年代里,企业若仍用牛顿式思维来管理,强调集权、员工只需听令行事,将陷入困境。显然,以牛顿力学为科学背景建立起来的管理理论不能适应 21 世纪的发展。左哈尔认为智商(intelligence quotient,IQ)和情商(emotional quotient,EQ)都不足以解释复杂的人类智慧,提出了更为根本的第三种智慧——灵魂智慧,也就是灵商(spiritual quotient,SQ)。

灵商能够让我们:更有创造力,超越条条框框去玩一种"无限"的游戏;深刻体会到人生的爱、喜悦和从容,获得精神上的超越;大大提高人生效率,不断获得成功;对世界抱有积极的态度,不论遇到多大挫折,始终能够保持积极向上的心态;在精神上不断成长和转化,释放内在潜能;超越自我和他人之间的鸿沟,与他人建立和谐融洽的关系;将深藏于心的美好境界成为可能。

在《量子领导者:商业思维和实践的革命》中,丹娜·左哈尔教授融合东西方智慧,深入剖析了为什么传统商业系统如今不再奏效,对比了牛顿式管理和量子管理模式的优劣,并提出了企业引入量子变革、构建量子管理系统的原则和路径。

左哈尔提出了量子管理的"十二条原则",具体如下。

(1)自我意识:知道自己秉持的价值观以及自己行动的动机;对生命最高目标有意识。

(2)自发性:生活在当下,对当下一切事物积极反应。

(3)愿景及价值引导:根据自己的原则及信仰处事,并为此活着。

(4)整体性:能够看到更大的格局、关系或联系;有一种强烈的归属感。

(5)同理心:能够感同身受、与人产生共鸣。

(6)拥抱多样性:看到他人以及自己不熟悉的事情表现出的不同特点,不随意贬低。

(7)场独立性:抵制随波逐流,坚持自己看法。

(8)刨根问底,勇于质疑:需要理解事物,搞清来龙去脉,这是判断给定事物的基础。

(9)重建框架的能力:跳出问题或局势的限制,尽量看到全局,探寻事物的大背景。

（10）积极利用挫折：能够从错误中学习，把问题看作锻炼的机会，拥有恢复能力。

（11）谦逊：意识到自我只是生活这场宏大戏剧中的一个角色而已；找准自己的位置。这是自我批评和批判评价的基础。

（12）使命感：能够感知召唤，原意为比自我更大的目标服务；感激那些帮助自己的人，愿意回报他们。这是成为"服务型领导"的基础。

3.初步设想——一个理论框架

综上，我们可以看到，世界进入人-机-物信息高度互联、万物互联、智能感觉、数字化时代，以有机演化＋无机智慧化并存方式发展。基于此，人类行为的逻辑也在发生变化，具体见图3-3。

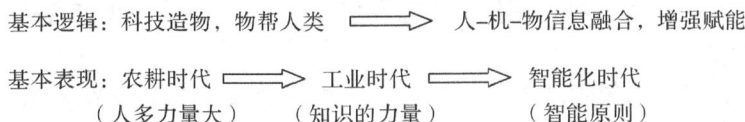

基本逻辑：科技造物，物帮人类 ⟹ 人–机–物信息融合，增强赋能

基本表现：农耕时代 ⟹ 工业时代 ⟹ 智能化时代
（人多力量大） （知识的力量） （智能原则）

图3-3 人类行为的逻辑变化

综上，我们有如下启示：

（1）第四代管理理论应该是科学技术与哲学的融合、规范与创新的融合、人-机-物-信息的高度融合；机器将不再是简单的存储器，而是智慧陪伴物。

（2）第四代管理面向知识人、自主人向多维化、复合化发展，贯穿了对人性和人的价值的认知；发挥每个人的能量，实现人的福祉是管理追求的终极目标。

（3）计算机、数据、信息、知识、智慧和关爱融合，共存于组织管理中，管理的工具理性与价值理性逐渐整合于问题驱动、创新驱动以及人的价值与意义驱动之中。

（4）以人工智能为核心，以"移物云大智链"为代表的新技术革命，倒逼企业和社会管理依托从经验管理、知识管理进一步向自动自主管理和智慧智能管理转型。

（5）管理实践的发展需要整合知识和理论、价值观（包括东西方价值观的融合）以及个人的行为方式，特别是对人性和人的灵魂的关注。

基于此，我们分析了"西少爷"和"英卓"两个代表性的创业企业的案例，探索性地提出创业企业创新管理——有"幸福感"的创新管理理论框架。

框架的基本原则为：有初心，有事业追求；创新者有幸福感、愉悦感；基于多样化知识进行新创企业的创新；创新行为与结果对社会有新价值，且能够包容；创业企业赢得市场，且创业者能够通过创新提升幸福指数。

框架的具体内容如下：

（1）创新者层面：包括初心管理、理念管理、能力管理、多样化知识管理等。

（2）创新资源层面：包括产品创新、工艺创新、服务创新、资金管理、信息管理等。

（3）创新组织层面：包括品质（物品、人品）管理、创新团队、商业模式、制度变革与创新等。

（4）创新环境层面：包括技术利用、市场创造、知识搜寻、政策敏感性；外部不确定管理等。

…………

第五节 数字化智能化时代管理研究若干方向

众所周知,第四次工业革命的特征是万物互联万物融通,即基于智能化的物理世界、信息世界与人类社会高度融合。以移动互联网、物联网、云计算、大数据、智能化、区块链(简称"移物云大智链")等为代表的现代信息技术,对管理行为和管理科学研究提出了新的挑战,产生了巨大的影响。

首先,数字化智能化引领学科研究范式变革。随着新技术革命的发展,学科范式从过去的观测、实验、推理、模拟等正在向以大数据驱动的科学研究方式变革。人工智能和大数据驱动的新一轮科学研究范式,将为物质、信息、能源、生命、经济、社会等多领域科技融合提供新的方法论和学术价值标准。

其次,数字化智能化引领管理人才培养方式变革。新技术革命引发的工业、经济、社会治理体系的变革,从而对人才培养目标、方案、方法等提出了全新的挑战,需要我们构建包含智能学习、交互式学习在内的新型教育体系,才能更好地适应现代信息技术发展的需要,培养出适应未来需求和发展的人才。

再次,数字化智能化给组织管理(治理)带来挑战。第四次工业革命和人工智能发展,既是生产力发展的需要,也是生产关系变革、治理体系与治理能力现代化建设的需要。所有的组织要建立基于现代物联网的数据精准采集、大数据综合分析以及云计算平台,实现人、财、物、时间、空间、信息等的综合智慧管理、个性化服务与智能综合决策。

一、若干代表性的组织管理变革

(一)创业管理

在"大众创业、万众创新"的时代,创业管理无疑是最显眼、最突出的管理话题。一般地,创业理论包括创业者、创业过程、创业制度、创业环境以及创业效果评价等。我国目前的创业管理理论,无论从系统性和深入性方面都远不能满足蓬勃发展的创业实践需求。另外,当今创业管理不仅仅是大学生的创业管理、新创企业的创业管理,也包括成熟企业的二次创业管理、中小企业的创业管理等诸多方面。这些都急需要有新的、适应中国情境的创业理论指导创业实践。

(二)知识管理

21世纪是知识经济时代,信息技术的发展使企业从传统的对有形资本的管理正在向无形资本管理转移。企业如何去开发知识、吸收知识、共享知识、利用知识并将知识转化为直接的生产力以适应知识经济的要求,成为企业管理所遇到的又一新课题。以知识为对象的管理,要求企业在全球范围内获取新知识,并进行知识的积累、优化和重新组合。知识管理强调把信息、人力资源、知识、经营过程等统一协调起来,从而在更广阔的范围内提升企业经营业绩,推动企业发展。知识要由人掌握,知识的创造者是人,可以说,知识管理的本质就在于对人力资源的开发和利用,特别是对员工成长的关注。

(三)快速响应管理

工业经济时期,企业以低成本、低价格的产品打入市场,从而形成大面积消费,最终使企业获得利润和经济效益。这种规模型的效益模式在很长时间内一直成为经济模式的主角。知识经济时代的一个重要的特点就是"快"，科技进步快，产品更新快，市场变化快，政策调整快等。企业竞争除了比价格、质量以外，更重要的是比速度，看谁能以最快的速度适应市场的变化，满足消费者的需求。因此，企业在某种程度上就是靠时间取胜，企业开创了以速度求效益的速度效益模式。网络化数据化时代，要求企业快速响应市场变化，快速做出决策，快速组织实施。速度效益模式的本质就是节约时间，从而最大限度地节约时间成本，以真正实现"时间就是金钱"的经营理念。

（四）新的制造与消费管理

数字化智能化时代，企业的制造模式发生了巨大变化，从大规模制造到大规模定制，从柔性、敏捷、精益制造到 3D 打印，从工厂直接到用户，到工厂和用户零距离的垂直管理。可以说，智能制造和服务制造又将成为新一轮的制造管理革命。另外，消费模式也发生了重大变化，从产品经济到体验式经济，体验营销、直效营销将成为新的消费方式。"商品是有形的，服务是无形的，而创造出的体验是令人难忘的。"个性化、多样化消费渐成主流，线上与线下相结合、精准营销与极致服务相结合渐成趋势。这些都是新一轮制造与消费管理的新内容。

（五）创新管理与企业家精神

尽管人们对创新含义的理解不一，但普遍认为凡是能够创造新的商业和社会价值的活动，都可以理解为创新性的活动。在资源约束的条件下，创新行为需要管理，如创新思维、创新模式选择、创新过程、创新资源配置、创新制度与文化等。实践证明，创新管理既有利于降低组织内部的交易成本，又可优化资源配置。创新是一个国家、一个地区、一个企业获得竞争优势的可靠保证。可以预见，创新是未来企业在竞争中取胜的法宝。

与创新分不开的一个话题就是企业家。关于企业家的话题在西方经济学中虽早有探讨，但迄今为止没有形成较为完整的和令人满意的理论。市场经济就是企业家经济，这一概念已被大多数人所接受。尽管关于企业家的含义及作用各有说法，但企业家应具备的基本要素如捕捉机会、挑战风险、果敢决断、有效组织、社会责任等，则构成企业家的一些基本要素，也是企业家精神的基本内容。我们认为，尽管对企业家精神的理解有争议，但企业家精神的核心就是创新、冒险、担责，这应该是不容置疑的。

熊彼特是企业家理论的代表性人物，他的"创新"理论颇具创新特色，并由此引发了日渐活跃的企业家理论研究工作。经济学家们对企业家理论的研究大致集中在以下几个方面：第一，关于企业家作用（社会职能）的研究；第二，关于企业家形成（成长）的研究；第三，关于企业家动力诱因（动机）的研究；第四，关于企业家与企业制度关系的研究；第五，关于企业家精神的研究等。随着社会的发展，企业家理论和企业家精神无论从研究内容还是从研究范围上都在不断拓展。

（六）新的商业模式管理

关于什么是商业模式，一直有争议。大卫·蒂斯（David J. Teece）给出了一个较被认可的定义，认为商业模式是一个企业有关价值创造过程的总体框架设计，包括价值创造、价值支付、价值收获。商业模式不是新提法，但商业模式在互联网时代被重新重视且高频率出现，就是信息技术的发展为新的商业模式的设计和实施提供了条件。例如，海尔的"人单合一"的生态式管理，包括价值协商与客户交互、自以为非的自我否定、与客户共创共赢共享、技术创新的社群式管理等；"苹果"主要不是靠设计占领市场，而是把开发和用户紧紧捆绑在一起，采取饥饿销售;"小米"发布的手机永远都在升级,专注研发,没有生产,网络销售;"阿里巴巴"做的其实是一种生态(淘宝、天猫、支付宝、阿里云);等等。这些都是新的商业模式,是未来变革的趋势,需要深入探索。

(七)现代服务管理

现代服务的范围远远比你想象的要宽广得多。服务业在一个国家和地区的 GDP 增长中所占的比重越来越高,也越来越重要,服务业与服务管理提升的空间非常大。服务业的内容包括消费型服务业,如餐饮、服装、养生、养颜、电讯、医疗卫生;生产型服务业,如交通运输、物流、设计、服务性制造;商务型服务业,如金融、保险、培训、写字楼;科技型服务业,如资料检索、咨询、出版、注册登记、报奖;精神型服务业,如旅游、文化、体育、广电、影视、网络、动漫;等等。

另外,服务的内涵也在发生变化,比如强调服务与制造相结合、一体化的服务制造,服务智能化,服务范围的潜在价值与拓展等。从重视"硬"制造到重视"软"服务,扩大服务领域,提高服务能力,改善服务水平;从重视"物流"到重视"服务流",扩大企业职能服务范围,整合各方服务资源和功能,如人力资源培训、使用;从重视直接业务联系到重视衍生新业务联系,如金融机构介入理财和金融风险控制等。

(八)智能化与大数据管理

数字化智能化时代,管理手段的智能化将越来越显现,越来越必不可少。网络化数据化智能化环境下,人、物、机器的高度融合,如无人机器、无人驾驶等;基于网络平台、互联互通以及有效整合资源的伙伴管理;协同创新管理,协作重于分工,如一架波音飞机需要 500 万个零部件,需 500 家大机构和 1.3 万家小企业的配套;强调共生共荣的生态管理,如美的集团的创新生态管理等,这些都是未来企业管理变革的趋势。

大数据时代,用大数据进行管理是避不开的话题。大数据强调更多、更杂、更好。大数据的科学价值、经济价值越来越明显,大数据可转化为经济价值的来源已逐渐受到人们的青睐。同时,大数据可能是企业战略制定的基础。利用大数据,企业可以预警、预测、决策、智能分析。此外,还有基于大数据的精准商务分析和基于大数据的虚拟现实操作等。

(九)无边界下的不确定性管理

与通用电气前总裁杰克·韦尔奇讲的无边界管理不同,传统经济学认为企业的边界是由企业内部的交易成本与市场交易成本的比较而确定的。互联网时代,企业的经营边界是模糊的动态的。顾客在哪里,企业的边界就在那里。现在进行的跨界管理、平台管理等,其本质就是无边界管理。无边界条件下,企业的环境更具有不可预测性、开放的复杂性以及模糊性等特点,这就是企业经营的不确定性。当代企业管理的核心问题之一就是认知不确定性、应对不确定性和驾驭不确定性。不确定性既给组织带来挑战,也带来机会。不确定性将是一个常态,企业要学会与不确定性共处。未来,应付不确定性的关键就是要创新。

(十)战略转型管理

企业战略转型的话题并不新鲜,但在网络化数字化智能化环境下企业的战略转型就显得异常重要,尤其是企业的数字化转型更加突出,包括传统产业和新型产业的数字化等。比如,企业为什么要转型,往哪里转型,转什么,等等。当今企业的转型方向总体上可以概括为从资本积累转向技术创新,从制造中心转向研发中心,从产品中心转向服务中心。企业转型的内容一般包括观念、业务、制度和商业模式转型等。这里特别强调一下企业的业务转型问题。当代企业的业务转型更多地涉及专业化与多元化,产业组合包括扩张、产业竞争,区域组合包括区域结构、区域竞争,产品组合包括产品调整、产品竞争等。在激烈竞争的市场经济下,有的企业转型成功了,如诺基亚、IBM,也有许多企业失败了。另外,与转型相关的重要话题是升级管理,也非常重要,比如如何处理好转型与升级的关系,做好适合企业发展的转型升级等,也是未来管理变革的重要内容。

二、未来管理研究方向

2020 年 10 月 14 日,国家自然科学基金委发布管理科学部"十四五"优先发展领域,具体包括以下 18 个方面:①复杂系统管理理论;②混合智能管理系统理论与方法;③决策智能理论与方法;④企业的数字化转型与管理;⑤数字经济的新规律;⑥城市管理的智能化转型;⑦智慧健康医疗管理;⑧中国企业管理的理论;⑨国际秩序演化下的中国企业全球化;⑩中国经济发展规律;⑪中国背景的政府治理及其规律;⑫中国扶贫与乡村发展机理与效应;⑬全球变局下的风险管理;⑭巨变中的全球治理;⑮全球性公共卫生危机管理新问题;⑯能源转型与管理;⑰人口结构变化与社会经济发展;⑱区域社会经济的协调发展管理。

2020 年,国家自然科学基金委管理学部专门组织一些国内工商管理学界的专家教授,就工商管理学科发展战略及"十四五"发展规划进行了研究,提出了工商管理学科"十四五"研究大纲建议。该大纲共列举了 14 个优先支持领域及若干重点凝练的课题方向。以下内容来自 14 个小组的研究报告,部分内容摘编如下,供大家参考。

1. 战略管理方向

(1)企业战略决策的行为与认知基础研究。

(2)新技术条件下的企业战略管理理论研究。

(3)国家竞争条件下企业技术创新战略选择与关键领域突破创新。

(4)突发灾变条件下的企业战略管理。

(5)不同所有制企业的共生与协同问题研究。

(6)中国特色的公司治理理论研究。

(7)一带一路、逆全球化趋势与中国企业的新型国际化战略。

2. 组织理论与组织行为管理方向

(1)多团队系统协调研究。

(2)中国创新生态下突破性创新的阻抑因素、受阻机制与破解对策研究。

(3)技术变革下组织变革与组织治理研究。

(4)危机管理过程中的组织学习研究。

(5)基于二元悖论的组织行为与领导力研究。

(6)超越组织边界的组织行为研究。

(7)企业生态型战略与公司治理研究。

3. 企业技术管理与创新管理方向

(1)基于数字技术(大数据/信息化/云计算/人工智能)的企业创新管理基础理论与方法研究。

(2)中国情境特异性与创新管理理论及实践研究。

(3)中国企业的创新追赶机制与路径研究。

(4)关键核心技术创新机制与路径研究。

(5)创新生态系统的结构、演化与治理机制研究。

(6)创新行为的微观基础研究。

4.人力资源管理方向

(1)数字经济下组织模式与雇佣关系的变革研究。

(2)中国情境下制度环境与人力资源管理互动机制研究。

(3)中国情境下高绩效组织和领导者的本土特征与作用机理研究。

(4)新兴组织形态中的领导力与团队过程研究。

(5)创新创业导向的人力资源管理研究。

(6)创新背景下员工的薪酬、激励以及包容性管理研究。

(7)危机冲突中的人力资源管理与变革。

5.财务管理方向

(1)金融科技背景下公司财务管理的变革与创新研究。

(2)国际竞争格局中支持中国企业自主创新的宏微观金融政策研究。

(3)国家顶层战略与公司财务管理决策的动态演化研究。

(4)民营企业的治理、传承与财务决策研究。

(5)混合所有制企业的治理和财务决策研究。

(6)商业模式变革与公司财务与会计问题的研究。

6.会计与审计方向

(1)资本市场改革与会计审计研究。

(2)新技术变革与会计审计研究。

(3)环境治理与会计审计行为研究。

(4)中国社会制度与会计审计研究。

(5)支撑国家智能制造战略的会计与审计研究。

(6)中国情境下的内部控制与风险管理研究。

(7)审计生产组织过程与审计质量研究。

(8)中国情境下的企业税收问题研究。

7.市场营销方向

(1)智能数字化时代的消费升级与营销创新。

(2)基于人工智能的服务营销研究。

(3)营销理论的社会性应用研究。

(4)中国消费者行为的追踪性研究。

(5)5G移动互联网时代的网络营销模式研究。

(6)逆境中品牌国际化理论创新研究。

(7)新技术环境下品牌体验、品牌与消费者关系的研究。

(8)可持续发展与绿色营销策略研究。

8.生产与质量管理方向

(1)基于物联网的重大装备产品系统可靠性与智能维护管理。

(2)基于区块链技术的供应链质量管理。

(3)工业大数据背景下制造企业持续质量改进与创新的模式与路径研究。

(4)复杂装备制造产品稳健性与可靠性设计理论和方法研究。

(5)基于工业大数据的售后服务质量管理。

(6)智能制造背景下的生产运营管理决策研究。

(7)应急背景下医用产品质量与风险管控。

(8)精益与智能制造融合的模式和路径研究。

9.企业信息管理方向

(1)新技术驱动的企业信息系统变革与价值创造。

(2)平台的价值与管理。

(3)IT＋政务。

(4)IT＋教育。

(5)金融科技。

10.电子商务方向

(1)人工智能、大数据等技术的商业应用。

(2)信息安全、网络隐私与道德。

(3)跨境电商等数字贸易新业态。

(4)网络消费者行为与人机交互研究。

(5)网络问答与图片视频口碑等网络口碑新形式。

(6)电子商务商业模式与组织战略研究。

11.运营管理方向

(1)全球供应链管理。

(2)平台与电子商务运营管理。

(3)新型信息技术下的制造及服务资源配置与优化。

(4)可持续运营管理与供应链管理。

(5)智慧物流与供应链管理。

(6)运营与营销、行为管理交叉研究。

(7)互联网环境下的医疗资源配置与共享服务运营管理。

12.项目管理方向

(1)新型数字技术驱动的项目管理模式。

(2)项目治理机制设计及验证研究。

(3)中国情境下的项目综合治理体系和治理能力现代化。

(4)面向国际化的项目风险管理。

(5)面向可持续发展的项目管理。

(6)复杂项目中的利益相关者协调机制研究。

13.创业管理方向

(1)数字创业的行为机理与成长模式。

(2)不确定性与创业失败管理研究。

(3)中国领先企业的创新创业模式与企业家精神研究。

(4)公司创业管理与转型路径研究。

(5)创业伦理与经济社会协同发展关系研究。

(6)社会创业的价值属性与行为机理研究。

14.国际商务与跨文化管理方向

(1)去全球化趋势、"一带一路"与公司战略。

(2)新技术环境下的跨国企业。

(3)全球价值多元背景下企业国际化研究。

(4)企业国际化的基础理论研究。

(5)新兴市场企业国际化。

(6)企业国际化的微观基础。

本章案例阅读

【案例3-1】   如何梳理管理理论

有一位老师在课程中讲授古典管理理论时,极为推崇科学管理的创始人泰勒,认为泰勒所主张的"有必要用严密的科学知识代替老的仅凭个人经验来行事"的观点,同时该老师也很赞赏法约尔的十四条管理原则。

在课程的后面,当介绍经验主义学派的理论时,该老师又强调管理学要从实际经验出发,而不应该从一般原则出发来进行管理和研究。他还说,欧内斯特·戴尔在其著作中故意不用"原则"一词,断然反对有任何关于组织和管理的"普遍原则"。

在介绍权变理论学派的观点时,这位教授又鼓吹在管理中要根据企业所处的内外条件,要随机应变,没有什么一成不变、普遍适用的"最好的"管理理论和方法。

不少学生认为,这位老师讲课前后矛盾,没有自己始终如一的观点,要求该老师予以解答。但该老师对此没有进行直接、具体的回答,反倒要求学生自己去思考,从而让学生给出自己的理解与启示。

【案例3-2】   乞丐、骨头和狗

一个老乞丐在一个寒冷的冬夜被一只断了腿的狗绊倒了。他陪它蜷在一个墙角下过了一夜。老乞丐每天在垃圾堆里捡一些骨头喂这只狗,虽然骨头的数量根本无法满足这只狗的胃口,但狗每天都跟着他,它能顺利行走了也不离开。

有一天,他们在一个大饭店门前享受了一次意外的美餐。老乞丐吃的挪都挪不动,狗看着一大堆骨头也没有了胃口。可接下来,他们依然要面对饥饿,老乞丐倒是无所谓,他已经习惯了这种生活,可那只狗不一样,美餐已令他难以忘怀。终于,在一个像他们相遇时那样的寒夜,它离开了他。第二天清晨,老乞丐又来到那家饭店门口,看着他的狗在饭店门口不停地摇着尾巴,他叹了一口气,含着眼泪走了。

"薪酬激励",这是一个企业管理者提起来就头疼的难题,它是一把"双刃剑",既是企业发展的"发动机",同时也是一个无所不能的"破坏者"。有的管理者认为,奖励自己的员工就要到位,其实这样的认识是偏颇的,一个人的欲望是无止境的,员工也不例外。作为企业的领导者,不妨想想当年自己创业时的情景,如果没有当年日益膨胀的欲望,怎么会有今天的成就?

当然,我们不提倡企业在员工身上节约成本,关键是在奖励的方式方法上,要下足功夫。比如:主管准备拿出5000元奖励某个员工,一次全部给他的效果应该是没有分五次给他的效果好。这其中蕴含着什么道理呢?分时段、分金额奖励员工,会让员工感到自己在不断地受到

激励,从而能不断地激发他的动力,发挥他最大的潜能,我们不妨称之为"分步激励法"。

作为企业的领导者,头脑中要时刻装着企业的危机意识,企业发展得好时,可能奖励员工不是一个问题。如果企业一旦出现这样或那样的问题,尤其是在财务方面出现了问题时,奖励员工很可能就会成为最大的难题,此时,"薪酬激励"就会变成一颗"定时炸弹",随时都有可能引爆员工的不满情绪。"分步激励法"在此时就会凸显其巨大的作用。

(案例来源:熊钟琪.现代管理学基础[M].长沙:国防科技大学出版社,2006.)

本章要点小结

1.在工业革命之前,虽然有一些早期管理思想出现,但局限性很大,集中在与政治相关的领域。工业革命之后,生产的组织方式发生了变化,资本投入和生产的规模增大,组织的复杂性渐渐增加,对管理的要求也越来越高,人们开始越来越重视管理,越来越多的管理思想开始涌现。

2.19世纪末20世纪初诞生了"古典管理理论"。泰勒提出科学管理的本质是提高劳动生产效率,提出了科学管理的若干原则。亨利·法约尔第一次将经营与管理分开,第一次系统地提出管理的5项职能,第一次系统地提出管理的14条原则。马克斯·韦伯揭示了权力(权威)的基础,构建了理想的官僚制(行政制)组织结构。

3.20世纪20年代末到30年代初,这一阶段管理理论的重点是运用心理学知识研究管理实践中人的问题。著名的霍桑实验为人际关系学说与行为科学理论奠定了基础,这一阶段管理理论研究的重点转向以"人本管理"研究为主。

4.20世纪60年代以后,管理理论迎来了空前繁荣,出现了管理理论研究百花齐放、百家争鸣的蓬勃景象,从而形成了现代管理理论以及众多的学派。

5.基于技术发展的线索和逻辑可以看出,管理理论的发展大致经历了四代。随着数字化和智能化时代的到来,管理理论的研究进入了第四代管理研究,而第四代管理理论框架的核心就是人的灵魂管理。

6.未来管理研究的具体方向很多,本章给出和列举了若干方向,供大家参考。

思考和讨论题

1.怎么理解管理思想是文化环境的产物这一命题? 中世纪宗教文化对管理思想的发展产生了什么影响?

2.试述科学管理准备阶段学者们的管理思想特点。

3.试用现实案例来分析亨利·法约尔的管理职能思想的普适性和马克斯·韦伯的官僚组织结构理论的现实意义。

4."泰勒和法约尔给予我们一些明确的管理原则,而权变理论却说一切取决于当时的情境。我们倒退了75年,从一套明确的原则退回到一套不明确和模糊的指导方针上去了。"你是否同意这种说法,说明你的观点。

5.简述行为科学理论的基本内容和主要代表。

6.结合中国的管理实践,评述在现代管理理论丛林这一时期你最赞同的管理理论。

7. 你认为管理理论的发展趋势是什么？

8. 如何梳理管理理论的演变与特点？

9. 数字化智能化时代对管理理论研究带来的影响是什么？

本章参考文献

[1]程云喜,李广平.新编管理学教程[M].北京:清华大学出版社,2015.

[2]方振邦.管理学基础[M].2版.北京:中国人民大学出版社,2011.

[3]郭咸纲.西方管理思想史(插图第4版)[M].北京:世界图书出版公司,2010.

[4]何欣梅.西方管理思想和管理理论发展述评[J].时代经贸(下旬刊),2008(07):7-8,10.

[5]姜杰.西方管理思想史[M].北京:北京大学出版社,2009.

[6]李晨.西方管理理论的发展与流派[J].商场现代化,2006(33):79.

[7]刘国光.引进与消化的重要成果:读《西方管理思想史》[J].中国图书评论,1988(02):6-7.

[8]唐宁.商业统计[M].上海:上海人民出版社,2004.

[9]德鲁克.管理:使命、责任、实务[M].北京:中国人民大学出版社,2003.

[10]罗宾斯,库尔特.管理学[M].9版.北京:中国人民大学出版社,2008.

[11]蒙塔纳,查诺夫.管理学[M].上海:上海人民出版社,2004.

[12]苏勇.当代西方管理学流派[M].上海:复旦大学出版社,2007.

[13]唐任伍.世界管理思想史[M].重庆:重庆大学出版社,2015.

[14]王宏.西方管理学理论与思想史发展探讨[J].中国经贸导刊,2014(05):46-50.

[15]克雷纳.管理百年[M].海口:海南出版社,2003.

[16]周叔莲.评《西方管理思想史》[J].经济管理,1987(03):80.

[17]李垣.管理学[M].北京:高等教育出版社,2007.

第三篇

框架篇

第四章
管理主体

本章导读

　　工作和生活中,我们很多时候都是兼具两种角色,既是管理的主体,即管理者,又是管理的客体,即被管理者。管理者是管理行为过程的主体,在组织管理活动中起决定性作用。要了解管理活动,首先需要对管理主体及其作用进行认识。本章首先介绍什么是管理者,主要包括管理者的内涵、类型划分、角色定位、职责确立以及管理者需要具备的技能等;其次阐述领导行为理论相关内容,主要涉及四分图理论、管理方格图理论、领导作风理论和利克特的领导系统模式等;最后阐述企业家的定义,辨析企业家与相关概念的区别,分析企业家的职能、素质,以及转型时期的企业家机制等。

第一节　管理者

一、管理者的含义

　　管理的主体是管理者。管理者是指通过其职位赋予的权力及其本身具备的知识与经验,对组织的经营活动进行协调和监管,从而对组织结果负责的人,如学校的校长,企业的经理,机关单位的处长、科长等。有效地对一个组织进行管理是管理者的主要责任。斯蒂芬·P.罗宾斯(Stephen P. Robbins)指出,管理者是通过协调和监管他人的活动以实现组织目标的人。彼得·德鲁克(Peter F. Drucker)认为,管理是一个特殊的过程。这个过程能让一群"乌合之众"成为一个有目的、有效率、有生产力的团队,而在这个过程中对一个团队所有成员工作绩效负责的人就是管理者。管理者的工作是帮助他人顺利地完成工作任务,而不是取得个人成就。管理者的责任在于贡献、职能,而不是权力。管理者工作绩效的好坏能够直接对组织的兴衰成败产生重大影响。管理者是确保组织能够正常运转的核心。值得注意的是,管理者虽然主要是从事管理方面的工作,但在很多时候,大多数的管理者也会从事一些具体业务工作。

二、管理者的类型

(一)按照管理者在组织中所处的地位划分

　　按照管理者在组织中地位的不同,可以将管理者划分为高层管理者、中层管理者和基层管理者,尤其是在传统的金字塔结构或者官僚型的组织中,管理者的层次体现得更为明显。

1. 高层管理者

高层管理者指的是对组织进行全面负责的人,通常人数比例较小,但高层管理者的工作往往会影响到整个组织,有着举足轻重的地位。高层管理者主要负责制定整个组织的发展方向,制定组织总体的目标和战略,评价组织的绩效,负责组织与外部环境之间的沟通,如学校的校长、公司的总裁和总经理等。

2. 中层管理者

中层管理者相比高层管理者人数较多,他们主要负责将高层管理者宏观层面的战略、指示和方针等进行细化,层层分解,制定出切实可行的方案,并管理和监督基层管理者的工作,确保任务能够顺利完成,起着承上启下的作用,如学校里的系主任,公司的部门经理、项目经理等。

3. 基层管理者

基层管理者是组织中层级最低的管理者,也被称作第一线管理者或监工,人数最多。其主要职责是直接指挥和监督现场作业人员,保证各项任务的有效完成,主要关心的是具体工作的完成,如工厂里的班组长、机关中的科长等。

管理者的层次如图 4-1 所示,处于不同地位的管理人员的工作内容和性质也存在着很大的差别。一般来说,高层管理者会将更多的时间花在组织和控制工作上,而基层管理者则将更多的精力关注在领导具体工作上。但是,这种划分也是相对的,由于组织范围和规模的不同,管理者的地位和职责也会有所差异。

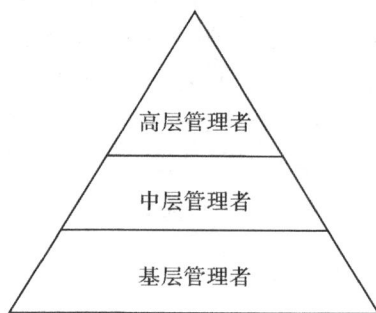

图 4-1　管理者的层次

(二)按照管理者在组织中所从事的工作领域划分

按照在组织中从事的工作领域和专业性质的差异,可以将管理者分为综合管理者和专业管理者,如图 4-2 所示。

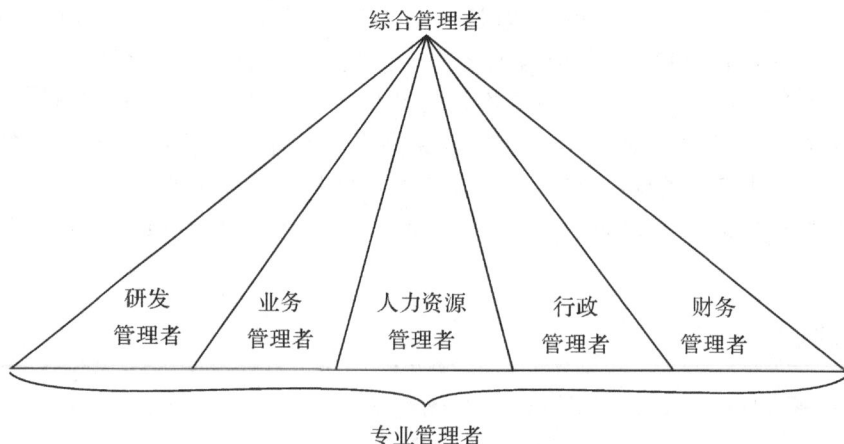

图 4-2　综合管理者和专业管理者

(1)综合管理者。综合管理者指的是统筹兼顾整个组织活动的管理者,类似于前面提到的高层管理者,如集团的总裁、学校的校长、分公司的总经理等。综合管理者需要对整个企业或者组织进行指导和监管。

(2)专业管理者。专业管理者指的是组织中只对某类职能或活动负责的管理者,如生产经理只负责生产活动,财务经理只负责企业的会计、财务活动等。

(三)按照管理者在组织中负责的细分工作内容划分

根据管理者在组织中主要负责的细分工作内容的不同,可以将管理者分为业务管理者、财务管理者、人事管理者、行政管理者和其他管理者,这些管理者通常属于前面提到的中层管理者或基层管理者。

(1)业务管理者。业务管理者负责计划、组织和控制组织开展日常业务活动,确保组织目标的实现。在不同行业的组织中,其业务内容有所不同,如传统制造类企业,其主要业务可能为生产制造,而高科技企业的日常业务可能为研发设计等。

(2)财务管理者。财务管理者主要负责资金的筹措、预算、核算和投资、使用等与资金运作有关的工作。

(3)人事管理者。人事管理者负责人力资源管理相关的工作,包括人力资源规划、招聘与配置、培训与开发、绩效管理、员工关系和薪酬福利体系设计等与员工相关的工作。

(4)行政管理者。行政管理者主要负责组织的后勤保障工作,确保专业管理人员和其他操作者能够专心致志的工作。

(5)其他管理者。由于各类组织的目标、任务存在很大的差异,因此不能按照统一标准来分类。

三、管理者的角色

(一)传统的管理者角色

亨利·明茨伯格(Henry Mintzberg)提出的观点是,无论是什么类型的组织,无论是组织的什么层级,管理者在工作中都扮演着十种角色(挂名首脑角色、领导者角色、联络者角色、信息监督者角色、信息传播者角色、发言人角色、企业家角色、冲突管理者角色、资源分配者角色、谈判者角色),并且可以被划分为三类,即人际角色、信息角色和决策角色。这就是明茨伯格著名的管理者(经理人)十大角色理论。

1. 人际角色

人际角色主要指管理者与各种人发生各种联系时所担当的角色,包括挂名首脑角色、领导者角色和联络者角色。

(1)挂名首脑角色。挂名首脑角色也称名义领袖,这一角色是作为一名管理者而必须担任的最基本的角色。作为组织的首脑,管理者具有正式的权威,是其所在组织的象征,所以需要履行这方面的职责。在某种程度上,其代表了组织的形象、态度等,因此需要代表组织维系与社会的联系,履行一些法律性或社会性的任务,如接待重要访客、参加社会活动等。

(2)领导者角色。领导者角色指的是管理者作为一个组织的行政长官,在制定组织的大政方针和发展战略的同时,还要对其下属进行工作方面的指导、激励和控制,需要对组织成员的工作好坏负责。领导者角色的发挥取决于管理者的领导才能和正式权威。

（3）联络者角色。除了要与下属之间进行联系之外，管理者还要与其上级和外界保持联系，扮演起联络者的角色。在组织内部，不同部门、不同层级之间需要管理者进行联络以进行合作、信息共享等有利于开展部门工作、完成组织目标的活动。在组织外部，需要管理者与利益相关者进行联络，获取信息和资源，开展谈判等。管理者通过沟通与别人共事，与外界建立联系，以更好地实现组织目标，一般来说，管理者通过参与外部的各种会议、参加各种公共活动来承担联络者的角色。

2. 信息角色

信息角色主要指的是在获取、处理和传递各种信息资源的过程中管理者所起的作用。管理者在其工作中进行大量的协调与沟通，使得他们成了组织内外的信息中心，对内是信息的集散地，对外是信息传递的桥梁。管理者只有确保组织及其成员具有足够的信息，才能保证组织目标的实现。

管理者主要扮演着信息监督者、信息传播者和发言人的角色。

（1）信息监督者角色。管理者必须随时随地关注新信息的出现并及时收集，获取有用信息是管理者非常重要的一项工作内容。尤其是在当前大数据时代，信息的来源五花八门，信息的质量参差不齐，信息的更迭速度越来越快，管理者必须做好信息监督的角色，迅速获取有用的信息，辨别信息的真伪与有用性，减少信息不对称，帮助管理者对组织所处的状况、机会与威胁进行准确的识别和分析。

（2）信息传播者角色。信息传播者角色指的是管理者将通过各种渠道收集到的信息经过一些必要的处理和筛选后，传递给组织内部的有关人员和部门。管理者有时也因特殊目的而对一些特定的信息进行隐藏。

（3）发言人角色。所有的组织都具备社会性，不能脱离社会而存在，管理者必须在合适的时间将合适的信息传递给外界，以保证组织的社会性。例如，组织在必要的时候需要向消费者保证组织在切实履行社会义务，需要对与组织有关的公众舆情进行回应，以及必须让政府官员对组织遵守法律的良好表现感到满意等，使得那些对组织有重大影响的利益相关者能够及时地了解组织的状态，为组织的发展提供必要的支持。

3. 决策角色

在决策角色中，管理者对获得的信息进行相应的处理并得出结论。管理者负责做出决策，并分配资源以保证决策方案的实施。

决策者角色包括企业家角色、冲突管理者角色、资源分配者角色和谈判者角色。

（1）企业家角色。作为企业家，管理者密切关注组织内外部环境的变化和事态的发展，对发现的机会进行投资，如开发新产品、提供新服务或发明新工艺等。企业家角色指的是管理者在其职权范围之内扮演着组织变革的发起人和设计者角色。

（2）冲突管理者角色。组织在发展过程中不可避免地会遇到冲突或者问题，如工人的罢工、供应商违反合同等，那么管理者必须善于处理这些冲突或解决问题。

（3）资源分配者角色。经济学中提到的资源是有限的，而管理的本质其实就是如何将有限的资源发挥到极致使得效益最大化。组织的资源也是有限的，管理者必须决定如何分配有限的资源，使得组织的资源能够发挥最大的作用。

（4）谈判者角色。谈判者角色指的是由管理者领导，同外部的组织或者个人进行重大的、非程序化的谈判。例如，管理者同供应商谈判以商讨未来的合作模式，同员工谈判以确定员工的薪资。

管理者的十大角色见图4-3。虽然管理者承担着十种不同的角色,这十种角色是管理者在从事管理活动时的十种身份和特征,每一种都具有不同的重要性,但是,组织规模、管理者的价值观和性格以及管理的层次都会影响到管理者对不同角色和任务的承担。

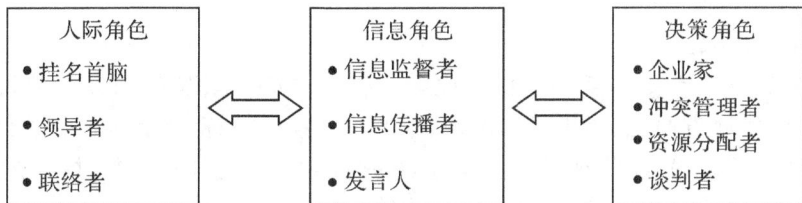

人际角色
● 挂名首脑
● 领导者
● 联络者

信息角色
● 信息监督者
● 信息传播者
● 发言人

决策角色
● 企业家
● 冲突管理者
● 资源分配者
● 谈判者

图4-3　明茨伯格管理者角色

(二)新时代管理者角色

随着时代的变迁和环境的变化,现代的企业管理相对于传统的企业管理发生了很多的变化,管理者的角色也愈渐丰富。

1.资源的整合者

新时代的管理者不仅要能够对现有的资源进行合理的分配,还要做一个资源的整合者,注重组织内、外部的资源整合。一方面,要创新管理理念和机制,加强组织内部环境的建设来实现内部资源的整合;另一方面,要同组织外部进行互动,广泛地调动外部资源来实现组织的目标。

2.企业文化的缔造者

组织文化是组织个性化的根本体现,它是组织生存、竞争和发展的灵魂。管理者需要注重营造有利于组织发展和成长的组织文化,要根据社会经济大环境对原来的组织文化进行更新和完善,不仅要传承和发扬组织的文化和精神,还要做到与时俱进。

3.战略制定的参与者

随着组织的结构日趋扁平化,管理者的管理幅度逐渐拓宽,组织越来越需要集合员工的集体智慧来制定正确的发展战略,所以要让每一个管理者和员工都能够有机会参与到组织战略制定的过程中来。管理者不能永远做战略的唯一制定者,更多的是需要倾听下属的意见,集思广益,从而更好地实现组织的目标。

4.核心能力的培育者

核心能力是一个组织竞争优势的来源,在企业的成长和发展的过程中发挥着关键的作用。管理者角色应该涵盖核心能力的培育、运用和创新。管理者要能够根据内外部环境准确地确定组织的核心能力,在此基础上对组织的资源进行整合和配置,从而有利于核心能力的培养。

5.组织变革与转型的推动者

数字化智能化时代,组织要适应外界的变化,就必须进行变革和转型。变革与转型的关键因素之一就在于管理者的理念、设计和推动。例如企业的数字化转型,就不仅要求管理者特别是高层管理者关注技术的数字化,或者数字化技术的应用,更要关注管理的数字化,因为企业数字化转型不只是一个技术问题,更是一个管理问题。这就需要高层管理者从技术与管理相结合的视角进行综合的设计、组织与实施,从而推动企业变革与转型。

四、管理者的职责

管理是一种工具,在一个组织中,管理的具体工作是由管理者负责组织开展的。因此,一个组织管理得好坏,首先要取决于管理者是否很好地履行了其职责。管理者的职责主要包括以下几项工作。

1.制订计划和决策

工作的计划和决策直接关系着工作的成败。管理者应该对组织的发展前景有清晰的展望,把握好组织的发展方向,洞悉组织的短期、中期和长期的目标,并且要制订详细和明确的计划来确保目标的实现。另外,管理者在准备行动的时候经常会面临多种选择方案,这个时候就需要管理者准确地运用思维方法,科学地做出决策,避免出现失误。

2.制订规范与组织协调

管理者不能仅仅依靠自己个人的智慧和经验来治理公司,还需要建立合理且有效的组织机构,制订相应的管理制度,协调好组织内部成员之间的关系,调动人员的积极性,确保组织目标的顺利实现。组织中的成员是不尽相同的,彼此间可能存在着很大的差异,因此做好组织的协调和沟通,使整个组织团结在一起是管理者的又一项重要工作。

3.用人和放权

管理者不能事必躬亲,而是需要下属去贯彻执行其决策。管理者并不一定处处都能做到最好,有时候需要依靠其下属才能够达到事半功倍的效果,所以管理者需要知人善用,善于发现下属的长处,并加以运用。

管理者的另外一项职责是学会放权,因为管理者不可能每件事都抓在自己的手里。为了减轻负担,管理者需要学会适当地将权力下放给自己的下属,使他们各司其职,人尽其才,在提高管理效能的同时,还调动了下属的积极性。

五、管理者的技能

管理者要履行他的职责就需要一些特殊的技能。管理学家罗伯特·李·卡茨(Robert L. Katz)认为,管理者需要具备三种基本的管理技能:技术技能、人际技能和概念技能。

(一)技术技能

技术技能指的是使用技术完成组织任务的能力,即熟悉和精通某种特定专业领域的知识。虽然不要求管理者一定是技术专家,但也需要了解相关的技术和专业知识,否则很难进行有效的工作指导和沟通。技术技能对基层管理者来说尤为重要,他们与普通员工的工作直接相关,需要监督普通员工的工作,如果对专业知识一无所知,管理者就无法很好地监督普通员工的工作。而高层管理者的工作内容更加宏观,因此高层管理者只要求对相关的技术领域有基本的认识即可。

(二)人际技能

人际技能指的是成功地和别人打交道并与别人沟通、激励或者指导员工的能力。管理的重点关注对象是人,管理者必须要处理好与上下级、同事和其他组织之间的关系,对外争取有利的合作,对内与上下左右实现有效的沟通,因此不同层次的管理者都需要具备这种能力。

(三)概念技能

概念技能指的是管理者对复杂的事物进行洞察、分析、判断、抽象和概念化的技能。任何管理者都会面临一些复杂而多变的环境,需要洞察既定环境的各种要素,及时地找出问题的根源,做出正确的判断和决策。相比之下,高层管理者更应该具备这种技能,因为他们需要对组织的方向、未来做出判断,并且往往会遇到一些复杂的、不常见的问题,因此更需要这种独立分析、思考、高瞻远瞩的能力,需要对事物之间的联系有很好的理解能力。

上述三种基本管理技能是所有的管理者都需要具备的,但是对于处于不同层次的管理者来说,重要性是有所不同的。对于高层管理者来说,最需要的是具备较强的概念技能,而对于基层管理者而言,技术技能更为重要,但人际技能对所有层次的管理者来说都是非常重要的。这种重要性如图 4-4 所示。

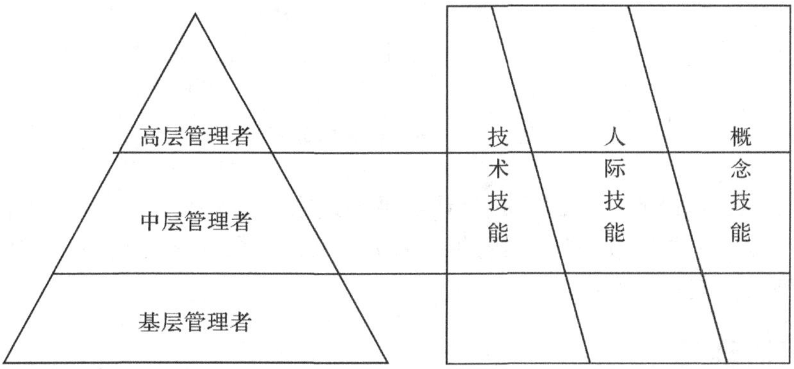

图 4-4 管理技能与管理层次

第二节 领导行为理论

领导指的是领导者推动和影响组织成员或其下属,引导他们的行为不要偏离预期方向的影响力。因此,领导的本质就是一种影响力。领导行为理论(behavior theory of leadership)主要是致力于研究领导的工作作风和行为对领导有效性的影响,主要关心两个基本问题:第一,领导者的行为表现是什么;第二,领导者是怎么样来领导下属的。

一、领导行为四分图理论

20 世纪 40 年代末,俄亥俄州立大学的研究者概括了有关领导行为的两个维度:结构维度和关怀维度。

(1)结构维度。结构维度指的是领导者所关心的内容是组织的结构、工作任务、组织目标等,非常明确自己与下属的工作角色的差异。在工作中,以结构维度为中心的领导者关注员工的工作内容以及完成工作的方式,关注组织结构的设置,会为下属指明他们的职责,构建科学的工作流程,非常关心工作目标的实现。

(2)关怀维度。关怀维度指的是领导者对下属及其意见和情感上的尊重。偏向于从关怀维度去开展工作的管理者,往往关注员工的意见、想法和需求,通过人际交往与员工建立信任和相互尊重的关系。

研究表明,领导行为的结构维度和关怀维度并不是相互对立的,而是相互联系的。俄亥俄州立大学的研究者从这两个维度出发,总结出了四种领导方式:"低任务,低关怀"的领导行为;

"低任务,高关怀"的领导行为;"高任务,低关怀"的领导行为;"高任务,高关怀"的领导行为。如图 4-5 所示。

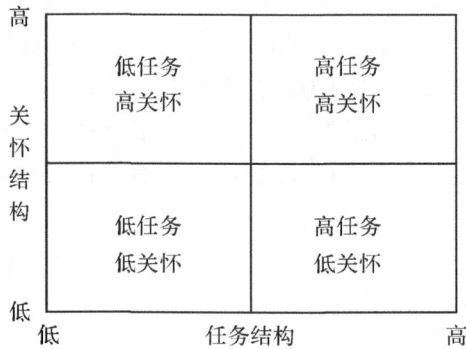

图 4-5 领导行为四分图

研究发现,一个"高任务,高关怀"的领导者要比其他三种类型的领导者更能提高下属的满意度和工作的绩效。但是,"双高"类型的领导者并不总是能够带来好的效果,很多研究认为还需要考虑一些情景因素的影响作用。

二、管理方格图理论

基于四分图理论,美国得克萨斯大学的心理学家罗伯特·布莱克(Robert R. Black)和简·莫顿(Jane S. Mouton)在 1964 年提出了管理方格图理论(management grid theory)。这是一种研究企业领导方式及其有效性的理论,如图 4-6 所示。

图 4-6 管理方格图

布莱克和莫顿将领导行为划分为两个维度，主要关注了管理者的任务（生产）和员工（人）的导向，其中纵轴表示的是"对人的关心"，横轴表示的是"对生产的关心"。为避免趋向极端，克服非此即彼的观念，他们将每一个维度又划分为九个等分，第一格表示关心的程度最小，第九格表示关心的程度最大，因此形成了81个方格。两个维度结合形成了81种领导方式，可以根据领导者们在两个维度上的表现确定领导者在管理方格中的位置。其中，有五种典型的组合，表示典型的领导方式。每一种组合的第一个数字表示的是领导者的生产或任务导向，第二个数字表示的是领导者的员工导向，或者说是人的导向。具体如下：

（1）(1,1)型方式（贫乏型）。这种类型的领导者对职工和生产的关心程度都很低，希望以最低限度的努力来实现组织的目标，可以说是一种不称职的管理。

（2）(1,9)型方式（乡村俱乐部型）。这种类型的领导者注意人们建立合意关系的需要，认为只要保持下属精神愉快，生产也就会提高。领导者以创造一个友好、愉快的工作环境和氛围为目的，对工作效率不够关注，一旦人际关系受到了影响，生产自然也会滑坡。

（3）(5,5)型方式（中庸之道型）。这种类型的领导者对于人和生产的因素都不会过于重视，都保持着适度的关系，平衡完成任务和满足人们需要之间的关系，以免顾此失彼。这种方式虽然优于(1,1)型和(1,9)型，但是也没有突出之处，从长远看，还有可能使企业落伍。

（4）(9,1)型方式（任务型）。这种方式与(1,9)型刚好相反，属于任务型管理。领导者过于关注生产目标的完成而忽视了员工的需要，是一种专权式领导，员工也会缺乏进取精神和降低满意度。

（5）(9,9)型方式（团队型）。这种方式既重视生产，又十分关心人的因素。在这种管理方式下，管理者和员工都能表达自己的想法与意见，且双方形成了信任的关系，通过良好的沟通和协作来完成共同的目标。

管理方格图理论对于培养有效的管理者是十分有用的。管理者可以通过判断自己的管理行为在两个维度的程度来确定自己的领导风格属于哪个类型，并根据理论内容所给出的改进建议来改进自己的管理行为。

三、勒温的领导作风理论

领导作风理论是通过研究领导者的工作作风类型以及不同的工作作风对职工的影响，从而找到最佳的领导作风的理论。心理学家库尔特·勒温（K. Lewin）最早进行领导作风（leadership style）的研究，他将权力作为基本的变量，将领导者表现出来的工作作风划分为三种基本的类型：专制型领导作风、民主型领导作风和放任式领导作风。

（1）专制型领导作风。专制型领导作风指的是领导者靠所在职位带来的权力和强制命令让人服从的领导方式，权力掌握在个人手中。专制型领导作风的主要特点是：领导者独揽大权，各种决策均由领导者一人拍板决定，从不考虑他人的意见和看法，独断专行；极少或者从不让下属参与决策，领导者亲自指定下属的工作，下属只能听从安排，察言观色，不能反对；领导者管理下属的时候主要靠行政命令、纪律约束、训斥和惩罚，很少进行奖励；领导者与下属始终保持着一定的距离，鲜少与下属进行感情交流。这种管理方式虽然可以使群体达到目标，但是下属的消极态度和对抗情绪会增长。

（2）民主型领导作风。民主型领导作风将权力定位于群体，领导的权力是由其领导的群体所赋予的，领导者关注建立良好的人际关系，听取下属的意见。民主型领导作风的主要特点是：领导者激励下属，让他们参与管理，共同决策；下属在工作中具有比较大的自由和灵活性，并且工作的分配照顾到了个人的能力和兴趣，工作积极性和效率都比较高；领导者积极地与下属沟通，参与团队活动，营造良好的氛围，主要依靠的是非正式的权力和威信。

（3）放任式领导作风。放任式领导作风是一种俱乐部式的领导行为。它是指没有规章制度，领导者事先并不对工作进行安排，事后也没有检查，权力定位于每个员工。这种领导作风积极从福利方面考虑，认为权力来自被领导者的信赖。放任式领导作风的主要特点是：领导者对下属的工作不加干涉，允许个人自发地进行他们认为合适的工作；领导者对工作不做评价，也不提供任何的意见。

总的来说，上述三种领导作风中，勒温认为放任式领导作风的工作效率最差，因为这种领导作风只能达到社交目标而不能实现工作的目标；专制型领导作风通过严加管治下属来实现工作的目标，导致成员有抵触情绪和严重的不满意感；民主型领导作风不仅可以确保工作目标的完成，还可以达到社交的目标，激发下属的积极性和主动性，因此效率最高。然而，在实际的工作当中，这三种极端的领导作风其实并不常见，很多领导者采用的作风往往是处于两种极端类型之间的混合体。

四、利克特的领导系统模式

1961 年，美国密歇根大学的伦西斯·利克特（Rensis Likert）教授在出版的《管理新模式》一书中将企业管理的领导方式归纳为四种模式，即利克特的领导系统模式，如图 4-7 所示。

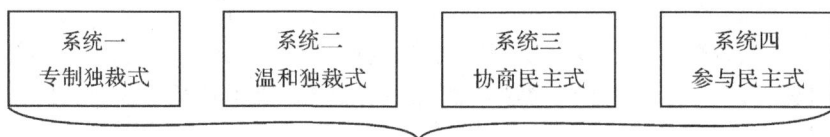

| 系统一 专制独裁式 | 系统二 温和独裁式 | 系统三 协商民主式 | 系统四 参与民主式 |

图 4-7　利克特的领导系统模型

（1）专制独裁式。这种领导方式将权力集中在最高一级的手里，领导者非常的专制独断，所有事情都由领导者单独决策，下级无权参与，只有执行的义务。下级按照上级严格制定的工作标准和方法来执行上级的决策，如果达不到上级规定的目标就会受到相应的惩罚。上下级之间很少进行沟通，激励主要是以惩罚为主，领导者不信任下属，下属对于领导者也存在着戒备，组织目标很难实现。这种情况下，如果组织中存在着非正式的团体，对于组织的目标，该团体通常持有反对的态度。

（2）温和独裁式。这种领导方式中，权力还是主要控制在最高层领导手中，但是也会适当地授予中下层领导一定的权力。领导者在决策的时候，也会适当地倾听下属的意见，对待下属也比较谦和。决策一般是由高层管理者制定，但是下级也可以在权力范围之内做出相应的决策。领导者对于下属有一定的信任和信心，采取奖励与惩罚并用的激励方式，上下级之间有一定的沟通，但还是比较有限。组织中的非正式团体对组织目标和决策有可能持有反对态度，也可能不反对。

（3）协商民主式。这种领导方式授予下级部分的权力，但是关于重要事项的决策权仍然掌握在最高层管理者的手中。领导者会注意倾听下属的意见和看法，对于下属也是比较信任的，但并不是完全信任。在决策时，下属有一定的参与权，可以发表自己的见解，上下级间沟通比较深入，主要采取奖赏的方式来激励下属。组织中的非正式团体对组织的目标仍然有可能是同意的，有可能是反对的。

（4）参与民主式。这种领导方式中，领导者对下属在所有事务上都具有充分的信任和信心，积极采纳下属的意见，上下级处于平等的地位，下属被鼓励参与决策和管理，上下级间不仅进行双向的沟通，而且会经常进行平行沟通，领导者乐于授权，有问题相互探讨，最后由最高层领导者做出决策。

利克特认为，可以用八项特征来对一个组织的领导类型进行描述，例如，参与民主式的具体特征可以描述如下。

（1）领导过程：在组织的上级和下级之间灌输互信的精神，使得上下级之间可以彼此信任，从而在交换意见和讨论的时候没有过多的约束和顾忌。

（2）激励过程：鼓励下级积极地参与决策和管理，充分调动员工的主动性和积极性，对组织的目标持有积极、乐观的态度，并愿意为目标的实现而努力奋斗。

（3）交流沟通过程：鼓励组织内部上下左右积极地分享信息，保证信息传递渠道的畅通无阻，确保信息不被歪曲和误解。

（4）相互作用过程：强调过程的公开和广泛，上下级都能参与决策和管理，对组织目标和相关的活动都可以起到相应的作用。

（5）决策过程：组织的各个层级在做决策的时候都采取集体决策的方式，鼓励员工参与决策，出谋划策。

（6）目标设置过程：鼓励员工参与组织目标的设置，设置目标的标准要高，但也要结合实际情况。

（7）控制过程：渗透到组织中的各个层次，所有人员都关心有关的信息，并对自我进行控制。值得指出的是，进行控制的目的是为了解决问题而不是追究责任。

（8）绩效目标：目标是高标准的，并为管理部门积极追求。管理部门通过培训，对公司的人力资源进行开发。

利克特的理论认为鉴别和区分不同领导类型与方式的关键在于下属参与决策的程度。通过调查研究，利克特发现参与民主式领导方式是一种最好的领导方式，具有很高的效率，也是最富有成果的。他认为，要成为一个有效的领导，就必须要注重面向下属，要充分信任自己的下属，鼓励员工积极参与决策，给予他们一定的管理权和决策权，并与他们建立一定的感情联系，从员工的内心来调动他们的积极性，要看到员工的智慧并加以利用。

第三节　企业家

一、企业家的定义

人类过去200年的经济史中包含了企业家创业和创新的历史。无数个企业家利用他们的聪明才智、管理技术，不断地革新产品、革新技术，从根本上改变了人类的交往方式和价值观念。目前，地球已变成了地球村，企业家不仅大大地提高了我们生活的质量，而且也大大地拉近了我们之间的距离。从飞机、高铁、轮船到电脑、电视、智能手机，从大数据、云计算到快递、外卖、淘宝，哪一项不是企业家创新的结果？

经济学家张维迎认为企业家位于企业的轴心，就像一位赌博者一样，凭借自己的远见和谋略拿企业的前途和命运在赌博。企业家往往是公司的决策者，他们独具的企业家精神与企业文化互相渗透,互相补充,共同引导企业生存和发展的方向。

"企业家"一词源于法语 entreprendre,意思是中间人或中介。最早论述企业家的是法国经济学家理查德·坎蒂隆(Richard Cantillon),他认为企业家就是能在市场中充分识别存在的机会与风险,并充分利用机会,开展变革并成功的人。威克姆(Wickham)把企业家分为三种角色。第一种是拥有企业或者建立新的企业的管理者。第二种是作为经济的中介。从这个角度来看,又有一些学者对企业家进行了定义。奈特(Knight)认为企业家是和风险、不确定性以及利润紧密相关的,他认为不确定性是企业的利润来源。还有很多学者认为企业家是很擅长抓住机会的一类人。里茨纳(Krizner)认为企业家很擅长发现市场中的不均衡然后很好地利用它创造利润。熊彼特(Schumpeter)在《经济发展理论》中定义企业家为创新者,他们破坏了市场的均衡,为破坏式的创新寻找机会。他还提出,企业家是经济增长的功臣,他们组织和利用各种要素,开展生产工作,并且不断创新,持续地进行产品和服务的革新才能带来经济的增长。第三种角色是作为有着特殊素质的个人,特殊素质如冒险精神、创新精神等。

企业家要么创造市场中的不均衡,要么发现市场中的不均衡。"创造不均衡"指当前市场已经饱和,然后创造一个不均衡。熊彼特强调创新,而且是突变式的创新,通过创新打破现有的均衡,创造出新的顾客需求,找到新的市场,服务新的客户。"发现不均衡"就是发现获取经济利润的机会,然后通过利用机会,纠正现有市场的不均衡,使资源得到更好的配置,从而赚取利润。鲍莫尔(Baumol)通过研究企业家在生产性和非生产性行为之间的配置以及这一要素对经济绩效的影响,扩大了企业家的范围,不仅强调创新,同时也包括了模仿型的企业家、非生产性的企业家和寻租型的企业家。创新是连续的过程,而不是突然跳出来的。从鲍莫尔的观点来看,模仿与创新之间并没有严格的界线。张维迎认为企业家是在充满着竞争和风险的市场机制中履行组织者职责的一群人,他们面临的是各种不确定的因素,因此他们需要具有一些特殊的素质,如敢于创新等。

综上所述,学者们对于企业家的定义人云亦云,不同学者有不同的观点,但不难发现他们对企业家的定义都有一些共同的特质。通过总结这些学者的观点,我们认为企业家应具备以下条件:

(1)创新、冒险、担责是企业家的基本特质;

(2)从事发现市场不均衡或创造市场不均衡的事情;

(3)在充满竞争和不确定的市场中履行着管理者职责;

(4)追求企业价值最大化。

二、企业家与相关概念辨析

(一)企业家与发明家的区别

张维迎认为发明家是创造那些稀奇古怪东西的人,他们对新产品、新设计、新方法等具有知识产权,对我们的生活具有一定的影响。但是,发明和会经营、会利用发明物不是一回事。历史上有很多好发明,因为没有得到及时的利用而销声匿迹了。只有当这些科学技术及时地应用到生产中去,创造出巨大的价值和满足顾客的需求,才能转变为生产力,发挥它的作用。最终能将产品投入市场的人不是发明家,而是企业家。发明家就像是制造者,而企业家是市场营销者,将产品进行包装推广到市场中去。企业家创造的是一种不断激发人们创新且能使任何有价值的创新不被埋没的制度。

（二）企业家与管理者的区别

罗宾斯（Robbins）定义管理者为通过协调和监管其他人的活动，使他们有效率、有效果地完成工作，从而达到组织目的的一群人。效率通常指"正确地做事"，即不浪费资源；效果指"做正确的事"，即所从事的工作活动有助于组织达到目标。管理者的工作不是取得个人成就，而是帮助他人完成工作。管理就是管理者所从事的工作。

管理者是可以经过后天培养产生的。张维迎认为无法把一位缺乏企业家天赋的人培养成企业家，培养只对具有企业家天赋的人才有意义。企业家的素质，有些是天生的，有些是通过学习获得的，有些则是在天赋的基础上经过训练而强化的。培养的目的是把潜在的企业家变成现实的企业家。因此，从这个意义上讲，职业管理者是可以培养出来的，而企业家是很难培养出来的。

与按部就班的管理者不同的是，企业家处在决策层的最高点，拥有远见卓识和承担风险的意识。企业家热爱寻找变化并对其加以利用。企业家创造某种新事物，或不同的事物。企业家的职能在于创新，他要破坏现存的规范化和程序化的东西，用新的规范和程序取而代之。企业家从事的是创造性劳动，虽然他不一定总能成功，但他总是试图从事新的事业，探索未来，寻找新的投资机会。罗宾斯认为企业家在创业时，首先会评估创业型企业的潜力，然后才着手创办企业。在研究创业的外部环境时，企业家们会搜寻相关的信息，寻找机会并确定潜在的竞争优势。随后，企业家开始研究商业计划的可行性并考察竞争对手及构思融资方案。

（三）企业家与资本家的区别

卡尔·马克思（Karl Marx）在《资本论》中定义资本家为占有生产资料，依靠剥削雇佣劳动者榨取剩余价值为生的人。张维迎在《企业家》一书中提到，资本家可被看作是货币持有者、货币索取权所有者或物质财富所有者。普通的股票持有者单凭持有的股票是不能称为企业家的，而只是资本家。

熊彼特在《经济发展理论》中提出，资本家是货币的供给者，企业家则是货币的需求者。资本家是在一定条件下愿意拿出资金给企业家的人，而最初的企业家一般也是资本家。关于企业家、资本家、职业经理人与普通劳动者的关系，以拥有货币资金的多少和个人的经营才能大小这两个维度来刻画，可以用图4-8表示。

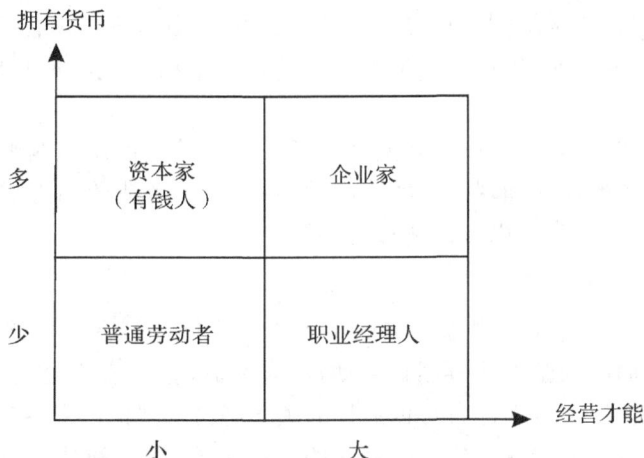

图 4-8　企业家、资本家、职业经理人与普通劳动者的关系

三、企业家的职能

企业家的职能到底是什么,这也是一个有争议的话题,但以下职能是企业家不可或缺的。

(一)善于捕捉机会

很多学者都认同企业家的职能首先在于发现机会,发现市场中潜在的不均衡。成功的企业家往往能够及时地发现市场中的机会并加以利用。从市场作为一个连续的过程来看,企业家不仅发现不均衡,而且可以创造不均衡。企业家的活动是在用新的不均衡代替旧的不均衡。最初的企业家从既存的经济运行中发现不均衡,找到用武之地;但他利用这个机会的同时就会导致新的不均衡的出现,为其他企业家提供就业机会。如图 4-9 所示。

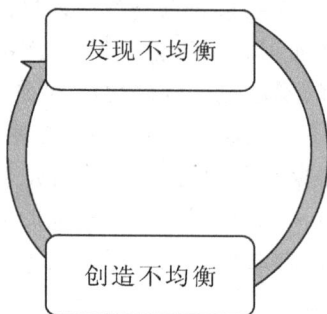

图 4-9　发现和创造不均衡的连续过程

(二)善于组织

大卫·蒂斯(David J. Teece)从动态能力的角度认为企业家发现机会后就需要抓住机会。因此,要想抓住机会,企业家必须充当生产要素的组织者。生产要素要想变成生产力,首先必须要将它们按一定的结构组织起来。张维迎认为组织就是建立从要素投入到产品产出之间的一种函数关系,而企业家的职能就是建立这种函数关系。

要想把劳动者组织起来从事生产,企业家离不开资本积累。不管通过什么途径,是利用自己手头积累的货币财富,还是从别人那里借来货币资本,企业家都可以将其投入他们认为有利可图的生产活动中,兴办企业,生产出一批批产品并投入市场。一旦企业取得成功,这些企业家就会扩大经营业务。

企业家作为生产要素的组织者,实际上创造了一种新的生产组织制度。这里最重要的发明也许要数劳动力市场的建立和现代金融制度的创造了,前者使劳动力成为一种可以自由流动的"商品",后者使资本成为可以自由转移的要素。

(三)善于创新

创新是人类寻求有效地利用周围环境的一种本能。熊彼特认为经济增长的本质在于创新。企业家正是在利润的刺激下从事创新活动,没有利润,企业家不会创新。创新,是一种内在的要素,经济发展就是"来自内部自身创造性的关于经济生活的一种变动",正是企业家促成了这种变动。熊彼特认为创新就是建立一种新的生产函数,把一种从来没有过的关于要素和生产条件的新组合引入生产体系中,包括以下五个方面:①引进新产品;②引进新技术,即新的生产方式;③开辟新市场;④控制原材料的新供应来源;⑤实现企业的新组织。

应该指出,熊彼特把企业家创新看作是"创造性地破坏均衡"的活动,在这种不均衡中蕴藏了企业家发挥作用的可能性。创新与其说是"创造性地破坏均衡",不如说是创造性地发现和消除不均衡。创新过程就是市场均衡化的过程。

当然,随着时代的发展,企业家创新的内容也在不断发生变化,远不止熊彼特所讲的那些内容,比如除了技术创新以外,还有服务创新、商业模式创新等。

四、企业家的素质

把企业家与其他人区分开来的首先是他们内在独特的精神。靠着这种精神,企业家们把自己从知足且安逸的人群中分离出来,他们勇于冒险、勇于创新,不满足于现状,勇于承担责任,时常寻求突破,做一般人不敢做的事情;同时,他们靠着这种精神来快速地改变世界。一个国家具有这种精神的人越多,它的企业家资源就越丰富,从而导致经济发展速度就越快。总的来讲,把优秀的素质都用到企业家身上也不为过。我们以为,企业家的核心素质主要有以下三点,即创新、冒险、担责,这也是企业家精神的表现。

(一)创新

创新精神,乃企业家生命之本。熊彼特认为,企业家天生就具有打破静态均衡状态的能力,这是成功实现创新所必需的条件。企业家们最不喜欢循规蹈矩,他们喜新厌旧,标新立异。他们总是审时度势地否定自己,拿出新的想法。他们天生就是旧的秩序、旧的规范、旧的习惯的破坏者。他们把创新当己任,乐于接受新的挑战,乐于向未知领域挺进。总之,创新是企业家的本质。

(二)冒险

理查德·坎蒂隆(Richard Cantillon)和奈特(Knight)将企业家精神和风险联系在一起,他们认为企业家要有敢于冒险的魄力。现实世界中千千万万的公司,苹果、腾讯、阿里巴巴、Facebook、微软……哪一个不是敢为人先?他们公司的企业家都是第一个吃螃蟹的人,而高风险背后就是对高利润的追逐。

然而,企业家的冒险总是在一定的风险和收益权衡之后做出的。企业家不会无谓地冒险,如果没有一定的利润诱惑,他绝不会铤而走险。企业家也不会在一次失败后就畏缩不前,在可能的范围内,他会设法把风险降到最低。企业家的冒险绝不是莽撞行动,而是通过周密地分析内外部环境,确定成功的概率,制订周密的计划,按照计划行事。

(三)担责

企业家在前进的道路上会为自己设立各种大大小小的目标,之前的目标实现后,就向下一个目标前进,企业家们永远在路上。企业家在追求目标的路上,事业上有成功,也有失败;决策上有正确,也有错误;用人上有合理,也有不合理;如此等等。不管是哪种情况,企业家都要面对结果,获得收益理所当然,出了问题也要承担责任。因此,主动担责是企业家基本的素质,也是企业家精神的表现。

五、中国企业家面临的困惑

(一)政府和企业家

在我国,生产要素的组织者是政府而不是企业家。政府不仅决定着生产,还领导着创新。

张维迎认为首先应该肯定政府的功劳,尤其是在推动经济起飞和促进经济持续增长方面发挥着巨大的作用。但是,政府并不能充当企业家的角色。对政府来说,他们的职责是维护社会稳定运行,保证社会经济稳定,成为企业家开展行动的支持器,降低企业家的投资风险,提供给企业家更多的机会,刺激企业家行动,同时也完成企业家力所不能及的事情,而不是自己充当企业家的角色,组织生产,进行投资。简单地说,政府的职能在于协助企业家,而不是充当企业家。即使在某些特殊情况下,政府不得不自己办工厂,那么一旦等企业家学会了靠自己的力量发展时,政府就应该让位于企业家。

在这里简单介绍一下政府官员型企业家。国有企业的领导人都是官员型企业家,而作为政府化身的官员一般很难具备企业家应有的素质。从心态来说,他们把办企业只当作履行公事而不是看作个人的事业;他们不承担经营风险,因此对信息反应迟钝;崇尚权威的倾向使他们习惯于唯命是从,同时政府组织本身的等级制度也使他们缺乏足够的自主权独立地处理企业事务。因此,在他们身上很难看到企业家那种勇于创新、敢于冒险、主动担责的素质。作为官员,也许他们是称职的,忠心耿耿的,但作为企业家,他们可能是不称职的。

(二)企业家与所有制

企业家与市场制度有关,比如计划经济体制下是没有企业家的。同时,企业家与企业所有制也有关。造就企业家创业的艰难,一个深刻的原因在于它涉及企业财产制度的改革,企业家是特定的财产制度的产物。张维迎认为在国有制下,政企没有做到真正分开。企业受制于政府部门,被直接领导和管理,其各项经营活动、商业活动都在政府的计划中执行,企业家并不能发挥其才能。如果想要改变这样的情况,就需要对所有制进行改革,将政府与企业真正分开,让企业不再是瘸腿走路。如果企业依然长期保持国家所有制,企业家就没有办法发挥其作用,也没有办法形成获取利润的动力,进而无所作为。此时企业家也并不能称为企业家,因为他们并不具备企业家特质、企业家精神,他们只是企业的经营者,政府部门的执行者。

(三)企业家与市场的发育

张维迎认为,企业家的成长和市场的发育是同一个硬币的正反面,两者相互影响,相互成就。想要成就企业家,一方面要改革所有制,这是成就企业家的基本点;另一方面要让市场自由发展,这是成就企业家的路径。企业家与市场相互关联,企业家是市场发展的活跃因素,也是重要因素,企业家为市场的发展注入活力。而市场则是企业家开展活动的基础,没有市场何谈企业家的存在。因此,想要成就优秀的企业家,就需要放活市场,让市场自由开放地发展。

市场的这种威力来源于其内在的自主选择机制和竞争机制。自由市场的选择建立了一种自由竞争的氛围,企业家只有充分发挥自己的天赋和才能,才能在市场中存活下来。另外,自由市场不对任何人进行承诺,每位企业家都拥有选择的权力,在激烈的市场竞争中,企业家精神与潜力被进一步激活,能力得到提高,甚至能够将潜在的企业家挖掘出来。

六、转型时期的企业家机制

我国目前的社会经济环境与西方国家有很大的不同。同时,从完全依靠计划配置资源到市场起决定性作用也是一个漫长的过程。尽管政府已经认识到市场在资源配置中的决定性作用(党的十八届三中全会之前的认识是市场在资源配置中起基础性作用),但迄今为止,中国的市场体系发育仍不平衡和完善,企业家市场存在不少问题,企业家人才从国有企业单方面向其他经济成分流出,内部企业家市场和外部企业家市场互相割裂。

(一)企业家的选择理论

企业家能力的重要性决定了企业家选择的重要性。中国企业家的选择呈现出以下的特征:一是企业家选择的困难性。由于市场体系的不完善,信息的不对称,因此很难利用客观的经济指标对企业家进行评价和选择。二是选择考虑因素的多元性。企业家的经营才能只是选择企业家的其中一个方面,在进行选择时还需要考虑到其他标准。三是所有制带来的产权结构导致企业家的任命及其岗位不一定以能力为先,处于领导者岗位的企业家实际上并不一定满足岗位的能力要求。企业家的选择机制是激励机制的前提,是沟通企业家人力资本存量与激励和监督机制的中介与补充。由于企业家的才能不同于能够摸得着、看得见的实物,因此是否能够识别企业家的才能,如何去识别企业家的才能,如何判断企业家才能的大小就成为企业家选择过程中的重要一环。

首先,根据科斯(Coase)契约理论,企业是一个契约的联结点,是各个产权主体根据比较优势的原则建立起的一个团队。企业的契约性决定了在企业内也存在着交换的关系,而交换净收益的存在是交换的前提,因此,如果企业家才能可交换,那么这种交换必然能够给双方带来境况的改进。股份制企业的存在与发展说明这一交换确实在发生着,而交换的前提是可识别的企业家才能。从这一事实来看,我们可以对企业家才能加以识别和判断。

其次,企业家才能的识别不是一成不变的,是动态的,存在着一定程度的阈值,即企业家才能在多大程度上可被识别。受蒂罗尔(Tirole)的启发,李垣等人认为企业家的识别过程是一个信息的传递和接收的过程。当一个企业家或者是想成为企业家的人,他们都会从各方面传递他们在企业家方面的才能,不断地传递信息打造自己的企业家"人设"。而市场中的所有者,他们想要寻找合适的企业家来进行经营和管理时,就会在市场中搜寻企业家才能的信号,然后思考所接收到的信号是否满足要求。如果这种信息的传递和接受能够持续足够长的时间,能够传递足够多的有用信息,所有者就能够对企业家才能进行识别。

最后,米勒(Miller)、阿米特(Amit)等人认为企业家才能是多维度的。对于多维度的事物,我们可以建立多元化的评判标准,从多个角度进行评判。例如,良好的企业家才能往往建立在较高的知识水平之上,则我们可以用企业家自身的教育经历进行参考,企业家的管理才能可以通过其过去的成就与业绩进行参考。

综上所述,企业家的才能虽然难以识别,但还是可以识别的。

(二)企业家才能交易理论

吴敬琏认为"企业是一系列合同的对接"。李垣等人认为,无论企业家行为的内容和功能如何界定,其实质是有才能者与有资本者的交易,并通过企业家契约加以治理。企业家才能的交易不仅反映于资本市场活动之中,而且在很大程度上是一种特殊的劳动市场交易关系。企业家市场相比普通劳动力市场的特殊性在于,企业家才能不是每个劳动力都具备的才能,且难以直接进行观察,不是一种有形商品,难以度量其大小和价值。同时,企业家所在的岗位也与普通劳动力不同,其岗位的特殊性以及其岗位所赋予的控制普通劳动力的权利,使得企业家契约中的关系型治理始终发挥着重要作用。

除此之外,企业家市场与普通劳动市场也具有一些共性,比如风险和不确定性的存在以及道德风险问题等。从这个角度看,尽管企业家能力具有隐性的信息特征,但李垣等人认为企业家类似于一般产品中的"搜寻品""经验品"和"信任品"的混合体。作为"搜寻品",搜寻的成本和收益决定于企业家的选择;作为"经验品",企业家的选择取决于信号机制的效率;作为"信任品",企业家的职能更多的是用来对付不确定性:要么由企业家自我选择,要么以物质资本作为抵押。这时,企业家才能作为不完全信息,是不能通过企业家市场提高配置效率的。因此,需要搜寻机制来选择企业家和通过信号机制解决"逆向选择"的问题。由于不同潜在企业家拥有人力资本的质和量上存在一定的差异,因此提高选择企业家的效率,优胜劣汰,并通过物质资本所有者与企业家之间的契约来治理其相互关系,对物质资本所有者来说有一定的好处。尽管一般对显性的物质资本的评价较容易,而对隐性的人力资本的评价较为困难,但并不意味着双重资本所有者必然在企业家市场中处于优势地位。总之,从劳动合同的角度看,配置资源、激励创新和刺激供给需要一个不断完善且有效率的企业家契约机制来保障。

(三)企业家的激励理论

我国现有的管理激励理论主要来源于西方。考虑到中国特殊的国情,我国国有企业的经营者仍属于干部队伍的一员,因为中国的公有制企业同时采取经济激励和行政激励的方式。在经济激励中,更多强调短期激励而相对忽视长期激励,重视财务激励而忽视企业能力的提升。同时,在激励指标的选择上缺乏内在协调性,过于强调客观激励,激励合同缺乏持续稳定性。

由于企业家行为的隐性的特点,激励机制成为企业家机制的核心内容。决定企业家激励机制效率的众多因素中,首先,是所有者目标的适宜性。在中国经济的转型时期,由于国有企业的所有者还集政府管理职能和法治职能于一身,其目标不仅是经济、政治和社会各方面的混合,而且他们往往背负了多个委托人的身份。这一方面加剧了激励合同设计和执行的困难,但另一方面也给非经济激励的方式提供了空间。其次,是激励方式和指标的选择。客观的和可度量的评价指标与主观的和较模糊的激励指标各有千秋。客观指标往往出现在正式合同上,其可执行性较好,但实际上任何一种客观指标都不能充分反映企业家劳动的全部贡献,加之所有者多重目标的影响,企业家行为必然会产生扭曲。这也是我国企业推行承包责任制效果不尽如人意的根本原因。主观评价的优势在于它会减少一些人为的扭曲,因此即使在市场经济发达的国家,它往往也会发挥作用。但是,主观激励在合同的执行上存在缺陷,且实际上难以避免各种"寻租"或"影响"的活动。因此,客观激励和主观激励需要搭配使用。事实上,作为管理者激励问题中一类特殊而又重要的激励,所有者和管理者都很难把非物质激励写到一个纸质的契约中去。最后,企业家的激励不是一成不变的,是动态的。市场会对企业家进行长期的不断的评估,这就会使得企业家进行改变,形成一种隐性激励,从而使短期激励和长期激励、企业激励和社会激励有可能互相协调。

(四)企业家的监督理论

企业家监督机制是激励机制的保证。阿格拉瓦尔(Agrawal)等人认为企业治理机制可以缓和和控制代理问题。李垣等人认为中国企业在所有权和控制权分离的前提下,不一致的利益主体和非对称配置的控制权是所有者与管理者之间产生矛盾的根本原因,为了实现所有者的目的,需要对企业家实施监督。在现代企业理论中,治理结构是由不同治理机制组合而成的,而监督机制是靠企业治理结构来实现的,因此,治理机制是构成监督机制的基本元素。如果企业没有一个合理的所有权结构(包括一定程度分散的所有权和明确的利益主体),则内外部治理机制都很难起到对企业家的监督和约束作用。在所有权与控制权分离的条件下,通过公司的治理结构来激励和监督企业家是现代企业理论的一个重要方面。当企业的所有权分散时,"监督"最有可能发生,其发生的难易程度取决于监督者所拥有企业所有权的大小,因此,解决"监督"的机制是通过外部接管,但需要一个运转良好的资本市场。另外,一个完善竞争的企业家市场本身就能够对企业家起到足够的监督作用。此外,对企业家的监督,还有法律监督、行业监督、行政监督、市场监督、舆论监督以及企业家个人的自律等。

本章案例阅读

【案例 4 - 1】　　　　　　　没有"人性化"的管理

董明珠是格力电器股份有限公司的董事长,除此之外,她还连任全国人大代表,担任民建中央常委等职务,2017 年荣获"2016 年十大经济年度人物"。

格力电器被大众所熟知,董明珠个人的领导风格也是有目共睹。作为一名管理者,董明珠爱憎分明,有问题就大胆直言,体现了她真性情的一面。她说:"我这一路可以说是拼拼杀杀出来的,我认为任何人在我面前只有一句话,按照制度。制度是标准,不是我是标准,也不是哪个领导是标准。"董明珠认为,制度与纪律才是管理的核心,没有"人性化"的管理,管理只有一种,就是制度,不分男女。

【案例 4 - 2】　　　　　　　什么是创业

创业是创业者对自己拥有的资源或通过努力对能够拥有的资源进行优化整合,从而创造出更大经济或社会价值的过程。创业是一种需要创业者组织经营管理并对服务、技术进行思考、推理和判断的行为。根据杰夫里·提蒙斯(Jeffry A. Timmons)所著的创业教育领域的经典教科书《创业创造》中的定义:创业是一种思考、品行素质,杰出才干的行为方式,需要在方法上全盘考虑并拥有和谐的领导能力。

"西少爷"是一家由四位大学生创立的餐饮公司。自 2014 年公司在北京创业以来,如今几十家分店遍布北京市,后来又扩张到深圳等地。"西少爷"创业初期,生意火爆。短短几年,"西少爷"从销售不起眼的肉夹馍开始,到如今已发展到经营肉夹馍、凉皮、面食、饮料和其他食品、套餐在内的综合小型餐饮公司,业绩蒸蒸日上。总结一下"西少爷"成长的经验,我们可以从更多的角度了解"什么是创业",尤其是大学生创业。一是创业需要多样化的知识,工科、理科、经济、管理等知识;二是创业需要做好公司的品质,包括人品与物品;三是要多元创新,包括产品创新、工艺创新、经营模式创新等,还要适时进行制度创新;四是要遵从创业者内心的选择,要有理想有追求。

【案例 4 - 3】　　　　　　管理者与领导者的区别

在某大学的一堂管理学课程上,学生们正在讨论一个话题,即管理者与领导者有何区别?有人认为管理者与领导者本质上区别不大,基本上是一回事,因为在现实当中二者很难区别,即使有区别,也只是理论上的区别。有人认为管理者与领导者还是有比较大的区别的,他们从管理者与领导者的身份、影响力、行为、认知等方面进行了比较,比如管理者注重效率,领导者注重效果;管理者正确地做事,领导者做正确的事;管理者主要关注事,领导者主要关注人等。当然,比较中立的观点就是二者既有区别又有联系。有人将二者的主要区别进行了分析,见表4-1,你的意见呢?

表4-1 管理者与领导者的区别

管理者	领导者
执行计划	建立愿景
改善现状	创造未来
只见树木	看见森林
多关注内部	多关注外部
寻求秩序	喜欢变革
指挥与监督	授权与激励
系统内把工作做好	把系统工作做好
制度流程原则	价值观原则
现在和短期目标	将来和长远目标
怎样做	做什么

本章要点小结

1. 管理的主体是管理者。管理者是指在组织中从事管理活动,指挥他人完成具体任务的人。管理者的责任是管理一个组织,对管理效用承担着重大的责任。

2. 按照管理者在组织中地位的不同,可以将管理者划分为高层管理者、中层管理者和基层管理者;按照在组织中从事的工作领域和专业性质的差异,可以将管理者分为综合管理者和专业管理者。

3. 管理者扮演着十种不同但是相关的角色,被分为三大类,即人际角色、信息角色和决策角色。

4. 领导行为应分为抓工作和关心人两大类。前者是以工作为中心,主要包括组织机构的设计,明确职责和相互关系,确定工作目标,设立工作程序等;后者是以人际关系为中心,主要包括建立相互信任的气氛,尊重下属的意见,注意下属的感情和问题等。

5. 领导作风理论将领导者表现出来的工作作风划分为三种基本的类型:专制型领导作风、民主型领导作风和放任式领导作风。

6. 企业家是具有一些特殊素质的人,他们为了追求企业利润的最大化,从事发现市场不均衡或创造市场不均衡的事情,同时也在充满竞争和不确定的市场中履行着组织者职责。这些特质包括冒险精神、创新精神、担责精神等。

思考和讨论题

1.如何确定组织中谁是管理者,谁不是管理者?
2.成为一个优秀的管理者需要具备哪些能力?
3.勒温理论的基本观点是什么?
4.如何评价不同领导风格的有效性?
5.企业家与发明家、管理者、资本家的区别是什么?
6.如何理解转型时期的企业家机制?

本章参考文献

[1]白少君,崔萌筱,耿紫珍.创新与企业家精神研究文献综述[J].科技进步与对策,2014,31(23):178-182.
[2]高文伟,陈焱.管理学原理[M].上海:上海交通大学出版社,2016.
[3]关培兰.组织行为学[M].北京:中国人民大学出版社,2015.
[4]贺小刚.管理学[M].济南:山东人民出版社,2013.
[5]贾湖.管理概论[M].天津:天津大学出版社,2012.
[6]李垣.转型时期企业家机制论[M].北京:中国人民大学出版社,2002.
[7]罗宾斯.管理学[M].孙健敏,等译.北京:中国人民大学出版社,2004.
[8]达文波特,哈丁.管理者是什么:发挥你组织中的竞争优势[M].上海:上海社会科学院出版社,2013.
[9]万卉林,刘虹.管理学原理、方法与案例[M].武汉:武汉大学出版社,2011.
[10]熊爱华.管理学[M].济南:山东人民出版社,2013.
[11]尤立群.管理学[M].杭州:浙江大学出版社,2009.
[12]王辉.组织中的领导行为[M].北京:北京大学出版社,2008.
[13]张完定.企业家选择、激励与监督[M].北京:中国统计出版社,2002.
[14]张维迎,盛斌.Entrepreneur:经济增长的国王[M].上海:上海人民出版社,2014.
[15]张英奎,孙军.现代管理学[M].北京:机械工业出版社,2013.
[16]张维迎.企业家将决定中国增长潜力[J].财经界,2014(22):70-77.
[17]BOLDEN R,DENNISON P. A review of leadership theory and competency frameworks[J]. Analele Universitatii Ovidius Constanta Seria Matematica,2003,21(2):253-262.
[18]MINTZBERG H. The nature of managerial work[M]. New York:Harper & Row,1911.
[19]KATZ R L. Skills of an effective administrator[J]. Harvard Business Review,1955,33(1):A33-A42.
[20]KIRZNER I M. Competition and entrepreneurship[M]. Chicago:University of Chicago Press,1973.
[21]KNIGHT F H. Risk,uncertainty and profit[M]. Boston:Houghton Mifflin Company,1921.
[22]SCHUMPETER J A. The theory of economic development[M]. Cambridge:Harvard University Press,1934.

第五章

管理客体

本章导读

　　管理客体指管理者实施管理活动的对象,从广义上讲,管理客体包括人、财、物、信息、技术、时间、社会信用等一切资源。不管管理主体承认与否,管理客体都是作为系统而存在和运动、变化的。因此,要进行科学的管理,就应该对管理客体的各个方面和联系进行全面的研究和系统的分析,包括各个部分之间的关系,以及各个部分与整体之间的关系。本章分四个方面阐述管理客体。首先,介绍管理对象含义、特点及分类;其次,由于管理客体中最重要的是对人的管理,因此本章还涉及了组织员工、工作团队、组织行为这三部分内容;再次,从知识和信息角度阐释了管理客体的内容,明确了知识管理的含义、内容及其发展情况;最后,介绍了组织社会资本,在国内外研究的基础上界定了组织社会资本的概念,介绍了组织社会资本的测量方式以及组织社会资本与创新和绩效的关系等。

第一节　管理对象

　　管理对象,也称管理客体,是指管理者实施管理活动的对象。在管理学理论以及管理实践中,管理对象主要是指人、财、物、信息、技术、时间、社会信用等一切资源,其中最重要的是对人的管理。

一、管理客体的范畴

　　管理的对象是管理活动中行为接受对象,或者也可以说是管理活动中行为接受对象团体或对象层。从这个定义来看,组织内部的管理对象其实是一个非常大的范围。首先,组织内部的所有一般成员均是管理的对象。他们执行组织交办的任务,按照一定的操作规程工作,以取得良好并令人满意的效果表现。其次,管理客体也包括组织内部或者组织可以自由掌控的一些资源,这些资源可以是无形的,也可以是有形的,如物质资源、财务资源、信息资源、关系资源等,它们均是管理的接受者,是在管理者的作用下,通过特定的技术改造过程而形成的产出。最后,当一个组织向外扩张和发展时,它对组织外的人、财、物、信息等组织产生了影响,这些对象也构成了组织的管理对象,但这种管理对象总是在发生变化。

二、管理客体的分类

　　国外较早的管理理论认为,管理的客体是人、财、物三种形式。后来,有的管理学家主张再加上时间和信息,于是管理客体由三种形式扩大为五种形式,形成了管理客体"五因素说"。最近,又有学者提出管理客体"七因素说",强调管理者还要注意士气和管理方法,因此,管理客体还应包括士气和方法。

从管理哲学角度看,把管理客体区分为人、财、物三种形式是比较合理的。因为人、财、物是一切社会活动所必需的三种因素,缺一不可。管理,从某种意义上说,也就是管理者充分利用人力、物力和财力,将工作做得更好,做到高效率和高效果。因此,我们认为,管理客体可以分为人、财、物三种类型。

第一类管理客体是人。人是社会的细胞,是一切社会财富的创造者。只有管理好了人,充分调动人的主动性、积极性和创造性,才能推动社会生产的发展,促进社会不断进步。因此,科学地管理人,做到人尽其才,才尽其用,充分调动人的积极性,协调人的作用和力量,是社会管理的中心任务,是提高整个管理效益的关键。人是管理的客体,同时又是管理的主体,因而对人的管理既有难度,也具有复杂性。

第二类管理客体是财。管理财务,简单的理解就是争取发掘更多的财务资源和利用好财务资源,包括科学地生财、聚财、用财,开源节流,提高经济效益等。

第三类管理客体是物。广义的物泛指世界上一切客观存在的事物,这些事物不仅包括人,还包括财,它们是一种社会存在物。从这个意义上讲,物是人、生产资料、生产工具、生活资料的总称。在管理哲学中,作为管理客体的物,是一种狭义的概念,它是同人、财相并列的客观事物,主要指生产资料,即生产力中的物的因素,包括工具、设备、材料等。

在现实的管理活动中,人、财、物作为管理客体的基本形态,是相互影响和相互制约的有机整体,其中管理人是管理活动首要的和中心的任务。管理客体的构成如图5-1所示。当然,这三种客体的关系也是随着管理情景的不同而发生变化的,并不是一成不变的。

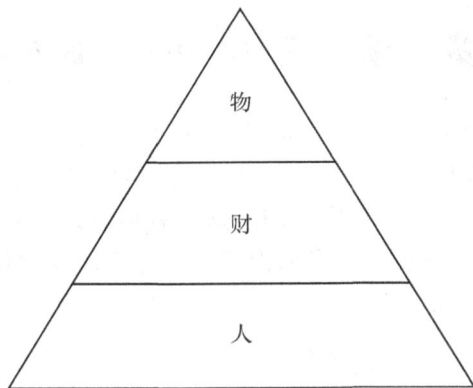

图5-1　管理客体的构成

三、作为组织成员的管理客体

在管理客体系统中,人是最主要的。管理,归根结底是对人以及人的行为的管理。人是生产力和整个管理中最活跃、最能动、最积极的因素。组织活力的源泉在于脑力和体力劳动者的积极性、智慧和创造力。财和物之所以能够成为管理客体,就是因为人的存在。在管理实践中,对财和物的管理都是通过人来实现的,没有对人的管理,根本谈不上对财和物的管理,财、物管理的效果直接取决于管理财、物的人的积极性。因此,任何单位的主管人员,他们的首要任务是对人的管理,通过对人的组织、指导和调节而实现对财、物的科学管理。

人既是管理的主体,又是管理的主要客体。作为管理客体的人,不仅在职能上同管理主体有着明显的差别,而且在性质上同其他形式的管理客体也有着许多不同之处。任何管理者想要做好管理工作,都必须了解人作为管理客体的特殊性。

此外,人作为管理客体,是具有能动性的。这种能动性不仅表现在他作为实践、认识活动的主体,去反映、改造客观世界方面,而且表现在对于管理主体的作用上。事实证明,人从来都不是消极地被动地接受管理主体的作用,他们具有情感和意志,具有自己的特殊需要和利益,具有自己对事情、对问题的看法和理解,因此,作为管理客体的人也就具备一定的能动性。管理客体能够有选择地接受来自管理主体的信息,管理主体的一切指令,都要经过管理客体的头脑的"过滤"之后发挥作用。管理客体可以完全接受和遵从管理主体的要求,也可以部分地接受和遵从管理主体的要求,还可以闭目塞听,充耳不闻。甚至管理客体还会按照自己的需要,利用管理者指示的不严密之处,做出和管理者的期望完全相反的事情。在我们日常生活中,就有许许多多这样的情况:管理客体可以不采纳明显不正确的、不现实的决策;可以要求管理主体修改或取消某一项的意见。当然,还有更多的情况是,管理客体充分发挥自己的主观能动性,不受管理者预先规定的限制,创造性地完成自己的工作。

综上所述,管理不是管理主体对作为管理客体的人的单方面作用,而是主体和客体之间辩证的相互作用。这种相互作用是由多种多样的联系构成的,具有灵活性。作为管理客体的人,同管理主体有着相关性,二者之间存在着千丝万缕的联系,与对物、对机器的管理不同。人作为管理客体,它同管理主体是同质的,相互影响,相互制约。管理主体和管理客体不仅存在着管理关系,而且还存在着其他更为复杂的社会关系。在管理活动中,他们不可能完全摆脱这些社会因素的影响。

第二节　员工、团队、组织

企业如何留住具有才华的少数人?环境的日益多样性和不确定性,增加了组织工作、员工、团队以及组织行为的多样性和不确定性。针对不同的管理客体,管理者需要在了解其背后的内涵和特性后,相应地进行有效的回应。理解这些客体看上去相对轻松及简单,但事实上,需要大量的分析和调研帮助并辅助管理者认识组织内部持续变化的员工、团队和组织结构状态,以期增加企业运营的有效性。

一、组织员工

(一)员工知觉

企业作为组织个体,其所采取的战略行动都是对所涉及问题和内外部环境的一些客观反映。对于管理组织员工而言,这种客观反映通常被冠上了"多样性"的帽子。这种客观反映的多样性源自不同员工的"知觉"差异。每一个人面对每一种情况的解释,以及随后对这种情况的反应与处理都会受到他的(她的)年龄、种族、宗教、性别、社会地位、教育背景、能力以及任职经验等的影响。在面对同一企业事务或者企业同伴及管理者时,差异化的"知觉"不断增加企业管理的难度和任务。知觉指的是个体为自己所在的环境赋予意义并解释感觉印象的过程。通俗来讲,知觉是人们选择、组织和解释感官输入的过程,人们看到的、听到的、触摸到的、闻到的和品尝到的都是通过不同感官输入大脑,并通过大脑给周遭的世界赋予了意义和秩序。组织人员的一切行为及决定都是基于他们的主观知觉。只要员工和管理者的知觉相对准确，也就是说这些知觉接近实际或真实本质，则其行为和决定更有可能正确并适合企业当下发展。

1. 员工知觉的特性

（1）选择性。选择性指人体不同感官对外部刺激有选择性地做出反应。人们常说的"视而不见"，就是知觉选择性的典型表现。导致知觉选择的原因主要有两点。首先，周围的刺激物多且不断变化，刺激信号的强弱又不同，使得人们不可能对所有的刺激做出反应；其次，人的知觉受知识、经验、兴趣爱好、主观需求等因素的制约，不可能也不必对作用于感官的所有刺激做出反应。知觉过程是人发挥主观能动性对感觉信息进行过滤、筛选、重组、归类的加工过程，在这个过程中，人的注意力通常会集中到较为重要的、自认为有意义的信息上，排除次要刺激的干扰，从而更有效地认识外界事物，适应外界环境。

（2）整体性。整体性是指人们会根据过去的知觉经验，将现有感知到的内容附加到过去经验之上，将其视为一个知觉整体，统一并全面地形成主观感受。另外，整体性也指人们会将同一瞬间或同一时间段看到的、听到的、触摸到的、闻到的和品尝到的所有感知输入汇合成为一个整体知觉。这是源于不同感觉器官在向大脑传递信号的过程中，彼此会形成稳固的联系，这种稳固的联系不仅会将不同感知交融在一起，也会将之前的知觉经验与之匹配，通过大脑的加工，发现事物的各种属性及其相互间的关系，从而把事物知觉为一个整体。尽管知觉对象是由不同部分构成的，具有多方面的属性，但人们总是把它作为一个统一的整体来形成知觉，有时甚至可以对它的不完整结构进行完善，而不会把对象的各种属性彼此分割开来加以认知。例如，当我们感知到一个人的时候，此人的眼睛、鼻子、嘴巴、头发、身材等特性就得到了综合，我们会形成对于这个人的整体的印象。

（3）理解性。理解性指人在感知过程中，以过去的知觉积累以及知识储备为依据，定义或解释新输入的知觉，以此赋予这一知觉新的意义。例如，一个色觉正常的人在接受色盲检查时，能够从五彩缤纷的图案中准确看出某一事物的完整形象，就是因为他曾接触过这一事物，形成了知识经验。当该事物以图案的形式再次出现时，就能够立即感知它。人的理解力越强，对某一事物有关的知识经验越丰富，在感知这一事物时，知觉的内容越丰富、越深刻、越精确。

（4）恒常性。恒常性是指同一知觉的客观条件、输入状态、输入条件以及特性等在一定程度上发生改变时，人的知觉印象以及知觉解释在一定范围内仍会保持不变，存在一定的稳定性。知觉恒常性分为大小恒常性、形状恒常性和颜色恒常性等。我们的知觉对象及其所在环境和条件往往会在大小、距离、角度、颜色、亮度等方面发生变化，但这并不影响我们全面、正确地对客观事物的感知。在知觉的恒常性中，人的知识经验起重要作用。在感知过程中，人们总会利用过去的知识经验来解释看到的信息，因此能够在变化的条件下根据物体所固有的特性，获得近似于实际的知觉印象，这就保证了人能够根据物体的实际来适应环境。

2. 影响员工知觉的因素

在感知的过程中，主要有以下三个方面的因素会影响知觉的结论。

（1）知觉者。人是知觉的主体，知觉者的个人因素特点会影响知觉。这些因素主要包括：①兴趣，人们往往关注自己感兴趣的事情，而把不感兴趣的事情排斥在知觉对象之外；②需求，凡能满足人的需要、符合人的动机的事情就容易成为知觉的对象，反之则往往不被注意；③经验，人们以往所获得的经验会在很大程度上影响人们对知觉对象的选择与解释；④个性，人的个性不同，心理活动过程及行为表达方式也不同，加之以往知觉积累的差别，对同样的企业事务、情境以及刺激信息会产生不同的选择和解释;⑤理念,即人们对某一事物形成的既定看法,根据这个看法会选择知觉对象。

(2)知觉对象。知觉对象的外貌特征、运动状态、重复次数等,都会影响知觉的结果。在同时作用于人的众多刺激物中,那些刺激作用强烈而突出的事物,如有响亮的声音、艳丽的色彩、显眼的标记等,都容易使人迅速而清晰地感觉到它们的存在。人们知觉受到刺激的时候,会基于知觉对象的特征、状态等进行整理和拼凑,而整理和拼凑的规律有以下四种:①在时间和空间特征上较为接近的对象整理或组合为同一类;②将具有相似特征或状态的知觉整理为一类;③将具有一定内在联系的知觉刺激归为一类;④将具有一定时间或空间连续性的知觉归为一类。

(3)知觉情境。知觉情境包括时间、工作环境、社会环境等,它们通过影响人的感受性而改变知觉的效果。人的感受性在环境作用下会产生下列变化:①适应,感觉到的持续刺激知觉会随着刺激事件的持续变大或变小。例如,我们进入黑暗的房间,刚开始会觉得伸手不见五指,随着黑暗时间的持续,我们的视觉系统会逐渐适应黑暗,慢慢能够辨别出周遭物体。②对比,指同一感官受到不同的刺激而使感受性发生变化的现象。如一个人穿横条纹衣服会显胖,穿竖条纹衣服会显瘦。事物与背景的反差越大,越容易从背景中区别出来。③敏感化,指在某些因素影响下感受性暂时提高的现象。

知觉者、知觉对象、知觉情境三者的相互关系如图 5-2 所示。

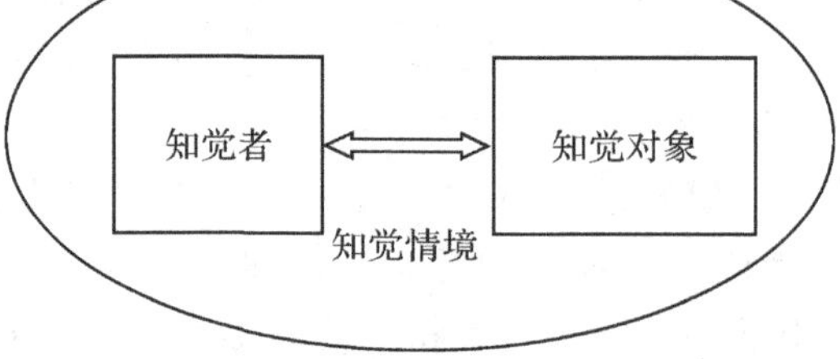

图 5-2　影响知觉的因素

(二)员工能力

广义上的能力概念包括心理能力和体质能力。狭义上的能力概念仅指心理能力,即从事各种活动、适应生存发展所必须具备的各种心理特征的总和。能力与行为是正相关关系,有能力才可能有行为。

1.能力构成

能力的分类有很多种,但大多被分为一般能力和特殊能力两类。一般能力指在所有活动中普遍起作用的能力,主要包括观察力、记忆力、想象力、思维力、反应力、决断力等。哈佛大学教授丹尼尔·戈尔曼(Daniel Goleman)提出了"情商"(emotional quotient,EQ)的概念,强调EQ 是人类最重要的生存能力,在人们成功的主观因素中,智力因素(intelligence quotient,IQ,即"智商")仅占大约 20%,而 80%的因素则属于非智力因素(EQ)。"情商"包括自知、移情、自律、自强、社交技巧五种情绪能力和社会能力。特殊能力又称专门能力,是顺利完成某种专门活动所必备的能力,如音乐能力、绘画能力、数学能力、运动能力等。各种特殊能力都有自己独特的结构,如音乐能力就由四种基本要素构成:音乐的感知能力、音乐的记忆和想象能力、音乐的情感能力和音乐的动作能力。这些要素的不同结合,就构成了不同音乐家独特的音乐能力。

人的先天条件不同,生存环境不同,受教育的程度不同,工作、生活阅历不同,因此个体能力不会完全相同。个体能力的差异既表现在量上,又表现在质上。所谓量的差异,指不同个体之间同一种能力所具有的水平不同,如正常人均具有记忆能力,但有的人"过目不忘",有的人"过目即忘"。所谓质的差异,指不同个体做相同工作时,可以通过不同能力的综合而实现,如两个管理能力都很强的领导者,甲可能在人际关系处理、宣传号召等方面能力很强,乙可能在考虑问题周全、决策坚决果断上能力很强。

(1)个体能力表现差异。个体能力表现差异主要指个体在认识客观事物过程中所表现出来的能力差异。如在知觉方面,有的人概括总结能力强,有的人分析能力强;在言语、思维与想象方面,有的人直觉形象思维能力强,有的人逻辑抽象思维能力强等。

(2)个体能力发展水平差异。以智力为例,全世界人口智力分布基本上呈正态分布,智力超常的人所占比例小,多数人处于中等水平,极少数人智力超常或是智力低下,见表5-1。

表 5-1 智力分布

智力水平	智力范围	占总人口百分比/%
130 以上	智力超常	1
110~129	智力偏高	19
90~109	智力正常	60
70~89	智力偏低	19
70 以下	智力低下	1

(3)个体能力发展的快慢差异。尽管能力发展按年龄有一般规律性,但仍有个别的差异,如有些人的才能在儿童时期就已表现出来,而有些人则大器晚成。年少成名的,如莫扎特3岁发现三度音程,能谱制小步舞曲。产生这种现象的主要原因是他们具有发展这种能力的良好的遗传素质,但也离不开环境,特别是家庭教育的影响。有大器晚成的,如达尔文在50多岁时才开始有研究成果,写出《物种起源》。产生这种现象的原因是多方面的,有主观的原因,也有客观的原因等。

2.能力与工作匹配

能力与工作的匹配,指的是一个人所担负的工作,应当与其所具备的能力相对称、相协调。只有这样,才能使其能力得到充分发挥,才能有利于提高个体行为与组织行为的绩效。

能力与工作不匹配有两种情况:一种是个人能力高于工作本身要求的能力,另一种是个人能力低于工作本身要求的能力,这两种情况都会产生不良效果。如让一个计算机专家去做文字输入工作,他会感到大材小用,不会有工作积极性,尤其是当他渴望施展自己的才能时,会因工作的局限性而灰心丧气;反之,让一个只参加过电脑使用培训班的人去搞计算机编程,不仅会使本人因不知所措而焦虑不安,而且也不可能很好地胜任这项工作。

能力与工作匹配理论有两个要点:第一,每个人的能力结构是不同的,因此不同的人适合承担的工作、能够胜任的角色不完全一样;第二,不同类型的工作对承担者的能力有不同的要求。从这一理论出发,管理中应注意把握三个方面:①每个组织、每项工作、每一具体岗位都应明确提出自己相对独立的能力要求,以便于有目的地选拔、培养、使用和考核员工。②人员使用、工作安排要充分考虑每个人的实际能力及兴趣、特长,使个人能力与实际工作所要求的能力相匹配,做到人尽其才、才尽其用。③人力资源管理部门应经常对员工进行考核分析,建立员工个人业务能力档案,为合理用人打下基础。招聘人员时,要注意职业对能力的要求。员工相互搭配时,要注意能力类型差异的互补性,以发挥团体协同作用。组织员工培训时,要注意处理好一般能力与特殊能力的关系。

(三)动机与激励

1.动机的概念

心理学上讲的动机是引起、维持个体活动以达到一定目的的心理状态。这种心理状态反映了个体的愿望和要求,从而引发个体产生某种行为。个体内心的愿望和要求越强烈,行为的强度越高。在个体愿望和要求未得到满足或被制止之前,行为不会停止。

根据强度的不同,动机可分为兴趣、意图、愿望、信念和理想等形式,其中信念、理想对行为的制约作用最持久。根据可信度的差异,动机又可分为真实动机和伪装动机,如人们常讲的"声东击西",其中"声东"表现出来的就是一种伪装动机。

2.动机的成因

动机引发行为,而动机的产生又有其原因。认知论认为,人类的动机是以一系列的预期、判断、选择并朝向目标的认知为基础的;动机自我归因论认为,动机是介于刺激事件(如工作情境)与个人处理该事件所表现行为之间的中介作用;适度兴奋论认为个体在身心两方面存有自动保持适度兴奋的内在倾向;内在动机论认为,行为带给个体的快乐感觉是促使该种行为的原因。

在各种各样的动机理论中,动机需要理论最引人注目,尤其是马斯洛的需求层次理论。

(1)需要的类型与层次。需要是指客观刺激作用于人的大脑所引起的个体缺乏某种东西的状态。这种刺激可能来自身体外部,也可能来自身体内部,可以是物质的,也可以是精神的。戴维·麦克利兰(David Clarence McClelland)的"成就需要理论"认为,员工个体在企业情境下,有三种需要:成就需要、权力需要、亲和需要,其中最重要的是对成就的需要。马斯洛(Abraham H. Maslow)的"需要层次理论"认为,人类天生有五种需要:生理需要、安全需要、社交需要、尊重需要、自我实现需要。这些需要由低级到高级按层次排列,如若低级别的需求尚未得到满足,那高级别的需求也难以得到满足。爱尔德弗(Clayton Alderfer)的"ERG理论"认为,个体需求有三种:生存需要、关系和谐需要以及成长需要,即生存(existence)、关系(relationship)、成长(growth)。这些需要不全是天生的,而是受教育、家庭背景和文化环境等因素制约的。当较高层次的需要得不到满足时,人们会持续增加低层次需求,出现倒退现象。图5-3给出三种需求理论的比较。

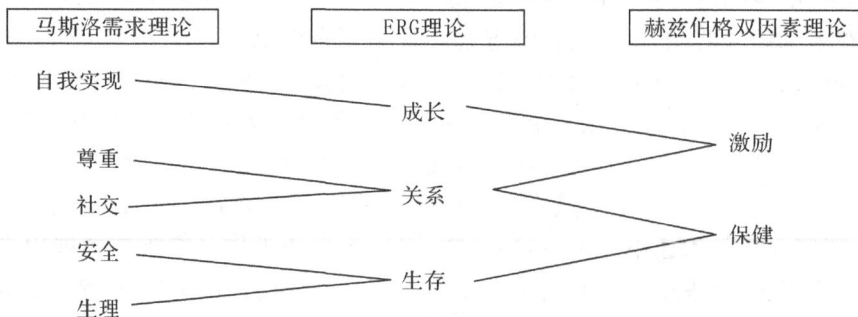

图 5-3　三个需求层次模型之间的相互关系

（2）需要强度。需要是动机产生的必要条件，只有需要达到一定强度时才会产生动机。需要强度决定着动机强度，动机强度又直接影响工作效率。一般情况是，动机强度不断增强，有机体的活动就会越高涨，活动的效率也就越佳。但是，也有相反的情况：当动机过强时，有机体处于高度紧张状态，影响了原有的注意力以及知觉范围，进而可能影响行为及工作效率。例如，一名学生对考试成绩期望值过高，可能影响水平发挥，最终考试不及格。因此，为了使活动卓有成效，应防止动机强度过低或过高，使之保持最佳水平。

3．激励概念与方式

（1）激励的概念。赫兹伯格认为动机是由激励因素刺激产生的。激励就是激发、鼓励，也即调动人的积极性的过程。激励是刺激、引导和维系一个人努力的力量。所有行为，除了无意识的反射，如人类眨眼等，均需要一定的动力推动。一个被高度激励的员工，会具有强大的上进心，不断努力工作以达到绩效目标。管理理论认为，员工的绩效是关于员工能力和激励程度的函数，即绩效＝f（能力×激励）。同时，激励还利于造就良性竞争环境，有利于留住人才。哈佛大学教授詹姆斯（W. James）经研究发现，充分激励的员工可以发挥出员工80％～90％的能力，远远大于按时计酬制度下的员工能力。

（2）激励方式。人是物质与精神的统一体，这也是区别于其他动物的重要特征。人需要物质激励，也需要精神激励。

物质激励即通过物质刺激的手段来满足员工的基本需求，从而达到激励员工努力工作的目的。获得更多的物质利益是大多数人的愿望，因为这不仅决定人的基本需求能否得到满足，同时也影响其社会地位、社会交往以及学习、文化娱乐等精神需要的满足情况。物质激励的方法包括增加工资、发奖金、优先认股权及其他福利等。总之，物质激励是基础。

精神激励的着眼点在于满足人的精神需求。随着社会的发展和人们物质生活水平的不断提高，精神激励的作用不断提高，运用也更加广泛，具体方法有：①目标激励，即通过目标来诱发人的动机和行为，调动人的积极性；②工作激励，即通过让员工在完成工作流程中接受挑战、享受到工作乐趣等达到激励目的；③机会激励，指给员工充分发挥才干、展示能力的机会，通过满足其自我实现的需求，来达到对其激励的目的；④参与激励，即让员工参与管理、决策等，以增强他们的归属感和对组织的认同感，调动其积极性；⑤成就激励，指通过提高个体对成就的期望和不断增强其成就感，来达到对个体激励的目的；⑥培训激励，就是作为一种奖励，给优秀员工以培训机会；⑦荣誉激励，指给工作成绩突出的员工以某种荣誉奖励；⑧情感激励，就是通过加强上下级之间及员工之间的感情沟通，使员工保持良好的情绪，以激发其工作热情；⑨环境激励，指通过创造良好的内外环境来提高员工满意度和企业对员工的吸引力，激励他们为企业奋斗的愿望和意识。

上述方式属于正激励，此外还有负激励，包括批评、罚款、降薪、解雇等。这些作为惩罚性控制手段，可以制造令人不快或带有压力的条件，以否定某些不符合组织要求的行为。不过，负激励容易导致负面作用，如造成上下级隔阂、被惩罚者产生抵触情绪、员工离职等，而且越是素质高的员工，负激励对其产生的负面作用就越大。要注意，正激励不可滥用，负激励一定要慎用。

4．激励机制

激励失效是现代组织管理中经常碰到的问题。如年度工作提前完成，组织给每人发了一笔奖金，不仅没有使大家情绪高涨，反倒引起了多数人的不满；看到人家的激励办法很有效，拿过来一用，不仅完全无效，而且引发了许多矛盾，使员工积极性普遍受挫。类似现象很多，有人将其称做"激励陷阱"。要防止落入"激励陷阱"，最根本的是要建立一套科学的激励机制。

激励机制建设涉及组织的很多方面,既包括方式方法,又包括政策制度,既有操作层面的,又有管理层面的。其基本要求是:第一,建立公正合理的奖酬制度,创造良性竞争环境;第二,建立报酬激励、成就激励、机会激励三位一体的自我激励机制,最大限度调动员工内在动力;第三,构造"理念共享、愿景共建"的超我激励机制,有效整合员工的理想追求、道德追求和价值追求,提供深层次的文化激励;第四,建立高效通畅的信息沟通渠道,提高激励的透明度,营造健康、稳定的员工心理情境;第五,激励方法要因人而异,富于个性化;第六,综合运用各种激励措施,形成系统化的激励机制。

二、工作团队

(一)团队的基本范畴

"团队"一词,英文名为 team 或者 team work,直译的意思通常是"小组"。群体可以被定义为两个或两个以上相互交流以完成特定目标或满足特定需求的个体。团队可以被理解为一种群体,团队内的个体紧密合作以实现一个特定的共同目标。正如上述概念所介绍的,所有的团队都是群体,但群体不一定是团队。区分团队和群体的重要特征标志就是,团队成员之间合作的紧密性以及存在一个团队成员共同认可的、特定的、高于一切的团队目标。真正的团队必须具有七个特征:明确的团队目标;资源共享;个体拥有差异性;良好的人际关系;共同的价值观和行为规范;归属感;有效的授权。

在企业中,群体和团队的概念往往是交织或混合在一起的。当团队内成员紧密地联结在一起工作时,团队成员可能无法确立共同的目标,或无法紧密的联结在一起向着一个方向努力工作。按上述概念,则此时的团队更应称为一个群体。无论是团队还是群体,都可以有效帮助企业获取竞争优势。斯蒂芬·罗宾斯认为团队更能促进企业实现成功,因为相对于群体来讲,团队成员能力相对可以互补,且团队更强调集体绩效,因此会增加团队成员内部的信息交流与共享。另外,实践中,团队的作用往往都是积极的,且团队相对群体而言,更强调团队责任,而非个体责任。工作群体与工作团队的比较如图5-4所示。团队的目的就是获得比个体成员绩效总和大得多的团队整体绩效。因为通过团队的共同努力,企业可以有效提升绩效、满足客户需求、提升创新能力、激发员工动机和增加满意度。

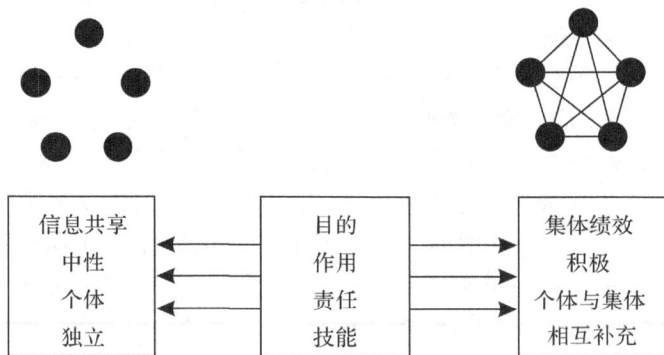

图5-4 工作群体与工作团队的对比

(资料来源:罗宾斯.组织行为学[M].北京:中国人民大学出版社,1997:227.)

1. 绩效提升

团队的主要优势之一就是有机会获得协同效应：在团队中工作的员工能够产出比个体单独工作时数量更多、质量更高的产出，这也印证了"团结就是力量""众人拾柴火焰高"等俗语。团队能够产生协同效应的主要原因有以下几方面：一是在团队中工作时，员工之间可以相互启发，刺激彼此产生更多灵感和创意；二是一旦工作遇到问题，团队成员可以彼此纠正，随时将问题解决；三是在解决问题或实现目标的过程中，团队成员能够提供必要的多样性指示；四是团队目标往往是复杂且实现相对困难的，需要群策群力，单凭个人能力难以实现。为了在团队中发挥协同作用的潜力，管理者需要确保团队成员具有与团队目标实现以及团队工作相匹配的或相关的互补技能和知识。例如，贺卡公司需要将艺术家、作家、设计师和营销专员融为一个团队，共同开发新的贺卡。因此，各个团队个体要向团队贡献自己的专业知识和技能，从而更好地实现团队目标。同时，管理者还需要给予团队足够的自主权，让团队自主解决问题，并决定如何实现目标。为了更好地促进协同作用，管理者还需要向下属授权，充当好团队教练、向导和资源提供者的身份，避免发挥过多的指挥或监督作用。

2. 满足客户需求

实现客户需求并不是容易的，在制造行业，客户对新产品提出的要求要与工程限制、生产成本、生产可行性、政府安全法规等相平衡；在医疗行业中，满足病人需求要与医疗费用、医疗能力等相平衡。对客户做出反应通常需要在一个组织内不同部门和不同层级中找到各种各样的专业技能。例如，计算机公司的销售代表最接近客户，最能了解客户需求，然而销售人员往往缺乏技术开发知识，无法通过技术实现产品创意，而拥有这些技能和知识的人员往往存在于公司的研发部门。这就突出了将销售人员、研发人员以及其他部门人员组成一个跨职能团队的重要价值。因此，当管理者组建团队时，他们需要确保团队成员拥有对客户需求能做出响应所需的多样化专业知识和技术，这也正是现如今实践和理论界都关注于跨职能团队的重要原因之一。在跨职能团队中，存在于组织不同部门的专业技能和知识被汇集在一起，成为团队成员共有的技能和知识。高绩效组织的管理者往往会十分谨慎地确定团队在对客户要求做出回应时，需要哪些专业技能和知识，然后根据这些信息组建团队。

3. 提升创新能力

创新，即创造性地开发新产品、新技术、新服务，甚至是新的组织结构。通常，一个单独工作的人不具备成功创新所需的广泛的技能、知识和专业知识。管理者可以通过创建由具有特定创新类型相关知识的不同个体组成的团队来更好地刺激企业创新成果的产生，而不是依靠单独个体独立工作。利用团队进行创新还有其他优势，一方面，团队成员经常可以发现彼此的错误或者错误假设，这是一个人单独行动无法完成的；另一方面，团队成员间可以实现知识互补，做到取长补短。为了进一步推动创新，管理者需要向团队授权，让团队成员在创新过程中全权负责。管理者的作用是为团队成员提供他们所需的指导、帮助、训练和资源，而不是严密地指挥和监督他们的活动。为了加快创新速度，管理者还需要组建团队，其中每个成员都应该能为团队带来一些独特的资源，如工程技能、生产知识、营销知识或财务知识。

4. 激发员工动机

管理者往往会为了实现组织目标而组建小组或团队，实践和理论界发现，这些团队往往会给企业带来除完成既定任务或目标外其他的好处。群体中的成员，尤其是团队中的成员，由于他们在团队工作中的紧密联系，他们在团队工作中往往会获得更强烈的自我激励以及工作满意度。与充满激情并且有强烈自我驱动力的人们一起工作时,会受到极大的鼓舞。

(二)团队的构成要素

团队的构成包括五个重要因素,简称为"五P",具体如下。

1.目标(purpose)

团队的成立表明团队内成员有一个既定的任务目标,指挥着团队内人员朝着一个方向努力,也规定了团队人员在团队内的责任与任务。一个团队没有清晰的目标,那么团队的存在也就失去了意义。因此一定要让团队成员熟知他们所要做的是要达到一种什么样的目标。当然这个目标不是随便制定的,要根据现实情况,制定出切实可行的目标。过高或者过低的目标,都会影响团队成员的积极性。

2.人员(people)

个体成员是团队最重要的组成,是构成团队的细胞,一般来说三个人以上就能够构成团队。团队的初始创建目的便是实现一个既定目标或任务,而这离不开团队内个体成员。从一般意义上讲,团队中存在9种成员角色。

(1)革新者。这一类角色具有强烈的创新和变革意愿,不喜欢受条条框框约束,因此相对于团队协作,更倾向于自己单独完成既定任务。

(2)倡导者。这一类角色是接纳和支持的代名词。在革新者提出新想法后,大多是倡导者最先支持他们的创新,并随后辅助革新者完成其想法。

(3)开发者。这一类角色具有较高的专业技能,擅长剖析、检索和分析不同想法可能产生的结果,辅助团队成员作出方法上的选择以及完成任务技能的选择。

(4)组织者。正如字面意思,这一类成员喜欢按照目标制订计划,并能够通过组织技能,辅助并保证任务的完成。

(5)生产者。生产者更加关注团队内的任务,聚焦于任务时间节点,希望团队可以通过自身努力保证目标的完成。

(6)核查者。这一类角色会在团队完成任务过程中监督、核查并审视每一个步骤、数据以及规范,保证团队在完成任务过程中的所有活动符合规范,保证工作质量。

(7)维护者。维护者保护团队成员在开展活动或行动过程中不受外界任何事物或人员的干扰和伤害。

(8)建议者。建议者提倡在决策前或行动前充分搜集活动开展或人物完成所需要的信息和资源,建议者会基于信息提供合理建议,但这一类角色并不会将个人的建议强加给团队其他成员。

(9)联络者。联络者更像是协调员或者团队维系者。他们会通过个人努力将团队所有成员紧密地团结在一起,更好地通过合作这一方式,完成团队目标。

3.定位(position)

团队的定位决定了团队在组织中所处的位置和所承担的功能。团队的定位包含两层意思:一是团队作为一个整体,在组织大环境下的位置。这一定位决定了团队由谁组建,由谁负责,由谁承担责任。二是团队个体的定位。如个体成员在团队中的位置,每一个成员在团队内的角色。

4.权力(power)

一个好的团队,必然需要一位管理者进行管理。管理者的作用便是在组织层面下,通过其管理技能或知识,将团队成员紧密的聚集在一起,更好的协作完成任务。团队中的管理者权力往往与团队的特点,如成立背景、发展阶段、任务要求等相关。

5. 计划(plan)

一个优秀的团队,必须具有科学的团队计划,科学的团队计划是实现团队目标的根本保证。一般来说,计划包含两个含义:第一,目标实现,在正式开展活动或行动前,需要将工作任务进行拆分,形成一系列可操作、可分配以及容易理解的具体行动方案或者行动程序;第二,按上述行动方案或程序完成任务或工作。

团队构成的要素如图 5-5 所示。

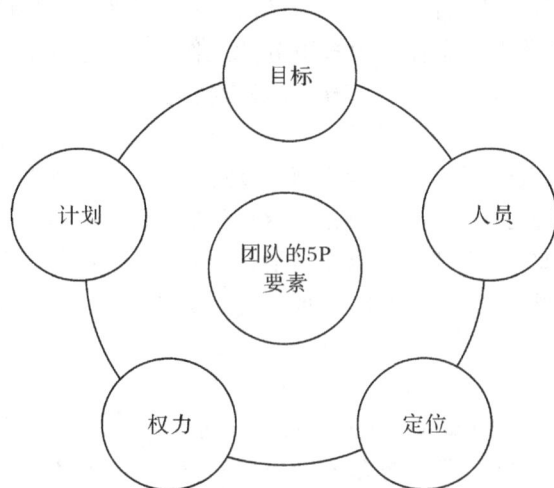

图 5-5　团队构成的要素

(三)团队的类型

为了实现企业既定目标,提高客户满意度,或者提高企业整体创新水平,管理者会组建各种各样的团队。团队往往可以简单地划分为跨职能团队和跨文化团队两种,其中跨职能团队内的成员来自不同部门,跨文化团队内的成员来自不同文化背景或者不同国家。有时候,组织里的成员,无论是管理人员还是非管理人员,有可能自发地组成团队,因为他们相信团队可以帮助他们实现自己的目标或企业目标,满足自己的需求(如社交需求等),以这种方式组建的团队被称为非正式团队。

除此以外,还有很多种团队划分的方法,随后将展开介绍。

1. 高层管理团队

高层管理团队(top management team,TMT)是组织中的重要力量。一个公司的首席执行官或者总裁最关心的事情就是组建一个高层管理团队,以帮助组织完成其使命并实现企业战略目标。高层管理团队大多拥有五到九名成员,成员和团队职责是制定或修改企业战略,从而最大化企业竞争优势。在组建高层管理团队时,首席执行官需要保障团队内成员在专业知识、技能、经验等方面的多样性。因此,高层管理团队成员往往来自财务、市场、研发和生产等不同部门的负责人或部门员工。

2. 研发团队

研发团队(research and development team)是根据企业实际情况设立的科研团队。医药、计算机、信息等高新技术行业的管理者通常会在企业内部组建研发团队开发新的产品,突破行业内技术瓶颈,以此获得更大的竞争优势和行业地位。例如,美国加州理工学院的火箭推进研究所负责人埃里克·福萨姆(Eric Fossum)便曾在研究所组建研发团队,开发一种可以安装在计算机芯片上的小型相机,该团队由五名成员构成,五名成员在各自领域均有一定的专长和经验。有时研发团队并不仅仅由研发人员构成,研发团队也可能是跨职能团队,包括市场及生产部门的相关人员。

3. 管属团队

向同一位上司汇报团队工作的下属组成一个管属团队(command team)。当高层管理者设计组织机构,建立底层向上的汇报关系和指挥链,这一系列行为背后的本质是建立了一个管属团队。企业的管属团队承担了企业内很多事务性工作。为了让管理者更加详细地了解任务进程和行动困难,管属团队与团队高层的沟通要最为畅通。

4. 特别工作组

管理者创建特别工作组(task force)是为了实现特定的目标或者解决特定时期出现的问题,有时候也称其为特别行动组。这个特别工作组可能需要解决组织面临的一种长期的或者持续性的问题和任务,例如,如何最有效地为当地社区做出贡献,如何确保组织为残疾人提供工作机会等。相对持久的特别工作组有时候被称为常务事务组,常务事务组的内部成员通常会随着时间的推移而改变。

5. 自我管理工作团队

自我管理工作团队(self-managed work team)指的是团队成员得到授权,拥有完成特定工作的责任和自主权的团队。在日常事务基础上,自我管理工作团队成员可以决定团队做什么,如何做,以及哪个特定成员将执行哪一项特定事物等。通常管理者给自我管理工作团队设定了团队总体任务目标,但如何完成,谁来完成这一任务目标则由团队自行处理并解决。自我管理工作团队的设立源自企业管理者期许团队提升合作质量、增加员工积极性以及降低成本等。一般来说,通过创建自我管理工作团队,管理者可以把过去由个人单独完成的任务组合在一起,转而由团队来负责整个任务过程,从而生产出数量和质量都有保证的产出或最终产品。其中,管理者需要保障团队此时的任务或工作足够复杂,要包含生产出某种最终产品或服务所必需的多个不同步骤或程序。

6. 虚拟团队

在虚拟团队(virtual team)中,团队成员很少或者从不进行面对面会谈,他们通过各种形式的信息技术,如电子邮件、电话、传真或视频会议等方式彼此沟通,相互影响,并完成最终任务。随着数字时代的到来,企业受地域限制的影响越来越小,且随着技术的不断迭代,企业完成战略任务的方式也在逐渐发生改变。虚拟团队的设立让企业员工无论身处何地都可以与团队伙伴共同处理团队任务或事务。

虚拟团队的优点主要在于它能够使管理者摆脱地域空间和距离的限制,组建一个由拥有广泛知识、专业技能和经验的成员组成的团队,从而更好地解决一些特殊问题,或者充分利用一些难得的契机。虚拟团队的存在可以让企业组建的团队成员不仅囊括企业内部员工,而且可以让其他拥有多样化异质性知识等资源的成员加入。虚拟团队成员之间的沟通主要依靠两种信息技术,即同步技术和异步技术。同步技术能够使虚拟团队成员进行实时和同步的交流和互动,主要手段有视频会议、电话会议和电子会议。异步技术主要包括电子邮件、电子公告和电子留言墙等技术手段,使用这些技术使团队成员能够进行延迟的沟通。曾有一项研究表明,尽管虚拟团队能够像真实团队一样有效处理团队任务,完成团队目标,但虚拟团队成员对团队合作的满意度以及在团队中感受到的伙伴情谊和凝聚力不如真实团队,所以这项研究强调虚拟团队成员要开展必要的线下沟通作为辅助。

三、组织

企业作为组织,其框架由组织结构、控制系统、组织文化和人力资源管理系统构成,组织框架的这些内容共同决定了组织资源的利用效率和效果。

(一)组织相关概念

静态视角的组织就是指组织机构,是一个严密的团队;动态视角的组织指的是组织行为。组织从不同的角度可划分为不同的类型。例如,从组织的运行功能划分,有非营利组织、党团组织、工会组织、企业组织等;从组织的规模划分,有大型组织、小型组织和微型组织等。在组织行为学中,对组织类型的研究主要包括新型组织与传统组织、机械型组织与有机型组织两大类。

1. 新型组织与传统组织

随着数字化智能化时代的到来,市场竞争不断加剧,以金字塔型为代表的传统组织在当今越来越显得反应缓慢和没有弹性。与此同时,不断出现一种与传统组织相对应的新型组织来适应当今在成本、质量和速度之间的战略平衡。这种新型组织意味着以顾客为导向、持续改进和学习、基于团队的结构,再加上计算机化的信息技术,极可能使大型组织在速度和弹性上可以与小型组织抗衡。

约翰·加尔布雷思(J. R. Galbraith)和爱德华·劳勒三世(E. E. Lawler Ⅲ)在 20 世纪 90 年代比较研究了传统组织与新型组织的不同特点,如表 5 - 2 所示。

表 5 - 2 新型组织和传统组织的比较

新型组织	传统组织
动态的,学习的	稳定的
信息丰富	信息缺乏
全球化	本土化
小的、大的	大的
产品/顾客导向型	职能型
技术导向	工作导向
团队导向	个体导向
参与导向	命令/控制导向
横向的/网络式	等级制
顾客导向	工作要求导向

2.机械型组织与有机型组织

机械型组织与有机型组织的区分是组织权变设计研究的一个重要成果,这是由英国的两位学者汤姆·伯恩斯(Tom Burns)和斯托克(G. M. Stalker)研究得出的。

所谓机械型组织,即以高度复杂化、高度正规化和高度集权化为特征的一种组织。这种组织的结构一般有直线制、职能制、事业部制等。有机型组织与机械型组织截然不同,它是以复杂化、低正规化和分权化为特征的一种组织。

机械型组织和有机型组织在运行过程中,各有优点与不足。

机械型组织的优点主要体现为:组织一旦成立,即能快速进入运行系统;运行过程中,组织成员根据事先设定的岗位职责各司其职,组织有序进行,一旦组织哪个部位出错或功能失调,也容易查出责任者。但不足之处是信息传递慢,且经常会层层过滤,信息遗漏或变样;组织成员不能充分发挥个人专长;容易滋生个人保护主义。

有机型组织的优点主要体现为:组织成员能根据个人专长从事其合适的工作;成员能共享组织愿景;信息沟通顺畅。其不足之处是组织内容易出现"真空地带",即组织中的少数需要做的工作可能无人去做,有些部门的工作可能人员饱和;组织运行过程中有时会出现紊乱。

(二)组织结构设计

组织是管理者在员工之间建立工作关系结构的过程,以使他们高效和有效地实现组织目标。组织结构是指组织中任务和工作报告关系的正式系统,它决定着员工如何运用组织资源来实现组织目标。组织设计是指管理者选择恰当的任务和工作关系,从而建立起特定的组织结构的过程。

基于权变理论,企业管理者设计组织结构,以适应对企业影响最大、引起不确定最大的因素或者内外部环境。因此,组织结构并没有孰优孰劣,只有是否适合企业当下的环境以及企业战略发展状态,凸显了企业管理者适时、灵活、恰当地设计组织结构的重要意义。企业管理者在选择或改变企业组织结构时,主要依据四方面的因素,分别是组织环境、战略目标、技术以及人力资源,如图5-6所示。

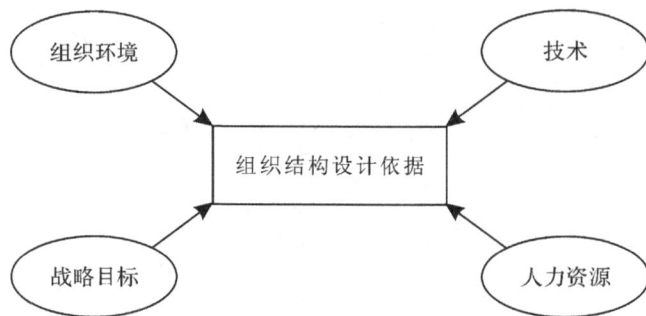

图5-6 组织结构设计依据的主要因素

(三)组织结构管理

组织结构是建立组织的秩序和权力框架,是组织各部分之间关系的一种模式。它是由组织的目标和任务以及环境所决定的。同时,它又对组织内部的正式指挥系统、沟通系统有直接的决定作用,对组织内的文化观念以及组织成员的行为、观念和心理等有重要影响。因此,合理设计和应用组织结构,对组织的有效运作和实现组织目标具有十分重要的意义。常见的组织结构有直线制、职能制、直线职能制、事业部制、矩阵制、混合制等。

第三节　知识管理

企业管理者面对日益变化和增长的客户需求,促使企业在生产有形商品方面变得更加高效,也需要企业投入大量人力物力提供"抽象商品"。原有的大量生产工人被迅速改变的生产结构所释放,同时需要更多的提供新想法解决新问题的知识型员工。知识和创新极大影响了现如今企业的成败,如何管理这些抽象资源以及知识型员工给企业提出了特殊的挑战和要求。

一、知识

(一)知识的含义

知识活动是人类特有的活动。知识是人类智慧的结晶,是人类个性力量的源泉,是人类本质力量的反映。在知识进展不断加快,社会生活知识化、智能化的时代,知识差别将从根本上决定经济体竞争地位、经济权利、发展水平的差别。那么,什么是知识?或者说知识如何定义呢?近年来,已有越来越多的学者对知识及知识管理展开了深入研究,不少研究文献中都涉及对知识概念的界定和分类。迄今为止,人们对知识的理解还有争议。通过文献梳理,我们发现已有对知识的定义可以划分为广义和狭义两种。广义知识一般是指我们所了解的一切事物的总和,而狭义知识则是指在实践的基础上对信息进行加工处理得出的系统化的概念、规律和经验,其可以存在于个体、团队以及组织之中。知识是组织存在的基础,Grant描述了知识能够对组织产生价值的五个特征:可移动性、集聚能力、专用性、知识获取的专用性以及生产中所需的知识。知识是被验证过的、正确的、人们可接受的信息和事实。知识是一种增强实体有效行动能力的合理信念。Alavi和Leidner认为知识可以从以下几个视角来考察:①一种思想状态;②一种对象;③一种过程;④一种获取信息的条件;⑤一种能力。关于知识的每一种视角的看法具体如表5-3所示。

表5-3　知识研究视角及其内涵

研究视角	内涵
思想状态观	知识是了解和理解事物的思想
对象观	知识是一种可以被存储和操控的对象
过程观	知识是应用专业技能的一个过程
信息获取观	知识是一种获取信息的条件
能力观	知识具有影响行为的潜在能力

(二)知识的特性

1.知识的资源性

资源是一个相对宽泛的概念,包括了企业所拥有的有形资源、无形资源以及自身的能力,而这些资源能够在企业提高创新绩效及获取竞争优势的过程中发挥重要作用。Barney 认为，一个企业之所以有别于其他企业，关键在于该企业所拥有的异质性资源禀赋，以及独特的资源配置和利用方式。其中，知识普遍被认为是企业最为重要的战略资源，具有价值性、稀缺性、难以模仿性以及不可替代性这些战略特征的知识是企业建立和维持竞争优势的源泉。企业之所以能够存在，是因为企业能够不断地获取、吸收、整合并创造出新的知识，且开展这些知识活动所花费的代价要比从市场中获取更为经济高效。知识活动以及知识的存量，总是对确定的时间、地域和对象来说的。知识存量、创造新知识的流量以及人们创造知识的能力，总是难以满足所有人的需要。总之，知识的资源性是知识成为商品的前提。

2. 知识的创造性与生产性

知识的创造性与生产性主要包括：①利用知识资源创造生产新的知识，并创造精神文明；②利用知识资源开发新产品、提供新服务，创造生产物质文明。知识，包括科学、技术、工程，是生产力。

3. 知识的过程性

知识的过程性主要是指利用知识资源创造、生产新的知识以及新知识复制与推广是一个复杂的过程。

4. 知识的经济性

知识的经济性主要体现在：

(1) 独占性与垄断性。知识创新主要是通过人的大脑进行的，因此在知识未公开之前为其创新者所垄断，也就具有独占性与垄断性。社会经济行为规则与法律保护知识创新者的利益也成了知识的制度垄断。

(2) 消费性。知识是现代社会人类自身消费的重要产品。

(3) 传播性与共享性。知识虽然具有独占性与垄断性，但知识也具有传播性与共享性。

(4) 老化性与再生性。随着时间的推移与人类的不断创造，知识具有老化性和再生性。

二、知识管理的含义与内容

(一) 知识管理的含义

知识管理是指把知识和知识活动作为核心资源，并对上述核心资源进行发现、释放、共享以及利用等的过程。知识管理是充分发现并利用组织成员治理资源的实践活动。Nonaka 等曾指出，企业的成长是一个知识不断积累并创造的过程，不同企业由于知识质量、种类以及数量的差异，在创新效率上也会表现出很大的不同。Gergana 等认为，知识管理是企业在旧有知识和经验积累的函数中，创造新知识的过程，并在知识创新基础上充分发挥各种管理要素的积极作用，尽可能多地创造价值，谋求组织的生存和发展。由此可见，创新是知识管理的根本目的。知识管理者需要找到这些知识资源，帮助组织人员合作和学习，帮助组织人员产生新想法，并将这些想法转化为成功的创新成果。

知识管理就是在组织中建构一个比较全面的知识系统，让组织中的现有知识通过获得、创造、分享、整合、记录、存取、更新等过程创造出新的知识，并回馈到系统中的个人与组织，对新知识加以采用和再创新。

知识管理的含义包括：①其管理对象是知识以及涉及信息等知识的所有活动；②对知识的学习、运用、创新与传播的过程；③知识活动以产出新知识为目的，因而知识管理的目标是通过知识创新,生产用于交换目的的商品知识;④知识管理具有管理的普遍特征;⑤知识管理从信息采集、知识学习开始,经过知识创新,到新知识产出为止,构成相对独立的知识管理过程。

(二)知识管理的内容

苏东水教授认为知识管理的内容是:①对于相关信息和已有知识的收集、整理、保存、传播和初步加工,培养自然人的基本知识素养;②引导和促进社会成员和组织成员的知识学习;③知识创造,主要是指与具体条件相结合的技术、诀窍、秘诀以及市场开发手段、策略的巧妙运用等知识创新,或者说是创意;④建立知识支撑体系、专家系统和专家网络等重要知识源;⑤知识管理的一个重要内容是建立"知识工程",即知识工程是计算机技术与信息技术的一个分支,用网络作为工具进行组织内部的知识共享,以促进信息交流和知识创新。

一般地讲,知识管理包括以下四个阶段。

(1)群化:组织将隐性知识转换为隐性知识的过程,也就是一个通过共享经验产生新的隐性知识的过程。

(2)外化:组织将隐性知识转换为显性知识的过程,也就是把隐性知识表达出来成为显性知识的过程。

(3)融合:组织将显性知识转换为显性知识的过程,也就是将显性知识组合成为更加复杂和更加系统的显性知识体系的过程。

(4)内化:组织将显性知识转换为隐性知识的过程,也就是组织把显性知识转变为隐性知识,成为企业的个人与团体的实际能力的过程。

(三)知识管理的新要求

知识作为最重要的资源,其有效管理要求企业注重组织成员智慧的发挥,提倡打破传统管理的职能界限,构建知识和物质并重、个性化发展和不断学习的组织文化,创建由下级服从上级的领导制度,向以协调和服务为中心工作转变的领导制度,建立网络化与扁平化的学习型组织结构,具有团队精神,承担社会责任与遵守伦理道德等。随着信息时代的到来,在当前信息技术飞速发展的时代,全球特别是发达国家对大数据等知识资源非常重视。随着技术复杂程度的提升,客户对定制产品和服务的需求越来越大,以及信息技术和生物技术的快速发展,产品更新的速度和周期不断缩短,这种特征很明显地反映在了消费电子、生物医药、新材料、新能源及先进制造等高新技术产业领域。企业不仅要重视客户需求和相关价值主张的变化,而且要研发和生产出满足用户需求,并能够迅速推向市场,且具有商业价值的多样化产品。此外,企业还要积极解读用户需求的变化,甚至创造和引领市场需求。因此,相关领域技术与市场知识的积累和知识水平的提升对于企业不断推出新产品尤为重要。

苏东水教授整合了国内外的研究成果,提出了适应现今发展趋势的知识管理组织新要求。

1.学习型组织

学习型组织的产生与知识价值发挥和知识经济的现实趋势相一致。学习型组织的基本特征有:①组织成员间的平等和尊重,这有利于各自意见充分发挥;②组织成员和部门之间开放、理解的态度,能够容忍各种理论、观点的冲突并在相互学习中取得进步;③组织成员个人智慧的充分发挥是组织知识的源泉;④以协调和服务为中心工作的领导制度;⑤组织的扁平化和网络化。

2.虚拟组织

虚拟组织,是一种联合,是用以实现对市场和技术变化做出及时反应,在知识的共享中谋求知识价值实现,并在参与者之间分配知识价值的动态的联盟。它没有明晰的组织结构,也不是一种固定模式,而是一种动态的、不断变化的、有利益关联的组织或个人的联合。从外部来看,虚拟组织具备组织的所有功能,但在法律上它是依赖于契约和合作关系而不具备独立的法人资格的。

3. 知识联盟

知识联盟就是两个独立的公司按照一定的协议,由科技人员和经理层相互协作,共同开发研究、交流知识和信息,所得的成果由两家公司分享的联盟。战术型的知识联盟可以帮助组织在有限的业务领域内建立新的技能。当一个组织同许多其他组织建立大批知识联盟并且彼此加强和促进、支持公司的长远目标时,这就形成了战略性知识联盟。知识联盟的参与者更加关注知识学习和创新能力,且知识联盟是长期的战略联盟,具有强大的战略潜力。

4. 柔性组织

柔性组织最先出现在美国硅谷,是高技术公司正在进行的组织改进实验。这些公司处于信息时代挑战的最前沿,已经进入或正在开创新的领域,要参与和面对全球市场的竞争,需要采取灵活多变的组织形式。

第四节　组织社会资本

近年来,社会资本的概念已经成为社会学理论最流行的输出到日常语言的概念之一。一些面向政策的期刊和普通发行杂志传播了社会资本,社会资本已发展成为治疗国内外社会弊病的灵丹妙药。就像其他社会学概念走过了类似的道路一样,这个术语的原始含义和它的启发式价值正受到日益多样化的应用程序的严峻考验。

"资本"的概念最早出现在经济学当中,被定义为一种能够生产出产品的产品,就是能够创造价值的价值。这个时期资本的概念仅仅局限于物质资本。到了20世纪50年代,经济学家舒尔茨提出了人力资本,随后这一概念被广泛认同。人力资本体现为个人具备的知识、才干、技能和资历,具有与人不可剥离的属性。无论是人力资本还是物质资本,都只是经济性的资本,具有局限性。

社会学家提出"社会资本"来弥补上述的局限性,他们认为经济活动者所拥有的社会资源也可以作为一种重要的生产要素而进入生产领域。社会突出了社会资本的产生、体现以及作用的社会性特征。这个一般的定义与所有对这个讨论有贡献的学者的各种解释是一致的。

一、社会资本的概念

近年来,社会资本的概念早已从社会学理论的书本中发展到日常用语当中。通过一些政策导向以及普通的宣传杂志的传播,"社会资本"这四个字已经成为解释近乎一切社会现象当中必然要提到的概念名词。

尽管"社会资本"这个词目前很流行,但这四个字的诞生可以追溯到涂尔干(Durkheim)强调其为群体生活失格和自我毁灭的解毒剂,以及马克思用其区分自我分化的阶级与自我动员和有效的阶级。对社会资本第一次系统分析的学者是布迪厄和奈斯,他们将这一概念定义为"与拥有一个或多或少相互认识或承认的制度化关系的持久网络相关的实际或潜在资源的总和"。布迪厄和奈斯的分析可以说是当代社会学话语引入社会资本术语的理论中最完善的,他们对这一概念的处理侧重于个人因参与群体而获得的利益，以及为创造这一资源而有意构建的社交能力。在最初的版本中，他们甚至断言"加入一个团体所获得的利润是使其成为可能的团结的基础"。社交网络不是天生的，必须通过面向群体关系制度化的投资战略来构建，可用作其他利益的可靠来源。

社会资本的新颖性和启发性来自两个来源。首先，这个概念把注意力集中在社交的积极后果上，而把它不太吸引人的特征放在一边。其次，它将这些积极的结果置于更广泛的资本讨论框架中，并呼吁人们关注这种非货币形式如何成为权力和影响力的重要来源，比如一个人所持股票或银行账户的规模。

二、社会资本理论

社会资本理论认为，社会资本是嵌入在个体或团队社会关系网络中的可得性资源，社会资本的有效利用可以带来一系列积极的结果。Adler 和 Kwon 认为，社会资本的积极作用主要表现在三个方面：首先，社会资本可以拓宽组织的信息来源，使其获得更高质量、更加准确和及时的信息；其次，社会资本所带来的影响力、控制力和权力使组织能够更好地完成目标；最后，社会资本形成的社会规范和信念可以增强网络成员间的凝聚力，同时降低对正式规范的依赖。

由于社会文化背景的不同，不同民族、国家和地区的人们对关系的理解也不同。"关系"的概念起源于中国社会哲学——儒家学说，由于其文化嵌入的属性，一些学者从个体层面去研究人与人之间的关系（Chai 和 Rhee），而 Xin 和 Pearce、Peng 和 Luo 等认为关系可以由个体层面转移到组织层面，进而开始组织层面的关系研究。组织层面的关系被视为企业社会资本的一种载体和战略工具，可以给企业经营带来便利，帮助企业获取外部的信息、机会、能力以及与合作者的凝聚力等潜在的和实在的资源，提升企业绩效（Peng 和 Heath；Hoskisson 等；Park 和 Luo）。商业关系包含供应商、顾客、技术合作伙伴等，都是横向的关系，并且嵌入在一个相对较大的关系网络中，企业从中可以获得与潜在市场需求及技术趋势相关的信息，能够帮助企业获得许多重要的信息和资源，诸如市场信息、新产品技术等企业创新所需要的多种资源（李西垚等）。同时，考虑到政府对于企业活动的广泛参与及干预，企业不得不与拥有分配资源项目权力的官员建立政治关系，这有可能帮助企业减弱制度不确定性带来的挑战（Li 等）。Luo 指出，建立政治关系可以帮助企业获得政府手中稀缺资源；同时能获得政治合法性，有助于企业在经济转型背景下应对外部环境威胁、降低政治和行政管理的不确定性，降低创新带来的风险。

三、组织社会资本的利与弊

很多学者认为组织的社会资本对组织的发展有很多益处。帕特南（Putnam）把"社会资本"视为团体内部的"社会润滑剂"，认为其促进了团体的协调发展和共同行动，同时也降低了功能性团体的交易费用。

如 Burt 所指出的，大多数学者认为，社会资本是一个隐喻，社会结构是一种可以为公司和个人创造竞争优势的资本。事实上，组织通过以下手段从社会资本中受益：①由于对关系中建立的信任、共同参考的行为规范和共同的目标而更好地共享知识；②由于高度的信任和合作精神而降低的交易成本；③低的员工流失率而降低了遣散费用、聘用和培训的费用，避免与人员变动频繁相关的不连续性，并保持了有价值的组织知识；④由于组织的稳定和共同的认识而产生的行动的一致性。

社会资本之间的联系,这里指关系型社会资本加强了团队的效能。盖尔西克(Gersick)的均衡模型讨论的是基于团队社交网络随着时间的推移而导致整体团队凝聚力增强的程度。这种增强的凝聚力促成了影响团队协调和沟通效率的环境,进而提高了团队的效能。同样,团队效能的社会情感模型将社会资本作为一种构建在情感智力上的资源,作为关系型社会资本的另一个方面。任务过程的质量和参与这些过程的程度取决于团队通过情感联系建立社会资本的程度。社会资本对团队绩效的重大影响证实了社会资本在这些模式中的理论地位,并为社会资本和团队绩效明确联系提供了进一步的经验基础。

社会资本有作为具有显著竞争优势的潜力资源的作用。根据组织的资源基础观,稀有的和不可替代的资源有助于组织形成竞争优势。因为社会资本具有凝聚力、联系性、一体化、信任、互惠规范、群体认同、个人声誉等的综合衡量标准,所以对组织中社会资本的测量已被证明有助于团队效能的其他前因变量的测量,因此社会资本对团队绩效有积极的贡献,相比于其他竞争的团队或组织,拥有社会资本的组织具有显著的竞争优势。

虽然有很多学者论证了组织的社会资本的好处,但从辩证的角度来看,组织的社会资本同时也存在一些弊端,这是不容忽视的。

首先,涉及在社会资本中发挥核心作用的行为者。组织中社会资本的创造和维护需要花费大量的金融投资。组织必须投入时间和精力来创造、增长和维持社会关系。在某些情况下,社会资本的利益少于为其分配的资本,即维持组织成员关系的费用大于从社会资本中获得的利益。

其次,利用社会资本在组织中建立起强有力的联系。在这一领域的研究表明,相对于联系不紧密的组织和团队而言,与其他单位有密切联系的组织和团体对于团队行动速度反应较慢。

再次,社会资本作为资产的特征意味着行为者可以拥有社会资本。行为者可以通过社会资本,以获得嵌入其网络中的物质资源或非物质资源。但是,除非参与者进行这些投资,积极应对和动员社会关系,否则无法获得网络资源。行为者要寻找和识别社交网络中的有用资源,并通过社交活动或商务会议来联系网络关系。在调动网络关系之后,行为者需要从这些关系中吸收资源,使其社会资本变得有效。如果不能很好地吸收和利用网络资源,则社会资本就变得不是那么有效。

最后,社会资本的另一个弊端是有关"整合"的,使维护成员之间的关系取代了组织的目标和使命而成为主要的目的。因此,过度地"整合"一个组织内成员的思想、行动等可能会在某些情况下适得其反。除此之外,加强"整合"会减少组织的新想法,滋生出懒惰和自以为是的组织成员。

基于上述分析,图 5-7 总结了组织社会资本的利与弊。

组织社会资本益处	组织社会资本弊端
• 社会润滑剂 • 共享知识 • 降低交易成本 • 低员工流失率 • 行动一致性 • 显著的竞争优势	• 维护关系费用 • 行动速度反应慢 • 需要进一步的吸收和利用 • 减少新想法及滋生懒惰的成员

图 5-7 组织社会资本的利与弊

四、组织社会资本的测量

组织层面的社会资本可以分为组织内的社会资本和组织间的社会资本。组织内的社会资本指组织内部成员紧密联系起来促进组织成员为共同目标而努力的能力。组织内的个人为了追求个人利益而进行合作,这种合作不但使其收益,而且有利于组织内的其他人。

组织间的社会资本指组织可以通过与其外部环境的各种直接和间接关系获得的各种信息、资源和机会。组织通过与外部环境中的其他组织建立联系,构建组织关系网络,能够有效地促进信息的传播与组织学习,并能够明显降低交易成本,降低不确定性和分散风险。在组织间,高水平的社会资本有利于增加企业间联盟的成功概率。

社会资本是关系的财产。如果一个行动者不再存在于网络中,那么他的关系系统和他的社会资本就会消失。社会资本也是"社会网络分析"的核心。

Nahapiet 和 Ghoshal 将组织社会资本分为结构、关系和认知三个维度,见图 5-8。

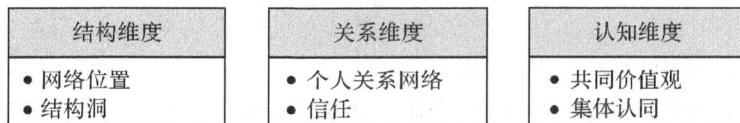

结构维度	关系维度	认知维度
• 网络位置 • 结构洞	• 个人关系网络 • 信任	• 共同价值观 • 集体认同

图 5-8 组织社会资本三个维度

(资料来源:NAHAPIET J,GHOSHAL S. Social capital,intellectual capital,and the organizational advantage [J]. Academy of Management Review,1998,23(2):242-266.)

(1)结构维度:弱弱关系网络,即我们知道和能够实现联系的个人。它涉及行为主体之间的联系方式,即网络结构、企业在网络中的位置以及网络配置等。它侧重于组织内部关系的整体模式,直接影响与协调和沟通相关的所有结果。

(2)关系维度:"个人"关系网络,即我们视为朋友和信任的个人。它涉及行为主体之间的关系密切程度,包括信任、规则以及关系负债和期望、嵌入身份等内容。Nahapiet 和 Ghoshal 认为群体内的社会资本是通过群体成员之间关系的特征,特别是信任、行为规范、互惠准则、义务和期望,以及与群体和组织的情感联系来表现的。关系维度反映了强关系概念的要素,是通过信任、互惠和情感强度而强调的群体中个人之间的关系。这个维度也反映了关系是密不可分的,且信任和相似性是人与人之间互动质量好坏的决定因素的观点。

(3)认知维度:共同价值观,规范和语言。换句话说,它是组织文化,指组织共同认可的道德规范。团队成员类似的经验创造了团队的集体认同。运用这些共同经验的关键是通过共享的语言和共享的故事,使个体成员可以不断接近团队或团队的想法。

五、管理者关系对企业创新的影响

现有研究中国企业问题的学者主要关注组织层面的"关系"对企业绩效的影响,如 Chen 等发表了一篇关于中国关系研究的综述,发现现有组织层面的关系研究,比如企业之间、企业与政府之间的关系,主要关注其对企业绩效或者其他财务结果影响的研究,而较少关注管理者关系对技术创新的影响。现有的管理者关系(商业关系与政治关系)对技术创新影响的研究主要分为以下三类,即直接、间接以及调节作用的研究,其中直接效用研究又可分为正向、负向和结果不显著三类研究。

(一)管理者关系对技术创新的直接效应研究

1. 管理者关系对技术创新正向影响研究

Wu 研究了商业关系和政治联系两种不同管理者关系对创新的影响,认为两者对创新存在直接影响,且商业联系会加强组织竞争力且会提高环境适应性,而政治关系会提高环境适应性但也会使组织内部流程僵化。研究样本来自中国 766 家企业的多个部门,实证结果表明商业联系对企业创新有着正向的影响,而政治关系对于企业创新则呈现出倒 U 形的关系,当获取政治关系的成本要大于收益时,其对创新的正向影响将减小。

白俊红和李婧应用 1998—2007 年中国大中型工业企业分行业面板数据,采用柯布-道格拉斯生产函数形式的随机前沿模型,基于效率的视角,实证考察了政府 R&D 资助等因素对企业技术创新的影响。研究发现,政府 R&D 资助对提升企业的技术创新效率有显著的正向影响。

杨东涛等以制度理论为基础,从正式制度与非正式制度的交互视角入手,构建了企业外部关系和政府支持对创业企业成长的影响机制模型。实证分析结果显示,商业关系有助于促进创业企业科技创新,从而加快其成长速度。

Chen 等结合社会资本理论与情境理论研究了突变创新、市场力量以及管理者关系三者之间的关系,结果发现商业关系对突变创新有着倒 U 形关系,而政治关系只对突变创新存在正向影响。

Chen 研究了战略柔性(资源柔性与协调柔性)与管理者关系(商业、政治关系)两者的交互项对新创企业突变创新的影响,采用来自中国的研究样本结果显示,为了实现突变创新,资源柔性强的企业应该建立紧密的政治关系,而协调柔性强的企业则更应该建立紧密的商业关系。

2. 管理者关系对技术创新的负向影响相关研究

张敏和黄继层研究发现政治关联帮助企业获得了更多的多元化的资源,通过降低进入门槛,帮助这些企业进入新的行业;通过提供资金和土地、降低税率、给予优惠政策等措施,帮助企业实现跨行业经营等。这类企业可能不那么关注技术创新活动,导致企业创新能力降低。

袁建国等基于政治关系与技术创新的视角考察了政治资源的诅咒效应,研究发现政治关系不仅会降低市场竞争、助长过度投资等进而影响企业创新,而且会导致企业创新乏力、资源分散并产生挤出效应。

3. 管理者关系对技术创新影响不明显的相关研究

Naqshbandi 等构建了三种管理者关系(与企业、与政府、与科研机构等)与开放式创新之间的理论模型,基于开放创新需要对外部资源的探索和利用,认为管理者关系对开放式创新是重要的,但二者之间的影响不确定。

Naqshbandi 和 Kaur 采用马来西亚 339 位来自四个不同高新技术行业的中高层的样本,实证检验了不同管理者关系与开放式创新的影响,结果显示,与政府和大学的管理者关系正向影响了内向型开放式创新,而与企业的管理者关系则影响不显著。而且,三种管理者关系对外向型开放式创新的影响都不显著,但航天电子产业除外。

(二)管理者关系对技术创新的间接作用影响的相关研究

谢言等基于资源基础理论,在中国转型经济背景下,构建了企业外部社会联系(商业关系和政治关系)对其自主创新影响的作用机理和理论框架,应用多元层次回归模型对 270 家中国企业进行实证研究,在研究企业外部社会联系对企业自主创新影响的作用机理时,发现知识创造在商业联系与自主创新之间存在部分中介作用,在政治联系与自主创新之间存在完全中介作用。

Shu 等结合社会网络理论和知识基础观,提出并验证了组织知识创造在"管理者关系与创新"之间承担了中介的角色,其中知识创造包含知识在显性和隐形之间的转化和知识在组织和成员之间的交流。研究采用了 270 家中国企业作为样本,并使用了结构方程模型的方法进行验证。结果证实了管理者关系与突变创新之间的影响是间接的;商业关系对知识转化和知识交流都有着显著影响,而政治关系则只对知识转化有影响;尽管知识转化和知识交流都会影响产品创新,但只有知识交流会影响工艺创新。

Naqshbandi 构建了管理者关系与两种开放式创新之间的逻辑模型,同时探讨了吸收能力的中介作用。研究对 259 位在阿联酋工作的不同部门的中高层进行了调研,实证结果表明管理者关系对于企业境内、境外的开放式创新都有促进作用,同时吸收能力的确在其中起到了中介作用。

(三)商业关系与政治关系对技术创新起调节作用的相关研究

Zhao 等结合组织学习理论和社会资本理论,研究了管理者关系(商业、政治关系)在组织不同学习方式(探索式、应用式学习)对突变创新的调节作用。管理者关系可以获得外部资源,而新兴经济体中的企业可以利用不同关系获得组织学习所需的补充性的资源以提升企业的突变创新。研究结果发现,政治关系加强了应用式学习与突变创新间的影响,商业关系加强了两种不同学习方式与突变创新间的影响,而且两种关系都加强了两种交互的学习方式对突变创新的影响。

综上我们可以看出,首先,管理者关系与技术创新的研究包括直接、间接以及调节作用的研究,但现有两者之间关系的研究有正向、负向、影响不显著等情况;其次,相较于突变创新,渐进创新在管理者关系与创新研究中关注较小,且创新更多被视为一个整体概念,缺乏在同一框架内比较研究不同管理者关系对突变、渐进创新的影响。

本章案例阅读

【案例 5-1】　　　　　　　　**杰克·韦尔奇的用人之道**

管理客体中最重要的是对人的管理。作为"全球第一 CEO",美国通用电气公司第 8 任掌门人杰克·韦尔奇(Jack Welch)对人才的管理有自己独特的看法。杰克·韦尔奇认为对人才要分类,要按类使用人才。在企业的整体中,20% 的人是企业最好的,70% 的人是企业中间良好的,10% 的人是企业的尾巴。最好的 20% 必须在精神上和物质上给予厚爱,要培养和奖赏。因为他们是创造奇迹和价值的人,失去这个队伍中的一个有用的人,就是领导的严重失职。最好的 20% 和中间的 70% 不是一成不变的,两者之间经常流动,要提醒 20% 的人不要懈怠,要激励 70% 的人努力赶上,最后的 10% 往往不会有太大的变化,领导要想办法以人道的办法换掉这批人。

【案例 5-2】　　　　　　　　**西南航空激励模式**

美国西南航空的内部杂志经常以"我们的排名如何"这个部分让西南航空的员工知道他们的表现如何。在这里,员工可以看到公司运务处针对准时、行李处置、旅客投诉案这三项工作的每月例行报告和统计数字。每个月末,公司都会把当月和上一个月的评估结果做比较,制订出西南航空公司整体表现在业界中的排名,同时还列出业界的平均数值,以利于员工掌握趋势,此外还比较公司和平均水准的距离。西南航空的员工对这些数据具有十足的信心,因为他们知道,公司的成就和他们的工作表现息息相关。当某一家同行的排名连续高于西南航空几个月时,公司内部会在短短几天内散布这个消息。在这种激励模式下,员工会加倍努力,争取赶上竞争对手。西南航空第一线员工的消息之灵通是许多同行无法相比的,这种模式也使得西南航空的员工在工作时更具有积极性。

【案例 5-3】   **Y 老板的建厂理由**

有资料表明,中国私营企业的开办与企业者当时的社会资本有很大的关系。社会学者在调查中发现,将近半数的企业家同政府机关和企事业单位的干部有亲属和朋友关系。显然,具有这样的关系是他们企业运行的保证。

有学者调研,Y 老板 20 世纪 80 年代初考入 C 市某化工学院,毕业后独自南下,开始了他的创业历程。十几年的打拼使他赚足了钱,后来移居加拿大。2000 年初,他大学同学告诉他 C 市要搞高新技术开发区,正在向海外招商引资,因为他们学的是化工,因此考虑可以在开发区一起办一家化工厂。2001 年,Y 老板与他这个同学合伙开始投资建厂,成立了某化工有限公司,但于 2008 年停产。理由不是企业内部或生产、销售环节出了问题,而是因为按照新城市发展规划,他们工厂这个地理位置不得从事化工项目,被勒令停止建设。之后,Y 老板于 2008 年重新建起一家化工有限公司,迁入 C 市的国家高新技术化工业园区。面对这一变故,有人问 Y 老板,为什么还坚持在 C 市搞?他回答道:因为自己青年时代在 C 市读书,有同学和朋友提供信息和帮助,而其他地方没有社会关系,创业是很困难的,不如不搞。

本章要点小结

1.管理客体是管理者实施管理活动的对象,主要包括人、财、物、信息、技术、时间、社会信用等一切资源,其中最重要的是对人的管理。

2.激励就是激发、鼓励,也即是调动人的积极性的过程。人的积极性是一种能激发人在思想、行动上努力进取的心理动力。

3.团队是由两个或两个以上、相互依赖的、承诺共同的规则、具有共同愿景、愿意为共同的目标而努力的互补技能成员组成的群体。团队通过相互的沟通、信任、合作和承担责任,产生群体的协作效应,从而获得比个体成员绩效总和大得多的团队绩效。

4.组织作为一种开放的、有机的社会技术系统,与所处的环境紧密相关。

5.信息管理是为了有效地开发和利用信息资源,综合运用现代化信息技术和管理技术,对信息涉及的各种要素(如信息、人、机构等)进行合理的计划、组织、协调和控制,从而实现信息与有关资源的合理配置,满足社会的信息需求。

6.社会资本主要指个体通过关系网络来运用资源的能力,包括个体之间的"相互尊重、合作与信任",以及"忠诚、名誉与个人获得敏感信息"的能力。

思考和讨论题

1.知觉可能出现的误区有哪些?

2.激励理论包含哪几种?它们的类型分别有哪些?

3. 工作团队与工作群体的区别在哪里？

4. 学习型团队有何特点？

5. 知识管理的组织创新包括哪些？

6. 组织社会资本包括哪几个维度？具体是什么？

本章参考文献

[1] 白俊红,李婧. 政府 R&D 资助与企业技术创新:基于效率视角的实证分析[J]. 金融研究,2011(06):181 - 193.

[2] 李西垚,弋亚群,苏中锋. 社会关系对企业家精神与创新关系的影响研究[J]. 研究与发展管理,2010,22(05):39 - 45.

[3] 罗宾斯. 组织行为学精要[M]. 7 版. 北京:中国人民大学出版社,2004.

[4] 谢言,高山行,江旭. 外部社会联系能否提升企业自主创新?:一项基于知识创造中介效应的实证研究[J]. 科学学研究,2010,28(05):777 - 784.

[5] 杨东涛,苏中锋,褚庆鑫. 创业企业创新成长的政商环境影响机理研究[J]. 科技进步与对策,2014,31(15):84 - 88.

[6] 袁建国,后青松,程晨. 企业政治资源的诅咒效应:基于政治关联与企业技术创新的考察[J]. 管理世界,2015(01):139 - 155.

[7] 张敏,黄继承. 政治关联、多元化与企业风险:来自我国证券市场的经验证据[J]. 管理世界,2009(07):156 - 164.

[8] CHAI S,RHEE M. Confucian capitalism and the paradox of closure and structural holes in east asian firms[J]. Management and Organization Review,2010,6(1). 5 - 29.

[9] CHEN C C,CHEN X P,HUANG S. Chinese Guanxi:an integrative review and new directions for future research[J]. Management and Organization Review,2013,9(1):167 - 207.

[10] CHEN H,LIU H,HAN C. Radical innovation,market forces,political and business relationships[J]. Chinese Management Studies,2014,8(2):349 - 353.

[11] CHEN H. Fitting effects between strategic flexibility and managerial ties on radical innovation[J]. Academy of Management Annual Meeting Proceedings,2015(1):12945 - 12945.

[12] DECA-RVALHO R J. ABRAHAM H. Maslow(1908—1970):an intellectual biography[J]. Thought,1991,66(1):32 - 50.

[13] DRUSKAT V U,WOLFF S B. Building the emotional intelligence of groups[J]. Harvard Business Review,2001,79(3):80 - 90.

[14] GALBRAITH J R,LAWLER E E. Organizing for the future:the new logic for managing complex organizations[M]. San Francisco:Jossey-Bass,1993.

[15] GERGAN A,TODOROV A,BORI S,et al. Absorptive capacity:valuing a reconceptualization[J]. Academy of Management Review,2007,32(3):774 - 786.

[16] YUAN L,CHEN H,YI L,et al. Managerial ties,organizational learning,and opportunity capture:a social capital perspective[J]. Asia Pacific Journal of Management,2012,31(1):271 - 291.

[17]LUO Y. Industrial dynamics and managerial networking in an emerging market:the case of China[J]. Strategic Management Journal,2003,24(13):1315 – 1327.

[18] NAQSHBANDI M M. Managerial ties and open innovation:examining the role of absorptive capacity[J]. Management Decision,2016,54(9):2256 – 2276.

[19]PENG M W,LUO Y. Managerial ties and firm performance in a transition economy:the nature of a micro-macro link[J]. The Academy of Management Journal,2000,43(3):486 – 501.

[20]SHENG S,ZHOU K Z,LI J J. The effects of business and political ties on firm performance:evidence from China[J]. Journal of Marketing,2011,75(1):1 – 15.

[21]JIE W. Asymmetric roles of business ties and political ties in product innovation[J]. Journal of Business Research,2011,64(11):1151 – 1156.

[22]XIN K K,PEARCE J L. Guanxi:connections as substitutes for formal institutional support[J]. The Academy of Management Journal,1996,39(6):1641 – 1658.

[23]ZHAO J,LI Y,LIU Y. Organizational learning,managerial ties,and radical innovation:evidence from an emerging economy[J]. IEEE Transactions on Engineering Management,2016,63(4):489 – 499.

第六章

管理组织

本章导读

组织在现代社会中起着重要的作用,对组织的有效管理至关重要。首先,本章介绍四种研究视角,列举不同学派代表人物对于组织的看法与研究,并探讨不同学派对于组织的定义,基于四种视角指导我们对组织形成进一步的理解与思考;其次,本章将介绍影响组织设计的因素,包括不同的战略目标下,组织应设计何种结构形式;再次,本章阐述了人员配备的原则、方法与步骤;最后,本章将重点阐述的是,要想组织高效地完成战略目标,组织需要赋予员工相应的权力等。

第一节　组织理论研究视角

一、理性系统视角

理性系统学家所关注的组织特征有两个方面:目标的具体化与结构的正式化。

目标的具体化是确定组织中需要完成哪些任务,这些任务包括雇用特定类型的人员完成相应的任务,以及资源在人员之间的具体配置。具体的目标使得员工的行为具有目标性和方向性,目标越具体,组织进行正式的结构设计时遇到的难度就越小。

(一)泰勒的科学管理理论

泰勒(Frederick Winslow Taylor)是科学管理理论的创始人与主要推动者。泰勒对于基层生产十分熟悉,他认为使用标准化的行为规范可以大幅度提高一个车间甚至一家工厂的生产效率。

泰勒主要针对劳动生产率的提高问题进行了较为深入的思考,其主要观点如下:

(1)科学管理的根本目的为最高劳动生产率。最高的工作效率是雇主与雇员达到共同富裕的基础,要想工厂获得更多的利益,以及工人获得更高的工资,工厂需要采用科学化的、标准化的管理方法将较高的工资与较低的劳动成本统一。

(2)管理人员与工人双方要进行一场精神革命。基于科学管理,泰勒认为雇主与雇员双方的利益是一致的,这也与上述共同富裕的基础相呼应。

泰勒提出的诸多思想与方法成为企业进行大规模生产运作的基础,其反对声音及工人与工会认为"泰勒制"是资本家最大限度地压榨工人的手段,但是"泰勒制"是时代的产物。

从历史的角度客观评价泰勒的观点,它改变了落后的经验管理办法的现状,开辟了管理实践新天地,使得管理学成了一门专门的学问。

(二)法约尔等的一般管理理论

法约尔(Henry Fayol)具有管理大企业的丰富经验,其管理思想强调管理的功能,即通过建立一套宽泛的管理原则以理性施加管理,在理性系统地进行管理活动的同时,其还强调管理的灵活性。

法约尔认为一个企业无论是哪一个员工都或多或少需要从事管理五项职能活动,只是侧重点有所不同而已。除此之外,法约尔还提出了管理的十四条原则:"专业分工、权责对等、遵守纪律、统一指挥、统一方向、个人利益服从整体利益、报酬对等、分权管理、等级链、常态管理、三公一合、稳定维持、首创精神与团队合作。"这十四条原则对当时的管理行为有重要的指导作用。

十四条原则强调灵活与尺度,管理者应当注意各种可变因素的影响,灵活运用以上原则处理事情。事实上,可变因素的关注是十分必要且重要的,十四条原则的丰富性也为具体的管理活动的灵活实施留下了空间。

尽管依然存在着很多的否定与批评,但是法约尔对于管理的组织理论与管理的基本原理的贡献是巨大的。在法约尔理论的影响下,同期及以后的管理理论得到了更多的发展并进一步系统化。

(三)韦伯的科层制理论

马克斯·韦伯(Max Weber)对于军事制度与组织制度的理解深刻。韦伯被称为"组织理论之父",其提出的"科层制组织理论"或者是"理想的行政组织体系"的基本特征如下:

(1)对组织内的分工、职位的权力与责任均进行了明确规定。这使得组织中不同的分工与职位一目了然,且责任清晰。

(2)对组织内的职位自上而下按照等级原则进行了法定安排。这使得组织的职位设置具备正式的结构化特征。

(3)人员的任用完全根据职务的要求,通过正式的考试和培训来保障用人的有效性。人员作用的发挥需要依据具体的职位特征,组织应对人员的有效性进行考核并配备有效的发展培训。

(4)对员工有固定的薪金和一套升迁制度用以激励员工。这体现了科层制理论的制度性特征,当员工的升迁路径十分明晰时,员工可以在制度内看到自己可发展的方向,并朝着此方向努力。

(5)具有一套完整组织成员严格遵守的规章制度。规章制度是组织进行有效管理的基础,也是管理层进行管理活动的重要依据。

(6)组织中人员关系抛却个人情感,基于理性。管理并非感性的,而是需要严格的理性分析和理性决策。

(四)西蒙的行政行为理论

西蒙(Herbert A. Simon)是行为主义学派的中坚力量和领袖。西蒙的行政学思想的主要内容有三个部分:行政学研究方法理论、行政决策理论与行政组织理论。

西蒙认为传统的行政学研究方法不能得出行政原则,因此在研究方法上就必须寻求新的途径。以决策行为去研究行政的意义在于:传统行政学讨论忽略了"行动"之前的"决策",无论是组织中的管理人员还是非管理人员,对于组织目标的实现都需要做决策,基于理性决策的有效率的行政行为即为正确的行政行为。如果忽视决策的重要性，或者不能够合理运用正确的决策原则以及决策方式，很难形成正确的行政行为。

西蒙的行政决策准则为令人满意原则。令人满意原则是在决策时提供最低满意程度的方案，当实际选择的方案高于此满意程度时，即为"令人满意的"，否则应考虑更换最低满意程度的设定标准，并且人是有限理性的行政人，应该用"令人满意"的准则取代"最优化"准则。西蒙的行政行为理论关注了人的复杂性。

二、自然系统视角

自然系统视角认为，尽管目标的具体化与结构的正式化必不可少，但是组织的其他一些属性更为重要，管理组织需要关注组织具体的不同的特征。自然系统视角认为，目标是具有复杂性的以及结构更多的是非正式的。

目标的复杂性在于组织宣称的目标与组织的真正目标之间并不完全一致，以及组织的员工与组织的目标也存在一定的不一致性；结构的非正式性在于组织结构并非局限于规章制度、工作描述以及相关参与者的行为规范。每个员工对于工作有着不同的理解与期望，员工并非能够完全实现组织的目标，且员工之间存在着不同于正式组织的结构与工作任务。

(一)梅奥的人际关系学说

尽管"泰勒制"大幅度提高了生产率，但工人与企业之间的关系变得异常紧张，一方面，工人的工作单调、强度大，出现了工人怠工、罢工等现象，这都大大影响了持续长久的劳动生产率的提升；另一方面，随着社会经济与科学不断发展，在工作中文化与技术受到重视，脑力劳动占据主导地位，现阶段管理需求要求管理理论进一步发展。古典管理理论与方法无法满足企业提高生产率的目的，企业需要寻找新的切入点管理工人以实现盈利。

与此同时，许多企业管理学者与实业家注意到人的积极性对于提高劳动生产率有着重要影响和作用，在企业实践中，"人"作为一个重要的且中心的元素逐渐受到重视，管理学家开始基于影响"人"的劳动生产率的因素进行实验与研究。

梅奥(George Elton Mayo)是人际关系理论的创始人，其所进行的霍桑试验首次将人作为组织中的重要元素进行研究。霍桑实验预备通过改善工人的工作环境与工作条件找到提高劳动生产率的途径。霍桑实验的结果为：①工作条件(照明度强弱等)改善对实验组和非实验组的产量影响一致，两组产量均不断上升。②奖励性工资或计件工资对生产效率的影响较小，生产工人为迎合群体，默契控制自身产量，工人生产效率未有最大限度提升。③大规模访谈实验历时两年，职工可以无拘束表达想法，职工的坏心情得以发泄，从而态度有所改变，提高了生产效率。

梅奥对霍桑实验结果的解释如下：①工人自身决定生产效率，与工作条件关系较小。参与实验的工人们意识到他们作为一个重要的存在被"注意到"，因此有了归属感，由此产生的集体观与责任观促使工人朝着有所作为的目标劳动，提高了生产率，由此可知工人们的劳动生产率受心理因素的影响较大。②职工群体对于和谐与安全的接受程度对其工作效率的影响要大于激励性工资。职工处于群体之中，其需要保证在集体中不被排斥，激励性工资带给职工的物质激励不足以让职工牺牲自己的人际关系。

(二)巴纳德的协作系统观点

巴纳德(Chester Irving Barnard)将社会学的概念应用于管理者的职能与工作过程的分

析,并着重于组织结构的逻辑分析,提出了一套合作与组织理论,使管理者在组织中的重要作用得到了关注。

巴纳德认为正式组织包含三个要素:合作意愿、共同目标和信息联系。一个合作系统是由许多相互合作的人组成的,人与组织的目标常常并非一致,这时候需要管理者进行有效的协调,使得组织成为一个协作系统。巴纳德提出了"有效性"和"能率"两个原则,当一个组织系统合作成功并能够实现组织目标时,系统是有效的;系统的能率是指系统成员对个人目标的满足程度,合作能率是个体能率综合作用的结果。巴纳德将正式组织的要求与个人的需要相结合,这是管理思想上的重大突破,且认为组织内的成员进行有效的协作能够增强合作意愿,朝着共同目标为组织作出贡献。

后来的许多学者,如德鲁克、库茨、明茨伯格、西蒙和利克特等,都从巴纳德那里受益匪浅,并朝着不同的方向发展,丰富了管理理论。

(三)塞尔兹尼克的制度论思路

塞尔兹尼克(Philip Selznick)是西方管理研究的奠基人之一。其提出的最重要的概念是制度化。制度化组织中的成员均认同组织的宗旨,组织本身充满了积极的价值。

制度化的组织不仅能使组织成员全身心投入组织目标的实现上,而且能从技术上协调组织成员的行为,使之更符合实现特定目标所需的行为模式和行为规范。领导者面临的最重要的任务之一,就是通过各种沟通手段,把一个为实现特定目标而组织起来的集体,变成一个制度化的组织。

塞尔兹尼克认为组织最重要的事情是每个组织都有自己的使命,而不是一种工具。正式组织的特有属性是用来实现目标的,是一种维持理性化的秩序。然而,组织理性是受到制约的,这种制约来自员工对于工作的不同期待,也来自员工与非正式组织之间的关系。尽管组织受到员工个人的约束,但是塞尔兹尼克认为这种员工的约束同样可以转化为企业的实力。另外,塞尔兹尼克还强调领导者在组织中的重要性,领导者与普通管理者的区别在于,领导者确定组织的使命。

三、开放系统视角

在开放系统视角下,组织不是孤立存在的,组织与外界的环境是相互影响的,信息是相互交换的。开放系统可以看作是一个有机系统,有机系统的组成部分更加复杂,变化更加频繁,管理更为复杂。

开放系统具有自我维系的能力,这种能力使得开放系统能够加工从环境获得的资源,然而自我维系并非是开放系统的特点,原因在于自我维系是以开放系统与环境的互动为前提的。尽管是开放系统,但是开放系统依然是有边界的,这种边界依然是需要投入资源去维持的。

(一)权变理论

权变理论是在经验主义学派基础上,基于特定情境和具体对策的权变思维而产生的管理理论。

权变理论认为在管理实践中,应根据环境的发展和变化与内部条件灵活变通,强调动态的调整。成功管理的关键在于充分了解组织的内外部条件和有效的应急策略。组织是一个开放的系统,为了满足和平衡内部需求,适应环境条件,应该对组织进行有机的管理,而非固守原本的管理模式一成不变。在不确定和动荡的环境中运行的组织需要有更高程度的内部差异,组织需要进行适当的整合以维护这些不同的部门。

权变理论的核心是使组织适应环境,即使市场不断变化,组织也需要掌握市场动态,发现需求,开发和提供新的适当的服务,组织只有主动适应环境的需求才能够在市场中获得一席之地。企业需要对组织进行差异化重组,扩展子系统,分散职能,及时建立相关专业部门或子公司,以适应新的环境。权变理论有几个突出的优点,具体如下:

(1)得到了大量实证研究的支持。

(2)通过思考工作环境对领导者的影响来扩展我们对领导的理解。

(3)可预测,因此它提供了关于领导模式的有用信息,这些信息可能在特定情况下是有效的。

(4)方便,因为它不要求人们在任何情况下都是有效率的。

(5)为团队提供了一些关于领导风格的数据,有助于更全面地描述领导风格。

(二)维克的组织模型

维克(Karl Weick)认为组织结构化的活动可以分为三个阶段:规制、选择和保持。维克认为"组织活动的目的是将确定性提高到可处置的水平"。组织的活动参与者关注外部环境的变化,并根据外部环境的整体情况做出集体的判断。尽管是做出集体的判断,但并不意味着集体认同同一个概念或者接受一组共同的意义,也有可能是在许多可能性中挑选出一个可接受的可能性或者数个响应的政策。

维克组织模型的目的是消除歧义,组织在不断缩小可能性的范围以达到输出结果的减少。维克坚持认为,"人类组织起来的主要目的就是为了降低生活中信息的不确定性"。维克同时也认为组织必须要保留一定程度的模糊性才能在未来新时期继续生存下去。

维克的主要目的是揭示开放系统视角在社会心理层面的应用,维克强调个体的半自主性,即个体之间的关系是松散的,也是有条件的,突出注意过程和解释过程。从基于过程的组织概念取代基于结构的组织概念这个意义上来讲,维克开创了后来组织进化理论的发展。

四、融合的视角

融合视角,顾名思义,是将理性视角、自然视角以及开放视角三种视角融合起来。融合视角并不批判其他视角的观点,而是创建一个适用于不同系统、系统不同层面的多样化理论。同时,从不同的视角出发讨论组织管理可以对管理形成更全面的认知。

(一)劳伦斯和洛施的权变模型

劳伦斯(Paul R. Lawrence)和洛施(J. W. Lorsch)的权变模型有以下两个方面的内容:

(1)组织的权变理论。权变理论认为企业组织是开放的,组织存在于一定的变化的环境之中,试图从系统的相互关系和动态活动出发,研究和建立在一定条件下的最佳组织结构的关系类型。组织分化的程度与环境的稳定性成反比,即分化少时采用集权结构,分化多时采用分权结构,这样组织可以更好地适应环境。

(2)人性的权变理论。人的行为受到内部心理和外部环境的综合作用,人性是复杂的,科学研究无法完全对人的行为进行定义,尽管学者们试图将人的因素纳入研究范围,但无法对人性提出统一定论。据此,洛施提出了超 Y 理论。

(二)汤姆森的层级模型

汤姆森(James Thompson)认为分析组织理论的理性视角、自然视角以及开放视角都是正确的,并且在同一组织是可以共存的。三种视角分别对应组织的三种层次,理性视角对应于组织的技术层,自然视角对应于组织的管理层,开放系统视角对应于组织的制度层。

汤姆森认为,尽管组织是一个开放的系统,与外界环境进行信息交换,但是组织却是努力朝着理性化的方向发展,即组织的动态变化并非盲目跟随外部的环境变化。

汤姆森认为组织应将技术层与外界环境隔离开,尽量避免外界环境对于技术层的影响,并将技术层发展为企业的核心竞争力,且技术层的变化难度与成本都需要进行考虑,相对来说是封闭的。相反,制度层要想充分发挥优势,就需要与外界环境保持密切的联系,组织的制度化需要适应环境。作为两者之间的管理层,则需要协调相对开放的制度层和认为封闭的技术层,且具有一定的灵活性,这种灵活性要求组织必须是低正式化的结构。管理者必须将自己的发展与组织的命运联系起来,以确保组织的运行与生存。

(三)斯科特的分层模型

斯科特(Scott)认为三种视角之间的关系过于简单化,其分层模型认为 20 世纪 60 年代后的开放系统尽管得到充分的发展,但并没有取代 60 年代之前的封闭系统,而是产生了巨大的冲击,最后以一种不易察觉的方式替换了封闭系统。

从理性系统到自然系统有两次转型,一是 19 世纪 30 到 40 年代,从韦伯、泰勒、西蒙到巴纳德和梅奥。二是 20 世纪 70 年代末,从劳伦斯、汤姆森、威廉姆斯到资源依附、种群生态和制度学派。

第二节　组织设计

一、组织结构设计概述

(一)组织结构设计的概念

"组织"包括两种含义,一是表示为了达到一定目的而设立的实体系统;二是表示为了建立这一系统而包含的所有过程,即一个是名词的概念,一个是动词的概念。组织结构是指企业为了其正常经营生产,并达到一定的目标而设置的各种职能和业务部门的总称。组织结构设计是指为了建立整体的组织结构而进行的设计工作,主要内容是将企业已有的工作任务、权力和责任进行有效组合。

(二)组织结构设计的原则

组织为了高效地实现其经营目标,必须依据现有的组织设计原则和实际来进行组织结构设计。组织结构设计的原则包括目标性原则、动态适应原则、权责对等原则、集权与分权原则、统一领导原则、分工协作原则与有效跨度原则。

1.目标性原则

组织结构是为了有效地实现组织的目标而设计的。组织的每一部分都被合并和重组,在组织结构的每一部分,都应考虑到其具体的任务目标,脱离目标的设计是无效的。

首先,在组织结构设计之前的首要任务为明确企业的发展战略,深入且具体地了解组织的整体目标。

其次,组织应该根据动态环境下组织目标的改变适当调整组织结构,在管理实践中,组织目标并非一成不变的。

再次,在进行具体的组织结构设计时,要将组织的整体目标进行分解,使组织结构的每一层次和每一部分不仅要有明确的目标任务,也应该有具体的任务分工,将大目标分解为可实现的小目标。

最后,对组织结构中每一部分进行目标管理,同时运用目标任务对组织结构的每一部分进行考核,使得组织的行为活动不会脱离目标的达成。

2.动态适应原则

组织结构的稳定是一个组织正常运行的基础,组织结构应该保持相对稳定的状态,尽量避免由于组织系统内部的突然变化所带来的管理混乱,影响组织的正常运行秩序,即组织既要适应变化,也要保持相对的稳定性。

由于管理环境是不断变化的,所以组织结构也应该随之进行调整,以保持组织结构为组织目标的实现提供支持。僵化不变的组织结构是缺乏创造力和适应性的,一个缺乏稳定性的组织是难以实现有效管理的,所以在组织结构设计时需适当考虑动态适应的原则,处理好动态性与稳定性之间的关系,不能使动态变化造成组织动荡的不良后果。

3.权责对等原则

为了实现组织的整体目标,组织结构中的每一部分都设定了各自的目标任务,明确了各自的责任。有了责任,应该有相应的权力与之对应,只有这样才能够更有效率地进行工作任务的完成。管理时,需要明确责任是行为与活动的前提,从责任出发赋予员工实现目标所需要的相应权力。

权责对等原则一方面可以有效避免权大责小和有权无责的权力滥用现象,另一方面可以有效避免权小责大而引发的不公平现象。如果权责不对等,组织内部会产生大量的冲突和摩擦,进而对组织的效能产生严重危害;而当权责对等时,无论从组织出发还是从员工个人出发,组织的运行与管理都是公正且有效率的。

4.集权与分权原则

组织决策时是否考虑员工的意见是区别集权和分权的重要指标,如果一个组织的决策只集中在领导者的手中,领导者决策时几乎不考虑员工的意见,那么这个组织是较为集权的;如果一个组织在决策时,考虑员工的意见,那么该组织是一个较为分权的组织。

管理者对下级进行适当的分权,一方面可以减轻管理者的负担,另一方面可以提高员工的积极性,发挥员工的特长。

5.统一领导原则

无论是做什么工作,如果下级受到不同领导的指挥,其工作一定是混乱的,这是管理实践中经常会出现的现实问题。所以应该明确指挥链,强调统一领导的原则。在有严格等级链的组织中,一个下级只能接受一个直接上级主管的指挥。

6.分工协作原则

在组织结构设计中要坚持合理分工和强化协作的原则,切实做到分工粗细得当,从而提高专业化水平和部门间的协作效率,使得组织成为一个有效的合作系统。

分工原则具体是指将组织进行职能划分和部门划分,其中部门划分包括职能部门化、地区部门化、过程部门化、产品部门化与顾客部门化等。

7. 有效跨度原则

为了使组织满负荷高质量地工作,组织结构设计中应该考虑组织的精简问题,其中主要包括两方面,一是组织层次,即从组织的最高层到最基层的工作人员之间所形成的层次;二是管理跨度,即一个管理者可以有效直接管理的人数。

(三)组织设计的影响因素

影响组织设计的因素有很多,其中最主要的因素包括规模因素、战略因素、环境因素、技术因素与人力资源因素等。

1. 规模因素

组织规模是指一个组织的大小。一个有几十人、几百人和一个有几万人的组织,其管理模式和组织结构是不同的。组织规模越大,组织机构就会越复杂越规范,一般更倾向于机械式的组织结构。

2. 战略因素

组织的战略决定了组织的目标。一个组织的结构设计需要以实现组织目标为基础,并且在目标实现的过程中,需要一个有机式的组织结构与不断调整和更新的组织战略相适应,因此战略因素是较为重要的因素。

战略是内容,组织结构是形式,不同的组织结构与不同的战略类型有联系。例如,创新型战略组织追求组织结构灵活;有机式的组织结构是组织实施创新的组织基础;成本最小型的战略组织追求成本最低,需要严格的组织结构进行成本控制;机械式的组织结构有助于组织进行严格的成本控制等。

3. 环境因素

企业面临的环境是影响企业组织设计的一个重要因素。在稳定环境中运行的组织,组织结构可以是较为稳定的机械式组织结构,制定严格的规章制度和条例进行管理,组织中的活动可以按部就班地进行。但是,组织一旦处于动态的、不确定、复杂的、多变的环境中,以上的传统组织结构不再适应多变的环境,组织应该利用有机式的组织结构快速、灵活地适应外部变化。

4. 技术因素

任何组织都需要利用某种技术将投入转换为产出,组织结构必须与技术相适应才能使组织运行更有效,一个组织的技术性质是组织结构的重要决定因素。

根据制造技术复杂程度进行技术分类,可以分为单件小批量生产、大批量生产和流程生产。举例而言,大批量生产是一种标准化程度较高的生产方式,所以组织结构中分工较细、专业化程度高,并且有较多的规章制度和规范。

5. 人力资源因素

一般而言,组织中的劳动技术含量低,在管理过程中就可以强调集权,较多地利用行为规范和规章制度约束员工行为;组织中的劳动技术含量高,在人力资源的管理过程中就需要考虑发挥员工的能力,对员工进行授权,此时组织更倾向于运用有机式的组织结构进行管理,这样才能充分发挥员工的个人特长。因此,在设计一个组织结构时,管理者必须密切注意劳动力及工作本身。

二、企业组织结构

（一）组织结构的主要分类

组织结构可以分为机械式与有机式组织结构，机械式组织结构又称官僚组织结构，内容包括高度的劳动分工，明确的等级链，严格的规章制度，非个性化的职业生涯导向，僵硬的管理流程。有机式组织结构强调分权式的管理，灵活的管理流程，较低的正规化以发挥员工的自主性，针对环境的变化迅速做出反应。两者的区别如表 6-1 所示。

表 6-1　机械式组织结构与有机式组织结构区别

区别项目	机械式组织结构	有机式组织结构
结构	层级结构	网络结构
沟通	垂直沟通	横向沟通
管理	命令式	建议式
任务分配	各功能部门分配不同的具体任务	各部门基于知识经验合作完成任务
任务范围	有明确的权利、义务与技术方法的规定	"责任轮替"，强调整体责任感
知识储存	知识位于组织结构的顶部；面对具体任务，需要重构知识，评价知识的相关性	知识无处不在；技术和商业知识可以存在于组织网络中的任何地方
价值	强调忠诚与服从	强调工作成果与卓越绩效

（二）组织结构的类型

企业的组织结构承担着企业决策制定、决策实施、业务控制等很多任务。企业的组织结构并没有统一的划分标准，主要包括直线型组织结构、职能型组织结构、直线职能型组织结构、事业部型组织结构、矩阵型组织结构、混合型组织结构、无边界组织、学习型组织等。

1. 直线型组织结构

直线型组织结构指组织中各种职务按垂直系统直接排列，各级主管人员对所属下级拥有直接的一切职权，组织中的每一个人只能向一个直线上级报告，其典型结构如图 6-1 所示。

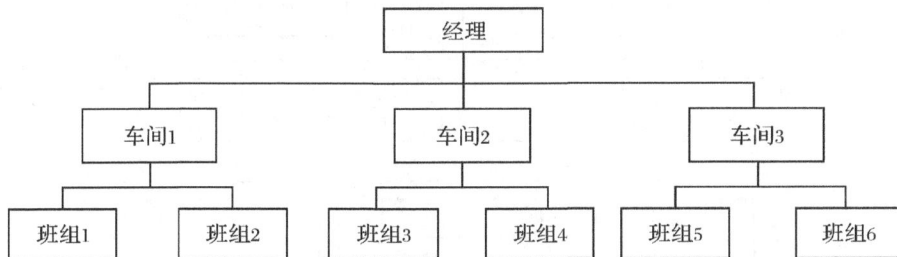

图 6-1　直线型组织结构

2.职能型组织结构

职能型组织结构亦称"U形"组织结构,这是以工作方法和技能进行部门划分。现代企业中的许多业务活动都需要有专门的知识和能力,这些职能机构有权在自己的业务范围内,向下级单位下达命令和指示,因此,下级直线主管除了接受上级直线主管的领导外,还必须接受上级职能机构的领导和指示。一般职能型组织结构如图6-2所示。

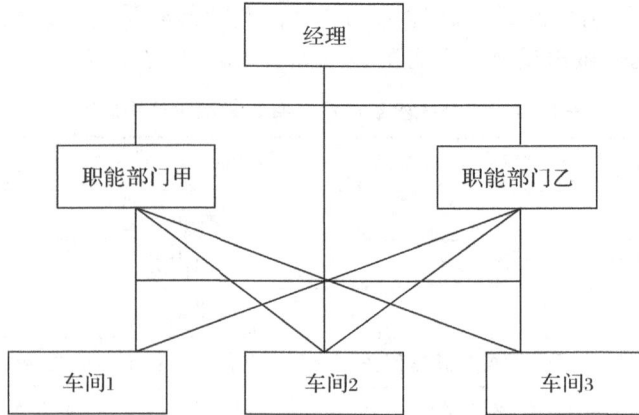

图6-2 职能型组织结构

3.直线职能型组织结构

直线职能型组织结构是整合以上两种结构形式(直线型组织结构、职能型组织结构)的优点,克服其缺点所形成的一种组织结构。它的特点是设置了两套系统,一套是按命令统一原则组织的指挥系统,另一套是按专业化原则组织的管理职能系统。直线部门和人员在自己的职责范围内有决定权,对其所属下级的工作实行指挥和命令,并负全部责任。职能部门和人员仅是直线主管的参谋,只能对下级机构提供建议和业务指导,没有指挥和命令的权力。可见,这种组织形式实行的是职能的高度集中化。代表性的直线职能型组织结构如图6-3所示。

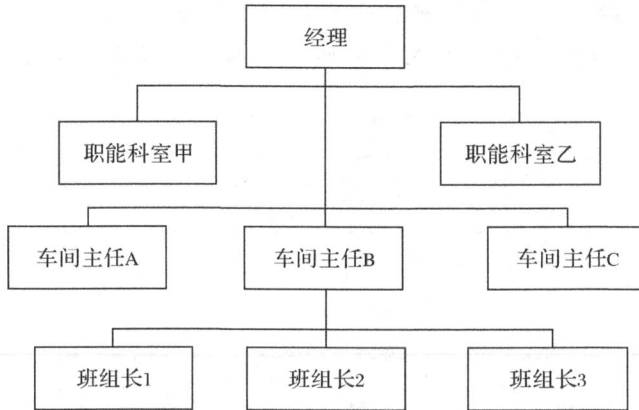

图6-3 直线职能型组织结构

4. **事业部型组织结构**

事业部型组织结构是实行分权管理的结构形式。通过这种结构可以针对单个产品、服务、产品组合、主要工程或项目、地理分布、商务或利润中心来组织事业部。事业部型组织结构的显著特点是基于组织产出的组合。代表性的事业部型组织结构如图6-4所示。

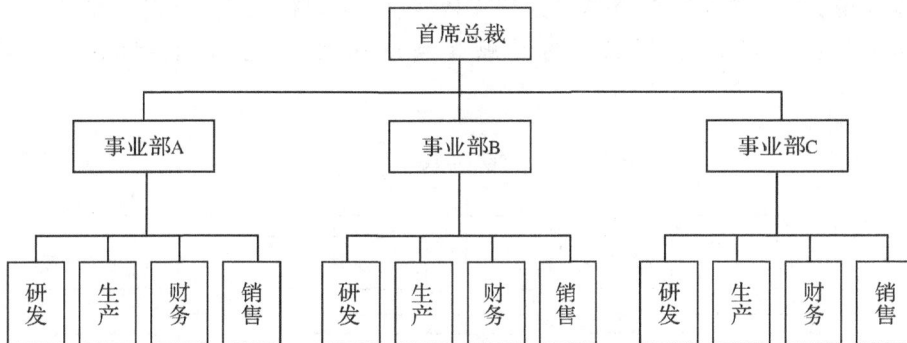

图6-4　事业部型组织结构

事业部型组织结构鼓励灵活性和变革，因为每个单元变得更小，能够适应环境的需要。此外，事业部型组织结构实行决策分权，因为权力在较低的层级聚合。事业部型组织结构也常常与较大的规模相联系。诸如GE、Pepsi这类组织复杂的大型公司，都划分为一些较小的、自主经营的组织，以便于实现更佳的控制与协调。

事业部型组织结构能适应于处于不确定的、快速变化的环境，以及部门间较高相互依存的组织。其目标追求外部效率、适应、顾客满意，其计划和预算是基于成本和利益的中心。

5. **矩阵型组织结构**

矩阵型组织结构是对职能部门化和产品部门化的融合，是一种实现横向联系的有力模式。矩阵型组织结构的产品经理和职能经理在组织中拥有相同的职权，员工向两位经理负责和汇报，组成工作小组后，大家为某个特定的项目而共同工作。其一般组织结构如图6-5所示。

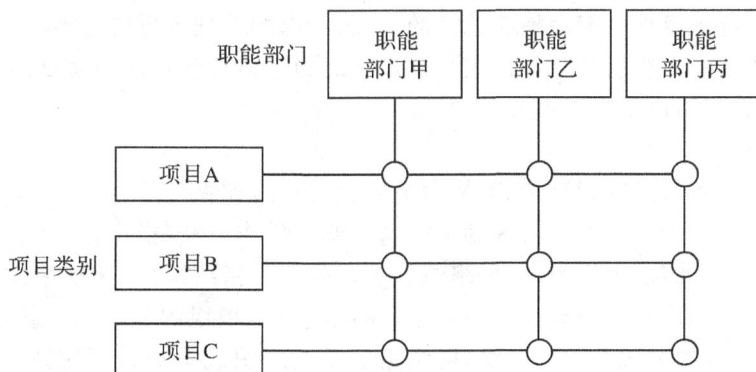

图6-5　矩阵型组织结构

6.混合型组织结构

这里主要是指混合型事业部型组织结构,指在强调事业部型结构的同时也重视职能型结构,并可能在此基础上结合工作小组或者矩阵型等结构的一种组织结构。这种结构一般适用于处于动态的且变化因素较多的环境中的企业。因为产品事业部是为了创新和外部有效性而设立的;产品群内存在跨部门的相互依存,公司规模巨大,以提供足够的资源满足产品部门重复的资源需求;公司的目标是顾客满意和创新。其一般组织结构如图 6-6 所示。

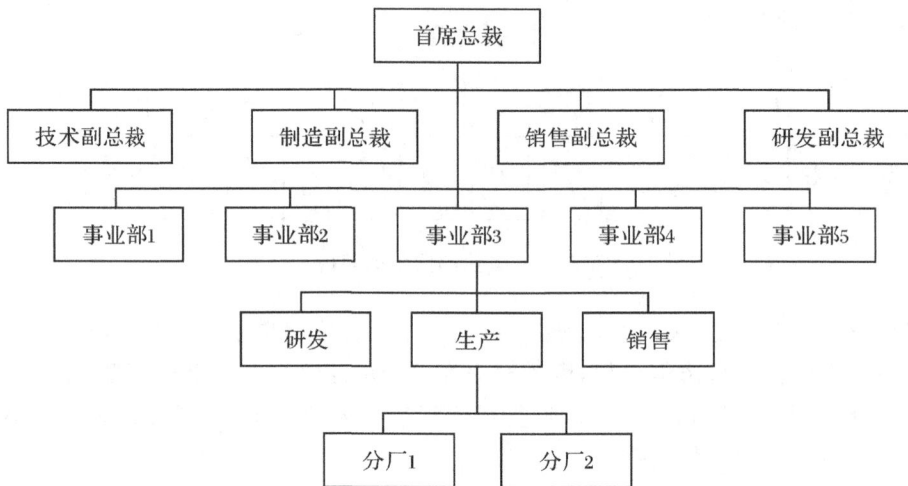

图 6-6 混合型事业部型组织结构

混合型组织结构的不足有:首先,管理费用增加。有些公司会增加人员以监督下面的决策,一些公司职能部门重复地进行产品事业部应承担的活动。如果失去控制,管理费用将不断增加,总部人员不断膨胀。随之决策变得越来越集中,产品事业部失去了对市场变化迅速做出反应的能力。其次,公司总部和事业部人员之间易产生冲突。一般地,总部的职能对事业部的活动没有职权,事业部经理可能会抱怨总部的干预,总部的管理者可能会抱怨事业部各行其是的要求。最后,各事业部容易产生本位主义。事业部为了追求各自的利润目标,往往从自身立场出发,急功近利,容易产生本位主义。

7.无边界组织

无边界组织超越了传统的组织内部横向边界(部门化)和纵向边界(专业化)以及外部边界(地理边界和相关利益者边界等),发展到了横向协调和合作,没有指挥链。

无边界组织包括外包、虚拟组织、网络组织等。外包是指组织将一些不擅长的业务移交给其他擅长的企业来做,通常可以减少企业成本;虚拟组织是指组织只有几个核心人员,其他人员在需要时通过外聘的方式获得的组织;网络组织是指组织成员通过网络技术进行沟通交流以实现组织的目标,组织成员可以分布在各地。无边界组织结构使得组织能够更好地利用各种人才,节约企业的资源。

8.学习型组织

学习型组织最初是由彼得·圣吉(Peter M. Senge)提出,是一种在目前动荡的管理环境下的理想的组织状态,主要内容是一个组织成员为了一个共同的愿景,不断自主学习、思考、改进、创新和成长,组织中一切行为的反馈都是以提高组织绩效为目的,组织中成员的学习是主动且自愿的。

(三)组织设计的内容

组织设计可以看作是对组织基本要素的组合和安排,即如何将组织各要素与部门有机结合,使组织内各部门、各单位和谐运作,最终提高组织的运作效率。组织设计的基本内容为分工、协调和权力配置。

1.分工

按照组织内分工和组织间分工,即按照组织层次划分,分工可分为组织分工和社会分工;按照分工层级进行划分,分工可分为水平分工(同一层级内的活动分工)与垂直分工(不同层级间的职权分工)。此外,从马克思的劳动分工和专业化的区别出发,按照分工的形成是自然的、自由的还是强加的限制,可以划分为专业化分工(即自然形成的功能分工)和强制性分工,如图6-7所示。

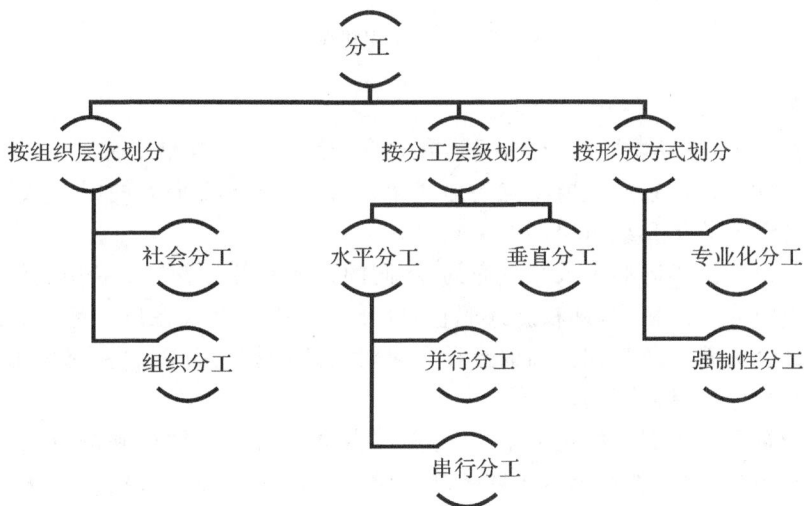

图6-7 分工

2.协调

组织中对协调的要求与组织分工的程度密切相关,不同的组织采取不同的协调方式,通常有指示型、自愿型和促进型三种协调方式。指示型协调是等级式协调,即各种活动置于一个中心权力之下,通过命令链使它们统一起来,在简单的结构或直线制中,这种形式是有效的。自愿型协调通过组织中的个人或团体自愿地寻找办法来使自己的活动与组织其他成员的意愿和能力相结合。促进型协调是指在上述两种方法之外的为了促进协调的许多手段。

组织协调从组织层次上可以分为员工层、单元层和组织层协调,组织层协调基于整个组织层面对员工层协调与单元层协调进行整合。根据组织分工的类型,组织协调可以分为水平协调和垂直协调,对应于组织的水平分工和垂直分工。按活动层面划分,组织协调可分为技术协调(需要技术手段的支持)与行为协调(通过价值观与企业文化进行心理层面的协调)。如图6-8所示。

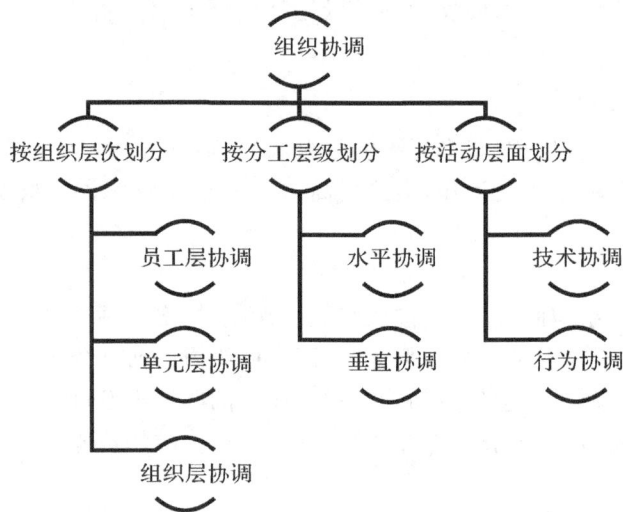

图 6-8　组织协调

3.权力配置

权力是非独立的,受环境影响,至少是潜在相互依赖性的。权威则来源于职位自然附有的权力,也就是合法的权力,它的主要特点是形式化,正是形式化将个人的因素从权力系统中排除出去。权威是组织分工和组织协调的基础。

组织中各职位是由不同的个人来填充的,不同的人拥有各种各样的特征,其中一些特征可能成为正式组织中非正式权力(即权威或职权)分化的基础。个人在成长环境、智力、情商、动机、教育程度、社会关系以及其他方面的差异有时对正式的权力分配起补充作用,有时又与之相抵触甚至使权力分配受到削弱。

在组织分配资源到各职位的过程中,某些参与者会不可避免地得到按组织设计者计划之外的方式进行利用的资源,如秘书这个职位就可以使其占有者独享某些信息从而增强自身的权力和影响。

第三节　人员配备

一、人员配备概述

(一)人员配备的定义

人员配备是指对主管人员进行适当有效的选拔、培训和考核。其目的是使适当的人员能够履行组织规定的职能,保证组织活动的正常进行,实现组织规定的目标。有效的人员配备是组织发展的重要基础条件,现代的观点认为人员配备需要包括"选人、评人、育人、用人、留人和发展人"等过程。

(二)人员配备原则

1.适材适所

人员配置中需考虑发挥每一个人员的作用,为其找到合适岗位,没有合适的岗位也要创造条件发挥该人员的特长,否则无法利用人的差异化特点为组织目标的实现提供贡献。实施该原理的组织有良好的非个性化的职业生涯政策,为每一个员工发挥自己的才能提供条件,改变以往组织指定管理人才的局面。

动态的人员配置有利于组织更好地了解和发现人才,发挥员工所长;也有利于为员工创造发展的环境和空间,让员工自己找到自己合适的位置,充分发挥员工的才能,同时关注员工的职业发展需求,避免埋没人才。

2.能位对应

人不仅具有不同的能力特征,而且具有不同的能力水平。职位安排应根据不同人的能力特征与能力水平,综合考虑两个因素进行人员配备,使得该职位的员工能够行使与能力相配的职权。在人力资源的利用上需要坚持能级"大才大用,小才小用,各尽所能,人尽其才"的原则,否则就有可能导致德不配职、能不配位的情况。

3.互补增值

只有优势互补才能实现团队的互补增值,同时发挥每个人的优势,弱化每个人的劣势可能带来的负面影响。这是因为,当一个人与一个群体互补时,互补所产生的合力远远大于单纯的个人能力相加所形成的合力,也就是我们常说的"1+1>2",此时群体的整体功能将得到扩大。因此,组织中的成员之间需要相互配合、相互补充、密切配合、相互协调,关注团队需求,最终实现"增值"。

4.动态适应

适应是相对的,人们在适应一件事之后会感到新的不适应,在进行一系列调整之后又会形成新的适应,只有不断调整人与物的关系,才能实现再适应。岗位对人的能力水平的要求并不是一成不变的,人的能力水平也需要在相应的岗位发生变化时立即改变。因此,人的能力水平和岗位对能力的要求是动态的、适应性的,必须及时调整使人适合自己的岗位。

5.弹性冗余

弹性冗余原则指出工作负荷应在劳动者的身心极限之内,需要考虑一定的人性化要求,并给予劳动者一定的自主分配空间,即在不感到压力过大的情况下,推动劳动者及时完成工作,赋予劳动者自主权的同时避免他们工作松懈。因此,工作目标要适度设定,工作强度要灵活设定,要考虑到员工的心理能力和精力,超过员工身心负荷的工作要求会对员工的工作动力与工作质量产生负面影响。

二、人员配备方法

(一)以人为标准进行人员配备

从人的角度对岗位进行人员配置,主要方法是根据每个人在每个岗位的得分进行甄选。如某甲在A、B与C三个岗位的得分中A岗位得分最高,则将某甲分配到A岗位。这种方法简单有效,前提是对人的打分要准。

(二)以岗位为标准进行人员配备

这种方法是每个岗位挑选最好的人来做,即每个岗位得分最高的人员分配到该岗位。如A岗位中甲、乙、丙三人得分最高的为甲,则将甲分配到A岗位。这种方法同样简单有效,前提是对人的打分也要准。

(三)以双向选择为标准进行人员配备

这种方法是在岗位与应聘者之间进行必要的调整,以满足每个岗位的人员配置要求。这种方法可以有效地避免多人在某一职位上得分最高而造成的人才流失,也可以避免一人同时被选中多个职位而造成的空缺。因此,双向选择标准配置是最有效的人员配置方法。

三、人员配备流程

企业要实现自己的目标,实施既定战略,就要进行人员配备,充实每个岗位,完成具体工作。因此,企业的人员配置就是为某一岗位选择合适的人员,实现员工与岗位的有效结合。同时,面对可能出现的冲突需要不断调整,以达到岗位目标。人员配备主要包括以下四个流程。

1.岗位设计

岗位设计即根据岗位结构进行组织结构设计。在这个过程中,企业要对每个岗位进行岗位分析,明确每个岗位的人员要求,以及要达到的目标和业绩。具体包括岗位隶属关系、岗位职责、工作标准、工作内容、主要业务流程、任职资格以及岗位的数量等。

以下是某公司财务部的总账核算员的岗位设计。

部门:财务部

岗位名称:总账核算员

直接上级:财务部部长

一、岗位职责

1.负责公司与总账有关的相关工作。

2.负责公司税务的申报和核算。

二、工作内容

1.审核计算机自动生成的总账的合理性。

2.编制基本表。

3.负责快报的编制和报送。

4.编制公司的资产负债表、损益表及应上缴应弥补款项表;审核计算机生成的现金流量表。

5.接受财务部各岗位所出明细表(销售利润明细表、费用明细表、存货情况表、工资基本表、长短期借款及欠息明细表、企业资金清算及信贷状况调查表),进行审核汇总。

6.审核会计报表是否符合会计制度规定的编制要求,审核完毕后,将各种会计报表连同财务情况说明书装订成册,提交领导审核签字或盖章,及时报出。

7.编制各种分析表(应收账款余额分析表、利润分析表、流动资金周转情况分析表)并及时报出。

8.分析财务计划的完成情况,提出改善经营管理的建议和措施。

9.到税务局进行各种税款的申报和缴纳。

10.负责会计凭证的汇总,并装订成册,交审核员进行档案的保管。

11.完成上级领导交办的其他工作。

三、工作标准

1.月末在总账生成后,要在当天对总账进行基本的核对,确保其准确性。

2.基本表要在月末前完成。

3.根据财务部各岗位提供的各项资料(创汇数、收汇数、出口退税应收数、出口退税已收数、进口费用、劳动保险、工资、提取的三金、印花税、利息),在每月 30 日进行快报的编制;每月 1 日准时报出。

4. 资产负债表、损益表及应上缴应弥补款项表应在次月 5 日出表,7 日报出;现金流量表资料应在次月 5 日前输入,6 日出表,7 日报出。

5. 次月 5 日前收到各岗位所报的各种明细表,在 6 日完成出表,7 日报出。

6. 审核时,要求各种报表数据准确无误,各报表之间应相互核对,对应关系的数字必须保持一致。

7. 正式报表在报出前都要经过相关审核和审批程序,在 6 日至 7 日上午完成;审核员负责公司报表的具体审核工作,各种报表都要经过财务部部长、总会计师、总经理签字并盖章。

8. 各种分析表在每季度第一个月 10 日完成,并附文字分析,每季度第一个月的 12 日报出。

9. 分析表在每季度第一个月 11 日至 12 日完成审核过程。

10. 财务情况说明书要根据每月 12 日财务部各岗位提交的分项分析在 13 日完成,14 日报出。

11. 每月税务(除退税、个人所得税)的申报在 10 日前(含 10 日)完成;要求按税务规定,数据准确无误,及时申报,2 个工作日内完成。

四、流程图

1. 财务报表的制作及审批流程,如图 6-9 所示。

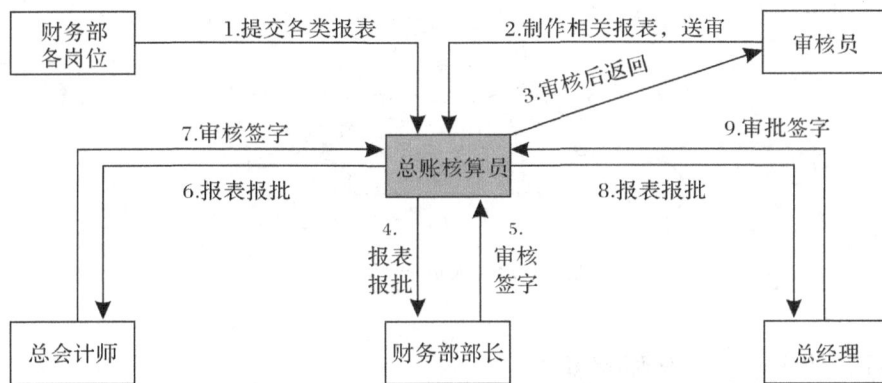

图 6-9　财务报表的制作及审批流程

2. 凭证的传递流程,如图 6-10 所示。

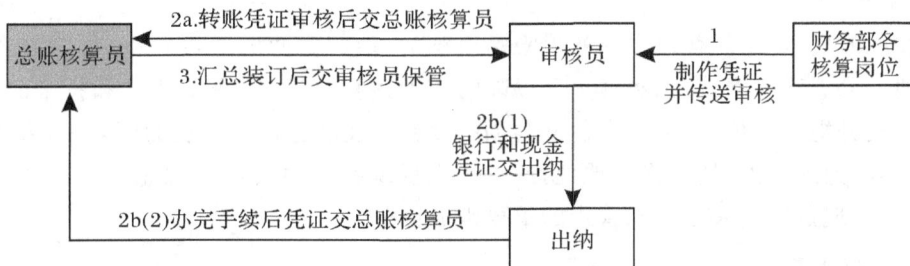

图 6-10　凭证的传递流程

五、任职资格

1.财会或相关专业毕业。

2.符合会计法对财会人员的各项要求。

3.熟悉总账的核算及各种报表的编制,并具有较强的财务分析能力。

2.人员选择

岗位设计完成后,企业应根据岗位要求选择合适的人员来填补岗位。这个过程可能包括招聘、培训与实习等。公司需要招聘具备必要技能的合适候选人,以保证员工的合理配置和绩效。

3.用人

经过招聘、培训等环节后,企业认为应聘者具备了相应的技能,能够在合适的时间工作。从这里开始即为员工工作的阶段,员工应履行工作职责,创造工作绩效,实现工作目标。

4.反馈

员工在该岗位工作一段时间后,应向企业汇报工作表现和效果。当然,企业往往通过绩效考核来了解员工的工作状态,以确定岗位目标的完成情况。

在反馈阶段结束时,企业应分析整个过程中内外部环境的变化,重新设计岗位,或更换人员,或采取其他措施来改变差异,这些在本质上是不断循环和调整的过程。

人员配备流程如图6-11所示。

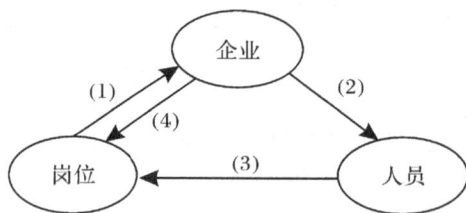

图6-11 人员配备流程

四、互联网思维与人力资源管理

企业的经营管理尤其是人力资源管理,同样面临着互联网时代带来的前所未有的机遇和挑战,同时带来了思维方式的转变。

(一)客户思维

在互联网时代,员工和客户之间的界限是模糊的,他们之间的角色互换,可以为客户和企业创造价值。基于互联网,员工和客户可以随时随地进行互动,对企业产品和技术的创新、管理的改进和提升提出建议,这是一个价值共创的过程。在顾客价值创造的要素中,人力资源是最活跃、最具潜力的要素,处于优先地位,这一优先反映在人力资源的优先投资和开发上。总之,客户参与管理是当代人力资源管理的重要组成部分。

(二)大数据思维

在大数据时代,企业可以随时随地收集工作场所、员工和员工互动数据,通过大数据分析将员工的行为和情感数字化。大数据分析可以通过分析员工需求制定最佳薪酬策略,通过数据分析匹配岗位与员工能力,通过分析劳动关系的关键点和冲突,减少内部矛盾和冲突,降低控制和交易成本。

通过互联网和大数据系统,企业可以客观公正地评价组织的价值创造过程和经营绩效,使人力资源的价值计量管理成为可能。

(三)分布式思维

在互联网时代,管理者只是起到一个领导激励的导向作用。组织不再界定核心员工,每一个员工都可以在自己的岗位上发挥关键作用。在互联网时代,谁最接近客户,谁最接近企业价值最终变现的环节,谁就拥有话语权,谁就可能成为组织的核心。

(四)众包思维

互联网时代人力资源变革的核心在于人的变革。员工的需求是多样化和个性化的,包括员工与客户各类人群的价值需要被充分利用。

第四节　权力分配

在组织中存在哪些职权?如何恰当地将这些权力分配给职员?给予管理人员多少权力能顺利地完成工作以达到企业的目标?可见,权力的分配原则是管理过程中需要关注的重点。

一、职权与权力

在详细讨论职权之前,我们应该研究一下职权和权力的区别。

职权是指一个管理职位所固有的发出命令和期望执行命令的权力。职权是古典主义者的伟大信条之一,它被视为把组织凝聚在一起的黏合剂。这种权力可以委托给下级管理人员,每一个管理职位都有一些特定的和固有的权力,这些权力可以从职位的级别或头衔中派生出来。因此,职权与组织中的某一职位有关,它是职位的一种权力,与职位管理者的个人特征无关。

权力是一种力量,它使其他人或群体的行为与原来不同。马克斯·韦伯(Max Weber)根据合法权力的来源将其分为三种主要类型:一是传统型权力,它是由习俗和已接受的行为所授予的,即所谓的"君权神授",在组织中默认这种权力的存在;二是魅力型权力,它是领导者与下属建立特殊关系的能力所产生的权力,在某种程度上,它来自精英的个人魅力;三是法定权力,即以合法性原则确立的理性权威。

从结构来源角度来看,组织的设计、部门结构的类型、影响的机会、接近有权力的个人和关键性的资源、个人所处地位性质也部分决定了权力。

综上,权力与职权的区别可以总结为:

(1)职权是赋予正式职位的法定权力,与企业的结构和管理有关。职权的范围小于权力。

(2)组织职权存在于上下级之间,而权力可以在纵向和横向上使用,权力的使用不会受到上下级的限制。

一般而言,企业中的管理者凭借他们的职权或权力,为企业中的员工制定并推行规则。正式职权作为权力的一种,经常与组织结构与管理层次联系在一起,但职权和权力这两个名词常常彼此相互交织。

二、授权

授权是指主管将权力或责任委托给下属,并命令他们负责行政或事务性工作。授权是一门管理艺术,合理使用不仅可以减轻高层管理者的工作压力,而且能够发挥员工的积极性,培养员工的管理才能。充分合理的授权可以使管理者在企业发展中投入更多的时间和精力,带领下属更好地经营企业。

管理的最终目标是提高企业绩效。为了提高效率,人们提出了许多管理思想。经过一百多年的管理研究和实践,可以总结出两条管理原则:专业化原则和人性化原则。在各种决策、资源利用和协调中,管理者最重要的是要有授权和目标管理的观念,而非将权力攥在手中。只有在授权的概念下,才能实现专业化原则和人性化原则。在目标管理中,授权的必要性在于以下三点:

(1)授权是实现目标责任的基础。责任人只有在权责统一时才能有效地实现其目标,因此责任人需要具备一定的权力。

(2)授权是调动下属积极性的需要和提高下属能力的途径。下属获得权力是一种肯定,能够提高工作的主动性。

(3)授权是增强韧性的条件。多变的管理环境要求管理组织体系具有强适应性,各级管理者都应有自主权,这样在应对变化时才能在各级管理者最熟悉的管理环境中找寻出应对方式。授权的基本依据是目标责任,根据目标责任的大小进行授权。

在授权时,遵循的原则如图 6-12 所示。

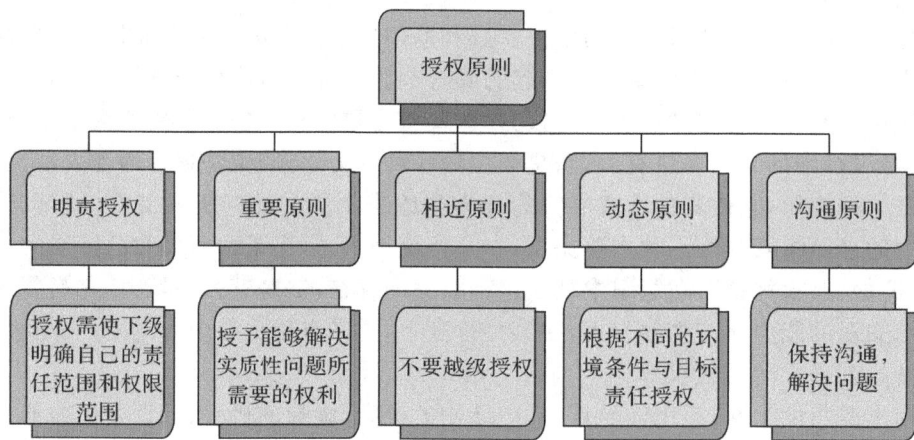

图 6-12 授权原则

三、直线职权和参谋职权

直线职权是组织中最基本、最重要的职能之一。没有直线权力的有效行使,整个组织的运作就会陷入混乱甚至瘫痪。

直线职权从上至下形成一个"指挥链",指挥链的每一层级均接受并执行来自上一级的指示,上一级均接受来自下一级的汇报,由此形成了一个直线职权指挥系统,直线职权是高度系统化的。

参谋职权是顾问性质或服务性质的,它依附于、从属于直线职能,有助于各职能的有效发挥。直线与参谋的关系概括如下:

(1)参谋按规定要求提供服务。直线主管人员对服务内容、服务方式、服务时间等做出具体的要求和规定后,由参谋部门和参谋人员按质、按量、按时提供相应的服务。参谋职权需要遵守直线职权提出的要求。

(2)参谋提供对上级的咨询服务或全方位的咨询服务。在某些情况下,参谋仅负责利用其专业知识与工作经验向其直线上司提供咨询意见,是否采纳由直线人员决定。在另外的情况下,参谋需要在对上级提供咨询的同时也对下级直线人员提供咨询,并对下级参谋人员提供业务上的帮助。

(3)参谋提供特定的专门技术服务。参谋专家提供正规的且专业性强的服务,他们的专业素质通常是团队中较高的。

(4)参谋行使职能权力。直线主管人员会授权给某些参谋部门或某些参谋人员去处理部分任务,享有部分直接指挥权。大部分的职能职权由业务部门或参谋部门的主管来行使,这些部门一般由职能管理专家组成。

四、集权和分权

如何在分权和集权的选择中找到平衡,是组织能否实现目标的关键环节。集权是指管理层的决策权集中在组织中的上级,分权是指管理层的决策权分散在组织中的下级。集权与分权的选择影响到组织运行的有效性。

集权与分权不是绝对的。在一个组织的管理中,通常有集权和分权两种方式,一般不会有权力绝对的集中化和分散化。

集权与分权模式根据权力集中程度的高低可以归结为中心追随模式(高度集权)、最优接受模式(权力集聚方向动态改变)、渐进接受模式(权力中心无绝对支配权)和局部自治模式。衡量组织的集权或分权程度的标准如下:

(1)决策的数量。低管理层做出的决定越多,权力下放的程度就越高;高管理层做出的决定越多,集中化的程度就越高。

(2)决策的范围。低管理层决策范围越广,涉及的职能越多,权力下放的程度就越高;高管理层决策的范围越广,所涉及的职能越多,集中度就越高。

(3)决策的重要性。低管理层做出的决定越重要并且影响越大,那么权力下放的程度就会越高,反之集中化程度就会越高。

(4)对决策控制的程度。下级在做决策时需要请示或照会的人越少,其分权程度就越大,即下级拥有一定的自主权。

权力集中和分散的程度随条件的变化而变化。对于组织而言,权力集中或分散的程度应考虑的因素如下:

(1)政策与文化。保持政策一致性且组织文化较为严肃时,组织倾向于集权。

(2)规模变化。组织成长初期规模较小时,组织倾向于集权;随着组织规模的扩大,组织的层次与部门增多,影响信息沟通的质量与效率,此时为保证决策的有效性,组织需要考虑适当的分权。

(3)组织动态性。组织处于快速成长与高速扩张状态时,高层管理者的精力有限,未必进行全部决策,此时需要向下分权,但集权与分权必须以组织整体利益与目标的实现为基础。

(4)决策代价。决策失误的代价越高,越不适宜交给下级人员处理。

(5)职能领域。组织的权力下放程度也随职能领域而变化,一些职能领域需要更大程度的权力下放,而其他职能领域则不需要,同时职能与职能之间存在一定程度的差异,不能不经思考等分对待。

(6)管理人员的能力。如果管理人员数量充足、经验丰富、训练有素、管理能力强,则可有较多的分权。高层管理者在将决策权下授时,必须具备控制能力,保持对下属工作和绩效的控制。

集权和分权的优缺点如图 6-13、图 6-14 所示。

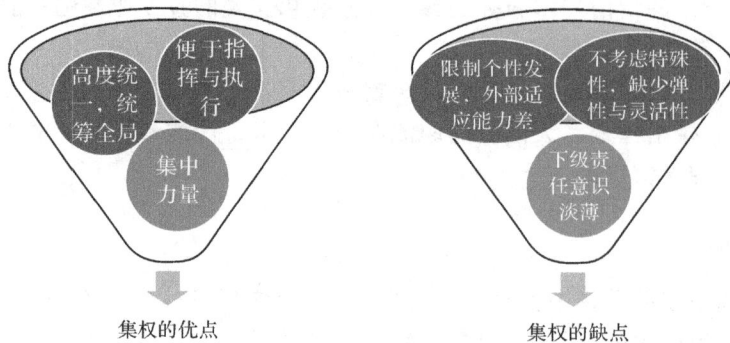

图 6-13 集权的优缺点

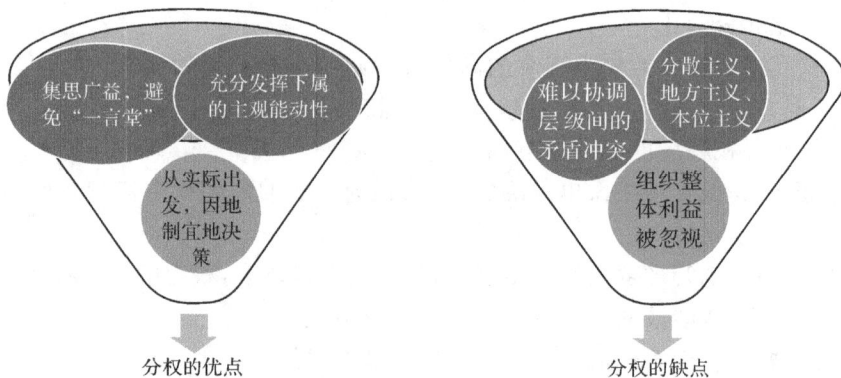

图 6-14 分权的优缺点

五、职权委任

委任是指管理人员将自主权授予下属。管理人员不会下放自己所有的权力,会给予下属适当的自主权,且管理人员在进行委任时充分考虑了权力范围。职权委任既可以激发下属的积极性,也可以减轻领导者的负担,是管理的一个重要的且有效的方式。职权委任的过程如下:

(1)确定员工对于职位的期望,职权委任需要与员工期望有一定的契合度。

(2)根据员工的期望以及能力分配任务,职权委任时需要仔细考察员工的能力水平。

（3）进行委任并确保员工可以顺利完成任务，职权委任后也需要进行适当的监督。

（4）对于职位上的员工提出要求，并明确员工的职责。

以上的过程并不是单独存在，彼此分割的，实际上一个没有职权的员工是无法完成任务以达到最后目标的。

本章案例阅读

【案例 6-1】　　　　　　　　　　**Haier 组织结构的调整**

Haier 在组织结构上经历了一系列的动态调整以应对市场的变化。

（1）从工厂制到事业部制。实行"集中决策，分散经营"策略，由集权向分权转化。

（2）从事业部制到事业本部制。事业本部已形成规模效益且管理机制较完善。

（3）从事业本部制到业务流程再造。随着企业外部环境由卖方市场向买方市场转变，海尔再次进行了战略性的组织结构调整。

（4）如今的 Haier 又为适应网络环境的变化进行网络组织的调整。

（资料来源：陈艳红，王棣华.海尔集团：电器王国的内控经验[J].新理财，2007(06)：40-41.）

【案例 6-2】　　　　　　　　　　**美的集团的分权授权之道**

美的集团 2017 年实现了营业收入与净利润的高比例增长，实现增长的根本原因在于美的集团企业经营的核心理念——"分拆、分权、授权"的有效实施。

美的集团总部对下属事业部放权：机构设置权、基层干部的考核任免权、劳动用工权、专业技术人员聘用权、员工分配权、预算内费用开支权、生产性投资项目实施权、生产组织权、采购供应权、销售权 10 项基础权力下放。

拥有决策权的经理人由此能够及时根据市场动态做出合理决策，提高集团效益。

（资料来源：王运启.企业管理中的"分而治之"[N].财会信报，2017-12-11(D02).）

本章要点小结

1.组织分析的理性系统视角、自然系统视角和开放系统视角提供了不同的范式。尽管三种视角的研究者所使用的基本假设不同，但是一些理论家还是将三种视角融合起来，建立了更复杂的模型。

2.组织结构的首要目标是影响个人和群体的行为来实现高绩效。决定组织结构有四个要素：工作划分、分权、部门化、管理幅度。组织设计的理论基础是分工理论。组织结构设计的原则是：目标性原则、动态适应原则、权责对等原则、集权与分权原则、统一领导原则、分工协作原则与有效跨度原则。影响组织设计的因素很多，把握这些因素对于组织设计的实施至关重要。

3.人员配备的目的是规划组织发展、实现人岗匹配，人员匹配需要遵守以下的原则：适材适所原则、能位对应原则、互补增值原则、动态适应原则、弹性冗余原则。人员配备有以下几种方法：以人为标准、以岗位为标准、以双向选择为标准。互联网背景下，人力资源管理需要有以下思维方式：客户思维、大数据思维、分布式思维、众包思维等。

4.权力有很多不同的基础，如法定的、专门性的、参照性的、奖赏性的。授权可以使员工拥有一定的自主权，更高效地完成组织目标。直线职权是指上级直接监督下级的权利。参谋关系则是提供建议和咨询。职能职权是对其他事物实施控制的权力。还有一个重要的概念就是集权和分权,影响集权和分权的因素很多,且集权和分权各有利弊。在职权委任中,应克服委任不当的措施。

思考和讨论题

1. 如何理解不同视角下的组织理论?你更支持哪一种视角下的组织理论,为什么?
2. 组织设计的原则是什么,在管理中如何把握?
3. 组织设计的影响因素有哪些?在信息时代的背景下,哪些因素的比重在上升?
4. 组织横向设计与纵向设计的优缺点是什么?
5. 人员配备的原则有哪些?
6. 如何理解互联网思维与人力资源的关系?
7. 你认为不适当的职权委任会带来哪些后果?
8. 组织中的职权是否应当尽量下放?为什么?

本章参考文献

[1]陈国权,黄振威.论权力结构的转型:从集权到制约[J].经济社会体制比较,2011(03):102-107,201.
[2]方家平.美的集团的通路变革[J].区域经济评论,2002(01):46-47.
[3]冯悦.美的集团的职业经理人制[J].企业管理,2011(09):44-45.
[4]李彬.管理层权利、过度投资与公司价值:基于集权与分权理论的分析[J].财经论丛,2013(06):75-82.
[5]李福华,方宝金.集权与分权管理的成本分析[J].软科学,2001(02):11-13.
[6]李睿.大企业集权与分权的"度"[J].中外管理,2000(05):39-41.
[7]刘祯.从美的看企业平衡成长[J].企业管理,2013(08):50-52.
[8]陶厚永,刘洪,吕鸿江.组织管理的集权—分权模式与组织绩效的关系[J].中国工业经济,2008(04):82-91.
[9]杨雷.民营企业管理机制运作实效研究:对美的集团管理机制的S调查案例[J].南开管理评论,2005(05):95-100,111.
[10]昝慧昉."美的"的成功禅让与转型[J].经营管理者,2014(08):84-89.
[11]张维迎.产权安排与企业内部的权力斗争[J].经济研究,2000(06):41-50.
[12]朱传杰.论管理的集权与分权[J].经济问题探索,2000(03):57-59.
[13]郑文力.绩效评估中提高员工满意度[J].中国人力资源开发,2001(12):45-47.
[14]ROBINSON D G,ROBINSON J C.绩效咨询[M].天津:南开大学出版社,2006.
[15]黄文湘.国外经营奇才四十例[M].北京:中国展望出版社,1985.
[16]奥塘奈.管理学[M].北京:中国社会科学出版社,2006.
[17]倪瑛,马中.论知识经济背景下企业组织结构的变迁[J].特区经济,2005,05(5):141.
[18]饶佳宁.论网络经济下企业组织设计的发展趋势[J].企业活力,2005(08):68-69.

[19]达夫特.组织理论与设计[M].7版.王凤彬,等译.北京:清华大学出版社,2005.

[20]颜昌武.作为行政科学的公共行政学:西蒙行政思想述评[J].公共管理研究,2009,7(00):135-162.

[21]李爱华.基于财务权变理论的企业资本结构优化[J].财会通讯,2014(25):32-34.

[22]罗长武,郑文力.人员配备与岗位目标实现[J].中国人力资源开发,2004(05):27-29.

[23]白玉.互联网经济时代下人力资源管理与创新[J].现代经济信息,2015(03):106,108.

[24]谢平芳.何享健的集权与分权管理思想研究[J].中国人力资源开发,2016(10):97-101.

[25]JENSEN M C. Specific and general knowledge, and organizational structure [M]. Oxford:Basil Blackwell,1996.

第七章

管理机制

本章导读

　　管理机制是指管理系统的结构及其运行机理,从本质上讲为管理系统的内在联系、功能及运行原理,是决定管理功效的核心问题,具有内在性、系统性、客观性、自动性、可调性五大特征。管理机制以客观规律为依据,以组织的结构为基础,由若干子机制组合而成,是加强科学管理的依据。本章主要选取目标管理、决策理论、激励理论与激励机制设计、流程管理等几种理论做重点研究,对每一个管理理论的由来、代表的学派、管理机制的实施,以及在未来的发展进行较为详细的阐述。

第一节　目标管理

一、目标管理的由来

　　目标管理是一种管理哲学,在日常生活中,我们常常都在进行目标管理的实践活动。目标管理是一种为了使管理能够真正达到预期效果及实现企业目标而在企业管理过程中采用的一种以自我控制为主的思想,并注重结果导向、过程激励的管理方法。根据学者们的研究成果,各学派对目标管理的论述如下。

(一)科学管理学派

　　"科学管理之父"泰勒强调:"在现代科学管理中,最突出的要素是任务观念。"莉莲·吉尔布雷斯将"任务"明确为"目标"。埃默森提出的"组织理想"是组织目标的另一种表达。该学派对目标管理进行了最初的研究尝试,该学派的研究重心由"任务"转向"目标",这对目标管理理论的发展具有重要意义。

(二)管理过程理论学派

　　法约尔"计划"与"参与"的思想对德鲁克有重要的启示意义。厄威克进一步强调了目标对于组织存在和活动的重要性。穆尼和莱利强调,"组织是每个群体为了实现一个共同目标而形成的联合形式"。该学派开始考虑实施目标管理的过程与相关活动,对目标形成了新的认识,为德鲁克的目标理论提供了理论支持和准备。

(三)人际关系学派

　　福利特认为,共同目标有利于组织认同和忠诚的实现。麦格雷戈的 Y 理论结合了个人目标和组织目标。德鲁克的目标管理与 Y 理论有着相同的起点。组织目标和个人目标的协同是目标管理优良的体现。

（四）管理"丛林"学派

在巴纳德的时代，他对目标有了更深层次的理解，德鲁克的目标管理理论更接近巴纳德的目标理念。此时学者们对目标与目标管理均有了更深入的认知，对目标管理实践也提出了自己的看法。

二、目标管理的概念

德鲁克认为："所谓目标管理，就是管理目标，也就是依据目标进行的管理。"德鲁克提出目标管理包括目标的制定、责任的分解、运行监控、成果评价以及目标实现的奖惩等。目标管理应用在企业中，又形成了比较具体的定义，本章节所讲述的目标管理理论与实践方法均基于企业或组织层面展开。所谓的企业目标管理是指组织的高层领导制定总体目标，原因为企业高层对组织整体发展的把握更为准确，然后要求下属部门的主管及每个员工根据由上级制定的目标实施相应的措施，这里强调员工对于目标实现所需活动的自主性，并以目标的完成情况作为绩效评价分析的基础。

通过上述对于目标管理的定义，可以看出目标管理有以下特点：

（1）目标管理是参与管理的一种形式。目标管理的主体人群不局限于管理层，可以说所有的层级都有目标管理的问题。

（2）目标管理强调"自我控制"和"权力下放"。员工需要有一定的自主性才能够正确地理解目标并实现目标，管理者为了目标的实现不能将权力攥在手心，而应根据团队整体目标实现的需求将权力合理分配给下属员工。上级应通过对下级工作过程的监督、控制，采取鼓励、提问、引导的方式，使其参与到工作的决策和安排环节，让下级全面了解其工作职责，达到岗位能力标准，从而提升其工作能力。

（3）目标就是结果。目标管理最大的特点是在设定目标的时候，已经形成了对员工的考核标准，可以客观地评价员工的实际工作绩效，让员工更加关注自己目标的完成情况。在目标不明确的情况下，员工的工作质量如何评判是一个难以解决的问题，而当目标清晰、明确时，员工应朝着目标实现的方向开展自己的工作。

三、目标管理的基本内容

虽然目标管理的应用领域广泛，各个领域目标管理工作的开展类型也有所不同，但是其基本内容还是一致的。目标管理实施的基本内容框架可概括为：一个中心、三个阶段、四个环节和九项主要工作。如图 7－1 所示。

（1）一个中心：以目标为中心统筹安排工作。进行目标管理的出发点和落脚点均为所设定的目标，因此目标的设定需要进行提前规划，并考虑实际的内部环境与外部环境。

（2）三个阶段：计划、执行、检查三个阶段，三个阶段共有九项工作。在目标管理的不同阶段应设定十分具体的行为或工作任务，这样才能够基于目标的实现合理分配权力与资源，并进行协调与控制。

（3）四个环节：目标制定、分解、实施、考核。需要注意的是，在目标实施的过程中，我们所处的环境并非一成不变的，通常的情况下需要根据现实情况对目标进行修正或补充，同时在目标管理结束之后需要总结经验教训。

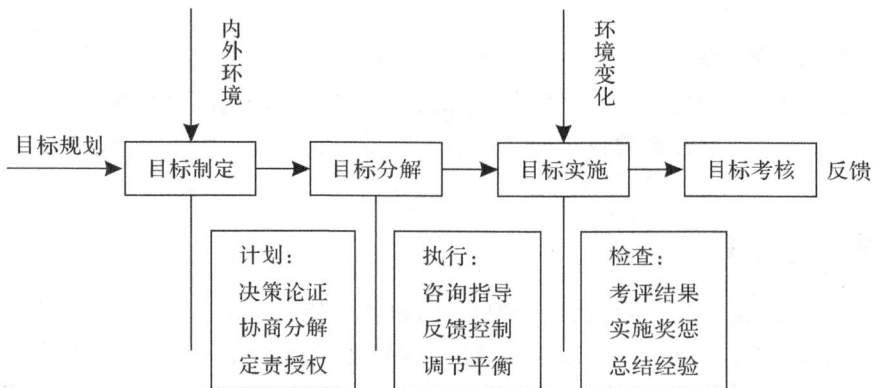

图 7-1 目标管理流程图

四、建立企业目标管理的组织体系

企业目标管理的实施需要一个比较完善的组织体系支持,一般来说,为了更好地推行目标管理工作,企业会成立相应的工作组织来辅助企业各个部门合理有序地将各个层级的目标管理联系起来。一个合理的组织体系的建立要有从全局来思考问题的机制,同时要具有一定的相互关联性。目前企业绝大多数实施目标管理的组织体系缺乏相应的控制监督机构,缺乏仲裁机构,缺乏员工反馈信息的渠道。同时,现有的目标管理的组织体系,重视下达信息,忽视上传信息,使得目标管理工作好似高屋建瓴,越来越脱离群众,久而久之,工作自然进行不下去。目标管理组织体系如图 7-2 所示。

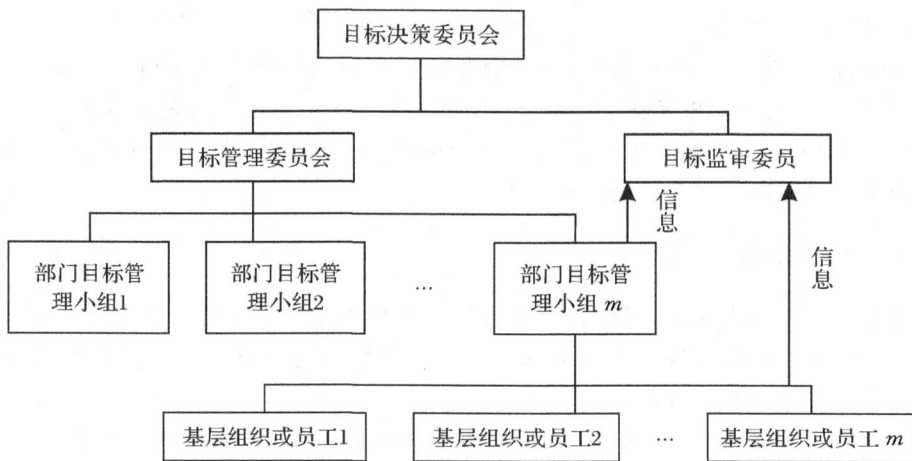

图 7-2 现代目标管理体系

此种组织体系的建立能够比较完整地实现企业目标管理的要求,同时,由于不同的企业组织结构和性质的不同,其所刻画出来的企业目标管理组织体系也会有所不同,这里只是给出一个比较通用的框架结构,具体企业应当根据自身的企业性质和组织结构的不同有所调整和变化。

五、目标管理的优缺点

目标管理既有优点,也有缺点。

目标管理的优点:有利于提高管理效率,有利于明确组织任务和结构,可以有效地调动人们的积极性、创造性和责任心,鼓励他们专心致志于自己的目标,更有效地实施控制。具体而言,实施目标管理,员工的责任清晰,工作任务明确,工作结果与奖励明确可见。

目标管理的缺点:对目标管理的原则阐明不够,目标难以确定,目标短期化、不灵活。具体而言,目标管理虽然有很多对目标的分解与量化方法,但是由于现实情况的不可控,对目标的明确界定存在一定程度的难度。

六、目标管理的方法

管理人员可以通过目标管理的方法,在任务进行的过程中实行管控措施,将责任和目标落实到每个同事身上,进而优化任务的分配,确保同事能够按计划顺利完成工作。为了更好地落实责任与目标,具体需要注意以下几个方面的问题:

(1)梳理工作内容,明确工作的要求。管理人员只有通过全面分析工作内容,明确工作的具体要求,才能更好地把握工作重点,进而开展有效的管理活动。

(2)分解任务目标,责任落实到人。员工在实际工作中可能会产生懈怠状态,使得工作完成的效果不是很理想,目标管理能够为该类问题的解决提供有效方案。通过目标管理,能够把企业的工作与部门的目标紧密结合起来,然后把责任落实到每个同事身上,更有助于部门目标的实现。

(3)有效沟通协调,协助解决困难。沟通能够为管理层与员工搭建心灵上的桥梁,有效的沟通不仅有助于管理者更全面地了解员工的想法,从而制定合理的工作方案,而且有助于员工更好地理解工作任务,提高工作的效率和积极性。

需要注意的是,进行目标管理时,不能仅仅流于形式。首先,一定要利用当前资源制定切实可行的目标,保证目标任务的可行性,这样才能进行后续的工作;其次,在实施目标的分解时,要把目标落实到责任人身上,可以通过责任书来明确责任,确保任务可以按计划实行;最后,在实施的过程中要对一些信息及时反馈汇总,并对目标的实施结果进行有效考核。总之,实施有效的目标管理要做到"精于设计、重在推行及全面统筹"。

第二节　决策理论

一、决策的概念

赫伯特·A.西蒙将科学管理理论、人际关系理论、运筹学和统计分析相结合,系统地研究了企业的组织行为。作为决策理论的鼻祖与奠基性人物,西蒙提出的决策理论认为,决策是在管理的全过程中进行的,组织的所有管理活动都是以决策为中心的群体活动。决策的正误影响企业的发展方向是否正确,科学决策的重要性不言而喻。

从一般的意义上看,决策是指从备选方案中选择行动步骤,是计划的核心。决策是计划的基础,如果对企业的资源配置、发展方向没有做出决策,计划也就无从谈起。管理人员有时把制定决策看作是他们的中心工作,这是因为决策贯穿在很多问题中:要做什么、由谁来做,以及怎样做。

二、决策理论的代表性理论

(一)完全理性决策论

完全理性决策理论又称客观理性决策理论。在决策之前,理性人可以考虑所有的行动,以及这些行动可能产生的影响;决策者根据自己的价值判断,选择最有价值的行动作为对策。

客观理性决策面对的挑战包括:一是风险与不确定性的情况。客观理性决策只能适用于具有确定性和无风险的行动,但是,绝大多数的行动和政策选择都是具有高度风险和不确定性的。二是高度复杂性的情况。客观理性的决策所使用的完备性的计算往往只适用于解决包含因素比较少的公共政策问题,但是,实际需要解决的公共政策问题却是异常复杂的,它超出了一般的计算能力。三是客观理性的决策往往只适用于少量决策者的政策决定。当存在多个有利益矛盾的决策主体时,就会产生相互竞争与博弈的情况。

(二)连续有限比较决策论

人的实际行动不可能符合完全的理性,决策者是有限理性的,不能预见所有的结果,他们只能从备选方案中选择一个"令人满意的"方案。

在现实生活中,最佳方案往往是不存在的,即使人处在绝对理性的情况下,也不可能排除影响决策的其他别的因素,因此该理论更具备现实意义。

(三)组织决策论

人的理性受到个人智慧和能力的限制,必须依靠组织的作用。通过分工,每个决策者可以清楚自己的工作,了解更多的行动计划和行动结果。个人的力量有限,但是团体不仅可以增大力量,还能够提高力量的使用效果。组织为个人提供一定的指导,使决策的方向明确,从而提升决策正确的可能性。

(四)现实渐进决策论

决策者不可能拥有人类所有的智慧和所有关于决策的信息,且决策的时间和成本是有限的。在现实生活中,决策者在制定方案的过程中,面对细节问题,切忌"拍脑袋"决策,应进行实地考察,掌握真实情况后再进行规划。因此,决策者只能采取应对的方法,在"偏颇的相互调整"过程中做出决策。现实情况下,管理者进行决策时,应当充分考虑到员工的意见和建议,因为只有统筹了员工的想法和思路,才能得出最完善的解决方案。

(五)非理性决策论

人的行为在很大程度上受潜意识、感觉、直觉等的支配。许多决策行为往往表现出无意识与非理性,这说明决策者在处理问题时往往感情用事,并非基于理性的状态。在现实决策的过程中,非理性决策是一种客观存在的现象。非理性决策也并不一定是错误决策,人们经常会根据自己的感觉、直觉等非理性因素进行决策。

诺贝尔经济学奖获得者理查德·塞勒把心理上的合理假设与经济决策结合。塞勒通过探索人的有限理性、社会偏好和自制力的缺失等的作用,向我们展示了这些人性特质是如何系统地影响个体决策及市场行为的。2017年,瑞典皇家学院认为他的主要贡献在于:"在心理学和经济学的决策分析之间搭建了一个桥梁"。塞勒认为经济学基本假设的缺陷在于：个人在所有经济现象分析中均被假设成是理性和自利的，同时会尽可能地追求最大利益。然而，现实中的个人往往依靠直觉来解决问题，而且就算人们谨遵各种假设，也会经常犯错误，所以说理性的经济人假设往往是一种理想的、简化的。

三、西蒙的决策理论

（一）有限理性理论

西蒙认为，人们在现实生活中作为管理者或决策者，处于完全理性和非理性之间。人们很难在各种因素的影响下理性分析，认清现实；也不可能完全感情用事，不问事实。

由于现实生活中很少做出完全理性的假设，人们往往需要一定程度的主观判断才能做出决定。在主观判断的过程中，人们会受到外在条件的客观影响以及自己的情绪、知识、身份等自身因素的影响。西蒙的决策理论纠正了以往理性选择设计的完备性偏差，从而缩小了理性选择的前提条件与现实生活中理性限制之间的距离。

（二）满意准则

完全理性会导致人们寻求最优决策，有限理性会导致人们寻求满意决策。

在现实中，最优决策很难实现。西蒙提出用满意决策的概念来代替优化准则。令人满意的行为准则是在决策过程中确定一组标准，以解释什么是令人满意的替代方案。满意的决策需要满足两个条件：一是有相应的最小满意标准，二是策略选择能够超过最小满意标准。

总而言之，在现实生活中做决策时，我们应基于环境，从事实出发，平衡理性与非理性。我们可以积极利用前沿技术，全面搜集资料，积极进行实地考察，周密详细制定具体流程之后再进行决策。

四、科学决策：非理性与理性比较

科学决策主要的分析工具是决策树。决策树是在稳定状态下，可以通过倒推回溯来达成科学决策的分析过程。把这种决策过程以树状图形呈现，称之为决策树。决策树的构成要素有四个，它们分别是决策点、分支、概率和损益。决策点指的是做出哪一种选择，分支是指有哪几种选择，概率是指每种选择下好坏可能性发生的概率，损益是指每种选择下好坏结果最终折算成的损益值。

在现实生活中，我们作为下属员工，在遇到难度较大的工作时，要灵活变通，寻求上级领导或者专业人士的帮助，并依据实际情况对问题进行分析解决。作为上级领导，在工作中要注意加强同事之间的交流，帮助同事通过实践练习尽可能掌握相关技术，提升部门综合实力，并对工作内容分类处理，合理分配人力资源。

研究表明，无论是哪一种决策都有其存在的合理性，比如理性决策和非理性决策都有其存在的价值，也都能反映现实。人类认识事物的非理性和理性过程如图 7-3 所示。

综上，可以得出：

（1）人有理性行为与非理性行为，二者都能反映现实；

（2）理性行为不等于正确行为，非理性行为也不等于错误行为；

（3）理性行为可以使得获取最优解（满意解）的概率变大，非理性行为则相反；

人类认识事物的非理性过程：　　　人类认识事物的理性过程：

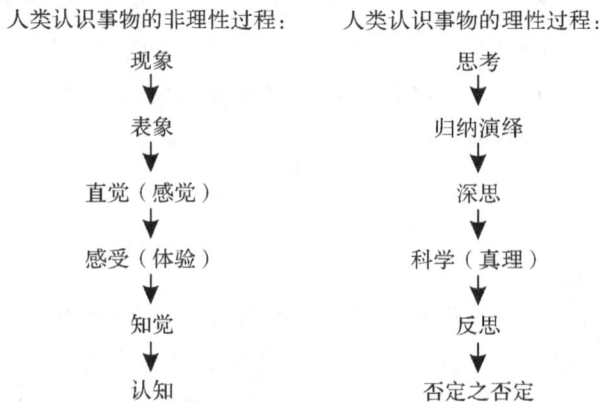

图 7-3　非理性与理性认知过程

（4）理性人假设是一种方法论逻辑，为科学研究所必须；

（5）理性人假设是激励、约束制度设计的逻辑前提。

第三节　激励机制设计

一、激励相关理论简述

现有的激励理论主要是从心理学和组织行为学的角度出发。流行的管理激励理论可以分为两类：内容型激励理论与过程型激励理论，本小节从这两个理论出发详细介绍激励理论的发展与内容。在现实生活中，员工考评与激励息息相关，与激励相配套的措施可以纳入评价考核中。

（一）内容型激励理论

内容激励理论更关注那些影响行为的变量的性质，如人们需要什么特殊的奖励，他们需要满足什么基本的需要，什么样的激励是最有效的等。在该理论下，激励的内容得到最直接的展现，具有较高的总结性。

1. 莫瑞的人类人格理论

面对动态变化的环境，人是有适应能力的。人们能够根据所得到的内外部环境的正向变化做出积极的反应，也会因为个人需求没有满足而做出消极的应对措施。人类的行为是有目标和有目的的。人的行为受内部因素（需求）和外部环境因素的支配。人类可以从与环境的互动和以往的经验中学习。人们也对未来有一些期望。考虑激励措施时不得不考虑人类人格的影响。

2. 马斯洛的需求层次理论

马斯洛理论把需求分成生理需求、安全需求、社交需求、尊重需求和自我实现需求五类，依次由较低层次到较高层次。在更高层次的需求变得重要之前，人们必须先满足底层的需求。人们一旦满足了某一层次的需求，下一层次的需求就会成为行为的中心目的。

3. ERG 理论

克雷顿·奥尔德弗提出了一种新的人本主义需要理论。奥尔德弗认为核心需要有三种，即生存(existence,E)的需要、相互关系(relatedness,R)的需要和成长发展(growth,G)的需要。该理论主要从人的角度出发,强调从较为深层次的人类需求考虑激励措施。

4.麦克利兰的成就激励理论

麦克利兰认为个体在工作情境中有三种重要的动机或需要,即成就需要、权力需要与归属需要。人们在完成一项工作的时候,需要具备对应的权力,这样才会有一种可控感,也更能够相对自由地开展工作,同时工作完成后的激励应满足员工的成就感需求,即需要与工作相匹配,最后人的情感归属需求也不可忽视。

5.赫茨伯格的激励-保健理论

弗雷德里克·赫茨伯格提出了激励-保健理论,也称"双因素"理论。保健因素可以用来体现高水平员工的不满意,如果管理层改变了这些保健因素(如公司政策与行政管理、监督的质量、人际关系、工作条件与薪金),员工的不满意就会减少,但是不会变得更加满意。激励因素(如成就、认可、工作本身、责任感与发展)可以用来体现高水平员工的满意度,但是,如果没有这些因素或使员工没有体会到这些因素,他们也不会产生不满。

(二)过程型激励理论

1.期望理论

期望理论是美国心理学家弗鲁姆提出来的。人们采取某项行动的动力或激励力取决于其对行动结果的价值评价和预期达成该结果可能性的估计,用公式可以表示为

$$M = V \times E$$

其中,M(motivation)是直接推动或促使人们采取某种行动的内在动力;V(value)是指达到目标后满足个体需求的价值;E(efficiency)是指基于过去经验的主观判断,达到目标并导致某一结果的概率的估计和判断。

在该理论下,量化思维得到了一定程度的体现,且工作中每项工作的任务量不同,机械地分配会导致员工的不满,最终消极怠工。采取量化的方式使工作任务分配更加科学、合理、公正。在对员工进行激励时,需要考虑上述现实因素。

2.公平理论

公平理论又称社会比较理论,它是美国行为科学家亚当斯提出的一种激励理论。该理论侧重于研究工资报酬分配的合理性、公平性及其对职工产生的积极性影响。绩效考核是关系每一个员工的切身利益的大事,绩效考核方面如果有失公正或者说该纳入绩效考核的工作量最终没有被纳入,那么员工的工作积极性和工作效率将会受到严重的影响,严重的甚至影响整个企业的运营。

公平理论认为当一个人取得了成就并获得了奖励时,他不仅关心自己奖励的绝对数量,而且关心自己奖励的相对数量。因此,他必须进行横向和纵向的比较,以确定他的薪酬是否合理,比较的结果将直接影响他对未来工作的热情。同时,要提高一线人员的工作积极性和工作效率,在沟通上要注意平等对话,在工作量分配上要合理有序,在绩效考核上要公平公正。

3.强化理论

强化理论假设人们愿意从事能带来积极结果的行为,但会回避不能产生积极结果的行为。当行为的结果对他们有利时,这种行为就会重复。运用这种理论来管理组织中行为的时候,应当遵循一些基本原则,如后效强化原则,就是只有当理想的行为发生时,能够达成某种结果的话,这种结果才能对行为具有最强的影响力。又如直接强化原则,即只有在行为发生后,结果立即就能发生的情况下,这种结果才能对行为具有最强的影响力。

二、激励机制设计

激励理论的基本思想是:企业通过特定的方法与管理体系,调动员工的工作积极性。从这个假定出发有两个推论:激励对个体越有利,个体工作越努力;当个体感知不到进一步的激励时,个体会想方设法偷懒。第一个推论是,设计合理的激励机制是激励个人努力工作的重要手段;第二个推论是,设计有效的监督和惩罚机制是避免个体懒惰的重要手段。

(一)激励机制设计的原则

激励机制必须建立在对个体需要进行调查、分析和预测的基础上实施。激励机制对于意见反馈通道的畅通和活跃有积极作用,对提出较好意见的员工进行表扬和奖励会推动大家以更积极的态度进行反馈。激励机制的设计应在沟通交流的基础上,从根源上对问题进行解决,确定好每个员工的个人发展目标,并将目标细化,落到实处,真正对问题进行解决。

1.物质激励与精神激励相结合

从管理学上说,激励可以分为物质激励与精神激励。激励机制的设计强调物质激励与精神激励相结合。额外工作的工作量需要被承认,这一点十分重要。激励可以从两个方面展开,精神方面可以进行言语和行动上的公开表扬,物质方面可以将额外工作与绩效或奖金直接挂钩。

从社会的角度来看,一般来说,当社会、经济、文化发展水平较低时,人们的物质需求会更强,反之人们的精神需求会占主导地位。从个人的角度来看,一个人的教育水平、工作性质和自身的道德修养也会对需求产生很大的影响。因此,无论是从个人发展还是社会发展的角度来看,精神动力都应该逐渐占据主导地位,人们的追求也会被引向更高的精神境界。在提升员工工作主动性时,可以采取激发他们内在动力的方式,促使他们自我发展。

2.正激励与负激励相结合

正激励是从积极的方向激励,如晋升、加薪等;负激励是从相反的方向激励,如罚款、减薪等。在实际工作中,只有对先进者奖励,对落后者督促,才能使激励有针对性,真正调动人们的工作积极性。

3.短期激励与长期激励相结合

短期激励能够很好地满足员工的基本生存需求,直接给予员工工作的动力;长期激励可以满足个人职业发展和个人价值实现的需要,可以提高个人对组织的忠诚度,从而更积极地为组织创造更多的利益。短期激励与长期激励相结合,能够充分激发个人的潜能,对组织更有利。

4.绩效原则

激励与绩效相辅相成,对个体激励时还要考虑绩效原则,绩效考核体系的建立要反映与个体的努力、能力相关的标准,而不是一些非绩效标准。在工作开展中,完善的过程工作任务监督机制是保证绩效评价合理运行的重要基础,是对工作成果高质量输出的基本要求。管理者应针对工作任务,调整绩效考核的内容,并对同事的成果进行统一汇总,交叉审核,确保最终工作成果按时保质保量完成。

5.公平原则

个体往往喜欢不断与他人进行比较,并对公平与否的程度做出判断,从而影响自己的积极性。组织要做到内外部公平,这样的激励体系才是有竞争力的。

管理者制定任何一项考核制度时,都必须明确一定的衡量标准,以此来判断被考核者是否达标。衡量标准的制定应当是客观且公平的,能为大多数员工接受,这就依赖于管理者对员工的有效沟通与协调,需要管理者根据沟通的结果来完善考核体系。

6.全面客观原则

总而言之,激励机制的设计应当全面且客观,同时兼顾员工的精神需求与个人发展的需求。全方面考虑员工的需求并设计相应的激励机制对企业管理层具有较高的要求,企业管理者应充分尊重人性、结合实际情况来发挥人的优势,使得激励措施更加行之有效地激励员工工作。

图7-4为构建的全面激励体系。

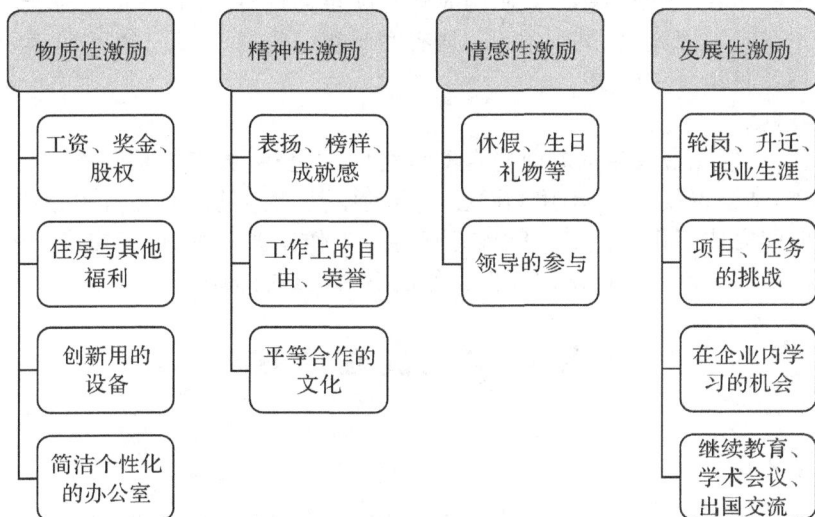

图7-4　全面激励体系

(二)组织激励模式

1.基于学习型组织的激励模式

学习型组织本身有许多优势,如"基层导向扁平化结构""内部浓厚的学习氛围""自发学习""崇尚创新精神""共同愿景"等,使其越来越受到管理者的尊重。在学习型组织中,有类似于学生时期的学习氛围,组织内员工共同学习,对级别的概念较为弱化,并且是基于共同学习进步的目的自发学习。

2.基于团队的激励模式

一个人的能力往往是有限的,管理者在执行部门管理活动时,应当适当地进行跨部门沟通,学会借助团队力量解决问题。因此在考虑激励措施时,需要考虑跨部门团队,基于团队设计激励措施。团队激励的优点是团队成员之间的同伴监督和同伴制裁可以减少团队合作中的"搭便车"现象,提高激励的效果。此外,团队荣誉增强了成员之间的相互依赖,提高了团队精神和团队工作效率,加强了部门内部的沟通交流,在团队建设方面形成了统一的思想认知,有助于部门凝聚力的提升。

值得一提的是,保持与团队或部门成员的融洽关系对于工作的顺利开展是十分必要的,因此在面对与自己意见相左的情况时要保持客观冷静,要有一颗宽容心,不要去苛责对方,要设身处地地去理解对方的语言和动机。

3.基于扁平化组织中的员工激励模式

在现实工作中,在面对由于信息不对称而导致的跨部门协作不畅问题时,可以通过提高同事思想认知水平与构建扁平化组织结构来解决。在扁平化的组织结构中,应采用除了"职位晋升"以外的其他能满足员工"尊重感"需要的手段。

三、互联网思维激励

1.利用互联网让员工参与

互联网智能化背景下,员工的需求和价值诉求有了更大的平台,网民也更热心地提供信息,舆论的导向使员工发言更易引起重视,因此,企业可以通过移动互联网让组织对员工的绩效认可与激励无时不在、无处不在。互联网时代呼唤全面认可激励,并且也为全面认可激励的实施提供了技术基础。因此,员工所做的一切有利于组织发展、有利于客户价值及自身成长的行为都可以得到及时认可和激励。

2.弹性工作制

互联网时代,人们花费大量的时间置身网络之中,办公室员工更是网络化办公,员工的工作方式更灵活了,结合授权,员工不用局限在一定的空间、时间段,而是自主选择合适的时间、空间并在规定时间完成工作任务,更好地协调生活、工作。据调查,员工非常钟爱这种工作方式,尤其是女性,所以管理者可以采用弹性工作制对员工进行激励。

第四节　流程管理

一、流程的含义

流程是由多个要素组成的系统,通常包括功能、业务逻辑、组织、知识、目标、数据和产品等,流程的各种要素之间的关系如图7-5所示。

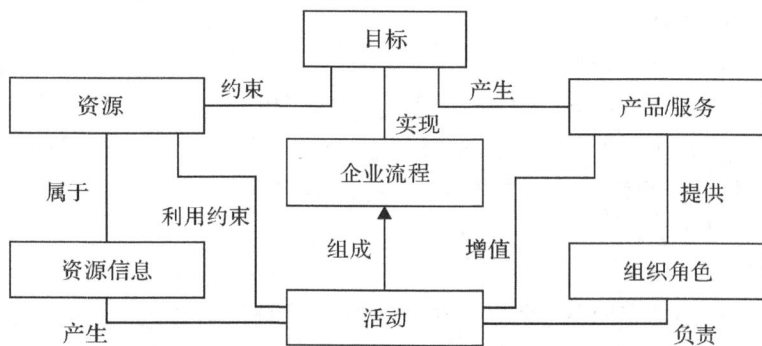

图7-5　流程要素的关系

我们将流程定义为:流程是一系列顺序相连、创造价值的活动,是企业内部在管理和业务领域优秀经验的总结和固化,并且永远存在持续改进空间。流程的作用为:通过执行一系列的活动达到期望的管理/业务成果;以规范的工作方法代替经验式的工作方法;流程是对企业中业务和管理中优良经验的总结和固化;流程是可以不断改进、不断提高的,不断改进流程的目的是更快、更好、更省、更容易地工作。图7-6可以让我们更好地理解流程。

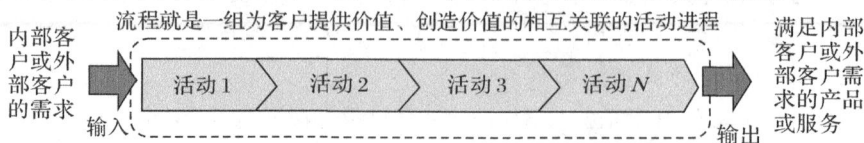

图7-6　流程示意图

二、流程管理与流程再造

流程管理是一种以客户为导向,通过跨职能合作提高各流程增值能力的系统化管理方法和技术。

流程再造理论是由美国的迈克·哈默博士提出的,其基本内涵是以企业的长期战略需求为基础,以增值流程(满足客户的业务)的重新设计为中心。关于流程再造的基本观点为:流程再造是一项战略性的进行企业重构的系统工程;是所有重要的核心流程再造,而不是单一部门的改造。流程再造的目的是基于信息技术,建立顾客高度满意的服务流程。同时,全面改善工作环境,如组织扁平化,打破官僚体制;减少审核和监督,降低管理成本;减少冲突,增加凝聚力。

三、流程管理的特性与核心

(一)流程管理的连续性

一个完整的业务流程管理过程应包括四个阶段:流程建立(即流程设计)、流程优化、流程实施和流程评价,如图7-7所示。

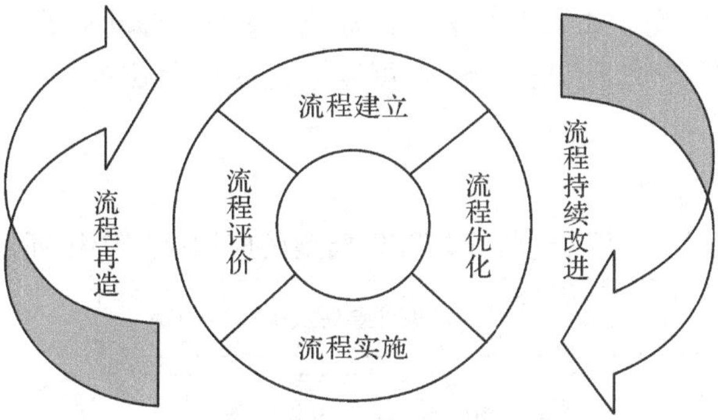

图7-7 流程动态管理

其中,流程建立包括流程的描述和使用必要的工具进行流程设计两个方面;流程优化进一步研究和发现流程运行的瓶颈,并提出原有流程修正方案;流程实施是指在整个组织内按照新的程序进行工作;流程评价是对流程运作的质量进行评价。

(二)流程管理的循环性

外部环境在高速变化,如果组织完成了流程动态管理的四个阶段后不再进行变革,新流程不久就会从有效变得无效,从适应变得不适应。因此,企业不应、也不会停止变革,通过每一次循环,企业业务流程的效率和价值都将得到提升,从而形成一个动态的循环并不断提高流程管理能力的管理过程。

流程管理不是在问题出现之后的应急措施,而是平时组织在流程再造实施的过程中,会定期评估新流程的绩效。

(三)流程管理的实时性

企业的流程管理并非都要按四个阶段一步一步进行,对整个企业的流程管理来说,上述四个阶段的管理可能同时存在,因此要根据各个流程各自的特性和环境实施管理。

(四)流程管理的核心

流程表现为企业的做事程序,流程管理不只是用来保证正确地做事,是讲究采取最好的路径、最低的成本去实现一个毋庸置疑的正确目标的系统方式。

流程管理首先确保流程中的所有活动都是面向客户的,因为流程中的活动均为增值的活动,从而也就保证了流程中的每个活动都是经过深思熟虑后的结果,是与该流程的最终任务或目标相互协调的。流程管理的核心就是通过协调保持组织整体效率。

四、流程管理的方法

(一)标杆分析法

标杆分析法是将本企业经营的各方面状况和环节与竞争对手或行业内外一流的企业进行对照分析的过程。

标杆分析法流程包括:①确定要进行标杆分析法的具体项目;②选择目标;③收集分析数据;④确定行动计划;⑤实施计划并跟踪结果。

标杆分析法是发现不足、改进经营并达到最佳效果的一种有效手段,整个过程必须包括定期衡量评估达到目标的程度。如果没有达到目标,就需修正行动措施。在由于工作模式不够合理,导致同事的工作积极性不高的情况时,可以分析标杆单位或部门工作模式的优点,并合理调整加以运用。

(二)五步循环改进法

五步循环改进法,即 DMAIC 模型。DMAIC 模型的应用是一个循环过程,如图 7-8 所示。

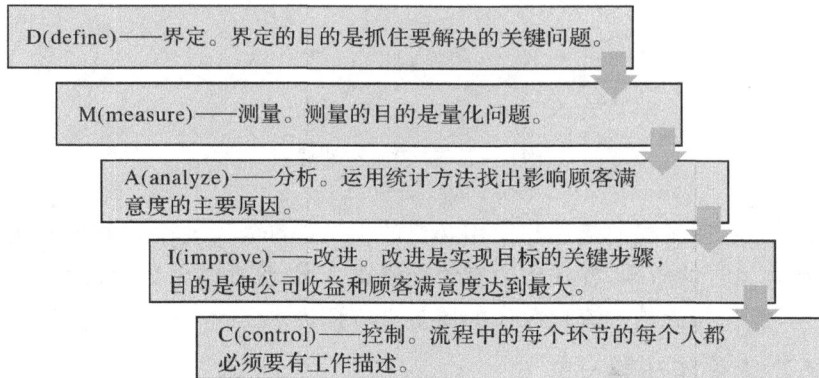

D(define)——界定。界定的目的是抓住要解决的关键问题。

M(measure)——测量。测量的目的是量化问题。

A(analyze)——分析。运用统计方法找出影响顾客满意度的主要原因。

I(improve)——改进。改进是实现目标的关键步骤,目的是使公司收益和顾客满意度达到最大。

C(control)——控制。流程中的每个环节的每个人都必须要有工作描述。

图 7-8 五步循环改进法

在涉及项目周期长、参与单位多的项目管理中,无论哪一个环节出现问题,都会导致最终的项目目标无法如期实现,因此,强化流程监督,发现问题、明确问题,制定针对性的解决方案,引导各单位的换位思考与协调沟通是项目顺利完成的关键因素。为顺利完成此类工作任务,需注意运用以下方法:

(1)明确问题,并提供针对性解决措施(D)。在项目管理过程中,项目推行进度缓慢,则肯定存在问题,作为项目的监督管理者,需要具备辨别核心问题的能力,并针对问题,给予针对性的解决措施。

(2)换位思考,引导各单位充分协调沟通(M/A/I)。在项目的开展中,尤其是涉及多部门合作的项目,作为项目的监督管理者,应具备引导换位思考的能力,否则问题将永远是对方的问题,那项目也无法顺利的推行实施。主动与各方充分的沟通,并引导各方相互换位思考,统一大家思想,要求各方充分沟通,明确告知项目的顺利完成缺少他们中的任何一环节都无法实现。

（3）严格督促,各单位在约定的工作节点上完成任务（C）。对于项目的时间管理,需明确约定各工作完成的时间节点,并严格要求所有参与方在期限内完成本职工作任务,否则,一方的延迟将对整个项目的运作期限产生巨大的影响。

（三）ESIA 法

所有企业的最终目标都应该是改善客户在价值链中的价值分配。重新设计新流程以取代原有流程的根本目的,就是以一种新的结构方式为顾客提供这种价值增加和价值增加的程度。ESIA 法是减少流程中非增值活动以及调整流程的核心增值活动的实用原则。该方法包含消除（eliminate）、简化（simply）、整合（integrate）和自动化（automate）四个步骤,简称 ESIA 法。与此方法类似的还有 ECRS 分析法,即取消（eliminate）、合并（combine）、重排（rearrange）、简化（simplify）。

五、流程管理的组织与实施

流程管理的组织形式有跨部门小组、流程处理专员、项目经理。跨部门小组的形式目前广受欢迎,跨部门小组成员由不同的业务部门成员组成。在跨部门小组中,成员可以脱离原来所属单位的限制与束缚,且跨部门小组成员的认同感来源于小组,因此可以使得成员间更好地协调与合作。流程处理专员职位的设计具有较高的素质要求,它要求员工具有不同专业的知识技能,能够承担若干个专业工作。尽管这样的工作看起来似乎不太现实,但是在信息技术的支持下,一个流程处理专员可以承担过去几个专业人员的工作。

流程管理指出组织要从组织的实际情况出发,围绕顾客需求,以流程为基础,并结合全面质量管理、信息技术、大数据、人工智能的应用,开发出各种流程管理系统和技术,进行不同层面的流程变革,即对现有流程进行一定的改进、规范,甚至设计新的业务流程等。

在流程梳理过程中,是以客户方内部团队为主,管理人员首先需要组织流程调研,找出流程中存在的问题;其次需要确定流程的梳理范围,从流程的目标、成功的关键因素,以及各个环节的规范等方面进行描述;最后将流程收集成册,作为日常工作的指导依据。

流程优化过程是以顾问团队为主,并需要内部团队确认。流程优化的前提是流程描述已经准备就绪,针对流程中存在的各种问题,顾问团队给出不同的解决方案,利用流程管理工具进行流程优化。

在流程再造过程中,需要以双方团队合作为前提,并获得公司级领导的确认。流程再造过程中,首先要成立流程管理委员会,并对他们进行培训以熟悉流程与规范描述方法与技巧;其次需要确定流程与规范模板,采用业务流程或管理流程的方法分解流程;最后确定流程负责人,并制定流程的动态管理制度。

流程管理的成功实施,需要企业内外部多方面的支持与配合,如领导的全面支持。企业领导者的参与与支持可以促进改革过程实施,领导人的决心和意愿是流程管理成功的保证。流程管理的变革会涉及很多人的利益,如果企业的领导人有畏难情绪,那么再好的流程没有人执行,也得不到任何效果。流程管理的实施还需要持之以恒的培训,通过管理思想和管理团队的培训,将改革思想逐层传递到员工以保持改革过程中员工一致行动。同时,流程管理需要员工的广泛参与。员工的广泛参与不仅有利于在组织内部传播改革的思想,而且也有利于员工较早的适应和改进系统。此外,在流程管理中,企业往往会忽视基础数据的准备。企业对基础数据的重要性和困难往往估计不足,这将会很大程度地影响流程管理的实施,因此企业要及早进行这方面的准备。

六、流程图的两种描述方法

(一)以部门或岗位为单位的流程图

这种流程图以部门或岗位为单位,图中的连线表示动作或它们之间的关联,通过连线上的序号表示活动的先后,这几个要素构成了流程。

这种绘制方法的优点是能够较为明确地表示出各单位的输出和输入以及它们之间的其他联系。某公司项目工程部项目业务员的保函办理流程如图7-9所示。

范例内容如下:

1. 岗位职责

(1)根据部长的安排,完成项目的信息跟踪和招标、报价等工作。

(2)服从项目经理的工作安排,按照项目进度安排完成所指派的工作。

(3)按照质量体系规定的程序和权限执行业务工作。

2. 工作内容

(1)根据部长分派的项目信息,处理信息,初步判断其可行性。

(2)进行顾客资信调查以降低项目的风险。

(3)联系项目中的生产厂家或供货厂家,并进行询价。

(4)进行公司内部的价格核算,对项目进行成本费用的初步估算。

(5)负责项目过程中各种保函的开立和撤销工作。

(6)在不需要投标的项目中根据领导指示完成项目报价过程中的有关工作。

(7)在需投标的项目投标阶段,及时完成上级所分配的资料搜集、标书撰写等工作,同时按时递交投标总结分析报告。

(8)在项目计划阶段,协助项目经理编制项目计划,对所指派的工作单元编写项目概算、资源使用计划和进度安排。

(9)按月撰写工作单元进度报告,及时上报项目经理。

(10)按进度计划执行项目,保证保质保量地完成所负责工作单元;如确要发生计划变更,需按照项目变更审批流程实施变更。

(11)严格按照项目预算组织经费开支。

(12)严格执行各项质量标准,对工作单元进行积极的过程控制,对于工作单元所取得的各项成果及时进行质量检查并上报质量报告。

(13)与施工方、业主及时沟通,发现问题及时上报。

(14)对项目中由分包商、供货商所提供的各项劳务和产品进行严格的质量把关,一旦发现问题,及时上报项目经理。

(15)对项目执行过程中所涉及的合同、文档以及各种报告按照合同文本管理规范及时整理并归档。

（16）项目执行完毕后，及时撰写总结报告，分析项目管理中的经验得失。

（17）完成上级领导交办的其他工作。

3. 工作标准

（1）项目中的各分承包商必须符合公司的《分承包商评价控制程序》所规定的标准。

（2）顾客资信的审核工作以《顾客资信审核规定》为标准。

（3）公司内部的价格核算需要经过公司内部相关部门的审核和领导的批准。

（4）标书的制作要符合规定的形式，并保证各种资料的齐全。

（5）严格按照项目计划开展业务工作，每月 1 日向项目经理递交所负责工作单元的月度进度报告。

（6）对于提出的各项变更要求，需向项目经理递交书面申请，经批准后方可实施；如确系紧急情况需及时处理者，在变更发生的 5 日内递交变更申请并说明原因。

（7）所负责项目的各项合格率不低于合同要求和公司标准。

（8）项目结束后的 15 天内递交总结报告。

4. 流程图

保函的办理流程如图 7-9 所示。

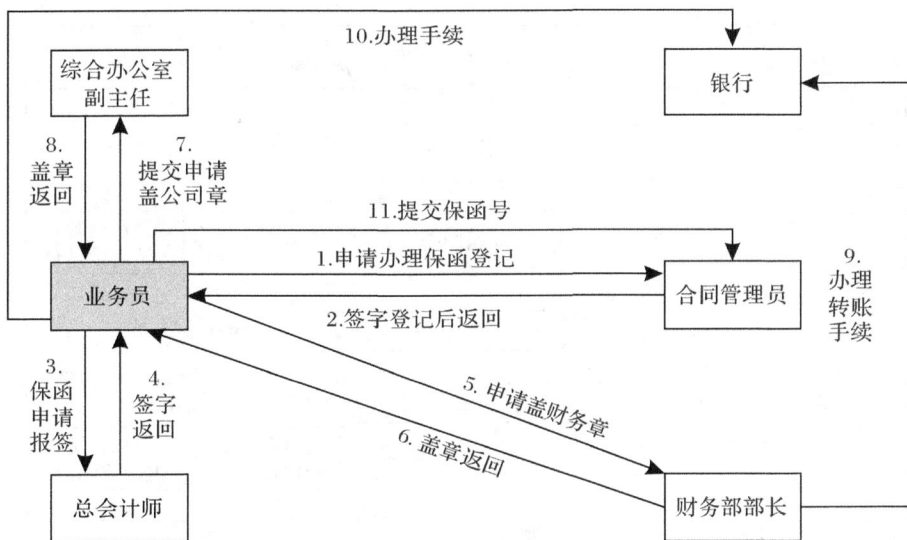

图 7-9 保函办理流程

（二）以业务或活动为单位的流程图

这种流程图以活动为单位，然后用箭头相连，并在顶部表示执行活动的部门。

这种流程图的优点是突出了价值活动的逻辑关系，并能够较好地表示出各部门的责任。某公司招聘录用新员工流程如图 7-10 所示。

范例内容如下：

1. 岗位概述

招聘和录用是指企业按照劳动计划，根据工作需要招收录用新职工，以更新和补充企业员工，满足企业发展需要的工作过程。公司的招聘应本着"公开招聘、自愿报名、全面考核、择优录取"的原则。经录用的新职工，还要经过试用期的考核。在试用期内发现不符合招聘条件者,企业还可予以辞退。正式录用的员工,应与公司签订劳动合同。

2.工作流程

(1)用人部门提出人员的需求。

(2)由公司人事管理员协同各部门的相关领导参加人才招聘会,进行现场招聘。

(3)总部部门聘用员工,由用人部门和办公室初审、进行面试,报总裁审批;分支机构聘用员工,由用人部门和办公室初审、进行面试,报人事主管批准;聘用财务人员,由计财部、财务部和办公室会审同意,报总裁审批。

(4)由办公室人事管理员制订岗前培训计划。

(5)培训完成后,新职工上岗。

(6)在3个月试用期满后,本人写书面转正申请,部门负责人签署意见。

(7)将员工的转正申请报送公司办公室人事主管进行考察,人事主管提出意见后,报请总裁批准;分支机构的中层以下人员,由本机构的经理同意后,报办公室人事主管批准。

(8)员工转正后,办公室人事管理员负责与员工签订劳动合同。

3.工作流程图

招聘录用流程如图7-10所示。

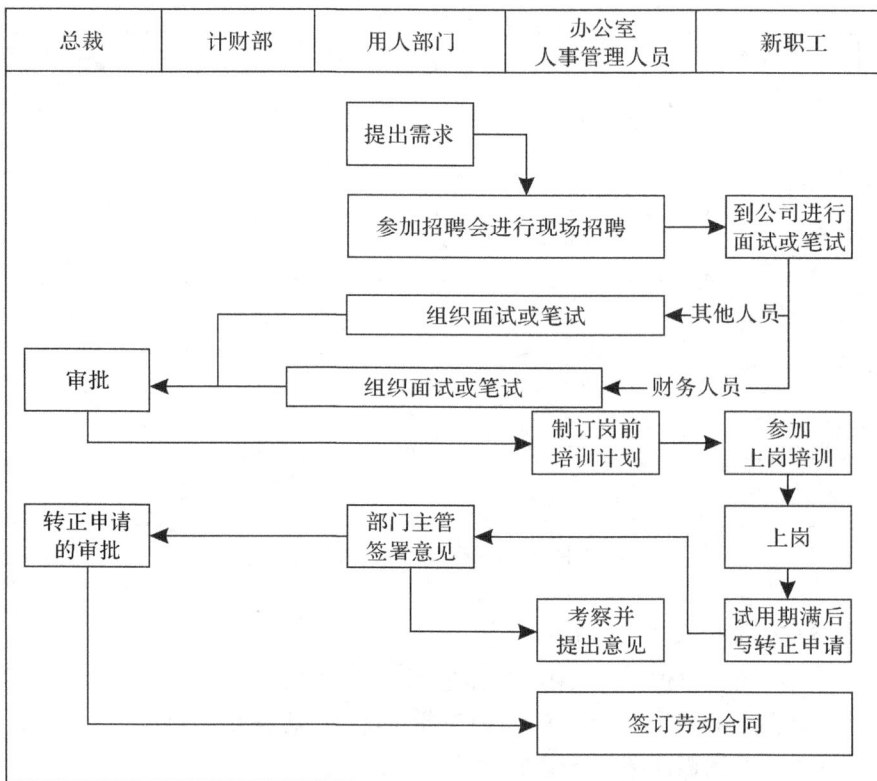

图7-10 某公司招聘录用新员工流程

总之,虽然每一种流程图各有自身的优缺点,但也能充分表达流程管理的核心内容。总的看来,流程管理本身的优缺点如下。

优点：①流程管理使烦琐的业务、管理工作有章可循，有考核的依据；②规范的工作方法代替经验的工作方法；③能比较有效地防止日常工作中的推诿现象，使工作中的沟通与协作变得更加有效；④进行资源的优化和重新配置，在节省成本的同时提高效率；⑤是公司优良经验的总结和固化，是培训的好教材；⑥流程管理是公司基础性管理文件，不能代替其他的专业文件。

缺点：①流程管理假设前提不完全符合实际，流程管理的人性假设前提是 Y 理论，即自我实现人假设，显然这在现实中不完全存在，因此，流程管理不能解决所有问题；②依然局限于局部的管理，企业的整体运营几乎无法通过流程管理和流程再造来解决；③过多关注运营效率和质量，忽视组织和业务等的变革；④过多关注控制，强调执行，会忽视员工的自我管理和创造力；⑤有时过分机械和僵化，缺乏柔性和灵活性。

七、流程管理的发展趋势

从整个演化历程来看，流程管理将成为管理理论与实践中最核心的概念，而流程管理技术则成为管理技术中的核心技术。流程管理的发展演变呈现出信息化、电子化、网络化与平台化的趋势。

（一）流程技术由隐性化向显性化发展

从 1911 年管理理论的诞生起，流程管理思想和流程技术就隐含于泰勒的"方法和过程分析"之中。甘特图、福特装配线、全面质量管理技术、MIS 与 ERP 企业资源计划的出现，都是流程技术的进步与完善，直到 1990 年，迈克·哈默提出企业流程再造的概念后，流程才真正由隐性转为显性，之后基于流程的各种管理技术才突飞猛进地发展起来。现在的企业对各类企业活动的流程均有软件基础设施提供支持并有详细的公司流程规定进行管控。

（二）流程技术由单一流程技术向综合化技术发展

流程管理技术经历阶段流程管理技术—单一流程管理技术—综合流程管理技术三个阶段。技术发展本身也显示出流程管理技术向复合、综合、集成发展的趋势。现在的流程管理技术不仅仅局限于管理层面，而是借助各类技术综合发展。

（三）流程技术逐步走向信息化与网络化发展

随着信息技术的飞速发展，信息技术的战略重要性早已被人们所认识。ERP 的出现整合了企业的各种功能，达到了充分配置和平衡企业各方面资源的目的，推动了信息时代各制造业管理信息系统的发展和改革。

纵观流程管理技术的发展过程，其电子化、网络化的趋势十分明显。电子化与网络化的结合使得流程管理技术的应用越来越广泛，适应了信息时代的过程管理思想，将取代传统的管理思想，成为管理思想的主流。

（四）模块化、标准化与平台化发展

从流程开发与设计的角度看，流程开发技术逐渐从传统的开发设计阶段，经过电子网络开发阶段向标准化、模块化开发阶段发展。随着技术的逐步完善和广泛采用，一场新的流程管理风暴即将来临，模块化、平台化的流程管理技术将带来过程管理的革命。现在的流程管理技术更加专业化，借助专门为公司设计的流程管理平台进行管理。

(五)外部化、扩展化趋势逐步加强发展

随着社会经济的发展,流程管理技术已经从内部局部过程管理技术阶段发展到内部整体过程管理技术阶段。换句话说,它的发展经历了四个阶段:内部本地流程管理阶段、内部网络化阶段、外部网络化阶段和电子商务阶段。

本章案例阅读

【案例7-1】　　　　　　　　　　**如何抉择**

在一个大雪纷飞的圣诞之夜,LB速递公司的包裹快递员John驾车前往一个山区,他要将一个价值100美元的包裹送到当地一座山顶别墅中去。车到山脚,John却见积雪封路,根本无法上山,怎么办? John决定先和别墅的主人取得联系,说明情况,协商一下解决办法。

他用手机打别墅的电话,只能听到持续的忙音,经询问当地的电话局,才知道原来是大雪破坏了通讯线路,需等雪过后才能检修。他又打电话问公司,想请示有关的主管经理,然而被告之无法联系到任何一位可以抉择此事的经理。

看来John不得不独自处理这个棘手的问题了。

以交货迅速及时著称的LB速递公司在顾客中一直享有良好的口碑,它的宣传口号"受人之托,决无延误"就印在John驾驶的送货车上。多年以来,LB公司的管理层不厌其烦地向员工灌输这样一个理念:要不惜一切代价保证客户的包裹按时送达。如要信守公司的承诺,John此时唯一的办法是花2500美元租一架直升飞机到山顶。

是驱车返回,还是真的"不惜一切代价"?

John最终选择了后者,他与航空公司取得了联系,用自己的信用卡租了一架小型直升机将包裹连夜送到了客户手中。

当第二天John向主管经理汇报事情经过,并要求公司报销2500美元的租飞机费用时,在公司内部有两种观点。一部分主张处罚John,让他自己承担一切费用,理由是:"如此兴师动众就为了一个区区100美元的包裹,太小题大做了。""大风雪属于人力不可抗拒的因素,包裹如不能按时送到也情有可原,只要事后向客户进行一定的经济补偿,体现公司完善的服务就可以了。""顾客应该能够谅解这种特殊情况,当时返回公司不见得就会影响公司的声誉。""决无延误只是LB公司常用的一种广告用语,不能因此去做亏本生意。"另一部分认为John应该受到嘉奖,理由是:"决无延误应该是没有例外的,为维护公司声誉租用直升机是必要的,因为这是当时解决问题的唯一途径。""John为了贯彻公司的服务宗旨,维护公司形象,付出2500美元的代价是完全值得的。""John充分发挥了主观能动性,把不可能的事变为了可能,公司需要的就是这样的员工。"

【案例7-2】　　　　　　　　　　**企业转型决策**

对很多企业来说,都面临着转型。

IBM,最早在1911—2005年,是卖打卡设备、卖电脑的,从2005年开始,把电脑业务卖给了联想,开始重点投入软件服务和IT系统解决方案,后来又提出了智慧城市的概念,帮助中国各大城市进行智慧化数据采集和系统建设,最近几年开始布局人工智能与云计算。

华为是1987年成立的,最早是卖程控交换机的,后来在3G时代起步卖通信基站与网络系统,4G时代开始超越各大世界通信系统及基站供应商,在5G时代全面领先,同时开始在手

机和智能智慧终端方面发力,目前华为的系列品牌手机,成为世界上最有竞争力的产品,与苹果、三星并驾齐驱。

【案例 7-3】　　　　　　　　**有效激励**

在电视剧《亮剑》中,看见战士正在演练刺杀动作,李云龙觉得单单演练动作用处不大,一对一实战才能在战场派上用场,不至于丢了性命。面对一营和二营实战演练的激烈场面,赵政委向李云龙说出了忧虑,两人商量出挑选精英士兵,组建加强排的办法。

李云龙想到好主意后,不坐等研究而是立刻采取行动,并且采用了激励、竞赛等方式调动战士的自尊心、好胜心和积极性。

李云龙:"谁有能耐? 这个问题问得好呀,谁有能耐,我也不知道。我今天在这摆了一个擂台,全团一千多号人,有一个算一个,想吃肉的,给我站出来露两手。咱们独立团就这规矩,有能耐的吃肉,没有能耐的,连汤都喝不上,谁让你小子不争气呀!"

李云龙:"什么擂台? 站出来,和我过招。把我放倒了,吃肉,被我放倒了,一边站着去,你们要是觉得我李云龙太厉害,没关系,那儿有一个框,把手榴弹给我扔进去,也能吃肉,这两样,都吃肉。"

(案例来源:电视剧《亮剑》。)

本章要点小结

1. 目标是行动的目的地,目标构成一个公司使命或宗旨到个人目标的层次体系。从德鲁克提出目标管理,到后来研究者的不断深入与完善,目标管理变成了一种成熟的管理体系。目标管理的核心是参与式管理与自我控制。目标管理有许多优点,它可以提高管理水平,常常迫使管理人员明确组织结构,鼓励员工致力于目标的实现与有效控制的实施。目标管理的不足之处在于目标本身难以确定,目标倾向短期化。

2. 决策是计划工作的重要组成部分,决策是人们从各种可行性方案中选择一个满意方案的过程。决策问题可以分为个人决策和集体决策,个人决策和集体决策各有利弊。在不同的情境下,应选择不同的决策方式,以减少负面影响。决策方法还可以分为定性与定量方法。

3. 激励指管理者运用各种管理手段,刺激被管理者的需要,激发其动机,使其向所期望的目标前进。代表性的管理激励理论有内容型激励理论(需要层次理论、ERG 理论、成就激励理论、双因素理论等)、过程型激励理论(期望理论、公平理论、整合期望理论)。激励设置原则中,我们关注激励设置的原则与模式,并探讨在互联网思维下,激励理论的有效实施。

4. 流程管理是不断提高企业所有流程增值能力的系统化管理方法与技术。流程管理的特性是连续性、循环性、实时性,并以通过协调保持组织整体效率作为核心。流程管理常见方法有标杆学习法、五步循环改进法、ESIA 法、ECSR 法。另外,我们还关注流程再造,根据不同的再造需求,采用的方法也不同,如系统改造适用于小幅度,而全新设计适用于彻底变革。

5. 流程管理在不断的发展中,具有以下发展趋势:流程技术由隐性化向显性化发展,流程技术逐步走向综合化,电子化与网络化进一步结合,模块化、标准化与平台化发展,外部化、扩展化趋势逐步加强。

思考和讨论题

1. 什么是目标管理,其优缺点是什么?

2. 阐述目标管理的基本思想、实施过程和可能产生的局限性。

3. 在新企业中如何应用目标管理?

4. 决策与预测之间的关系是什么?

5. 定性和定量决策的方法有哪些,各自运用于什么场合,各自有什么优缺点?

6. 请任意写出三种激励理论在现实生活中的应用。

7. 怎样进行有效的奖酬激励?

8. 流程管理常见的方法有哪几种?

9. 流程管理常见的组织形式有哪几种?

10. 如何在中国企业中更好地推进流程管理?

本章参考文献

[1] 姜朝辉. 谈彼得·德鲁克的目标管理和自我控制[J]. 时代金融,2006(09):44-45.

[2] 吴中超. 对目标管理的再思考:目标管理是否过时了? [J]. 商场现代化,2005(29):65-66.

[3] 贾晓东. 目标管理的实践与思考[J]. 图书馆建设,2002(05):87-90.

[4] 孔文. 再谈目标管理[J]. 东北财经大学学报,2005(02):45-47.

[5] 陈小云. 目标管理失败的原因及对策探讨[J]. 当代经理人,2005(04):106-107.

[6] 巫成功. 目标管理[M]. 北京:中国商业出版社,2002.

[7] 张烨琳. 美日目标管理差异与中国人力资源管理[J]. 北京城市学院学报,2006(02):77-79.

[8] 李睿祎. 德鲁克目标管理体系初探[J]. 北华大学学报(社会科学版),2007(02):21-24.

[9] 许一. 目标管理理论述评[J]. 外国经济与管理,2006(09):1-7,15.

[10] 兰英. 战略管理中的目标管理思维[J]. 内江科技,2007(04):4,6.

[11] 李睿祎. 论德鲁克目标管理的理论渊源[J]. 学术交流,2006(08):32-36.

[12] 李博,王孟钧. 基于目标管理的流程型项目组织结构[J]. 现代管理科学,2005(10):83-84,16.

[13] 黄柏. 管理就是决策:赫伯特·A.西蒙《管理行为》评介[J]. 管理世界,1990(01):219-221.

[14] 西蒙. 管理行为[M]. 北京:北京经济学院出版社,1998.

[15] 毛秀珍. 赫伯特·西蒙:罕见的博学杂家[J]. 现代企业文化,2010(10):34-36.

[16] 乔牧川. 对西蒙决策理论的解读和述评[J]. 中国机构改革与管理,2011(06):24-28.

[17] 田红静. 决策理性之争议:读西蒙的《管理行为》[J]. 学理论,2012(07):98-99.

[18] 陈美. 比较西蒙与林德布洛姆的决策理论[J]. 学习月刊,2011(20):11-13.

[19] 梁福秋. 理性与选择:西蒙的有限理性理论与科尔曼的理性选择理论比较研究[J]. 科教导刊(中旬刊),2011(18):113-114.

[20] 孔茨,韦里克. 管理学[M]. 北京:经济科学出版社,1998.

[21]蔡斌,赵明剑,黄丽华.业务流程管理(BPM)技术演进及新动态[J].科技导报,2004(11):54-59.

[22]黄艾舟,梅绍祖.超越BPR:流程管理的管理思想研究[J].科学学与科学技术管理,2002,23(12):105-107.

[23]徐火军.企业目标管理体系及应用探讨[J].西部财会,2013(07):55-57.

[24]方丽娜.组织目标管理理论的渊源、形成及在我国的应用[J].经营与管理,2017(01):73-75.

[25]刘丽丽,闫永新.西蒙决策理论研究综述[J].商业时代,2013(17):116-117.

[26]郭艺,艾晶晶.决策理论在科技创新中的应用[J].科技创业月刊,2011,24(09):15-16,19.

[27]王雅楠.激励理论综述及启示[J].科技情报开发与经济,2007(03):204-206.

[28]唐东方.东方战略框架:开启发展战略理论[J].中外企业家,2011(22):1-6.

[29]井辉.流程管理:TQM与BPR的整合与发展[J].科技创业月刊,2009,22(07):68-69.

[30]黄解宇,岳澎.从"职能中心论"到"流程中心论":管理科学的时代变迁[J].未来与发展,2011,34(02):51-58.

[31]张志刚,黄解宇,岳澎.流程管理发展的当代趋势[J].现代管理科学,2008(01):88-90.

[32]SMITH H,FINGAR P. It doesn't matter-business processes do:a critical analysis of Nicholas Carr's I. T. [M]. Tampa:Meghan Kiffer Press,2003.

[33]DRUCKER P F. What makes an effective executive[J]. Harvard Business Review,2004,82(6):58-63,136.

[34]DRUCKER P F. What executives should remember[J]. Harvard Business Review,2006,84(2):144-53,166.

第八章

管理情境

本章导读

情境是由历史遗留及对未来的预期而决定的、表现形式多样的、现行的占主流地位的环境因素。管理世界是一个情境化的世界,管理实践与管理知识都嵌入在一个默认的或声明的情境中。若非如此,管理知识也不必随时间发展,管理学研究就是一劳永逸的。因此,在管理研究中必须面对情境。本章首先对管理情境化理论进行介绍,其次对管理情境问题所衍生出的组织文化要素进行剖析,介绍基于不同组织文化的比较管理研究,最后详细论述了本土管理理论的内涵、价值与挑战。

第一节 管理情境化理论

一、情境与情境化相关概念

(一)情境的概念

情境可简单理解为"场所",是指在特定时期内事情演化、个体活动的现实状况、情形态势或外在条件。Mowday认为情境是和被研究对象处于不同分析层次的外部环境因素。在全球化商业活动的背景下,企业的管理实践和知识在差异化情境中相互作用,国家和组织间的制度、文化差异使得情境因素得到越来越多的重视。然而,情境并不等同于外部环境因素,而应当是一个多层次的概念,它包含了导致某种组织现象的所有刺激因素,可以分为组织内部和外部两类。Tsui(徐淑英)对情境的层次进行了分析,指出在个体层次上,情境表现为个体理解世界的一般倾向、求知方式、沟通渠道和信仰体系;在中观层次上,情境表现为行业以及区域环境,企业内部诸如领导、群体规范、管理实践、人口特征等;在宏观层次上,情境表现为文化、政治和法律系统、技术发展阶段、经济系统、历史、地理、生态系统等。

总之,情境的复杂性、动态性是造成知识的非普适性的直接原因。

那么,情境的准确定义究竟是什么?学术界存在物质环境、物质与理念环境、理念环境三种说法。对于情境问题的研究始于心理学,行为主义学派将情境视为客观的具体环节,将意识、动机等心理因素完全排除在情境之外。认知-行为主义学派着重强调了主观过程的重要性,认为影响行为的因素不仅包括外部环境,还包括内部生理状态。格式塔学派则认为人的行为主要与个体心理上所能感知到的环境有关,而与客观存在的环境无关。

情境概念由客观向主观的发展体现了对于情境作用机制认识的深入,物质因素会对企业与个人的行为造成影响,但最直接的行为诱因是企业与个人对内外部环境的认知。事实上,

"主观"的理念情境并不与"客观"的物质情境相排斥。

表8-1说明了不同学派对情境概念的理解。

表8-1 不同学派下的情境内涵界定

研究学派	主要观点	代表人物	概念界定
行为主义学派	物质环境	Watson	情境是客观的具体环境,而不是主观的精神境界,将意识、动机等心理活动因素完全排斥于情境内涵之外
		Cappelli 等	情境是高于现有研究中分析层次的解释因素,它围绕着特定的现象,发挥着直接或间接的影响作用
		Mowday 等	情境是和被研究对象处于不同分析层次的外部环境因素
认知-行为主义学派	物质和理念环境	Tolman	完整的行动包括外部环境、内部生理状态或中介过程
		Bandura	情境不单单是指客观的刺激环境,同时也是个体对客观情境的认知,即主体、行为、环境三种因素交叉互动才构成了人的行为
		Pepper	个体与环境相互作用形成动态的系统或整体,而个体、个体的心理活动和客观环境共同构成了该系统
		Lerner、Muuss	情境是系统性因素与人的发展之间逐渐形成的或然性循环作用模式,不再局限于影响因素与人的发展之间的单向或双向作用模式
格式塔学派	理念环境	Koffka	情境是个体知觉的环境
		谷传华等	情境是个体对环境的体验、倾向、期待和认知

(资料来源:苏敬勤,张琳琳.情境内涵、分类与情境化研究现状[J].管理学报,2016(4):491-497.)

(二)情境化的内涵

情境化是指将研究对象放置于某种特定的政治、经济、文化、社会等多维度环境和历史、地理等时间空间情境中。在理论的开发与移植过程中,一定要关注情境化问题。

Tsui(徐淑英)认为情境化研究包含四个方面:现象的情境化、理论的情境化、测量的情境化以及方法论的情境化。现象的情境化是由本土的方式自主创造、生成管理理论,并以此为基础吸收融合外来的管理理论;理论的情境化则是指对外来理论进行本土情境中的检验与改进;测量的情境化强调对于外来量表工具的使用,准确的翻译是远远不够的,还需要确保借鉴构念的本土意义,对量表进行本土化,或直接开展开放式和半结构式访谈,进而得出适用于本土情境的量表;方法论的情境化是一种高度的情境化,它从"优化原有工具"转向"开发新的工具",开发适用于本土情境的原生方法论。Rousseau 等认为,要有效地检验情境效应并实现情境化理论,必须要综合使用三个层次的研究方法:丰富的描述、直接的观察和情境效应的分析以及比较研究。

二、管理研究的情境化

相对于情境与情境化的概念,在管理研究的实操过程中,我们更关注的问题是:如何开展情境化的研究?

（一）情境化方法

Rousseau 强调了情境化的三个层次：①对情境的深描；②对情境效应的直接分析；③识别情境中共性与特性的研究。Wetten 则提出情境化理论与理论化情境的两条路线。情境化理论是识别一个理论的边界条件，并通过调整理论的预测，以在新情境中利用该理论，从而形成"理论的贡献"——意指对理论集合中元素的改进；理论化情境则指识别一个潜在的新理论，利用这个理论有效地预测企业和个体的行为，从而形成"对理论的贡献"——意指对一般理论集合的数量扩充。

Tsui（徐淑英）提出四类情境化的方法，具体如下：

（1）研究情境无关现象时的情境化。如果没有意识到情境的存在，研究者无法判定研究是否与情境无关。所以，即使是开展在定义上看似与情境无关的研究或实质上具有理论普适性的研究，也要对所处的情境有深度的认识。这里的情境既包括理论产生的原始情境，也包括理论的运用情境。

（2）研究情境嵌入现象时的情境化。在一个情境嵌入的现象中，各异情境下的同一现象，会在程度、意义价值和相互关系等方面产生差异。在情境嵌入的研究中，情境的作用是理论上的，通常在假设关系中作为中介变量。跨情境研究总是始于现有理论，然后在新情境下对现有理论进行修正和拓展。

（3）研究情境敏感现象时的情境化。情境敏感现象可以不需要进行跨情境分析，对新情境的深刻认识可以为不同情境下发展的理论适用性和预期的普适性提供洞见。

（4）研究方法中的情境化。在数据的收集、概念的测量过程中采用情境化的方法。

（二）情境化研究的开展

徐淑英和张志学将情境化的研究分为考虑情境因素的研究和针对具体情境的研究。考虑情境因素的情境化研究往往将国家特征作为自变量或调节变量，检验现有理论在不同国家之间的适用性。针对具体情境的研究并不像考虑情境因素的研究那样从概念模型出发，避免了知识受到最初的指导理论的限制。针对具体情境的研究可以分为两种类型，一种是既有的概念被用来对全新现象进行抽象和概括，为一个众所周知的概念加入新的内容；另一种类型是通过新观察体现熟悉的理论。

徐淑英和张志学认为，考虑情境的研究是通过将情境因素纳入既有的理论，以实现理论修正或完善，继而产生情境依赖型的理论。当研究发现与情境不相关时，这种研究则很有希望构建出非情境依赖的一般理论，而情境化的理论和研究则会注重其适用的边界条件。考虑情境的研究可以帮助我们明确区分受情境影响的和不受情境影响的知识。"最高水平的情境化"即本土化的研究是为了解释具体情境下的现象，研究者可以借鉴现已存在的理论，但不应受限于既有的概念框架；而以特定情境为基础的理论研究可以助益于比较研究和跨国文化研究。

根据理论产生的情境与理论应用情境的特点，徐淑英与张志学将情境化研究的开展分为五个方向：

（1）特定情境下的理论运用于另一情境。这种研究假定某一情境下理论的潜在情境与另一情境是契合的，自变量、因变量的关系保持不变，是与情境无关的理论研究。

（2）特定情境下理论在另一情境下的拓展。其假设两情境在文化、经济、政治等方面存在差异，因此要对同一种理论关系在不同情境下是否仍然成立进行研究，即将情境作为调节变量进行分析。

（3）特定情境下的理论细化。这是一种单一情境的研究，这种研究适用于受情境制约的理论。它假定在特定情境下的假设关系在另一情境中因为情境因素的不同而不同，所以此时的调节变量就是另一情境中嵌入的情境因素。

（4）建立另一个不同情境下的理论。这是以这一情境的特征来解释这一情境下的组织实践，虽然有可能是在原情境下理论的指导或启发下进行的。本土理论构建中的自变量、因变量与调节变量均来源于本土情境，这种研究适用于针对具体情境的理论。

（5）在另一个不同情境中测量原情境下的构念。这是对研究方法的情境化，指以原情境现象的概念与测量为指引，对另一情境下的相同现象进行定义和度量。

Zahra 注意到，有些理论成熟并被广泛运用，而有些理论则刚刚兴起，还没有得到足够的重视。对于有些现象，研究者已经形成了成熟充分的认识，而有些现象则作为新兴议题，研究者对其认识不足。Zahra 针对这一发现，设立成熟理论与新兴理论、已知现象与未知现象两个维度，形成四种组合关系，对于如何将理论与情境相联系给出了针对性意见。如表 8-2 所示。

表 8-2　理论与研究现象、情境丰富性相联系

现象	已知	未知	已知	未知
理论	成熟	成熟	新兴	新兴
情境丰富性	低	适中	适中	高
主要缺点	未考虑情境而机械套用理论；忽视理论边界；忽视非常规或冲突性结果；忽视逆向观点	假定理论的普适性；边界界定模糊；忽视结果的理论意义	未能阐述新情境下的相关性；未能清晰阐释新理论较其他理论的优越性，以及为什么该研究现象值得关注	非法调查；现象和理论界定模糊
如何更好地将理论情境化	探索新的权变因素；检验时间变化；放松假设；设定多样化理论检验情境；做文献元分析	建立理论与新现象的相关性；客观检验理论蕴含的基本论断；回归理论：结果如何改变或改进理论假设和预测力？	反思并把握研究情境的丰富性；展示情境特征如何影响预测的线性思维	精确定义现象边界；明晰所探索现象的独特性；论证基本论断的新颖性；讨论理论可能适用于其他现象的情况

（资料来源：ZAHRA S A. Contextualizing theory building in entrepreneurship research[J]. Journal of Business Venturing,2007,22(3):443-452.）

第二节　比较管理研究

比较管理产生于 20 世纪 50 年代后期到 70 年代。1959 年，随着哈宾森与迈耶斯《工业世界中的管理：国际分析》的出版，比较管理学这一学科便诞生了。比较管理学是一门以不同国家或企业的管理知识和实践为研究对象，以比较分析为研究方法，分析不同国家政治、经济等

情境差异对管理知识和实践的影响,以及探究管理发展的模式和管理知识在不同国家的适用性的学科。

一、管理文化与国别特征

(一)管理的文化建构

管理学作为一门以普适性为追求的现代科学,以科学性和一般性的原则作为指导,忽视区域文化的特点,因而在实践活动中遭到越来越多的挑战。有关日本管理与美国管理的比较研究,告诉管理学者们在管理研究中必须关注管理活动的文化属性,要从历史与文化的土壤中汲取管理智慧。

彼得·德鲁克认为,管理与文化应紧密联系起来,管理除了是一门学科,还是一种具有价值观、信仰、工具和语言的文化。《管理思想史》的作者雷恩认为:"管理是文化的产物……管理思想不是在没有文化的真空中发展起来的,管理者会发现,他们的工作受到已有文化的影响。"韦伯认为社会科学的研究对象蕴含文化价值,具有特殊性和独立性,因此社会科学研究难以建立起普遍成立和绝对客观的规律,只会构建起某种具体的、蕴含客观可能性的因果关系。韦伯进一步指出,价值中立是对研究过程所做出的要求,而研究的选题与研究目标的确定必然蕴含了研究者的价值判断。社会科学的研究目标就是对个别社会现象蕴含的文化意义做出解释性理解和因果性说明。

刘文瑞指出,在管理与文化关系的认识中存在两大误区,具体如下。

1. 实践中将文化等同于管理

虽然学术界普遍认为文化对管理具有重大影响,但是就"文化决定了管理"这一观点具有较大的争议和分歧,主要原因是对文化的定义范围不同。狭义的文化仅指包含价值、习惯等因素的文化,这个角度说,文化并不具有决定性。广义的文化还包括制度和行为,而从这个层面讲,在某种意义上文化确实具有决定性。即使管理活动受不同的人的不同意识支配,但其所遵循的必须是某种具有普适性的原理。文化具有较高的情境性和特殊性,缺乏普适性。因此,管理和文化并不能等同,而且应该做适当区分。

2. 理论上将具有文化色彩的管理经验与管理原理混同

如果在实践中将文化等同于管理,那么就会导致在理论上把文化积淀出来的管理经验与管理学原理混同。虽然理论的重要来源之一是经验的概括和总结,早期管理学研究中经验也的确推动了管理学原理的建立,但是经验与理论处于不同的认知层次,也具有不同的抽象程度和适用强度,科学性也存在差距。从这个角度讲,一些经验的总结被奉为管理学原理并不可取。

刘文瑞认为文化对管理的巨大作用表现在价值定位、优先选择、惯性支配和思维方式四个方面。

在价值定位方面,文化特征极大影响了管理行为和活动的价值取向,以往的众多管理学说或者理论都体现了这点。比如韦伯提出的官僚行政组织理论,其体现了一种效率文化和价值理念;泰勒的科学管理理论体现的是新教伦理的"上帝选民"价值观念。不同的管理理论蕴含着不同的管理价值观念,同时,不同的文化和价值定位也会产生不同的管理行为和举措。

在优先选择方面,管理实践中经常面对着在多种备选方案中进行选择,甚至在各种利益冲突的方案中进行取舍,这时文化便是影响选择的标准或者因素之一。文化特征和氛围极大程度影响了方案的选择。

在惯性支配方面,管理者的观念和行为在某种程度上具有稳定性的特征,而这种稳定性主要来源于管理者过去的经验和习惯,尤其是行为惯性的养成对管理者的决策和行为产生着巨大的影响,甚至是支配作用。同时,习惯的养成与文化息息相关。长此以往,管理者便会形成鲜明而固定的管理风格。

在思维方式方面,不同的文化体系下形成多种多样的思维特色,而这些思维特色直接支配了人的行动,从而影响管理的建构路径和管理方式。

(二)管理文化测量

文化是基于群体内共性和群体间差异的,研究文化必须要比较不同群体行为和态度差异,文化研究注定要进行比较研究。然而,文化作为一个群体共享的价值观是不能直接观察的,文化的测量问题是管理文化研究首先要解决的问题。

社会人文学者霍夫斯坦德认为文化并不具有个体性,而具有集体性,其是指在相同的环境中,具有相似生活和教育背景的人们所形成的共同心理程序。这种程序在不同的群体和区域上表现出明显的差异性特征。而这种差异表现在五个维度:权力距离、不确定性规避、个人/集体主义、男性/女性化、长期/短期取向。

(1)权力距离。这里"权力"是指组织中的权力,也可以指管理者的权力。"距离"指管理者与被管理者之间因为权力大小差距而产生的距离。一个组织中权力在不同个体上分布的分散程度可以体现组织的集权水平。如果权力集中程度越高,比如独裁主义,将会产生权力分配不平等的问题。那么在社会中,社会成员对权力分配不平等和集权程度的容忍程度,便可以看出不同社会的权力距离大小。

(2)不确定性规避。未来是未知的,其蕴含着较多的不确定性,甚至是风险,而这些不确定性或者风险会带来损失和某种危险,因而会使人产生不安、焦虑等消极情绪,规避不确定性成为人们经常会采取的行动。然而,不同社会下的群体产生消极情绪的程度各不相同,甚至不会产生消极情绪或者偏好风险。具体而言,在不确定规避程度高的社会中,企业的管理者更倾向于确定性、一般性的决策,员工也偏好固定的工作时间、地点和任务,不喜欢"变化",上级对下级会实行和下达确定性的控制和指令。而在不确定规避程度低的社会中,企业管理者更喜欢做出风险决策,企业战略也会经常变化,员工也容易接受各种其从未面对过的、具有挑战性的任务,上级乐于向下级授权且下级的执行力度较高。

(3)个人/集体主义。个人主义是指在社会成员的价值观里,更强调个人的作用和价值;而集体主义则相反,其核心价值认为集体的作用更重要,只有在集体中个人的价值才可以实现、需求才可以得到满足。崇尚个人主义的社会结构较为分散,个体较为独立;而崇尚集体主义的社会结构较为紧密,个体倾向加入某一个特定的"群体"中,群体中成员具有高度的相似性,成员之间相互帮扶并忠诚于群体,进而实现共同价值和个人价值。在个人主义的社会中,企业内部员工之间较为独立,且有较强的竞争意识;而在集体主义的社会中,企业员工之间更倾向于服务集体,推动集体的发展,并在集体范围内形成良好的人际关系。

(4)男性/女性化。这是一种社会性别文化,在男性化社会中,男子气概居于统治地位,社会崇尚自信、果断、进取、好胜的文化价值取向,提倡竞争、独断的行为活动;在女性化社会中,女性品质居于统治地位,谦虚、关爱、合作、谨慎等文化价值取向更容易被接受。具体表现在企业中,男性化社会下的企业决策制定往往由高层管理者独自确定,企业战略更偏向于竞争;女性化社会下的企业决策却经常由高管层、中间管理层、员工共同制定,员工积极参与企业管理,战略上更倾向于合作等。

(5)长期/短期导向。长期/短期导向是指社会成员在多大程度上能够接受延迟满足。社会的短期导向程度越高,社会成员更偏好在当下或者不久的将来实现其基本需求和欲望;长期导向越强,社会成员更能够接受在未来的某个时期其需求和欲望得到满足。在企业管理实践中,短期导向社会文化下的企业更关注现在的、短期的利益和结果,其战略规划时间长度较短,决策也更加以当下的、近期的结果和目标为考量标准,员工更加"急功近利";长期导向社会文化下的企业更关注潜在的、长远的利益和结果,战略规划更着眼于长远的未来,决策也更加以未来的、长远的结果和目标为考量标准,员工更加具有长远的眼光。

二、比较管理研究范式

(一)比较管理研究的历史演进

20世纪六七十年代,比较管理理论的发展进入"丛林时期",形成了"比较管理理论丛林"。此时的比较管理研究学派囊括了倾向于假定管理技能与管理原则是没有文化界限的经济发展与环境学派,重视解释不同组织、不同文化及不同民族背景中个体与群体两者的行为模式的行为方法学派,以及集中研究组织与它的环境关系的权变管理学派。

在"比较管理理论丛林"的形成过程中,比较管理学的研究焦点从探究工业增长与管理的关系,到着重分析环境因素和管理过程诸要素、管理效果、企业效率之间的相互影响和相互制约的关系,再到管理哲学对管理实践产生的影响,进一步发展到研究重点为探求环境和组织的最佳匹配关系。

20世纪80年代,美、日比较管理研究成为管理学界的热门主题,在这一时期,企业文化成为比较管理研究关注的焦点。其本质就是以企业文化为核心的比较管理研究。以美国一批学者为代表,远涉重洋,到日本的企业进行了大量的调查研究,形成了企业文化研究的高潮。这一研究的结果,诞生了企业文化比较管理研究的"四朵金花",即《日本企业的管理艺术》《Z理论》《企业文化》和《成功之路:追求卓越》四本管理学著作。

进入20世纪90年代,比较管理研究仍未形成科学的分析范式和分析工具,逐渐被边缘化。然而幸运的是,比较管理研究迎来了新的研究方法——历史制度主义分析。阿恩特和艾耶首次利用此方法探究了"跨国公司的营销战略是否适用于不同的国家"这一问题。此后,众多高校也增添了一门新的课程——"比较制度分析",旨在理解不同国家制度的复杂性、差异性和联结性。

(二)比较管理研究的经典范式

1.法默-里奇曼范式

此范式是由法默和里奇曼提出,是一个基于比较不同国家的管理现象的理论框架。在此框架中,他们指出了三类关键要素:外部环境制约因素、管理过程、管理效果。这三类因素之间并非独立的,而是相互联系,呈现出前者影响后者的紧密关系:外部环境制约因素(包括政治、经济、社会、文化等)会对管理过程产生影响,而管理过程(计划、组织、领导、控制)进而会影响管理效果。法默和里奇曼还对此范式进行了补充和完善,主要表现在对外部制约和管理过程两类关键因素进行了细化,并创建了对多个企业管理水平比较的因素矩阵分析范式。

2.尼根希-埃斯塔芬范式

此范式是尼根希和埃斯塔芬对法默-里奇曼范式的发展。他们认为影响管理实践的因素除了外在环境外,还存在管理理念这一具有可移植性的关键因素。管理实践受到环境因素和管理理念的共同影响,而管理实践最终决定了管理效果,管理效果又决定了企业效果。如图8-1所示。

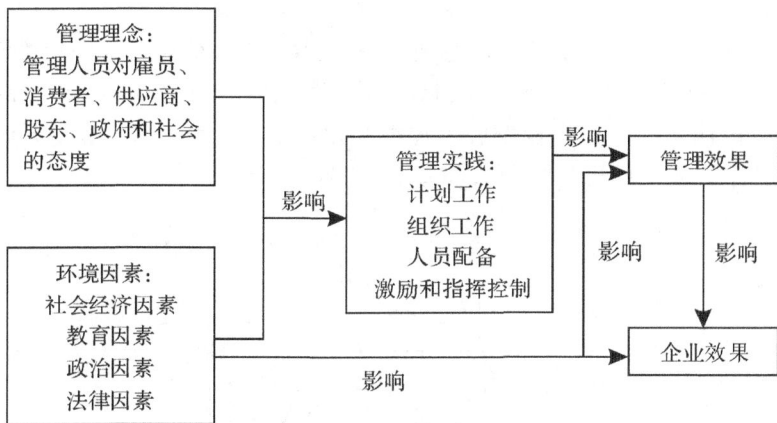

图8-1 尼根希-埃斯塔芬范式框架图

（资料来源：刘涛.比较管理研究范式比较、整合及应用问题探讨与未来研究展望[J].外国经济与管理，2012(11)：72-81.）

3.孔茨范式

孔茨在关注比较管理研究的解释力的同时，还指出了以往比较管理研究存在的问题，即没有对相近的、易混淆的概念进行严格区分，主要表现为管理科学与管理实践、一般管理科学与企业职能科学、外部环境因素和企业的人力物力资源、管理实践与非管理实践，导致研究范式过于简单，以往研究的结论与实际出现偏差，并在逻辑上可能出现混乱情形。由此，孔茨在"外在因素（前因）—管理实践（中介）—管理效果（结果）"模型范式中，再次将前因因素和中介因素进行完善和补充，并探究了中介各因素之间的相互关系。如图8-2所示。

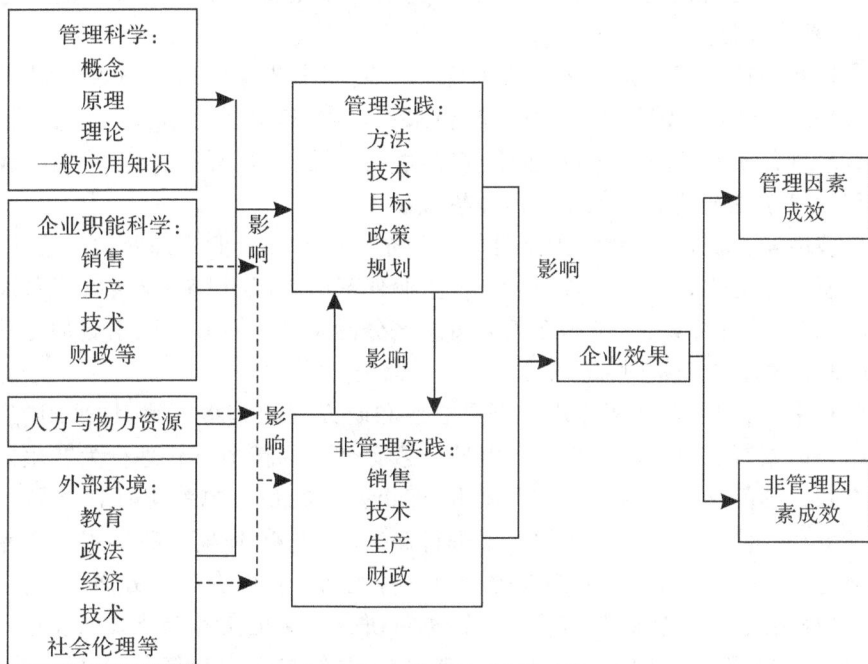

图8-2 孔茨范式框架图

（资料来源：刘涛.比较管理研究范式比较、整合及应用问题探讨与未来研究展望[J].外国经济与管理，2012(11)：72-81.）

4.麦肯锡7S模型

麦肯锡咨询公司并未采用先前范式模型,但是其汲取了以往研究方式中的关键要素,创造性提出了结构(structure)、制度(system)、风格(style)、员工(staff)、技能(skill)、战略(strategy)和共同愿景(shared vision)等在企业发展过程中必须考虑的七大要素,由此形成著名的7S模型(七大要素英文首字母大写均为"S")。如图8-3所示。

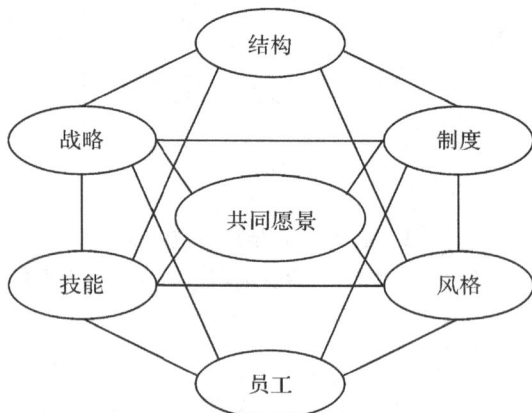

图8-3 麦肯锡7S模型

(三)比较管理经典研究范式比较

不同于自然科学研究范式之间的排他性与替代性,社会科学不同的研究范式之间往往具有一定的累积性,存在互相借鉴吸收的可能。上述四个比较管理的经典研究范式在多个方面存在诸多异同,具体分析如下。

研究范式构建的首要任务是明晰研究对象。上述四个范式的研究对象都强调了管理实践,在表面的差异性下具有深层的一致性。具体来说,各个范式又存在差异。法默-里奇曼范式侧重研究管理过程实践的各要素,尼根希-埃斯塔芬与孔茨两个范式均以管理实践本身作为研究对象,而7S模型主要研究的是企业商业模式。

在管理情境因素方面,管理情境因素可以分为企业外部和企业内部两类。法默-里奇曼范式、尼根希-埃斯塔芬范式和孔茨范式均关注了企业外部因素,尼根希-埃斯塔芬引入了管理理念这一要素,扩充了外部要素,孔茨则在相近概念区分的基础上将外部因素更加完善化和系统化;7S模型则重点关注了企业内部因素。

从运作流程来看,四种范式所采用的研究框架和研究问题基本一致,均采用"前因因素—中介因素—结果因素"的分析模式,回答了哪些因素会使不同情境下管理行为产生差异并最终影响了管理有效性的问题。但从研究细节来看,四个范式在研究措辞上存在差异。在前因因素方面,法默-里奇曼使用外部环境制约因素进行概括,尼根希-埃斯塔芬使用了环境因素和管理理念两个概念,孔茨则使用了更多详细的概念进行概括。在中介因素方面,上述三者分别采用管理过程、管理实践、管理实践与非管理实践进行研究。从上文各个范式的表述和结构图可以看出,不同范式各类因素之间的影响路径呈现由单一、简单而逐渐复杂、多样的趋势。

从研究贡献层面讲,每种范式都为比较管理研究的发展做出了贡献。法默-里奇曼范式作为开创性的范式,首次构建了比较管理研究的概念体系,为后续范式的提出奠定了累进性基础。尼根希-埃斯塔芬范式首次引入了具有可移植特性的管理理念这一重要因素。孔茨范式则最具系统化与体系化,对后续比较管理研究具有更加重要的启发意义。7S模型作为咨询公司所开发的管理工具,具有更强的实际操作意义。

同时,四种比较管理范式在管理情境分析与管理移植关注上均存在不足。法默-里奇曼范式与尼根希-埃斯塔芬范式只关注了外部因素的重要影响,而相对忽视了内部环境因素和行业因素的作用;孔茨的分析囊括了外部环境因素与内部环境因素,但是没有涉及行业因素;7S模型则仅仅关注了内部环境因素的作用。这意味着几种研究范式存在着各自的适用情境,也意味着几种研究范式之间存在着很强的互补性。此外,四种范式都将比较管理的解释性功能置于重要的位置并着重强调,但是都忽略了可移植性问题。

三、管理移植理论

前文指出,对管理移植问题的关注不够是几种范式共有的局限。作为生物学概念的"移植",是指生命体与生命体之间部分器官的转移,是一个零和的运动过程。管理学中的"移植"的概念借鉴了生物学中的思想,移植的主体是任何有"生命力"的主体,即能够成长和发展且具有吸收能力的主体,而移植的客体是与原有管理实践和情境相比,全新的管理知识。因此,管理学中的移植是指一种管理知识从原有的知识载体(如个人、团队、企业组织)转移到新的知识载体上。移植的结果是接受新管理知识的主体实现管理效率、效果的全面提升。可见,管理移植本质上是借鉴与整合的创新过程。

(一)管理移植的可行性与必要性

在介绍管理移植理论前,必须对管理移植这一问题的正当性做出说明,即必须对"管理移植是否可行""管理移植是否必要"这两个问题做出回答。

首先,对于管理移植可行性问题的争论往往围绕"管理学是否是一门具有普遍性的科学"或者"管理学是不是真正的科学"这一问题进行,认为管理学的"普遍性"是管理移植"可行性"的前提。在管理学发展初期,泰勒的科学管理与法约尔的一般管理理论均强调了管理学的普适性,同样的管理原则可以作用在不同的国度、不同的行业、不同的组织类型之中。孔茨则明确指出管理理论在不同情境下的可移植性,但对于管理"艺术性"与"实践价值"的强调则将结论带向反面:管理的"艺术性"使得管理缺乏统一的尺度与标准,文化与价值因素决定了在实践中的管理方案不具有"必然性"与"可重复性"。因此,部分学者否定管理移植的可行性。

就管理移植可行性的问题,我们不妨抛开对于管理学"二重性"的陈旧论调,仅就最基本的问题出发:其一,普遍性是不是可移植性的前提? 其二,移植是否意味着复制?

移植并不要求管理学科的普遍性,而只要求基本原理的通用性。里奇曼的研究发现,尽管管理活动受到文化地域的限制,但是管理的基本概念、基本原则是普遍适用的。管理的理论与原理在不同文化地域情境下应用的不同使得管理呈现"非普遍性",而这种"非普遍性"恰恰是"普遍"原则扩散的结果。

移植也并不意味着复制。移植是一个"吸收—提取—扩散—整合—创新"的过程,本身就是管理知识在实行移植的主体情境下的适应与内化,非复制的移植并不要求移植主体与客体情境上的一致性。

管理的理论与实践发展过程中也有许多实例证明了管理移植的可行性。如20世纪初泰勒制在美国和欧洲的风靡;二战以后,欧亚各国对美国管理模式与方法的学习;20世纪70年代,美国对日本管理经验的学习与引进。

其次,是否有必要进行管理移植?管理创新的基本途径可以分为独创和移植,但在开放的经济发展环境中,除了少量的优秀企业能在部分领域主要通过独创获得创新优势外,大部分企业的大部分管理知识仍然是通过移植获取的。同时,企业之间彼此渗透与影响的日益增强对企业管理知识的移植能力提出了更高的要求。此外,独创知识需要通过移植与推广获得普遍意义与更大的价值,否则只能是停留在组织实务层面的一个实践特例。

(二)管理移植的类型

管理移植的方式区分为两种类型。在空间维度上,管理移植可以分为跨地域、跨企业移植和企业内部移植;在时间维度上,企业可以进行跨时间的管理移植。

跨地域、跨企业的管理移植是最常见的管理移植方式,是指将其他国家与地区的管理经验向本企业移植的过程。历史上泰勒制的传播、美国管理模式的流行以及美国向日本学习管理经验的过程均属于跨地域、跨企业的管理移植。跨地域、跨企业的管理移植过程主要表现为学习、消化、应用、整合、创新或者放弃。企业内部移植的路径通常可以分为两种:并购和新建。并购中,企业会将其他企业兼并到自家企业之中,这会涉及诸多问题。通过新建方式发展企业也需要注意原有管理模式向新建组织移植的问题。

跨时间移植是在时间维度上不同时间段之间管理知识的转移过程,一般而言,是过去的管理知识被转移并运用到现在的过程。就整个过程来看,跨时间移植包括了引入过去优秀的管理知识—根据现在现实状况将过去知识进行转化—结合具体情境和遇到的管理问题选择性利用—将可利用并产生良好效果的管理知识继续扩散传播的移植规律。

(三)管理移植过程

管理移植的过程是一个动态调整过程,要考虑企业实际情况进行,在实施过程中要及时做出调整修改,然后继续实施、整合、应用。移植的最终目的是通过学习吸收新的管理知识,创造性地解决本企业面临的问题。在移植过程中如果遇到困难,则需要进行不断的比较选择。管理移植过程如图8-4所示。

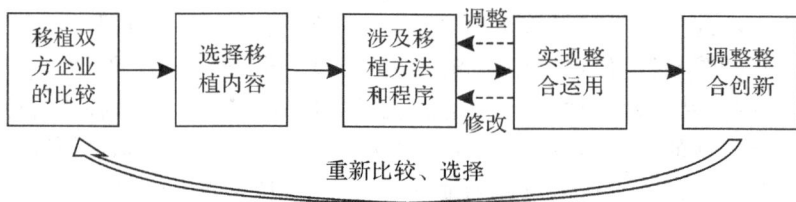

图8-4　管理移植过程

第三节　本土化管理研究

从20世纪80年代至今,管理学在中国发展历经短短的几十年即完成了管理学基本骨架的建立,埋头引进西方的管理学理论、方法、工具,走过了学习、借鉴、模仿的发展历程。如今,越来越多的学者呼吁对中国经济与社会发展的管理实践进行关注——研究中国情境嵌入和中国情境依赖的管理科学,突破对西方管理研究的因袭,开拓中国管理学研究的传承之路。

一、本土研究

（一）本土研究的内涵

什么是本土研究？简单地讲，本土研究是最具有正当性的研究，或者说就是高度情境化的研究。我们无法设想对于具体的管理实践来说，有哪一种管理知识比根植于特定社会文化情境的管理知识更具有指导意义。从意识形态上来讲，本土研究往往与主流研究相对。一方面，这是因为主流研究的情境——默认的、共识的美国或西方管理情境下产生的理论在管理学研究中具有更强的合法性；另一方面，面对评审者（读者），学者无须在情境方面给予更多的解释说明，亦不用担心关于基本情境的界定与评审者（读者）产生争辩。表8-3给出了学者们对"中国情境"的解读。

表 8-3　学者们对"中国情境"的解读

"中国情境"及其研究内涵	为何要界定"中国情境"	代表作者
"中国情境"的双重含义： (1)独特的制度、法律和经济环境并影响企业运营的区位概念； (2)超越了地理和边界的文化变量，意味着一种影响不同文化背景的员工之间理解、接受、互动的行为、信念、假定和价值的范式。 "中国情境下的研究"：在中国大陆、香港和台湾开展业务的本土或外资企业，以及来自这三个地区并在国际范围内开展业务的企业作为研究对象而开展的研究	中国现代化的进程与众不同，企业和情境也存在多样性；特殊性和多样性对发展新理论起到很重要的作用；界定并研究中国情境对发展这些新研究至关重要	Li 等
本土研究是指研究模型中包含了情境变量： (1)自变量（跨文化研究中）； (2)调节变量。 中国情境下的比较分析研究（通常以国别作为分类变量）：对比不同国家文化在概念上的差异	本土研究方法提出的理论比直接应用产生于不同的社会文化背景下的理论具有更高的内部效度和外部效度。 本土研究最好是在跨文化研究或比较之前完成，验证了模型在中国的效度之后可以更好地对比中国和其他社会文化背景下的研究	徐淑英等
暗示着社会、政治和经济变革的制度情境，而这些变革影响了商业体系的演化、社会分层、劳动力市场、雇佣结构、收入情况和社会公平		Li 等
	作为世界上最大的新兴经济体，中国已经成为"组织和管理研究非常合理和可行的情境"。 学者可以在新情境下开发出新概念、重新定义旧概念、改变测量方式、重构变量间关系、找到现象后的新逻辑	Jia 等

（资料来源：任兵，楚耀. 中国管理学研究情境化的概念、内涵和路径[J]. 管理学报，2014,11(3):330-336.）

关于本土研究的理解,学者们依然存在不同的看法。本土研究的定义有狭义和广义之分。狭义而言,徐淑英认为本土研究是指为了解释某特定区域存在的个别的、特殊的现象,使用符合本区域特征的语言与构念进行理论研究,而并非使用普遍的、一般性的语言和构念。其对本土研究的定义不仅强调了问题与构念的本土性,还强调了本土语言的使用,是一种通过强调地方知识的创新来丰富全球知识的研究路径。广义上来说,Leung 和李平指出任何基于本土视角、针对本土现象或者本土现象中某个元素的研究都是本土研究。很明显,这个定义并未限制和要求研究语言和构念的使用,认为本土研究的核心在于研究视角和研究对象,用一般性的管理研究语言和构念也可以进行本土研究。

纵观学者对于本土研究界定的严格程度,可以将本土研究的定义分为三种:最宽泛的定义认为,只要是研究本土现象的研究就是本土研究,本土研究甚至并不排斥外来的理论概念;次宽泛的定义认为,本土研究必须设计特定的本土情境元素,但是研究的主体框架可以是对西方理论的借鉴与改良;最严格的定义认为,本土研究必须采用本土的语言、构念构建适应于本土情境的研究。

(二)本土管理研究的原则

对于如何开展本土管理研究、在本土管理研究中应当遵循怎样的原则,国内外学者有过深入的探讨。徐淑英和张志学首先探讨了什么样的本土研究不是高水平的研究,接着给出了高水平本土研究应当遵循的原则。

高水平的研究不是对西方理论和模型适用性的简单检验,而是在原有模型框架的基础上"更上一层楼"。那么,如何才能更好地进行创新性的本土研究?可以从四个方面出发:理论框架、本土研究样本、本土构念测度、本土情境聚焦。首先,从理论框架角度出发,我们可以借鉴既有的理论框架,但是不能让这些框架限制了我们对框架之外关键问题的思考和研究。其次,从本土研究样本出发,我们要关注研究样本本身的特殊性并进行深入而透彻的分析,探究其中蕴含的很多新的研究问题和方向,而不是仅仅将其当作检验既有理论的数据工具。再次,从本土构念测度出发,对于本土化的现象,不能简单地套用一般的、普遍使用的量表,也不可以直接使用已存在的指标维度去测度,而要去思考匹配性、合适性问题,必要时探索新的变量、新的量表、新的维度。最后,要聚焦于研究的情境,将主要精力投入于特殊情境下的研究,而不是简单的比较和跨文化研究。

徐淑英和张志学建议在本土管理研究的开展中要遵循关联性原则、效度原则,且面对全新的情境,有必要运用归纳法开展扎根的研究。同时,还要考虑研究方法的适用性问题。

1.关联性原则

关联性原则指本土管理研究要创造出在实践或者理论上与本土情境中的企业、个人相关联的知识。实践上的关联建议研究者在课题选择时要选择重要且有趣的课题,同时研究者们能够获准进入研究对象,获得研究数据。理论上的关联需要研究者在细心观察本土特殊现象的基础上,相对应地阅读以本土现象为研究对象或者以本土情境为研究情境的文献。最好能够"中西结合",一方面借鉴西方的理论,另一方面搜集本土化的资料和数据,最终建立起本土关联性理论。

2.效度原则

效度即"有效程度""有效性",效度原则主要考察研究中所使用的变量及其度量方式、样本及数据等是否能够有效解释所要研究的问题。效度原则可以细分为以下几类:构念效度是指提出的构念准确抽象和概括了研究现象,在本土化研究中这就要求使用本土化构念;内部效度是指研究者在解释其研究发现时,所提出的理论具有解释力上的唯一性,即找不出其他理论能够给出更好的解释;外部效度则涉及将本土情境下研究的结果向其他情境推广的问题,本土情境的归纳研究在丰富本土的理论与构念的同时,应当具有为全球性管理知识做出贡献的潜力。

3.完全归纳法与部分归纳法

相较于一般的管理研究,在本土情境的研究中,扎根研究方法更受青睐。扎根研究方法的核心方法是归纳法,包括完全归纳法和不完全归纳法。完全归纳法是指将研究对象所有子特征或者子因素的资料进行收集,并尽可能收集所有类似的现象,将资料进行归纳分析进而提出新理论,其研究难度较大,但提出的理论是根本创新性的。不完全归纳是指仅对研究对象的部分特征或因素资料进行收集并归纳分析,其研究更易施行,但是这种研究更多是对现有理论的完善和发展。

4.新情境下方法论的需求

在进行本土管理研究时,研究者除了可能受到现有理论的制约之外,也可能受到研究方法论的限制。不同的文化背景中的研究对象可能适用于不同的数据收集与分析方法。同时,研究方法的选择在很大程度上受到思维模式与意识形态的影响。因此,研究方法的选择必须充分考虑到研究的本土因素。

杨国枢认为本土研究的研究者在避免盲目套用国外理论、排除他人使用的方法、选择抽象程度过高的课题、使用外语思考,以及考虑学术以外因素的同时,要采取八点积极的做法,即:忍受悬而未决的状态、充分反映中国人的思想、批判地使用西方理论、强调社会文化脉络、研究特有的管理现象与行为、详细描述所研究的对象、兼顾内容与机制的研究,以及与中国的学术传统相衔接。

(三)本土研究的路径

1.从"照着讲"到"接着讲"

郭重庆曾引述冯友兰对中国哲学发展的观点,认为中国管理研究应该从"照着讲"走向"接着讲","照着讲"本质是借鉴和模仿,而"接着讲"是创新和发展。如何更好地创新和发展?要做到"内外结合"。一方面,我们可以汲取中国优秀传统文化、近现代优秀管理思想、成功的管理经验,发展出具有中国特色的管理理论;另一方面,我们要结合中国实际情况修正与发展西方的管理理论。但韩巍与席酉民对此进行了批判,其认为此论断太过宏观和概括,并会引发认知上的分歧:在汲取中国传统文化的过程中,是要以传统文化为出发点,以传统文化的内在逻辑为框架构建管理理论,还是以管理经验为出发点,从现实经验与实践出发在遇到问题时在传统文化中寻找答案?在借鉴西方理论过程中,我们以西方理论为出发点还是以具体的本土现象为出发点?

2.情境化研究的渐进性过程

任兵等提出中国化研究是一个循序渐进的过程。这主要体现在情境认知、现象概括、理论分析与跨文化研究比较等方面的渐进性上。情境认知并非短时间内可以完成,而是随着情境的特征变化和研究者理论知识的不断增加而逐步完善的过程,这同时也要求研究者要深度理解情境,并不断被现象驱动、被既有理论启发。在情境认知之后,对情境现象的概括即概念的提出也是一个逐步深入、逐步准确化的过程。当提出新概念后,便进入理论分析和跨文化研究阶段,涉及新概念间联系及其机制的建立、新旧理论的比较分析和总结、不同情境下理论的适用性等研究。

在新情境现象的概念化中,研究者需要对特定情境的隐含逻辑拥有深刻的认识,对理论发展的前沿以及管理实践中的新现象有着深刻的认识。随着新概念、新关联和新机制的建立,有关新现象的理论更进一步被完善,同时会涌现出很多新问题。所以,下一步就应该开始跨文化研究。严格地说,开展跨文化分析并不属于本土研究的内容,而是在本土研究结果的基础上所做的进一步的工作。跨文化分析检验了本土研究结果在不同情境中的普适性,丰富了本土研究的意义与价值。

3.本土研究的四阶段模型

李平将本土管理研究的演进分为四个阶段:非本土阶段、比较式弱本土阶段、强本土阶段,以及全球多文化式本土阶段。

阶段一:非本土阶段仍是运用西方的理论进行研究,该阶段还未进入真正的本土研究。

阶段二:比较式弱本土阶段是一种更加高级的应用式学习,阶段二的研究初步进入了本土阶段。阶段二的研究从西方客位转向东方主位,对西方理论进行了比较和修订。

阶段三:强本土阶段的研究大多为探索式研究,构建出特定情境下的理论,而不再继续采用或者受限于西方的理论。

阶段四:全球多文化式本土阶段完成整合。

李平指出,目前中国所谓的"本土研究"多停留在阶段一,还未进入关键的阶段二和阶段三,阶段四是更加高级的阶段,在此阶段不同文化区域的本土理论相互融合,实现文化多元整合的统一模式。

表8-4为本土研究的分类框架。

表8-4 单一国别本土研究的分类框架

分类框架	应用式学习[初级] [范式和结果]	箭头表示 动态趋势	探索式学习[高级] [范式和结果]	箭头表示 动态趋势
单向的/独立式影响	西方主位作为研究客位:	→	东方主位作为研究主位:	
	[非本土:阶段一]	↓	[强本土:阶段三]	
[初级]	应用现存西方理论			
[目标和目的]	(作为"进口"的简单客位)		构建新颖的东方理论	↓
	验证改良西方理论		("无贸易"的独立主位)	
			完善/补充或超越/取代西方理论	
双向的/共享式影响	西方客位转向东方主位:		东西双方研究客位与主位并重:	
	[比较式弱本土:阶段二]	→	[全球多文化式本土:阶段四]	
[高级]	寻找东方独特性			
[目标和目的]	(作为"出口"的适度主位)		整合西方理论	
	比较/修订西方理论		(主位-客位平衡"贸易")	
			将多元主位理论整合为主客位一体	

(料来源:李平.中国管理本土研究:理念定义及范式设计[J].管理学报,2010,7(5):633-641.)

二、本土管理研究争议

(一)本土研究与情境化研究

无论是在研究方法还是在研究合法性的来源上,管理研究的情境理论都成为本土研究开展的基础,国内外大部分教材也都是在情境化理论的基础上介绍本土研究,甚至将本土研究等同于本土情境下开展的研究,如徐淑英认为"高度情境化的研究"就是本土研究。这样的观点得到很多学者的认同与支持,但将情境的哪一方面"高度情境化"并没有给出明确的答案,仿佛这种"高度"即"高度针对性"。

同时,大部分情境研究的文献的重点在于与忽略情境或默认情境的研究之间进行的研究途径和研究方法的对比,而本土研究有鲜明的"构建地方性知识系统"的研究取向,本土管理知识往往深刻地嵌入在历史、文化情境中。

李平认为本土研究与情境化研究具有一定的区别,而且,相较于情境化研究来说,本土研究的开展具有更大的困难与挑战。首先,不是所有情境化研究都是对本土特有现象的研究。在特定情境下展开的研究即为情境化研究。具体的情境要素包括特定的企业、行业、区域、国家等,而并非仅指本土研究中的特定文化,因此,情境化研究要比本土研究宽泛得多,而本土研究开展的要求也较情境研究更加严格。其次,本土研究在历史文化发展视角上是路径依赖的,而情境化研究则不尽然。情境化研究可以在有较少路径依赖的科技经济情境中开展,而本土研究的"本土"理念本身就富有历史文化烙印。最后,本土研究也并非一直可以视为情境化研究的特例,也并不是说情境化研究对本土研究来说是必要的。比如多文化式本土研究中,情境敏锐性及情境特定性都不足以代表本土研究范畴的全部,因此,情境化研究必须被淡化。

从李平的观点来看,情境化研究与本土研究之间呈现着复杂的关系,情境化研究对于本土研究具有启发性意义,并且一定层面上的本土研究可以被视为情境化研究的特例。例如,在本土研究的"四阶段模型"中,第二、三阶段的本土研究可以认为是徐淑英所概括的"高度情境化的研究",而对于最高层次的本土研究——全球多文化式本土研究,情境化的研究方法与本土研究则产生较大的分歧。

(二)管理的中国理论与中国的管理理论

中国管理研究应当走一条怎样的路?这一直是学者们思考和争论的问题,不同的学者给出了不同的看法,迄今为止也没有达成一个比较统一的认识。同时,这个问题还将长期探索和争论下去。

Barney和张书军指出,在中国管理研究中存在两条路径:中国的管理理论和管理的中国理论。中国的管理理论采用客位研究的方式,侧重于在中国背景下运用与完善其他情境中发展起来的管理理论。在此类研究中,西方的管理理论被放入中国特殊情境下,检验其适用性,并因此对既有理论进行扩展。在此过程中,西方理论的主体地位始终未发生变化,只是让其普遍程度有所提升。而管理的中国理论采用主位研究的方式,该理论致力于对中国独有的管理现象做出解释,旨在发展出中国特色的管理理论来解决中国在管理实践中面临的问题,相对摆脱了西方既有理论的主体控制地位。

1.研究的主客位取向

"主位"与"客位"是美国语言学家肯尼斯·派克所创造的概念,这两个概念被人类学家引入田野调查中而形成"主位研究"和"客位研究"两种研究取向。人类学研究将田野调查方法视为获取资料的最基本途径,在资料获取过程中不可避免地需要研究主体的介入。这种"介入"是由于研究主体在研究过程中不可避免的现实参与,更重要的是在研究过程中,研究者的主体意识、思维等主观因素会有所渗入。"介入"的不可避免根本地否定了韦伯对于研究价值中立的要求实现的可能性。

"主位"是指被调查者,"主位研究"要求对待问题要看被调查者的认识如何、被调查者有怎样的评价;"客位"是指调查者,"客位研究"关注调查者对被调查者的感觉与评价。

具体来讲,主位研究强调研究者的主动地位,侧重研究者融入研究对象所造的环境氛围中,甚至长期生活在被调查者地区,由局外人变为局内人,与被研究者近距离接触,深入感受和理解特定的研究情境,获得更直接、更确切的一手资料。客位研究则将研究者置于被动地位,使之成为"围观者"对研究对象和情境进行"俯视",以"外来的""异国的"分析立场,从外部的角度进行研究,是研究者使用适用于任何文化的理论、概念、术语和分析框架,去分析世界各民族的文化,对其行为的原因和结果进行解释的研究方法。

目前,管理的本土研究与大部分人类学的传统研究一样,是客位研究,即处于李平所描述的本土研究"四阶段模型"的第二阶段,而主位研究同样具有十分丰富的价值与语境内涵,必须得到关注与发展。

2. 本土研究的主客位取向

在本土研究中,研究的主位与客位取向则体现在管理的中国理论和中国的管理理论两条路径的选择中。

采取主位取向的管理的中国理论强调中国的历史与文化传统,通过对中国独有的现象和对中国有独特意义现象的研究,专注于给出仅适用于中国情境下的管理方法。这属于主位研究类型。这类研究接近于李平所划分的管理研究演进路径的第三阶段,也是目前国内本土研究学者最急切探寻的研究路径。但对于这类研究,国外学者往往很难对研究结论产生认可或共鸣。这类研究往往难以在西方话语权主导下的主流期刊中发表,其理论价值与国际影响力往往不成正比。

采取客位取向的中国的管理理论着眼于对既有管理理论的应用与检验。事实上,多数运用于中国情境的既有理论都是在西方情境中发展起来的,而多数本土研究理论也是在西方理论的启发下提出的。相较于管理的中国理论,中国的管理理论与西方主流理论的对话更强,也具备更大的通约性,往往更加容易被西方主流期刊所接受。一般而言,中国的管理理论研究可以分成三类:第一类,识别可能为既有理论提供例证的中国现象,从而强化这些理论的普适性;第二类,破除西方理论与中国现象之间的表面矛盾,寻找其深层逻辑中的一致性;第三类,发现既有理论与中国现象之间的矛盾,并证实其客观存在。

（三）本土研究典范

1. 中国的管理理论研究:关系与企业绩效

Peng 与 Luo 于 2000 年在 *Academy of Management Journal* 上合作发表了一篇题为 MANAGERIAL TIES AND FIRM PERFORMANCE IN A TRANSITION ECONOMY: THE NATURE OF A MICRO-MACRO LINK 的文章。文章基于西方的社会资本理论,采用来自中国的研究数据,对中国情境下的"关系"进行研究,对既有理论进行检验。

社会资本理论的基本观点认为个人在组织结构中的特殊位置是一种资本,能够帮个人获得利益,管理者的社会关系、社会网络也影响了企业的战略选择和绩效表现。文章利用 Peng 在 1997 年形成的对三家中国企业中 15 位经理长达七年（1989—1996 年）的案例研究与访谈数据来识别管理关系与企业绩效之间的联系,并通过问卷调查与对 20 家企业中 27 名管理者的访谈进一步深化数据。

研究发现,中国管理者与企业官员之间的微观关系有助于提升宏观的企业绩效,在微观层面上,这种作用的显著程度受到所有制类型、企业部门、企业规模及行业增长率的影响。

2.管理的中国理论构建:家长式领导

家长式领导研究作为本土领导理论研究的典范,采用的就是主位研究方法。

任何领导者的行为方式和特点都反映着其所处的文化脉络,这并非个人意志所能控制。中国人独有的思维方式受价值观和文化的影响,这是产生中国特色领导行为的根本原因。20 世纪60 年代,Silin 的案例研究发现,在中国,企业管理者就像"家长"一样管理员工,而员工就如其他"家庭成员",这一发现开启了家长式领导研究的先河。越来越多的证据表明,华人企业中存在一种异于西方的领导模式,这种领导模式就是家长式领导。家长式领导的代表性研究学者是郑伯壎团队,其在研究中国台湾家族企业管理者的领导风格基础上,构建了包括家长式领导行为方式、下属反应的一系列理论。1995 年,郑伯壎再次提出家长式领导包括"立威"与"施恩"的二元行为,由此构建了家长式领导的二元理论。"立威"即"确立权威""树立威信",具体的领导行为表现主要为支配下属,而下属的反应主要是顺从。"施恩"不同于西方的体恤与支持,"施恩"是长期取向的,同时会扩散到下属的私人问题,它不是在平权前提下发生的,而是以较大的权利距离为前提的,同时会扩散到下属的私人问题,它不是在平权前提下发生的,而是以较大的权利距离为前提的。

2000 年,郑伯壎等学者关注到,品德也是塑造家长式领导的一项关键要素。在家长式领导二元理论的基础上,郑伯壎等学者引入"德行"维度,从而将家长式领导的二元理论扩充为家长式领导的三元理论。德行维度的核心观点是,家长式领导者也必须具有良好的道德品质,包括公私分明和以身作则。家长式领导的三元理论如图 8-5 所示。

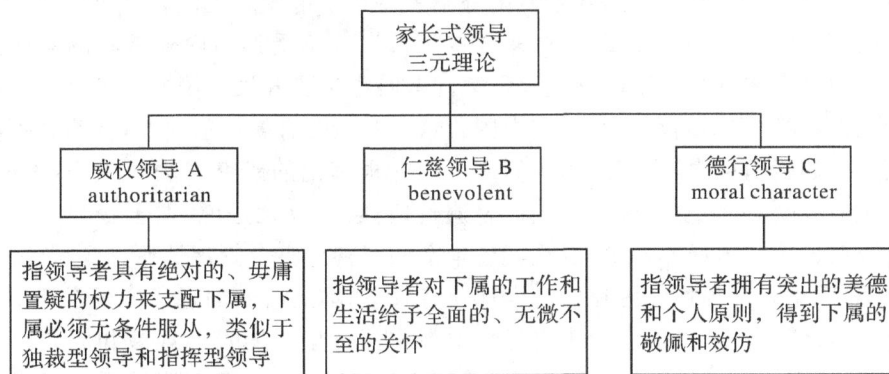

图 8-5 家长式领导的三元理论

近年来,越来越多的研究发现家长式领导不仅在华人文化中具有重大意义,在具有文化异质性的地区,家长式领导同样具有一定的理论解释力。可见,家长式领导的研究在开发地方性知识的同时,也为全球管理知识做出了一定的贡献。

第四节 情境化管理研究的现状与趋势

一、情境化管理研究现状

情境化研究始于学者们对情境这一不可忽视的因素的关注,情境不只是外部环境,它还存在于个体内部。正如 Glaser 所说的,如果科学家真的在意其研究对社会的有益性,那么他们的研究就应该和情境现实紧密结合,因为只有情境现实才能帮助他们开发可验证的、切题的并且是有效的理论。

情境化研究在学术界备受青睐,情境化研究视角多元化的一面也开始显现。Tsui用国家或文化层面的情境因素差别解释不同国家中组织或者个人的现象。吕力认为 Tsui 对深度情境化的理解仍局限于嵌入式情境研究,即无论深浅,都是一种客位研究,认为研究者需要突破实证主义的藩篱,由"客位的观察"变成"主位的分享",采用多种主位研究、卷入与诠释的管理学质性研究方法进行深度情境化研究。蓝海林等在考虑情境理论化问题时,以中国企业战略管理研究为例,提出了两个有效途径:引用和借鉴其他学科如社会学、经济学、心理学等既有的情境化研究成果与通过自身研究提出关于情境独特性的理论假设。经过二十多年的发展,学者们对情境化研究进行了多方面的探讨和分析,现有的情境化管理研究主要有以下几个方面。

(一)情境化研究东方本土情境的转移

从理论上来看,目前大多数的管理研究仍旧关注北美管理研究热点,模仿北美研究方式,研究问题大多来源于西方等发达国家,学者们据此探究管理研究的贡献。直到近年来学者们才逐渐意识到,一味进行西方情境的研究可能会限制管理研究的发展。任兵和楚耀认为,基于特定情境的研究价值在于其启发性,即对特定情境现象的解释推动研究者对其他情境现象产生好奇。因此,学者们开始将情境化研究视角转向东方也是必然的。从现实层面来看,东方等新经济体自身的快速发展,处于一个蓬勃发展的时期,新的、有趣的管理研究问题开始层出不穷,也自然地吸引了学者们的关注,导致海内外学者对本土情境的关注。

情境化研究的区域不再局限于西方,东方本土情境开始受到国内外学者的关注。徐淑英和张志学在探讨管理问题与理论建立这一研究问题时指出了开展中国本土管理研究的必要性并给出了相应的策略,文中列举了一些在中国背景下开展的有影响的研究,认为在那些刚刚引入管理研究不久的新情境中,应当采用人们认可的扎根理论的研究方法,发展本土理论,而且高水平的本土研究既有"情境特殊性"又有"普遍价值性"。也就是说,本土研究虽然以特定情境现象为研究对象构建出局部理论,但是其还丰富和完善了整个管理学研究领域的理论体系。与此观点类似,梁觉和李福荔认为在经济全球化背景下,本土研究的意义体现在两个方面:"对内""微观"和"对外""宏观"。前者指为更好地解释中国背景下的管理现象和问题提供理论工具,后者指本土化理论和世界理论相互融合、共同发展,为提出更多普遍性理论提供动力。文中还给出了本土管理学的发展方向,以获得更多国内外学者的关注。高婧等基于近年来管理学研究出现的学术导向同质化、研究技术方法缺乏训练、研究成果本土指导性差以及学术价值观念发生偏差等问题,结合管理学界一些领头学者提出的"管理学研究的本土化",提出了使得本土研究顺利开展的十六字建议:追本溯源、为学有据、治学有法、促学有方。刘人怀等从中华传统文化基因方面,思考了如何进行本土管理情境研究,认为未来应采取将文化当作内生变量的研究策略,秉持辩证的认识论与本体论,并根据问题来有效选择研究方法,由此扎实推进中国本土管理科学的健康发展。

(二)情境化研究层次的划分

徐淑英和张志学在探讨开展中国本土管理研究的策略问题时,将情境化方法分为两类,一类是考虑情境因素的研究中的情境化,一类是针对具体情境的研究中的情境化。Farh 等对台湾组织公民行为进行的研究,基于自身对台湾文化的深刻认识,学者们归纳出了一些新的维度,并发现文化传统这一情境变量在其中扮演了调节作用,为组织公民行为这一概念设定了新的边界。

Jia 等通过构造一个情境主位模型,系统分析了发表在六种世界顶级管理学期刊上的 259 篇文章并肯定了中国情境及其对管理学研究的巨大贡献。这一评价实证研究情境化水平的"情境主位"模型,分别从"概念"、"关系"及"逻辑"三个情境化"维度",将研究的情境化"水平"分为三个层次:情境不敏感、情境敏感、情境特定,见表 8-5。

表 8-5 评价实证研究理论贡献的情境主位模型

情境化程度		情境化维度		
		概念(what)	关系(how)	逻辑(why)
1	借用/采纳（情境不敏感）	采用已有的概念和测量方法	对已有概念间的关系进行检验,并得到几乎相同的结论	采用没有任何情境化基础的论点或逻辑
2	应用修正（情境敏感）	对现有的测量方法进行情境化或开发新的测量方法	更改现有的关系或引入非情境特定的中介变量或调节变量	采用对情境丰富的描述来构建论点或用西方概念来捕捉情境特色
3	创造/介绍（情境特定）	创造全新的概念或重新定义现有的概念	引入新概念间的关系或将情境特有的中介变更或调节变量介绍进来	引入从情境发展来的或嵌入情境当中的概念性或理论性逻辑

(资料来源:JIA L,YOU S,DU Y. Chinese Context and Theoretical Contributions to Management and Organization Research:A Three-decade Review[J]. Management and Organization Review,2012,8(1):173-209.)

郑亚琴等考虑了 Jia 等研究中的 10 篇属于高度情境化的文章,并与 10 篇低度情境化文章进行对比分析,总结了在中国从事高度情境化研究的特征,并将情境化管理研究分类为高情境化取向和低情境化取向两类,见表 8-6。

表 8-6 中国情境化研究主要特征比较

情境化维度		中国情境化维度	
		高情境化取向	低情境化取向
概念的形成和测量（what）	1. 概念形成	西方成熟概念经过情境化修改,发展新概念描述中国情境特有现象	直接将西方概念应用于中国情境
	2. 测量方法	使用定性与定量方法相结合方式开发测量项	照搬照用国内外的定量研究方法,将西方成熟量表翻译后不加修改直接使用
	3. 测量操作过程	概念测量的实际操作过程符合中国情境的需要	概念测量直接采用西方情境的操作方式
变量间关系(how)		加入情境化调节变量,加入情境化中介变量	纯粹检验国外理论在中国情境中的适用性,加入不能反映中国情境特征的调节变量或中介变量
解释逻辑(why)		儒家思想如关系、五伦、人情等作为研究的理论逻辑	完全借用西方的逻辑理论基础,忽视中国文化的影响

(资料来源:郑雅琴,贾良定,尤树洋,等. 中国管理与组织的情境化研究:基于 10 篇高度中国情境化研究论文的分析[J]. 管理学报,2013,10(11):1561-1566.)

学者们依据情境因素对情境化研究层次的分类使我们更清楚情境化研究的特征以及更加明确何种研究为情境化研究。可以看出,简单使用中国样本和数据对外国理论进行验证并非情境化研究。

总之,现阶段的情境化管理研究可以归纳为两个层次:低层次情境化研究和高层次情境化研究。前者的特征是运用现有管理理论框架和方法(主要是西方的),对特定情境下的问题进行研究,最终得到的结论可能会对既有的理论框架进行修正及完善。后者则是构建全新的研究视角和理论架构,设计适用的研究方法,并开发解释力较强的研究工具,解释情境化管理问题。

(三)情境化管理研究方法的探讨

情境化研究需要学者们认真、谨慎地分析情境因素,即情境化。陈晓萍等认为情境化简单来说就是研究中不能忽视研究对象所在的情境中有价值的因素的影响。Li 和 Tsui 回顾了1984 年到 1999 年发表在中英文期刊上的 226 篇与中国情境有关的文章,发现后来引用次数多的文章都采用了深度情境化方法。Jia 等的研究也证实了,情境化程度越高,文章被引次数也高。由此可见,情境化方法的选择对于情境化研究论文的质量影响至关重要。

学者们在对情境化研究有了一定的认识后,开始对情境化研究的方法有了一些探讨。Rousseau 和 Fried 强调了情境化的三个层次:①对情境的大量描述;②直接分析情境;③开展比较研究。Tsui 给出了情境化的四个步骤,即选择研究现象、延伸与拓展理论、变量测度与数据收集、设计研究方法。Whetten 则给出了两种情境化方法:情境化理论和理论化情境,前者指运用已有理论解释新情境,结果可能对现有理论有贡献;后者是指依据新情境构造出一个可以解释情境的新理论,结果可能是新理论的产生。吕力在探讨如何进行深度情境化时,提出应采用质性研究方法,如田野调查、民族志等。苏敬勤和刘静参考了 Tsui 等人的观点,基于 12篇情境案例研究文献,归纳了基于情境开展案例研究的特点和规律,建议开始研究前应先确定情境范畴,以及清晰界定情境因素,并以命题方式描述出情境化构念和其他构念之间的逻辑关系,最后再认真分析案例研究结果的普适性。徐淑英和贾良定的研究基于情境化方法是为了完善研究的严谨性和切题性,加大研究结果意义的可能性以及对知识体系和中国管理实践的有用性,且归纳了四种情境化方法。

纵观学者们关于情境化研究方法的探讨,可以发现情境化研究是一类注重源头的研究,即关注引起一切变化的最初的情境因素,因而情境化的研究方法也体现出了一种渐进性的特征——对情境进行分析,再结合科学研究的方法。

二、当前情境化管理研究不足

(一)高层次情境研究不足

尽管低层次情境化研究同样利用现有西方成熟理论和现有测量方法,但只是就情境进行了适当修正,概念模型之间增加了中介变量或者调节变量,结果只是与之前有所不同,情境特色有一定体现;而高层次情境特定研究关注新情境,依据情境开发全新的概念和理论模型,引入情境特有的变量,属于从事一类原创性的基础研究。

尽管学者们对于高层次研究有一定的认识,但是高层次情境化研究目前依然不足。徐淑英对处于社会变革中的中国的组织与管理研究相关的 106 篇文献进行回顾,发现其中只有 2篇试着采用新的理论来解释中国的现象。不仅如此,Jia 等回顾了 30 年中国情境对管理与组织理论贡献相关的 302 篇论文,发现其中只有 14 篇论文在情境化"维度"上充分考虑中国情境。徐淑英和贾良定发现仅有三个新概念是基于中国特殊情境提出的:市场转型、网络资本主义和关系,其中市场转型并非中国情境特有,而关系理论从任何层面来看都不算完整。尽管中国管理研究已过去了三十多年,迄今为止,仍然没有针对特定中国管理或组织行为的大量可用知识。就中国管理问题而言,徐淑英和张志学认为已发表的文章几乎显示不出本土化(高层次的情境化)的特征。由此可以看出,中国管理情境化研究的高层次处于极度缺乏的境地,相关文献产量并不高。

究其原因,一方面,海内外的中国学者为了更快地融入整个学术界中,其研究往往是进行低层次的情境化研究(陈晓萍等),随热门话题、寻找现有实证研究的空白等,较少进行创造性的研究;另一方面,尽管较多的学者在组织管理研究中已经考虑了情境因素,但认识并不深刻,只有较少的学者认识到情境化管理研究远不仅仅是考虑一个单位对所处的情境的应对或者说是之间的互动。

(二)东方本土情境关注依然不足

尽管一些学者开始从事高层次情境化研究,但更多的学者未能发现情境化研究中新情境的寻找应该由西方转向东方本土,这使得情境化研究目前仍处于初级阶段,创造性概念和新理论的缺乏仍旧是常态。这也势必导致理论在指导东方本土实践方面的不足,企业的实践亟待创造性理论的指导。Tsui 也认为以北美之外国家或地区作为研究焦点开展的研究仍然十分不足。

究其原因,一是管理研究始于西方,各国研究者研究的领域有向北美范式集中的"同质化"倾向,以西方主导情境为研究对象,且部分学者不关注现象本身,一味照搬西方的范式和理论,继而放弃了对现象背后特殊机制的深入思考。同时,现有的管理研究成熟理论来源于西方,学者们模仿追逐特征显著,鲜有关于中国本土情境的管理现象的洞察。二是尽管本土情境够新颖,但要花费更多的时间和精力去发现问题,导致论文等成果产生的速度和数量更加难以预测,而依据国内现有的学术评价体系,这势必会影响到学者个人的学术道路成长、所在科研机构的排名等,因此大部分学者们仍旧是简单的复制性研究——结合西方理论,采用同样的测量和分析,确认是否适用于东方样本(徐淑英等)。

(三)情境理论研究的不足

依据 Van de Vijver 和 Leung 对跨文化研究类型的划分,其中考虑了情境变量的假设验证型跨文化研究是"情境理论研究"。在这类研究中,研究者引入一些文化因素/变量,作为解释跨文化差异的理论框架。

除了对情境化研究关注的管理学顶级刊物对目前东方情境理论化研究的不足,国内学者也逐渐意识到了这一问题。苏敬勤和张琳琳提到,"情境化研究在一定程度上取得了一定的成果,但是学者往往把发现的现象当作理论,缺乏与西方理论的迭代和对比"。情境理论研究的不足,将直接影响研究对理论的贡献。

究其原因,一方面是情境理论研究系统性探讨的缺乏,导致这一研究占比仍然比较小。依照Werner 对国际管理研究的分类,其中第二种是比较不同文化、不同国家之间员工行为和管理实践的异同,Tsui 认为这种研究目前仍非常不足。尽管《管理世界》《管理学报》等期刊都刊载有一些情境理论研究,但对于情境化理论建构方法的探讨仍是不够多,也不够深入。另一方面是因为目前情境化研究中更多的是低层次的情境化研究,因而较少采用需要通过识别跨情境的一般性和独特性来开展的比较研究。即便是少部分进行高层次情境特定研究得到新开发的概念和理论，也并未考虑在西方情境下再次验证和迭代的情况。

三、未来研究方向

我们认为情境化研究的下一步应致力于高层次情境特定研究，契合新情境更多地产生于东方的缘故，应该关注东方本土情境，并重视跨学科跨区域合作交流，加快完善情境理论化研究的体系，以期更快地提出更多满足东方式独特管理情境、能够解决社会实际突出问题的创新性理论及构念。

更具体地，从不同情境层次的特性来看，我们应该更多地从事面向实际问题的高层次的情境化研究；从情境研究新问题的可获得性和新颖性来看，我们可以更多地关注东方情境；从情境研究的途径和目的来看，我们应该更快地完善情境化研究方法，进行跨文化比较分析，从事情境理论研究，以获得更具创造性且更稳固的情境概念和新理论。

（一）更多地从事高层次情境化特定研究

低层次的情境化研究只对已有的知识有所贡献，却无法对中国或其他亚洲国家情境中的管理实践提供新思路、新见解。因此，学者们未来应该更多地从事面向实际问题的高层次情境特定研究。如谢言等基于资源基础理论，在中国转型经济背景下，构建了企业外部社会联系（商业关系和政治关系）对自主创新影响的作用机理和理论框架，在研究企业外部社会联系对企业自主创新影响的作用机理时，发现知识创造是一个重要的中介机制。

从事中国管理与组织高层次情境化研究即"本土化"研究，扎根于现实，从管理实践中选题，不仅可以为学术界和实践界建立更好的理解和沟通的桥梁，也能为真正发现研究问题内在规律并提出契合的理论做贡献。

不仅如此，一些学者还认为进行高层次情境特定研究有助于管理普适性理论的发展，也就是将中国情境的理论与西方理论进行融合，可能产生普遍性理论。因此，尽早地重视高层次情境特定研究，才能提出更多一般性的中国管理知识，获得基于东方情境的新构念和管理理论。

（二）更多地关注东方本土情境

中国是东方的代表国家之一，作为目前发展最快的新型经济体，处在社会转型、经济发展和各种管理新情境出现的高峰时期，东方等新兴经济体的动态情境是提出新问题的理想场所，基于中国情境提出情境特定的创造性全新概念是可行的（任兵等）。在从事高层次情境化研究的同时，学者们应更多地由跟随西方热点转向关注东方特有情境。如袁建国等基于政治关系与技术创新的视角，考察了我国政治资源是否存在"诅咒效应"，通过采用面板数据，结果发现政治关系不仅会降低市场竞争、助长过度投资等进而影响企业创新，同时还会导致企业创新乏力、资源分散并产生挤出效应，即存在"诅咒效应"。

关注东方本土情境，一方面是因为现今这些国家的经济发展速度远超于欧美国家，国内的经济体制各方面都在发生巨大的变化，可以供学者们研究的管理问题层出不穷。习近平总书记指出："当代中国正经历着历史上最为广泛而深刻的社会变革，也正在进行着人类历史上最为宏大而独特的实践创新。这种前无古人的伟大实践，必将给理论创造、学术繁荣提供强大动力和广阔空间。"中国为发展和探索新概念、新理论、新见解提供了一片广阔的空间，学者们应当探索充满神奇的中国情境，贡献新的、有效的知识（陈晓萍等）。另一方面是因为东方情境的新颖性,使得新理论的产生概率增大。亚洲国家虽然在地理分布、政治及经济上各有差异,但都拥有相似的文化价值观及哲学理念,这些文化成分尽管在具体的东方国家间稍有变化,但都与西方社会迥然不同。与西方研究"成熟问题"不同,东方的新情境下的新现象显得更加有趣且新颖。通过对东方情境下的新现象进行深入研究,借鉴西方现有成熟理论,获得对特定情境的全新理解,增大了创造新理论的概率。

(三)加强情境理论研究

由于东方指导性理论的缺乏,从事东方本土情境的高层次情境化研究将成为必然,进而开发出适合东方情境特别是对中国的实践有指导意义的理论研究。从事情境理论研究即在研究过程中考虑情境变量,进行跨文化比较研究。任兵和楚耀认为跨文化比较研究可以让不同情境下的文化相互启发,进而推动特殊理论的完善和发展,并逐步迈向普遍化的过程。在东方本土情境下进行的高层次情境化研究应该再次和西方理论进行迭代对比,只有这样,得出的研究结果才能称之为理论贡献,也能获得管理学界更广泛的认可。

目前管理学界都提倡进行跨学科跨区域合作与对话,这正好应对情境化管理研究中跨文化比较研究的不足。进行跨学科跨区域对话与合作,可以汲取其他社会科学或自然科学的思想和研究方法,丰富管理学研究;同时也整合了国内外研究成果,融合了不同情境的特殊研究,推动管理理论的系统化和普遍化发展;还可以使得合作伙伴获得一种全新的视角来审视情境,在分析研究结果时,基于合作双方的文化及学术背景,有可能会得出更加新颖和有趣的管理和组织的内在规律,加大新构念和新理论提出的可能。

随着中国经济实力的发展以及国内对改革的一致呼声,使得提出解决中国实际问题的创新性的理论成为学者们和企业家共同关注的问题。目前,中国国内日渐积累的学术氛围和"服务实践"的理论研究正好契合当下的诉求,因而,在国内号召学者们从事高层次的情境特定研究,并引导研究情境由西方转向东方,更有利于指导性、创新性理论的提出。

本章案例阅读

【案例 8-1】　　　　　　　**华为对海外员工的管理**

作为世界先进的通信公司,华为拥有超过 30 个海外分支机构,对于数十万外籍员工的管理,华为贯彻了在当地的本土化政策。以华为在墨西哥的管理实践为例,尽管入乡随俗是跨国公司在海外实施有效管理的必经之路,但华为采取了"包容＋引导"的策略,没有一味迎合当地文化,而是在其基础上进行了合理的引导和规范。

华为的墨西哥分公司严格按照当地的节假日进行休假,根据民风民俗为当地员工庆祝生日。同时考虑到墨西哥城区内堵车严重的情况,华为允许员工拥有相对灵活的上班时间。但由于拉美民风较为散漫,员工工作懒散,迟到早退、上班时闲聊是常事。针对这些问题,一方面,华为通过军事化管理进行强制约束;另一方面,中方员工常常在没有加班费的情况下主动加班工作,"以奋斗者为本"的企业文化在无形中感染了墨西哥当地员工,他们更加积极投入工作。

在管理流程和工作制度上,华为的所有分支机构均遵守着统一的标准和规则。也就是说,华为对全球员工是公开且一视同仁的。在拓展海外事业版图的过程中,华为积极融入当地文化,不仅表现为雇佣当地员工,吸收当地文化和习俗,更体现为采取引导的方式向外籍员工输出华为自身的企业文化。正是这种有的放矢的情境化管理,使华为在海外市场取得了巨大的成功。

(资料来源:《中国经济周刊》。)

【案例 8-2】　　　　**西班牙快时尚品牌 ZARA 在中国的发展**

从 2006 年西班牙快时尚品牌 ZARA 的第一家门店进驻中国市场,到成为今天遍布中国各大城市的"商场标配"。ZARA 跨越时空的供应链神话如何从遥远的西班牙延续到中国,植根于中国本地的信息系统建设是最为重要的推动器。

为了适应中国的销售系统,ZARA 在中国搭建了更加先进的一体化信息系统。在中国,ZARA 的每一家门店都有一个独立的后台,根据顾客的个性化需求,进行客制化的查询,而在前台则可以同时搭载多个 POS 系统。同时,每家门店每天都需要将当日的销售数据以报表的形式传输至西班牙总部,宽带网络也成了每家门店的基础配置。因此,中国的 ZARA 门店为建设一体化的信息系统,在软硬件设备方面都投入了大量的成本。ZARA 在中国的每一家门店都是独立运行的,直接与西班牙总部进行数据互联和交换,这种管理模式和信息系统为打开中国市场奠定了坚实的基础。

此外,为了延续 ZARA 在欧洲市场响应迅速的供应链体系,每家门店的销售数据和库存数据都为总部进行数据分析提供了重要的指标。例如,ZARA 的中国门店根据积累的数据,适当增加小号服装的库存比例。另外,为了更好地融入中国市场,ZARA 总部会在设计团队中纳入中国的专业买手、设计师以及销售人员,设计出更适合中国市场品位的服装。

ZARA 针对中国市场的情境化管理,使中国成为其最重要的海外市场,更为旗下的家居品牌 ZARA HOME 入驻中国市场打开了快车道。

(资料来源:尹泓,刘悦,孙粲然.基于价值链和供应链管理的 ZARA 品牌运营模式研究[J].中国商论,2021(8):72-74.)

【案例 8-3】　　　　**哈萨克斯坦的中国企业——新康食品**

番茄是中亚地区人民餐桌上出现频率最高的食物之一。哈萨克斯坦作为中亚大国,在番茄及相关制品市场中,亚欧多国的新老企业竞争激烈。其市场占有率第一的企业是来自中国新疆的新康食品。新康作为一家仅拥有 140 多名员工的年轻企业,是如何打入哈萨克斯坦番茄制品这一成熟市场,成功实现"外国人在北京卖烤鸭"的呢?

纵观新康的发展历程,不难看出,新康的成功得益于其正确恰当的情境化管理。哈萨克斯坦当地的员工在新康内部占比高达 90% 以上,且当地员工已经被新康培养成为职业素养极高的现代化工人。本地化程度极高的研发和生产团队在新产品开发和市场营销的过程中发挥了极大的作用:研发团队中有不少当地食品行业的翘楚,他们更清楚本地消费者的深层需求,从而开发出更贴近哈萨克斯坦民众口味的番茄制品,推动市场营销,因此企业的运转形成了极好的良性循环。"善待员工,回报社会"是新康的企业理念,新康为当地员工提供免费宿舍和免费午餐,共同庆祝当地节日,经常对员工进行慰问等。除了关怀当地员工,新康还积极参加社会公益活动,向哈萨克斯坦政府和民众展现了中国企业的社会责任感与企业担当。

正是匹配哈萨克斯坦当地市场的情境化管理方式,让新康成功在哈萨克斯坦打开了番茄制品市场,实现"外国人在北京卖烤鸭",而且取得了巨大成功。

(资料来源:高阳,包琼婷.中国新疆企业对哈萨克斯坦农业投资状况分析:基于新康食品有限公司为例[J].农村经济与科技,2020,31(10):150-152.)

本章要点小结

1.情境是和被研究对象处于不同分析层次的外部环境因素,情境化是指将研究对象放置于某种特定的政治、经济、文化、社会等多维度环境和历史、地理等时间空间情境中。在理论的开发与移植过程中,一定要关注情境化问题。

2.比较管理是一门对不同经济体制和不同国家之间或企业之间在经济、文化、工业等方面差异情况对管理的普遍影响进行分析,以及研究管理知识可转移性的专门学科。

3.不同于自然科学研究范式之间的排他性与替代性,社会科学不同的研究范式之间往往具有一定的累积性,存在互相借鉴吸收的可能。

4.管理移植的过程是一个动态调整过程,要考虑企业实际情况进行,在实施过程中要及时做出调整修改,然后继续实施、整合、应用。

5.在中国管理研究中存在两条路径:中国的管理理论和管理的中国理论。中国的管理理论采用客位研究的方式,侧重于将既有的理论放置于中国情境下进行再次发展;管理的中国理论采用主位研究的方式,致力于对中国独有的管理现象做出解释,即用中国本土概念解释本土现象得出的理论。

6.中国当前情境化研究存在高层次情境研究不足、东方本土情境研究不足、情境化理论研究不足等问题,这也是未来情境化研究的方向。

思考和讨论题

1.如何理解管理情境,管理者与管理情境之间有怎样的关系?

2.情境化与本土化研究之间有怎样的联系与区别?

3.管理的中国理论和中国的管理理论在研究的取向上有什么不同?

4.在李平给出的本土研究的四阶段模型中,阶段二与阶段三是怎样的次序关系? 你是否认同李平的划分方式?

5.如何理解情境化管理? 如何做好情境化管理研究? 情境化管理与本土化管理有何联系?

本章参考文献

[1]白俊红,李婧.政府 R&D 资助与企业技术创新:基于效率视角的实证分析[J].金融研究,2011(06):181-193.

[2]陈晓萍,徐淑英,樊景立.组织与管理研究的实证方法[M].北京:北京大学出版社,2012.

[3]高婧,杨乃定,杨生斌.关于管理学本土化研究的思考[J].管理学报,2010,7(07):949-955.

[4]郭重庆.中国管理学者该登场了[J].管理学报,2011,8(12):1733-1736,1747.

[5]蓝海林,宋铁波,曾萍.情境理论化:基于中国企业战略管理实践的探讨[J].管理学报,2012,9(01):12-16.

[6]梁觉,李福荔.中国本土管理研究的进路[J].管理学报,2010,7(05):642-648.

[7]刘人怀,姚作为.传统文化基因与中国本土管理研究的对接:现有研究策略与未来探索思路 [J].管理学报,2013,10(02):157-167.

[8]任兵,楚耀.中国管理学研究情境化的概念、内涵和路径[J].管理学报,2014,11(03): 330-336.

[9]吕力.深度情境化与诠释:管理学的质性研究方法[J].科学学与科学技术管理,2012,33 (11):31-37.

[10]苏敬勤,刘静.情境视角下的案例研究:基于国内外案例研究范文分析[J].管理学报, 2014,11(06):788-792,818.

[11]苏敬勤,张琳琳.情境视角下的中国管理研究:路径与分析框架[J].科学学研究,2015,33 (06):824-832,858.

[12]武丹,郁义鸿.企业合作R&D模式与收益分配机制及其应用[J].科学学与科学技术管 理,2007(06):18-22.

[13]谢言,高山行,江旭.外部社会联系能否提升企业自主创新?:一项基于知识创造中介效应 的实证研究[J].科学学研究,2010,28(05):777-784.

[14]徐淑英,张志学.管理问题与理论建立:开展中国本土管理研究的策略[J].重庆大学学报 (社会科学版),2011,17(04):1-7.

[15]袁建国,后青松,程晨.企业政治资源的诅咒效应:基于政治关联与企业技术创新的考察 [J].管理世界,2015(01):139-155.

[16]郑雅琴,贾良定,尤树洋,等.中国管理与组织的情境化研究:基于10篇高度中国情境化研 究论文的分析[J].管理学报,2013,10(11):1561-1566.

[17]CHILD B J. From fiefs to clans and network capitalism:explaining China's emerging economic order[J]. Administrative Science Quarterly,1996,41(4):600-628.

[18]BROCKNER J,CHEN Y R,MANNIX E A,et al. Culture and procedural fairness:when the effects of what you do depend on how you do it[J]. Administrative Science Quarterly, 2000,45(1):138-159.

[19]BURT R S. Chapter 11-the contingent value of social capital[J]. Knowledge & Social Capital,2000:255-286.

[20]CHEN C T. Linear system theory and design[M]. Oxford:Oxford University Press,1995.

[21]CHENG J,JOSEPH L C. Notes:on the concept of universal knowledge in organizational science:implications for cross-national research[J]. Management Science,1994,40(1): 162-168.

[22]AYRES J M. From competitive theorizing towards a synthesis in the global study of political movements[J]. International Sociology,1997,12(1):47-60.

[23]FARH J L,EARLEY P C,LIN S C. Impetus for action:a cultural analysis of justice and organizational citizenship behavior in Chinese society[J]. Administrative Science Quarterly,1997,42(3):421-444.

[24]PING P F,TSUI A S,LIU J,et al. Pursuit of whose happiness? executive leaders' transformational behaviors and personal values[J]. Administrative Science Quarterly,2010,55 (2):222-254.

[25]HOM P W,TSUI A S T,WU J B,et al. Explaining employment relationships with social exchange and job embeddedness[J]. The Journal of Applied Psychology,2009,94(2): 277 - 297.

[26]LI J,TSUI A S. A citation analysis of management and organization research in the Chinese context:1984—1999[J]. Asia Pacific Journal of Management,2002,19(1):87 - 107.

[27]MARCH J G. Parochialism in the evolution of a research community:the case of organization studies[J]. Management and Organization Review,2004,1(1):5 - 22.

[28]ROUSSEAU D M,FRIED Y. Location,location,location:contextualizing organizational research[J]. Journal of Organizational Behavior,2010,22(1):1 - 13.

[29]SHU C,PAGE A L,GAO S,et al. Managerial ties and firm innovation:is knowledge creation a missing link? [J]. Journal of Product Innovation Management,2011,29(1):125 - 143.

[30]TSUI A S,SCHOONHOVEN C B,MEYER M W,et al. Organization and management in the midst of societal transformation:the people's republic of China[J]. Organization Science,2004,15(2):133 - 144.

[31]TSUI A S. From homogenization to pluralism:international management research in the academy and beyond[J]. Academy of Management Journal,2007,50(6):1353 - 1364.

第九章

管理绩效

本章导读

绩效，一个所有的组织都必须直面的话题。绩效是一个衡量组织行为和产出的重要途径。管理学界关于绩效的研究和讨论可以说从未间歇，对绩效的管理也是实践界组织管理最重要的工作内容之一。本章首先对绩效以及绩效管理的内涵进行剖析，其次基于控制视角探讨组织绩效的控制过程和行为，最后探讨企业社会责任对组织绩效的影响等。

第一节　绩效管理理论

一、绩效的内涵

（一）管理实践者理解的绩效

通过实践观察，我们发现至少有三种关于绩效的常见诠释：绩效＝完成工作任务、绩效＝工作产出、绩效＝行为。这里需要说明的是，很多实践者可能会说不止这三种，如"绩效＝结果＋行为"。当然，这种声音在实践界中是存在的。我们这里给出的只是三种单一的诠释，不含那些复合的理解。

1. 绩效＝完成工作任务

在生产车间，你可能会经常听到车间主任说："我们一定要完成生产绩效！"对于这些生产工人而言，企业给他们的绩效要求就是完成工作任务。他们只需要知道被分配下来的任务要怎么做并且按时完成生产任务即可。当然，这一观点一般适用于基层工作人员，组织更关心他们是否在正确地做事。

2. 绩效＝工作产出

这个现象最常见于组织内的人力资源考核，通常考核内容中的"绩效"就指的是工作产出或结果。特别是作为企业，最关心的就是组织成员为组织带来了什么回报。相对于态度、能力考核，工作产出考核更加具体、简单。基于以上两个原因，将绩效等价于工作产出的观点在实践中最为普遍。

3. 绩效＝行为

由于行为往往难以界定和考核，将"行为"纳入"绩效"组成范畴的并不多。但是，近年来，将绩效等价于行为却日益受到企业界的重视和认可。特别对于高管的考核，考核其行为的组织越来越多。不少组织意识到，对于高管而言，"做正确的事"远比"完成工作任务"要重要得多。因为，一味地完成任务可能会造成短期效应。当然，我国一些成熟的国有企业运行平稳，对流程和规范十分重视,所以常常也强调对员工行为的考察。

(二)绩效的定义

随着管理实践的不断积累,人们对于绩效的认识也在不断变化。一直以来,中西方众多学者在研究如何改善组织绩效的课题上殚精竭虑,相关研究成果亦层出不穷。进行这些研究的前提就是结合研究情境,对绩效的内涵和外延做出明确的界定。

目前学界对于绩效的认识仍然存在分歧。绩效结果与绩效观察和测度的方式密切相关,因此绩效测算的结果并非总是一致。不同的学科对绩效的认知各有不同,研究者对绩效的界定也有不同理解。目前主要有三种学说:结果说、行为说和潜能说。

1.结果说

根据伯纳丁的观点,绩效就是工作的结果,是组织成员的工作成绩。由此,相关测度绩效结果的概念有结果、责任、任务、目标、生产量等,具体的工作类型和性质决定了相应的测度指标选择。

2.行为说

绩效是结果的观点受到越来越多的挑战,结果说过分强调行为结果,而相对忽视了行为本身,因此,随着学界对绩效问题认识的不断深入,行为说受到了众多学者认可。

行为说的观点建立在对结果说的批判和发展基础上。结果说存在四个缺陷:其一,将绩效结果等同于员工的工作任务完成情况,忽略了工作任务完成情况受诸多内在和外部因素影响,员工只是其中一个因素;其二,结果说在测度绩效结果中,忽视了员工个体及工作环境的异质性,假定了任何员工的工作条件均相同且都可以完成同一任务,这种假定脱离实际,导致绩效考核不公的问题;其三,工作任务完成情况只是员工能力和行为的单一维度体现,简单化的任务结果考核具有否定员工其他行为和能力的倾向;其四,结果说过分强调了结果的重要性,忽视了员工的行为过程,导致工作完成效果和质量不能保证。因此,行为说弥补了结果说的缺陷,从员工行为过程对绩效进行考核。

然而,关于行为说是否代表绩效的行为定义中不能包含任务目标的看法并不一致。坎贝尔明确指出行为绩效应该与任务目标结果划清界限,不能混同。而博尔曼和莫特维多将行为绩效分为任务和关系两种绩效,而任务绩效便与任务本身和目标相关。

3.潜能说

无论是结果说还是行为说,本质上都涉及对员工过去或者当下能力的考评,视角指向过去和现在。然而,员工有很多潜在的、并未完全展露的能力,组织的关键作用在于充分挖掘人的潜能,视角还应该指向未来。因此,近年来更多企业把员工潜能也列入了其绩效考核范围,对绩效的关注也不再仅仅局限于对过去的判断,而是更加重视员工的未来潜能,努力寻找员工素质与企业绩效之间的内在联系。

(三)绩效的不同研究视角

1.管理学视角

管理学研究的核心简单来说就是如何通过有效的管理来实现组织目标,而绩效是组织目标最重要的方面。管理学中绩效可分为个人绩效和组织绩效,个人绩效是组织绩效实现的必要而非充分条件。同时,无论个人层面还是组织层面,绩效的实现都与组织的战略规划紧密相关,当组织战略制定失误时,个人和组织的目标、绩效都无法实现。

2.经济学视角

经济学是以交换关系为出发点理解绩效的。在经济学中,员工作为卖方,将自己的劳动作为"商品",而企业是这一"商品"的买方,这一交换关系可以建立的基础是员工出卖劳动可以获得薪酬,而企业买回劳动可以实现组织绩效。因此,在经济学视角,绩效和薪酬是以劳动为纽带的对等物。

经济学视角应该算是绩效研究中最常见的视角了,特别是近些年来,各种相关实证研究不计其数,百花齐放。这些研究大多把组织的经济绩效(或者财务绩效)等价于组织绩效,从而进行各自的研究。

但是,经济学的研究视角对绩效的解读是不完整的。组织绩效除了包括经济绩效,还应包含非经济绩效。例如,塞尔兹尼克在研究中提到的"组织的合法性";柯林斯和波拉斯在《基业长青》中提到组织不仅应该追求当下的利益,更应努力成为百年老店。虽然现存相关研究大多聚焦经济绩效,企业家们也以追求当下最好的财报表现为目标,但是也不应忽视非经济绩效的重要性。非经济绩效之所以没被广泛研究,也许是因为尚未寻找到有效的度量概念,在研究技术方面存在缺憾。因此,后续对非经济绩效的探索存在着极大的研究空间。

3.社会学视角

社会学从社会分工和社会关系的角度出发,认为社会成员具有其各自的分工,不同分工决定了相应的义务和责任。绩效的完成不仅代表了个人职责的履行,而且会对社会其他成员产生积极影响,确保了他人的权利。

综合来看,管理学视角的绩效是一种组织目标和组织战略目的,经济学视角的绩效是一种劳动薪酬等价交换物,而社会学视角的绩效则是一种责任和义务,相比而言,社会学理解的绩效更具有道德价值色彩。

二、绩效管理的内涵

随着互联网、大数据和智能化技术的发展以及全球化、国际化的浪潮,企业面临着愈发激烈的竞争环境。为了避免被淘汰,几乎所有企业都在寻求能快速提高组织绩效的有效途径。为此,越来越多的企业加入到了变革大军中。组织结构调整、人员裁减、招聘、各种考核,这些现象穿梭在各个组织中。

绩效管理一词最早是在20世纪70年代出现在管理领域当中的,之后逐渐成了人力资源领域的一个热门词汇。理论界对于绩效管理的认识存在分歧,大致有三种观点:第一种观点是组织绩效系统论,即绩效管理就是管理组织绩效的系统和体系,这种观点认为组织绩效改善是通过组织战略、结构的调整等作用的,而组织人员不是其考虑的主要对象。第二种观点与第一种观点恰恰相反,认为绩效管理是管理员工绩效的体系和系统,其代表人物有艾恩斯沃斯和奎因。第三种观点尝试将上述两种观点进行综合,认为绩效管理是管理组织和员工绩效的综合系统。

随着全球环境日益复杂、多变,企业间竞争加剧,如何获取竞争优势,在同行中脱颖而出成了每一个组织发展必须考虑的问题。许多组织领导发现,绩效提升才是企业的终极目标。为了完成组织的终极目标,上级将绩效目标进行分解,并按层级进行绩效分摊。于是,组织规定了每一个工作岗位的目标和职责,并定期进行考核和奖惩,以确保组织最终绩效目标的完成。曾经,这种绩效考核方式在实践界大受欢迎。然而不久,人们就发现即使进行了有效的绩效考核,也并一定能使得组织能够取得很好的绩效。之后,绩效管理才被提出。

(一)绩效考核与绩效管理的关系

绩效管理理论认为,绩效管理是一种提高组织员工的绩效和开发团队、个体的潜能,使组织不断获得成功的管理思想和具有战略意义的、整合的管理方法。绩效管理不仅仅包括绩效考核,还包括上下级之间如何共同努力以维持、完善和提高员工的工作绩效,员工的工作对公司目标实现的影响,以及找出影响绩效的障碍并排除等。绩效管理是事前计划、事中管理和事后考核所形成的三位一体的系统,绩效考核只是绩效管理的一个环节。

总之,绩效管理和绩效考核的区别如下:

(1)绩效管理是体系化、系统化的过程,而绩效考核只是其中一个环节。

(2)绩效管理注重过程,尤其是整个组织过程的绩效管理,而绩效考核只是某一项工作或者某个项目的简短总结。

(3)绩效管理的视角是面向未来的,是为下一步的工作做准备;而绩效考核的视角是面向过去的,是对过去工作的总结。

(4)绩效管理有完整的计划、监督和控制,而绩效考核只是简单的信息获取。

(5)绩效管理是能力核心型,注重工作技能的培养,而绩效考核无论能力,只看结果,是对结果的概括总结。

(6)绩效管理可以让领导和员工之间形成合作联盟关系,绩效考核是领导考核员工,拉开了员工与领导之间的关系,甚至形成对立面。

综上所述,绩效考核是绩效管理的重要组成部分,不能以绩效考核代替绩效管理。只有绩效管理才能帮助组织改善绩效水平,获得竞争优势。

(二)绩效管理的作用

为什么要管理绩效?其意义何在?要回答这两个问题,必须先弄清楚绩效管理的作用影响。归纳起来说,绩效管理会产生两种不同层次影响:组织层次和个体层次。在组织层面,实行绩效管理可以构建核心竞争力提升系统,有助于组织结构调整以及有效促进质量管理;在个体层面,绩效管理可以促进员工发展,有效避免人员间冲突以及节约管理者的时间成本。

1.组织层面

许多企业都非常重视构建自身的核心竞争力提升系统。要搞清楚一个组织的核心竞争力,需要搞清楚企业过去的成功秘诀,并结合当下环境的改变审视目前成功秘诀存在的缺陷,并设法及时获取新的成功秘诀。绩效管理是实现组织战略目标、培养核心竞争力的重要途径,在实践中要注意从上而下,层层分解,即:企业核心能力不是某一个人可以完成的,需要全体成员的协调配合;从上到下,层层分解,将每一项工作都落实到岗到人。

进行绩效管理时,还要关注环境的变化。企业的核心能力不可能一成不变,当外部环境发生变化,组织需求发生变化时,相应的绩效标准也要发生变化。同时,绩效考核结果要及时反馈。考核结束后将结果及时反馈,能让组织清楚评估的结果以及与对手的差距,从而制定更科学的追赶策略。

在绩效管理系统中,结构的调整似乎经常发生,如扁平化结构、授权、团队工作等。其功能往往是为了应对特定的行业变化。随着组织结构的改变,人员间的行为规则以及组织氛围都会发生改变。例如放权的结构,使得员工具有更大积极性和自主性,组织内等级文化也会更弱。

此外,绩效管理可以有效地促进质量管理。质量管理要求产品质量的底线是满足客户的期望,要求企业内部员工投入更多的精力在质量目标上。许多实践者将质量管理作为企业的一种文化。凯瑟琳·古因(Kathleen Guin)指出,绩效管理过程可以通过向管理者提供技能和工具来加强全面质量管理。

2.个体层面

在个体层面,首先,绩效管理通过对员工绩效目标的评价和反馈,使员工发现不足,识别新的努力目标,通过学习完善自身以提高其工作胜任力,好的绩效管理可以促使员工不断自我提升和发展。其次,上级对下级不仅是单纯的考核和奖惩,一位优秀管理者会通过提供指导、有效交流以及与下属合作共同达成组织目标。和谐的上下级关系对于缓解职场矛盾起到了重要作用。最后,绩效管理的实现明确了每一位员工的权、责、利,他们清楚自己可以做什么,明白自身的担当和责任,不必事事请示汇报,领导者也可以从琐碎的日常事务中得到解放,将更多的精力放在重大决策等更重要的事情上,从而提高了效率,节约了时间成本。

(三)绩效管理与人力资源管理的关系

人力资源管理是绩效管理的重要组成部分,为绩效管理提供了许多有效的管理工具。人力资源管理认为人不再仅仅是赚钱的机器,有些潜力需要被开发从而更好地为公司服务,所以也需要对人才进行适当投资。绩效管理是人力资源管理的核心,所有的活动都是为了更好地完成组织绩效目标。

人力资源管理主要涉及工作分析、薪酬体系设计、人员甄选以及培训开发。这些是人力资源部门的主要工作:工作分析明确职位的主要职责,干好它需要什么样资质的人;薪酬体系主要涉及每个岗位的工作报酬,通常需要综合考虑行业和企业的情况;人员甄选主要通过招聘对各种人才进行评测,以决定哪些员工适合本企业;培训开发主要综合员工的个人特征和期望,共同制订未来发展计划,对其进行针对性的培训开发。

三、基于组织行为视角的绩效管理

(一)训练研究

本小节主要介绍评价训练效力的有关研究,它们通过测量行为并评价训练前后的绩效来进行。

法赛特等为提升演讲的质量,实施了一个训练研究。演讲内容包括如何组织一次讲话(如答谢介绍、向介绍人致谢、向听众问好、话题介绍等)以及身体动作如何配合(如手势和眨眼)。研究过程被分为三个阶段指令、角色扮演和绩效反馈。研究结果表明,通过训练能有效增加期望行为发生的频率以及提高听众的评价。

布鲁威赫德等也进行了一项相似的实验,让主管接受培训,然后依据录像达到要求的程度为录像进行评分。结果表明,研究对象在测试后的表现优于测试前,受过训练的小组表现优于未受训小组。

约翰逊等训练服务机构的3名接待员以增加他们的礼貌行为频率,他们为受训者提供书面说明、练习以及绩效反馈,结果证明了训练的效力。

基于以上研究,得出的结论是:训练是改变多种行为的有效方法。研究者需要进一步探索的问题是,为什么训练能有效改变行为,以此研究者们能建立更好的训练行为方案。

这里所回顾的研究表明，训练方法的有效性是存在差别的，尽管它并不总是控制训练的质量和数量，如布置作业。组织行为管理研究者需要发现的是为何特定训练技术比其他方法更适合发展目标行为。

（二）训练和动机

训练最适合于发展技能，但它却并不是解决动机性问题的有效工具。本部分将通过回顾相关研究说明训练并不是解决所有组织问题的万灵药。

康林将为改善项目完成情况而进行训练的效果与设定完工期限方案的效果进行了对比，研究包括了 4 个阶段。第一阶段是训练阶段，给予受训者一份书面说明，说明如何完成行为数据表和发展中心的客户每周行为报告。培训者强调正确完成数据报表的重要性，解释了数据系统，回顾了样例报告，并在训练中回答问题。一位心理学家发给受训者空白的数据报表，要求他们在第二阶段的预定日期前完成。该心理学家在第三阶段的研究中给受训者空白数据表，表上没有完成的最终期限。第四阶段与第一阶段相同，并分配了目标日期。结果表明，在仅有训练的情况下受训者的表现最差，报告平均推迟了 20 天。有最终期限的受训者的表现最佳，报告只推迟了两天。第三阶段中，报告平均迟交 9 天。作者推论，目标日期程序比训练更能有效地提高绩效。

成功的训练取决于多个因素，当前的行为是动机的作用还是技术不足的问题需要深入研究。这是由于，训练并不能有效提高那种由于缺乏努力而不足的绩效。

以上研究表明，尽管训练不是灵丹妙药，但它仍是改变行为的一种有效手段。对特定的行为变化，训练是不可少的。关于如何训练雇员以得到有效工作所必需的相关知识和技能，仍然需要进一步的研究。

四、基于领导视角的绩效管理

领导者的行为通常都会对他所在团队中的部下产生深远的影响，当然，这会受到领导行为发生的原因和条件的影响。在正式的组织文化中，团队领导和部下的行为还会对更高一级的组织文化产生重要影响。

（一）领导的行为方式

1. 领导行为分析优势

一些关于领导的权威理论认为有效力的领导源自领导者本身。通常认为有效力的领导者具有天生的或者后天非常可塑的性格。根据这一领导理论流派，进行投资来训练和提高组织文化中的领导效力是毫无意义的。而且，在工作团体中提高领导效力主要在于在特定的形式下选择和安排领导者。在此情形下，领导者们能够充分展示出他们所具有的与优秀领导相关的特质。另外，领导者的行为分析优势观点认为，在一定限度下优秀领导行为的才能确实可以通过练习而得到提高。这是因为，在某一情形或者多种复杂的情形下，人的行为指令系统的起源是后果选择的一个起因模式的产物，可以在反映或者传统的行为学习和训练的过程中对后果选择进行观察。所以，行为分析优势的观点还指出，可以提供更多详尽的指导方案来提升领导行为效力。

2. 后果选择

后果选择起源于自然选择学说，用以描述活的物种具有遇到灾难得以生还的经历。它们的行为指令系统支撑着每一代的生活以及后代的繁殖，以保证它们自身随着时间流逝而成功地代代相传。

现代正式的组织文化一般都包括一个高级领导者或者一个领导集体、一个计划网络以及新兴的领导与下属的关系。高级领导者或者领导集体有责任发展或采纳能够提高组织活力的行为，也要确保组织成员的生存和成功。当环境发生改变，需要依靠领导者的网络来对下属进行改变。高级领导需要有能力改变和调整文化组织和文化生存相关的行为之间的关系。现代正式的组织文化中，高级领导或领导集体都有责任维持或变革他们所领导的文化集体的主要行为以及微观结果。微观结果包括营利组织的财务结果，还有依靠委托管理或限制他们活动的投资的服务代理商在预算范围内所提供的服务质量。

（二）领导-绩效联系

以下通过回顾领导-绩效的有关研究，主要回答两个问题：一是领导的哪些方面对会对组织绩效产生影响；二是领导如何对绩效产生影响。

（1）领导的职能背景对组织绩效的影响。王雪莉认为，企业绩效受到高管团队职能背景异质性的负向影响，而这种负向影响在短期维度和创新绩效方面表现得更加明显。但是，生产型的职能背景却对企业绩效具有正向影响，多职能背景的高管团队与企业创新绩效负相关而与海外绩效正相关。而海外背景高管对企业各类型绩效都有促进作用；外部空降的高管，会严重阻碍企业的创新发展；有政府背景的高管则会提高企业的海外绩效。

（2）领导行为通过组织层面对组织绩效产生影响。陈国权通过对领导行为、组织学习能力与组织绩效三个不同层面的变量之间的关系进行实证研究，得出如下结论：①企业家变革导向、关系导向和工作导向对组织学习能力具有正效应；②关系导向和变革导向领导行为能通过组织学习能力进而影响组织绩效。王辉等研究表明，人际关系导向的领导行为通过推动组织关怀、组织承诺、分配公平和程序公平等进而促进企业的经营业绩。

（3）领导行为对员工创新有积极影响。吕毓芳发现，领导行为对组织学习与组织创新均有正向影响，且不论是管理创新或是技术创新都有正向的影响。虽然在直接效果方面，领导行为对技术创新的促进效果更强，但是如果考虑到组织学习这一个间接影响，领导行为对管理创新的总效应就更强。

（4）领导行为与组织文化有密切联系。徐淑英等研究了领导行为与组织文化之间的关系，发现领导行为和组织文化之间存在紧密关系，但并非完全独立。而且这种耦合关系在企业所有制、企业规模和企业年龄等不同情境下，领导行为对组织文化会产生不同的影响。

第二节　企业社会责任绩效

通常认为企业的目标就是实现盈利。然而，这并不足以支撑一个企业可持续性发展。企业盈利是企业在某一特定环境中所产生的综合结果。因此，企业需要回馈环境和相关主体，即承担企业社会责任，才能获取更多的支持，实现不断成长。因此，企业的绩效分为两类，一类是企业的业务绩效，另一类是企业的社会责任绩效。

一、企业社会责任绩效的内涵与度量

(一)企业社会责任绩效的内涵

目前关于企业社会责任(corporate social responsibility,CSR)的定义较多,但内涵上差别不大。理解 CSR 的内涵,关键是了解"社会"所囊括的主体范围,以便厘清企业应当对哪些主体或对象负责。企业应对所有的利益相关者负责,可将利益相关者分为:内部利益相关者,包括员工、内部股东;外部利益相关者,包括外部股东、消费者、政府等,因此企业社会责任的实施对象是内外部的各种利益相关者。CSR 议题多种多样,根据具体的内容不同,Carroll 提出了同心圆模型,最内层是经济责任,第二层是法律和道德责任,最外层是社会责任,表明企业社会责任的核心是完成产品生产、提供就业、促进经济增长等经济责任,但是还应该延伸至遵纪守法、恪守道德原则,以及再往外延伸至解决社会上存在的问题,如消除贫困、治理环境等。与此类似,Elkington 提出了三重底线模型,认为企业不仅履行对股东的责任,还要尽到环境、社会责任。这两个模型都是根据 CSR 具体的责任内容进行的细致分类。Jamali 根据企业履行社会责任的意愿程度分为强制性和自愿性企业社会责任,前者指经济、道德、法律方面的责任,后者是指企业根据企业自身的实际情况和社会需求自由决定的企业社会责任。总的来看,企业社会责任可以定义为企业在社会范围内对企业内外多个利益相关者针对多种议题应尽的义务。那么,企业社会责任绩效就是企业尽到社会义务的成果。

(二)企业社会责任绩效的度量

目前学术界对于企业社会责任的度量较为成熟,有问卷测度、专门机构综合测度和企业年报披露等多种方式。问卷测度法主要参考国外较为成熟的量表。目前对上市公司企业社会责任履行情况专门进行综合评分的有润灵环球企业社会责任评级、和讯网企业社会责任数据。此外,证监会规定上市公司需要将社会责任的履行情况在企业年报中进行披露,因此企业年报中会有关于企业社会责任履行的相关信息,这些数据可以在国泰安数据库、万得数据库中进行查找。不同的是,问卷调查法可以根据所需对企业履行社会责任的多个方面进行调查分析;专门机构提出的 CSR 评级或者分数是一个综合性的指标,较为抽象和概括;年报上指出的 CSR大多为企业社会责任投入,可以看出企业 CSR 行为的意愿和产出。

(三)理论基础

目前关于企业社会责任及绩效研究的理论主要有股东价值理论、利益相关者理论、企业公民理论、制度理论等。

股东价值理论认为企业经营的目标不仅仅是获取利润,更重要的是为企业股东更好地创造更多的价值,这构成了企业社会责任的核心内容。经济学家弗里德曼指出,企业社会责任就是在国家法律和道德既定的情况下实现股东利益的最大化。股东是企业社会责任的目标对象。学术界有很多关于企业社会责任的分析都落脚于股东利益的最大化。这是早期企业社会责任的理论基础,其简单地将 CSR 中的"社会"理解为除了企业自我负责外的股东,将企业的责任履行对象范围由企业自身扩大为股东,然而这并不能完全概括出"社会"的范围。

利益相关者理论认为企业能够正常运行的保障是维护企业利益相关者的利益,利益相关者不仅仅包括股东,还包括员工、消费者、供应商、社区、政府等有关联的主体,甚至企业所处环境中的每一个个体都是利益相关者。CSR 的利益相关者理论认为企业履行社会责任的对象应当是这些主体。弗里德曼等学者也提出将企业社会责任替换为企业利益相关者责任,企业进行社会责任的终极目标是满足利益相关者的需求,为他们创造更多的价值。利益相关者理论扩充了股东价值理论中责任履行对象,而且为企业的具体社会责任行为的决策和制定提供了方案。但是学界有人批评这一理论太过宽泛,行为主体太多为企业具体社会责任行为的制定带来了很多困惑,在有限资源和能力约束下,企业无法对所有群体都尽到职责。如果说要对所有主体都负责,本质上是对任何一个主体都不负责。

企业公民理论认为应当把企业比拟为一个公民,一个合格的公民需要遵纪守法、践行社会公德,这是底线,而一个良好的公民还要懂得"主动奉献",即自觉帮助他人、维护生态环境、为社会建设贡献自己的力量等,对应到企业,企业需要在遵纪守法、坚守企业伦理之外,主动提供援助、参与慈善、治理环境、解决社会问题等,这便是企业社会责任的内涵。企业公民理论从公民角度理解企业社会责任还有一个鲜明特征,就是在处理企业与社会关系时,企业公民理论将企业作为社会的一部分,认为企业的社会责任是企业应当做的,是企业的内在义务,而不是企业的外部事物,是与企业的自身存在融为一体的,无法割裂。

制度理论是从企业履行社会责任的目的角度理解企业社会责任行为的理论。制度理论认为企业要想获得长足发展必须与企业所处的制度环境相符合,这样更有利于企业获得制度合法性。制度理论将企业仍然看成是自利的经济主体,认为企业进行社会责任的履行并不是对自身的要求,而是为了达成某种利益目标。与制度理论类似,目前关于企业社会责任的研究也较多运用社会关系理论、政治关联理论等,均是从企业获得某种利益的角度理解企业社会责任行为。

二、影响企业社会责任绩效的因素

(一)企业自身因素

影响企业社会责任绩效的企业层面因素分为企业性质、企业战略、高管团队、员工、企业绩效、创新水平等。企业性质指企业的产权性质、行业性质、规模,即企业是国有还是非国有企业、家族还是非家族企业、制造业还是高科技行业、大企业还是中小企业等。在战略层面,战略的类型如竞争战略、战略的导向如市场导向、战略偏离常规战略的程度均会对企业的社会责任行为和绩效产生影响。高管团队特征也会对企业社会责任绩效产生影响,包括高管性别、高管经历、高管团队多样性(异质性)、高管薪酬、高管团队能力、高管持股比例、高管政治关联、高管性格特征如自恋性特征等。员工也是影响企业社会责任绩效的又一个关键因素,比如员工责任信念、员工社会责任感知等。企业社会责任绩效不仅会对企业的绩效和创新产生影响,目前研究表明企业的绩效水平和创新能力也会对企业社会责任绩效产生影响。

(二)政府因素

政府对企业社会责任行为和绩效的影响主要表现为直接影响和间接影响两种形式。直接影响表现为企业高管团队的政治关联和政治关系,如企业高管团队在政府部门有兼职,那么此时高管团队作为企业的主要决策者,将直接影响企业的社会责任绩效。间接影响表现为政府的政策引导、政府补助和补贴、政府审计、政府俘获等对企业社会责任的影响,虽然这些并不会直接对企业社会责任行为产生影响,但是其通过不同的机制影响了企业的决策,进而对企业社会责任绩效产生影响。

（三）其他影响因素

除了企业自身和政府外，还有很多企业因素会对企业社会责任绩效产生影响。其中备受学术界关注的重要因素是媒体，比如媒体关注、媒体监督、媒体治理等会对企业的社会责任绩效产生影响。另外，企业所处的环境也会对企业的社会责任绩效产生影响，如投资环境、法律环境、伦理环境、市场化程度、文化环境（包括文化价值观导向、宗教文化氛围、儒家文化）等。

三、企业社会责任绩效对企业的影响

目前学术界关于企业社会责任绩效对企业影响的研究结论并不一致，主要分为三类：积极影响、消极影响和非线性影响。

（一）积极影响

目前较多文献都证实了企业社会责任行为对企业的积极影响，而且这种积极影响表现在多个方面。在财务方面，企业社会责任履行会增加企业的财务绩效、降低股价崩盘风险、缓解融资约束、获得外来投资等；在企业创新方面，企业社会责任会促进企业利用式创新和开发式创新、企业研发投入、企业创新产出、企业创新能力、创新效率等；在企业员工层面，企业社会责任行为增加了员工的认同感、激发了员工的责任心、增强了员工韧性、降低了员工的离职意愿等。此外，企业社会责任行为还提升了企业的竞争力、企业价值、企业应对风险能力、企业的社会声誉等。综合来看，企业的社会责任行为对企业的积极影响体现在各个方面。

（二）消极影响

虽然目前相关文献大多认为企业社会责任对企业具有积极影响，然而也有少部分文献指出企业社会责任行为对企业的影响是消极的。这部分文献认为，在企业资源一定的情况下，企业的社会责任履行会占用和消耗企业的一部分资源，进而对企业正常的经营活动产生影响。企业社会责任履行还会一定程度影响企业的战略部署，分散掉企业高管团队的注意力，无法将全部注意力集中于企业的经营活动，从而对企业绩效产生不利影响。此外，很多企业社会责任行为意味着企业会付出较多的成本而没有任何回报，或者获得回报的周期较长，只有在未来可以获得收益。企业社会责任的反对者也称企业缺乏履行社会责任的具体能力以及对企业社会责任行为的管理、缺乏广泛的社会支持等。然而，这些都是学术界早期的观点，目前企业社会行为的消极影响无论是在理论上还是在实践中都越来越无法得到强有力的支撑。

（三）非线性影响

尽管企业社会责任单纯的、绝对的消极影响很难成立，但是最近也有学者指出企业社会责任的积极影响并非意味着企业履行的社会责任越多越好，企业社会责任的消极影响也并非一直是消极的。对前者而言，当企业社会责任的履行占用了过多的资源、耗散了企业注意力的时候，这种积极影响将不再存在，反而会产生消极影响。对后者而言，企业社会责任的履行在短期内可能表现为负向影响，因为与不履行企业社会责任之前相比，的确产生了消极影响，但是在长期看来，企业社会责任的回报将会获得。因此，企业社会责任与企业绩效之间存在非线性关系，如U形关系和倒U形关系等。

四、企业社会责任绩效的新特征与新趋势

(一)国家治理现代化背景下的企业社会责任绩效

完善和发展中国特色社会主义制度,推进国家治理体系和治理能力现代化,是我国全面深化改革的总目标,也是国家的重要战略目标。企业作为微观经济主体,有责任和义务推动国家治理体系和治理能力现代化,企业如何积极主动承担促进国家治理现代化的能力成为当下管理学研究的一个重要问题,在实践中也成为企业参与承担社会责任的重要趋势。企业社会责任承担需要向国家治理体系和治理能力创新转变。阳镇等认为在国家治理现代化背景下,企业社会责任实践出现了新的特征,表现为单一政府治理转向多元主体协同治理,国有企业主导转向多种所有制企业共同参与、平台模式下的社会责任履行等。

国家治理现代化对应到企业层面,首先体现为公司治理的现代化、先进化、科学化。进一步,在此基础上,企业为助力实现国家治理现代化而承担一定的责任,表现为与政府合作,结合平台经济、互联网经济等新经济模式和大数据、人工智能、移动互联网、物联网、云计算、区块链等新的技术,构建全新的企业管理模式、政府治理和政企关系模式,同时企业尤其是高新技术企业的研发要结合目前国家治理现代化的迫切需求,生产出需要的高科技产品,助力国家治理现代化。

(二)新冠疫情下企业社会责任绩效

2020年初突如其来的新冠疫情对企业的正常运营产生了极大的冲击,对人们的正常生活也产生了极大的影响。如今,疫情何时结束依然是个未知数。抗击疫情、维护人民的生命和健康、有效抑制病毒的传播、有序推进复产复工是举国上下的重要任务,在这种背景下,企业更应该承担社会责任。这种社会责任应该表现为两种形式,第一种形式是企业自身为了降低自身风险、维护企业员工正常的生活,企业需要为员工承担一定的责任。疫情期间,有的企业考虑到员工不上班后没有收入来源,就每个月适当给员工一部分工资作为生活费;有的企业由于疫情原因经营困难,为了压缩成本也没有进行裁员;还有的企业专门购买了口罩给员工分发,这些都是企业对员工负责任的态度。第二种形式是企业需要为国家渡过疫情难关贡献自己的力量。疫情期间,很多企业都进行了捐款,比如国有企业中粮集团捐了七亿余元,民营企业腾讯集团捐赠了五亿余元,同时,医药制药企业不分昼夜、克服艰难,努力寻找有效治疗新型冠状病毒的药品,并夜以继日研发疫苗,这体现出了企业的责任感和同国家、人民同呼吸共命运的格局观念。此外,企业还与政府、其他医药企业等机构形成战略联盟合作关系,共同应对疫情及其带来的社会问题。这些举动都表现出了企业较强的社会责任感,只要疫情没有完全结束,这些举措将会成为企业社会责任的重要部分。

(三)"一带一路"背景下的跨国企业社会责任绩效

自"一带一路"倡议提出以来,我国同其他国家积极共商共建共赢,促进我国与其他国家的互联互通、互惠互利、共同繁荣。众多中国企业参与"一带一路"跨国项目,建立与"一带一路"沿线国家企业的战略联盟关系,促进良好合作。同时,国家倡导我国企业"走出去",在"一带一路"沿线国家开设子公司,在实现盈利的同时促进沿线国家发展。我国在政策扶持、融资制度、资金支持、法规建设等多个方面为企业参与"一带一路"建设提供了便利,鼓励跨国企业承担"一带一路"建设的企业社会责任。其实,企业社会责任是"一带一路"沿线企业实现合作共赢

的重要途径。"一带一路"是国家层面的联合倡议,合作共赢的实现在微观上来看主要是跨国企业之间的合作,主要表现为跨国企业创造就业、提供技能培训、解决当地存在的问题等,为"一带一路"沿线国家的经济发展提供动力。同时,"一带一路"沿线国家还要求各个国家联合起来实施生态环境保护,加强环境治理。因此,企业有责任和义务维护生态环境,这是可持续发展的必然要求。"一带一路"建设还需要企业作为重要媒介,加强企业内部不同文化的相互理解、交流和融合,助力"一带一路"不同经济体的文化认同,促进文化包容共同体的形成,这是"一带一路"发展的必要推动力。

第三节　数字化绩效管理

随着大数据、人工智能、移动互联网、物联网、云计算、区块链等新技术的涌现,数据化时代已然到来。2020 年突如其来的新冠疫情,更进一步对传统企业的生存和发展产生了巨大的冲击,使得传统企业不得不思考新的发展路径——数字化转型,传统企业的数字化转型已是大势所趋。新创企业也更加注重加强企业内部数字化设施建设,充分利用数字化技术,创造数字化优势。那么,在企业数字化转型或者数字化企业下,企业的绩效也会产生新的形式。

一、数字化绩效的内涵与度量

(一)数字化绩效的内涵

企业数字化转型或者在数字化企业中,企业管理的各个环节都与数字化紧密相关。企业战略、计划、关键决策、供应、生产、销售、售后服务、消费者管理、企业控制等各个环节都会涉及数字化技术,在这种情境下,原本的绩效指标很难满足企业运转效果,也无法有效衡量数字化项目的成效及判断其成功与否。因此,有必要构建出数字化关键绩效指标,进行全新的数字化绩效管理。

参照绩效的概念,数字化绩效是指评估企业数字化转型或者数字化项目的完成情况和最终成果。数字化关键绩效指标是评估企业数字化转型成果或者数字化项目完成程度的可测量的值。举个例子,一个企业进行了数字化转型,那么数字化转型给企业带来了哪些积极的变化呢?这便是数字化绩效。再具体一些,这个企业通过增加数字化的销售渠道比如增添网络销售平台、移动应用程序等,使得销售收入增加,那么通过数字化渠道所产生的销售收入占总的销售收入的比例,便是一个数字化关键绩效指标。或者这个企业通过建立数字化的消费者管理和服务平台,密切收集消费者的意见和建议,在新产品开发过程中,企业充分利用了数字化信息平台上消费者的想法作为最初的创意进行研发,那么新产品的数量或者申请专利数量相比之前的增加额和比例,这也是另一个数字化关键绩效指标。

(二)数字化绩效的度量

由于数字化转型是企业内部在多个方面和环节的数字化,因此,数字化绩效和数字化关键绩效指标有较多种类。站在不同的立场和角度上,就会有不同种类的数字化绩效和关键绩效指标,也就会有不同的测度指标。

目前可以度量数字化绩效的指标有以下几种:

(1)用户体验。数字化时代提升用户体验是数字化转型的第一诉求。在消费主权时代,用户一般只提出某种诉求,然后企业以消费者的诉求为目标提出一个完整的设计方案,并开始一系列的研发和生产活动,最终生产出顾客满意的产品,提升用户体验。那么,最终用户的体验是否得到提升,用户是否满意,产品的销售情况如何,都是数字化转型绩效的衡量维度。具体的关键绩效指标可以是产品销售额占比、通过顾客回访和调查所得的顾客满意程度、顾客留存率等。

（2）数字化产品创新成果。数字化技术被应用在企业内部时,会对企业的创新模式、创新途径和创新管理等都产生极大的影响。企业进行数字化转型期待会推动企业的创新活动,进而推动企业创新绩效。那么当运用数字化技术后,企业的数字化产品生产情况以及专利申请数量的变化可以较好地衡量企业数字化绩效。关键绩效指标就是数字化产品数量和专利申请、获得数量。

（3）企业管理成本。企业数字化技术的应用会推动企业传统管理模式的变革,极大提升了管理效率,会降低企业的管理成本。因此,数字化绩效可以用内部管理效率和管理成本来衡量。关键绩效指标是企业内部管理效率增加比例、企业管理成本的减少额度。

二、数字化绩效管理：以客户价值为例

由于数字化绩效和关键绩效指标较多,目前争议也很大,因此本小节将从企业利用数字化技术来更好创造客户价值角度,分析企业数字化绩效管理。

（一）客户价值表现形式

党的十九大报告中明确指出,我国数字经济蓬勃发展,对优化经济结构,深入推进供给侧结构性改革起到了重要作用。工信部数据显示,我国数字经济总量约占GDP总量的1/3,数字经济已经成为我国经济建设中新的增长点,有效促进了传统产业的转型和升级,优化了产业结构,助力我国经济的高质量发展。以"移动互联网、物联网、云计算、大数据、智能化、区块链"等为代表的数字技术成了数字经济时代优化资源配置的无形的手,因此数字经济背景对顾客价值的创造有重要意义,而且在此背景下,顾客价值呈现出了新的表现形式。

1. 产业数字化

在整体经济下行的压力之下,数字经济依然为顾客价值创造提供了有力支撑,表现之一就是产业数字化。产业数字化,是将"移物云大智链"等数字技术嵌入传统产业,对传统产业的产品和服务进行数字创新,从而提高生产率,提高产能。产业数字化是数字技术与传统产业的有机连接。

一方面,数字技术嵌入传统产业,企业进行了物理组件的数字创新。首先,企业广泛利用市场信息和顾客需求的大数据,通过大数据的识别—选择—过滤—存储等过程,把握市场动向。其次,数字技术嵌入产品和服务的设计、生产与创新等环节,根据顾客的需求进行客制化生产和服务,与顾客实现双赢的顾客价值创造。制造业服务化就是产业数字化的典型代表,实体制造企业为了获取竞争优势,将顾客价值创造的重心从制造转移到了服务：从顾客需求出发,按需定制,制造商们主要出售服务,此时的产品成了他们提供服务的载体。数字技术也为顾客提供了更多地参与途径,也给顾客带来了更多地参与空间,顾客大数据使得标准化生产及产品向非标准转变,顾客也由此进入了价值创造过程,实现价值共创。

另一方面,数字技术革新了传统产业的运营管理和生产销售等环节,加快了生产流程和管理系统的数字化。数字化的生产流程和管理系统,促进了组织内部的沟通和信息获取,使决策

更加高效;数字技术的普及更为企业及其员工带来了数字创造力,在数字创造力的支持下,企业能够开创性地进行数字社交、研发等活动,促进了产业数字化的进程。

2.数字产业化

数字经济有力推动顾客价值创造的另一个原因是数字产业化,即与数字技术相关的新兴产业的快速崛起。数字产业就是利用以"移物云大智链"为代表的数字技术,使各种类型的数字转化为企业的核心资产,成为企业的价值源泉,进而创造顾客价值,可以说,数字产业最重要的原材料和企业资产就是数字。典型的数字产业如互联网企业,这类企业自身就会生产大数据,企业运营和创新等一系列活动都围绕数据展开,利用得天独厚的数据库优势,挖掘顾客的潜在需求,精准获利。

一方面,数字产业实现了资源的更优配置。数字产业通过在传统业态中嵌入数字技术形成了新的产业,数字技术不仅能够促进传统产业的发展,更盘活甚至主导了某些没落的传统产业的发展,如线上点餐以及外卖服务、网约车服务和共享单车等,这类新型产业促进了供给和需求逐渐平衡稳定,更好地调配了市场资源。

另一方面,大数据、人工智能、区块链等数字技术彼此融合,产生了与实体经济互补的新兴业态,沿着数据收集、传送、存储、处理等数据链条各环节形成了新兴产业。如虚拟货币、数据挖掘等新兴产业,以数字为生产原料,拥有强大的数据挖掘、分析和处理能力,主要为其他产业的数字化提供帮助,如为其他制造类企业分析顾客需求,为餐饮服务业提供数字化服务等。尽管这类产业没有实体产品,完全依靠数字技术提供数字与数据,但它们已经成为顾客价值创造的一大支柱,有力推动顾客价值的高质量创造。

3.数字化体验

市场竞争日益激烈,企业的主战场也从产品和服务本身转向了顾客体验。企业从顾客需求出发,通过调动顾客感官,提高顾客参与度,刺激顾客的产品诉求和心理诉求,从而为顾客提供各类体验,如情绪、关系、思考、感觉等。学者们对顾客体验有不同的研究视角,但整体来看,顾客体验的创造和传导是一个系统的过程,涉及众多要素,典型的如高质量的人员服务和沟通、双方的关系质量、产品或服务的创新等。而数字经济下的顾客价值创造更表现为数字化的顾客体验。

第一,数字经济使得顾客体验的范围不断扩大,实现了无缝体验甚至无界体验。互联网业务从最开始的网购到如今横跨衣食住行娱等日常生活的方方面面,数字化技术从人人连接的互联网扩展到物物连接的物联网,顾客体验逐步成为运营服务的核心。从最常见的扫码支付、线上下单线下提货到智慧试衣间和无人商店等新兴零售业态,都是无缝衔接的消费体验。

第二,数字化经济时代,为"全渠道营销"的实现提供了更多可能。大数据等数字技术的应用,为企业建立了庞大的顾客数据库,根据每一个顾客的需求、兴趣、行为、搜索等特征提供产品、服务和体验,实现了无界营销。数字化技术为企业提供了多方面的顾客信息,包括基础数据、消费数据、行为数据等。每一个品牌和零售商都可以通过数字技术为顾客提供更加完整的品牌信息,有针对性地完善顾客心中的品牌形象;同时,企业也通过数字技术获得更丰富的顾客信息和顾客知识,更精准地刻画出顾客形象。

第三,AR(augmented reality)/VR(virtual reality)/MR(mixed reality)等数字技术的应用,一方面,为顾客提供了沉浸式体验,沉浸式体验将传统的单向叙事逻辑转变成基于时间轴的多感官交互行为,使顾客变被动接受为主动探索;另一方面,这些数字技术也成了企业收集和识别顾客信息的重要途径。这些技术在顾客无意识时进行，但又给了顾客深入的体验，即调动了多种感官，为顾客带来了强烈的感受。

第四，顾客可能因为对企业的信任而开始初次体验，但随着体验和了解的深入，顾客会逐渐产生认同，基于认同从而更加信任企业。因此，企业为顾客创造多种体验途径十分重要。例如，许多企业数字化直播生产过程，可视化产品结构，引入云客服，利用区块链技术进行产品溯源等。企业围绕顾客进行的数字化信任体验，能更加有效地增强顾客对企业的认同感和信任感，从而打造全面立体的数字化体验路径。

（二）顾客价值管理

顾客价值作为一种数字化绩效，遵循一般的数字化绩效管理过程，而数字化绩效管理又与一般的绩效管理既紧密相关又有所区别。一般的绩效管理存在三个核心命题：第一，规划、预算和预测；第二，绩效报告；第三，盈利水平和成本分析。我们认为数字化的绩效管理仍然以这三个命题为核心命题。下面以顾客价值这一数字化绩效为例进行分析。

首先，顾客价值创造的规划、预算和预测是指在进行数字化绩效预估之前，需要对达到某种顾客价值预期结果的条件和所需要的资源、能力进行评估和分析，进而对资源调配、组织等进行一系列的规划，对所需要的成本进行预算，对预期的结果进行预测，以便在宏观上做出较为详细的战略认识。

其次，结合对顾客价值创造最终成果的预期和因创造顾客价值而所取得的盈利进行精确记录和动态监测，并制定各种关键的顾客价值绩效指标，比如顾客体验满意度、顾客忠诚度和依赖度等，形成体系化的评价指标，进而形成完整的绩效报告。

最后，进行盈利水平和成本分析。这是进行绩效分析的关键，也是绩效管理中非常关键的一步。盈利水平和成本分析不仅可以看出数字化绩效本身，还可以看出价值创造的效率，此外还可以为进一步的价值创造过程提供建议和规划。因此，这是将过去的绩效与当下和未来的绩效连接起来的桥梁。

本章案例阅读

【案例 9-1】　　　　　　　**海底捞火锅的绩效管理**

海底捞火锅是深受消费者喜欢的火锅品牌，其以无微不至的服务而深深吸引消费者，并获取了巨大的竞争优势。海底捞火锅之所以能提供优越的服务，来源于其颇具特色的绩效管理体系。首先，海底捞的绩效目标不是管理者单方面强制规定的，而是管理层与海底捞员工共同制定的，让员工从被动转变为主动。其次，海底捞的员工绩效并不是统一的，而是随着员工个人情况的不同而不同，这极大提升了员工工作的积极性。再次，海底捞的考核制度也是多样的，根据具体情况的不同制定了多种考核制度和考核指标，包括顾客满意度、员工积极性等。最后，海底捞的绩效管理中还鼓励员工创新，"员工最值钱的是大脑"，可以看出其推崇员工创新的文化氛围。海底捞特色的绩效管理方式极大地提升了员工的满意程度，进而通过主动服务收获了更多消费者的满意。

【案例 9-2】　　　　　　　**贵州茅台集团的企业社会责任**

贵州茅台集团是一家生产白酒的国有企业，其在多个方面积极承担社会责任。首先，秉持着绿色产品和对消费者负责的理念，茅台酒经过纯天然发酵而成，从未添加任何其他物质，为此,茅台酒业成为全国白酒行业中首批荣获国家"A级"绿色产品证书的企业。其次,除了在产品上严格把控质量外,茅台酒还积极参与环境保护和治理,其将环境保护作为企业的战略内容之一,始终坚持清洁生产、节能减排,采取一系列措施维护生态环境,"环境就是茅台的未来"是企业生产的口号。最后,贵州茅台集团常常关心国家大事,在2020年新冠疫情暴发之际,贵州茅台集团捐出了一亿余元,在国有企业中排名靠前。同时,在国家脱贫攻坚的战略号召下,贵州茅台集团积极参与,在2020年10月16日获得"2020年全国脱贫攻坚奖组织创新奖"荣誉称号。

【案例9-3】　　　　　　　　　**外婆家的数字化管理绩效**

外婆家是一家全国知名的多品牌大型餐饮连锁机构,是中国餐饮的百强企业。作为传统餐饮业,外婆家对于线下门店的管理存在诸多问题。对连锁店来说,巡店检查和监督是日常的工作内容,然而日常巡店查看过程中,巡店人员需要在各个连锁店间来回奔波,并要手动完成查店记录,总店要人工收发巡店报告,整个过程费时费力,效率很低,造成了资源浪费和成本增加。为此,外婆家委托专业机构开发了一款巡店管理应用,从此开启了数字化管理。在巡店过程中通过实时拍照、模板评分、现场提交的方式快速对分店的情况进行评估,并上传至总店系统。遇到突发问题时,总店也可以快速获知基本情况并安排处理。这样一来,巡店管理的效率提升了73%,这就是外婆家的数字化管理绩效。

本章要点小结

1.理论界对于绩效管理的认识存在分歧,大致有三种观点:第一种观点认为绩效管理是管理组织绩效的体系。这种观点认为组织绩效改善是通过组织战略、结构的调整等作用的,而组织人员不是其考虑的主要对象。第二种观点认为绩效管理是管理员工绩效的体系,组织对一个人关于工作成绩以及未来潜力的评估和奖惩至关重要。第三种观点尝试将上述两种观点进行综合,认为绩效管理是管理组织和员工绩效的综合系统。

2.有效的绩效管理会对企业在组织和员工个体不同层次上产生积极影响。目前有关绩效管理的研究分别从组织行为视角和领导视角展开。

3.企业社会责任是企业在实现营利性目标之外,企业的另一重要战略目标。企业的内部特征、政府、环境都会对企业社会责任行为产生影响,同时企业社会责任履行对企业也会产生积极影响,不过现有研究也存在企业社会责任对企业绩效产生消极、非线性影响的结论。在国家治理现代化、新冠疫情、"一带一路"倡议背景下,企业社会责任行为存在新的趋势。

4.新兴数字化技术的出现以及突如其来的新冠疫情促使众多传统企业纷纷进行数字化转型,在这种背景下,构建新的数字化关键绩效指标,进行数字化绩效管理是大势所趋。数字化绩效和关键绩效指标有很多类型和种类,顾客价值便是其中最重要的一种。顾客价值管理通常需要关注三个主要问题:规划、预算和预测,绩效报告,盈利水平和成本分析。

思考和讨论题

1.请简要阐述绩效考核和绩效管理的关系。

2.给出一个你认为合适的"企业社会责任"的定义。

3.企业社会责任行为有哪些新趋势?

4.给出你对数字化绩效的理解。

5.如何进行数字化绩效管理?

本章参考文献

[1]ACCA(特许公认会计师公会),上海国家会计学院,KPMG(毕马威).数字化转型时代的绩效管理[J]首席财务官,2018,193(05):68-71.

[2]陈志军,胡晓东,王宁.管理控制理论评述[J].山东社会科学,2005(12):126-128.

[3]陈国权,周为.领导行为、组织学习能力与组织绩效关系研究[J].科研管理,2009,30(05):148-154.

[4]陈承,张俊瑞,李鸣,等.中小企业社会责任的概念,维度及测量研究[J].管理学报,2015,12(11):1687-1694.

[5]崔丽.当代中国企业社会责任研究[D].长春:吉林大学,2013.

[6]冯俊文.现代企业标杆管理[J].科学学与科学技术管理,2001(05):61-64.

[7]付俊文,赵红.效绩评价新工具:平衡积分卡的理论综述[J].当代财经,2005(7):112-115.

[8]付强,刘益.基于技术创新的企业社会责任对绩效影响研究[J].科学学研究,2013,31(3):463-468.

[9]付亚和,许玉林.绩效管理[M].3版.上海:复旦大学出版社,2016.

[10]高展,金润圭.企业社会责任理论研究与拓展[J].企业经济,2012(09):39-42.

[11]胡笑寒,万迪昉.战略控制方法与管理控制方法的比较及发展研究[J].预测,2003(4):36-40.

[12]黄昕.平衡积分卡及其问题分析[J].教师教育论坛,2004(6):48-50.

[13]霍伟伟,罗瑾琏.领导行为与员工创新研究之横断历史元分析[J].科研管理,2011,32(07):113-121.

[14]蒋雪丽,郝英奇.KPI引导员工积极性的作用机理研究[J].科技管理研究,2011(11):112-116.

[15]贾建锋,唐贵瑶,李俊鹏.高管胜任特征与战略导向的匹配对企业绩效的影响[J].管理世界,2015(02):120-132.

[16]孔杰,程寨华.标杆管理理论述评[J].东北财经大学学报,2004(2):3-7.

[17]刘元章.企业绩效管理研究[D].北京:首都经济贸易大学,2004.

[18]吕毓芳.论领导行为,组织学习、创新与绩效间相关性研究[D].上海:复旦大学,2005.

[19]罗彪,郑姗姗.国外管理控制理论研究脉络梳理与模型评介[J].外国经济与管理,2011,386(4):26-34.

[20]李伟阳,肖红军.企业社会责任的逻辑[J].中国工业经济,2011(10):87-97.

[21]廖建桥.中国式绩效管理:特点、问题及发展方向[J].管理学报,2013,10(6):781.

[22]李国平,韦晓茜.企业社会责任内涵、度量与经济后果:基于国外企业社会责任理论的研究综述[J].会计研究,2014(08):33-40.

[23]林新奇.绩效考核与绩效管理[M].北京:对外经济贸易大学出版社,2015.

[24]李鹏飞,葛京,席酉民.制度化领导力量表开发与验证[J].软科学,2017,31(03):68-72.

[25] 李坤榕,王满,马影. 管理控制框架的逻辑推演:基于经典文献的梳理[J]. 财务研究,2017 (01):60−68.

[26] 约翰逊. 组织绩效:组织行为分析与业绩评价实用指南[M]. 北京:经济管理出版社,2005.

[27] 钱瑜. 企业社会责任和企业绩效的典型相关分析:基于利益相关者视角[J]. 企业经济, 2013(03):81−84.

[28] 施良星. 标杆管理的内容及应用[J]. 现代情报,2006(03):182−184.

[29] 沈维玲. 民营企业集团绩效管理体系研究[D]. 北京:北京交通大学,2007.

[30] 田祖海,叶凯. 企业社会责任研究述评[J]. 中南财经政法大学学报,2017(1):140−147.

[31] 屠兴勇,张琪,王泽英,等. 信任氛围、内部人身份认知与员工角色内绩效:中介的调节效应 [J]. 心理学报,2017,49(01):83−93.

[32] 王辉,忻蓉,徐淑英. 中国企业 CEO 的领导行为及对企业经营业绩的影响[J]. 管理世界, 2006(04):87−96.

[33] 王艳艳. 论战略性绩效管理的理论基础[J]. 商业研究,2012(03):91−96.

[34] 王雪莉,马琳,王艳丽. 高管团队职能背景对企业绩效的影响:以中国信息技术行业上市公 司为例[J]. 南开管理评论,2013,16(04):80−93.

[35] 王文成,王诗卉. 中国国有企业社会责任与企业绩效相关性研究[J]. 中国软科学,2014 (8):131−137.

[36] 吴定玉. 国外企业社会责任研究述评[J]. 湖南农业大学学报(社会科学版),2017,18(05): 93−100.

[37] 肖红军,李伟阳. 国外企业社会责任研究新进展[J]. 经济管理,2013(9):179−188.

[38] 于洪彦,黄晓治,曹鑫. 企业社会责任与企业绩效关系中企业社会资本的调节作用[J]. 管 理评论,2015,27(1):169−180.

[39] 余伟,陈强,陈华. 环境规制、技术创新与经营绩效:基于 37 个工业行业的实证分析[J]. 科 研管理,2017,38(02):18−25.

[40] 张秀烨,张先治. 管理控制理论的产生与演进[C]. 中国会计学会学术年会,2006.

[41] 张智光,达庆利. 过程-路径-层次三维集成管理控制模型[J]. 东南大学学报(自然科学 版),2010(03):652−659.

[42] 周祖城. 企业社会责任的关键问题辨析与研究建议[J]. 管理学报,2017,14(05):713−719.

[43] 朱乃平,朱丽,孔玉生,等. 技术创新投入、社会责任承担对财务绩效的协同影响研究[J]. 会计研究,2014(02):57−63.

[44] BOSWELL W R,BOUDREAU J W. Separating the developmental and evaluative per-formance appraisal uses[J]. Journal of Business & Psychology,2002,16(3):391−412.

[45] CHEEMA A S. Digital empowerment of citizens in rural India:issues and challenges[J]. Asian Journal of Multidisciplinary Studies,2015,3(9):25−29.

[46] CARROLL A B . Corporate social responsibility:evolution of a definitional construct [J]. Business & Society,1999,38(3):268−295.

[47] FICHMAN R G,SANTOS B D,ZHENG Z E. Digital innovation as a fundamental and powerful concept in the information systems curriculum[J]. Mis Quarterly,2014,38(2): 329−353.

[48]JAMALI D. The case for strategic corporate social responsibility in developing countries [J]. Business and Society Review,2007,112(1):1 - 27.

[49]KAPLAN R S,NORTON D P. Why does business need a balanced scorecard? [J]. Journal of Cost Management,1997,11(3):5 - 10.

[50]LIOU Y. The impact of corporate social responsibility on financial performance:evidence from business in Taiwan [J]. Technology in Society,2009,31(1):56 - 63.

[51]LEE K C . Digital creativity:new frontier for research and practice [J]. Computers in Human Behavior,2015,42(Jan):1 - 4.

[52]RICHARD P J,DEVINNEY T M,YIP J S,et al. Measuring organizational performance as a dependent variable:towards methodological best practice[J]. Journal of Management:Official Journal of the Southern Management Association,2009(18):177 - 191.

[53]WAAL D,ANDER A. Behavioral factors important for the successful implementation and use of performance management systems[J]. Management Decision,2003,41(8):688 - 697.

[54]YOO Y,BOLAND R J,LYYTINEN K,et al. Organizing for innovation in the digitized world[J]. Organization Science,2012,23(5):1398 - 1408.

第四篇

治理篇

第十章
现代企业制度

本章导读

本章主要讨论现代企业制度的相关概念和基础理论。本章首先给出理性工具视角和开放系统中契约视角下的企业定义,然后根据企业财产组织形式的企业分类方法,总结组织研究的三种基本视角,并进一步探讨企业存在的原因以及企业的边界。此外,本章还介绍了制度的广义内涵、基础要素,以及不同学派对制度研究的观点。

第一节 企业与制度

一、企业的定义与类型

(一)什么是企业

虽然企业在我们周围随处可见,人们对企业的存在已经习以为常,但人们对企业的认识却经历了一个不断深化的过程。从经济学的视角来看待企业,大概可以分为两种观点:一种观点认为企业可以用生产技术来表征,它被当作生产函数的执行者和载体。此观点曾在经济学领域占据主导地位,被认为是以新古典经济学为基础的企业理论。另一种观点则把企业看成是契约关系的联结点,它代表了一系列正式与非正式的合约。这种观点把注意力集中到企业中的人,把企业当作由活生生的人组成的组织。这种观点使我们聚焦于企业内部,着重强调人在企业中体现的能动性,因而具有更强的解释力。此外,还有基于客户端定义的企业,其本质是企业就是为客户存在的组织。

1.作为生产函数的企业

企业是一个生产函数,是古典经济学对企业从技术因素的角度进行考察所得出的结论。对企业本质的考察,源于西方古典经济学的微观经济理论。古典经济学把企业视为一种以谋求利润(或产出)最大化为特征的经济单元,并以此构筑了微观经济学的框架来对经济问题做出分析。传统的新古典经济学主要是研究市场交易的理论,其中心在于研究价格在平衡供求关系中的作用。为此,企业被假定为一种以谋求利润(或产出)最大化为特征的经济单元,是一个投入产出的转换工具。从这个视角来看,企业则是为了获取最大利益所采用的投入与产出之间的技术生产关系,是集合一系列生产要素,为社会提供产品和服务,以盈利为目的,实行自主经营、独立核算的盈利性经济组织。

在这样的研究假设下,企业被看作是一个"黑箱",至于它为什么会追求利润最大化、其内部是如何组织的等问题并不是经济学所关注的问题。古典经济学在对企业做出利润最大化假定的同时,又从分工、协作及规模经济的角度将企业定义为一种生产单位。此时企业的功能是把土地、劳动、资本等生产要素的投入生产过程进行组合、转化为一定的产出,这一投入产出过程可用一种生产函数来加以描述。

从这种意义上讲,企业确实反映了投入与产出之间的函数关系,如图 10-1 所示。投入一定量的原材料,就会有一定量的产出。一般而言,投入得越多,产出也就越多。为了实现利润最大化,企业应该采用更具生产力的技术。故此观点强调生产效率,即用尽可能少的投入使得产出最大化。控制效率主要从两个方面入手:提高技术效率和提高制度效率。从技术层面提高效率是通过采用先进的生产技术来降低成本;从制度层面提高效率则是基于先进的管理手段与形式来实现高效管理。其目的均是为了获取最大收益。企业实现利润最大化有两种表现形式:第一是成本最小化,即在既定的产量水平下,企业如何生产才能将成本降到最小的问题;第二是在确定了最优的投入组合后,企业应当生产什么以及生产多少的问题。

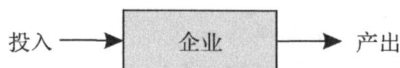

投入 ⟶ 企业 ⟶ 产出

图 10-1 投入、产出关系图

我们可以通过图形更形象地说明这种观点,图 10-2 中的曲线表示企业的生产函数。该曲线向上倾斜,说明投入和产出的变化方向是一致的,即投入得越多,产出也就越多。但是,产出增加的速度与投入增长的速度是不一样的:随着投入规模的增大,产出增长的幅度越来越小,这在图形上表现为曲线上每一点切线的斜率越来越小。

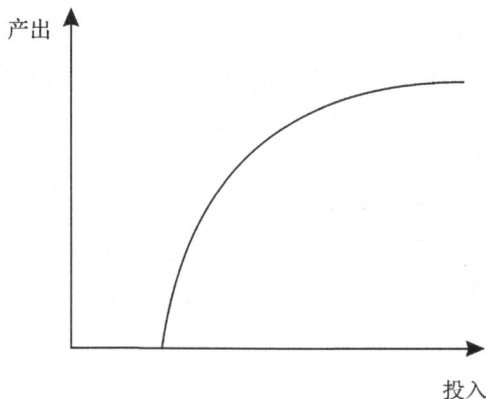

图 10-2 生产函数曲线图

虽然这种观点解释企业经营和管理活动具有不少优势,但是缺点也非常明显:它把企业当作一个封闭的黑箱来对待,忽略了企业实际经营和管理的内部过程;它还把企业中的人当作生产要素来对待(这个问题在道德上本身就有争议);它并没有回答企业为什么要采用这样的生产组织方式,企业的生产究竟是如何实现的,相同的技术为什么有些企业产量更高等问题。

2. 作为契约联结点的企业

制度经济学著名的代表人物科斯认为企业首先是一种制度安排,他将企业视为一系列契约的集合。这里的制度并非仅仅特指法律、规章、管理办法或操作手册等明文书写并颁布的一系列规定,还包括未成文的社会行为规范,如君君臣臣、父父子子的社会行为规范安排等。所谓制度,就是一个社会的规则和程序,简单地讲,就是游戏规则。制度是为决定人们之间的相互关系而人为设定的一些约束和激励。相应地,企业制度可以被定义为一种博弈规则,它决定了人们在生产经营活动中所形成的经济关系,通过制定一系列激励和约束的机制来管理生产活动、协调各种利益冲突以及寻找盈利机会。企业通常会从市场上获取各类生产资源,如资金、原材料以及劳动力等,随后会通过销售产品来赚取利润。为了保证这些活动正常运行,企业有必要与投资人、债权人、经理人、技术人员、供应商、客户、政府以及员工等利益相关者签订一系列合约。也就是说,企业在此过程中与各方利益者形成了契约关系,如与投资人在风险承担与收益获取方面形成了契约、与供应商在供应产品质量与价格等方面形成了契约、与劳动者就劳动义务与权利形成了契约。简而言之,企业存在广泛的契约关系,它的作用在于连接与各方利益者所形成的契约。因此,企业可以被视为契约的联结点。

契约的一个特征是参与方之间平等签署契约。各方利益者看到有利可图便签订契约,成立企业组织生产;若无利可图,便取消契约解散企业。加上企业组织惯性的存在以及组织对环境变化的应变能力慢于市场变化的假定,因此新的组织形式更宜采用适合变动的契约,从而导致新企业不断涌现,同时老企业也在不断退出市场。契约的另一个特征是作为契约联合点的企业必须实现 $1+1>2$ 的产出并合理地分配利益,这使得参与各方能够从企业经营中获得比自己单独干更大的好处,从而解决了人为何加入企业的问题。这一点在巴纳德的社会协作系统理论中早已阐明。显然,不同的制度安排有不同的效率。影响企业效率的除了技术因素以外,还包括制度因素。由于参与企业的每一个主体的目标之间存在差异,因此公司会通过治理结构解决目标差异带来的种种问题。治理结构不同,企业追求的目标就不同。作为契约连接点的企业如图 10-3 所示。

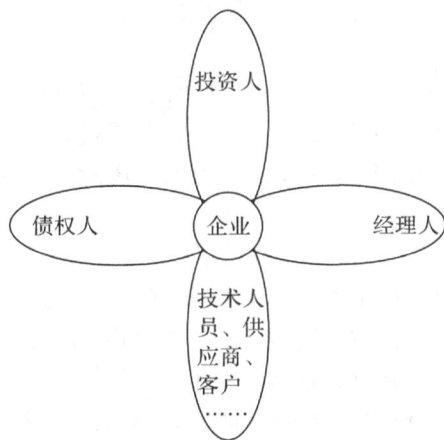

图 10-3　契约连接点的企业

3.从客户端定义企业

陈春花教授提出从客户端重新定义企业,并且强调建立企业对客户的信仰。陈春花认为在对企业进行界定和剖析时,应该将客户端放在首要位置,而非企业端。企业本质上就是为顾客而存在的。企业本身的发展战略以及内部流程都不是影响企业生存与发展的关键要素,而真正使企业获得持久竞争优势的是致力于为客户创造价值。

传统的商业思维假设是企业创造了价值。具体而言,企业提供产品和服务,而顾客只是产品和服务的需求方。基于这样的假设,企业创造价值的过程只在销售产品和服务的环节与顾客产生了关联,这也就意味着整个环节企业并没有对市场有足够的了解和交流,而是在封闭状态下完成了价值创造。在这种经营思维下,企业与顾客之间是分离的,从而会导致企业无法不间断性地满足顾客需求而退出市场。

新的经营假设则强调是顾客和企业共同完成了价值创造。顾客在购买产品的过程中并不只是希望拥有产品,他们更关注优秀的产品和服务带给他们的体验,以及自己是否也参与到了价值创造的过程中。这种经营思维表示企业与顾客之间是密不可分的。大部分新兴经济体能够迅速崛起并在市场上有一席之地也正是因为这一点。这些企业善于在市场中捕捉顾客的需求,同时具备满足客户需求的能力,从而使得企业与客户紧密相连,因此能够占据市场份额,并持续地进行扩张。

因此,旨在为顾客创造价值的企业应该具备从整个价值链或者价值网络思考的能力。具体而言,企业在创造价值时首先要明确顾客的需求和偏好,然后由此来决定企业应当采用何种技术并提供哪些服务,并在此基础上进一步引进和投入必要的资源,最终形成企业的资产与核心能力。基于这样的经营思维,企业才能获得市场份额并形成持久的竞争优势。此外,管理者需要保证企业上下对顾客价值的理解和认知是一致的,如果企业成员对此存在差异,则有可能对企业造成巨大损失。

(二)企业的类型

企业是一个开放的复杂系统,其分类方式很多,迄今为止也没有达成统一共识。例如,按照所有者分类如国有企业、民营企业、三资企业等;按照经营特点分类如劳动密集型企业、知识密集型企业等。国际上一般根据企业的财产组织形式,将企业分为个人独资企业(业主制企业)、合伙制企业和公司制企业。

1.个人独资企业

个人独资企业,简称独资企业,是指由一个自然人投资且全部资产归投资者个人所有的企业组织形式。这种企业形式虽然简单、古老,但目前在现代社会中仍然十分常见。它的特点是:个人出资经营、个人自负盈亏、个人享有企业和承担风险。个人独资企业受《中华人民共和国个人独资企业法》调整。

2.合伙制企业

合伙制企业是由两个或两个以上的自然人共同订立合伙契约,共同出资经营、共负盈亏、共同承担风险的企业组织形式。其主要特征是:生命有限、责任无限、相互代理、财产共有、利益共享。合伙制企业是不是一个独立的法人,一直有争议。在有些国家的法律中承认其是法人,有些国家不承认他的法人地位。合伙制企业受《中华人民共和国合伙企业法》调整。

3.公司制企业

公司制企业,简称公司,是指以谋取利润为目的且由股东出资共同设立的社团法人。在《中华人民共和国公司法》中,将在中国境内成立的公司划分为股份有限公司和有限责任公司,二者皆为法人,投资者受到有限责任保护。公司的概念中包含四个基本要素:依法设立、以谋取收益为目的、股东出资共同设立、法人独立。

(三)企业的组织研究视角

组织理论的研究常常从三种不同的视角开展针对企业的研究:理性、自然系统和开放系统的视角。

理性指的是狭义的理性,主要是功能理性或者技术理性,而不是公司选择目标的理性。巴纳德定义组织为:"正式组织是一种人与人之间有意识、经过协商和有目的的协作"。巴纳德还专门研究了组织中的非正式组织。马奇和西蒙对组织的定义为:"组织是互动的人群集合,是一种更具有集中协作功能的系统,而且是这类系统中的最大的。"布劳和斯科特认为"组织的区辨性特征是他们都直言不讳,是为了实现特定目标而正式建立的"。在这种视角下,组织(公司)被看成一部精密运转的机器,组织内部的各部门、各模块相互联系相互配合,共同运转。如果将组织看成机器,每个部分都可以在损坏后替换,那么这部机器可以永远运转下去吗?企业可以永保基业常青吗?显然,这个视角将组织视为追求特定目标的高度正式化集体,但不能解释为何新的组织不断产生,老的组织不断消失等现象。

自然系统视角将关注焦点转向行动结构而不是规范结构。组织设定的目标不仅更加复杂,而且变得十分灵活和多变;系统中的成员主要受个人利益的驱使,其首要目的是为了获取个人利益,而将组织利益放置其次。在这一视角下,组织不仅是实现特定目标的手段或者载体,而且它本身就代表了一种有价值的、稀缺的关键资源,因此维系和保护组织本身也是目的之一。因此,基于自然系统观,组织被界定为一种自然系统,在此系统中存在多个目标,其中有相同的也有不同的,但是参与者对于组织的重要性达成了共识,认为组织是一种重要资源并因此共同致力于组织的长远发展。自然系统视角认为组织和其他的社会系统是不可分割的,同时也受到社会系统中各方力量的牵制。在这个视角下,组织被视为受冲突或共识推进的复杂社会系统。

前两种视角认为组织是一个不受环境影响的封闭系统,其参与者通常是稳定且易于识别的。然而,组织的生存与发展离不开外部环境的支撑,因此它并不封闭,而是一个开放的系统。开放系统即意味着环境决定了组织的发展,为其提供必要的资源,且由外到内渗透着组织的一切。对组织而言,与"内部"环境因素间的关系相比,与"外部"环境要素建立关系甚至更为关键。实际上,人们发现组织与环境的界线往往是很难衡量和明确的。开放系统视角并不关注正式结构与非正式结构的差异性,而是将组织视为相互依存相互影响的活动系统。在这个系统中,无论组织间的活动是紧密相连的还是较为分散的,组织的生存均离不开与之关联的各种关系,而且为了持续发展,组织必须不断地保持、建立与外部环境的联系。此外,开放系统重视文化认知要素在组织构建中所发挥的作用。概念、模型、意图等观念对组织的影响力无处不在,组织嵌入在文化背景中往往会主动或被动地接受、适应它们。因此,在开放系统视角下,组织被定义为相互依赖的人群以及资源、技术、信息流等的聚集,这种聚集由不同制度环境下拥有不同资源的成员组成。

二、企业存在的原因和边界

在中国,一个客观事实就是大量国企的存在,同样,中国有很多大型的国企都是成立于新中国成立初期。如果我们仔细观察这些大型国有企业,会发现其中不少企业的组织非常庞大,除了生产经营类的组织之外,往往还下设如幼儿园、附属小学和中学、附属医院、后勤、保安等多种相关配套组织,也包括许多生活设施。

再看近些年新成立的许多企业,它们往往聚焦于企业的主营业务,其他的部分常采用外包的形式交给外面专业的公司来打理。外包的业务包括IT基础设施和经营、广告策划、后勤服务等,甚至有的公司还把财务、人力资源等业务模块承包出去。其目的是为了把更多精力集中在主营业务上。

1. 新古典经济学和交易成本理论解释

市场这只"看不见的手"被认为是有效的资源配置手段,同时,企业也在利用其"看得见的手"配置资源。如果市场如此有效,为何会出现企业呢?

新古典经济理论将企业完全视为一个"黑箱子"。企业唯一的职能在于根据生产函数确定投入与产出,从而实现利润最大化。从这一视角来看,企业边界很大程度上取决于生产中的技术要素,在产品边际成本等于边际收益的情况下所确定的生产规模是最优选择。然而,这一理论并没有将企业看作是一种组织,也没有意识到企业中存在诸多组织问题。

科斯提出交易成本理论并给出了他的解释。科斯将资源的分配分成两种方式:一种是企业内部的行政协调方式;另一种是企业外部的市场交易方式。科斯认为,在企业外部,市场上的一系列交易活动影响价格,而价格的变动则指导生产;对于取消市场交易活动的企业内部而言,企业家对生产的指挥协调起到了决定作用,市场结构的协调作用被随之取代。

市场交易是存在成本的,这一问题在科斯之前的研究未被重视。科斯因其 1937 年的论文《公司的本质》被认为是交易成本理论的奠基者。交易成本是指交易双方在促成交易活动产生的过程中签署并监督合同执行等所产生的一系列费用的总和,也就是为了达成交易而支付的寻求与信息费用、协商与决策费用、监督与执行费用的总和。交易成本包括了市场交易之前的信息搜寻成本、协商决策成本以及交易后的监督和执行费用等。事实上,所有的市场交易活动都是有成本。交易中,要发现每一种产品的相对价格,要讨价还价,签订合约,监督和保证合约的实施,凡此等等,无一不需要有一定的耗费。

企业是作为市场机制的一种替代方式来进行资源配置的。市场是通过契约形式完成交易,而企业则依靠权威(行政)在内部完成交易,这是两种不同的调节生产方式的区别。假设企业存在,那么企业家可以通过在企业外部与其他生产要素的所有者签署少量合同就可以获取对生产所需资源的指挥权。由此,要素市场取代了产品市场,合约不仅在数量上减少了,而且时间期限也缩短了。换句话说,企业的存在虽然并没有使契约完全消失,但是却在很大程度上减少了其数量,因此节省了交易费用。合约数量降低之后,签署和执行合约所需的费用就可以大量节省下来,从而减少了交易风险。

因此,企业取代市场的根本原因就在于降低交易费用。当市场交易费用太高,或者单纯依靠契约难以约束市场行为主体的时候,企业就会出现,用内部较低的行政管理成本取代市场上的交易成本,从而节约了成本,降低了不确定性。

由于企业自身还要产生一系列的管理交易费用,因此,当企业变得过大以致追加的管理费用超过了市场交易费用的时候,继续扩大企业规模就变得不经济了。虽然现代生产得益于规模经济,而且一般来说,企业规模越大,效益也越高,但这并不是绝对的,因为在企业规模扩张时会出现以下变化:①相对于行政命令,价格信号在企业内部的资源配置中的作用减弱,行政管理和监督费用因而增加;②由于企业规模扩大,所有者代理人的设置变得更为普遍,引起委托代理费用的增加。可以看出,在市场上所节约的交易成本会随着企业规模的扩大而被企业内部所产生的管理和监督的费用抵消。而节约的市场交易费用如果等于企业规模扩大而产生的成本时,交易费用就处于一种均衡状态。若超出此规模,则产生的管理费用就会过高,此时企业可以以市场方式进行买卖从而降低管理费用。企业规模的扩大与缩小会引起交易费用的变动,反过来交易费用的变动又会引起企业与市场替代关系的变动。因此,企业规模的边界在于达到交易费用的均衡状态。

企业与市场的替代遵循的是节省交易费用的原则。新中国成立初期,社会服务供给不足,市场交易成本过高,众多企业为了节省开支,在单位内部建立了幼儿园、食堂、小学、基建、后勤、商场等部门,整个企业看起来像是功能具备的小社会,几乎一应俱全。如今,社会公共服务基础供给较为充分,新成立的企业更多选择的是利用市场交易以更低的费用获取相关资源和服务。

2.重新审视企业边界

一般来讲,20世纪人们认为规模、角色、专门化以及控制等因素是企业成功的重要保障。规模经济理论认为,企业的外部边界越大,则规模经济的优势越显著,效益也就越好。然而,企业所处的竞争环境日益动荡,以往能够使企业获得成功的要素已经不再占据关键地位,动荡环境下速度、柔性、整合与创新逐渐变得重要,企业需要对环境的变化及时做出回应,快速做出决策,快速行动,并要求员工不断学习。为了能够有效地对外部环境做出响应,企业必须对组织边界进行调整和改变。因此,企业边界变得愈发模糊。

顾客的成长与企业息息相关,如果企业无法满足顾客的需求,则企业想要获得成功就成了空谈。当今社会企业面临的竞争环境日益动荡,技术迭代更新迅速,许多行业发生了质的变化,生产者与消费者的界限甚至消失了,消费者在进行消费的同时也是生产者。然而,人们并不需要为此而感到紧张。以企业顾客一体化的视角看待这些变化我们很容易明白,顾客所在之处就是组织的边界,顾客所在的地方就是企业的边界,即顾客在哪里,企业就在那里。企业完全凭借自己的力量在这种边界上满足客户的需求也许是困难的,这就需要与其他组织进行合作,通过合作形成联盟关系,这时企业的组织边界得到了扩展,因此其为顾客提供服务的能力也得到了保障。

第二节 企业制度的概念和相关理论

一、制度的定义和研究视角

"制度"一词不止一种含义和用法。在社会思想和理论中,"制度"这一概念相当久远且使用率高,在理论进化的过程中也衍生出了不同的含义。当今制度理论的凸显,始于20世纪60年代中期把开放系统理论引入组织研究的知识革命之继续与拓展。由于早期的研究者们认为组织是一种进行投入-产出转换的工具性生产系统,因而只意识到技术环境、资源以及与组织任务相关的信息对组织的影响。到了20世纪70年代中期,开放系统理论一改过去治理理论研究的视角,认为外部环境对组织的生存与发展具有重要作用,强调环境对组织的塑造、制约、渗透与革新。因此,研究者不再仅仅把组织当作生产系统,而且将其也视为一种社会与文化系统,是一个更加开放的社会组织系统。

建立在早期制度理论研究之上的新制度理论,在各个学科中呈现出不同的面貌。经济学的新制度理论的重要推进是支持正统的或稍加放宽的理性假定,并应用经济学的主张来解释组织与制度的存在。其中,威廉姆森的交易成本分析是典型的例子。政治学的新制度理论有两个分支,一个分支认为政治系统应该以理性的经济理论模型为依据进行解释,另一个分支则基于历史的制度本质观认为制度在分配利益和行动者的过程中发挥了重要作用。社会学的新制度理论则建立在根源于认知心理学、文化研究、现象学等思想框架之上。其中，较新的概念模型更强调认知性而非规范性框架，主要关注运行于组织环境中的文化信念体系的影响而非组织内部的各种过程。

斯科特对制度的概念做出了一个综合性的定义：制度包括能够使社会生活稳定且有意义运行的规制性和规范性要素、文化认知要素以及与之相关的活动和资源。社会理论家先后把规制性、规范性和文化-认知性确定为制度的关键要素。实际上，这三大要素构成了一个连续体，"其一端是有意识的要素，另一端是无意识的要素；其一端是合法实施的要素，另一端则被认为是想当然的要素"。不管是规制性、规范性还是文化-认知性制度要素，都需要由各种媒介或者"传递者"来传递。斯科特界定了四类传递者：符号系统、关系系统、惯例与人工器物，具体分类见表 10-1。

表 10-1　制度的基础要素及其传递者

传递者	制度的三大基础要素		
	规制性要素	规范性要素	文化-认知性要素
符号系统	规则，法律	价值观，期待	范畴，典型，图式
关系系统	治理系统，权力系统	政体，权威系统	结构同形，身份
惯例	协议草案，标准运行程序	工作，角色，对义务的遵守	脚本
人工器物	遵守命令性规定的客体	整合惯例、标准的客体	处理符号价值的客体

不同视角的制度理论的关注对象或是宏观现象，或是微观现象，它们之间最重要的不同之处在于所应用的分析层次不同。由于社会现象复杂而多样，存在多种分类方法，故斯科特将制度分析分为六大层次：世界系统、社会、组织场域、组织种群、组织以及组织亚系统，如图 10-4 所示。

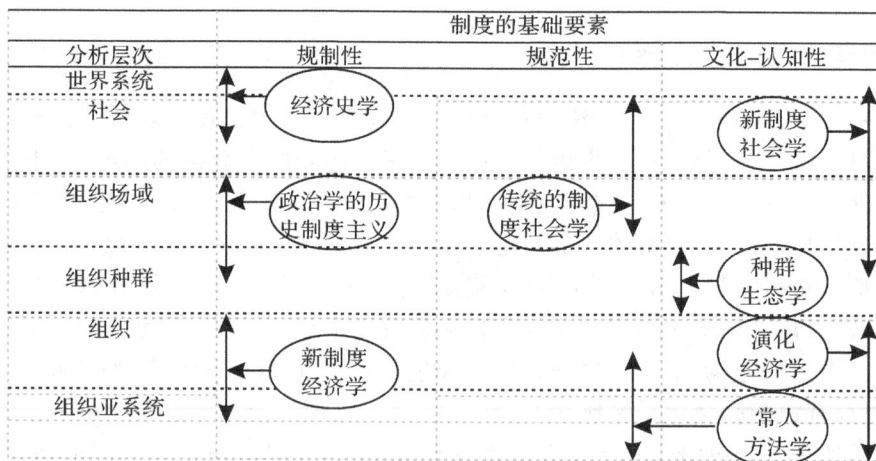

图 10-4　制度的基础要素与各种分析层次及其研究学派

二、企业制度的相关理论

（一）交易成本理论

交易成本被定义为使用价格机制的成本，这一概念最早由科斯提出。在《社会成本问题》中，科斯对这一概念进行了更为详尽的描述。科斯指出：为了开展一项市场交易，交易者需要理清交易的对象、表达交易的意愿、明确交易的条件，同时为了最终保证契约条款如约履行，交易双方还需要进行讨价还价、制定契约并在执行过程中进行监督等。换句话说，在交易的过程中，交易的成本越低，交易活动越容易开展；交易成本越高，则交易活动越难开展。学者弗鲁伯顿将交易成本划分为市场交易成本和管理交易成本。市场交易成本主要是由于对信息的需求和市场使用的讨价还价过程所产生的成本，主要包括编制合同的费用（搜索和整理资料的费用）、缔结合同的费用（谈判和决策的费用）、监督和执行合同义务的成本。管理交易成本是指在公司内行使命令权的成本，它们被分为建立、维护或改变组织设计的成本和运行一个组织的成本（包括信息成本和与转移产品和服务所产生的物理成本）。

交易成本理论的基本观点包括：

（1）市场和企业是两种不同的交易机制，换句话说，市场和企业是可以彼此替代的，所以企业能够取代市场展开交易活动。

（2）企业取代市场的交易方式也许会降低交易产生的成本。

（3）只要企业存在，就会产生市场交易成本。

（4）除了市场交易成本之外，企业在交易的过程中会产生额外的管理成本，当产生的管理费用等同于节省的市场交易费用时，企业边界接近于平衡状态。

（5）现代市场交易费用理论认为，在市场交易的活动中始终产生交易费用以及企业想方设法降低交易成本的努力是企业结构优化的唯一驱动力。

（6）交易成本来源于代理人的数量和多样性、权利交换的复杂性与价值、现有技术、政策因素、交易的自然困难和法律因素以及交易的规模和结构等。交易成本的大小和类型也取决于制度环境。

（7）较低的交易成本是有益的，交易成本决定了产权、所有权、贸易程度、专业化和生产。如果交易成本降低，产权的界定将更加明确，更多的商品和服务将被交易，专业化的好处将增加，实现更大的经济收益。

（二）产权理论

产权是人们对资源使用所拥有或获得的权利，它的功能是创造激励来有效地使用资源。在经济学中，产权的概念通常参考了法律文献。学者弗鲁伯顿和派吉维克在研究中也参考了法律文献，他们以以下方式对产权的含义进行了广泛的概括：狭义的大陆法产权，广义的英美普通法产权，以及绝对权利和相对权利的二分法。从狭义的大陆法系来看，产权只与实物或有形物有关，而英美普通法认为产权既与有形物有关，也与无形物有关（包括专利权、著作权和合同权）。例如，美国的现代产权模式据说是以普通法术语为基础的。产权的进一步分类包括绝对产权和相对产权。绝对权利（包括有形和无形的）是针对所有其他的权利；相对权利赋予所有者只能对一个或多个确定的人行使的权力。除此之外，弗鲁伯顿和派吉维克将产权的概念扩展到不受法律保护的权利，例如由礼仪、社会习俗和排斥的力量所支持的公约……或其他非法律文书,如客户关系和友谊。

1. 产权的属性

产权的属性主要包括以下四个方面:

(1)人们所拥有的不是资源本身,而是使用所拥有资源权利的一部分。学者们进一步指出,这些权利总是受到限制的,往往是禁止某些行动的。

(2)权利的拥有程度是由所有者关于如何使用一种资源的决定在多大程度上实际影响了使用决定的。如果所有者可以自由决定使用,并且这主导着管理实际使用的决策过程,那么这样的所有者就被称为拥有绝对所有权。

(3)在某一所有权对象中可以同时存在多种利益。这意味着,在同一财产中,不止一方可以在任何时候主张某些所有权权益。或者换句话说,资源的使用领域可以在任何特定时间在几个人之间划分。这一属性具有重要的经济含义,因为所有权和实际占有或使用权是可以分开的。

(4)一项特定权利的行使可能取决于许多个人参与的决策程序,如多数表决。虽然投票权可以单独行使,但正是许多个人之间的投票模式管理着资源的使用。

(5)产权的价值取决于界定和执行权利的正式机制,包括法院系统、警察、法律职业、土地调查、记录保存系统和产权代理机构。要注意,定义和执行权利是需要花费大量费用的,在这种情况下,资产的权利不能被精确地划分。有学者进一步指出,随着资源价值的上升,产权将更加精确。

2. 产权理论的主要观点

产权理论的主要观点可概括为:

(1)经济学的核心问题不是商品买卖,而是权利买卖,人们获取某商品是要获取对它支配和享受的权利。

(2)交易双方权利的成本超过了内部化的收益,就会产生外部性。这是由于交易双方在交易过程中权利和义务是不对等的,或者没有对权利进行精准地界定等原因造成的。外部效应可能是有害的,也可能是有益的。在私有经济中,外部效应内部化的必要条件包括:充分明确的产权规定和交易自由。

(3)市场价格被用来指导商品和服务。在市场失灵的背景下,明确定义和可以强制执行的产权对于建立有利于契约的制度环境十分重要。如果产权无法强制执行或定义不明确,市场就不太可能将交易的所有成本和利益纳入交易所,从而产生外部性。

(4)产权制度是经济运行的根本基础,它决定了经济效率、技术以及组织。

(5)明确定义私有产权并不意味着排斥协同生产,相反会更有利于合作。

(6)如果制度可以使得私有产权进行自由贸易,那中央计划同样行之有效,只要计划是有效的,那么自由交易的双方可以获得收益。

(三)制度变迁理论

制度变迁,顾名思义是指制度的替代、交换以及演化的过程,具体而言是效率更高的新制度或制度结构替代旧制度的动态变化过程。道格拉斯·诺斯是制度变迁理论重要的代表人物之一。以下将对诺斯制度变迁理论中的产权理论、国家干预理论以及意识形态理论进行阐述。

(1)产权理论。产权理论的主要观点表述了产权配置是如何系统地、可以预测地影响资源的使用和分配。也就是说,产权制度不仅影响了资源的配置和使用,而且这种影响具有系统和可以预测的后果。诺斯认为,资源重组影响交易成本,而交易成本的变化会引起制度的变迁。

(2)国家干预理论。市场失灵,即市场不能产生经济或社会上理想的结果,通常是国家干预经济体制和市场的主要原因。国家干预的形式多样,它可能以税收或补贴、直接所有权和/或参与投资以及提供商品和服务的形式出现,也可能采取行政/监管控制的形式。诺斯认为国家的存在是一个悖论,即诺斯悖论。诺斯认为,国家能够促进经济增长,但也是人为造成经济衰减的根源。其原因在于国家降低交易费用以此来实现社会产出最大化,但是国家干预制定的基本规则要保证国家的收入最大化,为了实现利益最大化,政府并不关心交易成本的降低和制度的创新。

(3)意识形态理论。该理论强调了意识形态在制度变迁中的重要作用,解释了市场中"搭便车"等机会主义行为,以及利他主义这两种行为存在的原因。诺斯认为,意识形态无处不在,它源自人的经历,而人的经历又因地理位置以及职业专业化的不同而存在差异。明确的意识形态能够在一定程度上降低交易成本,而且也会影响经济行为体对规则或制度安排的合理性和公平性的认知。诺斯指出,如果一个组织的成员具有统一的意识形态,那么这会降低成员之间的协调成本和获取信息的成本,这也就解释了"搭便车"等行为存在的合理性。

第三节　现代企业制度

一、现代企业的含义和特征

"现代企业"一词首先是由美国著名的企业史学家钱德勒在考察美国企业内部生产和管理方式时提出来的,现代企业是指由一组支薪的中、高级经理人所管理的多单位企业。这一定义有两层内涵,一是指企业所有权和经营权分离。钱德勒强调现代企业应是由一组支薪的中、高级经理人员管理的企业。支薪的含义是指出资人(股东)出资后,自己并不管理企业而是从经理市场聘用职业经理人来帮助自己管理企业。二是强调现代企业应是多单位的企业。所谓多单位是指福特制生产方式下的多厂制,而非单厂制企业。

与传统的古典式企业相比,现代企业有以下三大特征:第一,企业规模庞大且实行多单位经营;第二,在现代企业中,经营决策由职业经理阶层来进行,其行为对企业内部资源配置的效率起着决定性作用;第三,企业的所有权与管理权发生分离。

二、现代企业制度的分类及内容

企业制度是企业行为的规则和程序。行为主体可以是集体或个体。制度有可能是行为主体自觉自愿执行的,也有可能是被迫的。现代企业制度,顾名思义就是现代企业所实行的制度,它是基于企业完善的法人代表制度、以有限责任为特征、以公司形态为代表的企业组织形式,主要包括业主制、合伙制、公司制。

(1)业主制。这一企业制度的物质载体是小规模的企业组织,即通常所说的独资企业。在业主制企业中,出资人既是财产的唯一所有者,又是经营者。企业主可以按照自己的意志经营,并独自获得全部经营收益。这种企业形式一般规模小,经营灵活。正是这些优点,使得业主制这一古老的企业制度一直延续至今。但业主制也有其缺陷,如资本来源有限,企业发展受限制;企业主要对企业的全部债务承担无限责任,经营风险大;企业的存在与解散完全取决于企业主,企业存续期限短等。因此,业主制难以适应社会化商品经济发展和企业规模不断扩大的要求。

(2)合伙制。这是一种由两个或两个以上的人共同投资,并分享剩余、共同监督和管理的企业制度。合伙企业的资本由合伙人共同筹集,扩大了资金来源;合伙人共同对企业承担无限责任,可以分散投资风险;合伙人共同管理企业,有助于提高决策能力。但是,合伙人在经营决策上也容易产生意见分歧,合伙人之间可能出现偷懒等道德风险。所以,合伙制企业一般都局限于较小的合伙范围,以小规模企业居多。

(3)公司制。现代公司制企业的主要形式是有限责任公司和股份有限公司。公司制的特点是公司的资本来源广泛,使大规模生产成为可能;出资人对公司只负有限责任,投资风险相对降低;公司拥有独立的法人财产权,保证了企业决策的独立性、连续性和完整性;所有权与经营权相分离,为科学管理奠定了基础。

从开放系统的视角来看,现代企业制度包括产权制度、治理结构、组织制度、管理制度和企业文化等内容,反映出制度的规制性、规范性和文化-认知性等核心要素。产权制度是企业制度的基础。产权不等于所有权,它是界定和保护参与企业的个人或组织的财产权利。治理结构指的是为实现公司最佳经营业绩,公司所有权与经营权基于信托责任而形成相互制衡关系的结构性制度安排,体现出所有者与经营者以及其他利益相关者之间的权责利安排。组织制度指的是企业组织结构形式。管理制度在这里指的是企业在管理思想、方式、手段等方面的具体安排。企业文化在这里可看作是一种无形的制度安排。

三、现代企业制度在中国的发展

现代企业制度在中国经历了复杂的演变过程,到现在人们对其本质的把握依然处在探索中。1993年,党的十四届三中全会提出了建立现代企业制度的重要性,并将现代企业制度的特征概括为"产权清晰、权责分明、政企分开、管理科学";1999年,十五届四中全会指出公司制是"现代企业制度的一种有效组织形式",并且强调公司制的主要实现形式是公司法人治理结构;2003年,十六届三中全会进一步提出完善法人治理结构,使"股份制成为公有制的主要实现形式"。2008年,在纪念十一届三中全会30周年大会上,胡锦涛同志提出:"我们着力建立和完善社会主义市场经济体制,发挥市场在资源配置中的基础性作用,推动建立现代产权制度和现代企业制度,同时又注重加强和完善国家对经济的宏观调控,克服市场自身存在的某些缺陷,促进国民经济充满活力、富有效率、健康运行。"

党的十八届三中全会所发布的公告,对现代企业制度又进行了比较系统的论述,特别强调:完善产权保护制度;健全归属清晰、权责明确、保护严格、流转顺畅的现代产权制度;积极发展混合所有制经济;国有资本、集体资本、非公有资本等交叉持股的混合所有制经济,是基本经济制度的重要实现形式;推动国有企业完善现代企业制度;对自然垄断行业,实行以政企分开、政资分开、特许经营、政府监管为主要内容的改革;健全协调运转、有效制衡的公司法人治理结构;建立职业经理人制度,更好发挥企业家作用。

党的十九大关于经济体制改革和现代企业制度的论述,承接了十八届三中全会的思想,指出:经济体制改革必须以完善产权制度和要素市场化配置为重点,实现产权有效激励、要素自由流动、价格反应灵活、竞争公平有序、企业优胜劣汰。要完善各类国有资产管理体制,改革国有资本授权经营体制,加快国有经济布局优化、结构调整、战略性重组,促进国有资产保值增值,推动国有资本做强做优做大,有效防止国有资产流失。深化国有企业改革,发展混合所有制经济,培育具有全球竞争力的世界一流企业。全面实施市场准入负面清单制度,清理废除妨碍统一市场和公平竞争的各种规定和做法,支持民营企业发展,激发各类市场主体活力。深化商事制度改革,打破行政性垄断,防止市场垄断,加快要素价格市场化改革,放宽服务业准入限制,完善市场监管体制。创新和完善宏观调控,发挥国家发展规划的战略导向作用,健全财政、货币、产业、区域等经济政策协调机制。完善促进消费的体制机制,增强消费对经济发展的基础性作用。深化投融资体制改革,发挥投资对优化供给结构的关键性作用,加快建立现代财政制度,建立权责清晰、财力协调、区域均衡的中央和地方财政关系。建立全面规范透明、标准科学、约束有力的预算制度,全面实施绩效管理。深化税收制度改革,健全地方税体系。深化金融体制改革,增强金融服务实体经济能力,提高直接融资比重,促进多层次资本市场健康发展。健全货币政策和宏观审慎政策双支柱调控框架,深化利率和汇率市场化改革。健全金融监管体系,守住不发生系统性金融风险的底线。

第四节 数字化对现代企业制度的影响

一、数字化的定义

数字化是将模拟信息编码成数字格式(即 0 和 1),使计算机可以存储、处理和传输这些信息。数字化可以实现模拟任务向数字任务的转变,具体来说就是通过信息技术与现有任务的整合,从而实现具有成本效益的资源配置。在此基础上,我们将数字化定义为使用数字技术改变现有业务流程的行为。其中,数字技术是指新的信息与通信技术(information and communications technology,ICT),主要包括三种关键技术:①虚拟化系统,如云计算;②移动系统,如社交媒体、物联网、智能手机和平板电脑;③嵌入式分析系统,如大数据、区块链。这三种技术与企业系统等后台 ICT 系统相结合,便可使数字化企业成为可能。通过数字化,企业应用数字技术来优化现有的业务流程,实现流程之间的有效协调,并通过增强用户体验来创造额外的客户价值。例如,创建新的在线或移动通信渠道,使所有的客户都能轻松地与公司联系,这改变了传统的公司与客户之间的互动,是增强客户体验的流程改进。

数字创新和数字化转型是企业数字化最为常见的两种形式。数字创新是指数字技术在创新过程中的运用。数字创新从根本上改变了新产品和服务的性质和结构,催生了新的价值创造和价值专用通道,产生了新一代的创新流程,更广泛地说,改变了整个行业。数字化转型是企业通过数字技术用新的业务逻辑来创造和获取价值。数字化转型影响整个公司及其经营方式,并且超越了数字化,改变了简单的组织流程和任务。它重新安排流程以改变企业的业务逻辑或其价值创造过程。与数字创新相比,数字化转型的风险性较小,并具有广泛性。

其实,今天我们所讲的数字化转型的含义,已经远远超出了最初人们对数字化转型含义的理解。随着移动互联网、物联网、云计算、大数据、智能化、区块链等技术的发展,这些技术都将应用到企业的数字化转型当中,所以,今天我们讲的数字化转型的含义,实际上是利用移动互联网、物联网、云计算、大数据、智能化、区块链等技术,从企业内部资源和能力、外部环境和利益相关者,以及生态平台等层面进行的改造过程。

二、数字化对经济和制度环境的影响

数字化对经济环境的影响有积极的方面,也有消极的方面。其积极影响可以分为两大类:在整个社会层面出现的影响与在个别企业和生产者层面出现的影响。从社会层面来看,数字化对经济的积极影响表现在:①改善生活质量,最大限度地满足需求;②劳动生产率的提高;③新商业模式和新商业形式的出现;④提高经济交易透明度;⑤增加商品和服务的可用性;⑥出现人类替代管理系统的行为。从个别企业和生产者层面来看,数字化对经济的积极影响表现在:①除去中间人的角色;②优化成本,尤其是交易成本;③加速所有业务流程;④减少对市场变化的反应时间和开发新产品的时间;⑤强化消费者的理解;⑥创造新产品和服务,提高现有产品和服务以适应消费者需求。

数字化对经济环境也产生了威胁和风险。威胁包括:①在数字世界中保护人权,包括保护个人数据;②外部信息技术的影响力;③计算机犯罪规模的增长;④信息技术不发达的国家落后于信息技术发展迅猛的国家。风险包括:①数字化进程流动下的监管框架的不完善、不完整;②滥用与数字相关的技术和新能力,未经授权使用外国信息,使用外国资源;③由数字化新技术、改进现有技术和创造新的商业模式所带来的附带风险。此外,数字化对经济环境还有一些潜在的风险,具体包括:①减少总就业;②通过增加线上购买份额而失去竞争力和市场份额;③数码欺诈;④盗版和恶意内容的传播,即任何可以数字化的东西;⑤恶意的新服务用户的出现,这些服务的出现是由数字化引起的;⑥由于机器人和机器的更换而减少工作;⑦可以远程提供的服务行业的竞争力和市场份额丧失(金融、会计等)。

数字技术对制度环境也会产生影响。具体体现在:①制度本身的数字化。越来越多的制度被转换成算法(数字制度),所有的规则和制度都被覆盖,如政府服务、税收服务等。②提高现有制度的效率。数字化会使得交易成本下降,因此会提高现有制度的效率。③制度陷阱的破坏。由于成本大幅下降,效率低下的制度变得不利,因此会自行死亡。④新的制度陷阱的出现。随着新技术的迅速出现,大量新的、效率低下的数字经济制度将出现。⑤制度真空。新的数字技术开始大量使用,但由于社会和国家的惰性,新制度的出现来得太晚,导致了制度真空。

事实上,数字化对制度环境产生影响的主要原因是它大大降低了各种成本(生产、交易),这反过来又影响了经济代理人的利润率和利益关系,并促使他们改变经济行为。纵观人类历史,制度一直是减少交易成本的机制,最有效的制度降低了决策成本和机会主义行为的成本。而制度降低成本的主要机制是通过拒绝或禁止部分选择来减少选择。但在现代情况下,在数字技术交易成本下降的问题上,制度似乎存在竞争。由于这种交易成本和变革性成本的大幅下降,数字技术有助于克服制度陷阱,这些陷阱是由于制度效率低下造成的,因此,有一种趋势是用数字技术取代制度。这种对未来趋势的推断可能会导致制度消亡,即数字算法完全取代制度。此外,如果按这一趋势进行推断,可以肯定的是,我们正迅速走向零交易成本的世界。如果这是真的,我们应该期待科斯定理的实践表现,这意味着我们很可能会迅速地重新分配资产和资源,以便更有效地使所有者获益。

三、实现数字化的三种新型制度安排

制度安排是指在特定领域内约束经济单位行为的一组规则,旨在通过资源配置对合作或竞争的方式进行安排。数字化对制度环境产生了影响,促使现有具备合法性的制度安排向新的制度安排过渡,新的制度安排强调合法性的获得。然而,数字技术下所形成的制度安排具有多样性,因此参照学者 Hinings 于 2018 年的研究,以下将详细阐述三种典型的数字化制度安排,即新型数字组织形式、新型数字化制度基础设施、数字化的制度构建模块。

1.新型数字组织形式

新型数字组织形式是实践、结构和价值的数字化安排,它们构成了在特定制度环境下适当的组织核心。典型的例子是 Airbnb 和 Galaxy Zoo 等基于人群的平台。Airbnb 促进了旅行者和拥有空闲资源的人之间的交流。Galaxy Zoo(现在的 Zoouniverse)呼吁公众对星系进行分类,由于任务是高度可分解的(即每次对一个星系进行分类),基于网络平台将任务分配给人群,并将人群的贡献自动集成到其数据库中,这是一个卓越的系统。这两个平台都获得了认知合法性,因为它们被开发和推广时使用的语言将与已经具有合法性的特定类别或类别的组织/行业相一致。例如,在用户眼中,Airbnb 是一个出租或入住私人住宅的合法服务。此外,财务分析师也认同这种积极的评价,Airbnb 的估计市场价值超过了主要的连锁酒店。Galaxy Zoo 建立了群众科学的类别,将成千上万科学专业以外的人变成了研究助理。Galaxy Zoo 上的众多进展项目表明,将公民纳入研究的做法在学术和科学机构的专业人员中扩散,这可能是模仿过程和规范过程的结合。

因此,一种数字创新形式产生了新的组织形式。制度理论告诉我们,要建立这样的形式,通常必须通过对创新者提出的关于他们正在解决的问题的论点进行理论化,才能获得合法性。在研究数字化时,制度理论告诉我们新形式是如何发展的,它们是如何扩散的,以及作为发展和扩散的关键部分,它们是如何获得合法性的。

2.新型数字化制度基础设施

数字化的一个重要方面是标准的构建和接受,我们将其定义为标准设定的数字技术,用来支持、约束和协调生态系统、领域或行业中众多参与者的行动和互动。数字基础设施的创造者寻求将他们的规范、价值或制度逻辑注入基础设施中。通常情况下,私人行动者协调数字体制基础设施,将诸如基础设施制度化、建立重现社会秩序的治理体系以及价值占有和控制问题等挑战摆在最前沿。

这种形式的基础设施的一个典型例子是产品平台。在产品平台中,生态系统中的多个角色在创造创新、生产或交付产品和服务的过程中扮演着不同的角色。以苹果为例,作为一个平台领导者,它创造了一个由多种产品(如手机、笔记本电脑)、服务(如 iTunes)以及与外部开发者等互补角色的关系组成的生态系统。苹果可以在某些领域定义互补性参与者的参与方式(例如,制定外部开发者如何进入 Appstore 市场的规则),但在其他领域则不这么做(例如,与手机保护套生产商没有直接关系)。苹果在经济上是一个强大的平台领导者,实际上在生态系统中扮演的是"政府"的角色。在其他机制中,苹果使用强制手段来维持理想的社会秩序,例如定义平台架构作为整个生态系统的组成部分。

另一个例子是区块链技术,简而言之,它是一个巨大的电子表格或数据库。与遵循公司制度逻辑的传统集中存储数据库不同,区块链电子表格是点对点网络,其中数据存储在网络的分布式计算机上。区块链技术的关键要素是数据完整性和安全性(例如,没有可以被黑客入侵的中央机构),平台管理(例如,在对等网络内达成是否将另一行添加到电子表格中的协议),透明度(例如,保留带有时间戳的所有交易的可访问记录),数据库维护(例如,对人群进行激励从而提供计算能力来维护数据库),智能合约(例如,如果双方均满足特定的预定义标准,则自动执行交易)。区块链技术有望降低交易成本和时间,从而对传统中介机构构成威胁。例如,基于区块链的加密货币比特币使用户能够以比传统汇款服务(如 Western Union)更低的成本在全球范围内汇款。注意,区块链技术还不是一种制度上的基础设施,各种各样的原型区块链平台(如以太坊、多链等)在实践、规则和架构上各不相同,都在争着成为一个通用标准。

这些例子说明,数字化需要建立超越特定创新和组织的基础设施。制度基础设施将不同的行动者联系起来,关键的是,它提供治理和监管,并建立合法的逻辑和行动路线。如何在数字化的世界中发生这种情况是一个主要的研究领域。

3.数字化的制度构建模块

数字创新中有趣且具有潜在变革意义的元素是数字制度的构建模块。这些是被普遍接受的、现成的或可自定义的模块,包含了用于运行或创建组织的数字技术集。这个概念来自戴维斯,他描述了一个企业家在不离开沙发的情况下构建一个应用程序。创业者可通过 Wordpress 创建网页,通过 Upwork 平台雇佣程序员,然后通过 Appstore 或 Square 等支付系统销售应用。戴维斯得出结论,"迈耶和罗恩对后工业组织的描述已基本实现。在像美国这样的高度理性化的后工业化经济中,组织的基石逐渐散落在社会环境中,将它们组装成一个结构只需要很少的精力"。构建模块伴随着价值承载的设计以及不同程度的技术支持,这就是行动的潜能或人们可以采取的行动。Square 为电子支付和信用卡支付提供便利,它决定了支付费用、支付流程。同时,Wordpress 模块在创建网站时给了创建者几乎无限的自由。企业家可能会采用模块,因为它们是一种理所当然的做事方式(如用 Wordpress 来建立博客,Slack 作为内部沟通工具),或者出于模仿的原因,帮助企业克服外部受众眼中的新鲜感。例如,一家企业之所以使用 Square 支付系统,是因为该系统应用广泛,并为客户所接受。

这些数字构建模块展示了创新与变革的"混合搭配"方法。因此,有两件事很突出。第一,由于可以建立新模式,它们提高了真正数字化的可能性。第二,与制度论证中的所有创新和变革一样,每个构成要素都必须既有独立的合法性,也有必要为任何新的制度安排产生集体的合法性。

📚 本章案例阅读

【案例 10-1】　　　　　　　云南白药混合所有制改革

2015 年以来,云南白药近三年年均贡献净利润超过 20 亿元。优秀的管理和正确的战略使云南白药成为云南省国有企业当之无愧的标杆。

2016 年 7 月 19 日,云南白药股份公司收到控股股东白药控股的通知,称公司实际控制人云南省国有资产监督管理委员会正在筹划与白药控股相关的重大事项,以推进白药控股开展混合所有制改革相关工作。混合所有制在白药控股层面进行,以新股东增资为主,引入新股东后,云南省国资委与新股东将各自持有白药控股 50%股权,不影响白药控股持有的上市公司的股份比例,亦不影响白药控股的控股股东地位。同时,本次改革坚持市场导向,白药控股高管由董事会选聘。2016 年 11 月 15 日,该方案获云南省国资委核准。2016 年 12 月 16 日,新华都实业集团股份有限公司临时股东大会审议通过新华都作为增资方出资 253.7 亿元取得白药控股 50%股权的事项。2016 年 12 月 27 日,白药控股召开总裁办公会审议通过混合所有制事项。2016 年 12 月 28 日,云南省国资委、新华都及白药控股签署了合作协议。

通过此次混合所有制改革,白药控股将引入长期战略合作伙伴,建立更为灵活的机制和更加市场化的治理结构,从而使白药控股更好地适应市场竞争,为长期可持续发展奠定良好的制度基础。同时,白药控股可引入资金实现规模扩张,发展增量业务。本次改革将有利于白药控股在此次医药行业转型的窗口期抓住机遇、赢得先机。

（资料来源:沈红波,张金清,张广婷.国有企业混合所有制改革中的控制权安排:基于云南白药混改的案例研究[J].管理世界,2019,35(10):206-217.)

【案例 10-2】　华为制度创新:员工持股计划

在全球技术竞争激烈的背景下,华为自 1987 年创建以来,经历了三十多年的时间,发展成为世界首屈一指的通信通讯企业。诸如华为在 2012 年超过爱立信,成为全球第一的通讯设备供应商,并与沃达丰、摩托罗拉和 T-Mobile 等世界上 80% 的通讯公司存在着合作关系;在 2018 年成为与三星、苹果并肩的手机制造商,在世界 500 强企业中居于第 61 位;在 2018 年专利申请上超过高通和英特尔,列居全球第一,并以 5G 的技术引起全球关注。

华为的员工持股计划开始于 1997 年采用的员工持股激励方案,最初华为的持股制度是华为员工可以以每股 1 元的价格购入公司股票,拥有华为的真实股权。由于这一持股制度的实行使华为企业内部出现了内部职工股权证的非法交易,因此,企业于 1997 年 6 月对其股权结构进行了改制,通过对华为公司及其子公司进行股份变革,使企业员工不再单独占有股份,而是由工会统一进行管理,并参与到企业董事会中。受华为诉讼事件的影响,2003 年,华为企业的股权结构再次发生变化,由真实股权转向虚拟股权,虚拟股权的实行使企业员工不再能够通过主动购买的方式获取股权,持股员工所具有的实际权力全部转移给员工持股会,只对持股员工留有分红权。从 2014 年起,为更好地维持企业的"奋斗者"文化,在保证实行饱和配股制的制度下,华为推出"时间单位计划",通过稀释老员工所持股份和资本分红,对持股员工实行无需出资购股,以五年为周期,凭借劳动贡献享有企业收益权。在华为企业员工持股计划的一系列变化中,工会委员会成为代表持股员工的实际控股方,通过选出持股员工代表,并轮流选出 13 人作为董事会成员,参与企业的具体运营。截至 2018 年底,华为员工持股计划参与人数为 96768 人,参与者均为公司员工,约占全体员工数的一半,而创始人持股仅占 1.14%。

华为依靠员工持股计划,使企业得到了迅速的创新和发展。在华为企业公布的 2018 年年报中,华为 2018 年实现全球销售收入 7212 亿元,同比增长 19.5%,净利润 593.45 亿元,同比增长 25%,总资产数达到 6658 亿元。这些数字的出现都证明了华为这种良好的运作制度,正是使其在世界通讯产业高度技术支撑和激烈竞争之下的成功保证。

（资料来源:马艳,徐文斌,冯璐.华为员工持股对企业经济关系的影响与特色[J].教学与研究,2020(08):42-53.)

【案例 10-3】　宋志平与混合所有制改革

中国建材集团原董事长宋志平是一位著名的企业家。在任期间,他让中国建材营业额从 20 亿上升到 2500 多亿。同时,他还让国药集团营业额从 360 亿上升到 2000 亿,并把两家企业带入世界 500 强。

他是当时唯一担任两家世界 500 强企业领袖的企业家,也是国资委系统内施行混合所有制改革最有成效的央企负责人之一。

他 2012 年当选 CCTV 中国经济年度人物,2019 年荣获"2018 十大经济年度人物"。

他带领集团先后完成了与中国生物技术集团公司、上海医药工业研究院、中国出国人员服务总公司等四家央企的重组。

他让中国医药集团率先改制,引入战略投资者上海复星医药,成立了国药控股股份有限公司并在香港上市。他提出并实施"央企市营""整合优化""格子化管控""辅导员制""八大工法"

等一系列新的理念与举措,强化机制创新、管理创新、技术创新、文化创新,使企业始终站在时代前沿。

他提出的"央企市营"包含以下五个方面:

一是央企控股的多元化股份制,就是产权多元化,使企业更有活力;

二是规范的公司制和法人治理结构,实现政企分开、所有权和经营权真正分离,保障了企业行权顺畅;

三是职业经理人制度,即董事与经理人要通过社会化、市场化方式选拔,完善现代企业制度;

四是公司内部机制市场化,用人用工及分配机制等方面与市场接轨,使其成为企业发展的动力;

五是按照市场规则开展企业经营,产品与服务的经营与创新遵循市场规则,并且和民营外资企业合作共生。

以中国建材为例,他总结出混合所有制的"三层混合"模式:第一层,上市公司中,中国建材股份等公司吸纳大量社会资本;第二层,大型业务平台上,把民营企业的部分股份提上来交叉持股;第三层,下面的实体公司还可以再吸收投资人。

总之,在股权结构里要有一定的制衡,还要有散户,这是比较好的混合所有制模式。

本章要点小结

1.企业被看作生产函数或者契约连接点。

2.根据企业的财产组织形式,可以将企业分为个人独资企业、合伙企业和公司制企业。

3.组织理论的三种研究视角:理性、自然系统和开放系统的视角。

4.企业存在的原因是组织内部的行政管理成本低于市场中的交易成本。随着组织的扩张,其内部管理成本不断上升,直到与市场交易成本相同,即达到组织的边界。

5.规制性、规范性和文化-认知性是制度的关键要素。

6.制度的传递者:符号系统、关系系统、惯例与人工器物。

7.制度分析的六个层次:世界系统、社会、组织场域、组织种群、组织以及组织亚系统层次。

8.与企业制度相关的理论:交易成本理论、产权理论和制度变迁理论。

9.现代企业制度的企业组织形式主要包括公司制、业主制、合伙制。

10.钱德勒定义现代企业为:"由一组支薪的中、高级经理人员所管理的多单位企业即可适当地称之为现代企业。"

11.现代企业制度是以完善的企业法人制度为基础、以有限责任为特征、以公司形态为代表的企业组织形式。它包括了产权制度、治理结构、组织制度、管理制度和企业文化等内容。

12.实现数字化的三种新型制度安排:新型数字组织形式、新型数字化制度基础设施、数字化的制度构建模块。

思考和讨论题

1.在何种情境下,企业更适合当作生产函数来对待?何时更适合当作契约连接点?

2.合伙制企业与公司制企业的主要区别是什么?

3.组织研究三种视角隐含的前提假设是什么？

4.交易成本理论的假设有哪些不足？企业取代市场仅仅是因为成本更低吗？企业所需要的要素都可以从市场中获取吗？

5.现代企业是从追求内部效率中形成管理制度还是从追求外部认可的角度形成管理制度呢？

本章参考文献

[1]陈春花.企业是一个整体：管理整体论的七大原理[J].管理新知,2018(2):1-3.

[2]斯科特.制度与组织[M].姚伟,王黎芳,译.北京：人民大学出版社,2010.

[3]牛国良.现代企业制度[M].北京：北京大学出版社,2004.

[4]钱德勒.看得见的手：美国企业的管理革命[M].上海：商务印书馆,1987.

[5]戴维斯.组织理论：理性、自然与开放系统的视角[M].北京：中国人民大学出版社,2011.

[6]吴申元.现代企业制度概论[M].北京：首都经济贸易出版社,2016.

[7]张维迎.理解公司：产权、激励与治理[M].上海：上海人民出版社,2014.

[8]ALCHIAN A A,DEMSETZ H. Production,information costs,and economic organization[J]. IEEE Engineering Management Review,1972,62(2):777-795.

[9]BARNARD C I. The functions of the executive[M]. Cambridge:Harvard University,1938.

[10]JENSEN M C. Theory of the firm:managerial behavior,agency costs and ownership structure[J]. Journal of Financial Economics,1976(3):305-360.

[11]ISLAMUTDINOV V F. Institutional change within the context of digital economy[J]. Journal of Institutional Studies,2020,12(3):142-156.

[12]MUSOLE M. Property rights,transaction costs and institutional change:conceptual framework and literature review[J]. Progress in Planning,2009,71(2):43-85.

[13]HININGS B,GEGENHUBER T,GREENWOOD R. Digital innovation and transformation:an institutional perspective[J]. Information and Organization,2018,28(1):52-61.

第十一章
公司治理理论

本章导读

本章主要介绍公司治理结构、公司治理与公司管理的区别与联系,以及经典公司治理理论等相关内容。本章理论部分主要包括公司治理的基础知识:委托代理理论、剩余索取权与剩余控制权及不完全契约理论,以及公司治理理论演进过程中的两个重要观点——股东至上治理理论与利益相关者共同治理理论,并简要介绍学者们试图将这二者融合而提出的核心利益相关者共同治理理论及公司治理分层理论,最后分析公司治理与企业创新研究。

第一节　公司治理

企业怎样平衡职业经理人与大股东的关系,以及大股东与董事会关系?又如何有效地激励高管团队,维持控制与激励的平衡?这些都是公司治理所面临的基本问题。

一、公司治理结构

(一)公司治理结构的含义

1. 公司治理结构与公司治理

公司治理结构(corporation governance structure),也被称为法人治理结构、公司治理系统或公司治理机制(corporate governance system & corporate governance mechanism),是一种在三权分立、相互制衡的原则下,为了对公司进行管理和控制所做出的公司机构设置及其相互关系和运行方式的制度安排。简单来说,公司治理结构是处理企业各种契约关系的一种制度。具体来说,公司治理结构就是指由所有者、董事会和高级执行人员(亦称高级经理)三方构成的组织结构。现代企业制度与传统企业制度的根本区别在于所有权和经营权的分离,亦即所有与控制的分离。通过在所有者和经营者之间以机制形成制衡,从而实现所有者对企业的管理与控制。现代企业中的公司治理结构正是这样一种协调股东和其他利益相关者关系的机制,包含激励、约束等多方面的内容。

公司治理(corporate governance),是指所有者对经营者的一种监督与制衡机制(check and balance),即合理地通过制度厘清所有者与经营者之间的权利与责任关系。公司治理以保证股东利益最大化为目标,防止经营者与所有者的背离。同时,相对于静态的公司治理结构,公司治理具有动态发展的特征。

公司治理结构与公司治理的主要区别在于:公司治理结构强调制度安排,确定后即保持相对稳定;而公司治理是在这种制度安排下,通过股东大会、董事会、监事会及经理层所构成的公司治理结构进行内部治理,引导公司成功运作的动态过程。另外,公司治理还包括外部治理,即证券市场、机构投资者、银行、经理人市场、产品市场、劳动力市场、法律法规、文化与非正式制度等,如图 11-1 所示。

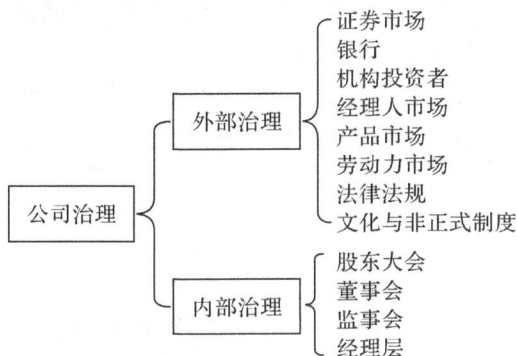

图 11-1　公司治理

现实中,公司治理结构与公司治理并不一定严格区分,经常等同使用,并不影响交流与对事物的认识。

2. 正式契约和非正式契约

公司治理结构一般通过契约来确定,总体上可以分成正式契约和非正式契约。

正式契约一般包括通用契约和特殊契约。其中,通用契约是指政府颁布的整套法律、条例,比如公司法、证券法、破产法、劳动法等。以公司法为例,它是所有公司共有的契约部分,处理的是在组建公司时都会面临的通用合同条款。如果没有公司法,当事人需要花费很大的时间和精力来磋商以便得出类似公司法的条款,这时成立公司的成本就会飞速增长。国家将公司法以公共产品的形式提供给社会,可以降低整个社会成立公司的交易成本。

特殊契约是指只适用于特定公司的契约,比如每个公司的公司章程、董事会工作条例以及一系列具体的合同。国家提供了公司法等通用契约,出资人在设立公司时还需要解决两个主要问题:第一,要根据现行公司法选择合适的公司产权组织形式;第二,要将公司法中的规定具体化为可执行的条目,并补充公司法中没有涉及的细节。

例如公司章程,公司章程应由公司发起人或者股东共同制定的,它是股东意志的体现。我国公司法中对公司章程的规范要求只提供了一个框架,涉及面较广,存在一定的不足,因此在实际操作中仍需要在公司章程中加以明确。比如公司法第 120 条规定:由董事长在董事会闭会期间行使董事会的部分职权。这需要在公司章程中加以限制和具体化,不然就可能为董事长专权提供了依据,所以股东应在制定公司章程中对此有明确规定,董事长可以代行哪些董事会的职权,哪些职权不能代替,必须由董事会来决定。我国的企业在改制时,并没有将公司章程作为公司的根本来看待。公司章程直接影响到未来的公司治理,但它却常被简单看作是一个改制文件或不得不完成的前置流程,一些工商管理部门也常通过提供示范样本的方式来帮助企业完成章程,结果是很多企业并未能根据其实际情况制定适合的公司章程。从根本上,此类现象没有认识到公司应当由一组严格的契约构成其治理运行的基础。此情境下公司的规范治理与稳定运行存在一定的隐患,一旦出现问题将可能面临无据可依的困境。

非正式契约一般指文化、社会习惯等形式的公司行为规范。这些规范并未写进正式的合同中,在法律上并不具有可执行性,但它们确实有效。非正式契约具体体现在企业的价值取向、行为模式和公司风格等方面。这部分内容虽然没有以书面规则的形式表达,但事实上却能在具体的公司中发挥作用。例如,对于中国人来说,每逢春节,无论离家多远,人们大都愿意尽可能回到家人身边。虽然并没有法律规定,但人们都这么做,这就是文化力量的体现。在公司治理的制度中,非正式契约指的就是这种规范。

无论是正式契约还是非正式契约,除涉及政府法律条例外,契约都应以配合并适应企业的特点及发展为主,也就是说,只要公司治理结构能够适应企业的发展,能够有效地提高企业运行效率,那这样的治理结构就是合理且必要的。

(二)公司治理结构的特征

1.各司其职,泾渭分明

公司治理结构的领导体系包括权力结构、决策结构、监督结构和执行结构。每个具体的结构都有被明确界定的权利和责任,在履职中相互配合,相互制约,相互协调,共同促进,协同实现公司的有效运行。股东大会是公司的最高权力机构,代表着股东对公司财产拥有的最终控制权与决策权;董事会作为公司日常经营的决策机构,负责执行股东大会决议,对股东大会负责;监事会作为公司的监督机构,负责依法监督董事会和经理人在公司经营活动中的行为,对股东大会负责;经理人作为公司决策的执行者,负责执行董事会的各项决议,并在公司章程和董事会授权的范围内行使职权,对董事会负责。

2.通过委托代理或劳动契约实现纵向授权

公司中的各个层级由一组委托代理关系实现相互间的连接。股东作为委托人将其财产交由董事会代理,并委托监事会对董事会和经理人员进行经营监督。经理人以上的层级连接以委托代理契约为主,但也可以通过劳动契约来维系。经理人以下的层级会根据公司的规模进一步被分为若干层级,层级之间一般通过劳动契约实现维系。无论是委托代理关系还是劳动契约关系,从股东大会到最基本的工作团队,都是自上而下的纵向授权。

3.激励和制衡机制并存

在公司运行与经营的过程中,由于信息不对称、道德风险、逆向选择和环境不确定性等多种因素的影响,可能导致委托代理关系中出现利益的不一致,这就需要企业的所有者建立一种激励与制衡的机制。在激励方面,主要是委托人通过一套激励机制,使代理人的行为目标与委托人的目标尽可能一致。对代理人的激励可以采取多种形式,如年薪、股票期权等。从制衡的角度来看,公司内部股东大会与董事会之间、董事会与经理人员之间、监事会与董事会和高层经理人员之间,都存在着制衡的关系。

4.既是法律行为,也是公司内部管理行为

公司治理是公司的内部管理行为,如日常的经营决策、企业发展等都是公司自己进行决策。同时,公司的运营又受到许多国家法规的直接约束,特别是上市公司受到的约束就更多。所以,公司治理兼具有公司内部管理和外部法律行为的特征。

(三)公司治理结构的功能

公司治理结构具有以下四个方面的功能。

1.权力配置功能

剩余控制权是资产的所有者在初始契约未明确界定的范围中,做出相应决策的权力,即在

不违反先前契约的前提下决定资产所有用途的权力,而权力配置功能则是指对剩余控制权的分配与处置。在公司治理结构中,权力配置体现在对所有权与公司治理结构之间的分配与处置。公司治理结构是在一定的所有权条件下做出的具体安排,不同的所有权形式可以产生不同类型的公司治理结构权力配置。例如,在股权集中的情况下,所有权和控制权在公司治理结构中紧密结合,而在股权高度分散的情况下,所有权和控制权就会面临更大程度的分离。当公司的所有权发生变化时,公司治理结构就会调整对公司控制权的配置。此外,权力配置功能也体现在对公司内部控制权的配置上。具体来说,即通过公司治理结构实现最终控制权归股东所有,而使董事和经理能够通过分享剩余控制权实现公司的运行与经营。

2. 权力制衡功能

公司治理结构通过对股东大会、董事会、监事会和经理层的权责划分,实现权力、决策、监督与执行权的分立,进而形成对权力的制衡。在公司治理结构中,股东大会拥有所有权,是公司的最高权力机构;董事会在经营中拥有决策权,是公司的日常决策机构;监事会是在股东大会的领导下,与董事会并列设置,对董事会和经理层行使监督权的监督机构;经理层掌握执行管理权,负责经营的实际运作。它们通过对权力的制衡与对运营的监督,确保公司健康运行。

3. 激励、约束功能

激励功能是指通过公司治理结构为代理人提供形式多样的强大激励,使代理人能够在按照代理契约的要求完成本职工作的基础上,在追求自身利益的同时,能够进一步被激发出实现委托人利益或目标的强大动力。约束功能则是通过公司治理结构中的监督与惩罚机制与契约关系,对代理人的行为产生的约束,防止因代理人的道德风险等问题对委托人的利益与目标产生不良影响。如果代理人存在渎职等危害严重的行为,公司也能够通过约束功能对其进行相应的惩罚和制裁,保障公司的平稳有效运行。

4. 协调功能

公司治理结构中的协调功能体现在协调委托、代理以及其他利益相关方的各类关系,其目的在于团结各方利益主体,在促进公司平稳运行和持续发展中形成合力。在现代公司中,委托人、代理人以及其他利益相关者往往具有差异化的利益目标函数,因而各利益主体间的目标差异会存在一定程度的不一致,严重时还可能导致冲突的产生。为了调和其中的利益目标与矛盾冲突,依托公司治理结构进行协调是一种有效的途径。例如,当拥有公司所有权的股东与公司经理层产生利益差异时,如经理层对股东权益造成了损害,则股东可通过股东大会行使选举权和表决权,任免公司董事会成员与经理,如此体现公司治理结构的协调功能。

二、公司治理结构的内容

现代公司治理结构主要由股东大会、董事会、监事会和经理层组成。公司治理的结构关系如图 11-2 所示。

股东大会是公司的最高权力机关,由全体股东组成,负责决策公司的各类重大事项,有权任命和免除公司董事与经理层,对公司在运行和发展等事务中拥有最广泛的决定权。一方面,股东大会是可定期或不定期(临时)举行的会议,需全体股东共同出席;另一方面,股东大会也是公司制企业的最高权力机关,由全体股东组成。股东大会体现出股东是企业财产的最终所有者,有权对企业行使管理权。公司的全部重大人事任免和重大经营决策,通常均需得到股东大会的认可与授权方才有效。

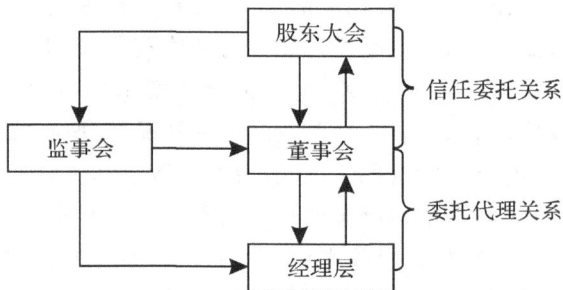

图 11-2　公司治理结构关系图

董事会是在公司治理结构中,依照相关的法律、法规与章程设立的业务执行机关,由全体董事组成。与作为最高权力机关的股东大会不同,董事会负责公司在业务经营层面的决策与管理,对股东大会负责,向股东大会报告。通常情况下,凡股东大会做出的有关公司运行与发展的重大决策,董事会必须执行。

监事会是公司的常设机构,负责对公司日常经营活动以及董事、经理等人员违反法律、法规与章程的行为予以指正。设立监事会的目的在于防止董事会、经理人因滥用职权而损害公司特别是股东的利益。监事会代表股东大会行使监督职能,受股东大会委托,对股东大会负责。为更好地履行其监督职能,监事会被赋予有召集股东大会的请求权。

经理层是指涵盖企业各级经理的一个群体,而经理是公司的日常经营管理和行政事务的负责人,是一个具体的执行机构,由董事会决定聘任或者解聘。经理对董事会负责,可由董事和自然人股东担任,也可由非股东的职业经理人充任。经理依照公司章程、公司法和董事会的授权行使公司经营权力,并有任免经营管理干部的权力。经理是公司对内生产经营的领导,也是公司对外活动的代表,其行为就是公司的行为,即使其行为违反了公司章程和超出了董事会授权规定的权限范围,一般也都视为公司行为,后果由公司承受。

需要特别说明的是,股东大会与董事会之间的信任委托关系与董事会与经理层之间的委托代理关系是有联系、有区别的,其主要区别如表 11-1 所示。

表 11-1　信任委托关系与委托代理关系的区别

信任委托关系	委托代理关系
既有信任,又有法律属性	以法律属性为主
除了契约关系外,还包括情感关系、关系信任等	契约关系
两者利益完全一致	两者利益可以不一致
全力以赴	尽力而为

除了图 11-2 所展示的公司治理结构的一般形式以外,还存在几种其他的公司治理结构类型,主要表现为英美的单层治理结构(没有监事会,监督职能主要在股东会和独立董事)和德日的双层治理结构(设立监事会,且监事会权力很大),但这些类型本质上与一般的公司治理结构区别不大。

第二节 治理与管理

一、治理与管理的含义

早期治理(governance)的概念源于政治学,一般指国家治理,即政府如何行使国家权力来管理国家和人民。伴随商业的发展繁荣,治理的含义又逐步延伸到了公司层面,形成了公司治理(corporate governance)的概念,通常指公司等组织中的管理方式与制度。

管理(manage/management)是指在特定的情境下,在组织中行使计划、组织、领导、协调和控制,通过对组织所拥有和相关联的各类资源的有效运用,达到既定组织目标的过程。Robert I. Tricker 教授对于公司治理和公司管理间的关系有过一个形象的图示分析,见图 11-3。

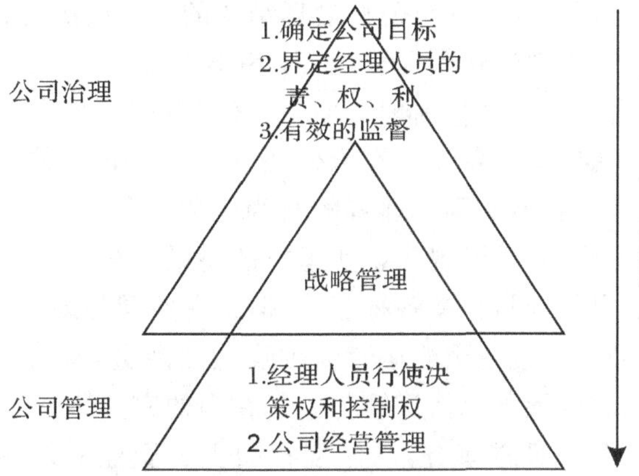

图 11-3 公司治理与公司管理的比较

二、治理与管理的联系与区别

公司治理侧重确定公司的目标,界定经理人员的责、权、利,并对公司运行保持有效的监督;而公司管理侧重于在执行层面的经营管理。二者产生的区别源于股东与管理者的角色差异,已有的经济学研究中就对股东与管理者关系的企业理论模型进行了阐述:股东是公司的最终拥有者,但其并不参与公司日常的经营管理;股东通过选举董事会作为其在公司决策中的代理人来完成公司的日常经营管理,并通过监事会对公司运营进行监督。由此,不同于与具体经营活动相关的公司管理,公司治理更多被认为与公司最核心的性质、目的和形象有关,与公司的重要性、持久性和诚信责任等内容有关。

在现有文献中,最早对公司治理与公司管理的概念进行区别的是 Robert I. Tricker 教授,在其所著的《公司治理》(1984)中,清晰地对公司治理的重要性,以及公司治理与公司管理的区别进行了阐述。Tricker 教授认为:管理是指对企业的运营,而治理则确保了这种运营处于正确的轨道之上。Kenneth N. Dayton 专门就此进行了分析,并认为公司治理与公司管理就如同一枚硬币的正反两面,相互依托,共同存在。Dayton 指出,公司治理指的是监督管理层在公司运营中的过程、结构与联系,而公司管理则是管理人员确定目标以及为实现目标所采取的行动。

企业通过对资本、技术、劳动力等各种生产要素的运用,最终皆以实现盈利为目的,可以被理解为一套创造利润的有效机制,而公司的治理与管理都是该机制的构成部分,二者之间既相互影响,又相互制约,主要体现在以下四个方面。

(1)公司管理是公司治理的一种延伸。公司治理从字面解释含"统治"之意,即管治、影响与支配;公司管理的字面释义中,则包括支配、照管和约束之意。因此,在广义上的治理也应包括管理的范畴。甚至有学者在谈到公司治理与管理的区别时认为,在某种意义上中层以上的管理也就是治理。

(2)战略管理是公司治理与公司管理的联结点。管理实践中,无论是公司内部的经营因素,还是公司外部的市场技术环境因素,都可能促使企业在战略层面做出重大决策。通常情况下,战略管理需经过提议、批准认可、实施、反馈和监督等阶段。具体来说,一般是由总经理提出具体的战略决议,经公司董事会审查批准认可,最后再由经理层组织分解、实施,由董事会跟踪控制,监事会实施有效监督。由此可见,战略管理在公司治理与公司管理间起到了承上启下的过渡作用——公司战略管理的全过程与公司治理结构的各个层次得到了相互融合。

(3)联系公司治理和公司管理的纽带是管理者。在现代企业中,管理者特别是高层管理者是企业重要的利益相关者之一。在公司治理结构中,管理者同其他利益相关者通过契约明确了各方的责、权、利。与此同时,管理者又是实施公司管理的执行主体。公司治理和公司管理中的不同侧重与共同焦点都需要落实到管理者的行为上来。从这个角度看,管理者是跨越公司治理和公司管理两个概念范畴,贯通现代企业运行的桥梁和纽带。

(4)尽管公司治理和公司管理间存在各种差异,但二者共同的最终目标均是实现企业的价值创造。通过公司治理到公司管理在企业运营纵轴线上的渐进,既为企业明确界定了不同利益相关者的权责与利益边界,设置了包括反馈与监督在内的完整体系,又为企业管理者以公司目标为导向落实公司决策、开展日常事务,从制度框架上为企业的健康运营奠定了基础和保障。公司治理与公司管理尽管扮演的角色不同,但却在追求利润、创造价值以及实现企业整体全局目标上是一致的。

基于上述分析,结合已有的研究,表11-2总结整理了公司治理与公司管理之间的区别。

表11-2 公司治理与公司管理的区别

项目	类别	
	公司治理	公司管理
目标	主要利益相关者之间的权、责、利平衡	实现公司的既定目标
导向	战略导向,确保管理处于正确的方向上,偏重于公司顶层设计	任务导向,通过具体的管理操作完成公司任务,偏重于公司一般管理
中心	以公司外部为主	以公司内部为主
实施基础	内外部的契约机制和市场机制	行政权威和隶属关系
实施手段	内部治理结构、外部治理机制、激励约束机制	计划、组织、领导、控制、协调
政府的作用	政府通过制定相关法律、法规发挥作用	政府不干预具体管理过程
资本状况	反映股东、债权人的地位	反映公司的财务状况
属性	既是法律行为,又是公司内部管理行为	主要是公司内部管理行为

三、治理与管理的协调机制

公司为依托各种生产要素向市场提供产品或服务,实现财务盈利与企业价值创造,需要在公司治理到公司管理的长链条中拥有协调机制,使公司能够在长期保持稳定健康的运营状态。概而论之,治理与管理的协调机制可以分为以下两个方面。

(一)通过战略管理和相关机制实现二者整合

只有在治理与管理合理分工、密切合作时,公司才能实现良性运转。在现代企业中,公司治理保障了相关利益主体权、责、利的平衡,公司管理则在公司治理结构的框架下具体落实公司决策,同时也对公司治理起到了调节作用。

一方面,公司治理和公司管理的整合协同源于二者的交集——战略管理。战略管理有两个主要的目标,一是科学地制定企业在面临内外部机遇与挑战时的战略选择,二是在对应情境中恰当地处理好董事会、经理层以及其他利益相关者之间的关系。参与公司战略决策的权限应当在公司治理系统和公司管理系统之间进行合理分配。对经理层的合理赋权能够促进战略决策制定的科学性,此外由于董事会和经理层在目标、责任和利益等方面具有的差异,二者之间的良性互动将可能通过不同维度的共同参与促使治理与管理的有效融合。

另一方面,在公司治理和公司管理之间设置联系通道。如在公司治理系统中的董事会下设置审计委员会,同时使内部控制、内部审计等机构处于审计委员会的领导下,这样既保持了内部控制和内部审计的相对独立性,又有利于充分利用公司管理系统的资源,并且可以使公司治理系统迅速掌握公司管理系统的有效信息。

(二)在变化的环境中实现二者的动态协调

公司治理规定着整个企业的发展方向,公司治理系统与经济环境的结合产生公司管理活动的具体模式,并指挥公司管理保持着良好运转。公司管理则是对企业具体的作业层次进行管理,促使企业目标的实现,并且为公司治理系统提供有效的信息和方法。科学的管理是提高公司有效治理的前提,公司治理和公司管理的这种结合使二者得以实现良性互动。由于各个公司面对的经济环境不同,使得公司治理和公司管理的模式具有多种形式,这些不同的模式相互作用可以形成多种不同的均衡状态。在公司治理系统、公司管理系统与整个企业面对的环境交互作用下,可以形成适合某个具体企业的公司治理和公司管理稳定状态。企业面对的外部环境是不断变化的,同时企业的内部环境也是不稳定的,所以应该通过政府法规以及市场机制的作用引导公司治理和公司管理之间达成均衡状态,并且根据环境的变化进行动态调整,以保证公司治理和公司管理的完美结合。

第三节　公司治理理论发展

关于公司治理的相关思想最早可以追溯到 17 世纪 70 年代,亚当·斯密在其所著《国富论》一书中提出了公司所有者和经营者因利益不一致而产生的代理问题。具体来说,即不同于私人公司的拥有者,其决策均以自身的利益为出发点和落脚点,而股份公司的董事由于打理的资产并不一定为其自身所有,因而难以做到像私人公司拥有者一样细致周到。某些情境下,甚至还可能产生经营者损害公司所有者利益的情况。因此,在股份制公司中迫切地需要一套能够解决不同利益相关方冲突的治理机制。

依托长期的实践发展,Berle 和 Means 基于对管理实践中多种实证材料的梳理分析发现:现代公司的所有权和控制权发生分离已是大势所趋,所有者让渡了公司的控制权至管理者手中,但由于管理者追求个人利益的最大化,而可能导致管理者产生对公司的掠夺从而伤及股东权益。人们普遍认可股东是公司所有者,在公司运营中应当保障股东利益的最大化。

尽管由 Berle 和 Means 在 1932 年所著的《现代公司与私人产权》一书中,并未明确指出公司治理的概念,但该书仍然被广泛认为是形成公司治理理论的标志。公司治理理论的形成以委托代理理论为基础,重点关注在公司各利益相关方权、责、利的边界,以及公司所有者对经营者的激励监督等问题。

一、委托代理理论

委托代理理论(principal-agent theory)是制度经济学契约理论的主要内容之一,由美国经济学家 Berle 和 Means 依据美国企业中大量出现的所有权和经营权分离提出,即公司的所有者保留剩余索取权,而将经营的权利让渡给公司的经营者。此时,企业的实际控制权掌握在高层经理人手中,从而在企业内部形成"内部人控制"的局面。Mark J. Roe 将这种局面称为"强管理者,弱所有者"。这种"内部人控制"的问题即是委托代理问题。

Jensen 和 Mackling 将委托代理关系定义为一种契约关系,具体是指:委托人委托代理人根据委托人的利益从事某些活动,并让渡某些决策和处置的权力至代理人,授予代理人一定权、责、利的契约关系。该契约关系中能够主动设计契约形式的当事人即为委托人,选择接受该契约形式的当事人为代理人。

伴随股份制公司的发展演进,其所有权和经营权逐渐分离,委托代理制成了公司最基本的产权安排形式。现代公司制企业中的委托代理关系比较直观的方式如图 11-4 所示。

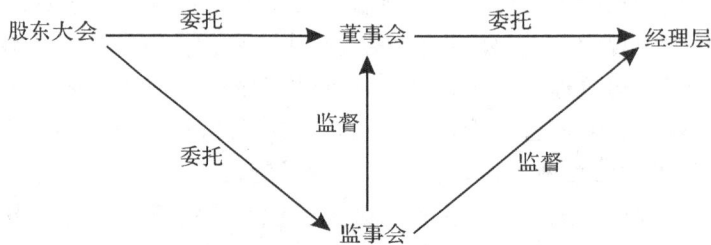

图 11-4　现代公司制企业中的委托代理关系

(一)委托代理关系的产生

委托代理关系的产生与发展是在较长时间历程上的逐步演化。在企业的发展历史中,最早产生的个人业主制企业完全由其所有者控制,该所有者拥有处置企业资产、做出战略决策等全部权利。个人业主制企业的规模通常很小,因而能够实现所有者与经营者角色的重合,其激励与监督机制简单明确,能够充分地发挥出经营管理者(同时也是所有者)的个性专长优势。在生产社会化较低的发展阶段,个人业主制的企业拥有最为简单清晰,且十分高效的企业管理模式。在此阶段,没有产生所有者和经营者的委托代理关系。

随着生产社会化水平的不断发展,分散的小生产者向大规模社会生产的意愿愈发强烈,与之伴随的是企业开始步入简单协作阶段,此时便发生了所有者控制向代理人局部控制的让渡。其原因在于企业规模扩大,所有者人数增加,而不同所有者所占投资的比例、个人性格、专长、职业经历与管理经验往往存在较大的差异,因此在企业中享有差异化的权力。由此,早期由所有者简单控制的企业的形式开始解体,企业的所有者越来越有意愿挑选某一位所有者来代理其他的所有者完成企业的日常运转与经营。在这一阶段,企业的所有权和经营权已出现局部的分离。值得注意的是,这种局部分离并未改变所有权与经营权合一的本质,原因在于经营者本身仍然是企业的所有者,代理人只享有不稳定的局部控制权。尽管这种局部控制权可能存在被其他所有者超越的不稳定性,却仍然在该发展阶段体现出了更高的效率,这正是早期阶段的委托代理关系。

在资本主义工厂手工业发展的基础之上,伴随科学技术的进步与社会化大生产的进一步发展,进入机器大工业后的企业规模进一步扩大,分散的所有权逐步转化为股权的形式。此时的生产过程与市场关系相较于早期发展阶段已变得更加复杂,所有者直接控制企业(完全控制)和上述的局部控制已不再适应新的发展要求。一方面,这种不适应体现在效率掣肘上,社会分工的相对固定与技术市场环境的快速变化使得所有者的控制难以面面俱到;另一方面,所有者也越来越难实现对企业运行的直接监督。由此,便逐步演化出由具有信息和技术优势的非所有者通过代理替代所有者实施经营管理的新模式。此类非所有者作为技术权威形成了一种新的控制主体,原有的所有者从管理结构中局部退出,形成了法律认可的分工体系,推动企业制度的发展走向了新阶段。

在该分工体系中,非所有者局部代替所有者行使企业的管理权,由此产生了四个方面的重要影响,具体如下:

(1)标志着委托代理关系的初步形成。其中,代理者被赋予经营管理权,而所有者拥有最终委托权与监督权。

(2)非企业所有者的经营者(或技术权威)催生出了名誉激励。该激励能够鼓舞员工不仅关注当期的货币收入,还会关注由地位跃升而可能带来的长期收入,进一步发展为诸如价值创造和自我实现等超越货币收入的追求。为了追求名誉激励,管理者必须让自身的技术优势与管理优势得到保持与发展,同时,名誉激励还能起到鼓舞非经营者通过勤勉创新获取经营者岗位的源源动力,使企业能够长期保持高水平的运转效率。

(3)资产关系相关的矛盾由于所有者的部分退出和经营管理者的引入被冲淡,转移了企业部分的内部矛盾。

(4)促进了物质资本和人力资本的有效结合,更好地形成促进企业运营与发展的合力。这种不完全的委托代理关系能够使仅拥有技术管理能力或资本中的双方实现权利的重新配置。

在随后的发展中,企业的规模继续扩大,所有者人数迅速增加,与之对应的是企业所有权愈发分散,股份制进入成熟阶段。在此背景下,企业的经营者必须能够对快速变化的技术环境与市场环境做出及时准确的应变,先前局部代理(不完全代理)的效率已不再高效,完全代理呼之欲出,即所有者与经营者职能的完全分离。具体来说,经营者要根据契约全权代理所有者的资产,并拥有契约外的"剩余控制权"和部分"剩余索取权"。

完全代理是委托代理关系的高级阶段,而职业经理人市场的形成则是委托代理制度最终确立的重要标志。在此之前,委托人只能在有限的范围内选择代理人,难以适应法人治理和资本社会化、技术市场变化、竞争环境变化等因素对代理人的高要求。因此,职业经理人市场应运而生,使企业的所有者作为委托人可以依托经理市场制度筛选到满足企业经营发展需求的综合型代理人。随着完全代理制度和经理人市场制度的产生和发展,企业便能够超越先前局部代理的效率上限,为更大规模更快速度的发展创造了可能。

(二)委托代理关系的基本特征

第一,委托人和代理人之间的关系表现为一种经济利益关系。代理人以委托人的利益为目标从事某些活动,因此需要有一套包括报酬在内的利益机制去引导和激励代理人为委托人服务。代理人在报酬机制下选择有利于自己的行为,追求自己利益的最大化。很明显,委托代理关系首先表现为一种经济利益关系。

第二,委托代理关系是一种不完备的契约关系。委托人和代理人之间使用显性或隐性契约来确定其经济利益关系,而非简单的合作关系。其中,显性契约是指以书面协议或法律协议承载的合约,严格规定了委托人和代理人的协作和利益关系;隐性契约是指约定俗成的一些规则,包括各种成文或不成文的惯例。

根据科斯的交易费用理论,在交易费用为零的情况下,不需要有企业的存在。然而,只有在完全竞争市场和信息完全充分的情况下交易费用才可能为零。在管理实践中,这一理想情况并不存在,信息不可能完全充分,委托人不可能清楚地掌握代理人的所有信息和未来能出现的情况,也无法制定面面俱到的完备合同。所以,委托代理关系是一种不完备的契约关系。

(三)代理问题与代理成本

在现代企业中,股东与经理人之间关于生产经营情况的信息不对称是所有权与经营权分离的实质。经理人熟悉企业的运营情况而成为代理人,而股东由于一般不具备专门的经营管理知识而成为委托人。现代公司中的委托人与代理人都追求自身利益最大化,其目标的不一致性(股东追求红利最大化,而经理人不一定追求物质利益,比如追求企业规模的扩张和对企业的控制等)必然导致利益冲突。我们把委托人难以观察和监督的代理偏离或损害委托人利益的现象称为代理问题(agency problem);相应地,把代理人与委托人之间利益冲突所产生的交易成本称为代理成本(agent cost)。

产生代理问题的原因通常可归纳为三个方面:信息不对称、不确定性和有限理性、契约不完全性。

1.信息不对称

信息不对称也被称为非对称信息,是指参与交易的当事方中,一方知道另一方不知道的信息,故又称私人信息、不完全信息。非对称信息大致可以分为两类:一类是内生的非对称信息,诸如当事人选择什么样的行动;另一类是指外生的非对称信息,诸如交易当事人的能力、偏好等。前一类被称为隐藏行动,导致道德风险;后一类被称为隐藏知识,带来逆向选择。

通常情况下显而易见的是,信息占有量多的一方在交易中拥有更加有利的地位,信息占有量少的一方则居于不利地位。在委托代理关系中,代理人对自身的性格、品质、才能、努力等信息有最准确地掌握,而委托人则难以完全掌握代理人的这些信息。因为有些信息易于通过观察得到,而另一些信息则相对难以观察或考量。如此一来,在与委托人签订契约时,代理人便有可能隐瞒对自己不利的信息,通过争取有利的代理条件,形成对代理人有利的合约,使委托人的利益面临受到损害的风险。例如,在签订合约之后代理人的道德风险,利用不对称的信息和职位优势,采取自身利益最大化而非股东利益最大化的行为如偷懒等,会损害股东的利益。

2.不确定性和有限理性

一方面,由于环境是变化的、未知的、不确定的,而人们在知识、预见力、判断力、工作技能等方面的认识是有一定限度的,代理人无法准确预知未来的变化从而做出正确的行动,导致计划与实际出现偏差;另一方面,经营业绩未必能准确反映代理人的实际努力程度。这时代理人就可能利用信息不对称,以企业内外部环境变化为自己的经营不善文过饰非,从而隐瞒在履行代理人职责时的偷懒行为。

3.契约不完全性

在复杂多变的环境中,人们无法预测未来发生的所有事情,因此,委托人想设计出一个涉及所有可能发生情况的完全契约是不可能的。即使能做到,其交易成本也是昂贵的。

二、理论溯源

(一)剩余索取权(residual claim)与剩余控制权(residual control right)

剩余索取权理论起源于18世纪末的庸俗政治经济学,这是一个为资本主义制度辩护的经济理论学派,萨伊被认为是该学派的鼻祖。他认为劳动、资本和土地作为商品生产的三个要素,每个要素的所有者都应获取其创造的收入,即工人获得工资、资本获得利息、土地所有者获得租金。如果当事人行为和企业的产出均可测,便能够依据各个要素所有者的贡献来确定其应得的收入,即可实现帕累托最优分配均衡。然而在管理实践中,由于行为和产出的不可测以及信息的不对称,无法实现最优帕累托分配均衡。

该理论中的剩余控制权,是指没有在契约中说明其归属或没有被明确放弃的有关资产的控制权。企业在不完全契约下的基本性质正是剩余控制权的分配问题。而在完全契约中,不存在剩余控制权的概念。原因在于企业所有权利都已通过契约明确了边界,各项权利都对应有各自的主体。正是由于管理实践中的契约往往是不完全的,因此在初始合同中不可能对所有事件及其对策做出详尽可行的约定,因而需要有人掌握剩余控制权,以便在未被约定的事件发生时做出相应的决策。通常契约中存在特殊权利和剩余权利。契约中明确指出了哪一方拥有对资产的特殊权利,而没有逐项说明其归属的那些对资产的特别权利即为剩余权利。如果拥有剩余控制权的人没有剩余索取权,则可能会产生滥用剩余控制权以达到剩余索取即谋求自身利益的严重风险。因此对企业所有者而言,授予经理人员剩余控制权的同时亦授予其剩余索取权,是避免经理人利用剩余控制权索取剩余的理性选择。

在该理论的视角下,股东作为承担剩余索取权的一方也承担了剩余风险,相应地也应当具有治理公司的权利。所有者因其占有剩余的动机而能够自我激励,去关心企业的生产经营情况。由此可见,所有者更倾向于为剩余最大而努力,同时经营者更倾向于追求自身报酬的最优。在企业收益一定时,所有者和经营者的利益博弈促使所有者产生对经营者进行治理的需要。

(二)不完全契约理论(incomplete contract theory)

不完全契约理论以财产权或(剩余)控制权的最佳配置为研究目标,由格罗斯曼和哈特(Grossman、Hart,1986)、哈特和莫尔(Hart、Moore,1990)等在交易成本理论的基础上加以反思、重构与发展而逐步形成。结合他们姓名的首字母,这一理论又被称为GHM模型,被广泛用于研究分析公司治理结构中控制权配置对激励以及信息获取的影响作用。不完全契约理论的核心观点可以概括为:人们往往具有有限的理性,且信息具有不完全性、交易事项具有不确定性。这使得明晰所有特殊权利边界的成本高到难以实现,即完全契约必不可能存在,而不完全契约是必然且经常存在的。

2016诺贝尔经济学奖授予了哈佛大学的奥利弗·哈特(Oliver Hart)和麻省理工学院的本特·霍姆斯特罗姆(Bengt Holmstrom),以表彰他们提出的契约理论。

哈特的贡献主要在于不完全契约理论。他认为在合同中很难将所有可能出现的情况都写进去,因为从理论上讲一个人是不可能有先见之明,能够想到所有的情况。在这种情况下,如果出现契约或合同里没有说明的情况该怎么办呢?哈特的理论是谁的投资更重要,他的权利就应该被优先尊重。例如,人们在购买新房子的时候,业主经常会看到开发商诸如"环境优美、商业设施健全、未来发展潜力巨大"的承诺,这些因素也往往是业主决定购买房产的判断标准。但这些因素其实是很难量化的,什么样的环境算是双方都认可的优美,具备哪些商业设施算得上健全,未来发展到何种程度才算发展潜力巨大等,这些因素很难用一个标的(双方共同认可的标准)去衡量。所以我们经常看到一些新闻报道业主投诉维权,将开发商告到法院,因为开发商的虚假宣传而造成了纠纷,但有些开发商或许也并不是有意虚假宣传,这里的关键点在于,其实业主与开发商对于这些因素并没有一个统一的认识,这就是不完全契约理论。

根据哈特的观点,不完全契约必然存在的原因主要体现在以下三个方面:

第一,世界的复杂性使人们几乎不可能对未来可能发生的所有事件做出全面而准确的预测。

第二,即使人们能够对未来做出预测,由于难以寻找到缔约各方均认可和满意的共同语言来描述上述预测,相应情况或事件很难被写入契约。

第三,即使缔约各方能够以某种形式,在契约中写入对未来情况或事件的相关预测,当各方产生纠纷时,包括法院在内的外部权威机构也很难证实缔约各方所约定的条款。

不完全契约理论最重要的贡献就是从契约的不完全性角度,解释了究竟什么是交易费用和企业为何存在等问题,从而形成了全新的企业契约理论分析框架。哈特对不完全契约的研究结果揭示了企业的控制权和所有权,并对经济学、政治学及法律等产生了重大影响。

(三)股东至上治理理论和利益相关者共同治理理论

1.概述

股东至上治理理论和利益相关者共同治理理论是公司治理理论演进过程中的两个重要观点。股东至上治理理论(shareholder primacy theory)认为股东在向企业投入实物资本的同时,一并承担着相应的经营风险,应当成为公司唯一的治理主体,企业的经营目标在于股东利益的最大化,其治理模式如图11-5所示。

20世纪60年代,股东至上治理理论受到了利益相关者理论的强烈挑战,认为股东至上治理理论忽略了人力资本的重要作用,而人力资本是企业价值增值的最重要源泉,他们也承担了一定的经营风险。

利益相关者是利益相关者理论的重要概念之一。1963年,斯坦福研究所第一次提出"利益相关者(stakeholder)"这一概念,而后经由20世纪90年代初期,弗里曼(Freeman)、克拉克森(Clarkson)等学者的共同研究和发展,利益相关者理论框架逐步完善。1984年,美国著名学者弗里曼(Freeman)出版的《战略管理:利益相关者方法》正式凝练出了利益相关者理论。弗里曼认为:"所谓利益相关者既可以是个人,亦可以是群体。这个人或这类群体的存在影响着组织的发展,同时受组织发展的影响",即广义的利益相关者,也是第一种利益相关者。这一

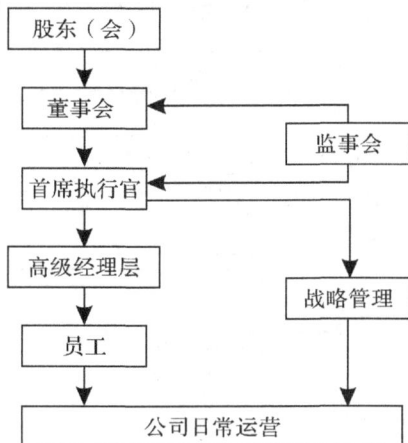

图 11-5　基于股东至上治理理论的治理模式

定义强调了利益相关者与企业的交互影响,为利益相关者参与企业战略管理提供了理论依据。然而这一定义使得利益相关者的概念非常笼统且广泛,给后来的实证研究和实践操作带来了很大的局限性。

第二种是狭义上的利益相关者。在克拉克森的定义中增加了专用性投资的概念,他认为:利益相关者是指在组织中有所"投入",对组织有权益诉求,或承担了组织发展风险的个人和群体。这些"投入"包括实物、金钱、人力等有形或无形的具有价值的东西。这一定义使得利益相关者的边界得以确定,范围缩小,研究更具有操作性。

利益相关者的定义见图 11-6。

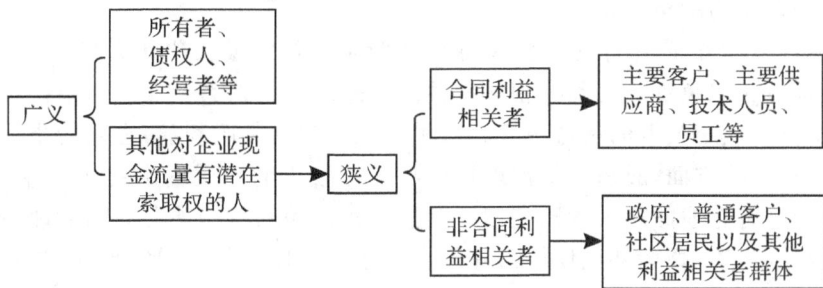

图 11-6　利益相关者的定义

利益相关者理论在 20 世纪 80 年代后得到广泛重视,并在此基础上产生新的公司治理理论——利益相关者共同治理理论(stakeholder co-governance theory)。利益相关者共同治理理论的核心观点可以概括为:利益相关者相互缔结契约形成网络,在公司中共同投入资源、创造价值,并共同承担相关风险,是公司治理的共同体。在该理论视角下,打造具有协同效应的团队生产是企业的本质,因而公司治理的目标并不仅以股东利益的最大化为导向,而应当以包括企业所有者在内的全部利益相关者的利益最大化为导向。Blair 曾指出,利益相关者共同治理理论不仅突破了新古典资源配置观中的可逆性假设,更将包括股东在内的全部利益相关者纳入了委托人的概念范围中。

利益相关者共同治理理论表达的利益相关者共同治理模式如图 11-7 所示。

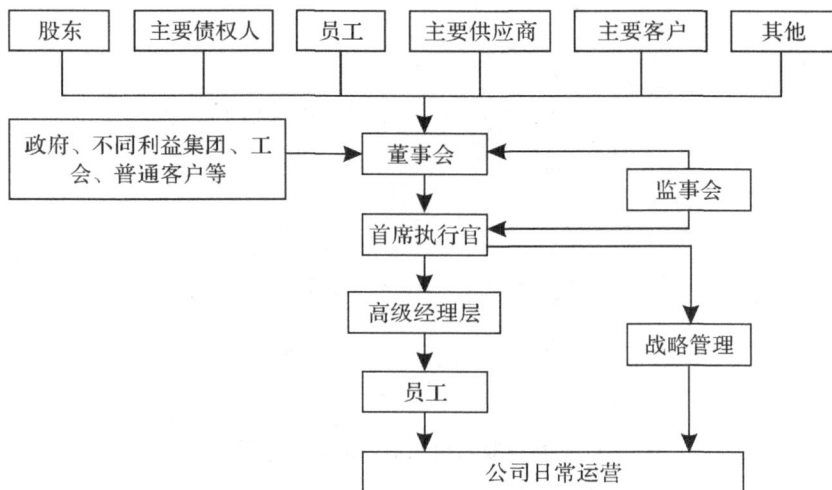

图 11-7　基于利益相关者共同治理理论的治理模式

2.股东至上治理理论与利益相关者共同治理理论的比较

股东至上治理理论和利益相关者共同治理理论之间的差异可以概括为以下五个方面：

第一，在委托代理关系方面，股东至上治理理论认为股东是唯一的委托人，倡导维护股东权益，防止经理层对股东权益的侵蚀。利益相关者共同治理理论引入了"资产专用性"，在其"委托人"的概念中不仅包括股东，还包括所有对企业进行过某种投资，并为此承担相应风险的全部其他利益相关者。此时，经理人作为全体利益相关者的代理人，责任范围进一步扩大为包括全体利益相关者在内的整个团体。

第二，在治理目标方面，股东至上治理理论将股东利益的最大化作为目标，即认为一切的治理行为都应该对股东负责。而利益相关者共同治理理论则认为企业应当超越对物质资本利益的追求，为全体利益相关者的利益服务。这种利益既包括物质利益，也包括非物质利益。

第三，在治理主体方面，股东至上治理理论将股东投入的物质资本视作企业的核心，故而股东理所当然地享有企业的剩余索取权和剩余控制权。而利益相关者共同治理理论则认为包括供应商、管理层、员工、顾客甚至债权人等都会直接或间接参与公司的治理，共同成为公司治理的主体。

第四，在治理结构方面，股东至上治理理论主张由股东大会选举产生董事会，由董事会任命总经理，总经理任命或管理中高层管理者，再由中高层管理者制订计划并管理员工。该结构中的潜在假设是：获得授权的经营者只有围绕股东的利益行使控制权才是企业有效率的保证。与之存在差异的是利益相关者共同治理理论的治理结构，分为直接参与模式和间接信托模式。在直接参与模式中，利益相关者的代表直接进入董事会，通过共同协商制定符合整体利益最大化的决策，并由各方共同监督管理层的日常运行。而在间接信托模式中，董事会为各利益相关者的受托人，不仅服务于股东利益，而且拥有更大程度上的自由决策权。

第五，从公司治理改革主张来看，股东至上治理理论可以降低股东与经理人之间的代理成本、保障股东利益，认为应该建立以董事会为核心的内部治理体系和由资本市场、经理人市场、经理人市场和并购市场所组成的外部治理体系，内外部治理体系相辅相成，从而形成对公司资源和收益分配的市场控制。利益相关者共同治理理论强调"资产专用性",认为企业合约安排和治理制度应将控制权、激励和责任授予给对企业专用投入做出贡献的合约方,即利益相关者的团体。

3. 从股东至上治理理论到利益相关者共同治理理论演进的合理性

现代经济学所奠定的理论基础在事实上推动着从股东至上治理理论到利益相关者共同治理理论的演进。现代经济学理论大胆地在股东至上治理理论的前提假设中提出了质疑,即股东是企业唯一所有者这一前提假设,由此动摇了以"股东至上"为逻辑出发点的种种推断,使股东至上治理理论的合理性遭到挑战。

(1)人力资本理论与资产专用性理论的共同作用。股东至上治理理论的基础逻辑为资本雇佣劳动,同时公司被认为是由物质资本所有者构成的集合体。由此,员工的劳动被视作资本购买的商品,而企业的所有权则应当以股东投入的物质资本为主导进行分配。然而,随着科学技术、企业规模与市场环境的快速发展与转变,人力资本逐渐在企业成长与发展中占有一席之地,同时物质资本的决定性地位愈发面临动摇。很快,企业的价值创造便更加依托于人力资本和非人力资本的互补协作,至少人力资本与物质资本拥有了平等的权利,共同掌握企业的剩余索取权与剩余控制权。人力资本理论的产生动摇了资本雇佣劳动的基础逻辑。在此基础上,资产专用性理论进一步指出:人力资本或物质资本的所有者将其资本中的全部或部分产权转移给公司时,该投资行为就会使这些资本成为专用性资产,即使用价值单一。当专用性资产转作其他用途时,将会因额外付出的转移成本而产生不同程度的损失。专用性资产转移时产生的成本不仅意味着资产所有者将其转投其他对象时面临的付出,而且意味着任意退出或机会主义行为均可能面临损失。由此,人力资本或物质资本的所有者必然会产生共同治理公司的意愿与动力。在人力资本和物质资本的视角下,利益相关者共同投入资源,公司成为物质资本与人力资本相互补充依存的集合,同时各利益相关者也共同具有参与公司治理的权利。

(2)产权外延的扩展与关系契约网络逻辑的共同影响。伴随企业形式的发展变迁,产权的概念逐渐从所有者外延至更多的其他利益相关者。在拓展后的产权概念中,无论企业的剩余索取权或剩余控制权以集中对称的方式分布于任何一方,都意味着其他利益相关者的产权权益被侵犯,由此可见,股东至上治理理论中关于权力集中对称分布的形态便产生了明显的缺陷。

利益相关者共同治理理论在一方面明确了各产权主体,另一方面又借助谈判力量对比的变化使原有集中对称分布的剩余索取权和剩余控制权变更为分散对称的分布。在关系契约网络(relations contractual network)的视角下,人力资本和物质资本共同形成了特殊的契约网络。其中,既有与公司签订显性契约,投入专用性资产并承担与之对应的部分风险的利益相关者,如股东、员工、债权人等;同时还有与公司签订隐性契约的利益相关者,如社区、政府等。各个产权主体在契约网络中都拥有平等的地位与权利,参与企业所有权的分配和公司治理。

4. 利益相关者共同治理理论的局限性

特定的技术和市场环境与一定的经济学基础催生出了顺应时代发展潮流的利益相关者共同治理理论,利益相关者共同治理理论相较于原有的理论有多处新的发展,具有在其所处情境中的合理性。然而在管理实践中,以全体利益相关者为基础的公司治理结构却时常面临一些困境乃至风险,例如,因权利的过度分散而出现的决策延误或意见僵持,严重时可能导致"人人负责,而人人不负责"的尴尬局面。概括来说,共同治理理论虽然弥补了股东至上治理理论的一些缺陷,但仍然在实践落地的进程中面临对利益相关者定义过于宽泛的新挑战,这是使该理论指导下的企业陷入没有角色真正发挥治理作用困境的根本原因。其理论局限性体现为三个方面的经济学悖论。一是与经济主体本质之间的悖论。利益相关者共同治理理论所倡导的所有权分散对称分布使企业不得不面临高昂的成本,严重影响企业对效率的追求,与企业理论和实践发展相背离。二是与私有产权理论之间的悖论。在不完全的契约下,企业的所有权在本质上是一种剩余索取权。当企业的所有者囊括所有利益相关者时,原本应属于某一产权主体的明确权利却会成为未被明晰边界的公共属地,难以得到有效率的使用。三是与效率目标之间的悖论。企业在追求多重目标的同时往往也需应对各目标间存在的冲突与矛盾。经营者如果判断无法完成全部的任务目标,便可能产生优先满足与自己利益相关部分的倾向,如只追求企业规模的扩张,就会因忽略目标与企业整体效率、价值追求间的平衡。同时,多重目标的冲突也为经营者的决策过程增加了非必要的顾虑,增加了决策成本。

5.股东至上治理理论与利益相关者共同治理理论的兼顾

针对股东至上的治理模式与共同治理模式能否兼顾,是否正在向趋同的方向发展,现阶段的理论研究仍然存在分歧与争论。崔之元认为,美国 29 个州公司法的变革将使各方"利益相关者"都能够参与经济过程的控制和收益,因而美国公司法变革的大方向是"经济民主化",公司法改革"突破了似乎是天经地义的私有制逻辑"。张维迎则指出,由于混淆了财产所有权与企业所有权等概念,同时没有汲取现代产权理论和委托代理理论新的研究成果,崔之元所提出的"要求公司经理为公司所有的'利益相关者'服务"的政策建议将在实际操作中引起混乱,容易对企业理论和实践发展产生误导。股权至上治理理论与利益相关者共同治理理论都有其合理性与局限性,国内学者针对如何兼顾并融合两大观点进行了深入思考,其中具有代表性的有徐向艺提出的核心利益相关者共同治理理论与郑志刚提出的公司治理分层理论。

(1)核心利益相关者共同治理理论。随着理论研究和管理实践对利益相关者共同治理理论缺陷和局限性的深入探索,人们开始尝试从动态演化的观点出发,修正理论中利益相关者的概念范畴,进一步提出了核心利益相关者的概念,并逐步发展形成新的治理理论。核心利益相关者共同治理理论强调,为企业生存发展提供关键性资源或承担企业经营重大风险的核心利益相关者应当掌握企业的控制权。从为企业持续提供不可替代的资源和承担企业经营的重大风险这两个条件出发,日本学者伊丹敬之指出企业股东与包括经理人在内的核心员工是企业的核心利益相关者;国内学者陈宏辉使用 Mitchell 评分法从利益相关者的主动性、重要性和利益要求紧急性三个维度,把核心利益相关者界定为股东、管理者和员工。核心利益相关者共同治理理论一方面克服了股东至上治理模式的缺陷,另一方面又通过概念的发展避免了利益相关者共同治理模式中由于主体定义宽泛而易引发的混乱、僵持与效率问题。

一方面,核心利益相关者概念和边界的明晰降低了企业的代理成本与监督成本,能够有效提升公司的治理效率。在现代企业中,核心人力资本作为价值创造的源动力具有很强的可塑性。通过将核心人力资本产权的所有者,如管理者和员工纳入公司治理的主体中分享权利,便可能更加充分地调动人力资本所有者的积极性与主动性,同时亦有助于降低激励和监督人力资本所有者所需耗费的成本。将管理者纳入治理体系,能够有助于降低道德风险带来的挑战,而允许员工参与治理,也有助于改善信息不对称和对经理人员监督不力等问题,降低内部人产生对企业过度控制的风险。

另一方面,核心利益相关者共同治理理论克服了泛利益相关带来的多重利益冲突问题。

该治理模式以实现增值的共同目标将物质资本与人力资本连接,形成了综合性的契约集合。虽然在短期利润分配上物质资本与人力资本可能存在差异,但在更长时间轴线的发展上,二者仍然有着共同的目标与追求。基于共同的长期利益,被清晰界定边界的核心利益相关者便形成了一定的互惠共生关系,即只有通过共同努力才能实现共赢。由此便在一定程度上克服了利益相关者共同治理理论中,因多方利益相关者利益不一致而引发效率目标背离的风险。

(2)公司治理分层理论。在公司治理分层理论中,公司治理被区分为治理结构(governance structure)和治理机制(governance mechanism)两个层次。其中,治理结构最初的含义是"权威的分配",但随着现代产权理论的发展,产权安排亦逐渐被纳入治理的构念中。在该理论中,治理结构构成了公司治理的第一层次,主要是指剩余权利分配和投资者权利保护在内的产权安排。通过各方博弈形成的产权安排,将投资人作为产权所有者的地位在法律层面进行了明确,一同明确的还有经营者对所有者负有的诚信责任。

所有者和经营者构成了公司治理利益冲突的主要双方,故而除产权安排外,公司还需要设计实施一套治理机制用来对经营者进行激励和监督,由此形成了公司治理的第二层次。该理论中的公司治理机制是指通过法律规范、市场竞争或人为制度设计等方式降低各种代理成本,以期在一定程度上解决代理问题的制度与机制总集,包括激励设计、董事会治理、产品市场竞争、经理人市场、劳务市场等多种内外部治理机制。

公司治理的第一层次可以理解为企业理论中控制权安排视角在公司治理中的应用,体现企业权威的分配,并在治理机构上遵循股东利益最大化原则,采用股东至上治理理论。而作为公司治理第二层次的治理机制则可以理解为企业理论的代理问题视角在公司治理中的应用,体现的是企业权威的实施,因此,在治理机制上应该兼顾其他利益相关者的利益。两个层次的划分和逻辑关系的合理构建完整体现了科斯提出的治理作为"权威分配和实施"的原意。

三、未来发展

无论是以理论为出发点,通过搜集观察资料来验证假设的演绎法,还是以观察出发的归纳法,管理理论的成形与发展往往离不开组织与环境关系这一研究主线。2020年初,新型冠状病毒肺炎疫情爆发,这是近百年以来全球发生的最严重的传染病,也是新中国成立以来我国遭遇的传播速度最快、感染范围最广、防控难度最大的重大突发公共卫生事件。在此环境下,无论是制造业、服务业还是网络平台企业,大都面临社会运转停摆、用户需求骤减、供应链中断等严峻挑战。为了应对组织与环境关系的快速大幅变化,公司治理理论如何发展才能更好地指导企业在危机中保持正常运转,甚至做到化危为机,危中寻机呢?

绝大多数企业在其生命周期中都曾经历过不同程度、不同类型的危机。管理学围绕危机进行的研究探索最早可以追溯到19世纪。由于发生危机的情境千变万化,人们对危机的定义亦存在差别。例如,赫尔曼(Hermann)将危机定义为一种情境状态,该情境下决策主体的最根本目标面临预期以外高度不确定的威胁,并且供决策主体做出反应的时间十分有限。巴顿(Barton)将危机定义为能够引发潜在负面影响的不确定性事件,该不确定性事件可能对企业本身和其声誉、资产、产品和员工造成巨大不利影响。概括来说,企业所面临的危机往往具有突发性、破坏性、急迫性、资源紧缺性和舆论关注性。而危机管理(crisis management)则是以消除和降低危机带来的威胁与损失为目的而开展的系列管理活动,相关研究可以被划分为侧重危机应对、侧重危机预防和全面危机管理三个发展阶段。侧重危机应对的理论研究主要从危机应对的决策方式、组织体制,危机对管理者心理压力的影响作用,以及危机决策的后果等角度进行展开。由于危机事件的发生对危机应对决策过程产生的障碍,使原本普通的问题会变得更加复杂,管理者面临缺少信息、变化无序和极端压力等挑战,因此,危机管理在一定程度上被认为是"不可能的工作"。随着危机管理在跨学科方向的融合发展,学者们愈发认识到事后应对危机的局限性,从而将关注的重点向危机前的预测拓展。虽然通过对过往危机管理经验的学习能够降低危机发生的可能性,但对预防的依赖仍可能使企业难以面对真正发生的危机。因此,平衡预防和恢复的常态化全面危机管理成为未来的发展趋势。

新冠疫情发生以来,国际上关于公共危机的应急治理模式基本上有三种:一是集权式治理模式,即在政府、企业、社会组织、个体等主体当中,政府居于绝对的主导地位;二是分散式治理模式,即在政府、企业、社会组织、个体等主体中,大家处于平等的网状联系状态;三是适度集权(也称适度分散)治理模式,处于上述二者的中间状态。集权式应急治理模式的优点是:效率高,全社会调配资源实现应急治理;效果好,较短的时间内控制疫情。集权式应急治理模式的缺点是:政策性关停企业造成巨大经济损失,市场发挥作用有限。

虽然疫情何时结束依然是个未知数,但它带给人们许多思考。疫情是全球共同的敌人,人类有协同治理需求;网络化数字化智能化技术的支持,可以对疫情进行更好地全球协同治理;如何协调不同国家、地区、民族之间的利益冲突,如何构建人类命运共同体,是人们共同努力的方向和目标。

斯宾塞·约翰逊曾经指出,"唯一不变的是变化本身",这在企业的经营发展中同样适用。于公司而言,危机事件的发生属于技术市场环境的极端变化情况。回归到组织与环境这一管理研究的主线,无论采用从理论开始的演绎导向假设检验,还是采用由观察开始的归纳导向建立理论,未来公司治理的发展与创新都需要以企业的苦处难处、痛点堵点为出发点和落脚点,以实事求是的态度完善形成能够指导企业保持动能和效率的治理理论。

本章案例阅读

【案例 11-1】　　国美电器:大股东与管理层之间的控制权之争

国美电器是中国的一家连锁型家电销售企业,也是中国内地最大的家电零售连锁企业之一。国美电器于 1987 年设立第一间电器零售门店,1999 年,国美开始全国性跨地域经营。2004 年,国美电器在香港上市,自此以后,其在全国各地进行大规模地扩张,如合并永乐电器,全面托管大中电器。到 2010 年,国美电器在中国大中型城市拥有直营门店 1200 多家,年销售收入 509 亿元。

国美电器控制权之争为我们提供了很好的研究案例来分析大股东与管理层之间的利益冲突。2010 年 5 月 11 日,国美电器按例召开股东周年大会,大股东突然发难,在 12 项决议中连续投出 5 项否决票,包括否决董事会任命来自"贝恩资本"推荐的 3 人为非执行董事。当晚,国美电器紧急召开董事会否决了股东大会决议,强行委任"贝恩资本"推荐的 3 名董事人选加入董事会,从而使得国美电器大股东与管理层之间的矛盾公开化。股东大会的决议如此迅速地被董事会否决,这在公司治理的历史上并不多见。之后,大股东与公司管理层一直围绕公司的控制权进行激烈的争夺,最终,大股东获得了国美电器的控制权。但是,在大股东与公司管理层控制权的争夺中并没有最后的赢家,国美电器的投资者,尤其是中小投资者在公司的控制权争夺中遭受了巨大的损失。

大股东希望通过控制董事会来控制管理层和国美电器,管理层则希望通过控制董事会来摆脱大股东的控制,并控制国美电器。对于处于相对控股地位的大股东,其主要通过控制董事会来控制管理层。但是,这种控制并非是稳定和有效的。管理层通过利用法律适用、引入外部投资者、内部人控制董事会等途径和方式来摆脱大股东的控制。相关研究表明,在大股东相对控股(所有权和经营权部分分离)的情形下,股权资本控制处于不稳定状态,社会资本控制成为控制权的组成部分,并对股权资本控制形成一定的替代效应。而且,法律制度对投资者利益保护的程度越强,股权资本控制实现的控制权越稳定;法律制度对投资者利益保护的程度越弱,社会资本控制对于股权资本控制的替代效应越显著。

（资料来源:祝继高,王春飞.大股东能有效控制管理层吗?:基于国美电器控制权争夺的案例研究[J].管理世界,2012(4):138－152.）

【案例 11－2】　　　　　　　疫情期间的京东

2020 年 4 月 17 日,在国务院新闻办公室的新闻发布会上,国家统计局国民经济综合统计司司长、新闻发言人毛盛勇在介绍 2020 年一季度国民经济运行情况时指出:2020 年一季度国内生产总值为 206504 亿元,按可比价格计算,同比下降 6.8%。分产业看,第一产业增加值 10186 亿元,下降 3.2%;第二产业增加值 73638 亿元,下降 9.6%;第三产业增加值 122680 亿元,下降 5.2%。在居民收入方面,一季度全国居民人均可支配收入 8561 元,同比名义增长0.8%,扣除价格因素实际下降 3.9%。城镇居民人均可支配收入 11691 元,农村居民人均可支配收入 4641 元。在零售方面,一季度社会消费品零售总额 78580 亿元,同比下降 19.0%。按消费类型分,餐饮收入 6026 亿元,下降 44.3%;商品零售 72553 亿元,下降 15.8%。

面临新冠肺炎疫情的严重冲击,不少企业都面临需求骤减、停工停产和供应链中断的严峻挑战,包括阿里、百度在内的大型互联网公司都曾对 2020 上半年的业绩表示悲观。而京东作为国内综合网络零售商,以在线销售包括数码产品、家具与家庭用品、食品与养品和虚拟产品等在内的商品为主营业务,亦面临巨大的经营与发展压力。在遭遇重大公共卫生事件时,企业如何能够保持危机中的平稳经营,如何化危为机寻求逆势增长,得到了实践界和理论界的共同关注。

在公司制度方面,京东采用双重股权制度,能够使企业创始人不必担忧融资带来的次生问题,稳固对企业的控制权。截至 2018 年 2 月,京东创始人在经过多轮融资后持股仅占15.5%,虽然失去了第一大股东的位置,却在双重股权制度下仍然拥有高达 79.5% 的投票权。如此一来,创始人对企业具有比其他投资者更深厚的感情和更清醒的认识,有利于企业在面临重大危机时的准确决策。此外,京东还设有专门的委员会负责危机处理,为企业在特定情境中的运转决策奠定了基础。

在业务多样性方面,京东始终在尝试围绕在线销售业务发展出包括京东物流在内的服务型生态圈,互为支撑的多种业务构成了其核心竞争力和在面临风险时的稳定性。京东物流的自建物流体系以几大城市建立的区域仓运营为核心,跟随销售完成补货,实现从仓储到消费者间的点对点配送。疫情期间,京东物流的运转为其主营业务的开展发挥了至关重要的作用。

在面对重大公共卫生事件的"黑天鹅"时,京东依托其核心业务结合政府导向和市场需要进行了快速的响应,在全国近百个城市推出"移动菜篮子"计划,通过与本地农产品供应商合作,为社区提供生鲜产品的供应保障。同时,积极承担企业社会责任,派出近百名青年组成车队,为疫情期间武汉地区的物资配送提供支撑。

本章要点小结

1.公司治理结构的类型划分为单层制和双层制,双层制又分为垂直双层制和水平双层制。

2.治理与管理既有区别,也存在联系,可通过战略管理和相关机制实现二者整合,也可在变化的环境中实现二者的动态协调。

3.委托代理理论是公司治理理论的基础理论,现代公司制中所有者与经营者的关系基本上可以归结为委托代理关系。由于现代公司的委托人和代理人都追求自身利益最大化,目标不一致性、不确定性和信息不对称等问题使得代理人可能偏离委托人的利益而产生代理问题。

4.在不完全契约理论下,剩余索取权及剩余控制权的归属成为公司治理理论的焦点问题,由此引出公司治理理论演进过程中的两个重要观点——股东至上治理理论和利益相关者共同治理理论。

5.股东至上治理理论以新古典资源配置观及私有财产、资本雇佣劳动等传统逻辑为基础,认为股东向企业投入了实物资本,并承担一定的经营风险,是唯一的公司治理主体,企业的经营目标在于股东利益的最大化。

6.利益相关者共同治理理论认为公司是利益相关者相互缔结的契约网络,各利益相关者在公司共同投入资源,共同创造价值,共同承担风险,成为公司治理的共同体。企业的本质是一种追求协同效应的团队生产,公司治理的目标不应该仅仅是股东利益最大化,而是包括股东在内的全部利益相关者的最大化。

7.股东至上治理理论与利益相关者共同治理理论都有其经济学的合理性与局限性。我国学者兼顾二者并做出尝试,其中以核心利益相关者共同治理理论和公司治理分层理论为公司治理理论的新趋势。

思考和讨论题

1.中国国有、民营企业应怎样避免股权之争,谋求发展?

2.企业中独立董事应该发挥怎样作用?为什么我国会有独立董事不"独立"的现象?

3.我国企业为何"一股独大"的现象特别常见,"一股独大"的优缺点各是什么?

4.家族企业如何做到兼顾家族成员与利益相关者的权益?

5.公司治理理论对我国公司治理实践有什么启示?针对我国公司的形成过程和运行环境,我国企业应采用何种治理模式?

6.核心利益相关者共同治理理论在实践运行中会存在什么问题?

本章参考文献

[1]李维安.公司治理评论[M].北京:经济科学出版社,2009.

[2]吕凌云.治理与管理:含义·区别·协调[J].企业改革与管理,2012(02):5-6.

[3]牛国良.企业制度与公司治理[M].北京:清华大学出版社,2008.

[4]吴申元.现代企业制度概论[M].北京:首都经济贸易大学出版社,2016.

［5］向荣.公司治理与公司管理：区别、联系、系统整合与互动关系［J］.商业研究，2002（01）：85－87.

［6］徐向艺.公司治理论［M］.北京：经济科学出版社，2015.

［7］张银杰.公司治理：现代企业制度新论［M］.上海：上海财经大学出版社，2010.

［8］郑志刚.中国公司治理的理论与依据［M］.北京：北京大学出版社，2016.

［9］郑志刚.对公司治理内涵的重新认识［J］.金融研究，2010（08）：184－198.

［10］JENSEN M C，MECKLING W H. Theory of the firm：managerial behavior，agency costs and ownership structure［J］. North-Holland，1976，3（4）：305－360.

［11］FREEMAN R E. The development of stakeholder theory：an idiosyncratic approach in great minds in management theory［M］. New York：Oxford University Press，2005.

［12］基西，汤普森，莱特，等.公司治理：受托责任、企业与国际比较［M］.刘霄仑，朱晓辉，译.北京：人民邮电出版社，2013.

第十二章
公司治理运作

本章导读

　　追溯公司治理问题研究,可始于伯利和米恩斯提出的现代公司出现所有权和控制权分离这一经典问题。近年来,公司治理方面的研究文献日益激增。对公司治理的研究主要集中于公司治理结构、所有权与控制权的分配、对经理层的激励和约束机制、内外部机制对公司绩效的影响等问题上。首先,本章对目前国际上广泛研究的公司治理问题进行阐述并比较分析;其次,对国内外对经理人薪酬和股权激励机制及其对企业绩效的关系进行梳理;再次,总结大股东控制与企业技术创新的相关研究;最后,对国际公司治理趋势进行分析和总结,以期为公司治理研究体系的深化和扩展提供有益参考。

第一节　公司治理框架

一、公司治理概念争议与研究问题

(一)公司治理研究简况与公司治理内涵

1.国外研究现状

　　公司治理是一个通行于西方发达国家的经营管理的概念,于20世纪80年代初在经济学文献中提出,也可译做法人治理结构、公司治理机制、企业督导机制等。因此,本书对于"公司治理结构"与"公司治理"的译法不做原则上的区分。

　　由于人们分析和强调问题的角度不同,所遇到的现实具体问题也不完全一样,迄今为止,国内外尚没有一个被人们普遍接受的关于公司治理的定义,对其含义的理解颇有争议。国内学者费方域在《什么是公司治理》一文中,较为详细地从公司治理的具体形式、制度功能、理论基础、基本问题和潜在冲突方面对公司治理结构的定义进行了研究。本章不再对这些定义做全面的罗列和重新分类,仅对一些有代表性的观点进行一般性介绍。

　　美国学者罗杰·C.迈尔将公司治理定义为公司代表并服务于投资者利益的组织安排,包括从公司董事会到激励计划的各项内容。

　　菲利浦·L.科克伦和史蒂文·L.沃特克在1988年发表的《公司治理:文献回顾》一文中指出,公司治理包括高级管理层、股东、董事会和公司其他利益相关者在互动过程中产生的各种具体问题。公司治理的核心问题是:①谁从公司的决策行为中受益;②谁应该从公司的决策行为中受益。

　　黛安·K.德尼认为,公司治理是建立一种能够使自利的公司控制者(经理人)代表公司所有者(股东)的制度和市场机制,用来确保公司剩余现金流价值最大化。

安德瑞·史莱佛和罗伯特·W.维什僧在 1997 年发表的《公司治理回顾》一文中也指出,公司治理涉及确保投资者投资回报的各种方法。具体而言,涉及投资者如何使企业经理人能够将一部分利润作为回报加以返还,如何确保其不会窃取投资者的资本或不会带领投资者投入到会亏损的项目,以及投资者如何控制经理人这些问题。

卡雷尔·兰努认为,公司治理是企业控制活动中所有者和管理者之间关系的体系。股东和管理者之间的关系是公司治理的本质所在,一个好的公司治理制度能够处理公司所有者和管理者之间的利益冲突。

美国企业董事联合会 1981 年 4 月 5 日的会议纪要对公司治理作了如下概括:公司治理结构是确保企业长期战略目标和计划得以确立,并使整个管理结构逐步实现这些目标和计划的一种组织制度安排。公司治理结构还应确保整个管理组织能够履行以下职能:保持企业的向心力和完整性;维护和提高企业声誉;对与企业有各种经济联系的组织和个人承担相应的责任和义务。

2. 国内研究现状

公司治理问题的研究起源于市场经济发达的国家,但对于我国的经济改革也是一个不容回避的话题,特别是我国在 20 世纪 90 年代提出国有企业要建立现代企业制度的思路后,这个问题就显得更加重要,因为现代企业制度的核心问题就是公司治理问题。1994 年 8 月,国家经贸委和中国经济改革总体设计研究组在北京举办了题为"中国经济体制的下一步改革"国际研讨会,斯坦福大学的青木昌彦和钱颖一分别发表文章《对内部人控制的控制:转轨经济中的公司治理结构的若干问题》和《中国的公司治理结构改革和融资改革》,引入"公司治理"的概念框架对中国国有企业改革进行理论分析,引起了国内研究者对公司治理问题的进一步重视。

钱颖一认为,公司治理是一套制度安排,用以支配在公司中有重大利益关系的不同群体,包括投资者(股东和贷款人)、经理人和员工之间的关系,并从这种联系中获取经济利益。公司治理结构包括:①如何配置和行使控制权;②如何对董事会、经理人和员工进行监督和评价;③如何设计并实施激励机制。通常而言,良好的公司治理结构可以利用这些制度安排的互补性,选择低代理成本的最优结构。

吴敬琏更具体地指出,公司治理是由股东大会、董事会和高层管理人组成的组织结构,而他们之间构成了一种制衡关系。在这种结构中,所有者将其资产交由董事会托管;董事会是公司的最高决策机构,有权聘请、奖励、惩罚和解聘高层管理人员;高层管理人由董事会聘任,组成董事会领导下的执行机构,在董事会授权范围内经营企业。

林毅夫等认为,公司治理是指所有者对经营管理和绩效进行监督和控制的一套制度安排。公司治理结构最基本的组成部分是通过竞争市场实现间接控制或外部治理,而人们通常所言的公司治理结构实际上是指公司的直接控制或内部治理结构。

张维迎认为,公司治理狭义上是指公司董事会的职能、结构、股东权力等方面的安排,广义上是指一套与公司控制权和剩余索取权分配有关的法律、文化和制度安排。这些安排决定了公司的目标、行使公司控制权的主体和情境、控制过程,以及风险和利益在企业内的分配。因此,广义上的公司治理和企业所有权安排基本同义。

近年来,学者们对于公司治理结构的定义趋于一致,即认为公司治理是一个企业运转系统,包括若干利益主体,以及一套内外部的正式或非正式制度、规则或机制,以协调或制约这些主体利益之间的利益和行为关系,从而实现企业决策的科学高效。本章同样沿用这一观点,认为公司治理主要是处理所有者和经营者权力、责任和利益关系的一种制度安排,解决的核心问题是所有者如何激励管理者的行为,促进管理者积极工作,同时不会侵害所有者的利益。

基于这一概念,之后的学者们更多地开始倾向于探索如何更优地构建公司治理并提高其运行效率,主要包括董事会治理、高管薪酬与股权激励、大股东控制,以及其他内外部治理机制等。如吕新军通过定量分析中国上市公司的治理效率,发现企业的股权集中度提升、股东制衡作用增强以及高管激励政策实施均有助于提高企业的治理效率。焦豪等证明,企业的公司治理结构更加需要依赖政府提供的各种服务与政策支持等的加持,才能够更好地提升企业的投资决策质量。孙多娇和杨有红检验了影响上市公司隐含资本成本的因素,发现高管的薪酬激励能够缓解公司的代理问题,进而通过使投资者的风险溢价水平下降来降低隐含权益资本成本。罗宏和黄婉通过分析 2007 至 2017 十年间沪深 A 股上市公司高管减持数据,证明了多个大股东并存可以改善公司的治理环境,从而能够抑制高管的机会主义行为。关于公司治理机制的具体研究梳理,将在后文进一步阐述。

综上,公司治理就是在一定的文化、法律和规范的环境中,公司的不同利益相关者之间形成的相互制衡机制,以及在此基础上形成的关系结构和制度安排。具体讲就是,以实现公司最佳利益为目的,由股东会、董事会、经理层和监事会构成,通过激励和控制等行为协调股东、债权人、员工、顾客、供应商以及社会公众等利益相关者之间关系的一种制度安排。简单讲就是,处理投资者和经营者之间权责利关系的一种制度安排。

由此看来,公司治理要解决的核心问题就是如何确保股东的权益不受侵犯并且使股东权益最大化,如何选拔和激励有企业家才能的经营者为企业服务。

(二)公司治理研究的问题

1. 所有权结构(ownership structure)

所有权结构是指企业所有者的成分(如自然人股、法人股和国家股等)和所有者拥有的股权份额。在发达国家,学者们把更多的精力放在了对于后者的研究上,如所有权的集中与分散程度,比如美国、英国公司的所有权比较分散,德国、日本公司的所有权则相对集中。有学者研究表明,当企业所有权过度分散时,将不再有股东愿意对经理人的行为进行严密的监督,因为监督的成本高于并购而造成的损失。因此,一定程度的所有权集中对于并购市场的有效运作是必要的。大股东可以从监督管理者的行为中获益,同时达到分散所有权无法实现的监督水平。然而,虽然所有权的集中与公司业绩存在着显著的正相关关系,但并非所有权越集中越优,所有权的过度集中也会带来诸如内部人控制过度等一系列问题。

2. 董事会结构与规模(the structure and scale of the board)

董事会结构包括人员结构、组织结构以及相应的权力责任结构。董事会是股东利益的代表者和维护者,可以直接监督企业管理者。一个有效的董事会可以将管理者的"道德风险"降到最低。关于董事会结构存在着许多争议性的话题,如董事长与管理者的兼职问题、外部成员在董事会中的比例,以及董事会中的委员会设置等。董事会结构是董事会有效发挥其作用的基础,关系到公司的权力平衡,直接决定了董事会的绩效及其在公司事务中的职责。有学者认为,董事会的最佳规模为八到九人,最多不应超过十人,这是最有利于董事会发挥作用的规模。

3. 管理者补偿（management compensation）

人们越来越认识到，把企业管理者的报酬和他们的业绩结合起来，可以起到很好的激励作用。将管理者报酬与企业绩效"捆绑"起来，使得企业经营者关心企业的利益就相当于关心自己的利益，因而可以调动管理者的经营积极性。然而，同样有学者质疑高层管理者报酬这一管理补偿方法的有效性，即高管得到巨额的报酬是否一定能够促进企业绩效的提升。管理者报酬与企业绩效之间存在许多复杂、权变的影响因素，如何定义和测量这些因素，也是当前学者们关心的一个重要的研究方向。

4. 公司控制（权）市场（the market of corporate control）

在市场经济发达的国家和地区，外部市场本身即是对公司治理效率的有效监督。因为企业的股票一旦贬值，企业就随时面临被接管的可能。在美国，并购市场非常活跃，并购被认为是一种非常重要的监督机制，如敌意接管（hostile takeover）。如果一个公司经理人未能在其管理期间最大化公司价值，那么公司随时可能被另一个公司收购。因此，活跃的市场监督作为一种潜在的威慑因素，能够有效抑制经理人消极管理和损害公司利益的行为。另外，经理人市场也被认为是监督经理人行为的有效手段之一。

5. 产品市场竞争（product market competition）

企业所掌握的技术与产品产出是企业间竞争的基础，也是董事会和公司经理人的重要关注对象。企业存在的最终目的是盈利，如果一个企业生产的产品在外部市场中无人问津，那么其生存也将难以为继，因此企业在产品市场中的竞争同样可以从外部约束经理人。在当前经济全球化的背景下，各个国家和地区的市场竞争都愈发激烈。产品市场竞争的本质还是企业所拥有的技术和知识的比拼。技术快速的发展打破了原有的市场均衡，同时也带来了交易主体之间经济关系的不断变化，而这些变化和发展将影响和改变经理人原有的管理模式。

除了上述五个问题之外，公司治理理论还涉及法规对中小股东的保护、机构投资者的地位和作用、所有制与公司治理、融资结构与公司治理以及公司内部管理等许多问题，如图 12-1 所示，这里不再赘述。

图 12-1 公司治理研究的问题

二、三种公司治理模式的比较

目前,国际上并无统一的公司治理结构模式。近年来,关于公司治理模式的研究依旧热烈,现有研究大体将公司治理结构的模式划分为英美式(发端于英国,现主要以美国为典型)、德日式(主要以德国和日本为代表,包括许多发展中国家多有应用),以及家族式。基于此,本小节将对这三种公司治理结构的特征加以阐述和比较分析。

(一)英美式公司治理模式

英美式公司治理结构的基本特点主要表现在以下四个方面:①股权结构高度分散;②股权具有高度的流动性;③主要通过股票和期权对经理人进行激励;④对经理人的监督直接通过内部董事会和外部资本市场及经理人市场进行。

首先,股权结构高度分散。英美的公司基本均采用股份有限或有限责任的形式,且股权极为分散,一些上市公司往往有几十万甚至几百万股东。高度分散的股权结构使得公司基本不会存在大股东,因此可以将所有权与经营权完全分离,提高公司的运营效率,但由于这种结构弱化了股东的监督作用,因此更需要公司治理和外部监督机制的约束。然而,外部的监督有时并不能如意,如美国的法律严格限制银行对企业的股份投资,这导致银行作为纯粹的资本提供者,往往较难在外部治理中发挥作用。养老基金、人寿保险等机构投资者和一般个人持股者同样作用薄弱,因为高度分散的股权限制了小股东发挥作用的权利。因此,英美式公司的股东往往在对公司行使监督控制权方面表现消极。

其次,股权具有高度的流动性。股权的分散使得大多数公司股东仅仅将手中的股票作为投资和投机的工具,不具备监督经理人行使管理职能的积极性。甚至股东可能不会长期拥有一家公司的股票,而是通过公司披露的财务状况"用脚投票",即当企业业绩下滑时,股东通常不直接干预公司经营,而是根据自身认知的判断出售公司股份,获得投机所得或及时止损,因此股票市场交易频繁。

再次,关于经理人的激励。英美式公司主要通过提高经理人的经济收入对其进行激励。经理人的收入主要有工资与福利、奖金,以及股票与期权三部分。其中,前两部分在经理人的收入中占比较少,经理人的大部分收入来自与企业长期绩效挂钩的股票与期权。可以说,股票与期权是激励经理人积极经营公司的主要手段。

最后,对经理人的监督方面。在英美式公司的治理模式中,一般没有监事会,而是由董事会直接对经理人进行监督。除董事会的监督作用之外,活跃的资本市场和经理人市场也给在位的公司经理人带来了外部威胁和经营压力。

(二)德日式公司治理模式

德日式公司治理结构的基本特点主要表现在以下四个方面:①股权结构以法人持股为主,股权较为集中;②公司的内部决策权与执行权相统一;③主要通过"事业型"激励或货币薪酬对经理人进行激励;④对经理人的监督以内部独立的监事会和外部机构相互监督为主。

一是股权结构方面。在日本,拥有公司股权的主要是金融机构和实业公司法人。在金融机构中,银行持股占主导地位,个人股东所占的比例很小,因此个人股东在日本的权力体系中基本不起作用。同时,法人股东互相持股非常普遍,大企业之间互相拥有对方的股权是日本公司治理结构的一大特色。而在德国,公司的股权集中现象更为凸显。德国公司的融资渠道以银行为主,实行全能银行制,所拥有的资产主要来自银行和其他非金融机构,投资占比甚至超过半数。

二是公司的内部决策权与执行权相统一。日本公司的董事和经理常常兼职,即多数董事由公司事业部或子公司高层管理者兼任。在公司内部,从社长、总经理到董事,他们既是决策者,又是执行者。这种决策权与执行权相统一的机制,说明日本管理制度更强调集体决策而非个人决策,决策结果共同负责。

三是对经理人的激励方面。日本公司内的高层经理人与一般员工的收入差距并不算大,虽然经理持股也是普遍现象,但经理人的持股率一般较低。因此,终身雇佣、年功序列和职务晋升这种"事业型"的激励措施就成为日本公司对经营者的主要激励手段。德国公司对经理人的激励更侧重货币薪酬。德国公司的经理人在欧洲往往拥有最高的总现金薪酬,却拥有最低的非现金薪酬。德国的大公司纷纷采用浮动工资制,以激励经理人努力经营。

四是对经理人的监督方面。日本企业在内部集团监督方面更具特色。日本的公司或企业集团常常交叉持股,形成相互控制的局面,而这种互相监督的方式往往也形成了对企业经理人的约束。在集团内部,交叉持股的大股东有权对经营业绩差的经理人提出批评,直至罢免经理人。另外的监督来自投资持股的主银行。日本的主银行往往会对与自己关联的公司进行事前、事中、事后的全程监督,以确保投资的稳健。德国企业常常依靠监事会的内部监督,监事会的权力往往高于执行董事会。在组织结构方面,虽然监事会和执行董事会均位于股东大会之下,但监事会的监督权力独立存在,监事会成员不得再兼任执行董事,因此就这方面而言,监事会在一定程度上权力高于执行董事会。虽然监事会不参与公司的实际经营管理,但其会对公司的经营决策产生重要影响。德国公司的治理模式如图12-2所示。

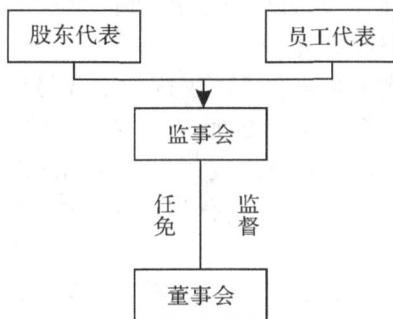

图 12-2　以德国为代表的治理模式

(三)英美、德日公司治理模式的比较分析

不同的公司治理模式有其各自的优点,但也有些缺陷需要注意。具体而言,英美式的公司治理模式主要依赖于外部监管,即市场监督,或者说股东是通过市场来间接发挥监督作用的。首先,这种治理结构的优势在于,这种市场化的力量在防止管理者偏离企业价值最大化原则方面强力有效。对于经管管理不善的经理人,市场会通过企业绩效给予较为及时的反馈,从而提示公司即时矫正甚至撤换新的经理人。其次,市场的法律法规和各项规章制度相对较为完善,加之市场本身的波动所带来的矫正作用,因此能够保护股东特别是中小股东的利益,有利于企业内外部资源的优化配置。然而,这种治理结构也存在明显的缺点,一是短期行为。来自外部市场的巨大压力,可能导致经理人将精力过度集中于短期绩效,过分关注企业当期的经营成

果。而当长短期目标不能兼顾时，过度追求短期目标的结果就是忽视企业长期的发展，不利于企业的战略成长。二是抵制成本。现任经理人为防止自身被撤换，往往会采取一些抵制措施，如私下勾结等。而这种抵制不仅会产生直接成本，妨碍公司优化资源配置，而且会分散经理人的注意力，将其目标从提高公司绩效更多地转移至个人前途，并不利于公司的持续经营。

相较而言，德日式治理模式的监督控制力量主要来自公司内部或组织间，即大股东可以直接操纵公司，以及公司、机构的相互监管。首先，这种治理结构的优势表现在公司发展方面，即经理人能够更好地集中注意力于公司的长期绩效。由于来自资本市场的外部压力相对较轻，经理人能够拥有一个相对稳定的决策环境，这使得他们能够更加专注于规划企业的未来发展，追求满足战略投资者的投资回报。其次，银行等金融机构的实际监管同样能够支持公司在出现财务危机时及时得到支持和帮助，降低了企业的破产风险，减小了由于公司经营不善而导致的市场经济波动和社会震荡出现的可能性。然而，这种治理结构的缺点同样明显，一是由于缺乏有效的外部监管，加之公司控制权市场的不发达，仅靠内部监管企业，长此以往可能会逐渐导致管理松懈，因为经理人缺少外部市场压力的制约。二是内部团体共谋。长期且稳定的关系、广泛的交叉持股，这些因素不可避免地会增加经理人、员工和一些机构投资者之间共谋的可能性，因而可能会损害外部各个利益相关者团体的利益。

综上，两种治理结构各自的特点十分显著，由此我们也可以设想一个所谓的"最优"公司治理结构，即结合二者优点而摒弃缺点，取其精华去其糟粕。尽管这个理想的设定由于制度、经济、市场等各方面的现实状况而几乎不能实现，但可以为研究者们在探讨企业制度方面带来一定的思路和借鉴。事实上，两种治理结构当前的发展趋势已初步显现出趋同的特点。随着全球经济一体化的深入发展，企业间的跨国并购重组、外商投资、联盟合作正在不断发生，不同的公司治理结构也在随之相互影响和渗透。

英美式和德日式治理框架下的企业为了适应这种融合趋势，都在不断地调整自身治理机制，以增强全球竞争力。比如，在银行作用方面，美国对银行的长期限制逐渐放宽，德日银行在非金融公司拥有大比例股份的格局开始被打破；在公司控制权市场方面，美国公司的控制权市场作用也正在减弱，而随着德日金融市场自由化程度的逐步提高，其公司控制权市场也有望进一步发挥作用。

我国的公司治理模式具有一定的特殊性。我国的董事会是对英美模式与德日模式的兼收并蓄，单层制与双层制董事会的特征并存。整体而言，我国大陆地区主要采用以日本为典型的双层制结构。在此基础上，在董事会内部设置若干专门委员会是强化董事会职能的发展趋势，而设立次级专门委员会是英美模式下董事会的一个重要特征。我国的公司法对股份公司特别是上市公司设立专门委员会也做出了具体的要求。公司法要求股份公司设立监事会，而且必须有职工代表。职工代表由职工选举，股东代表由股东大会选举，这一点又与德国的监事会有相近之处。

（四）家族式公司治理模式

家族式公司治理，即公司股权稳定且高度集中于具有企业控制权的家族手中的一种治理结构，多见于东亚地区。家族式公司治理可以看作是家族与企业两种制度之间的互惠，有着自己独特的治理特点，主要有：①企业所有者同时也是管理者；②能够强力实施的监督作用与企业凝聚力；③长期的治理导向与家族声誉。

首先，由于股权所有者与公司管理者身份的高度统一，即个人、家族与企业利益重叠，家族

280

式治理结构能够使企业所有者积极参与或控制企业的管理。这部分解决了非家族企业聘用的权力有限或不拥有所有权的经理人管理公司时出现的委托代理问题。在所有权分散的公司中,所有者寻求利润最大化,以便能够将所得用于私人消费领域。相比之下,同时也是管理者的家族企业所有者则倾向于利用企业的利润来满足代表家族的个人偏好,如保持良好的声誉、保存家族传承的工艺等。

其次,家族管理的企业中,家族成员的收入共同取决于企业的成功,因此家族治理结构可以增强管理团队的凝聚力,其监督功能相比其他形式的治理结构也更易实现。在家族企业中,经济关系与个人关系互相渗透,因此制裁所带来的惩罚后果更加广泛且威慑力更强,如具有重大过失的管理人员可能会被整个家族排斥,因而监督机制也有助于相互监督。同样,家族治理更倾向于形成一种家长式的治理文化,即领导者将员工当作家人一样对待,辅以高度的承诺作为回报。

再次,家族企业的所有者同时也是管理者,通常希望将他们的企业传给后代。因此,他们倾向于将企业的长期利益最大化,并且不愿与外部人员分享控制权,而倾向于将管理地位留传给家庭成员。同时,这种集体认同也使得企业的管理者更希望寻求维护企业的良好声誉,一方面家庭成员的个人声誉可以用于商业目的,另一方面企业声誉也可以跨代际传递,从而促进企业社会资本的持续积累。

然而,家族式治理结构也存在着显而易见的缺点。首先,家族成员共同拥有和管理企业,在具有高度凝聚力的同时,也使得家族企业更容易发生家族成员之间的个人冲突。其次,家庭成员之间的情感联系也可能阻碍管理者之间的相互监督和协作,并且由于控制权毫无疑问地保留在家族内部,这可能导致来自家族成员的管理者失去了努力经营的动力以及有效的外部市场约束。再次,缺乏创新和改善治理的动力、董事会缺乏正式的问责机制、信息披露模糊等问题可能会严重阻碍企业内部治理的效率。最后,由于限制了对外部资本的获取,因此家族企业的发展也可能会受限于可行的商业模式范围。

三、公司治理结构与企业绩效关系

(一)公司治理对企业绩效的影响研究

目前,许多研究者致力于分析公司治理与企业绩效之间的影响关系。从理论角度来说,现有研究大体得出三种结果,即公司治理对绩效有正向影响、无影响或影响结果不确定。其中,持正向影响观点的研究占多数。一方面,公司内部人员如经理人持股比例越大,显然越能够促进公司绩效的提升。而大股东持有的所有权在一定程度上可以抑制"隧道挖掘"行为,即公司大股东倾向于通过各种地下手段掘取中小股东手中的财富,转移公司资产及利润。另一方面,股权性质也会影响公司的股权结构、治理结构和绩效。有研究发现,第一大股东为非国有股股东的公司,通常企业价值更高,盈利能力更强。在同样的市场竞争环境下,国有企业的经营效率要远远低于其他所有制企业。因此与国有股相比,私有股份和企业绩效的相关性更强,更能够促进企业的生产力。近年来,我国上市公司的治理水平得到了很大的提高,民营企业的治理水平总体上优于国有企业,公司治理机制的改进对企业绩效产生了积极影响。对国有企业产权改革的研究也显示,与市场化改革相比,产权改革尤其是非国有控股可以显著提高投资的资本成本敏感性。国内外研究者已经尝试应用多种指标来测度公司治理,如利益相关者治理指数、董事会监管和所有权结构、高管薪酬、股东大会会议次数、企业被收购的风险等,并讨论其对公司绩效的影响。同时,也有研究根据不同情境下的外部市场反应来论证当前公司治理机制的有效性,构建符合公司内部有效控制、内部董事的独立性、外部关联交易效率等措施的健康组合。

与上述观点相反,一些学者认为公司治理并不会提高公司效率,反而可能由于公司的过度内部控制而造成公司绩效的滑坡。如董事会规模过大造成管理混乱、寻租空间增大,内部控制制度僵化降低组织的灵活性和风险承担意愿等问题的存在,可能极大地影响企业绩效的实现,特别是与企业探索创新活动相关的结果,因为创新活动的高不确定性与高风险性与公司治理所强调的"控制"相悖。另外,也有部分研究认为公司治理和企业绩效之间不存在显著的相关关系。有研究指出,国有股和法人股的减持幅度较大时,公司绩效与国有股的正相关关系不显著,且与法人股之间也没有显著的负相关关系。在公司治理体系中,只有监事持股比例与公司绩效正向显著,而其他因素与公司绩效的相关性不存在显著关系,因此总体而言,公司治理的水平并不会对国有企业的经营绩效带来显著的影响。

由此,内部的公司治理机制并非对所有类型的公司适用,若要得到稳健的企业绩效和成长路径,需要内外部治理两种方式并行。也就是说,企业不仅应该重视内部治理结构的建设和完善,还应该重视外部力量即市场机制,如此企业才能够一步步完善公司治理机制,并以此稳步提升企业的绩效。

(二)董事会特征研究

由上可知,公司治理机制对企业绩效的影响结果仍不明朗,因此对公司治理机制的进一步细化研究仍旧是一个热门的话题,而其中关于董事会及董事会成员的内部特征是公司治理一个具有特色的研究方向。董事会作为企业内重要的决策机构,其运转深刻地影响着企业的内部治理。而围绕如何提高董事会的运作效率,研究者们也已经从不同的视角对董事会的作用机理展开了研究。

对于董事会的研究起始于对董事会规模的讨论。21世纪之后,为限制日益扩张的CEO控制权力,各发达国家和新兴经济体的公司都开始重视董事会的决策和监督作用,董事会规模和独立董事的比例均得到一定程度的提升,以制约经理人的权力。然而,董事会的规模并非越大越有利。规模越大,董事会内部成员达成一致决策的成本便越高,因此过大的董事会规模将反而给企业价值带来负面的影响。并且,企业层级越是复杂,其董事会所需要加入的外部董事占比越多,董事会规模越大,企业的治理结构越需要周密的规划。因此,可能并不存在最优的董事会规模。另外,董事会规模与公司价值的关系会因公司的复杂程度而有所变动。

除董事会规模外,近年来对董事会成员特征的研究也愈发丰富。基于资源依赖理论,女性董事的参与丰富了董事会的人员背景,能够提高董事会为企业提供各种资源的综合能力,使董事会能够结合不同背景董事的资源优势进行公司治理,同时联结内外部资源,从而帮助公司提升治理水平。更进一步,规模越大的公司会越重视董事特征为企业带来的潜在影响,越倾向于聘用女性董事加入董事会。当然,也有部分研究并没有发现女性董事的存在,或者说性别多样性对企业绩效或公司治理水平的显著提升作用。但是总体而言,多数研究者倾向于认为董事会成员的性别多元化能够对公司绩效带来较为突出的促进作用,女性董事在公司处于不同制度或市场环境背景条件下,其对于经理人激励、董事会的运作、企业社会责任履行以及利益相关者关系都有影响。另外,女性董事也可能显著降低公司过度投资的风险。通过抑制董事会的过度投资和总体的风险偏好,女性董事可以显著降低公司绩效的波动性。女性董事通常行事谨慎，拥有更加敏锐的风险感知能力，能够更好地提前控制由风险所导致的情绪，而非事后才对风险产生厌恶。进一步的研究还发现，女性独立董事和女性董事长在事后监督方面表现更好，而女性执行董事的监督优势体现在事前监督方面。

独立董事也是董事会特征的一个热点研究问题。独立董事是指并未在公司内任职，且与该公司没有重要的商务或专业联系，独立于公司股东之外能够对公司事务做出独立判断的董事。关于独立董事的作用包罗万象，包括加入的独立董事的比例，独立董事的外部联结、网络位置或政治关联，独立董事的声誉、财务背景、任期等种种特征对企业创新、融资以及市场绩效等的影响，独立董事的制度建设或制度改进等的研究。根据代理理论和资源依赖理论，独立董事的作用一般体现在以下三个方面：①提高董事会的决策能力；②加强董事会对管理层的监督和制衡；③为公司提供关系资源。不同的独立董事的特征可能会对企业带来不同的影响，因此并不能单纯就"独立董事"这一大范围的标签去直接探讨其对于企业绩效和公司治理是促进还是抑制作用，独立董事与企业绩效之间的关系要受到其他因素的影响。同时，独立董事的职能行使又与其行为选择和激励机制有着重要的关系，而其中更加难以把控的是独立董事的独立性。如果独立董事制度不能激励或控制董事的独立性，那么这一制度的存在就将失去其意义，甚至可能增大企业内部的寻租空间，对企业绩效带来负面影响。目前我国企业对独立董事的选择基本通过大股东或高级管理人员推荐，而这一形式并不能保证独立董事的独立性，会影响独立董事应尽职能的行使。可见，独立董事对公司治理效率的影响有待研究者们的进一步探索。

第二节　高管激励机制

一、高管薪酬激励的理论基础

除委托代理理论、不完全契约理论等高管薪酬激励研究中的主导理论，研究者们还应用锦标赛理论、管理者权力理论以及公平理论等有趣的理论逻辑，从不同角度探析高管薪酬激励的问题。

（一）锦标赛理论

代理成本理论和不完全契约理论显示出制定代理人薪酬激励制度的必要性。然而，什么样的薪酬激励制度才能够最大限度地发挥激励效应呢？为此，学者罗森提出了"锦标赛理论"。锦标赛理论以代理人的薪酬为主要的激励行为驱动力，认为薪酬差距能极大地激发代理人的工作积极性。员工的薪酬是离散的，是随着职位的晋升而跨越式增加的。因此，代理人即企业的高管们如同参加一场锦标赛，在角逐中获胜的人将获得极大的物质奖励，而暂时失败的人也会被前人已经实现的物质激励，期望通过努力来实现自身的晋升。然而，可能并不是所有的体制环境均适用于薪酬激励，如我国很多成功的上市公司的经理人，其显示的年收入并不能构成激励作用。这是因为对于不同环境背景和个体特征的经理人，其所追求的目标回报除货币薪酬之外，还有隐性收入、企业家声誉、政治地位等非货币回报，这些非货币回报同样可以对代理人形成激励作用。

（二）管理者权力理论

代理人作为企业的高级管理层，对于企业拥有较大的实际控制权。这就导致高管在企业制定薪酬制度的过程中存在一定程度的内生性,即利用自己的权力影响董事会相关部门的薪酬制定,使结果更加利己。这实际上破坏了企业内的治理机制,使得代理人的权力失去了强有力的约束。然而,也有学者认为高权力本身就是一种对代理人的激励。较大自由度的权力更有利于高管能力的施展,实现企业更优化的资源配置,降低企业内的交易成本。同时,高权力也为高管带来更高的地位、声誉以及额外的在职消费。而高管获得这些额外的利得,相应地也承担了一定失利的风险,如管理失败、企业绩效下滑所导致的声誉损失,以及薪酬过高所导致的"公愤"等。这些潜在的威胁在一定程度上能够限制高管权责的不匹配,即享受高权力带来的自利好处,同时也需要承担相应治理公司的责任。

(三)公平理论

虽然锦标赛理论和管理者权力理论均指出,个体间的薪酬和权力差距可以激励高管努力晋升以达成更高的个人目标,然而从心理和知觉角度而言,过度的管理权力和薪酬差距反而可能会挫伤高管努力的积极性,使其产生不公平感,从而降低这些目标激励的有效性。公平理论最早由美国学者亚当斯提出,认为报酬公平会使人产生满足感,进而激励其下一阶段的行为。公平体现在内部和外部两个方面。内部公平包括高管与自己的历史所得进行比较,以及公司内部高管之间的薪酬比较,即公司所设计的薪酬分配制度是否公平。外部公平是指高管与企业外同等对象的薪酬数目比较,涉及社会公平分配与资源配置问题。过高或过低的薪酬都可能会引起高管的紧张感以及不公平感,从而破坏薪酬制度的激励作用。因此,薪酬委员会在制定企业内高管薪酬制度时,也会参考经理人的外部市场薪酬标准,使其处于社会平均水平。同时,高管薪酬也会受到社会公众的心理影响,即高管所得到的薪酬水平是否能够得到社会公众的接受和认可。

二、薪酬激励机制

(一)高管薪酬

从国际惯例上看,公司高管人员的薪酬结构一般由五个部分组成,即"基本工资＋年度奖金＋长期激励性报酬＋福利计划＋离职补偿金"。薪酬计划的合约一般为五年。经理人的激励机制是解决管理者与所有者之间代理问题的一种有效机制,即所有者通过建立一套激励机制有效地激发管理者采取适当的行为,从而最终实现所有者利益最大化的目标。薪酬激励机制最为核心的议题,就是设计一套对高管既有权力约束力又有正向促进作用的薪酬激励制度。

在上市公司每年发布的年度报告中,高管薪酬的数额大多会引起投资者和公众的关注。对于不同发展阶段的各个国家而言,受经济发展和社会文化等因素的影响,其高管薪酬激励制度存在着明显的差异。比如美国公司高管的薪酬结构主要包括基本工资、年度奖金、长期激励机制和福利计划,薪酬制度安排更注重长期激励。而同样属于发达国家的日本,虽然其公司高管的薪酬结构同样主要包括基本年薪、奖金和津贴等货币激励,但由于日本典型的年资制度将高管的薪酬与其对企业的贡献紧密联结,因此日本企业相比美国企业更注重对高管的短期激励。

企业的经理人薪酬政策也可被视作一种扩大自身影响力的手段。企业为高管甚至员工提供一系列明晰且有效的奖励和激励措施,支持企业内部人员在一定程度上充分发挥自身能力为企业做出贡献。对于专业能力强的员工,良好明确的激励措施和职位晋升渠道可以有效防止企业人才流失,留住人才,并通过在外部劳动市场中为公司树立积极正面的形象来吸引新的人才。基于此,为吸引和留住员工提供的奖励与内部薪酬结构之间存在一定的相互依赖性。

依照锦标赛理论,内部薪酬结构类似于一种"竞赛",薪酬等级的数目与级差为公司内部人员争取升迁提供了内部激励,并形成一种良性循环,即"竞赛"的参与者数量越多,激励等级越复杂,高级别的薪酬待遇也会越高。另外,薪酬制度需要注意的另一个问题就是所谓"底薪"和"绩效"之间的平衡,即薪酬中相对确定的现金或类现金构成部分和更加投机性的与业绩挂钩的要素之间的平衡。

(二)高管薪酬与企业绩效的关系

西方学术界约从 20 世纪上半叶开始研究高管薪酬激励与企业绩效的关系,然而在研究初期,研究者们并未发现两者之间强烈的关系。有学者研究表明,高管薪酬与企业规模的关系强于和企业利润之间的关系。虽然高管薪酬对公司销售收入确实存在正向的促进作用,然而在设计高管薪酬时,企业的历史销售收入和当前销售收入都会影响高管薪酬标准的制定,且企业收入的波动也会影响高管的薪酬。因此有研究认为,高管的薪酬是基于对过去企业绩效结果的判断和奖励,而不是对未来还未发生的绩效的激励,这是造成高管薪酬激励效果不明显的原因,说明薪酬并不是一种良好的激励工具。然而,也有学者对以往研究进行了批判,指出以往的一些研究中,选择观察的高管薪酬变量仅仅是高管可以直接获得的奖金和货币薪酬,并没有关注具有高绩效敏感性的非货币薪酬成分,如股权奖励、股票期权等。

另外,以往研究在企业绩效数据方面也多集中于对企业财务绩效的度量,而相对忽略了企业的其他多样化绩效目标,尤其是高管薪酬激励对于企业研发创新的作用。创新是支持企业立足于当前市场并快速发展的最重要动力。可以说,企业的生存与发展离不开创新。在执行动机方面,一些研究者认为高管薪酬激励可以有效地抑制委托和代理之间的矛盾,管理代理人即高管的风险厌恶,促进高管带领企业进行研发创新。实际上,高管薪酬激励作为一种相对低成本的内部治理机制,有助于抑制高管对于企业资源的滥用。已有研究者发现企业管理者的薪酬水平越高,企业的研发支出也越高,从而越能促进企业的创新产出,提升企业价值。但是,薪酬激励对于企业创新也存在着负面影响。由于高管经营公司的成败决定了其薪酬所得和职业前景,因此高管相比于股东可能更倾向于规避企业发展中的风险。虽然研发创新是企业发展的重要推动力,但却是高风险的和战略导向的,需要企业的长期投入。基于此,当高管能够相对轻松地通过其他提升企业绩效的方式获得丰厚的薪酬时,其可能不愿意再冒险投资于企业的创新项目。

(三)我国高管薪酬研究

我国对高管薪酬与公司绩效相关性的研究相对较晚。20 世纪 90 年代末,我国上市公司开始披露与高管薪酬相关的信息,因此我国对高管薪酬和公司绩效的研究也始于 20 世纪 90 年代末。与西方研究轨迹相似,早期研究并未发现我国的高管薪酬与企业绩效之间的直接联系。虽然国有上市公司的绩效与高管的现金报酬之间存在正相关关系,但高管持股等激励措施仅作为企业福利和制度安排,并没有对高管行为达到预期的激励效果。有学者指出,造成企业高管薪酬与绩效水平之间没有显著关系的原因,是当时国内的上市公司大多还没有建立起适合市场经济规模的经营体系。随着公司治理研究的发展和细化,当前国内外研究者普遍承认高管薪酬激励对于企业发展的重要作用。还有研究者认为,薪酬差距、薪酬波动和薪酬构成等因素均会影响企业绩效,而企业所在地区的宏观经济环境、行业竞争强度和企业资源能力状况差异等内外部因素则会影响企业高管的薪酬水平。

有学者认为,高管薪酬对企业绩效的影响机制是一个"黑箱",二者之间关系不确定的原因可能是由于有的研究忽略了"黑箱"中的其他关键变量。近年来有国内研究已指出,国有产权和政治因素已成为影响我国高管薪酬与企业绩效关系的关键变量。有研究表明,国有上市公司与非国有上市公司的高管薪酬之间没有显著差异,但中央政府控制的国有上市公司高管薪酬显著高于非国有上市公司和地方政府控制的国有上市公司高管薪酬。不同产权性质的上市公司高管薪酬水平不同,因而产权性质对高管薪酬与企业绩效之间的关系也具有不同的调节作用。有学者认为,产权性质是影响高管薪酬对公司绩效敏感度的关键变量。也有学者认为,非国有企业的高管虽然能够通过自身的政治关联获得高于平均值的薪酬,但这种机会主义行为会损害企业的长期绩效。然而,具有较高政治关联的国有企业高管获得高于平均值的薪酬,也会模糊高管薪酬与企业绩效之间的关系。

另外,高管薪酬的外部公平性也会影响薪酬激励的实施效果。由上述研究可知,高管薪酬对公司绩效的影响是复杂的、多面的,需要结合不同的情境区别分析,且研究结果也会受到高管薪酬信息披露程度的影响。总体而言,外部信息披露能够影响高管薪酬的结构,并对企业绩效起到激励作用。也有研究表明,产品竞争作为一种重要的公司外部治理机制,可以显著降低管理层权力对薪酬绩效敏感度的影响。此外,不同企业间的成长环境差异会随着对高管薪酬契约的逐步完善而同样逐步提升薪酬激励对企业绩效的敏感性,即企业成长性越高,高管薪酬激励对企业绩效的敏感性越强。

随着企业运营业务复杂性的增加以及各种相关金融衍生工具的多样化,高管的薪酬激励机制也在不断复杂化,为引导高管重视企业的战略发展,一些企业开始实行针对高管的长期激励措施,如股票期权和限制性持股等。如何促进高管努力提升企业各项绩效、保护股东资产,如何平衡企业对于高管的激励与权力限制等问题,仍然是公司治理领域需要进一步探索的议题。

关于高管薪酬激励的现有研究思路如图 12-3 所示。

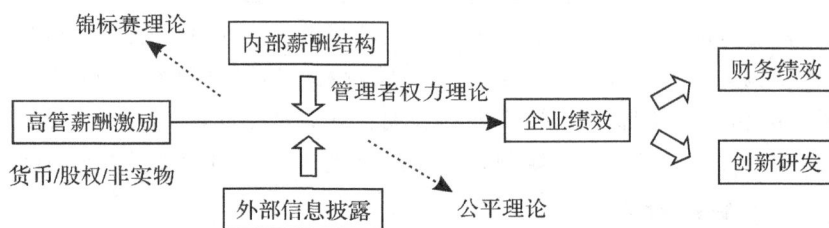

图 12-3 高管薪酬激励的现有研究思路图

三、股权激励

(一)股权激励与企业绩效的关系

国外对股权激励的研究起源于 1970 年初,兴起于当时美国上市公司的股权激励实践,因此对欧盟、日本等发达国家和印度等新兴市场国家的研究较少。有关美国公司的股权激励研究主要集中于:①舒尔茨和贝克尔等在 20 世纪 60 年代提出的人力资本理论,为股权激励的实践提供了理论基础;②布莱克和斯科尔斯于 1973 提出的期权定价模型,解决了股票期权的估值问题,为股权激励研究提供方法支撑;③互联网的极速发展为股权激励的外部监管提供了技术基础,使得上市公司的股权激励受到社会公众、政府与各路利益相关者的广泛关注;④美国证券交易委员会的监管要求,1992 年 10 月,美国股市在高管薪酬披露要求中增加了高管期权授予和持有的信息,为股权激励的理论研究提供了微观观察数据。

关于股权激励与企业绩效之间的关系,主要相关文献梳理如表 12-1 所示。

表 12-1 关于股权激励对企业绩效影响的主要文献

研究结论	理由	研究对象	文献
正相关	高管持股可以协同其与股东的利益,使提升企业绩效成为高管与股东的共同利益,从而降低代理成本	股价;托宾 Q 值;资产回报率	Larcker,1983;Brickley et al.,1985;Jensen et al.,1990;Elyasiani et al.,2015;Fang et al.,2015;陈文强等,2015;徐向艺,2015
	高管持股能够强化高管与股东之间的风险共担机制,降低高管的风险规避倾向和情绪	股价、营业收入;托宾 Q 值;资产回报率	Dial et al.,1995;Mehran,1995;Hall et al.,1998
	高管持股有助于降低股东对于企业投资项目的信息不对称程度,从而能够向金融市场传递有关企业的有利信息	股价;生产效率	Guay,1999;Core et al.,1999;Palia et al.,1999;Misangyi et al.,2014;黄志忠等,2009
	高管持股可以降低公司面临的融资约束,同时留住关键岗位人才,吸引外部市场中的新晋人才加入	资产周转率和营业费用率	Ang et al.,2000;Morgan et al.,2001;Kedia,2002;雷鹏等,2016;范海峰等,2020
	高管持股可以鼓励处于衰退行业的高管调整经营策略,提高企业自由现金流的应用效率	股价;股价及营业业绩;营业利润率	Core et al.,2002;Hanlon et al.,2003;Kato et al.,2005;Huang et al.,2019;Yung et al.,2020
不相关	高管的权力会影响股权激励契约的设计和执行	股价	Bergstresser et al.,2006;Grant et al.,2009
	企业绩效的提升是由于盈余管理的结果而非高管股权激励	息税前利润;研发强度	Cornett et al.,2008;徐长生等,2018
非线性相关	高管股权激励受到"协同效应"与"壕沟效应"的共同影响,或者需要契约效率与管理权力的权衡	托宾 Q 值	Morck,1998;Mc Connell et al.,2009;Beyer et al.,2009;陈修德等,2015;于震等,2020
	资本市场对高管能力的定价能够影响企业绩效	托宾 Q 值	Holdeness et al.,1999
	高技术行业自身的特征会影响股权激励强度与公司绩效的关系	托宾 Q 值和净资产收益率	Short et al.,1999;Cui et al.,2002;Lerner et al.,2007

(二)股权激励与高管研发投资决策的关系

之后,研究者们逐渐转移视角,从讨论高管股权激励对企业绩效的直接作用,转向聚焦股权激励通过影响管理者的决策行为而对企业绩效带来的间接影响。现有研究已经发现,管理者在做出研发投资决策时,存在严重的代理问题。因此,高管股权激励是否能够激励管理者为企业研发投入足够且所需的各项资源,是检验企业股权激励机制是否有效的一个重要维度。

通常,高层管理者并不直接参与企业的创新研发过程,而是通过决策来分配企业内的研发资源,决定整个企业未来一定时期内的创新方向。因此,高管能力便体现在创新决策之中。是否能够带领企业通过创新提升企业绩效、实现市场扩张,是判断高管管理能力高低的基本方面,同时也能够为管理者带来声誉、地位等一定的非货币回报。然而,研发投资活动常常面临着较高的外部环境不确定性。因此,高管对于创新投资做出的决策通常是其私人收益与私人成本权衡的结果。为了确保所决定的研发项目能够走向成功,管理者通常需要承担研发项目的监管责任,不断吸收企业内外部的各种信息与知识以提升自身的管理能力,而这必然增加了其私人成本。如果创新投资为管理者带来的私人成本不能通过其各项薪酬进行补偿,管理者就会放弃该研发项目,即使对于股东来说,这一项目投资具有可观的净现值。另外,大规模的研发投资也会极大地影响当期利润,甚至使其表现为负值,不利于管理者报告企业的经营状况。因此,当管理者面临决策权衡时,即是通过减少研发投入以实现企业利润目标,还是保持研发投入水平但企业当期利润减少二者之间的权衡时,通常会综合自身利益而选择前者,以实现企业名义上的预期利润目标。

基于此,对管理者实施股权激励可以将其自身的长期利益与公司绩效相挂钩。多样化的薪酬激励可以降低管理者风险规避倾向,减少其短视行为,从而激励管理者从企业战略角度出发,关注企业的长期健康发展。国外文献中关于高管股权激励的研究,大多应用英美资本市场上市公司的数据。如前文所言,其资本市场具有股权结构高度分散的特点,因此在此种市场背景之下,对高管实施股权激励能够极大地促进企业研发投入水平。但是,高度分散的股权结构在世界范围内并不具备普适性,尤其是无法很好地应用于那些股权结构相对集中的资本市场背景下的公司实践。

我国对股权激励的研究主要分为两个阶段。2005 年之前,理论研究对股权激励的关注较少,研究方向集中在股权激励对企业绩效的影响方面。2006 年 5 月,中国证监会发布《上市公司证券发行管理办法》,为国内上市公司的股权激励制度提供了基本章程。由此,上市公司逐步开始股权分置改革,国内学者关于高管股权激励的研究思路也逐渐开放,股权激励契约的设计、管理者自利行为也开始受到学界关注。

国内学者最早对于高管股权激励和企业价值之间的关系研究非常关注。为了使研究尽可能地贴近现实从而具备应用价值,研究者们不断变换并改进对于高管股权激励和公司绩效的度量,并变化样本年限和样本数量,但由于股权激励作用于企业价值的复杂性,其单一效应无法得到一致的结论。国内关于高管股权激励对企业研发投入影响的研究还比较新兴。其中,对于研发投入的计量最具多样化,而最为常用的仍然是与企业总资产或营业收入相比的相对指标。除代理人研究之外,国内关于股东控制的公司治理研究也逐渐增多。同样具有控制权的大股东应同样能够对企业绩效表现产生重大影响。而作为公司的所有者,大股东控制对企业绩效的作用路径与代理人的公司治理机制有何区别?上市公司天然地表现出股权融资的偏好,然而这也导致上市公司中的大股东可以通过某些关联交易或股利政策占用上市公司的资金为自身牟利,损害公司甚至整个资本市场的长期利益。国内外关于股权激励对企业研发投资影响的主要文献如表 12-2 所示。

表 12-2　关于股权激励对企业研发投入影响的文献梳理

研究结论	理由	主要文献
正相关	股权激励能够联结管理者薪酬与公司绩效,引导管理者将企业资源更多的配置于关乎企业长期发展的研发创新活动	Dechow et al.,1991;Bushee,1998;Cheng,2004;Coles et al.,2006;Brown et al.,2008;Banker et al.,2011;Manso,2011;Hirshleifer et al.,2012;Shen et al.,2013;Flammer et al.,2017;王燕妮,2011;陈华东,2016;李丹蒙等,2017;聂常虹等,2017;田轩等,2018;朱琪等,2019;杨慧辉等,2020;石琦等,2020
	可以使得管理者薪酬多样化,多收入来源能够提高管理者个人抗风险的能力	
	可以有效缓解管理者由自身工作原因所导致的决策短视,如临近退休或任期结束	
负相关	股权激励策略中,给予管理者限制性股票,能够线性地促进企业研发投入,而给予股票期权则是倒 U 形激励	Bens et al.,2002;Ryan et al.,2002
	为了抵消期权行使对每股收益的稀释,研发投资减少以回购股票	
非线性关系	利益趋同效应与壕沟效应之间的权衡	Dong et al.,2010;Yu et al.,2018;夏芸,2013;徐宁,2013;唐清泉等,2011;赵世芳等,2020
不相关	实施研发投资对于管理者而言存在私人成本	Balkin et al.,2000

四、数字化背景下股权配置研究新框架

(一)数字化背景下国企改革的最新研究动态梳理

1.利用数字化技术实现国企创新是改革的重要着力点

钱毓益对数字化背景下的国企数字化技术运用情况进行了问卷调研,结果显示国企数字化技术的采用比例小于 50%,且采用了先进数据分析技术的企业中,认为效果显著的仅有 14%。朱伟认为"十四五"期间,国企混改应以创新为出发点,发挥技术和数据的关键作用。创新体系不仅仅包括技术,构建数字化新动能也不能仅仅靠技术势能投资,数字化转型将极大促进国企用数字技术赋能员工的需求,因此国企应投资于新的人才战略。

2.国企数字化建设涉及数字化能力、数据资产、数字化赋能等多个方面

国有企业应在改革发展进程中引入数据这一时代元素,将数据资源固化为企业内部优势,建设数字化能力,把握发展窗口期,掌握发展主动权。通过数据收集处理系统建设、数据分析算法改进和数据应用场景开发,国有企业可将数据资源转化为数据资产,实现数字化基础建设,提高自身服务能力。同时,为担当好数字化变革领导者的角色,国有企业应明确数字发展规划,做好企业数字化战略的顶层布局。从内部视角看,管理层可根据企业实际情况自上而下

地制定发展规划,随后由执行部门落实到数据的收集、分析和应用能力建设的各个方面;从外部视角看,国企应发挥其影响力与带动力,形成对产业链的引领效应,以数据共享赋能产业链,转竞争为合作、化封闭为开放,由此确立更大的发展格局。

3. 国企数字化的具体举措包括数字化基建、数字化平台建设与数字化财务管理建设等,涉及内部应用数字技术而产生的产品组合、业务流程或运营模式的变化

陈赟指出,"十四五"时期,国有企业要以创新驱动引领数字经济发展,挑起数字化发展的"大梁"。具体路径是:科学编制企业数字化转型发展规划;深度参与数字基础设施建设;着力推进企业产业数字化发展;从战略上布局数字平台和数字产业。现有研究指出,数字化能够促进制造企业向数字平台转型,提升企业价值创造能力。

具体到数字化背景下的股权配置问题,现有研究主要从人才股权激励的角度出发,傅尔基认为应建立人力资本股权激励相容机制;张继栋认为对于在数字化转型过程中表现突出及贡献大的专业技术人员应给予项目提成奖励或股权、期权等激励。此外,埃森哲报告指出,国企已经进入了资产资本化、股权多元化的发展阶段,国企数字化转型亟须遵循市场化配置的原则。现有研究也从技术数字化角度指出股权信息库建设的必要性。在数字化背景下,应建立标准化企业信息库,从出资人角度出发、建立资本纽带关系,同时依托新技术应用,提高资产管理智能化水平。

综上,关于数字化背景下的国企改革已有大量研究,但具体到股权配置的研究仍然比较局限,多数在讨论数字化人才如何进行股权激励以及如何利用数字技术进行量化分权。在数字化背景下,随着数字技术的不断深入,股权配置问题应结合以上数字化背景下的国企改革问题进行研究。

同时,本章认为以下两点关于股权配置的问题仍需进一步研究。

(1)通过合理的股权配置促进数字化技术的深入运用。技术和数据是国企改革和发展的关键要素,数字化转型基于数据不断开发数字化的产品和服务,并通过数字技术实现智能运营。根据前述研究,非国有资本对创新的倾向性更强,如何通过股权配置使得国企在数字化创新的大潮中实现引领作用,值得进一步探讨。

(2)怎样的股权配置方案才能够使得数据资源固化为企业内部优势,提高企业的数字化能力,进一步使得国有企业将数据资源转化为数据资产,实现数字化基础建设,提高自身服务能力,这些问题也有待研究。

(二)数字化背景下股权配置未来研究框架

在数字化背景下讨论国企混改中的股权配置,未来的研究方向主要在于以下三个方面。

(1)数字化背景下,国有企业的方方面面会产生变化。那么,传统背景下所讨论的问题在数字化背景下有何变化?是否产生新问题?在研究这些问题时,需要考虑数字化背景下不同数字化模式的影响,如技术数字化、管理数字化与商业模式数字化等。即随着传统背景到数字化背景的转变,研究国企混改的股权配置问题需要考虑内容与方式的变化,此部分主要基于数字化对国企带来的影响展开研究。

(2)股权配置对数字化时代的影响也是多方面的,包括:如何利用好股权配置实现数字化技术的深入与渗透;如何整合数字资源,打造国企数字化能力,形成国企数字资产;如何利用数字化基建进行数字化赋能,使得国企混改中的股权配置更加高效,进而使得国企的数字化平台与系统建设真正为国企创新有所益处;如何通过股权激励对数字技术人才进行合理规划等问

题,都是数字化背景下国企混改需要考虑的新问题。

(3)从实践角度看,国企数字化正在进行之中,股权配置的优化也是正在讨论的问题,两者之间的影响是相互的。企业数字化转型是动态过程,没有休止符,要持续迭代,且要基于数据不断开发数字化的产品和服务,并通过数字技术实现智能运营。因此,数字化会对国企股权配置以及国企改革的方方面面产生影响,股权配置的调整也会进一步对数字化提出新的要求,此过程的动态变化也是未来要研究的方向之一。

基于数字化背景对国企混改下的股权配置进行研究的框架如图 12-4 所示。

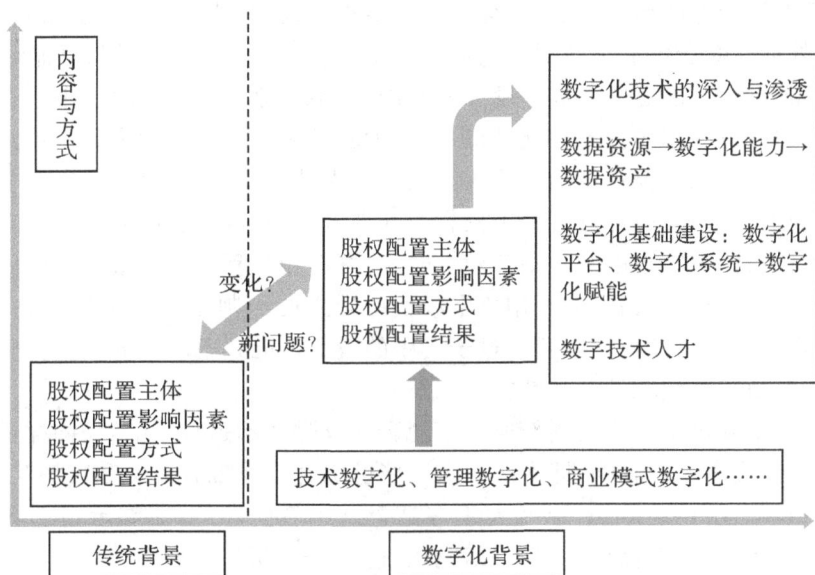

图 12-4 数字化背景下股权配置的研究框架

第三节 大股东控制与企业创新

一、关于股权集中度的讨论

企业所有权集中是解决委托代理问题的有效手段之一。高程度的股权集中可以有效降低企业研发创新的代理与经营成本,提升股东对企业的监督控制水平,因此在研发活动方面优于股权分散的企业,毕竟股权分散的一个重要缺点就是松散的所有者既缺乏解决管理代理机构问题的手段,也缺乏解决的动机。

在市场制度不发达的环境中,情况确实如此。由于不健全的市场制度无法完全发挥其应有的监管作用,投资者为了保障自身利益只能接受自己作为企业监管者的角色,通过集中股权来有效行使监管职责。集中的股权赋予了投资者参与公司治理的议价能力,使得他们可以通过直接干预企业经营的手段来影响企业管理者的决策,甚至使用集中投票权威胁或激励管理者改变经营策略,使公司的运转朝向更有利于投资者利益的方向。此外,在公司的委托和代理问题对抗性较小的情况下,进行股权集中的大股东还有动力利用自身丰富的资源和先验知识帮助企业增强管理和组织能力,甚至可能在危机时期为企业提供帮助,如投入私人资源等。因为其追加的投资同样有可能在企业支撑过困难时期后变现为更多合法利润,同时由于股东具有支配企业资源的权利,其同样保有很大的决定企业资源投资方向的选择权。因而,集中股权的股东同样有动力帮助公司在业绩暂时下滑或市场动荡的情况下维持生存。因此,一般而言,股权集中度对企业绩效存在积极的影响。

然而,当转换分析视角时,研究者们同样发现了股权集中对绩效,尤其是企业研发创新的不同作用。创新具有很强的知识溢出效应,即由某一企业创造并应用于市场化产品的新知识,可能会被其他企业通过模仿、交流、学习、竞争、激励等方式所吸收获取,进而提升他们自己的生产率,并最终造福于整个市场,促进社会的经济增长。因此,若立足于产业或社会视角,创新所可能产生的外部性对于创造新知识的企业来说是一种无形的损失,因此可能导致股东因害怕企业新知识的外溢而降低对于研发投入的兴趣,控制企业减少创新。同时,股权集中度越高,股东所掌握的股份的市场流动性就越低,因而大股东所需要承受的高研发创新风险越无法分散,并不利于激励股东对企业创新的投入。从经理人的角度考虑,由于集中股权的股东拥有对于企业资源的最终控制权,并且有权干预企业管理者的经营决策,因此当市场环境中关于股东权力、经理人权利保护等制度和规则不健全时,股东可能会利用法律或制度的漏洞剥削企业管理者,侵占管理者应有的权利,如利用集中股权所带来的控制地位压榨代理人的人力资本,通过对代理人降薪甚至解雇进行威胁。过于集中的股权可能并不利于激励企业管理者充分发挥其专业能力,遏制了企业家的创新精神。

因此,股权集中度对企业研发创新所带来的影响有时并不是直接的,而同样受到大股东对于创新项目的承诺或态度的影响,即大股东是否能够综合企业现有资源和市场状况,对企业进行研发创新的事项做出正确认识,以及大股东是否是风险偏好的,能够承担创新带来的高风险,准备好承受创新失败所造成的损失。因此,要进一步分析股东特征,才能更加明晰股东控制在企业创新中所发挥的具体作用。

二、股东偏好及动机

企业创新具有高风险性和收益不确定性。在公司的治理结构中,不同特征的大股东所具有的不同投资动机、风险偏好和治理能力,可能会对企业的研发创新决策带来不同的影响。

现有研究从不同角度证实了大股东的偏好或动机与企业创新战略的相关性。作为企业的实际所有人,大股东有足够的权力监督企业管理者的经营决策行为,同时也有足够的动力管理企业的研发创新投资行为,以期从中尽可能多的获利。因此,大股东自身的偏好必然会极大地影响企业的创新战略选择。例如,若大股东风险偏好程度较高,且能够在企业内拥有更多的控制权,那么其便会主动承担研发创新的风险,从而增加企业创新投入,增加企业知识、技术积累和创新氛围。

就流动性角度而言,由于大股东持股比例大而流动性小,很难同小股东一样采取"用脚投票"的方式,通过在股票市场中买卖的方式获得短期投机利益。因此,大股东通常更加倾向于考虑企业的长远发展,实现企业价值的最大化即等于实现自身利益的最大化。因而企业的第一大股东持股比例越高,就越具备长期投资的动机。而在各项长期投资中,研发创新投入是能够提升企业长期盈利能力、创造超额盈余的最为重要的投资方向。也就是说,在股权集中度相对较高的企业内,大股东更加注重企业的长远发展,因而更加支持企业的研发创新投资行为。更进一步,上文所言大股东可以利用企业所有者的身份权力有效地监督企业管理者的经营行为,因此理论上来说,大股东持股越多,其越能够控制企业管理者关注企业的长期成长,进而也能够间接影响的企业创新行为选择,有助于企业研发创新尤其是突破性的创新进展。

当前关于大股东的公司治理研究大多基于大股东注重企业长期发展的治理动机。这一动机通常导致大股东增强了对高管经营行为的监督,进而一方面能够联系降低经理人代理成本这一路径,另一方面可以带来企业研发创新投入的提升。然而,这一大股东治理机制的隐含前提条件为,大股东均具有风险投机的特征,偏好研发创新投资在未来所带来的高收益并做好了承担潜在高风险的准备,同时也能够有效地监督和控制管理者的经营行为,引导企业积极创新。但实际情况是,一方面,股东也具有不同的类型。不同环境和企业背景下的大股东对风险投资决策往往有着不同的态度,而现有研究通常理想地假设大股东具有同质偏好,对公司的战略决策具有相似的激励机制。若大股东倾向于风险规避而非风险偏好,则股权集中度越高,企业的研发投入反而会减少。同时,大股东保守的性格特征会导致企业倾向于采用保守型战略以首先稳定企业现状,而非通过高风险的研发创新追求长期的跨越式发展。另一方面,现有的大多数实证研究集中于发达经济体的背景下,我们需要扩大研究范围至新兴市场,对世界范围内的外资所有权以及与各种类型股东之间的互动影响进行更多的研究。因此,明确区分各种所有制类型,才能准确描绘企业所有权结构对公司治理和企业绩效尤其是研发创新绩效的影响。

三、所有制类型对企业创新的影响

在当前的企业实践中,股东类型通常可以分为个人投资者、机构投资者、国有股份、其他企业股份等,或按照资本的国内外属性分辨是否有外商投资者。不同的投资来源一定程度上代表着股东们不同的投资目的或者说动机,因此对企业创新和研发投资的影响必定有所差异。

个人投资者如上述所言,其作为大股东时,个体的偏好和个人动机能够极大地影响企业的战略发展。机构投资者作为享有股东权益的法人组织,一般包括各类所有制企业、非营利性组织、银行等金融机构,这些不同类型的组织机构投资往往有着不同的目的。银行等金融机构组织通常担任着中介或融资的角色,其目的主要是帮助企业渡过融资难关,或在企业创立初期进入,看好其未来成长,期望在企业发展成熟后退出经营并获取巨大的投资收益。因此,无论是为企业提供间接融资的商业银行,还是直接投资的投资银行,作为股东进入企业的前提都是根据企业的当前发展路径预测其未来向好,其参与公司经营的首要目的都是希望企业能够沿着当前路径稳定发展。在这一动机下,银行等金融机构作为企业大股东,对企业的研发创新投资并无很大动力,甚至可能是风险规避的,为避免企业因大力研发创新而承担高风险,因可能的研发失败而导致公司利润受损。其他类型的所有制企业或非营利组织等机构投资者,通常在公司治理方面更具经验,拥有较强的信息收集和分析能力、风险控制能力等,因此可以减少企业内部在治理过程中的不足,显著降低企业内部信息不透明的程度,同时增强与企业外部信息的交换,降低内外部信息不对称。基于此,机构投资者所掌握的信息一方面可以帮助企业根据市场动态分析创新方向,另一方面也能够帮助企业降低非理性投资水平。企业信息透明度的提升使得机构投资者在监管企业经营的同时,也能够利用所收集到的信息纠正企业在创新发展过程中的过度投资行为,从而降低企业研发投入的风险,有利于创新活动的展开。

当企业大股东是国有股时,更需要关注企业的市场背景。对于身处经济转型或新兴市场的企业,其国有股持股比例越高,可能越倾向于对研发创新的投入。处于产业和经济转型中的企业以及国有控股企业,基于政策的扶持、补贴和保护,可能更易获得国家的资金和技术知识支持。同时,由于拥有国有股的背书,企业在研发创新中也可以在一定程度上分散创新风险,不惧失败才能更加专注于研发活动。然而,国有股东带来的影响也有其两面性。虽然在市场环境制度不够完善的情境下,政府的支持可以更好地保护国有股份企业的研发成果,但是这在一定程度上也造成了企业的垄断。外部市场监督治理力量的失效造成企业在公司治理机制中的内外部失衡,仅仅依靠内部治理机制不仅无法提高企业的运营效率,而且还可能由于国有股股东缺位而导致企业治理被代理人控制,进一步引发委托代理问题,不利于企业进行高风险的研发创新投资。此外,国有股东参与甚至是国有控股的企业,由于其国有性质,一般还需要承担起一定的社会治理职责,而其作为社会管理者可能导致一定程度的社会资源倾斜。相对容易获取的外部资源可能造成企业的资源冗余,不利于社会和企业资源的充分有效利用,由此可能导致企业研发创新产出效率的低下。并且,由于国有股企业对管理层的激励可能受到行政控制,难以提供促进高管从事研发投入活动的长期有效激励,因此可能影响拥有国有股的公司的创新强度。

四、总结与研究展望

现有研究已经从资源依赖理论、委托代理理论、技术创新理论、交易成本理论、战略管理理论等众多理论基础出发,对股东控制进行了较为深入的研究。公司治理对企业绩效以及创新发展起着关键性的作用,因为其关系到企业的最终战略决策。

虽然公司治理机制作为企业绩效的重要影响因素已经愈发得到研究者们的关注和兴趣,然而这一因果关系中间的"黑箱"究竟如何,还有待研究者们的进一步探索。公司的董事会结构如何安排才能最优地提升企业绩效,股权结构和资本结构等治理变量如何影响企业代理人的创新行为,大股东所具有的专业技术知识、治理能力以及风险控制能力等将如何影响其创新决策的制定以及如何影响企业创新过程,如何平衡大股东的控制权力,以及什么样的因素或情境可以调整上述公司治理机制,使企业走上健康的治理和经营轨道等,这些问题的解决最终需要回归复杂的现实,且考虑各种个体、组织、团体、企业,甚至产业、市场、社会、国家等微观至宏观层面的因素,使得研究同时具有一定的理论和现实意义。

在研究企业创新这一重要的企业发展和价值创造内容时,首先需要考虑企业所需要的创新结果,例如,是工艺创新还是产品创新,是渐进创新还是突变创新,是自主创新还是模仿创新,是持续性创新还是破坏性创新……现有研究在讨论公司股权结构对企业创新的影响时,大多仅关注企业的最终研发投入或创新产出,而对创新的不同类型和模式、新产品开发效率和效果、创新所带来的财务绩效和市场绩效等关注不足,如大股东的控制如何影响企业对于创新类型的选择。又例如,由于企业自主创新和模仿创新的资金回收周期和风险高低不同,股东的不同创新偏好和动机将如何影响企业选择不同的创新模式,企业的不同选择更适宜什么样的环境条件。同时,现有研究在分析大股东控制对企业绩效以及创新的影响时,也多关注企业的第一控制人所带来的直接控制作用,而对中小股东,尤其是由中小股东组成的控制集团的讨论仍然有限。实际上,企业中股东之间的关联往往错综复杂,每一股潜在的力量都不容忽视。

此外,对于不同创新环境背景下的创新企业,尤其是对于新兴经济体而言,所有权结构的控制对于企业的研发创新绩效至关重要。处于价值链中低位的企业更加迫切地需要通过技术追赶提升全球价值链层级,而成功的技术追赶和突破创新更需要企业安排支持性的所有权结构和治理机制相配合。我国也一直在鼓励企业走自主创新的发展之路,从"大众创业万众创新"到"十四五"规划"坚定不移贯彻创新、协调、绿色、开放、共享的新发展理念",指导企业不断主动追求探索新技术、新模式的积极成长道路。在这个充满挑战的探索过程中,企业所有权结构和治理机制的改进甚至变革,同样是一个自上而下的艰难却必须进行的过程。在不断发展变化的外部环境中,企业治理机制也需要根据时代的发展不断改进,以配合企业共同成长。而企业的创造与发展所带来的先进生产力与先进制度,也必将通过企业间所联结的创新网络获得正外部性,延伸至更多积极进取的企业之中。

股权结构与企业创新的研究框架如图 12-5 所示。

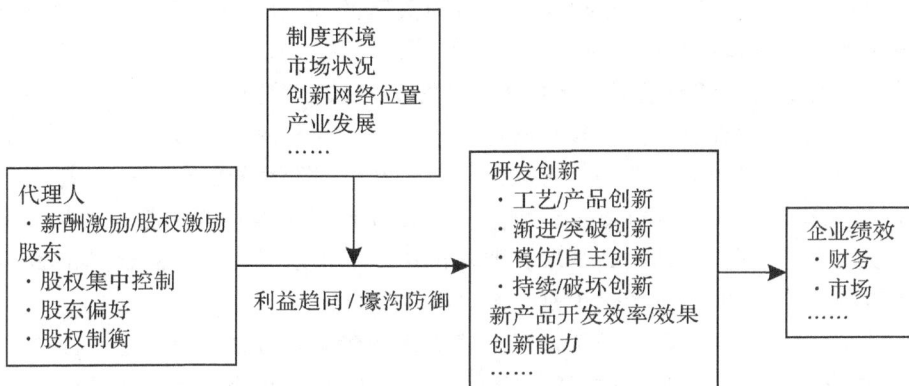

图 12-5 股权结构与企业创新的研究框架

第四节 公司治理趋势

公司治理可以被分为内部治理与外部治理。其中,内部治理主要依靠企业的董事会和股权结构治理,而外部治理主要是企业控制权的外部市场(收购市场)以及法律制度。

与董事会相关的首要问题是董事会构成和经理人薪酬。其中,董事会构成特性包括董事会规模和结构。在任何公司中,所有权和控制权几乎都不会完全分离。控制者常常拥有他们所控制公司的一部分股权。因此,所有权结构是公司治理的一个重要潜在因素。例如,若内部控制机制在一定程度上失效,导致公司价值大幅度下降,则外部各利益相关方就有动力去寻求控制公司。再如,若管理层对最大化企业规模感兴趣,可能会因过度并购浪费公司现金流资源,而不是向股东回馈红利和现金。

初期的国际公司治理主要研究董事会结构、经理人薪酬、股权或者外部控制机制,但是对另外一个外部公司治理机制——法律制度却关注不够。例如,公司治理的热点问题之一——大股东与小股东之间的利益冲突问题在第一代国际公司治理当中并未很好的解决。因为法律和监督问题在第一代国际公司治理研究中发挥着相对较小的作用。更进一步,潜在的公司法律法规制度对公司治理和公司价值的影响也未予以考虑。

之后的公司治理开始关注外部的法律制度研究。本书认为,一国法律对投资者权利的保护程度和法律法规的执行情况是决定该国公司的治理机制进行发展演变的基本因素,因而各国对投资者的保护程度存在差异,投资者保护程度低的国家一般具有内部所有权高度集中,以及缺乏公开且重要的产权市场的特点。研究发现,集中所有权可能是对投资者缺乏保护的合理反映,若法律不保护所有者免受控制者的侵犯,所有者就会力求成为控制者。所有权的高度集中导致了控股股东与小股东之间的股权代理冲突。国际法律结构的差异以及计量这种差异的方法,为比较公司治理研究提供了进一步探索的空间。

一、法律保护与经济增长

法律保护是市场经济增长的基础。在区域内相对完善或不完善的法律制度情境下,现有文献主要关注企业如何从外部市场更加高效低成本地获得融资,以及由此带动整个经济市场的发展。其中,金融市场的发展和法律保护是最为关键的环节。一个国家或地区对投资者的保护程度极大地影响着该经济体的资本市场对逆境的反应方式。有研究发现,股票市场的下跌幅度以及汇率的贬值程度与投资者保护程度负相关。缺乏投资者保护的市场无法保障市场参与者的利益,自然缺乏吸引投资者参与的基本吸引力。而投资者保护的缺乏可能迫使企业转向其他的补偿方式,如企业内部经理人试图利用控制更高份额的股份这一方式,来控制企业的管理风险,然而这种方式又不可避免地将企业和投资者同时推入控制权以及股权激励等上文提到的问题之中。因此,强劲的经济增长要求市场环境必须具备发达的金融市场,而要具备发达的金融市场,强有力的投资者保护是一个必要的条件。

然而,投资者保护同样可以对经济带来一些负面的影响。在投资者保护较强的国家或地区,若企业的投资机会缺乏,则会对投资者们发放较高的股息,而非将企业盈利重新投入企业发展所需之中。在投资者保护弱的国家或地区中,企业常常需要保留较多的超额现金余额以应对随时可能出现的风险,以及准备在公司需要资本抓住新兴的市场投资机会时,不用承受高昂的融资成本。有研究发现,对于小股东更有可能遭到侵占的公司来说,托宾 Q 值进一步下降,股价表现会更加恶化。而在投资者不完全受法律保护的国家,控股股东能够并且也的确榨取了较大的控制权进行私人获利。

二、公司治理制度的趋同

自认识到各国之间公司治理制度的根本差别以来,对于哪种制度是"最好的"一直争论不休,如德国和日本以银行为中心的制度与美国和英国以市场为中心的治理制度。20 世纪 90 年代,人们觉得日本的治理制度优于美国,要知道美国的治理制度严重依赖于市场,而日本的治理制度更多地基于关系。日本治理制度的拥护者将它定性为外部控制权市场的高级替代物。在这种制度中,管理层较少受到来自市场的短期压力,但是,批评者认为这种制度保护了管理层,潜在地使他们免受市场惩罚。良好的公司治理制度植根于投资者法律保护和某种形式的所有权集中的适当组合之中。英美制度在某种程度上过于依赖较强的法律保护,而德国和日本的制度则以较弱的法律保护,但却更集中的所有权为特征。

可能许多国家向更强的投资者法律保护发展演化,会导致公司治理制度的改进和经济的更大发展,但不太明确的是发生这种发展演化的可能性。只要控股股东在经济体内是具有影响力的人物,那么向更多地保护小投资者权利的法律制度趋同就会困难重重,因为法律趋同所必需的大量法律变革可能在政治上举步维艰。强有力的法律会侵占控股股东的价值,因此,控股股东会要求补偿其损失。尽管缺乏适当的法律结构,但是当单个投资者或公司能适应创造更强有力的治理方式时,那么职能性趋同就会发生。例如,投资者可以选择将钱投在对投资者更加友善的国家的公司。在保护制度较弱的国家的公司,可以通过在保护制度较强的国家的公司交易所挂牌上市,或者通过保护制度较强的国家的公司收购而约束自身践行更好的公司治理。有研究发现,在美国上市的外国公司比来自同一个国家但未在美国上市的公司具有更大的托宾 Q 值。

随着经济全球化的深入发展,各经济体下的公司治理模式逐渐相互取长补短,走向趋同。然而,鉴于各个国家和地区的经济发展、法律制度以及营商环境情况的不同,即使是趋于统一的公司治理模式仍旧在各自的国家与地区经营环境中保持着自身的特色,无法被完全替代,因此仍旧值得我们具体问题具体分析,进行深入的治理探索。总之,无论从何种情境出发,公司治理的核心思想已成为一种共识,即企业管理层需要从所有股东的利益出发制定决策并进行日常经营。

三、公司治理的未来研究方向

经过近三十年的发展和无数研究者的贡献,公司治理的理论体系已经初步建立,并得到商业实践者的广泛认可。基于此,本小节对公司治理的相关研究加以初步总结与评述,以期提供一个关于公司治理研究的基本认识与未来发展方向。

(一)公司治理机制方面还需要进一步研究

现有关于法律保护和所有权结构以外的治理机制的实证研究仍然缺乏。如董事会结构、薪酬和控制权变化等问题已在美国等发达国家情境背景下得到了一定研究,但是在各发展中国家情境中仍需得到进一步关注。这可能反映了在这些经济体中所有权结构的主导作用,这种主导作用似乎至少部分是由法律制度的薄弱所驱使的。法律结构的发展演化提供了天然的公司治理实验,那么,法律制度的哪些方面会发展演化?这些变化对其他公司特定的治理机制的作用会产生什么影响?对这些问题的回答可能会增进研究者对全世界公司治理作用的理解。

(二)关于新创企业公司治理的多阶段研究仍旧缺乏

新创企业的成长和发展具有显而易见的发展曲线,有利于研究者们运用复杂的分析技术探讨战略领导力与业绩之间的其他可能性,因此创业领域非常适用于多期研究。然而在新创企业的公司治理方面,现有研究仍然处于初级阶段。如果新创企业的发展程度最终超出了创始人的能力和资源掌控范围,那么企业如何更加平稳地从企业家管理转向职业经理人管理?不同来源的风险资本的介入,会对新创企业的公司治理带来何种影响?这些问题有待于创业领域的研究者们进一步探索。

(三)仍需探索如何构建更优的公司治理结构

虽然当前关于各个国家、地区以及不同行业、市场的公司治理机制已经获得了丰富的研究成果,但如上述所言,并非将不同的公司治理模式去劣取优地合并在一起,就是更优的治理模式。关注公司治理的文献长期以来一直在寻找并强调各个国家、地区,甚至网络、产业中公司治理制度的共同点,想要总结出一种或几种统一的企业控制模式。然而在商业实践中,企业治理的影响因素多种多样,不同环境背景下的同一前因所带来的后果也可能千差万别。因此,"英美""日德"等不同的治理模式,在实践背景下可以看作是研究者们总结的某一经济体下公司治理模式的共同基础。一种公司治理模式是否适用,最终仍旧需要根据不同国家和地区的不同市场环境进行考虑。根据各个企业的实际,商业实践者们可以在这种共同的基础特征之上灵活变换，以适应特定企业的治理。因此，研究者们也需要继续探索，在探讨共同特征的同时关注企业、行业或者环境特色。

（四）新兴市场的公司治理问题正在引起更多关注

在公司治理理论发展的几十年里，众多学者集中于对"英美模式"和"日德模式"展开研究，这部分研究结果已经比较丰富。但是有学者发现，在这些发达国家得到的一些治理结论却并不适用于新兴市场中的公司治理，尽管不同于传统的"英美模式"或"日德模式"，这些新兴市场也得到了持续的高速增长，这引起了学术界的广泛关注。此外，新兴市场所在的国家往往经过了制度的转型，这样的转变为公司治理研究提供了难得的微观素材和宏观背景，而且这些新兴市场在许多领域对经典公司治理理论提出了挑战，也为公司治理研究提供了许多全新的课题，比如普遍存在于这些国家的国有制企业、家族制企业的公司治理问题以及相应的其他问题，都有许多值得研究的地方。总之，新兴市场的公司治理问题将会引起更广泛的关注。

（五）数字化、智能化带来的公司治理变革成为趋势

随着数字经济时代下移动互联网的飞速发展，全球的市场环境在发生彻底的改变。移动互联网带来的即时性和云经济，使得企业的中小股东通过网络参与公司治理成为可能。并且，随着社会信息传播的渠道愈发多样、速度愈发及时，以及舆论力量愈发展现出其巨大的能量，企业的外部治理越来越需要得到企业有效的重视。客户参与、众筹等形式的出现，使得许多原本的卖方市场逐渐转化为买方市场，更使得企业治理的信息不对称情况得到弱化。总之，在移动互联网、物联网、云计算、大数据、智能化、区块链等技术飞速发展的背景下，面对第四次工业革命，许多企业原有的公司治理模式不再能够满足当前需要，研究者们也开始注意到管理创新与治理变革的重要性。

（六）公司治理同样需要关注应对"黑天鹅"事件

在 2020 年新冠疫情这一"黑天鹅"事件的突然冲击下，大片企业甚至屹立百年的行业巨头都猝不及防的跌落云端，面临经营惨淡的困境，而有的企业却可以由此迎来事业发展的转机。这其中除了企业管理者具有善于在挑战中抓住机遇的能力外，企业良好的公司治理机制也功不可没，它们使得企业能够在动荡市场环境的冲击下具备更加稳定的抗压能力。企业不仅要面临政策、市场、技术、竞争、文化等的不确定性，而且要面对自然、公共卫生等的风险。那么，企业如何建立具备快速战略响应的新型公司治理机制以应对突然而至的市场动荡，同时注意企业内部结构和资源的冗余程度，在新冠疫情这一全球共同面对的重大公共卫生事件之后，将成为研究者们感兴趣的新方向。

本章案例阅读

【案例 12-1】　　　　VK 公司的公司治理与股权之争

成立于 20 世纪 80 年代的 VK 公司经过 30 年的发展，如今已成为国内房地产行业的领先者并牢牢占据世界 500 强榜单的一席之位，2020 年更是进入中国民营企业 500 强前十位。

VK 公司的成功与其独特的股权结构与成功的公司治理是分不开的。股权结构是公司治理控制的基础和重要影响因素。在国内大部分的上市公司实行股权集中治理的情况下，VK 公司自成立以来即实行分散的股权结构。VK 公司的管理团队曾经广受业界好评，一度成为

国内公司治理的典范。其第一大股东更是多提供资源支持而并不过分介入企业的管理决策，真正施行了企业所有权与经营权的分离，大股东与企业管理层之间形成了一种健康的平衡关系。

然而，这种分散的股权结构更容易成为资本并购的目标。自 2015 年始，多方投资者的介入改变了 VK 公司原有的股权结构，打破了企业内部原有的治理平衡，VK 从最初高度分散的股权结构逐渐演变为多方股东相互抑制的混乱结构。多方股东纷纷参与 VK 的企业决策，最终引发了一场股权也是控制权之争，导致企业第一大股东易主。

【案例 12-2】　　　　　　　　小米科技与双重股权结构

为稳定创始人对企业的有效控制，越来越多的上市公司采用双重股权结构进行公司治理，其中，小米公司作为香港交易所首家采用同股不同权制度的上市企业，引起了广泛的关注。小米科技成立于 2010 年，是一家专注于电子产品研发和智能家居生态链建设的科创型企业。2018 年，小米在香港交易所主板挂牌上市。

小米上市所采用的双重股权结构，是指公司股权针对外部大众股东与企业管理层及创始人发行两种代表着不同表决权份额的股份，从而保证企业管理层及创始人对企业的控制权。具体而言，上市公司需要发行 A 和 B 两种股票，其中 A 类每股拥有多份投票权，被企业管理层与创始人掌握，一般不用于公开交易；B 类每股仅拥有一份投票权，接受市场公开交易。双重股权结构可以分离企业的投票权与现金流权，以防止企业股权被恶意稀释或公司被恶意收购，保证管理者对于企业的控制地位，并且能够在一定程度上带来对管理者的股权激励，促进企业管理者与创始人为稳固自身控制权而加倍投入，带领企业创造更大价值。

本章要点小结

1. 公司治理结构研究的基本内容有：所有权结构、董事会结构与规模、管理者补偿、公司控制（权）市场和产品市场竞争。

2. 公司治理结构在国际上并无统一的模式。现有研究大致将公司治理结构划分为英美式、德日式，以及家族治理模式。从比较研究的角度分析这些治理结构各自的特点，对于认识我国企业的治理模式具有重要的参考意义。

3. 公司治理与企业绩效之间的关系由于多种内外部因素的影响而并未得到统一的结论。然而，要逐步建立健全公司治理机制，企业不仅需要重视内部治理结构的建设和完善，还应该重视外部力量即市场机制的作用。

4. 董事会作为企业内重要的决策机构，其运转深刻地影响着企业的内部治理。围绕如何提高董事会的运作效率，研究者们也已经从董事会规模、女性董事的参与、独立董事的存在等不同方面对董事会的作用机理展开了研究。

5. 从国际惯例上看，公司高管人员的薪酬结构一般由五个部分组成，即"基本工资、年度奖金、长期激励性报酬、福利计划、离职补偿金"，薪酬计划的合约一般为五年。

6. 高管薪酬研究理论基础除委托代理理论和不完全契约理论之外，还有锦标赛理论、管理者权力理论以及公平理论。锦标赛理论认为，假如将代理人当成是参与锦标赛的选手，在比赛中获胜的一方能够得到所有的奖金，当员工的职位提升后，他们的薪酬水平也会随之提高。管理者权力理论认为，高管人员会在设计自己薪酬时行使自由裁量权，及其如何使用这种权力来强调公司规模而牺牲股东回报。公平理论认为适当的薪酬差距可以激励员工为了晋升而努力工作,但是由此引发的管理层权力过大与薪酬差距问题又可能会降低薪酬激励的有效性。

7.随着企业经营业务的多元化与金融工具的多样化,高管人员的薪酬结构也在不断变化,一些企业开始实施长期激励,如限制性股票、股票期权、高管人员持股等。

8.国外有关股权激励的研究源自并集中于美国上市公司丰富多样的股权激励实践。欧盟和日本等发达国家及印度等新兴市场经济国家关于股权激励的研究较少。关于股权激励形成了两种截然不同的理论假说:最优契约理论和管理层权力理论。

9.企业是否进行创新研发投入是检验企业股权激励机制是否有效的一个重要维度。对管理者实施股权激励可以将其自身的长期利益与公司绩效相挂钩,从而促进企业创新绩效的提升。

10.对大股东进行控制同样可以促进企业创新。高程度的股权集中可以有效降低企业研发创新的代理与经营成本,提升股东对企业的监督控制水平。然而,企业股权集中度并非越高越有利,股权集中度过较高使得监管权力集中于大股东一家之手,也可能导致其与中小股东之间的代理问题加剧。

③ 思考和讨论题

1.法律的保护会促进公司治理、提高公司价值吗?显然,法律存在局限性,那么这些局限性是什么呢?

2.法律结构的变化会对公司治理机制产生什么影响?这些变化对公司行为和价值最终会产生怎样的影响?

3.经理人激励是企业绩效的成因还是后果?

4.怎么理解公司高级管理层短期与长期激励机制运作条件?

5.怎么理解制度趋同和职能趋同?

6.控股股东与小股东之间的利益冲突是现代公司治理中的热点问题之一,那么,对于这一问题如何理解?是否有更好的解决方法?

✕ 本章参考文献

[1]陈赟."十四五"国有企业如何引领数字经济发展[J].新经济导刊,2021(1):48-52.

[2]费方域.什么是公司治理?[J].上海经济研究,1996(5):36-39.

[3]傅尔基."十四五"时期上海国资国企深化混合所有制经济改革研究[J].科学发展,2021(4):5-14.

[4]高明华.公司治理:理论演进与实证分析:兼论中国公司治理改革[M].北京:经济科学出版社,2001.

[5]焦豪,焦捷,刘瑞明.政府质量、公司治理结构与投资决策:基于世界银行企业调查数据的经验研究[J].管理世界,2017(10):66-78.

[6]基西,汤普森,莱特,等.公司治理:受托责任、企业与国际比较[M].刘霄仑,朱晓辉,译.北京:人民邮电出版社,2013.

［7］李维安,郝臣,崔光耀,等.公司治理研究40年:脉络与展望［J］.外国经济与管理,2019,41(12):161－185.

［8］李维安.公司治理前沿:第二辑［M］.北京:中国经济出版社,2015.

［9］林毅夫,李周.现代企业制度的内涵与国有企业改革方向［J］.经济研究,1997(3):3－10.

［10］罗宏,黄婉.多个大股东并存对高管机会主义减持的影响研究［J］.管理世界,2020(8):163－178.

［11］吕新军.股权结构、高管激励与上市公司治理效率:基于异质性随机边界模型的研究［J］.管理评论,2015,27(6):128－139.

［12］钱颖一.企业的治理结构改革和融资结构改革［J］.经济研究,1995(1):20－29.

［13］钱毓益.数字化时代的国企绩效管理［J］.新理财(政府理财),2018(1):75.

［14］孙多娇,杨有红.公司治理结构和分析师预测对隐含资本成本影响及实证研究［J］.中国软科学,2018(7):170－180.

［15］吴敬琏.论现代企业制度［J］.财经研究,1994(2):3－13.

［16］张继栋.地方国有企业数字化转型路径探讨［J］.现代管理科学,2021(3):96－102.

［17］张维迎.企业理论与中国企业改革［M］.上海:上海人民出版社,2015.

［18］朱伟.数字化转型:"十四五"国企改革和发展的"新基建"［J］.中国经济报告,2020(3):83－88.

［19］COCHRAN P P,WARTICK S L. Corporate governance:a literature review［M］. Financial Executives Research Fundation,1988.

［20］DENIS D K. Twenty-five years of corporate governance research and counting［J］. Review of Financial Economics,2001,10(3):191－212.

［21］KOHTAMAKI M,PARIDA V,OGHAZI P,et al. Digital servitization business models in ecosystems:a theory of the firm［J］. Journal of Business Research,2019(104):380－392.

［22］LANNOO K. A European perspective on corporate governance［J］. Journal of Common Market Studies,1999,37(2):269－294.

［23］NAMBISAN S,LYYTINEN K,MAJCHRZAK A,et al. Digital innovation management: reinventing innovation management research in a digital world［J］. MIS Quarterly,2017,41(1):223－238.

［24］NAMBISAN S,WRIGHT M,FELDMAN M. The digital transformation of innovation and entrepreneurship:progress,challenges and key themes［J］. Research Policy,2019,48(8):103773.

［25］SHLEIFER A,VISHNY R W. A survey of corporate governance［J］. The Journal of Finance,1997,52(2):737－783.

第十三章

网络组织治理

本章导读

随着经济和技术的不断发展,企业之间跨边界的合作促成了网络组织的诞生。网络组织是可以适应外部环境并且协调内部沟通的独特组织形式,是现代组织结构中重要的存在。本章介绍了网络组织如何兴起,以及网络组织的定义、特性、类型等;阐述了网络组织需要治理的原因,介绍了网络治理的宏、微观机制;从不同的视角分析了不同的治理模式,以及根据网络自身的特点选择合适的模式;分析了网络组织如何进行高效的创新,以及"互联网+"时代下的组织发展与创新趋势。

第一节 网络组织概述

我们正处于快速多变的组织革命之中。日益激烈的市场竞争和信息技术的迅猛发展催生出多种新兴经济,同时也对组织结构产生了深远的影响。网络组织就在这一环境背景下,逐渐成为企业组织结构中的一种新型组织。

一、动态环境下网络组织的兴起

(一)组织形式的演进

在19世纪和20世纪交汇之际,垂直整合的功能型组织(vertically integrated functional organization)是时代的宠儿。消费者低下的购买力和简单的偏好造就了无比稳定的市场环境,从而使得这一时期绝大多数的成功企业都是追求低成本和生产导向的庞然大物,福特的T型车就是个典型案例。然而,这种中央控制的功能组织并不容易适应愈加多样化的并且数量越发庞大的产品和服务需求。

第一次世界大战后,美国通用汽车公司原总裁阿尔弗雷德·斯隆提出了多部门组织结构(multidivisional structure),逐渐代替了功能型组织。面对越来越复杂化的市场特性,使得企业不再满足于单一的产品导向,转而开始尝试涉足更加多样化的市场,多部门组织形式刚好应对于此。多部门组织形式中,各个部门都独立地运行于服务特定的市场,同时也进行集中评估以及时的扩展、收缩或重新定向服务区域。因此,多部门组织形式是同时存在自治与集中控制的绩效评估和资源分配的耦合。但是,消费者偏好和产品技术愈加复杂,由此带来的就是市场环境的频繁变换,多部门组织的弱点开始显现。多部门组织中,虽然几个分支部门应对不同的产品、地区或市场细分,自负盈亏,但各部门有自己完整的职能机构,容易造成资源的冗余或浪费,并且容易过度扩张从而导致低效率,不利于高层总控制部门的管理。

20 世纪六七十年代,一种强调横向关系和双向责任的组织形式——矩阵型组织结构(matrix structure)又成了流行趋势。矩阵型组织结构取前述两种组织结构的长并补其短,既保留了纵向的职能部门,又注重横向的项目运作。以项目为导向,由项目经理负责项目运作的结果,但各项目人员仍属于原职能部门,两方管理,像积木一样可随时重组,灵活多变。同时由各职能部门提供项目所需资源与技术,使其在整个组织中共享,避免冗余。

20 世纪 80 年代以来,随着信息技术的发展和经济全球化浪潮的推进,消费者愈加多样的需求使得市场由卖方市场逐渐向买方市场转变。市场环境的动荡起伏使得上述组织结构和单打独斗式的组织发展战略开始抵御不了技术进步的冲击,愈发激烈的市场竞争从而催生了"网络组织"这一更具活力的新兴组织形式。垂直组织解构、外包、管理层级的精简,各产业在 21 世纪的重组,打破了传统的多部门组织结构,并且使得网络组织形式的优势集中凸显。知识的爆炸式增长带来了技术的不断进步,并慢慢消磨了经济和政治的边界,将整个世界推向无边界市场的新纪元,从而为网络组织的生长提供了合适的契机。可以说,网络组织的兴起,是一次管理层面上的产业革命。

传统组织仅考虑组织内部对任务的完成。愈加的专门化意味着更多协调方面的问题,由此会导致组织中出现更多的层级和管理结构。可以说,组织结构中的"创新"和"效率"本身就是两个存在矛盾的要求。而网络组织克服了传统组织的缺点,将目光放在单个组织之外,即跨组织的结构中,是一种完全动态的组织形式,是一种强调协作的组织形式。然而,虽然网络组织结构松散,但这并不意味着组织间不需要管理;相反,组织间关联的交换行为越多,就越接近于"围绕在交换和其即时过程之上,拥有多样制度安排的小型社会"的特性。

(二)网络组织形成的动机

网络组织围绕两个关键的概念,一是交换和组织关系中的交互行为,另一是独立成员组织之间的资源流动。第一个概念侧重强调横向的交换模式,成员组织之间创造相互依存的关系并形成长期的战略交流,以互惠互利,进行合作。第二个概念重点关注资源的流动,并强调互动的成员组织之间的独立性。也就是说,网络组织通过形成松散耦合的相互依赖关系来进行共同分工,减少生产中的多样性和不确定性。分工就使得网络成员组织可以专注于自己独特的能力,从而支持自身的价值创造活动。网络组织也是为了实现协同的目的而形成的,网络组织中的成员组织就像一连串独特的组件,协同可以使得每个成员专注于提升自己独特的能力,同时将整个网络组织的生产运营范围进一步加以扩大,最终获得更高的效率水平和规模经济。

在高科技领域,由于创新速度的加快,大大缩短了产品的生命周期,这也使得公司收回和摊销其初始投资的时间减少。近年来,灵活性已成为企业生存的核心。因此,成员组织需要在网络中保持高水平的运营灵活性,同时又不失去市场交易的利益。此外,网络组织的存在,使得成员组织可以节约信息成本,从而加快技术创新。如今组织的单独创新是难以实现的,广泛分散的资源和技术使得组织必须跨越自身边界,相互依赖。而网络恰恰可以被用作组织之间互补的连接和转移机制,从而替代传统层级结构的垂直整合形式来捕捉资源并创造竞争优势。

有许多创新的技术和知识并不容易被编纂成显性知识,这就导致它们难以在市场上进行交易或通过企业层级进行交流。基于此,网络组织的开放式关系特征的优势就显现出来。网络组织大大增强了组织内传播和学习创新知识和技术的能力,从而带动整个网络组织的发展。并且,网络组织还可以减少经济不确定性,匹配买方和供应商,确保定制化趋势下的资源供应。

总之,在一个多变(volatility)、不确定(uncertainty)、复杂(complexity)、模糊(ambiguity)的时代,网络组织的形成,使得整个组织可以灵活地适应外部环境,极大地适应了环境的不确定性,协调和保障组织内的交流。

二、认识网络组织

(一)什么是网络组织

关于网络组织(network organization)的定义,一种组织行为的观点认为,网络是一种基于一系列个体、位置、团体以及组织的社会关系模式。这一定义强调了社会的结构和不同层级。一种战略的观点将网络看作是"在明显且有关系的以盈利为目的的组织之间长期有目的的安排,这一安排使得这些企业可以相互获得或维持竞争优势",组织网络被认为是企业家提升竞争力的战略举措,可以使得组织通过成本最小化提高公司的竞争优势,同时保持灵活性。因此,网络组织可以被定义为"结构、过程和目的的元素集合",也可以被定义为"在密度、多重性、互惠关系和价值共享系统方面区别于交换联结,定义成员角色及责任的组织形式",是不同但相关的利益组织之间有目的和有意识的安排。

网络组织结合了组织内各种专有的甚至是无形的资产,并在网络中有效且灵活的制度规则下进行交流,且以共同的所有权为基础,产出整个网络内综合的产出。也就是说,网络组织区别于社会网络的地方在于,网络组织是一个整体,为了最终的同一个战略目标而运转、分配资源、在网络内外建立各种联系等。总体来说,共同的专门化资产、联合的控制机制以及同样的目标这三个要素,将网络组织与其他的组织结构区别开来。一个网络组织通过组织内参与者的位置与角色限制其活动,但这并不表示网络组织内的结构是一成不变的。

网络组织中的管理模式不再注重于层级化,获得权威的方式更多的是通过对网络内知识的专业化程度,因此,这也就导致了网络组织的产出更多的是无形的、区域化的以及专业化的。网络组织内的交流更加倾向于点对点,而非传统组织中需通过特定的交流渠道。网络组织中的任务更加倾向于项目形式而非功能导向,从而使得网络组织中的各参与者更有效率地产出更加差别化的产品。但也正是由于各参与者的专业化,使得网络组织中较高的机会主义概率风险显现出来,因此,网络组织需要参与者之间更高度的信任和承诺。同时,网络中的所有组织都必须与网络外的活动者进行交换,这样才能获取资源,满足其他需求,从而持续地生存发展。

(二)网络组织、层级组织和市场结构的比较

网络组织是介于市场和层级组织之间的一种重要形式。网络不仅仅是基于市场价格机制或层级权威关系,它还是两者的混合体。换句话说,一方面,网络组织中的成员可以自由选择对手,即市场力量在网络中发挥作用,另一方面,其网络结构之间也存在着成员间互相的操作依赖性。可见,在网络组织内部既有市场协调机制又有行政协调机制,两种机制都在起作用。市场和层级组织的原则在网络组织中相互渗透,以补救这两种治理结构中的问题。网络组织与层级组织的区别在于成员组织在网络中的独立性,层级组织通过垂直整合其资产避免了机会主义行为中的信任与风险问题。市场则很少涉及重复交易,因此避免了此类困境。而在网络组织中,无形资产和专业知识提供了产生价值的关键资源,这就导致声望、承诺和信任成为网络组织的基础。

　　网络是基于交易互惠的治理结构,互惠的存在有助于网络组织克服其成员的机会主义风险,并通过优越的监控机制来阻止其过分地追求自身目标,通过调整激励措施来传递信息,分享成员组织的专有技术,以保证网络组织的持续运行。通常,组织要依靠外部资源进行生产,就会产生高昂的交易成本,包括搜索信息、滞留问题及执行成本等各个方面,特别是当市场交易面临不同组织间的资产特异性时,环境不确定性、交易连续性和信息约束等方面的限制就会凸显。由此,组织会将外部的交易成本内化为内部交易成本,但是,内部交易并不会消除交易成本,它只是由于代理、协调和测量问题而以另一种形式的交易成本取代了原有的外部交易成本。总而言之,交易危害广泛存在于市场和层级结构之中,而此时,网络组织的优势便集中凸显出来。网络组织可以最大限度地减少市场和层级结构经常遇到的交易成本,并且其灵活性和互惠性也为网络成员保留了市场和层级结构的优点,如有效的信息收集和监控机制以及重复交易活动。这种去劣取优的结构形式,为组织提供了更加便捷高效的运行环境。层级组织、网络组织及市场之间的特点比较,如表 13 - 1 所示。

表 13 - 1　层级组织、网络组织和市场的特点比较

企业属性	层级组织	网络组织	市场
目的	中枢执行者利益优先	合作关系利益优先	提供交易平台
垂直整合	高;生产投入所有权集中	可变(稳定网络中等,动态网络较低);模块化的分散式所有权	无;生产投入所有权完全分散化
资产和资源	• 高资产专用性,不易交易 • 资源冗余,且有缓冲库存 • 固定且庞大的有形资产	• 中到高度的资产专用性 • 低资产冗余 • 具有更高的灵活性,以及更多的无形资产	• 低资产专用性 • 方便交易
产品	大批量生产,大规模经济,标准化	更多的客户定制化,个性化及范围经济	允许极大变化的现货合约
信用	低	中到高度	低
交易	• 长期的时间框架 • 高概率的重复性行为	• 中到长期 • 可变的重复性行为(稳定网络中中等,动态网络中较低)	• 短期的时间框架 • 低概率的重复性行为
产权转移	• 生产过程中引起工资索取权的要求 • 生产投入或未来收入流中很小甚至没有劳动债权	• 不定期的/持续的产权转移 • 通过商谈方式/经常贡献收入流索取权	销售中引起的工资或收入索取权要求,由产权决定
冲突解决	• 详细的合约 • 行政命令	关系的/经常性的合约,信任机制,共同协商,互惠	• 市场规范 • 法律制度
边界	• 组织内外的边界严格且固定 • 强有力的固定联系或联合,稳定	• 灵活,可渗透,具有相对性、潜在联系、模糊性 • 强或弱,通常是动态的联系或联合	• 离散的、完全原子式的 • 距离遥远但合理,一次性的联系或联合

续表

企业属性	层级组织	网络组织	市场
交流	·稳定且持续 ·通过垂直渠道 ·一对多(或多对一)	·按需 ·直接 ·多对多	·短期的 ·直接 ·多对多
任务基础	功能导向	项目导向	单一的(一方完成从开始到结束的所有过程)
激励	低,预先设定过程步骤和产出;主要取决于于固定工资	较高,绩效导向;从多重交易中获利	高动力,销售量或退出市场
决策轨迹	从高到低,远距离	共同或协商,并且大部分是局部的	即刻的/完全自治
信息聚集	·稳定环境中最小限度的搜寻 ·通过专门机构(如市场)	·分布式的信息聚集 ·中度的搜寻	·通过价格传递信息 ·价格向量极其重要,造成了价格搜寻
控制/权威/影响模式	·以地位或规则为基础 ·命令与服从关系	·以专业或声望为基础;更具说服力 ·也可通过联结形式形成控制	通过价格机制形成说服力

(资料来源:VAN ALSTYNE M. The State of Network Organization:A Survey in Three Frameworks [J]. Journal of Organizational Computing & Electronic Commerce,1997,7(2-3):83-151.本书在此基础上略做修改。)

(三)网络组织的特性

1.以信任为纽带的相互依赖与冲突解决

网络组织存在机会主义行为以及战略导向偏离等问题,但整体利益的获得可以增进组织内部各部门关系的联结,而解决这些问题的关键也恰恰就是关系增强带来的信任因素。虽然网络组织更多的是依赖市场机制来管理内部的资源,但这些机制并不是通常市场中的"公平交易"关系。相反,网络组织内的各成员认识到其相互之间的依赖性,从而愿意共享信息、相互配合,并且可以定制自己需要的产品或服务,以维持其在网络组织内的特定位置。这表明,"网络"和"关系"的概念和其形成过程是网络组织的基础,不能分开讨论,二者互相依赖,共存共生。网络组织中的关系链共享价值和社会规则,从而产生信任。各部门之间频繁的交易也催生了反馈机制和惩罚措施。若网络组织中的绩效表现未达到预期,组织便会根据治理结构寻找新的方式来解决引起绩效未达标的冲突。因此,在网络组织中,信任基础可以使得运作各方通过谈判形成关系契约,而非一拍两散。

2.区别于传统组织的内外边界

网络组织区别于层级组织的主要结构特征,是跨越传统边界的高度整体性,层级组织倾向于在内部拥有生产特定产品或服务所需的全部资产。区别于市场,网络组织内部的渗透作用以及各种正式机制是其最主要的特征。在市场中,组织之间通常是点对点进行交流的,组织之间具有整体的边界。而在网络组织中,网络组织内形成高度交流的环境,信息的流向模糊了传统组织的边界。

3. 以知识为基础

当前环境中，知识早已成为组织中一种重要的战略资源，同样地，知识也成了网络组织中成员地位最为重要的衡量标准，可以说，未来的组织应是以知识为基础的，而不再是传统的声望地位或层级等级。这是因为，注重知识因素的组织更易在动荡的环境中脱颖而出。而且，不同于传统的层级组织，在一个组织内拥有生产所需的全部资源和知识，网络组织拥有不同的功能单元，各单元各司其职，都包围于适合自身的知识环境之中，从而可以获得并创造自有的特定知识，并发挥自身的最好绩效，同时维持整个网络组织系统最大程度的灵活性。

4. 管理的复杂性

网络组织没有层级组织的强制性，也没有市场那么松散，这就导致了网络组织在管理问题上十分复杂。一方面，网络组织内部可能存在由于成员组织追求私人利益的机会主义行为而给整个网络所造成的交易危害（市场特征）；另一方面，可能存在由于协调内部交换过程所产生的官僚成本（层次组织特征）。虽然网络组织灵活的结构特点可以为成员带来更加活跃的发展氛围，即成员在改进其产品或服务时可能是自愿的，而非仅仅是为了履行合同义务，从而为整个网络组织的发展带来了更加积极的作用。但同时，组织成员之间的竞争也可能会减弱信任建设，煽动机会主义。也就是说，网络组织既可以把层级组织和市场的优点体现出来，也可以把二者的缺点表现出来。因此，这种混合型的组织，使得网络组织在管理问题上更加复杂。

5. 具有自愿关系

在网络组织中，具有合作的成员组织之间的关系并不是仅由一方或另一方决定的，而是双方自愿建立的。也就是说，成员组织之间所表现出的各种积极的特征，都是双方希望并做出积极行动的结果。合作伙伴之间可能会预计双方合作的绩效，以及衡量标准和补偿办法。如果成员组织之间不能自由地利用彼此的关系，即它们是一种控制或强制的状态，则这种关系就是不公平的，那么网络组织的开放性价值就会受到影响。虽然网络组织内并不是完全没有妥协的发生，比如成员组织之间过度的依赖，或者网络组织给予内部的补贴，但对于网络组织来说，自愿的关系仍然占据主导地位。

（四）网络组织的类型

由于网络组织表现出的结构的差别，因此，不同学者将网络组织划分为不同的类型。

1. Achrol 的分类

网络组织的形式也是在不断演化的，从而逐渐进化成更加"纯粹"的网络形式。Achrol 认为网络组织有内部市场网络、垂直市场网络、市场间网络、机会网络四个类型。

（1）内部市场网络。内部市场网络被定义为"企业被组织进网络内部的事业单元，但仍然是个独立的利益中心，可以购买、销售或当其需要优质服务和关于交易的市场决策时投资于其他内部和外部单元，但企业需服从网络内的约束政策"。

内部市场网络的核心思想是尽可能打破传统企业层级关系的束缚，用直接的组织间交换网络来调节一些类市场进程。所有的组织单元都最小化其共性，变成一个个利益中心。组织内部仍然保留行政部门和管理层，但不再生产和创造带有所有权性质的产品和技术，即不再从头到尾自己完全生产一件产品。利益中心仍然可以自由地从网络内外购买其需要的任何资源，但同时其也需要同网络内外的其他企业在市场上进行竞争。当然，由于网络内政策约束的存在，企业可能会被迫仅购买网络内部的资源，即使它可能并不是质优的或价廉的。同时，这些损失也会由内部网络的管理部门来弥补。

因此,内部市场网络并不等同于自由的市场,而是内部企业间的联盟。其优势在于,组织内的各种技术和资源可以毫无阻碍地在网络内部移动,从而有助于各组内问题的快速解决。网络内部的组织既是内部其他组织的购买者,又是制造商,这一点与外部组织没有区别。但内部企业之间往往有一些普通的市场情况下不可能拥有的互惠关系,这是内部市场网络的另一个优势所在。网络内部的组织之间存在边界和各自的竞争优势,通常是知识和技能等,因为信息和知识正在逐渐替代资本成为原始财富,即创造性资产。

但内部市场网络也存在缺点,即各部门和组织过于分散,导致网络过大,不易管理。同时,随着内部市场网络的发展,网络中的一些组织可能会演化至内外部皆独立的地步,它们不再需要网络中的市场价值以助发展,因此可能会渐渐脱离内部市场网络的环境,而这一市场就会渐渐失去其原有的功能价值。

(2)垂直市场网络。垂直市场网络的核心是网络中的核心企业,其基本不履行具体的制造功能,而是整个网络中的整合机构,即协调整个网络中的上游供应组织和下游经销组织。换言之,整合的核心组织具有市场功能,而网络中的其他联盟企业则是高度专门化的资源中心。因此,垂直市场网络是一个围绕核心组织,存在直接供需关系的组织集。其并非战略联盟,而是功能联盟。联盟合作伙伴之间按照功能划分,具有独特的效率和灵活性。下游合作伙伴负责营销,而上游合作伙伴负责产品的生产。

但是,多企业的整合在增强了网络组织稳定性并增加了网络内总体知识资源的同时,也使得整个系统缺乏了网络组织本身的属性——既密集又开放的关系,即网络组织内缺乏共同的利益载体和相互依存模式。由此可知,垂直市场网络存在一种固有的矛盾,即网络组织内系统灵活性和凝聚力之间的权衡。

(3)市场间网络。市场间网络主要存在于日韩经济体内。在这一网络组织形式之中,各种看似不相关的不同行业组织联系在一起,形成一种"制度化关系,这些企业相互之间保持垂直交换关系,具有可以密集互连的进行资源共享、战略决策,产生共同的文化与身份,以及集体行为存在周期性等特征"。典型的市场间网络通常包括三种组织,即金融机构、贸易公司以及制造公司。其中,金融机构是其他成员公司稳定、长期的债务和股权资本的主要来源;贸易公司主要为网络组织内成员处理产品供销、谈判、扩大贸易信贷等各种交易事项,并整合复杂项目;制造公司主要负责产品生产,包括与其他组织甚至竞争对手进行技术联盟。

相互依赖和互惠的模式将使整个网络稳定且团结。如商业银行持股网络组织内的成员公司,并给他们发放贷款。同时,成员公司也将员工存款与公司账户开设在网络内的商业银行中。制造公司向贸易公司购买原材料,而贸易公司也销售制造公司生产的成品。这一循环的价值链条将整个网络组织稳定地结合在一起。

(4)机会网络。机会网络仍处于进化的早期阶段,代表一种更加接近市场的组织形式,而非层次结构。机会网络类似于现代经济体中的股票和商品交易所等的市场机制,可以定义为围绕特定项目或为解决问题而组织起来的一组专门从事各种产品、技术或服务的公司,其中,网络的结构可以任意拆卸和重组。机会网络的核心是营销组织,它是一个位于中央的信息交流组织,专门收集、传播市场信息,并且与客户及供应商谈判和协调,规范参与组织的产品标准和交流行为。其中,营销组织的环境扫描和适应机制驱动着市场的运作,而其所收集到的网络中的市场信息质量高低则关系到营销组织协调能力的优劣。

2. Miles 和 Snow 的分类

Miles 和 Snow 认为网络组织有稳定网络、内部网络和动态网络三个类型。

(1)稳定网络。稳定的网络源于功能组织的结构和操作逻辑。它旨在通过将特定产品或服务价值链中独立拥有的专有资产连接在一起来服务于一定程度上可预测的市场。稳定网络代替了垂直整合型的企业,网络中每一部分组织都通过合同与一个核心组织密切关联。但由此也为稳定网络带来了一种威胁,即核心组织可能会利用其供应商或分销商的资产为自己牟利。这样一来,稳定网络中的多家供应商和经销商可以更广泛地参与市场的优势和好处就会丧失。因此,网络中的组织不仅会与核心组织合作,而且会参与到市场与核心组织之外的关系当中。供应商接触到产品或服务设计的创新,并通过为各种客户服务来发展自己的适应能力,而这些是单一的核心组织无法提供的,如运动鞋和服装巨头耐克。耐克并不限制其供应商为其他设计师提供服务,因为这样可以提高他们的技术能力,以备自己需要时使用,同样,供应商们也不依赖于耐克来为其安排全部的服务内容。

(2)内部网络。内部网络是在企业内部建立市场的一种网络组织形式。在企业内部,组织单位以公开市场的价格买卖商品和服务。内部网络的目的如其前身——矩阵形式,是通过共享利用稀缺资源以及持续发展和交流管理技术来获得竞争优势。但是,同矩阵形式一样,内部网络也可能会受到内部市场机制的超载和买卖双方之间关系的不平衡而受损。内部网络中最常见的管理失误是企业干预资源流动或确定交易价格。理想情况下,企业内的高管管理的应是内部网络的内部经济,而不是简单地规定转让价格和流程。

(3)动态网络。动态网络通过将独立经营的组织集中在不同但相关的市场上来发展组织适应性,中央评估和地方经营自主权的结合,使得网络内独立的组织联动在一起,在一定时间内生产特定的产品或服务。为了发挥动态网络的全部潜力,网络内需要具有一定数量的组织在价值链上的每点不断运行,并且随时准备在某一项目中被分配到一起,生产需要的产品或服务,结束后再拆卸成为另一个项目的组成部分。

但是,这种动态网络的缺点在于,其需要拥有足够的价值链部分,以便能够产生其所需要的价值,而网络内的组织也必须在网络汇总中占有一定的贡献基数,否则可能就会被外包入侵,最终引发动态网络的失败。因此,动态网络需要其内部组织不断地重新评估自己的技术能力和活动范围,使其保持自身的特有的竞争优势,同时也维护了网络中的环境,这样,每个网络组织都可以在保留自身能力的同时,避免做出对网络的性能构成威胁的行为。

第二节　网络治理机制

一、网络治理

(一)网络治理的概念

网络治理(network governance)可以被解读为两种概念,一种是对网络组织本身进行治理,另一种则是利用网络进行公司治理,即将网络作为公司治理的工具。本节将重点讨论前一种含义。

可以说,"网络治理就是网络中所有结点有效合作的制度设计"。因此,网络治理可以看作是在网络组织中准备、制定、实施和执行决策的所有机制,是对资产特异性、需求不确定性、任务复杂性和任务频率的响应的机制。全球化使得竞争日益激烈,新技术不断涌现,消费者对增值产品和服务的愈发提高和不断变化的需求,使得单个组织必须要依靠其他组织的知识、技术和资源才能达到单靠自身无法达到的复杂目标。如今,组织的效率和作用已经越来越依赖于网络的有效运作。在网络内部,各个组织都具有不同的资源和能力,并且发挥着不同的作用,因此,基于网络的组织间交流与协作治理是一个多元化和复杂的问题。

网络治理是处理网络组织中各种情况的必要条件,包括控制组织的运行,以及处理冲突、共享信息和知识等。网络治理本质上也是复杂的,因为各个参与网络组织运行过程的成员组织都具有权力,可以建立社会和契约关系,甚至可以影响整个网络组织的决策。加之由于网络是实现成员组织目标的手段,是它们生存的关键,从而使得成员组织间相互依赖。因此,成员组织在相互之间合作时,不仅需要管理自身的内部业务,而且需要安排其他成员的参与。网络组织的这些复杂性、相互依赖性和动态性使得决策变得复杂化,因为一个组织做出的决策可能会影响其他组织,因此这些决策的后果往往是不明确的,而且网络层面的决策通常也不会有统一的方式。

基于此,网络组织的治理机制应该能够处理可能出现的各种问题和变化,因情况而异地根据需要进行治理结构的调整和机制之间的搭配。简言之,治理应该被概念化为一个由行为者之间的持续互动所形成的动态以及问题驱动的过程。

(二)结构嵌入:网络治理的基础

社会嵌入包括关系嵌入和结构嵌入。关系嵌入本质上指的是单一的二元关系间的质量和深度,即关系的发展过程如何影响经济行为和结果;结构嵌入强调了经济行为发生和发展的现有的关系网络的相关性和影响,可以被定义为二元关系间相互连接的程度。与以单一双边纽带为基础的关系嵌入相比,结构嵌入拓展了每一个双边关联至结构汇总的个体或团体实现系统性的联结,因此,结构嵌入对于了解网络治理机制的协调和维护网络组织交流的理解更为重要。结构嵌入意味着具有嵌入性的组织间不仅存在相互关系,而且同样与第三方组织具有关系,是事关网络结构的关系。由于网络内成员组织之间的频繁互动,它们可以将不同的网络内组织联系在一起,并且传播关于第三方的信息,从而跨越成员组织的边界,建立共享的共同价值观、规范和信念。由于网络内各方的相互联系和彼此了解,成员组织之间可以相互分享信息。因此,结构嵌入可以扩散并加强成员组织之间相互协调的价值观和规范,以及有关各方行为和策略的信息,从而在加强网络内对于定制交易保护的同时,也规范成员组织的行为。

结构嵌入包含限制性进入、宏观文化、集体制裁与声誉四个主要因素,这些因素对网络治理机制具有综合促进作用。限制性进入从战略视角控制整个网络中交易者的数量,使成员组织尽可能地避免与同状态的伙伴进行交易,从而调整网络组织内的交易规模,减少协调成本,增加成员组织间的互动频率,使网络治理能够达到最佳状态。宏观文化使得网络组织能够在网络内广泛共享其构思、价值观和特定知识,并能在相互依赖的基础上了解成员组织的行动和创造特征性行为。宏观文化是成员组织间交流隐性知识和信息的桥梁,它们在价值观和思想等方面共同的默认原则越多,交流就越频繁,从而为网络组织在价值领域上的真核提供了先决条件。集体制裁可以使成员组织了解错误行为及其带来的后果,其通过展示违背网络规范、目标与价值的结果来定义和强化网络组织内部的可接受行为,同时集体制裁还可以鉴别和惩罚低效率的成员组织,从而促进整个网络组织行动的展开。声誉可以通过提升关于个人信任度和意愿度的信息来减少行为的不确定,以增强网络组织内互动的有效性。同时,声誉也是一种无形资本,可以减少成员网络间交易的机会主义行为,降低交易成本。

另外,嵌入性太多也会产生一系列问题。如可能导致封闭的交流,从而扼杀外部的新信息,或者过分偏向弱势成员组织,不利于整个网络组织的发展。因此,结构嵌入在网络组织的整体适应性方面的最佳水平应是一个中间范围,网络内各方成员组织既不过分紧密地连接,也并不过于松散,以至于不能够从其他成员组织处得到信息。

(三)动态的网络组织环境

对于整个网络组织的治理,并非是简单地调整个别成员组织的行为而已,因为成员组织的行为是被组织间的互动过程所塑造的。因此,成员组织的互相依存是理解其关系及整个网络治理和战略制定的基础。正是由于相互依存状况普遍存在于成员组织以及活动和资源之间,网络治理就更加需要理解并合理运用这些相互依存关系。但现实是,网络内的很多组织在面对环境变化时并不能及时地做出应对的改变,这主要是由于其联结的多重组织各自的利益问题,阻碍了成员组织对环境变化的响应。因此,对于网络组织的治理是个动态的过程,应随环境的变化而改变。

虽然网络内的各成员组织在与其他成员组织的互动行为中都带有一定目的或特定的利益,但这些互动的结果也时常被其他成员组织的目的和行为所影响。也就是说,成员组织自身的结果是建立在对其他成员组织利益的理解和限制之上的,成员组织之间互相依赖,因此,若成员组织想要达到某种特定的结果,其在考虑自己如何行动之时,还需要同时考虑与其他组织互动所带来的影响,因为互动的结果是与对方的投入相关的。成员组织都期望通过与其他组织的互动来提高自身甚至进行创新,然而,成员组织之间的关系依赖于对方的能力和创新意愿。即使成员组织间具有共同的目的,但由于各自认知的不同,当其嵌入同一环境中时,便在彼此的互动中产生了感知、理解、学习等行为,从而产生了复杂且动态的网络。因此,网络中对战略的制定,是合作者之间共同应对环境变化的努力,但这同时也对双方造成了锁定效应的负担。因为成员组织间的关系是建立在网络与双方制定的行为规则和期望之上的,改变这些关系就会引起网络的混乱以及紧张氛围,而紧张和压力是网络关系发展及出现新的解决方法的来源,但这同样可能会损害网络关系本身。当成员组织之间过度依赖于对方的能力和应对环境变化的意愿时,战略制定便成了理解网络中个体的关系特性的阻碍,从而在网络中逐渐形成被认为是合理合法的运行规则。因此,我们所说的网络组织所处的动态环境,并非仅仅是指前文所说的外部环境,还包括其自身动态的内部环境。

在成员组织的互动过程中,为应对网络环境的不断变化,便会出现新的解决方法。但是,往往即使组织意识到其需要改变,新的方案也难以提上日程,这是因为每个成员有不同的利益诉求。但在变化中需要克服的主要障碍就是要在完成共同利益的同时,暂时搁置个体利益。而这通常并不容易实现,因此,网络组织需要运用适当的机制来保持并修复关系,降低成员组织间冲突发生的可能性。面对动态的网络组织内外部环境,出现了一种新兴的战略形式,即竞合战略。竞合战略为组织提供了不再仅仅是网络的服从者(network taker),也可以成为网络缔造者(network maker)的新型发展思路。具有竞合关系的成员组织间,在合作层面允许对方获取自己的资源及技术,或者推出新产品或进入新市场。但同时,其合作协议中的竞争性维度又可以避免过度的依赖并一定程度上防止机会主义行为的发生,同时也维持了成员组织间的创造性紧张关系。这种矛盾的运作方式在导致了网络治理的紧张局势的同时,也创造了在妥善治理时产生高效益结果的可能。总之,网络环境在影响内部组织行为的同时,这些行为也会反过来影响网络结构的变化。

二、网络组织需要治理的原因

网络组织所在的环境,通常都是高度复杂且动荡的,它特殊的结构使其比正常组织更容易受到环境变化的影响。环境变化和不确定性成为管理网络组织的严重外部威胁,这就要求网络组织需要适应这种环境不确定性,同时协调组织内各成员之间的关系。否则这种同时具有层级和市场结构的混合型治理结构,可能就会遭遇两种传统形式所面临的双重困扰。

由于这些原因,动态的网络组织使得网络稳定性变得更加模糊,特别是围绕网络组织的高环境脆弱性,需要组织内各方成员之间特殊的关系纽带来维持稳定和诚信的交易。因此,网络治理需要开发某种形式的机制,以控制整个网络组织的运行,同时利用市场和层级结构都不具备的独特优势。

网络组织需要治理主要有以下几方面原因:①客户需求的不确定性;②定制交易要求的人力资源特异性;③网络组织的交易频繁性;④交易信息的约束性;⑤时间压力下的任务复杂性。图 13-1 为网络组织的治理框架。

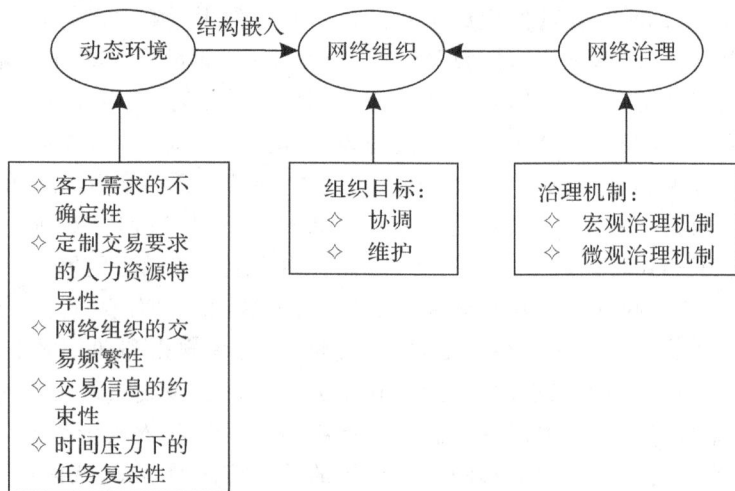

图 13-1　网络组织的治理框架

(一)客户需求的不确定性

环境不确定性是指个人或组织无法预测未来的事件。这种不确定性可能来自供应商、客户、竞争对手、监管机构、金融市场等方面。了解不确定性的来源对于网络组织的治理来说是很重要的,因为这些不确定性影响了网络组织需要应用怎样的治理形式来协调和维护网络内的交流。在这些不确定性之中,客户需求的不确定性对于组织来说是最为重要的,也最难把握。需求不确定性是由于知识技术的快速变化而产生的。信息的迅捷传播,消费者偏好的未知和快速变化,导致组织产品生命周期缩短,垂直整合效率变得低下,因此,网络组织会通过外包或分包,将整个网络组织分解为不同的自主单位。这种脱钩增加了灵活性和响应不确定性事件的能力。

若网络组织没有治理,其就等同于单纯的市场,那么在企业高管有限理性的基础上,他们并不可能全面地分析十分复杂的环境,并预测未来可能出现的各种偶然可能。组织与组织之间为获取资源而签订契约。由于不确定性的普遍存在,构建和执行契约的预期成本将会增加;同时由于不确定性的存在,组织不可能预测出各种可能发生的情况并将其写进合同,因此这就使得组织间的契约通常是不完备的。因此,当组织双方面临特殊情况时,会出现事后问题,从而使得市场契约变得昂贵,不利于组织的发展。

(二)定制交易要求的人力资源特异性

定制交易创造了各方组织之间的依赖关系。比如,如果买方决定不再购买卖方的定制产品或服务,则卖方不能轻易地再将产品或服务出卖给买方。定制需求增加了组织之间的协调需求,但同时也引起了买卖双方组织对如何保护这一关系的探求,因为定制产品或服务使买卖双方都更容易受到市场转移的影响。定制交易涉及人力资产的特殊性,如组织文化、个人技能、惯例等,因为它来源于参与者所拥有的知识。因此,具有人力资源特异性的定制交易需要一种能够加强合作并且可以重复交流的组织形式,从而可以有效地传达交易各方之间的隐性知识。需求的不确定性推动了传统企业形式的分解,而定制化的交易强化了各方之间协调和整合的需要。

(三)网络组织的交易频繁性

网络组织之间频繁的交易是网络治理中的一个重要特征。组织之间的交易使其可以互相学习,从而发展自身特有的人力资源,并通过持续的互动深化双边关系,从而增强二者之间隐性知识的转移。同时,交易的频繁性也将单边的供给关系转化成了双边的供应关系,从而产生了更大的共同利益。但是,交易的频率其实也是组织的交易成本,需要组织持续的投资,并控制规模效益。另一个问题是组织长期市场交易中的自我执行机制。交易的频繁性产生连续交易,从而激发了组织的机会主义行为,进而威胁组织的声誉和品牌名誉。另外,交易的频繁性也使得交易各方通过"嵌入"形式对对方进行非正式控制,嵌入性包括关系嵌入和结构嵌入两个方面。关系嵌入强调交易的质量,即交易方考虑彼此需求和目标的程度及交易方表现出的行为和态度,如信任和信息共享等;结构嵌入强调的是网络的整体结构及其如何影响组织行为,如社会控制,是一种非正式的对于网络内群体的影响。因此,交易的频繁性也产生了网络治理的需要。

(四)交易信息的约束性

市场中存在大量的交易信息。然而,由于这些信息的不对称性、不完全性和复杂性,使得市场交易经常遭遇失败。在市场竞争环境中,交易中的卖方可以通过减少交易中的对外释放的信息来保护其技术和知识,这样一来,买方就无法充分了解他们所购买的产品。而且,若买方预期到其可能被欺骗,其可能只愿意提供比诚实卖家预期要低的价格来购买产品或服务,从而也在一定程度上迫使卖家交易低质量的产品或服务。因此,最终将只有低质量的产品或服务在市场上交易,从而使得买卖双方更加注重保护自己的信息,形成信息壁垒,形成恶性循环。此外,信息市场还缺乏高度复杂信息交易的有效性,即隐性知识无法通过市场有效转移。另外,在信息限制条件下,组织间的市场合约不够完备,从而难以区分产出结果不佳到底是由于不良业绩人为造成的还是运气方面的客观原因,从而产生激励问题,因为获得信息较多的一方可以根据自身的这种优势来挖掘合约中的不完备之处,从而钻空子。

(五)时间压力下的任务复杂性

任务复杂性是指完成某产品或服务所需不同专业的投入数量。任务复杂性造成了组织间行为的相互依赖,并产生了协调活动的需要。随着组织活动范围、业务功能、生产产品或服务不同市场的数量的增加,加之组织需要在快速变化的市场中缩减交货时间,任务复杂性与时间压力相结合,使得传统组织的顺序交换协调形式不再可行。因此,新兴的网络治理有助于不同组织在紧张的时间压力下整合各自优势,利用彼此间不同的多样化技术和知识来创造复杂的产品或提供服务。

三、网络治理机制

(一)宏观治理机制

宏观治理机制主要有信任机制、声誉机制、文化机制和联合制裁机制等。

1. 信任机制

信任是一方在一个关系中的意愿,是一个组织期望另一方不会出现机会主义行为,并且信任容易受到另一方行为的影响。也就是说,这种关系使得信任对象是特定的,而非基于一些基本的特征或性质。简单地讲,信任就是无条件的依赖。信任机制可以减少网络组织内成员间的交易成本,同时有效降低经营风险。这是因为相互信任的成员组织之间趋向于沟通和理解,加大产品设计开发、生产制造以及市场等方面的信息共享程度,缩短产品周期,降低生产制造成本,提高网络组织的运作效率。信任是一种系统简化机制,可以降低环境和系统的复杂性。同时,信任的存在有利于增加成员组织的向心力。因此,信任不仅是合作关系形成的催化剂,而且是成员组织之间达成协同的基础。信任机制是网络组织治理逻辑的基本机制,贯穿于治理逻辑的全过程,发挥着重要的协调功能。

信任是影响网络内组织间关系的重要角色,通常分为两个方面,即信任对方的善意和公平,以及信任对方的能力。一方面,组织倾向于对合作伙伴的行为进行积极的反馈,并且抑制机会主义行为,而非通过一些正式的监控系统来维护关系。这是因为信任的倾向源于人际关系和声誉,合作组织边界中的个人关系使得双方可以在不同的环境通过个人来监控对方的行为,对于声誉的广泛关注也使得合作伙伴为避免名誉扫地所产生的社会制裁而相互信任,促进诚信和公平。而且,相同的市场环境也为成员组织提供了另一方中有关善意和公平的大量信息,从而判断双方关系中的可信赖性。另一方面,对于合作伙伴的信任不仅在于组织间的关系,而且围绕着对对方能力的肯定。对彼此能力的相互信任使得合作双方可以加深对彼此资源、技术知识、设计技能和组织惯例的相互了解,从而巩固了双边关系。而且,成员组织会通过向合作方传达有关其对方的技能和知识的有价值的信息,也会影响双方关系中关于能力方面的信任。

总之,信任可以监督网络组织中成员组织的行为,从而影响双方交易关系中的表现,并且变化的信任评价会影响对新合作伙伴的关系发展,从而影响成员组织与网络的互动,确保网络组织的持续发展以及解决冲突和问题的能力。

2. 声誉机制

声誉是一个多维度的概念,可以看作是一种社会记忆,包括合作者的特征、可靠性、能力等与交易相关的属性。声誉为成员组织提供了一种良好的期望,鼓励组织间的合作行为,并有利于吸引新的交易伙伴。优良的历史行为与成功的当前业绩可以作为成员组织间加强合作交易的保障。通过降低成员组织对未来合作中可能的交易欺诈的恐惧,他们将更有意愿进行长期深入的合作。然而声誉作为一种非物质担保,其存在也十分的脆弱。在任何交易中一次违反规则的行为都可能导致声誉损失,因此声誉的维护对成员组织而言尤为重要。

在声誉机制中,关于公平交易的声誉尤为重要。公平交易包括避免机会主义行为,如吸收互动组织的知识,却将之用于自身单方面的利益,从而损害对方的利益。在关心合作方声誉的同时,成员组织也同样关心自己的声誉,因为这有助于成员组织留住现有的合作伙伴,并与新的合作伙伴建立联系,保持自身在网络组织中的有效作用。

声誉是一种不成文的规范,其为成员组织间的合作关系提供了一种有效的监督机制,从而强制各成员组织维护自身声誉。网络成员之间的强联结关系构成了网络内部紧密的信息网络,任何正面或负面的信息都能够在网络内快速通畅的传播。因此,若成员组织违反网络组织内的行为准则并失去声誉,这个成员组织的周围很快就会出现消极反应,如该组织会受到孤立,获取信息和资源受阻等。同时,它会被整个网络组织所排斥,丧失未来的市场机会和获利能力,受到网络组织内的社会制裁,并承担巨大的经济后果,甚至被踢出整个网络。声誉机制是一种凝聚整个网络组织力量的治理机制。

3. 宏观文化机制

文化机制即为支持网络组织内自治的成员组织之间相互依赖的活动和协作的价值观念体系。文化包括无形的精神文化和有形的物质文化。文化渗透了整个网络组织,并且协助网络组织制定一系列的规则和制度。文化机制一方面可以帮助成员组织之间定位彼此在合作中的角色关系,另一方面也可以在成员组织之间形成交易活动与问题解决的行为模式,有助于成员组织间的运作协调。在长期的合作交易中,文化能够潜移默化地改变组织间合作者的博弈格局,在成员组织之间形成特定的文化信念,在长期利益的驱使下,其将会对成员行为产生深远的影响,使其具有某种路径依赖。

文化机制可以从三个方面加强成员组织的协调效应,即通过特定交流方式综合复杂信息、通过社会化形成总体期望以及共同规则。由于合作伙伴之间基本行为规则的存在,合作所需信息能够在交流中成为集体记忆的一部分,从而奠定组织间的共识基础。合作伙伴不再需要通过重复性的谈判协商规定每一次的交易规则,从而能够简化交易过程、降低交易费用并提高交易效率。同时,这种共识也促进了成员组织在互动中的信任与沟通,增进双方对彼此预期合作目标与行为方式的深入理解,因而使得共同治理成为可能。另外,文化机制还涉及价值问题。其约束成员组织间互动过程中的行为以及战略导向,如在追求创新文化的网络组织中,合作的成员组织之间会以创新为目标而努力,并且以是否具有创新性为组织运行结果的关键价值。文化机制同样体现了网络组织结构的凝聚力和组织间关系的多重性,构成了网络组织内宏观层面的价值观,并且引导成员组织产出网络组织所期望得到的结果。

4. 联合制裁机制

联合制裁机制是对网络组织中违背共同行为准则的成员组织施以处罚的机制。联合制裁机制通过呈现违规的后果来定义可接受的行为,从而保证网络内交易的正常有序运转。联合制裁机制的本质,是让成员组织能够意识到制裁带来的不良后果,并因此敦促成员以不损害他人利益的方式行动。若机会主义成本不够高昂,根据人们逐利的本性,成员组织为了获取更大个体利益,可能就不会去执行网络内的规范,而联合制裁机制的作用就在于防止机会主义行为,提升合作伙伴间的信任程度,并强制执行网络规范。由此,组织网络才能有效地驱逐违规者,使成员组织严格遵守网络行为规范,约束自身,从而降低成员组织行为的不确定性。因此,联合制裁的博弈机理不仅体现在互动过程之中,而且形成了对机会主义行为进行严厉惩罚的威慑作用。联合制裁机制使得机会主义者不会贸然为了短期的投机利益去牺牲长期利益,破坏组织内的合作关系,甚至遭到驱逐,从而保证了成员组织间的互动向健康协同的方向发展。

(二)微观治理机制

微观机制包括学习创新机制、决策协调机制、激励约束机制、信息反馈机制、利益分配机制等。

1. 学习创新机制

创新是组织生产与发展的动力,而知识作为创新的源泉,是组织竞争优势的关键来源。企业聚合而成网络并进行互动的一个重要目的,就是获取知识和资源。网络组织为成员间的互动学习提供了一个交流平台,成员组织通过学习过程创建并扩展自身的知识库,整合他人的互补资源,从而更有效率地创造新的产出。

网络组织交互过程的另一个特点是自组织学习,也就是说,网络内的学习是自发的,而非提前设计拟定的流程。尤其对于高度复杂的技术和知识而言,网络组织是确保成员在自发持续互动中实现进化的基础,因为随着当前知识技术的复杂化,几乎没有组织能够独自开发利用全部的新知识和新技术。网络组织内高质量的紧密联结关系使得成员组织可以交换更加专业化的信息,这是它们重要的知识来源,特别是一些不易理解并且需要重新且持续沟通的隐性知识。

学习创新建立在网络组织内的共同性和多样性基础之上。共同性是组织学习的前提,成员组织间必须首先具有共同化的知识,才能相互理解彼此的信息,在相互探索并分享各自知识的过程中,将自身已有的知识结合到新的概念中。多样化指的是成员组织彼此已有的知识是不同的,多样化的知识才能推动成员之间的相互学习,从而促进创新。另外,学习创新机制还强调网络组织的灵活性和适应性。随着市场环境的愈发动荡与复杂化,成员组织需要保证一定的组织灵活性来应对环境变化,从而更加有效率的在其他成员组织那里进行学习,汲取有用的知识,创新产出,适应不断变动的外部环境。

2. 决策协调机制

即使是在成员联系紧密的网络组织中,仍然存在信息不对称的情况,加之契约的不完全性,使得网络组织内的成员联合起来,以产生最大化的边际效果。网络组织中的成员在交易、利益及信息等方面存在着很强的关联性,任何一个组织要实现自身的利益最大化,则必须以整个网络组织的价值增值和共赢为基础。决策协调机制主要是基于群体决策模式。一方面,决策协调机制使得网络组织成员能够联合起来,共同解决由单一成员无法解决的困难问题,同时又能够通过不同组织成员的渠道及时和准确地接收、整合新信息,由此保证决策的科学性。另一方面,网络组织是核心资源的集成,因为各成员组织的资源能力不同,信息优势各异。为实现整个网络组织的共同利益,各成员共享自身的独特资源,通过不同资源的有序叠加与交互实现聚变,从而更加高效地创造价值。

然而,在网络组织中,各成员资产与资源的最终所有权仍归自身,这也代表着基于这些资产和资源的决策权仍然掌握在各成员自己手中,因而在进行共同决策时,网络组织成员需要相互协调,以在保障彼此利益的同时保证决策的一致性。

3. 激励约束机制

激励约束机制是网络组织创新生产的助推器,包括人文激励和经济激励机制。网络组织为成员创造了一个高效率低成本的生产环境,在这一环境中,成员组织的地位大多以绩效衡量,而非层级等级。人文激励由此产生,即通过声誉的传递来激励成员组织以彼此为目标不断提升绩效,从而达成整个网络更高的凝聚力与效率水平。经济激励则鼓励成员组织遵守相互间的契约,通过利益共享和风险共担来维护网络组织的协同效应。成员组织在关心网络组织的整体经济活动的基础上追求自身利益,并分享共同利益,因此,人文激励与经济激励是推动治理逻辑不断转化的助推器。

有激励自然也需要约束。网络成员组织的行为在受到外部社会环境的约束之外,还受到网络关系的制约。制约也代表着相互依赖。合作各方的经济行为遵循网络组织的总体目标要求,而总体目标的完成又依赖于组织成员的相互配合。网络成员组织间的经济性和社会性联结规定了成员的权利和义务,反之,整个网络的行为也由成员组织联结的具体方式所"控制"。因此,这种互相的约束逐渐形成了网络组织成员的发展路径,即成员间的分工关系强化了他们各自的路径依赖,形成了一种自我约束轨迹。自我履行约束实际上是一种成员组织自我克制的"单边协议"。由于网络组织中信息传播的广泛性和机会主义成本的高昂,以损失自身声誉为代价去违背合作中达成的默契显然是不经济的行为,因而这种制约机制能够敦促成员组织自觉履行合约。另外,还有抵押品的约束。在开展预期的合作时,网络成员组织之间通常会投入抵押品作为共同合作的专用资产。这些专用性资产只能用于契约中的合作内容,不可回收与再利用,因而能够在伙伴间形成一种威慑性信任,制约了合作各方在共同资源博弈中的"搭便车"行为。

4.信息反馈机制

对于信息的及时反馈可以用来监测网络组织内外相关的环境变量,如社会文化发展、不同客户群体需求的变化、新的技术进步、实际和潜在竞争对手下一步可能的战略举措等。因此,建立恰当的信息反馈机制有助于减少信息传递时滞,提高网络组织治理效率。信息反馈并不一定通过正式的书面报告等实体来传递信息,也可能通过非正式的社交关系来与其他成员组织进行互动并传播信息,进而快速扩散至整个网络组织。因此,区别于传统层级结构信息的交流基本上在两两之间进行的链式反馈机制,网络组织依靠成员间复杂和紧密的关系达到信息共享和实时的管理控制,其信息交互频率也比传统层级组织信息传递的频率要大得多。另外,信息反馈机制还能避免成员组织间因信息不对称所带来的逆向选择问题。信息反馈在很大程度上避免了信息不对称问题,保障了成员组织之间交流的稳定,也为整个网络组织提供了一个高效的信息沟通与协同运作环境。

5.利益分配机制

网络组织内协作的目的,除避免了过度市场竞争而陷入囚徒困境、浪费资源之外,更重要的是将部分的市场交易内化为网络组织的内部交易,从而节约了交易费用。成员组织可以充分发挥自身的核心能力分工协作,并通过共同投入的专用性资产形成资源共享与优势互补,并同交互作用产生更高的协同效应。网络组织中的成员从网络组织的整体利益出发,以追求网络组织整体利益最大化为目标,同时成员组织各方均有机会取得比独自运营更大的利益,从而实现了网络组织的帕累托改进。然而,由于各成员组织的能力可能存在差异,这种一定程度的不对等可能造成彼此在合作中经济权力关系的不平等。因此,假若成员组织间利益分配不平衡,就会挫伤成员的合作积极性,加剧合作伙伴之间的经济摩擦和封锁。价值创造后的结果分配是否公平,将直接关系到网络组织的经营绩效和发展前景。因此,网络组织需要设计收益分配合理的利益分配原则,减少由信息不对称和不完全契约所产生的内部资源消耗问题,协调多边经济利益关系,确保网络组织内部关系的持久稳定。

网络治理机制构成如图 13-2 所示。

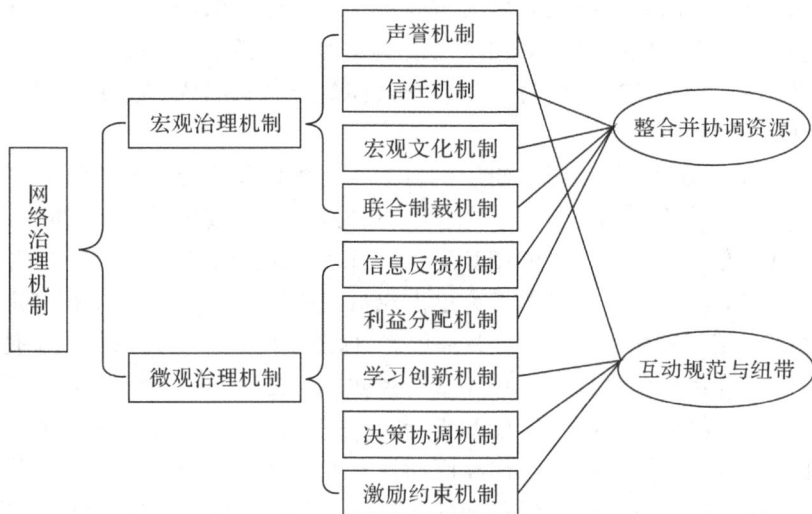

图 13-2　网络治理机制的构成

第三节　网络治理模式

一、网络治理模式创新

在数字经济时代,随着信息的接收与响应越来越追求时效性,加之客户越来越多地参与到企业治理与产品过程中形成买方市场,网络组织这一由众多参与者组成的松散耦合结构也需要随着市场的发展创新治理模式。网络治理模式创新需要考虑四个维度的影响因素,即外部环境、治理目标、组织结构(也有把组织成员单独考虑,即五个影响因素或五个维度的称法)和治理机制。

四个维度之间的因素相互影响,共同决定了网络治理模式创新的整体逻辑。其中,外部环境代表了成员组织进行网络治理模式创新的原因,即因外部环境的巨变,当前的网络治理模式已不能完全满足成员组织之间的互动与生产需要。治理目标代表了网络成员组织期望通过治理模式创新达成怎样的结果。组织结构代表了网络组织成员通过模式创新期望重新构建怎样的主体。治理机制是指组织成员预期如何实现网络治理模式创新,即创新的途径和方式。

网络组织外部环境的动荡变化对原有的组织结构形成了冲击,迫使网络组织根据自身的目标和发展战略来改变传统的组织结构。其中,网络组织的治理目标是居于中心的稳定存在,是网络组织进行模式创新的方向。网络组织的形成,使得各网络成员为了实现共同的治理目标而重组关联方式,通过重新的结构设计发展复杂却有序的整体网络,以进一步提高整个网络组织的执行效率。另外,网络组织通过信任、文化、决策协调等具体的治理机制允许各成员组织在维护各自利益的同时创造更多的共同价值,积极响应外部环境变化的要求。综上,整个网络组织通过这四个相互作用的维度形成一个整体的系统。不同的维度之间相辅相成、动态演化,共同推动网络治理模式的创新与发展。

网络治理模式创新的四个维度及其互动如图 13-3 所示。

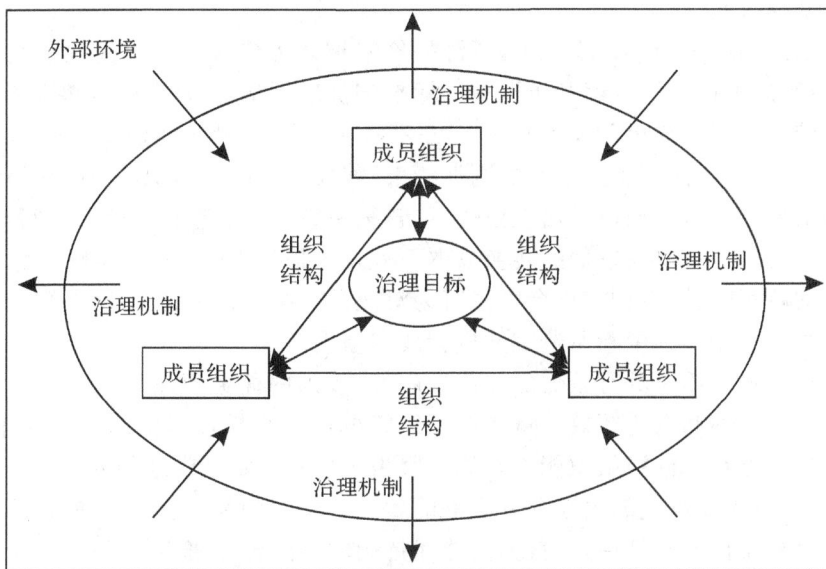

图 13-3　网络治理模式创新的四个维度

二、不同的治理模式

(一)从交易过程视角看治理模式

交易过程视角认为,由于网络组织的规模、边界、产权等具有很高的动态性与复杂性,因此,总结出一套唯一的网络组织治理模式是不现实的,网络组织需要根据不同的情境变化地运用不同治理模式。基于这一观点,网络治理模式被划分为准科层治理模式、准市场治理模式以及混合治理模式。

1.准科层治理模式

准科层治理模式通过契约和任务质押来降低网络组织成员之间出现机会主义行为的可能性。详尽的契约能够在合作前明确规定参与的组织成员需要达到的目标绩效,加之任务质押所带来的损失威胁,这种治理模式能够在一定程度上保证契约的有效执行。相比于市场治理模式,准科层治理模式下网络组织成员的经营行为受到更加严密的过程控制,包括制定具体的行为准则、持续不断的过程监督以及刚性的绩效目标等。这些控制行为均是为了确保网络组织最终获得期望的绩效目标。准科层治理模式需要成员组织持续地交流或交换合作过程中所需的相关技术、资源、信息以及知识,因而适用于内部成员相互依赖程度较高或互动频繁的网络组织,如战略性的研发网络组织、集团企业等。

准科层治理模式具有经营环境的高度不确定性、较高程度的资产专用性、较低程度的交易可替代性,以及经营活动的紧密互补性等特征。准科层治理模式更多地将治理权力集中起来,通过核心组织分配、指挥的主导作用,使得网络组织高效率低成本的运行,从而更容易实现成员组织间合作创新的溢出。但是,由于准科层治理模式的治理过程较为复杂,并且治理的权力相对集中,这一治理模式也可能在长期运行中逐渐僵化或形成官僚主义,损害规范化治理机制的功能发挥。

2.准市场治理模式

在基于市场的网络组织治理模式下,资源的价格被认为包含了组织间规范交易的必需信息,因此网络组织的整体决策能够基于资源的标准定价进行制定,并由此能够准确预期未来产生的合作经营结果。组织成员间契约的制定并不涉及具体的投入问题及经营活动过程的执行,而是侧重于对交易产品或服务结果的刚性约束,如模块化网络组织、全球化的供应链等,均表现为准市场治理模式。在准市场治理模式下,若某一组织成员存在机会主义行为,则与之相联系的其他组织成员也可以在较低的转换成本下效仿,进而在短时间内能够消除这一机会主义行为所带来的超额收益。由此,机会主义行为对成员组织来说不再是笔划算的买卖,从而避免了整个网络组织由于契约中断所造成的机会成本损失。

准市场治理模式适用于具有较低的资产专用性、较高的任务程序化和可度量绩效的网络组织中。低资产专用性和高的绩效度量降低了组织成员在交易过程中的监督成本,因此选择这一治理模式的关键在于网络组织能否有效克服由环境不确定性带来的经营连续性问题。准市场治理模式中,组织成员间的关系具有平等的属性。加之组织成员各自具有的独特资源在一定程度上具有异质性与互补性,这就为伙伴间持续的协同合作奠定了基础。

3.混合治理模式

混合治理模式集中了准科层治理和准市场治理这两种模式的共同特点,是一种较为新颖的网络组织治理手段,比如带有地域性的企业集群、产业集群等,主要运用的就是混合治理模式。混合治理模式适用于组织不确定性较为适中,外部市场环境风险较大,成员组织的能力、信誉等产生于与其他成员组织的合作经历之中的网络组织。与准市场治理模式的规范性以及准科层治理模式的严谨性相比,混合治理模式融入了信任等非正式的协调治理机制。混合治理模式中社会网络以及网络组织内密集的沟通维持了网络关系的有效运转。因此,混合治理模式较为独特的地方就在于其治理工具的多元化,即正式的契约关系加非正式的社会规范,如信任等,使得更多的社会资本要素被吸收进入网络组织。此外,混合治理模式中的行为控制不宜过高,因为正式的控制主要针对产出结果的衡量,衡量的标准会因为成员组织间信息的高度共享而随时调整。

(二)从关系强弱视角看治理模式

网络组织内成员组织之间的互动,形成了不同类型的联结关系。一种是成员组织建立在合作与竞争基础之上的强联结关系,另一种是成员组织间的互动所形成的柔性的协同关系。因此,关系、互动和协同是网络治理的基本逻辑,而利益共享和抑制机会主义是网络共同治理的根本原则。基于成员组织间关系的强弱,我们又可将网络治理模式分为以契约为主的治理模式与以社会资本为主的治理模式。

1.以契约为主的治理模式

网络组织中,组织成员间的正式契约所产生的强联结,通过严格的规则和规范相互约束发挥网络组织的协同效应。但是,这些规则和规范并不同于准科层治理中的行政命令,而是通过契约进行行为治理。契约治理模式通常围绕组织成员之间在互动过程中签订的相关条款。契约所规定的内容可能是不完备的,且契约治理模式的效率也在一定程度上有限,但这一模式却是组织成员之间关系维系的基本方式。

网络组织中的契约治理模式是抑制组织成员机会主义行为的重要手段,但在一定程度上也基于组织成员的关系紧密程度。关系紧密程度越强,为简化互动与交易,伙伴间的契约往往越简洁,由此也可能产生一些方便机会主义行为的漏洞。因此,契约治理也需要一定的监督成本。网络越复杂,监督成本越高,而过高的契约治理成本又会反过来阻碍网络组织运行的效率和协同性。解决这一矛盾的一个重要因素即为信任。信任是降低契约监督成本的必要手段之一,因此契约治理模式必须建立在信任之上。此外,为避免由地位不对等所产生的强权契约,网络组织需充分保证成员组织间契约的对等性,以避免牺牲成员组织的利益,引发网络动荡。

2. 以社会资本为主的治理模式

以社会资本为主的治理模式中,成员组织之间是一种松散的利益共生体,更多依赖于组织成员彼此的社会资本,即非正式契约。非正式契约是指组织成员在长期的经济交往中逐渐形成的一种隐性关系契约,却没有契约条款和显性规则的明确约束。以社会资本为主的治理模式除成员组织之间协商价格、定制化产品或互补资源等主要的生产活动之外,还包括它们之间对于各自所拥有的异质性知识的共享、跨组织的学习等,以促进合作,共同发展。当某些非正式的契约成为某一区域内成员组织共同遵守的潜规则时,可能就会由此产生正式的契约条款,从而对整个网络组织进行治理,对所有成员组织产生明确的约束力。总之,社会资本作为一种无形的纽带,将成员组织紧紧联系在一起,从而维护着网络组织的效率与稳定。

(三)从网络稳定性视角看治理模式

1. 封闭式治理模式

封闭的治理模式强调通过对成员组织提供稳定的需求并且紧密协作,建立一个成员组织数量相对较少,且具有较高稳定性的网络组织。这一治理模式的代表为日本的企业,特别是日本的汽车制造商。该模式特别强调现有网络组织的稳定性,也就是说,即使网络组织中有成员出现了生产制造或信息传递等各方面的问题,其他成员组织会通过各种方式帮助该组织解决问题,而非轻易地将其剔出网络组织。因此,封闭式治理模式适用于具有高度不确定性的行业,因为环境的不确定性往往会增加组织间的交易成本。

封闭式治理模式有三个基本特点,即成员组织之间较高的信任水平、信息的充分传递,以及成员组织间充分协作并共同解决问题。其中,成员组织之间较高的信任水平可以减少合作中的交易成本,信息的充分传递有利于组织双方理解彼此的生产方法、获取所需要的信息和知识,从而加速成员组织间的决策制定过程。双方充分协作并实时解决生产过程中出现的各种问题,则加速了组织的生产,提高了整个网络组织的运作效率。此外,封闭式治理模式还可以促进成员组织间的相互学习,并通过特定组织间的连续交易实现规模经济和范围经济,同时基于信任的控制方式也降低了长期的交易成本。然而,封闭式治理模式也存在一些缺点,比如,过于紧密的成员组织间联系可能会导致其在搜集外部信息并吸收外部知识等方面出现锁定现象,使得新知识新信息无法流入,从而不利于成员组织的发展,并最终导致整个网络组织的僵化。

2. 开放式治理模式

开放式治理模式往往出现在成员组织数量较多的网络组织中,如美国的汽车制造商。在开放式治理模式中,成员组织通过市场竞争机制来实现网络的效率,因此各成员组织在网络中的地位基本相同。一旦有成员组织出现问题,如不能及时供应其他成员组织所需资源,则其将很快被淘汰出局,同时,有能力且新加入的成员组织也不会因为合作时间短且与其他成员组织建立的关系不够稳定而受到各种限制和歧视。

三、网络化与网络组织

(一)组织内的网络化

随着市场对企业配置社会资源、提供产品及服务的能力要求的提升,企业为了更好地生存与发展而不断优化内部组织间的治理机制,通过加强内部沟通协调来提升企业内各组织间的响应与配合效率,以及加强企业外部对于潜在市场机会的把握。通过将企业内的组织进行网络化连接,各组织之间的信息传递更加及时和准确,从而降低了企业管理者与各组织之间的信息不对称,使得管理者能够更加高效掌握并指挥整个企业的运转经营,企业结构进一步向扁平化转变。

数字经济时代下,网络技术、信息技术的飞速发展便利了组织间的沟通过程,加速了企业内部网络化的进程。同时,环境的要求也促使企业向网络化演进。复杂多变的市场环境给企业的生存和发展提出了新的挑战,要快速地适应环境,就要求企业组织结构具有充分的柔性,而网络化的组织是一种很好地适应环境变化的组织模式。

来自企业的组织实践表明,成功网络化的企业在当今的市场和技术环境下都在建设和实施自己的企业内部网络,这不仅是技术实现问题,而且要求企业有高度的网络化理念,有实施网络化管理、运作和运营的组织基础、管理基础、技术基础和人才基础。基于企业内部的网络化,是企业网络化进程的重要环节,是企业在网络时代生存和发展的必经之路。

(二)组织间的网络化

企业的创新发展离不开外部资源的支持。整合外部资源需要企业加强与供应商、客户、合作伙伴乃至竞争对手的合作,拓展自身关联的网络组织范围,进而从企业自身的管理网络化推进到战略的网络化,从企业内部的网络化推进到外部联系的网络化。

虚拟组织、战略联盟、供应链一体化,这些组织间网络化的具体表现形式,使得原本独立的组织可以联合起来,共同完成单个组织无法完成的任务,在产业技术开发和市场价值开拓中共同发展、互利互惠。美国三大汽车巨头通用、福特和克莱斯勒联合构建了世界最大的汽车采购网络,形成了更加强大的采购优势;IBM、苹果公司和摩托罗拉联合研制中央处理器,和英特尔公司进行竞争;通过企业间网络,以丰田公司为核心的网络组织降低了成本,获得了竞争优势,从而进军美国市场;麦当劳通过特许经营和连锁加盟来拓展其企业的业务市场;沃尔玛通过与产品供应商建立新型货币联盟共享销售信息,提高补货速度,互利共赢。组织间网络形成了以企业为节点的一类新的网络组织——联盟型网络组织。

(三)网络组织

在梳理了网络组织的概念和特征的基础上,网络组织的运作管理、职能管理、领导决策与激励,以及网络组织独特的运行方式、复杂的特性等还需要学者们进一步的研究。这些都是对网络组织的组织与管理。所以,网络组织其实具有两重含义,即对网络的"组织"和通过网络进行"组织"。这里的"组织"显然是个动词。网络组织作为一种有效的资源配置模式,在研究网络组织管理的基础上,还要通过网络组织的方式进行管理与治理,用网络的模式进行管理与治理。

随着互联网、大数据以及人工智能等信息技术的进一步发展,网络组织已经逐步成为社会配置资源和组织模式的常态。在网络组织内,成员各方目标一致、利益契合,能够及时地接收与发送所需信息,并在一定程度上共享各类资源,同时,技术的发展、人们意识的提升,以及组织通过网络范式管理经验的积累,也为通过网络进行组织和对网络进行组织提供了可行性和工具,从而使得网络这一静态的结构转变为一种动态的运行方式。网络组织可以被看作是一种组织战略性结构转型,即由传统的金字塔形治理结构逐渐向扁平化的网络结构转变,由以往以工业生产为重的社会组织方式逐渐向以信息传导为重的社会组织方式转变。可以认为,网络组织是组织的发展方向。

四、网络组织的创新

(一)网络组织与协作创新

1.网络内成员组织与协作创新

在网络组织内,成员组织的属性会影响协作创新的绩效。成员组织的属性是指其自身的内在性质所表现出来的网络特征,如组织成员的开放性等。网络组织是一个由活动的组织成员联结而成的有机组织系统,其创新源动力就来自于这些活性。而且,成员组织不只是对网络联系的刺激和约束做出反应,它们还具有能动性,可以自主学习,从而提高自身的核心能力,加之网络组织能够协调网络整体行动以达到协作创新的效果,所有这些特点都使得网络中的成员组织能够提高协作创新的绩效。

成员组织要想在网络组织中谋求稳定的地位,就必须不断加强学习从而提高自己的核心能力,使自己更具创新能力,从而适应网络组织新的要求。随着成员组织核心能力的提高,其能够为整个网络做出更多的贡献,由此在协作创新、核心能力和成员组织地位之间就形成了一个自我加强的正反馈回路。另外,成员组织的开放性对整个网络结构的形成以及网络机制作用的发挥也具有重要影响。比如,当网络中的信息流通非常频繁、畅通时,成员组织能够轻易地获取自己需要的信息,并且减少了成员组织间的信息不对称,这使得整个网络更加的紧密,进而可以提升网络的创新绩效。总之,成员组织作为网络组织最基本的构成单位,其活性、开放性对成员组织个体以及网络整体的创新均具有重要的影响。

2.成员组织间关系与协作创新

首先,关注网络组织的创新,仅研究成员组织本身的属性是不够的,还需要关注成员组织之间的联系,成员组织间联系的直接性、联系强度、内容等均会影响网络整体的协作创新绩效。网络中成员组织间的联系越多,它们越能够建立起一种共同的愿景,且成员组织所共同持有的意象,使所有成员组织感觉到它们是一个整体,并遍布到网络组织全面的活动之中,从而使得各种不同的活动能够融汇起来。共同愿景既能体现网络组织未来发展的目标,又融合了成员组织个体的愿望。共同愿景提供了网络组织成员合作的精神动力,并且可以改善成员组织间的关系,使其具有强烈的认同感,因此,它是成员组织进行协作创新的保证。

其次,协作创新还需要学习过程。学习这一过程不仅需要成员组织的认知和经验,还需要与其具有紧密的联系,这样才能够促进成员组织间知识的顺利、有效转移。组织学习实际上是成员组织在网络内交流、共享和存储的过程,其最大特点是以一个共享的知识基础为中心。因此,网络组织需要为成员组织创造一个有利于知识交流、共享、创新、开放的环境和条件,建立平等的、开放式的学习环境。因此,通过网络组织,成员之间相互学习并且可以实现知识共享。

成员组织在共同愿景的基础上提高各自的核心能力并相互间进行协同创新,由此便在网络内部出现协同效应,网络本身的核心能力也随之加强。成员组织间核心能力和知识的互补,也会使得整个网络组织更富竞争力。网络组织的核心能力是基于其成员组织核心能力之上的,由于成员组织的核心能力各有所长,因此在网络组织这一复杂自适应系统中随着成员组织的交互,便会在网络层面上涌现出更加强大的核心能力,而不仅仅是成员组织核心能力的简单加总。网络组织整体的核心能力也会反过来加强成员组织间的共同愿景,从而使得成员组织间的协同创新基础更加牢固。

3. 网络组织整体的协作创新

不同功能的成员组织在网络中的相互联系,使得网络组织整体呈现出不同的形态和属性,产生了组织中协作创新的源泉。网络组织中的共同愿景是成员组织协作的基础,愿景与现实之间差距成为组织创造性的来源。成员组织根据各自的核心能力与目标,发展自己的愿景,又通过网络组织提供的背景和协调,引导各成员组织在交互中自发地建立整个网络组织的共同愿景。在这一过程中,成员组织共担成本和风险、共享收益,从而联结成更加紧密的网络。更进一步,以信息技术为代表的高新技术的发展及其在组织中的广泛运用,也使得成员组织之间得以横向交流、共享信息,消除了时空的限制,从而在网络组织内可以进行广泛的协作和高效的运作。因此,网络组织内的契约是网络组织创新的保障,保证了网络组织的自组织机制,并且以公平、合作、创新精神约束成员组织共享资源,全力致力于组织创新。

当前,几乎没有独立的个体组织能够独自完成创新的整个过程。因此,技术的发展催生了协作创新的出现。网络组织的协作创新,使得成员组织既可以规避创新竞争的风险、增强创新的竞争力,又可以充分利用网络组织内的知识、人力等各类资源,通过网络内的协作加强成员组织内在的互动与学习,从而在提高自身创新能力的同时,提高网络组织整体的创新效率,加快创新产出的结果。

(二)协作创新网络组织——虚拟组织

随着市场对产品和服务的需求日益多样化,市场也日益分散。为了应对这些高度专业化和复杂的市场需求,而产生创新成果又往往需要具有多样化能力和专业背景的不同组织的共同努力来实现共同目标;加之不同组织之间若要一起工作,知识的交流和转移是必不可少的。同时,知识转移需要的不仅仅是将知识从一个组织移动到另一个组织之上,还需要支持和促进这种联合创造的环境。由此,也就出现了一种新兴的协作创新网络组织形式——虚拟组织。

所谓虚拟组织,就是虚拟化的网络组织。其通常有四个主要特点,即临时(为某一特定任务组织而成)、存在文化多样性(可能需要不同文化和语言之间的交流)、地理分散(组织成员在不同地区分散工作),以及电子连接(组织成员之间利用数字技术进行通信)。虚拟组织是企业组织系统化变革的一种重要形式,是"通过技术工具将人力、资源和思想进行连接的组织模式"。通过突破原有组织的有形界限,虚拟组织利用现代的信息技术和通信技术,将实现优质、快速、高效而经济地完成某项任务的各功能体进行整合,仅保留关键的核心功能,而将其他功能虚拟化。虚拟组织具有足够的柔性和弹性,它随机会产生,可以根据需要而吸纳拥有实现目标所需资源的若干企业或组织,实现优势互补,且不考虑其身处何地,只要能"为我所用"即可,从而突破了传统企业运筹资源的范围,从企业内部延伸至外部,极大地拓展了企业配置资源的空间与灵活性。

随着外部环境的愈发频繁动荡的变化,虚拟组织内的组织成员能够在彼此的网络联结中不断更新并整合整个虚拟组织的资源与能力,以应对快速变化的市场环境。从本质上看,虚拟组织就是一个核心能力机会联盟,通常专注于知识密集型任务。虚拟组织以共同的市场机遇为目标,通过成员组织间的联结,利用彼此的优势资源进行互补,共享知识、技术并且成本共担,从而高效地实现合作创新。作为信息化、数字化、网络化的新兴动态经济组织,虚拟组织可以利用其分散又紧密的联结方式与能力重组模式,为组织成员提供一个共享知识资源的合作创新平台。

然而,成员组织的多样性、自治性等特点,在促进创新的同时,也会带来诸如降低凝聚力、暗含潜在冲突等负面作用。为了克服这些缺点,虚拟组织需要提出促进成员组织间进行交流,尤其是促进知识转移的举措,引导成员组织共同努力,为组织目标寻找一个整合的解决方案。这表明,知识转移与组织的目标相关,因为成员组织会为了完成目标而参与到知识转移的过程中来,成为既得利益者,参与分享它们自己的资源反过来也会为有效的知识转移做出贡献。而虚拟组织要做的,就是选择适当的知识转移和组织间交流的方法,鼓励成员组织积极地去解决问题,从而促进组织创新。

(三)数字经济时代下的网络组织发展与创新

数字经济时代,移动互联网、物联网、云计算、大数据、智能化、区块链技术已经渗透到方方面面,也同样激发出组织管理的新一轮变革。数字化转型能够优化组织的生产要素配置和组织治理过程,使得组织创新过程变得更加开放,极大地推动创新发展。数字技术可以更加容易地转移、获取并共享组织间的已有知识,以更加开放并高效地共同创造新知识。具体而言,移动互联网结合了移动通信与互联网二者的优势,使得买卖双方可以随时随地地接受与提供产品和服务,从而使用户结构得以优化,用户需求可以被及时反馈,用户数据得以被及时接收并分析。大数据可以帮助组织实时获取和细化客户行为的信息流,分析客户偏好以明确创新目标。云计算可以帮助组织降低开发成本,并快速测试用户对于创新的接受度,以更快地部署新产品和服务,支持了组织的决策过程。区块链支持组织共享数据库,其去中心化的特点为网络组织间的合作奠定了信任基础,其数据的公开透明与及时准确也为组织的用户拓展提供了方向性。物联网可以支持组织所需设备、机器和事物的连接,以支持企业动态创建、分析和交换数据,提高生产率并降低生产成本。

数字化浪潮催生出了各种各样的网络组织,也促使了它们的快速生长与创新生态的发展,如流通产业中一些新兴的流通业态。数字化发展不但催生了淘宝、亚马逊、京东等网上商城或平台市场,也使得这些流通业态以惊人的速度不断增长。这些流通企业作为信息流、物流、资金流的复合载体,可以将用户需求和新技术及时有效地传递给制造行业,从而深化了整个网络的专业化分工并提升了网络运营效率,同时也间接提升了制造业的创新能力。需要注意的是,这些新形式的流通企业不仅促进着实体企业的创新,其自身组织结构的演进同样是一种不可忽视的创新形式。互联网技术给流通带来的最显著的变革是更好地解决了信息不对称问题,同时,数字化的发展也打破了地理限制。线上的流通组织使得消费者的可达性不再有边界和阻碍,由此企业规模的边界也能够被极大的延展,充分体现了流通产业在数字经济时代的独特网络外部性。这些流通组织降低了传统流通企业中占比极大的经营成本,促进了流通资源的优化配置,改变了商业的空间聚集方式,因而不仅具有产生规模经济从而使社会福利增加的直接网络外部性,而且具有市场中的中介效应所产生的间接网络外部性。

数字化也凸显了公司在治理与创新中的"大企业病"问题,并由此产生了另一种新兴的企业变革形式——企业无边界。企业无边界由海尔集团最先提出并付诸实践,即企业同时关注内外部资源,不再以传统的内部资源边界界定企业边界,而是以核心能力界定。通过打造不同的核心价值模块,企业能够将自身投入更加广阔的网络中进行运作,撬动外部技术、资本、专业人才等社会化资源,动态地配置其他企业的核心能力,以更加高效地通过快速迭代的产品或服务满足不断变化的且越来越个性化的消费者需求。这种无边界的平台化合作机制,能够使企业尤其是大型企业抓住数字化浪潮所带来的机遇与挑战,避免在产业升级与层出不穷的商业模式创新中被边缘化。同时,企业无边界更是扩大了网络组织的内涵。企业通过充分释放员工的发展潜能,在积极鼓励企业内员工创新的同时,能够通过他们来对接各种社会资源,以最大限度地扩展市场规模并挖掘新的市场机遇。同样,企业内的各种人才也能够借助并依靠企业所积累的品牌与经济规模快速成长,双方相辅相成,为数字时代下的组织变革带来深远的启示。因此,随着数字技术的深化发展,传统企业需要更加积极地去拥抱数字化转型,这不仅要求企业在内部治理过程中使用数字工具,而且鼓励企业管理者加速数字化思维的转变,充分利用数据资源和信息进行经营发展。总而言之,组织创新和变革的道路,正在每位实践者的脚下。

本章案例阅读

【案例 13-1】   **不同的组织形式**

1. 功能组织——沃尔玛

沃尔玛作为全美最大的零售商之一,专注于定义明确并分布均匀的目标市场,因为它的很多商店位于中小城市的小城镇和郊区。对于这些高度相似的市场,沃尔玛最大限度地利用来自 1200 多家商店的在线计算机化销售数据,将各个商场的货架销售情况与其仓库的存货情况紧密结合,形成了有效的库存和分销系统。同时,沃尔玛聘用规划师、物流专家等专业人才,以求最大限度地提高整个物流的运营效率。虽然沃尔玛并不实际生产其所销售的商品,但由于其购买力庞大,可以集中协调指挥大批的供应商来对自己的销售预测和供货时间做出回应并配合调整。

2. 部门组织——通用汽车公司

面对越来越多样化的要求,通用汽车公司设计出不同的汽车品牌和型号,以针对主要以价格区分的不同市场。如雪佛兰、庞蒂亚克、凯迪拉克等产品部门,作为近乎自主的公司部门组织进行运营,为其各自的目标市场和目标客户生产和销售产品,而对于整个企业的管理则主要专注于投资的增长和企业战略的定向。

3. 矩阵组织——IBM

IBM 作为全球性的信息技术和业务解决方案公司,其庞大的体系使得单一部门划分的传统方法不再适用。基于此,IBM 将产品体系(PC、服务器、软件等事业部)、行业类别(银行、电信、中小企业等)、组织职能(销售、渠道等)以及地域分区等多种划分部门的方式有机地结合在一起,形成了一个立体的多维矩阵网络。对于这个矩阵中的某一位员工而言,按照不同的划分标准,他可能同时处于不同的部门中,从而可以充分发挥各种部门划分的好处,更加有效地把握住各种产品的重点市场。

【案例 13-2】   **耐克的组织网络**

耐克是全球著名的体育用品制造公司,其生产的体育用品包括服装、鞋类、运动器材等多个种类。20 世纪 70 年代,制鞋业具有极为有利的初始市场需求,但耐克公司击败了所有的竞争对手,包括当时已获统治地位的阿迪达斯。这是因为耐克将企业结构转变为虚拟网络组织结构,其公司本体开始专注于研发和推广品牌,而将生产任务都转包给劳动力价格低廉的亚洲企业。耐克公司通过建立合作网络,有效地获取了外部人力和物力资源,创造了成本优势;同时集中精力进行产品开发与创新,根据不同的顾客群体开发不同的产品,创造了产品多样化与创新优势。

【案例13-3】　　　　　　　　**阿里巴巴与数字时代**

阿里巴巴集团的创立初衷为"让天下没有难做的生意"。如今,阿里巴巴电子商务和云计算方面的能力已引起了全世界的广泛关注和学习。通过为中小企业和个人搭建电子商务沟通和交易平台,阿里巴巴帮助所有渴望低成本创业的企业与个人克服在流通渠道上面临的信息劣势,低成本高效率的达成交易。而同时,起初为自身提供数字化服务所建立的阿里云,也成了中国最早的云计算制造商。借助数字化与网络化的飞速发展,如今即使在国内最偏远的地区,无论是实物还是非实物货品,阿里巴巴都可以借助阿里云计算为线上买家和卖家提供服务,掌握买家偏好,同时确保卖家能够及时与买家进行沟通交易。未来阿里巴巴还将借助大数据、物联网、移动互联网等数字技术的进一步发展,打造更加完整的中小企业生态链。

本章要点小结

1.组织结构一直在不断演进。从19世纪和20世纪的交汇开始,"垂直整合的功能型组织"逐渐由可以涉足多样化市场的"多部门组织结构"代替。到20世纪六七十年代,强调横向关系和双向责任的"矩阵型组织结构"又开始兴起。20世纪80年代以来,愈发激烈的市场竞争催生了"网络组织"这一更具活力的新兴组织形式。网络组织的兴起,可以说是一次管理上的产业革命。

2.网络组织可以被定义为"结构、过程和目的的元素集合",也可以被定义为"在密度、多重性、互惠关系和价值共享系统方面区别于交换联结,定义成员角色及责任的组织形式",是不同但相关的利益组织之间有目的和有意识的安排。

3.网络组织是介于市场和层级组织之间的一种重要形式。网络不仅仅是基于市场价格机制或层级权威关系,它还是两者的混合体。

4.网络组织具有以下特征:内部成员组织间以信任为纽带相互依赖并解决冲突、区别于传统组织的内外边界、以知识为基础的内部运作、管理的复杂性,以及成员组织之间建立的自愿关系。

5.不同的学者将网络组织分为不同的类型。其中,Achrol将网络组织分为内部市场网络、垂直市场网络、市场间网络与机会网络等四类。

6.网络治理是由一组有选择的、持续性的和结构化的自治企业(包括非营利组织)组成的集合,这些企业基于隐性的或开放式的契约进行产品的生产与服务,以适应多变的环境,并且协调和维护交易。并且,这些契约是社会性而非法律性的联结。

7.网络组织需要治理主要是由于:①客户需求的不确定性;②定制交易要求的人力资源异质性;③网络组织的交易频繁性;④交易信息的约束性;⑤时间压力下的任务复杂性。

8.网络组织的治理机制主要包括宏观治理机制和微观治理机制。其中,宏观治理机制主要涉及网络组织的有序运作和有效治理的环境条件,包括信任机制、声誉机制、文化机制和联合制裁机制等。微观机制是网络组织的调节器,包括学习创新机制、决策协调机制、激励约束机制、信息反馈机制、利益分配机制等。

9. 组织治理结构的多元化驱使治理理念和治理模式的创新,其中,外部环境、治理目标、组织结构和治理机制是网络治理模式创新的四种重要影响因素,这四个维度之间的相互作用决定了网络治理模式创新的逻辑关联。

10. 网络组织根据不同视角,具有不同的治理模式。从交易过程视角出发,网络治理模式被划分为准科层治理模式、准市场治理模式以及混合治理模式;从成员组织间关系强弱的视角出发,网络治理模式可分为契约治理模式与社会资本治理模式;从网络的稳定性视角出发,网络治理模式又可分为封闭式治理模式和开放式治理模式。

11. 网络治理有两层意思,其一是对网络组织进行治理,即网络组织成为治理行为的对象;另一种就是利用网络进行公司治理,即将网络作为公司治理的工具。

12. 网络组织的协作创新,使得成员组织既可以规避创新竞争的风险、增强创新的竞争力,又可以充分利用网络组织内的知识、人力等各类资源,通过网络内的协作加强成员组织内在的互动与学习,从而在提高自身创新能力的同时,提高网络组织整体的创新效率,加快创新产出的结果。

13. 虚拟组织能够突破原有组织的有形界限,利用现代的信息技术和通信技术,快速、高效、经济地整合完成任务目标所需的各种核心功能体,使得整个组织成为一个核心能力机会联盟。

14. 数字经济时代,企业不仅需要加快内部治理过程中的数字化转型,而且需要具有数字化的思维,充分利用数据资源和信息进行经营发展。

思考和讨论题

1. 功能型组织、部门型组织和矩阵型组织相比于网络组织,各有什么优缺点? 网络组织又具有哪些优缺点?

2. 哪些因素催生了网络组织的出现?

3. 网络治理机制在网络治理的整个体系中,处于怎样的地位?

4. 网络治理除了本章介绍的模式之外,还可以有怎样的治理模式?

5. 网络组织为达到目标而进行协作创新,那么,其为适应愈加多变的环境而进行的适应性创新,应该是怎样的运作机制?

6. 网络组织之间的竞争与传统工业企业之间的竞争有哪些不同?

7. 互联网时代下,企业应该如何识别产业的机会和威胁,从而建立起独特的企业竞争力?

8. 未来组织的发展与创新,可能还会朝向怎样的方向?

本章参考文献

[1] 郝臣. 信任、契约与网络组织治理机制[J]. 天津社会科学,2005(5):64-67.

[2] 李维安,林润辉,范建红. 网络治理研究前沿与述评[J]. 南开管理评论,2014(5):42-53.

[3] 李维安,周建,张耀伟. 企业战略管理案例点评[M]. 北京:对外经济贸易大学出版社,2008.

［4］李维安.公司治理学［M］.3版.北京：高等教育出版社，2016.

［5］林润辉，张红娟，范建红.基于网络组织的协作创新研究综述［J］.管理评论，2013，25（6）：31－46.

［6］林润辉.网络组织与企业高成长［M］.天津：南开大学出版社，2004.

［7］ACHROL R S. Changes in the theory of interorganizational relations in marketing：toward a network paradigm［J］. Journal of the Academy of Marketing Science，1996，25（1）：56－71.

［8］CARPENTER M A，LI M，JIANG H. Social network research in organizational contexts：a systematic review of methodological issues and choices［J］. Journal of Management，2012，38（4）：1328－1361.

［9］HANSSEN-BAUER J，SNOW C C. Responding to hyper competition：the structure and processes of a regional learning network organization［J］. Organization Science，1996，7（4）：413－427.

［10］JARILLO J C. On strategic networks［J］. Strategic Management Journal，1988，9（1）：31－41.

［11］JONES C，HESTERLY W S，BORGATTI S P. A general theory of network governance：exchange conditions and social mechanisms［J］. Academy of Management Review，1997，22（4）：911－945.

［12］PARK S H. Managing an interorganizational network：a framework of the institutional mechanism for network control［J］. Organization Studies，1996，17（5）：795－824.

第五篇

创新篇

第十四章

创新管理基础

本章导读

在创新驱动发展的时代,企业创新成为学术界研究的热门话题。本章首先介绍创新理论的起源——熊彼特创新理论,在此基础上,从多个层次对与技术创新相关的理论进行了简要介绍;然后对创造力以及创新思维的内涵进行了剖析,重点分析了整体性思维和分析性思维对创新的影响;最后借助 TRIZ 理论来展现创新思维的运用。

第一节 创新理论基础

一、创新

(一)创新的概念

创新是一个很古老的词。在英语中,创新一词来源于拉丁语"innovate",意为更新、创造新事物或改变。

创新的概念最早是由经济学家熊彼特(J. A. Schumpeter)于 1912 年在其著作《经济发展理论》中提出。1928 年,英国版《资本主义的不稳定性》(*Instability of Capitalism*)指出,创新是生产函数或供给函数的变化,或是生产要素和生产条件"新组合"的过程。也就是要把一种从来没有的关于生产要素和生产条件的"新组合"引入生产体系中,以实现对生产要素或生产条件的"新组合"。作为资本主义灵魂的企业家的职能就是实现"创新",引进"新组合"。这种"新组合"的目的是获得潜在的利润,即最大限度地获取超额利润。

在 1939 年出版的《商业周期》(*Business Cycles*)一书中,创新理论被全面提出。熊彼特认为创新属于经济范畴,而不是技术范畴。不同于科学技术中的发明创造,创新主要是指一种新的生产能力的形成。具体来说,创新包括以下五个方面:①新产品的引进;②采用新的生产方法;③开拓新市场;④获得新的原材料来源;⑤实施新的企业组织形式。熊彼特的创新概念含义广泛,包括几乎所有能够提高资源配置效率的创新活动,涉及产品创新、工艺创新、市场创新、原材料利用创新、组织管理创新,这些创新活动可能与技术直接相关,也可能不直接相关。虽然熊彼特本人并未针对技术创新给出明确的定义,但是与技术直接相关的创新(即新产品开发和新技术采用),是熊彼特创新思想的主要内容。

除此之外,熊彼特认为创新是生产过程中内生的,创新是一种革命性的变化,创新同时意味着毁灭(即创造性的破坏,creative destruction),创新必须能够创造出新的价值,创新是经济发展的本质规定,创新的主体是企业家等,这些都构成了熊彼特创新思想的重要组成部分。

在熊彼特之后,国内外许多学者对技术创新的概念提出了不同的理解。在《在资本化过程中的创新:对熊彼特理论的述评》一文中,索洛对技术创新理论进行了全面的研究。他首次提出了技术创新建立的两个条件,即新思想的来源和后续阶段的实现与发展。这一"两步"理论被认为是界定技术创新概念研究中的一个里程碑。1962 年,伊诺斯在他的文章《石油加工工业中的发明和创新》中第一次直接而明确地定义了技术创新,他认为技术创新是几种行为综合的结果。这些行为包括选择发明、资本投资保证、组织、规划、雇佣和开拓市场等。随后,曼斯菲尔德(E. Mansfield)从产品创新的角度定义了技术创新。他认为,产品创新是一种探索性活动,该活动从企业新产品概念的提出直到新产品的销售和交付结束。厄特巴克(J. M. Utterback)认为,与发明或技术样本不同,创新是技术的实际采用或首次应用。

弗里曼(Freeman)是英国技术创新领域的著名学者,他对技术创新的研究有以下两个特点:首先,作为一名经济学家,他更多地从经济的角度关注创新。第二,创新对象基本局限于标准化的重要创新。在他看来,技术创新的经济意义只是以新产品、新工艺、新系统、新设备的形式实现技术的第一次商业化。因此,在 1973 年发表的《工业创新中的成功与失败研究》中,他认为"技术创新是技术过程和商业化的整个过程,它导致新产品的市场实现和新工艺流程、新设备的商业应用"。后来,弗里曼在 1982 年指出,技术创新是新产品、新工艺、新系统等核心服务的第一次商业转型。

20 世纪 80 年代中期,缪尔塞(Mueser)通过系统梳理和分析过去几十年来关于技术创新概念的各种主要观点和表述,将技术创新重新定义为:"技术创新是一个有意义的不连续事件,其特征是概念的独创性和成功的实现。"这个定义突出了技术创新在两个方面的特殊含义:一是活动的非常规性,包括新颖性和不连续性;二是活动必须取得最终成功。

在我国,技术创新研究在近些年来引起了学者们的极大关注,技术创新理论的研究和实践活动已得到了蓬勃的发展,许多学者对技术创新进行了研究。其中,代表性的观点如下:

李垣认为,技术创新是创新者借助技术发明和发现对生产要素和生产技术进行的新变革,并使这些变革取得商业成功的一切活动。

傅家骥认为,技术创新是企业家抓住市场潜在的盈利机会,以获取商业利益为目标,组织生产条件和要素以建立能力更强、效率更高和成本更低的生产经营系统,从而推出新产品、新的生产(工艺)方法,开辟新的市场,获得新的原材料或半成品的供应来源或创建新的企业组织,它是包括技术、组织、经营和财务等一系列活动的一体化过程。

陈劲强调,技术创新是基于要素组合的市场化行为,是技术与市场的整合,是研发部门、生产部门和营销部门的有效整合,强调企业与其用户、供应商甚至竞争对手的学习与合作,在此过程中要充分利用外部的技术和资源。

纵观现有对技术创新的概念定义,由于视角不同,研究者对技术创新的理解和定义也不尽相同,但总体上并未出现太大分歧。学者们分别从经济学、管理学的角度进行归纳。从经济学角度来看,强调经济要素的"新组合"特点。技术创新是企业建立新的生产函数,其目的就是降低成本,提高利润,因而在研究中侧重于分析技术创新的经济效果。从管理学角度来看,强调技术创新是一个从思想产生,到研究、试验、生产直到首次推向市场的过程,是企业家建立一个高效的生产经营系统的过程。这个过程的关键是建立一个健全的善于接受创新的组织结构,激发其组织成员自觉从事创新活动,因而侧重于研究技术创新各阶段的组织与管理。

综上,我们尝试给出一个比较广义的创新定义,即一切创造新价值(包括商业价值和非商业价值)的活动和结果,都可以称为创新。

(二)创新的分类

学者们除了研究技术创新的定义,也讨论了技术创新的分类。例如,已有研究根据技术创新中不同的创新对象将技术创新划分为产品创新和过程创新。简单来说,产品创新是指生产新产品的技术创新,过程创新是指产品生产技术的变革,包括工艺创新、设备改造和生产方式创新。20世纪80年代,英国萨塞克斯大学科学政策研究部提出了基于性质、程度和规模的创新分类,其内容包括:渐进性创新,是一种不断进行的、具有累积性质的改进;突变性创新,是一种不连续的,其成果将导致产品性能或者生产工艺发生质的变化,在技术上有根本突破的创新;技术系统的变革,是指在严格的规划和精心的组织下,建立一个经过多年和大量资源才能完成的复杂系统;技术-经济范式的变革,指既伴随着许多根本性的创新群,又包含有许多技术系统的变更的创新。此外,也有学者将技术创新划分为节省劳动的创新、节省资本的创新和中性的创新等。弗里德曼将技术创新分为进攻型、防御型、模仿型、依附型、守成型和机会型。亨德森和克拉克则从核心概念之间的联系出发,将技术创新分为渐进式创新、架构创新、模块创新和突破式创新。国内研究中,程源、博家骥将技术创新战略模式分为三种:自主创新、模仿创新和合作创新。总之,按照不同的标准,人们对技术创新分类的结果也不同。在这里,我们主要介绍亨德森和克拉克的观点。

(1)渐进式创新:通过不断的、渐进的、持续的细微改动进行创新。比如在原有技术基础上,对元件的性能进行改进或者在元件之间技术关系上做一些不重要的改进,而产品架构及元件的连接不做改动。渐进式创新对企业的互补性资产具有加强作用,尽管对消费者行为和习惯的改变影响很小。

(2)突破式创新:在技术原理和观念上有巨大突破和转变的创新。比如对元件设计一种新的构架和新的技术途径。突破式创新对消费者和生产者都有破坏性的影响。突破式创新基于不同的科学原理,创造新的市场,带来新的消费者。对生产者而言,突破式创新可能引起产业结构的变化。

(3)模块创新:主要以功能的改变为主,产品架构本身不发生变化,或者只在功能的创新上做必要的调整。模块层次的创新可分为现有模块的改良、提升及全新模块的开发两方面。前者属于架构不变、模块核心加强的渐进式创新;后者则属于架构不变,模块核心颠覆的模块式创新。在模块层次的创新中,产品架构并不发生改变,或仅随功能模块的创新做部分修正。

(4)架构创新:对产品系统设计中的元件之间的相互连接方式进行重新安排。架构层面的创新可以分为架构创新(不改变功能模块,或者同时只对功能模块和架构进行部分调整)以及实质性改变。前者属于架构改变、模块核心加强的架构创新,后者属于架构改变、模块核心颠覆的架构创新。

架构创新、模块创新、突破式创新、渐进式创新的关系如图14-1所示。

图14-1　技术创新的四种类型

关于创新的分类还有很多,人们从不同的视角进行不同的分类,以求达到对创新行为的认识。如从创新的方式上来讲,可以划分为自主创新、模仿创新、合作创新,其中自主创新又可以细化为原始创新、集聚创新、引进消化二次创新等;从企业技术的角度看,创新可以划分为技术创新和非技术创新,非技术创新包括服务创新和商业模式创新等;从创新过程看,可划分为探索式创新和开发式创新;从创新的封闭程度来看,可划分为开放式创新和封闭式创新。此外,还有绿色创新、包容创新、生态创新、守正创新等提法。

(三)对技术创新的认识

技术创新不是一个纯粹的技术概念或经济概念,也不是一个纯粹的管理概念。它是一个集技术、经济、管理为一体的综合性、交叉的概念。从企业技术创新实践来看,技术创新是把创造性的成果应用到实践中并最终追求商业的成功,这个过程本身就兼容了技术、经济和管理三个范畴。技术的变革必然带来企业内部组织管理行为的变化,也必然造成市场与经济制度的变革。正因为如此,也有人将制度创新和组织创新纳入技术创新的范畴。我们接受技术创新是一个过程的概念,即从产生创意、研究开发、投入生产直到产品商业化的全过程。在这个过程中,也必然伴随其他活动,但一般不应把这些活动列入技术创新的范畴。如果过分理解技术创新的概念,把所有非技术创新活动都纳入技术创新的范畴,那么技术创新与制度创新等其他创新的关系就会在理论和实践上混淆。这样既不利于我们真正把握技术创新的本质,也不利于和国际学术交流接轨。

技术创新凸显了企业间协作与以企业家为代表的高层管理者的重要作用。因为在"价值链"的意义上,技术创新可以被看作一个过程的概念,它包括想法的提出、研究的开始、试制、生产、营销等环节。在这一系列的阶段中,每个环节都是非常重要的。当然,就企业的一项具体创新活动而言,以上所提到的环节可能是有轻重缓急的,不同阶段有不同侧重点。可见,在技术创新整个过程中,强调研究开发、生产和营销等部门的密切配合与协作方可有所作为。

技术创新活动是企业内各部门密切配合的结果,当然也是各创新主体协调工作的结果,如股东、企业家、研究开发人员、行政管理人员、生产人员、营销人员等。股东是投资主体,企业家是决策与组织实施主体,研究开发人员是具体进行技术攻关的主体等。本书认为,以企业家为代表的高层管理团队,是联结其他行为主体的中心环节,企业家不仅是一个组织协调者的角色,更重要的是对重大的技术创新进行决策,也包括对实施过程中的一些问题进行选择。

二、创新理论的发展

自熊彼特提出创新理论以来,特别是在20世纪50年代以来科学技术飞速发展、技术创新对人类社会和经济发展影响不断深化的背景下,诸多学者围绕创新开展了广泛而深入的讨论,使相关研究内容更加丰富,涉及了多个层次上与技术创新相关的理论,具体如表14-1所示。

表 14-1 技术创新相关理论

研究层次	相关理论
个人	认知理论、TRIZ 理论
企业	知识创造理论、资源基础观、惯性理论、资源编排理论、PFI
联盟	资源依赖理论
产业	技术生命周期、A-U 模型、熊彼特创新、创新扩散理论、破坏式创新
生态系统	商业生态系统、数字创新生态系统
国家	熊彼特创新、制度理论

(一)认知理论

认知理论的前提是人的行为是由三个相互影响的因素引起的,即行为、认知和其他个人因素、人的外部环境。这三个因素互为影响,所以人是自己环境的生产者和产品。社会认知理论代表了行为主义方法的一个突破,行为主义者忽视人的功能,因为他们认为人的功能是由外部刺激造成的。

班杜拉(Bandura)认为,不仅环境造成行为,而且行为也有助于塑造环境。班杜拉在叙述其社会认知理论时,首先指出该理论的核心在于强调人的主观能动性:人可以通过观察和模仿获得知识、技能和行为。现在看来,这似乎是一个平淡无奇的理论,已有研究也似乎"厌倦"了"自我效能"的概念被反复利用。但是在 20 世纪 60 年代,行为主义和控制理论盛行。这两种理论强调外部环境的强化机制对人的行为的影响,认为研究人的行为必须观察刺激和反应的关系,人脑和计算机一样,只需要研究输入和输出的关系。在那个时代背景下,提出个体主观能动作用的存在是一件大胆的事情,这需要相当大的勇气。班杜拉之所以能够在这样的语境下提出这一理论,并通过各种实证方法提供明白无误的证据,是因为他的个人成长和生活经历教会了他,没有主观能动性,一个个体是不可能存在的。

人是自己和自己经验的代理人。个人代理的核心特征是意图性、预见性、自我反应和自我反思。意图性是指主动致力于实现未来的行动方针。预见性意味着有一个未来的时间观点,个人期望他或她的潜在行动的可能后果。自我反应是选择和计划的有意识的能力,制定适当的行动方式,并激励和规范其实施。自我反思是指对自己的功能或认知能力进行自我检查。

根据认知理论,人们可以通过观察别人的能力来学习。观察性学习包括四个组成过程:注意、保留、生产和激励。注意过程活动包括选择观察行为,准确感知这些行为,并提取有关行为的信息。保留过程活动包括记忆、存储并积极排练保留的行为的自我表现。生产过程活动包括执行新生产活动的行为并获得关于这些行为的成败的反馈。激励过程活动既包括采用积极的激励措施来执行新学习的行为,如过去的强化、承诺加强、外部激励、替代激励和自我激励;也有消极的动机,如过去的惩罚、威胁或承诺的惩罚,以及替代惩罚。

认知理论研究人们如何掌控自己的生活。在这个过程中,人可以发挥积极作用,成为改变自我发展、适应和提升的代理人。

(二)TRIZ 理论

TRIZ(Teoriya Resheniya Izobreatatelskikh Zadat)是"发明问题的解决理论",是俄文转换成拉丁文的第一个字母的缩写,其英文全称是 Theory of the Solution of Inventive Problem,

在欧美国家也缩写为 TSIP。TRIZ 理论由苏联发明家阿奇舒勒（Altshuller）在 1946 年创立，在阿奇舒勒的领导下，苏联研究机构、大学和企业组成了 TRIZ 研究小组，通过分析全球近 250 万项高水平发明专利，总结出各种技术发展演变遵循的规律模型，以及解决各种技术矛盾和物理矛盾的创新原理和规律，构建一个由解决技术，实现创新开发的各种方法、算法组成的综合理论体系，并综合多学科领域的原理和规律，建立了 TRIZ 理论体系。

TRIZ 理论的核心思想主要体现在以下三个方面：

第一，无论是简单的产品还是复杂的技术系统，其核心技术的发展都符合发展演化的客观规律。

第二，技术问题、冲突和矛盾的不断解决推动了这一演变过程。

第三，技术系统开发的理想状态是用尽可能少的资源实现尽可能多的功能。

关于 TRIZ 理论，本章后面有更详细的介绍。

（三）知识创造理论

日本著名的管理学教授野中郁次郎（Ikujiro Nonaka）和竹内弘高（Hirotaka Takeuchi）认为知识创造过程模型必须深刻理解知识创造的动态特征，必须对过程本身进行有效管理。基于这两点，野中郁次郎和竹内弘高提出了 SECI（socialization，社会化；externalization，外部化；combination，组合化；internalization，内在化）模型。SECI 模型包括三个组成部分：①SECI；②场所，即整合资讯为知识的场所，包括特定的时间、地点；③知识资产。SECI 模型见图 14-2。

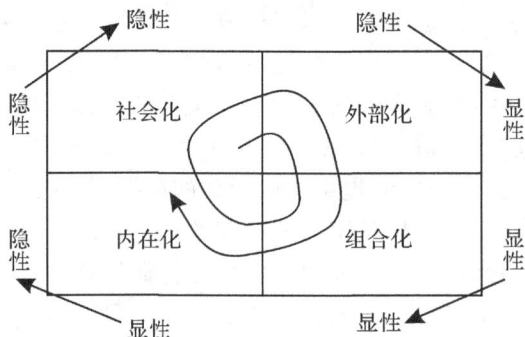

图 14-2　SECI 模型

这三个部分处在有机地、动态地互相作用之中。组织的知识资产在场所之间被组织成员分享，与此同时，组织成员的个人隐性知识也在场所之间通过 SECI 被传递和放大，SECI 也就是知识的四种创造历程：

（1）社会化（socialization）：通过面对面的交流、个人经验来分享隐性知识。

（2）外部化（externalization）：阐释和发展包含于隐性知识中的概念，这将更加有助于知识沟通。

（3）组合化（combination）：对不同的显性知识进行组合。

（4）内在化（internalization）：将学习与实践紧密结合，使显性知识在成为个人知识的同时成为组织资产的一部分。

知识创造理论将知识划分为显性知识和隐性知识。显性知识是指可以通过形式的、系统的词语传递的知识。而隐性知识具有个人成分，难以形式化和沟通。例如，我们所知道的要比能够说出来的要多，可以用言语和数字表达出来的知识仅仅是整个知识的冰山一角。但无论是显性知识，还是隐性知识，都很重要，都有不同的传播方式和适用场合。

知识创造是隐性知识和显性知识之间持续互动的过程，并以螺旋方式进行。当组织规模向上跃进的时候，知识创造的螺旋也会相应变得越来越大，同时触发新的知识创造的螺旋。

（四）资源基础观

资源基础观（resource-based view，RBV）的基本原理就是企业竞争优势的基础存在于企业所支配的有价值的资源之中。要将短期竞争优势转化为持续竞争优势，则要求这些资源在本质上是异质的，同时是不能完全自由移动的，这将转变成不能被完全模仿和轻易替代的有价值的资源。如果这个条件可以持续，企业所拥有的资源将帮助企业持续获得超额收益。

资源具体包括资产、能力、组织流程、企业属性、信息、知识等。资源可分为三种类型，即实物资本、人力资本和组织资本。满足 VRIN 标准［即有价值的（valuable），稀缺的（rare），难以模仿的（inimitable），以及不可替代的（non-substitutable）］的战略性资源将决定企业的持续竞争优势。

RBV 区别于产业组织理论（industry organization，IO）的两大关键假设在于：

（1）同一产业的不同企业掌控的战略性资源具有异质性；

（2）资源无法在企业间完全自由移动，因此异质性可以长期保持。

在这里简要介绍一下资源冗余与资源稀缺。资源冗余是指拥有过量的、能够被控制者随意使用的资源。对创新而言，冗余资源的重要作用在于可以承担结果的不确定性，减轻了企业内部的限制，允许企业使用冗余资源进行实验。这有利于企业应对可能的环境冲击，更加放心地进行创新的活动。资源稀缺意味着面临资源的限制。对创新而言，资源稀缺是指缺乏有利于创新的资源。一般认为，资源稀缺将带来限制，会阻碍企业的发展，影响企业的生存能力。但资源稀缺对创新并非完全的消极作用，冗余资源也有可能会削弱企业识别新机会的能力，因为资源稀缺可能会激发企业的创造力，使企业将根据现有资源灵活应对。

总体来看，企业需要有好的资源利用与组合能力，才能更好地应对资源冗余与资源稀缺对创新的影响。

（五）惯性理论

组织惯性是指某一组织系统运行一段时间后，除去外部力量的作用，偏好沿着原有运行状态继续运行。在位企业容易遇到组织惯性的问题，面对新的行业环境，仍旧一味遵循惯性可能会带来危机，即便是过去的成功经验，也可能成为妨碍组织发展的因素。由于组织惯性的原因，企业行为实际上是被动的环境选择的结果，而不是主动去适应环境的结果。

在连续不断的技术变革的威胁下，企业能否克服组织惯性，是学者们关心的话题。现有研究多将组织惯性分为两个不同的类别：①资源惯性（未能改变资源投资模式）；②流程惯性（未能改变使用这些资源的投资组合流程）。研究表明，强烈的威胁感有助于克服资源惯性，但同时会放大流程惯性。

（六）资源编排理论

资源基础观认为，如果一个企业能够获得有价值的、稀缺的、难以模仿的、不可替代的资源，那么企业就会在竞争中获得竞争优势，但这并没有考虑企业管理者在企业获得竞争优势的过程中的作用。资源编排理论通过研究资源如何被应用和管理来为企业创造价值，拓展和丰富了资源基础观的内容。

资源编排理论的前提假设是：①资源无法直接为企业带来价值而需要将这种资源进行适当的编排才能为企业带来价值创造。②企业要获取竞争优势必须比竞争对手更好地为顾客创造价值，或更好地为顾客解决问题。

资源编排理论吸收和融合资源管理和资本编排两个框架。资源管理分为三个阶段：①构造阶段，此阶段是指管理企业的资源组合，包括从战略要素市场购买资源、内部发展资源、分离企业控制的资源。②捆绑阶段，此阶段是指组合企业的资源来构造或者改变企业的能力，包括对企业能力的渐进性提升，拓展企业当前的能力，为企业在竞争环境下创造新的能力。③经营阶段，此阶段是指应用企业的能力来为企业顾客和主体创造价值，包括识别支持开发利用市场机会所需的能力配置，集成能力实现高效的配置，将能力配置用于支持选定的经营战略。

资本编排分为两个阶段：①搜索/选择阶段，此阶段要求管理者识别资产，进行投资，并为公司设计组织和治理结构以及创建商业模式。②配置/部署阶段，此阶段需要协调特殊资产，为这些资产提供愿景，并培育创新。

(七)PFI框架

创新获利，即 profiting from innovation，以下简称为 PFI。为什么创新公司不能获得显著收益，而消费者、模仿者和其他的行业参与者却能获益？通常我们认为创新公司会具有先发优势，但事实并非如此。著名学者 Teece 通过案例分析的方法提出了 PFI 框架，对问题进行了回答。PFI 框架基于产业组织理论及战略管理相关理论，系统地识别了使创新获得成功的因素框架，基本模块包括独占性机制、主导设计范式以及互补性资产。同时，PFI 框架解释了利润的分布、渠道的策略问题，并给企业的研发行为、战略管理、政府的公共政策和国际贸易提供指导。

1.PFI 的基本模块

PFI 的基本模块包括：

(1)独占性机制。独占性机制指的是影响创新者获得创新利润的能力的环境因素，它不包括公司和市场结构。这一机制包括两个维度：技术的本质和法律保护机制的有效性。技术的本质包括产品、工艺、隐性和显性；法律保护机制的有效性包括专利、产权和商业机密。根据技术的本质和法律保护机制的有效性可以将专用机制环境分为强专用机制和弱专用机制。在强专用机制下，技术可以很容易得到保护；在弱专用机制下，技术很难得到保护。

(2)主导设计范式。主导设计范式可以分为前范式阶段和范式阶段。在前范式阶段，对现象没有一个能被普遍接受的概念性解释；范式阶段从理论超过科学可以接受的标准开始。主流范式的出现标志着科技的成熟性和对标准的接受。

(3)互补性资产。成功的创新商业化除了技术本身，还需要其他能力和资产，如营销、竞争力制造和售后服务等。根据互补性资产的特点，将其分为一般、专用、联合专用性资产。一般性资产是不需要针对创新来特定的一般目的性资产；专用性资产是那些在创新和互补性资产之间的单方面依赖性资产；联合专用性资产是双方都依赖的资产。

2.PFI 的基本观点

PFI 的基本观点有：

(1)强独占性机制下，无须拥有互补性资产的禀赋；弱独占性机制下，创新者需要与市场紧密结合。

(2)在前范式阶段，互补性资产不重要，而进入主流范式后，互补性资产变得重要。

(3)合同模式下，专有化制度强，互补性资源易得；整合模式下，专有化制度弱，互补性资产不易获得。

3. PFI 的创新点

PFI 的创新点有：

(1)企业边界是创新型企业的一个重要战略变量。企业的结构,尤其是企业的边界大小以及发展互补资产的国际政策决定了创新者与模仿者间的利润分配。

(2)企业拥有互补性资产,尤其是专用性或者联合专用性资产,有助于确定谁能够在创新中获胜。当拥有关于关键的互补性资产的更好定位时,模仿者会战胜创新者。

(3)政府促进创新的政策不仅要注重研发,还要注重互补资产和潜在基础设施。如果政府决定鼓励创新,重要的是要消除阻碍互补资产发展的障碍。

(八)资源依赖理论

资源依赖理论揭示了组织外部资源如何影响组织的行为,该理论假设组织总是受到网络关系的约束,且网络关系与其他组织相互依赖。资源依赖理论最初是为了研究组织间关系而建立的,但它也适用于同一组织内不同部门之间的关系。

根据资源依赖理论,当行动者缺乏必要的资源时,他们会寻求与其他组织建立联系(即依赖其他组织),以获得所需的资源。类似地,组织试图通过最小化它们对外部世界的依赖或增加其他组织对外部环境的依赖来改变它们的依赖性。根据这一观点,一个组织被视为一个联盟,通过改变其结构和行动方式——改变一个组织对另一个组织的权力——来获取和维持所需的外部资源。组织将采取行动管理外部依赖,外部依赖形成组织之间和组织内部的权力,从而影响组织行为。依赖会导致权力的不平等和控制的企图。

最小化环境依赖的五个选择为:①兼并/纵向一体化;②建立合资企业或其他的组织间合伙方式;③董事会;④政治行动;⑤高管继任。

资源依赖理论的主要观点如下:

(1)组织由内部和外部联盟组成,这些联盟是由影响和控制行为的社会交换产生的。

(2)环境具有组织生存所必需的稀缺和宝贵的资源。同时,环境也使组织在获取资源时面临不确定性。

(3)组织努力实现两个相互关联的目标,即获得对资源的控制权,使自身对其他组织的依赖最小化;获得对资源的控制权,使其他组织对自身拥有资源的依赖最大化。任何目标的实现都会影响组织之间的交流,进一步影响组织权力的获取。

(九)技术生命周期

哈瑞·丹特在《下一轮经济周期》中描述的技术生命周期 S 形曲线显示了一种新技术在应用普及阶段,早期和后期的增长率都很慢。同时,普及率从 0.1%～1% 与 1%～10% 所经历的时间是一样的,在对数坐标下是近似均匀的。技术生命周期 S 形曲线认为,在技术发展的早期阶段,技术性能的提升会比较慢,随着技术被更好地理解消化和吸收,技术性能的参数就会快速提升,然后到了更成熟的阶段,由于到达技术瓶颈,技术性能的提升就会下降。

技术生命周期的 S 形曲线可以分为三个阶段:技术突变阶段、技术动荡阶段、渐进型创新阶段。技术突变阶段,技术的性能在提高,但是进步很慢;技术动荡阶段,技术生产率达到最高,在此阶段后期,产品将接近定型,即形成主导设计;主导设计形成之后,进入渐进型创新阶段,技术性能的进步又变得很慢。技术生命周期 S 形曲线如图 14-3 所示。

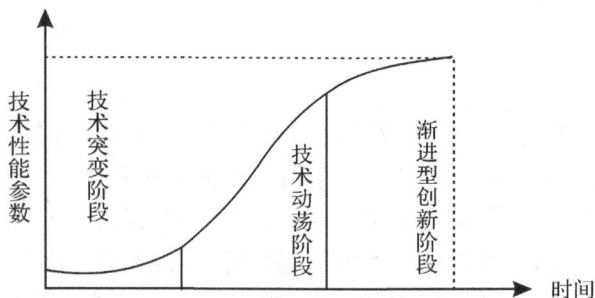

图 14-3　技术生命周期 S 形曲线

后续研究在对技术生命周期 S 形曲线的重新审视中，得出以下结论：

（1）技术生命周期 S 形曲线很好地解释为什么有的替代技术可以成功或者失败。

（2）技术生命周期 S 形曲线对管理者致力于元件/架构技术发展项目有实际指导意义。

（3）技术生命周期 S 形曲线可以用来描述单个企业，但无法预测未来方向。

（4）发生架构变化时，技术生命周期 S 形曲线出现更迭。在此情境下，新进者会比原有企业更有优势。

（十）A-U 模型

美国哈佛大学的阿伯纳西（Abernathy）和麻省理工学院的厄特拜克（Utterback）对产品创新、过程创新和组织结构之间的关系进行了一系列的调查研究。基于产品生命周期理论，通过对许多行业和创新案例的分析，发现它们不仅遵循着不同的发展规律，而且彼此间有着有机联系，并在时间上动态发展。通过引入领先设计的概念，以产品创新为中心，阿伯纳西与厄特拜克提出了产业创新的动态过程模型（简称为 A-U 模型），如图 14-4 所示。

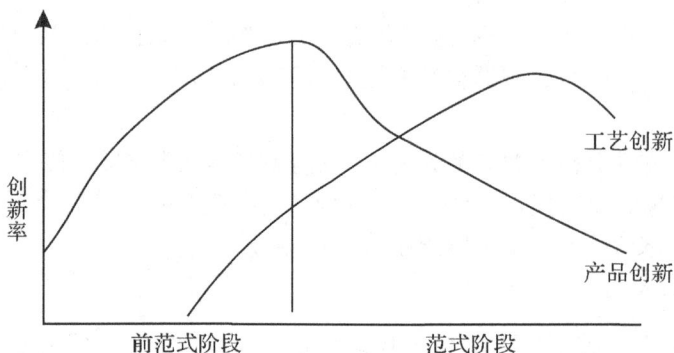

图 14-4　产品/产业生命周期的创新

A-U 模型从工艺和产品两个方面分别阐释了工艺发展和产品发展三个阶段的情况，并分析了两个方面结合后，企业面对市场竞争和拥有资源时的创新变化过程。

1. 工艺发展模型

产品的工艺是工艺设备、劳动力、任务细分、资源投入、工作和信息流等被结合起来生产产品和服务的系统。工艺发展的视角关注工艺发展的三个发展阶段：不协调阶段、部分协调阶段与系统化阶段。

（1）不协调阶段。在产品和工艺发展的早期阶段,市场扩张和精细化带来频繁的竞争改善。产品和工艺变化的速度非常快,竞争者间的产品异质性程度高。工艺大部分是由非标准化的人工操作组成,此时生产操作一般依靠通用的设备。这一阶段,工艺要素之间的关系是松散的、不固定的。这一阶段的生产活动是有机地能够快速应对环境变化的系统,但同时又是松散的、低效率的。

（2）部分协调阶段。随着产业和产品不断成熟,价格竞争愈发激烈。生产系统变得更加模式化和精细化,效率更高;任务变得更加专业化,操作也更可控;工艺流程更加精细和紧密地结合在一起。此时出现一些稳定的产品设计,同时大规模销售成为可能。

（3）系统化阶段。随着工艺发展水平和集成水平的不断提高以及投入的不断增大,对工艺要素发展的选择更加困难。工艺的重组在这一阶段发展的更为缓慢,但仍然可以被新技术或市场上的新需求激发。

2.产品发展模型

产品创新是将新技术或技术组合商业化来满足使用者或市场需求。与工艺模型一样,产品发展模型认为产品也会随时间按照既定模式不断发展:最初侧重产品性能,接着侧重产品的多样化,最终侧重产品的标准化和成本。

（1）性能最大化。在产品生命周期的早期阶段,产品变化的速度非常快。以性能最大化为战略的企业多专注于某一个产品或产品性能,以此来满足和扩展顾客需求。大部分性能最大化的企业生产的产品都是市场驱动的,最终的市场潜力并不确定。性能最大化的企业更依赖于外部的多样化信息,因此,对信息的要求比较高。

（2）销售额最大化。随着生产者和使用者经验的增多,市场不确定性不断下降。先进技术对工艺创新和产品创新有着非常重要的推动作用,企业之间的竞争主要是基于产品差异化。下降的市场不确定性使得产品使用大幅扩散,这增加了技术成为产品创新源头应用的机会,结果更多的是产品创新,或要素创新。这一阶段与工艺发展模型的部分协调阶段相一致。

（3）成本最小化。随着产品不断标准化,竞争逐渐转向价格、边际成本的降低。产业的竞争逐渐变为寡头垄断市场,效率和规模经济成为重点。

3.创新模型

在创新模型中,产品创新、流程创新和组织结构变革可以分为两种类型:顺序变化和截面变化。顺序变化有三个不同的阶段:变动、过渡和特定阶段。

（1）变动阶段:产品在性能、质量、使用等方面尚有许多可改进的工作,因此,产品创新的次数多,变动频率高。在变动阶段,生产单位过小、资源有限工艺一般比较简陋,只求最经济地把产品样品生产出来。随着产品性能的稳定,工艺创新开始增加,生产效率开始提高。当主导设计形成后,工艺创新开始降低。

（2）过渡阶段:随着创新者和产品用户经验的不断增加,原有的不确定性已经被消除,产品创新进入了一个过渡阶段。在这个阶段,人们对产品的使用有了更好的理解,企业开始在产品的多样化上竞争,主导设计开始出现。组织变革方面,创新初期,市场和技术具有高度的不确定性,这要求组织中的成员高度团结、协调,有一个有机的组织结构。此时,权力相对集中于企业家,组织所关心的是重大创新的成功,以推动企业的生存和未来的增长。组织往往放弃了早期企业家式的组织形式,转而按产品或职能进行部门的建立和分工。在产品特征的变化方面,产品从高度变化进入主导设计,进而转向渐进创新,生产标准化产品;制造过程从大量依靠熟练工人和通用设备转向由非熟练工人使用专用设备。

（3）特定阶段：组织从企业家式的有机组织转向多层次的机械型组织，并强调任务和程序，不再鼓励重大创新；市场从多样化产品、反馈迅速、分散不稳定的状态，过渡到标准化的大宗产品市场；竞争从大量具有独特产品的小企业转向具有相似产品的少数垄断企业。

（十一）创新扩散理论

创新扩散理论已应用于许多领域。扩散是指创新在特定时期通过特定渠道在特定社会群体中传播的过程。扩散一词涵盖了有计划性的传播和自发性传播两层含义。

1. 创新扩散的要素

创新扩散的四大要素分别为创新、沟通渠道、时间、社会体系。

（1）创新。被个人或团体认为是"新的"的想法、方法或对象，即为创新（取决于个体的反应，与客观是否为新无关）。创新多是基于技术层面的，因此人们经常把创新与技术视为同义词。发明一项技术的目的是为了达到某种结果，并减少在此过程中因果关系的不确定性。一项技术通常包括硬件和软件两部分，其中硬件部分更容易被关注。再创新是指创新在用户使用及实现过程中发生的改变或修改。

（2）沟通渠道。扩散的关键是一个用户会把信息和其他用户分享，这种沟通形式包括四个要素：创新、个体或团体知道并体验过此创新、个体或团体并不知道此创新、两者沟通的渠道。大众传播是最有效的创新信息传播渠道——让受众认识创新；人际沟通渠道是说服用户采用新观点的最有效途径，互联网交互式沟通也是扩散的重要手段。同质化交互很容易，创新扩散的最大问题一般是异质化沟通。扩散过程的核心在于潜在客户的人际关系网络。同质化是指进行沟通的两个个体之间的相似程度。异质性沟通相比同质性沟通更难实现，因而创新先驱者可能无法扩散给后期采用者。

（3）时间。引入时间维度用于衡量扩散效果，这种测量方式只能靠受众的回忆，因而也招致了一些学者的批判。扩散研究中使用的时间维度包括：①创新决策过程，从接触到采用或者拒绝创新的过程；②相对体系中其他成员、个体或团体的创新精神，即采用创新的早晚；③某体系中对创新的接受程度，通过用某段时间内，该体系成员采用某创新的比例来衡量，即采用率。

（4）社会体系。社会体系指需要面对相同问题、有相同目标的群体的集合。社会体系下的结构和规则会促进或阻碍创新的扩散，其相关的研究较少。研究系统结构和规则对扩散的影响难度很大，因为它独立于个体特征。社会体系中意见领袖和创新推广人员对创新扩散影响重大。

①意见领袖（体系内）：可以通过非正式的渠道、比较频繁的影响其他人的态度和公开行为的人。意见领袖与外界接触较多，具备世界公民特征，具有较高的社会、经济地位，更具创新精神，创新性局限于所在体系的规则。

②创新推广人员（体系外）：按照推广机构预设的目标尝试影响用户创新决策的个人。创新助理的专业性不如创新推广人员，创新推广人员与客户频繁的接触可以影响客户的创新决策。

2. 创新的认知属性

采用率是指创新被社会系统成员接受的相对速度，通常用一段时间内接受创新的总人数来衡量。创新的认知属性需要被调查者确认，当某些属性能够基本解释创新采用率的差异时，这些创新属性就是最重要的因素。

（1）相对优势（正比）：一项创新优于它所取代的现有思想或技术的程度。相对优势通常以经济利益、社会声望或其他方式来衡量。具体而言，有经济利润、较低的初始成本、较少的不舒适感、社会地位、节省的时间和精力以及回报的及时性等。

（2）兼容性（正比）：创新与当前价值体系、过去的经验和潜在采用者的需求相一致的程度。例如，社会价值体系和信仰体系；过去被提倡和接受的思想；客户对创新的需求。

（3）复杂性（反比，未验证）：理解和使用创新的相对困难度。

（4）可测试性（正比）：创新在有限的基础上能够被实验的程度（对创新的尝试可以降低不确定性）。

（5）可观察性（正比）：创新成果能被其他人看到的程度。

3.创新采用者的类型

创新采用者的分布随时间呈 S 形曲线，并趋近于正态分布。按照均值和方差，创新者可以分为五类：具有冒险精神的创新者、受人尊敬的早期采用者、有思想的早期采用者、谨慎怀疑的晚期采用者和墨守成规的迟缓者。具体如图 14 - 5 所示。

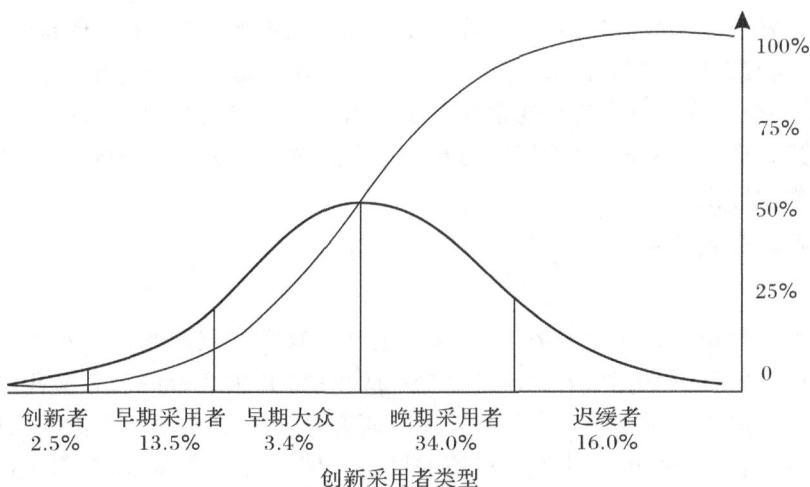

| 创新者 | 早期采用者 | 早期大众 | 晚期采用者 | 迟缓者 |
| 2.5% | 13.5% | 3.4% | 34.0% | 16.0% |

创新采用者类型

图 14 - 5　创新采用 S 形曲线

（资料来源：罗杰斯.创新的扩散［M］.北京：中央编译出版社，2002.）

研究表明，不同时期的采用者主要具有以下三点差别：

（1）社会经济地位：早期采用者接受更多的正规教育，有更高的文化修养，有更强的向上的社会流动性。

（2）个性及价值观：早期采用者教条主义倾向少，具有更强的抽象思维能力，对创新更加积极，能应付不确定性和风险。

（3）沟通行为及方式：早期采用者与创新推广者的接触更多，因此与大众媒体的接触渠道更多，利用更广泛的人际渠道能够主动搜索与创新相关的信息。因此，早期采用者中包含更多意见领袖。

（十二）破坏式创新

1.破坏式创新的内涵

破坏式创新是一种与主流市场发展趋势背道而驰的创新活动，往往会打破已有的、稳固的市场和价值链，创造新的市场和价值链，一般的企业很难适应这类创新带来的挑战。破坏式创新是 1997 年美国哈佛大学商学院创新理论大师克莱顿·克里斯坦森教授在其《创新者的窘境》一书中提出的。

克里斯坦森将创新分为两种:维持性创新与破坏性创新。维持性创新致力于在消费者所重视的维度上对现有产品的改进,向现有市场提供更好的产品;破坏性创新则要么创造新市场,要么提出一种新的价值主张来重塑现有市场以拓展现存市场或开辟新的市场,引起部分替代或颠覆现存主流市场的产品或服务的一类不连续技术创新。

克里斯坦森认为,破坏就是找到一种新路径。破坏与突破的内涵不同,突破仍需要在原有的基础上进行创新,属于维持性创新,而破坏就是找到一种新的生产函数和模式。如何实现突破性技术的商业化?克里斯坦森给出的答案是,下放给一个规模与目标市场相匹配的小一点的组织,从而更容易对小型市场上出现的机会做出反应。

2. 破坏式创新的特征

(1)破坏式创新具有相对性。破坏式创新是相对于现有的市场主体、价值链而言的。当破坏式创新形成清晰的性能改进轨道时,也就变成了维持性创新,进而将出现新的破坏式创新。此外,对一家公司具有破坏性的创新产品可能仅对另一家公司具有维持性影响。

(2)破坏是一个过程。技术进步通常比大多数用户的需求更快,因而,破坏式创新产品可以沿着性能改进轨道逐步完善,且破坏式创新产品会逐渐满足更多用户的需求,对已有的市场主体形成一次次的冲击。

(十三)商业生态系统

1. 主要内容

商业生态系统理论是以演化经济学为基础,借助生物学发展起来的一种理论。该理论认为创新过程是多个物种(如企业、大学、科研院所、政府等)共生竞合的动态演化过程。新技术是否能够最终兴盛决定于所在的生态系统。现有研究基于组织互动的经济共同体,认为商业生态系统是一种由客户、供应商、主要生产商、投资商、贸易合作伙伴、标准制定机构、工会、政府、公共服务机构以及其他利益相关者群体组成的动态结构化系统。劳动分工进一步明确和细化技术,商业生态系统在形成技术的基础上形成一套完整的模块化结构,系统成员通常以一个或更多的企业为核心,最终的目标是为客户提供一套完整的技术解决方案。

2. 主要特征

(1)多样性共生特征:创新物种的多样性与同质性决定了创新生态系统的生命力。

(2)自组织演化特征:系统的内部要素(如物种、种群、群落等)在相互作用、相互适应甚至相互转化的过程中不断发展变化。遗传、变异和选择等行为在这一过程中产生交替性作用。

(3)开放协同:创新生态系统不是孤立和封闭的。外来创新物种的持续迁移促进了创新生态系统的持续物种竞争和群落演替。

(4)结构化特征:商业生态系统是长期演化的结果,保持或恢复自身结构和功能处于相对稳定的状态。

(十四)数字创新生态系统

数字创新生态系统是数字时代对创新生态系统的进一步探索和突破,是建立在企业数字化基础上的创新生态系统,指动态合作竞争的主体利用数字技术创造新的产品、流程、商业模式的生态化组织体系。数字创新生态系统充分利用了数字技术的特点和优势,相比传统的创新生态系统主体更加多元化,资源交互更为丰富,组织创新平台化、分布化,为数字时代企业进行创新实践开拓了新思路和新方法。

关于数字创新生态系统的研究,目前主要关注以下几个方面。一是数字创新生态系统的内涵。现有研究从不同角度进行探讨,如数字技术的高度参与性、架构的平台特性、元素的异质性、关系的复杂性、结果的多元性等。二是数字创新生态系统的参与主体。数字化使得企业的创新更具开放性和互动性,企业能够与个体、企业甚至其他产业进行合作,因此也面临非产业链企业的冲击,这使得数字创新生态系统所包含的主体呈现出数字化、虚拟化、多样化的特征。三是数字创新生态系统的结构特点。数字背景下,创新过程中的协作通过数字基础设施能力实现,它是一个分层化、模块化的架构,数字创新生态系统通过对模块进行有计划的改变或者非预期的改变来进行创新。并且,数字技术搭建的数字化平台使得生态系统内形成网络结构,这强化了数字创新生态系统的协调机制,实现了生态系统中的主体共同演进。四是数字创新生态系统的治理。数字创新生态系统面临着异质性主体及其主体数量显著增加所带来的复杂性问题,且数字技术作为新的生产要素也进一步加剧了复杂性导致的协调问题,因此涉及对数字技术、数字平台、协调机制等方面的治理。

目前关于数字创新生态系统的研究尚处于萌芽阶段,未来的研究可以从以下几个方面进行:一是核心主导企业如何建立数字创新生态系统,需要具备哪些资源与能力,如数字化转型投入、动态能力等。二是讨论数字创新生态系统的不同发展阶段,如建立期、启动期、发展期、成熟期,其内在运行机制、创新机制如何变化,参与主体之间的协调、竞合关系如何改变。三是对于中小企业、传统企业等非核心企业如何匹配和参与数字创新生态系统,以及数字创新生态系统对于中小企业、传统企业数字化转型所产生的作用。四是数字生态系统的治理问题,如政府与核心主导企业的治理作用、数字化带来的数字技术与数字平台的治理问题等。

(十五)制度理论

制度理论解决了为什么所有组织在一个领域中行为逐渐趋同这一核心问题。制度理论的核心概念是组织结构和过程倾向于获得自己的意义并实现自身的稳定,而不是在实现期望目标的有效性和效率的基础上。

1. 主要内容

在组织生命周期的初始阶段,组织形式各有不同。制度理论假定制度是环境中的关键组成部分。制度被定义为社会行为提供稳定性和意义的规范与认知结构。制度的表现形式包括法律、法规、习俗、社会和职业规范、文化和伦理等。制度对组织施加约束力,迫使同一场域的组织类似于面临相同环境条件的其他组织。制度理论假定制度化活动是由于个人、组织和组织间的三个层面的影响而产生的。在个人层面上,管理者有意识和无意识地遵循规范、习惯、习俗和传统。在组织层面上,共同的政治、社会、文化和信仰体系都支持制度化活动的传统。在组织间层面上,来自政府、行业联盟和社会期望的压力决定了社会上可接受和期望的组织行为。

当组织承受体制压力并符合某些组织结构和过程的社会规范时,他们将获得更多的合法性、资源和生存能力。合法性是指组织的行为在多大程度上受到各种内部和外部利益相关者的社会接受和批准,并有广泛持有的规范、规则和信念。为了生存,组织必须与环境中占主导地位的规则和信任体系保持一致,因为制度同构性(制度对组织施加约束),包括结构和过程同构,将赋予组织合法性。同时,组织会从对资源稳定性的渴望中寻求合法性。当组织面临被迫选择时,组织将选择保护和增强组织合法性的选项,而不是提高组织效率,这有助于组织减少不稳定性并保持稳定性。

2.制度同构的三种机制

现有研究定义了制度同构的三种主要机制,具体如下:

(1)规制机制。政治影响——来自使组织产生资源依赖的行动者的需求,使组织程序和/或结构与最佳实践相一致的压力。

(2)模仿机制。对不确定性的标准反应——来自减少不确定性的压力。在不确定的条件下,模仿成功的同类是一种相对安全的策略。

(3)规范机制。专业化——来自专业化的压力。通过社会化,使组织成员感到某些结构和程序是合法的。

3.理论缺陷

制度理论的缺陷在于:①缺乏对组织自身利益作用的重视;②忽视了组织-环境关系中的主观能动性和相应阻力。

第二节 创新思维

研究创新的学者普遍认为:"创造"代表一个新颖、可执行的想法,而"创新"代表成功开发这一想法,使之成为有价值的产品、服务或程序。所有的创新始于一个创造性的想法。无论是组织创新、联盟创新、产业创新、生态系统创新还是国家创新,其创新的源头来自个人的创造力,而创造力形成的前提条件是具备创造性的思维。

一、创造力

创造力(creativity)来源于拉丁语"creare","creare"的一般含义是创造、构建、产生和引起,它与另一个拉丁语"cresceve(成长)"有相似的意思。从词源学的角度来看,"创造"的意义是在没有以往借鉴情况下创造新的东西。管理学实践中,培养员工的创造力是企业获取技术创新、管理创新和商业模式创新的根本途径。因此,有必要从创造的形成过程和创造力的影响因素两方面来理解创造力。

(一)创造过程

创造的过程被认为是一个神秘的"黑箱",关于创造是如何产生的,学术界观点并不统一。一种观点认为富有创造性的想法得益于灵光一闪,如中国俗话说:"文章本天成,妙手偶得之。"另一种观点认为创造性想法来源于持续思考。米开朗琪罗对西斯廷教堂壁画长达数年的绘制工作才完成名画《最后的审判》。近年来,随着心理学、社会学、管理学的不断发展,特别是计算机科学和大数据学科的发展和应用,学者们逐渐认识到创造的过程还是有迹可循,符合一定客观规律的,尽管这些规律有时候很难把握。总体来说,创造过程分为问题/机会识别、信息收集重组、新想法产生、评估执行调整四个阶段,如图 14－6 所示。

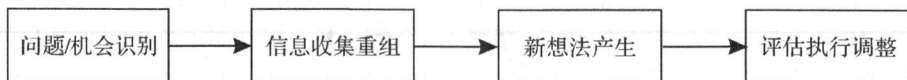

问题/机会识别 → 信息收集重组 → 新想法产生 → 评估执行调整

图 14－6 创造过程图

1.问题/机会识别

进行创造首先要能提出一个好问题。好问题往往体现在新颖性和现有答案的缺陷性方面。研究发现最成功的科学家与同行的差别在于:前者在展开研究前花更多的时间定义和建构问题。好问题的发现是个复杂的过程。这一过程基于对研究目标、研究程序、关键信息和限制条件的系统性梳理,并通过简洁的陈述表达出来。在有些情况下,通过问题的重新定义,创造性的解决方案就已经跃然纸上。然而更多情况下,需要过渡到创造过程的第二步——信息收集重组。

2.信息收集重组

通过对新旧信息和概念的重新组合或编排,创造者能够对问题产生新的理解和认知新的理解框架。在对诺贝尔获奖者的研究中,我们发现对基本科学概念的重新组合往往成为科学和技术进步的基础。在概念的组合过程中,类比推理机制被用于将概念的特点抽象出来,抽象的特点通过假设的链接机制,产生新的概念系统。新概念系统需要对问题的各类异象给予清晰的阐述,以此来证明其有效性。在概念的组合过程中,充分尝试了概念多样化、特征多维化,目的在对问题所引发的各类异常现象给予充分和清晰的阐述。

3.新想法产生

在新概念系统中,概念之间的结构呈松散、灵活的状态,在此状态下易于产生新的想法或解决办法。新想法将知识概念重新定义,形成一系列零散的应用方案、解决办法,并最终整合在一起实现创新。

4.评估执行调整

新的想法产生后,还需要对其进行评估。评估是一个复杂的过程,需考虑到想法的实用性、影响因素、独创性、其他人的反馈等。评估通过后,需制订具体的执行计划以指导想法落地。考虑到想法的新颖性,其执行过程一定是渐进的和不确定的。因此,相比于按部就班的计划,那些锁定关键步骤、考虑偶发情况并制订弥补方案的计划更容易成功。计划确定并执行之后,要持续地监督进展情况,并从成功和失败之处学习经验教训,进行必要的调整。

因此,所有创新想法起源于一个问题。不同种类的问题需要侧重点不同的问题解决方案。从问题解决的性质上分,可将创造过程分为突破性和适应性(也可以理解为渐进性)创造。突破性创造强调以原创性的视角重新给出概念理解和新想法。适应性创造则强调在原有想法的基础上通过不断完善和优化过程来提升效率。总之,创造是一个综合复杂的问题-解决过程,如何实现这一过程需要根据具体环境做出具体分析。

(二)创造力影响因素

创新研究者一直以来对创造力来源感兴趣,试图解答为什么某些人比其他人更具有创造力。现有研究认为创造力的影响因素主要来源于个人和环境两个层面。

1.个人影响因素

在个人层面上,主要有知识积累、智力差异、性格特征和严格专业训练四方面因素。

(1)知识积累。关于知识和创造力的关系,我国明代哲学家王阳明曾指出:"知者行之始,行者知之成。"中国近代教育家陶行知将知识、智力和创造力的关系比作大树,知识是根,智力是树干,创造力是叶、花、果。这三者是递进关系,前者都是后者的基础和必要条件。苏联教育家凯洛夫说:"世上先有知识方面的学问,然后才有力量方面的学问。前者是航舵,后者是桨帆。"牛顿说:"我之所以比别人看得更远些,是因为我站在巨人的肩膀上"。这个巨人不是别人,正是日渐月累的知识,是汇集前人经验的智慧。进一步讲,大量的研究已证明,知识广度和知识深度都有利于创新的实现。研究和实践表明,知识与创新存在明显的正相关关系。

(2)智力差异。许多研究者对创造力是否需要更高的智力感兴趣。早期的研究用标准智商测验来衡量智力水平,研究结果显示创造力的产生需要人具备一定门槛的智力水平。但跨越这个阈值后,智力与创造性行为的关系很小。更为关键的是,研究者逐步认识到,智力的概念并非是简单和单一维度的,而是复杂、包容和多维度的。这类观点得到了 Guilford 的智力结构模型、Sternberg 的三元组智力理论和 Gardner 的多元智力理论的广泛支持。其中,Gardner 提出的多元智力理论超越了标准智力测验的维度,关注了诸如音乐、运动能力、社交能力和自控力等方面的学习能力,认为每种智力都与具体的创意活动直接相关。

(3)性格特征。性格差异导致个人创造力的不同。当前研究中具有代表性的衡量性格特征与创造力关系的有效工具是个人创造力量表(creative personality scale,CPS)以及个人五因素模型(five factor model of personality,FFM)。CPS 根据个人测验得分给予一个创造潜力指标,高指标者往往表现出自信、风险忍耐、思维活跃。实证结果表明,CPS 得分与创造力表现正相关。FFM 包含敏感性、认同性、谨慎性、外向性和思维开放性五个维度,五个维度均与创造力正相关,其中思维开放性与创造力的关系最为密切。思维开放性高的人表现出大度、好奇和进取,能灵活地吸收信息并联系看似非相关的信息。

(4)严格专业训练。研究表明,天才更多来自后天培养而非天赋使然。无论是竞技体育、国际象棋还是音乐表演领域,一般需要十几年针对性训练才能达到世界级水平。此外,大量证据表明,创造力来源于一套精心设计的培训体系和专业训练。即使是创造性的天才,也不能逃避这段艰苦的学徒时期。如果没有针对性的训练,有天赋的人才也难以产生新想法。这些创新来源于先进技术和相关领域的知识学习。这种针对性的训练有助于任何人实现一定程度的创新。

2.环境影响因素

创造力不仅与个人因素相关,而且也受环境因素影响。本书立足于管理学研究,因此从企业环境的视角出发,分析与创造力密切相关的五大因素,即工作复杂性、领导力、合作关系、必要的奖励、截止日期和目标。

(1)工作复杂性。工作内容对员工创造力的产生有重大作用。一项复杂的工作,如需要员工高度自主性、频繁意见反馈、工作意义重大并且突发情况多,员工面对此类工作容易激发自身对创造力开发的内在动机。因为复杂的工作增强了员工对完成任务的兴趣和成就感,而这种内在动力促进了创造力的开发。

(2)领导力。大量研究显示,不同的领导力风格与员工创造力有关。同样基于内在动机理论,支持性领导风格被认为推进了内在动机,而控制性领导风格被认为是抑制了内在动机和创造力。支持性领导关注员工感受,提供非判断性而是建设性的工作意见,鼓励员工在工作上发出自己的声音;相反,控制性领导监视员工行为,制定决策时不考虑员工意见,通常要求员工遵循严格的制度和规范。

(3)合作关系。自由不拘谨的团队合作关系被认为有助于创造力的形成。当员工感受到自己被同伴支持和帮助时,员工会表现出高水平的内在动机,而此类内在动机激发了创造力的形成;相反,当团队成员彼此互不信任、各自为战时,员工表现出低的内在动机和创造力。

(4)必要的奖励。虽然奖励机制(如物质奖励和精神认可)与个人创造力的关系受到大量研究,然而目前并没有得到一致的答案。有些学者认为奖励机制圈定了行为目标,规范了行为过程,因此降低了内在动机和创造力。另一些学者认为奖励行为本身有示范价值,并认可了员工的个人能力,因此能促进员工的内在动机和创造力。相反的观点各有实证支持,也各有各的道理,相关研究还有待跟进。但有一点是肯定的,必要的、适度的奖励是必须的,所谓"重赏之下必有创新之人"。

(5)截止日期和目标。任务的截止日期和生产目标设定通常被认为是限制了创造力的发挥。当截止日期临近和生产目标设定之后,员工面对此类指标会感受到压力,结果导致一个低效的内在动机和创造力。然而,也有研究通过实证发现,员工在限时 10 分钟的头脑风暴活动中表现出比限时 20 分钟的活动更强的创造力。

上述影响因素总结如图 14-7 所示。

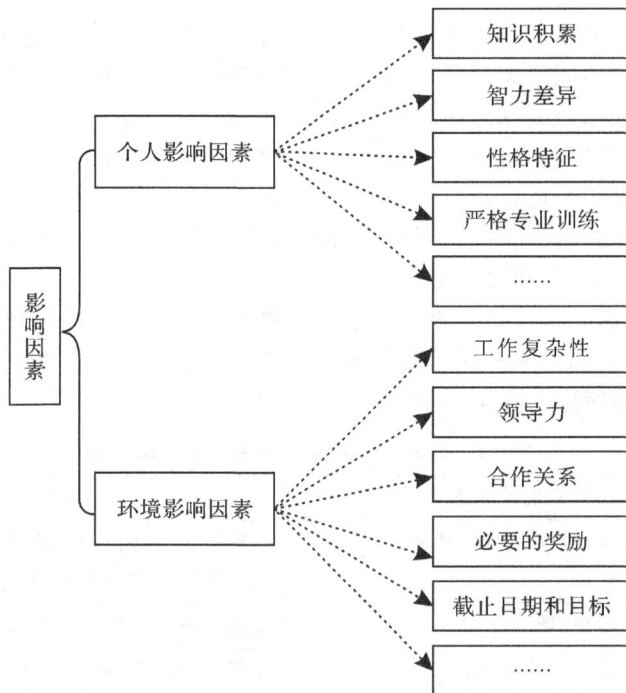

图 14-7 创造力影响因素

二、创新思维

(一)创新思维的概念

创新思维区别于创造力。思维是人脑借助语言对客观事物的概括和间接的反应过程。思维以感知为基础,又超越感知的界限。思维探索与发现事物的内部本质和规律性,是认识过程的高级阶段。人通过创造性的思维重新定义问题,从而产生新的想法。因此,创新思维是创造力产生的先决条件。

美国诺贝尔奖获得者罗杰·斯佩创立了左脑右脑理论,认为左脑专司语言、分析、逻辑、集中和理性等精细的思考;右脑控制非语言图像、直觉、空间、想象力等思考能力。左脑思维的特点是:科学发现依靠逻辑严密的方法,技术发明依靠经验和累积知识;演绎、归纳、类比等逻辑推理是常用的思维方法;通过运用解决创造性问题的 TRIZ 理论,可以训练创造性逻辑思维。右脑思维的特点是:灵感、构想、实施;移情,即注重右脑思维,左脑只关注自己喜欢的事情,右脑注重别人感情,注重艺术思维。显然,综合运用左脑、右脑进行思维,甚至在右脑训练方面多下功夫,可能更有利于创造力、想象力的发挥。

虽然创新思维的概念已经得到了广泛的应用,但截至目前,对于创新思维的定义还没有达成共识。根据各种定义,创新思维的定义主要体现在三个方面:一是认为创新思维是大脑皮层接触的不断恢复和形成的过程,以感知、记忆、思维、联想和理解的能力为基础,具有综合性、探索性和新颖性的特点;二是认为创新思维是指人在最佳心理构成和心理协同作用下的各种思维状态,如直觉、灵感、创造性想象等;三是认为创新思维是指一个有能力的人认知事物时的一系列复杂反应和突破性的认知结果。

(二)思维分类

思维是对储存在大脑中的新输入信息、知识和经验进行的一系列复杂的心理操作。不同的认知习惯和方式导致不同的思维过程。按照解决问题的思维方式,思维可分为直观思维、形象思维和抽象思维。根据经验和理论判断方式,思维可分为经验思维和理论思维。根据思维方向,思维可分为收敛思维和发散思维。本节根据思维方式与创新形成机理不同,将创新思维分为整体思维和分析思维。尼斯贝特(Nisbett)和彭凯平在分析了东西方人的认知结构后,提出认知结构包括分析性思维和整体性思维。分析性思维侧重于把目标事物从环境中剥离,关注事物的特性,根据属性对事物进行分类,利用规则对事件进行推理和预测;其通过形式逻辑认识事物,避免内部矛盾。整体性思维倾向于把事物和环境作为一个整体,更注重目标事物和环境的关系,根据事物之间的关系来解释和预测事件;其依靠的是经验知识,而不是抽象逻辑。分析性思维和整体性思维的特点对比如表 14-2 所示。

表 14-2 分析性思维和整体性思维特点对比

思维层面	分析性思维	整体性思维
因果观	关注事物本身特征属性,强调人内在本质的决定作用	认同复杂且普遍的因果联系,强调环境影响以及人和环境的交互作用
关注点	注重对象本身/场独立性	注重对象与环境的联系/场依存性
矛盾观	崇尚逻辑推理和非矛盾性	接受矛盾并存/偏爱辩证法观点
变化观	认为事物特性稳定不变,呈现线性发展	认为事物特性不断变化,呈现循环往复的发展

东西方在分析性思维和整体性思维上的差异如下:

1. 因果观:互动和直接

对于因果关系的解释,东方人认为事物间存在复杂的因果关系,更加关注人和情境的关系和互动。东方人在做决策前,往往考虑多方面的信息,譬如许多中国人买房前会询问房屋地理位置情况。因此,东方人相比于西方人较少犯基本归因错误。而西方人更加关注人本身的性格、态度、能力等客观因素。相比东方人认可网络状复杂交错的因果关系,西方人则更认可线性的、直接的逻辑关系。

2. 关注点:情景和个体

在以整体性思维为主导的东方国家,人的注意力往往关注于个体与所属环境之间的关系。相反,以分析性思维为主导的西方国家,人的注意力倾向于聚焦个体本身而非其所属的环境。这种注意力配置的差异使得以整体性思维为主的人更容易看见森林而非树木,而以分析性思维为主的人更容易看见树木而非森林。因此,东方人相比于西方人,体现出更强的场景依赖。东方人往往难以将具体的事物从其所属的环境中剥离出来单独研究。同样地,东方人更容易观察到具体事物与所处环境间潜在的关系链接。

3.矛盾观:直觉辩证法和形式逻辑

当两种矛盾观点对立存在时,东方人倾向于追求两者相互妥协之后的折中方案。具体来说,当争论矛盾的问题时,东方人一般认为对立的意见都是正确的,甚至对立的意见可以相互转化。因此,寻求妥协折中的方案是调和矛盾的最佳途径。这种根植于阴阳理论下的东方文化观被称为直觉辩证法。相反,利用形式逻辑思考的西方人难以接受妥协的方案。西方人通过形式逻辑推导,倾向在相反的假设中寻找唯一解决方案。

4.变化观:循环和线性

因为相信事物是彼此复杂联系的,东方人视自然现象是无规律和持续变化的存在。相反,西方人认为事物是彼此独立的,除非是受到其他事物的影响,事物的本质属性一般不会随时间频繁变化。受不同变化观影响,东方人在预测未来时,倾向于秉承循环往复的观点,认为事物的常态就是变化。而西方人则主张事物的线性发展,认为总结事物过往的规律可以用以预测未来的变化情况。

(三)整体性思维和分析性思维对创新的影响

整体性思维和分析性思维作为两种重要的思维方式,其本身的特点不同导致了对创新机理形成和创新侧重点的不同。整体性思维关注情境下事物间的联系,擅长以组合、重构的形式进行创新。分析性思维将事物与情境剥离分析,关注事物本质属性,倾向以规律、原理指导事物创新。

"天不变,道亦不变。"分析性思维通过研究事物的本质属性,对事物进行分类和归纳,最终发现能解释同一类事物的规律或原理。显然,这种寻求普遍规律的努力,是探索科学真理过程中必不可少的环节。分析性思维严谨客观。分析性思维总结出来的规律和原理一旦产生,就可以成为人们思考问题过程中可以依赖的工具,对于保持科学传统的连续性、理论体系的连贯性、充分发挥理论的最大效用具有重要影响。

在具体的科学研究中,如果不善于借鉴和总结一般规律所蕴含的知识成果,人们就很难获得创作的机会和灵感。牛顿在对天体力学进行研究的过程中,如果未曾认真吸收现代天体力学的合理性,就难以创造出一个在深度、普适性和技术适用性上优于前人理论的经典力学体系。相似地,爱因斯坦在自己的研究中也保留了过去物理学家创造的理论精华,如麦克斯韦电磁理论、洛伦兹变换等科学成果。因此,在具体的创作活动中,需要进一步发展一定的思想体系,使知识储备更加完善。此时,占主导地位的思维方式是分析思维,通过分析思维总结出的基本原理和规律是人类科学进步的阶梯。

整体性思维认为事物与其所属的环境存在普遍联系,彼此难以分离。因此,整体性思维是一种多要素的系统性思维,关注事物与环境间的相互联系,并在特定情境下思考事物的作用。相较于分析性思维"发现树木"的目标环境分离研究,整体性思维更擅长"看见森林",充分考虑环境对事物发展的影响作用,减少了犯基本归因错误的概率。

整体性思维充分体现在中国古代工程、建筑、医疗和艺术的社会实践中。建于战国时期的都江堰水利工程,从规划、设计到施工形成了一个完整、自然、流畅的整体。北宋丁谓通过"一举而三役济"的方式重建皇宫,节省大量成本的同时加快了建造速度。中医讲求天人系统,利用阴阳五行来解释人体器官间的相互联系。到了互联网时代,整体性思维多要素的系统思考方式同样带来了大量的跨界创新。如通过关注自行车、定位系统、支付系统等不同要素组合而成的共享单车;通过思考杀毒软件、平台系统和免费模式相互间关系而形成的360杀毒软件等。事实证明,通过整体性思维而形成的综合创新、组合创新是创新重要的实现途径。

无论是抽象分析、归纳总结的分析性思维,还是关注全局、系统思考的整体性思维,都是创新不可或缺的两种形式,两者互为补充,缺一不可。创新思维的核心是互补论,它强调各种对立思维的整体互动,通过发展综合思维为我们提供了一种既见树木又见森林的可行参考模式。

三、TRIZ 理论与创新思维

TRIZ 是一个解决发明问题的理论。TRIZ 是一种哲学、一种方法和一种解决问题的工具。TRIZ 理论成功地揭示了创造和发明的内在规律和原则,并着重阐明和强调了系统中存在的矛盾。其目标是彻底解决矛盾并获得最终的理想解。现在全世界有 200 多万项专利发明借用或使用了 TRIZ 理论。

(一)TRIZ 来源

TRIZ 由根里奇·阿奇舒勒(Genrich Altshuller)于 1946 年在苏联创立。1945 年,阿奇舒勒从军事学院毕业后在一个专利办公室工作。阿奇舒勒观察到专利发明和应用非常低效,通过对二十万份专利的分析研究,阿奇舒勒发现尽管每个专利都解决了一个技术难题,但所用的解决方案不尽相同,只有少数几个原理被反复使用,即同一原理可以解决不同领域的问题。阿奇舒勒认识到发明和创造是有迹可循的,技术发展是遵循一定的客观规律的。通过这些研究,阿奇舒勒在 1956 年发表了一篇文章,讨论了发明创造力理论的发展问题并提出了 TRIZ 研究的四个要点:①技术的研究趋势是高度可预测的。②所有创新都来自对少量创造性原则和策略的应用。③最好的解决方案往往是将系统原本不需要甚至有害的资源转为有用的资源。④最好的解决方案尝试消除或寻找一般意义上认为的根本性冲突和妥协方法。

总体来看,TRIZ 是基于技术发展和进化的规律而不是随机行为来研究整个设计和开发过程。实践证明,应用 TRIZ 理论可以大大加快人的创造和发明过程,获得高质量的创新产品。值得一提的是,阿奇舒勒等通过总结数以百万计的发明专利,提出的 40 条发明创造原理是 TRIZ 理论的核心之一,具体原理如表 14-3 所示。

表 14-3 发明创造 40 条原理

序号	名称	序号	名称	序号	名称	序号	名称
1	分割	11	预补偿	21	跃过	31	多孔材料
2	分离	12	等势性	22	变有害为有益	32	改变颜色
3	局部性质	13	相反	23	反馈	33	同质性
4	不对称	14	曲面化	24	中介物	34	抛弃与修复
5	联合	15	动态	25	自我服务	35	参数变化
6	多功能	16	未达到或超过的作用	26	复制	36	状态变化
7	套装	17	维数变化	27	低成本、不耐用的物体代替昂贵、耐用的物体	37	热膨胀
8	质量补偿	18	机械振动	28	机械系统的替代	38	强氧化
9	预加反作用	19	周期性作用	29	气动与液压结构	39	惰性介质
10	预先作用	20	连续有效作用	30	柔性壳体或薄膜	40	复合材料

(二)TRIZ 问题–解决过程

TRIZ 为问题解决者提供了一套强有力的解决方案。这套方案的基本流程如图 14－8 所示。本质上，TRIZ 理论已经将解决方案封装成一般化的创造性指导原则，并将其设计成一个通用的问题解决框架。因此，大多数使用 TRIZ 理论的问题定义者和问题解决者的任务是将其特定问题和解决方案映射到这个通用框架之中。

图 14－8　TRIZ 流程图

国内学者陈光根据经典 TRIZ 理论绘制了问题识别解决结构图，如图 14－9 所示。

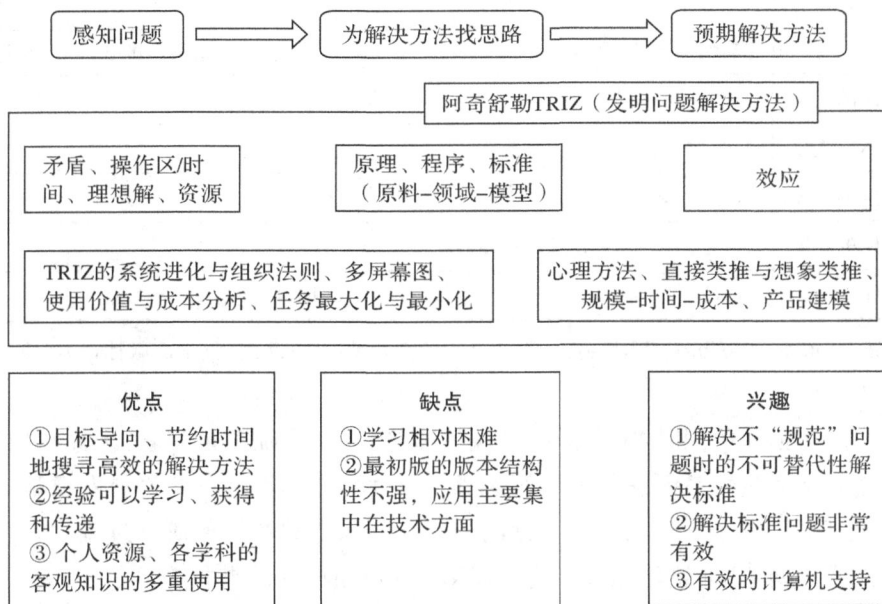

图 14－9　经典 TRIZ 理论问题识别解决结构图

（资料来源：陈光.创新思维与方法[M].北京：科学出版社，2011.）

研究者认为 TRIZ 是一个实现知觉知识的集中再现实例。研究者在发明过程中主要关注了以下三方面的内容：①解决问题的关键在于发现和消除制度矛盾；②解决问题的策略必须得到技术系统发展规律的支持；③通过分析最重要的发明，可以得出解决问题的策略和方法。

(三)TRIZ 思维特点

1.矛盾观

TRIZ 研究人员发现，卓越的发明往往来自新发明成功避免了传统思路下的固有矛盾。TRIZ 提供了系统性的工具和策略，通过这些途径，发明者可以找到解决潜在矛盾的方法。最常用的应用工具是"矛盾矩阵"——一个 39×39 的矩阵,其中包含 34 个涉及 1482 种常见矛盾的解决策略。表 14-4 所示内容仅是"矛盾矩阵"的一部分。

表 14-4 描绘的是飞机发明过程中涉及的矛盾问题,矛盾来源于两方面:改善的参数和恶化的参数。查找矛盾矩阵中相应的单元,数字标号对应相应的原理,如分割原理(1)、重量补偿原理(8)、机械振动原理(18)和热膨胀原理(37)。原理给予发明者以启示,根据原理提示进行头脑风暴,产生概念性的想法,并根据经验和实际情况,最终确定具体的解决方案。

TRIZ 思维对于矛盾的哲学认识可能是其最重要的贡献。TRIZ 认为所有"矛盾"都有消除的方法,发明者应在设计过程中积极寻找。

表 14-4 阿奇舒勒"矛盾矩阵"(部分)

改善的参数		恶化的参数				
		1	2	3	4	5
		运动物体的重量	静止物体的重量	运动物体的长度	静止物体的长度	运动物体的面积
1	运动物体的重量	+	—	15,8,29,34	—	29,17,38,34
2	静止物体的重量	—	+	—	—	—
3	运动物体的长度	8,15,29,34	—	+	—	—
4	静止物体的长度	—	35,28,40,29	—	+	—
5	运动物体的面积	2,17,29,4	—	14,15,18,4	—	+

(资料来源:孙永伟,伊克万科.TRIZ:打开创新之门的金钥匙[M].北京:科学出版社,2015.)

2. 理想观

在研究专利数据库的同时,阿奇舒勒发现一种趋势,即系统总是朝着"理想化"目标演化,而这种演化过程是通过一系列进化的 S 形曲线完成的。TRIZ 的一个关键发现是,技术从一个 S 形曲线跃迁到下一个 S 形曲线是可预测的。在全球专利数据库研究过程中,阿奇舒勒发现大量潜在技术正朝着"理想化"演进,这与 TRIZ 理论预期的结果相符。

作为一个问题定义和解决工具,TRIZ 鼓励发明者突破传统的"从当前形势开始"的思维方式,尝试着从技术的最终理想状态(ideal final result,IFR)开始思考问题。IFR 的简单定义是:解决方案包含了技术带来的各种好处,而没有任何成本或"危害"(环境影响、不利的副作用等)。虽然有技术发展到最终理想状态,但是更多技术在发展过程中被替代了。"理想化"观念让创新者通过 IFR 描述,返回现实中思考可实现的内容。

3. 功能观

TRIZ 对专利功能的定义和使用与传统的创新方法存在区别,主要有以下三方面值得注意。首先,系统拥有的主要功能(main useful function,MUF)概念。基于 MUF 的观点,对实现主要功能无贡献的任何组件最终都是有害的。例如,在热交换器中,MUF 需将热量传递到辅助介质,而系统中辅助组件的存在都只是因为目前技术尚未实现在无辅助支持下实现MUF。因此,MUF 认为从长远来看,削减非必要的辅助组件是技术不断进步的标志。

其次,传统的功能观重点关注组件之间积极的功能关系,而 TRIZ 同样重视绘制系统中包含的消极关系,TRIZ 使用组件功能分析和属性分析,识别系统内部和外部的矛盾,尝试剔除无效、过度和有害的功能联系。

再次,功能性是所有发明共同的目标,有关功能性的知识可以在不同行业之间分享。汽车是通用功能"移动人"的具体解决方案;洗衣粉是通用功能"清除污垢"的具体解决方案。通过功能分类和知识重组,洗衣粉的制造商有可能检查其他行业如何实现相同"清除污垢"功能。"解决方案变化,功能保持不变"是 TRIZ 理论的中心思想。

4.资源观

除了对资源的不懈追求外,TRIZ 还对资源带来的矛盾效应尝试综合利用。例如,TRIZ 认为某种程度上,系统中的共振可能产生有益的效果。实际上,共振是一个强大的杠杆,能够将较少输入放大成较大输出。

(四)TRIZ 创新思维实例

在发明创造的过程中,TRIZ 的创造性思维要求我们不断克服思维定式,打破技术系统原有的阻碍模式,在遵循客观规律的基础上,引导人们沿着一定的维度思考,如九屏幕法、金鱼法等。

1.九屏幕法

TRIZ 的九屏创造性思维方法具有可操作性和实用性的特点,可以更好地帮助用户质疑和超越常规,打破思维定式,为解决生活和工程中的难题提供清晰的思维方式。因此,这种思维方式被 TRIZ 创始人阿奇舒勒称为"天才思维九屏图"。

九屏幕法是指由当前系统(也称技术系统)、子系统、超系统,以及这三个系统的过去、现在、未来组成的九屏思维模式,如图 14-10 所示。

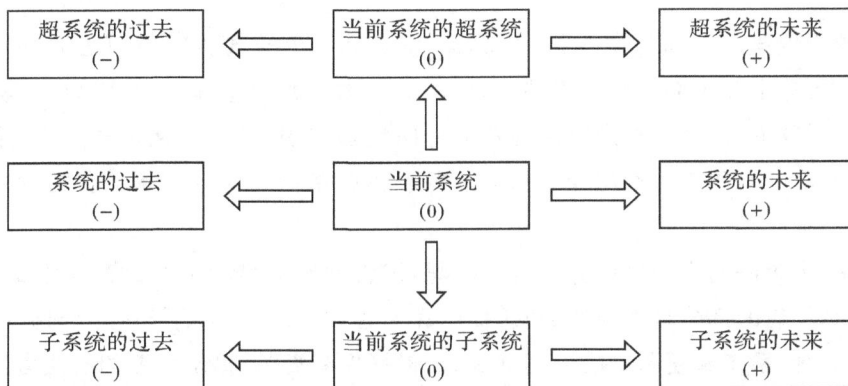

图 14-10　九屏幕法

(资料来源:奥尔洛夫.用 TRIZ 进行创造性思考实用指南[M].陈劲,朱凌,郑尧丽,等译.北京:科学出版社,2017.)

作为 TRIZ 创造性思维的九屏幕法,意味着在分析和解决问题时,不仅要看到系统本身(即当前系统),还要看到宏观的超系统和微观的子系统。既要考虑系统的现在,也要考虑系统的过去和未来,以及超系统和子系统的过去、现在和未来,从而打破思维的局限,实现对系统的全面认识。

下面以自行车为例,说明当前系统、子系统、超系统的组成以及彼此之间的关系。如果把自行车作为一个当前系统,那么车架、鞍座、轮胎、脚蹬和车把都是自行车的子系统。因为每辆车都是整个道路系统的一个组成部分,道路交通系统就是自行车的一个超系统。当然,道路、车棚等也是自行车的超系统。当前系统是一个相对概念。这里,我们以自行车作为当前系统,如果我们把车作为当前系统来研究的话,那么车把的铃铛、刹车把是车把的子系统,而自行车、骑车人、道路是自行车的超系统,如图 14-11 所示。

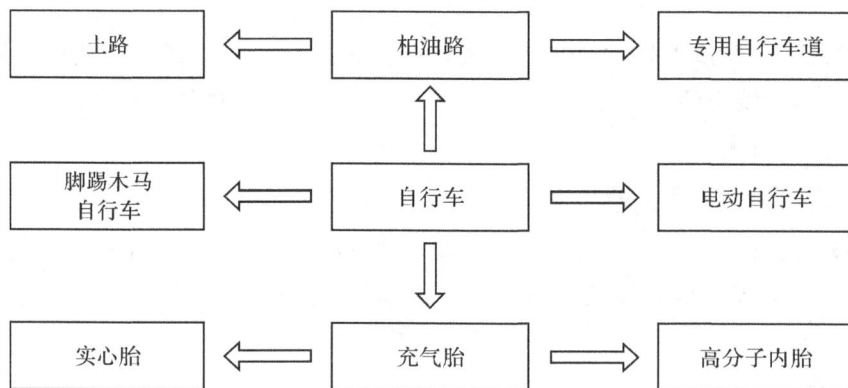

图 14-11　自行车技术九屏幕法

作为分析问题的一种手段,九屏幕法体现了一种思考如何更好地理解问题的方法,并确定了一些解决问题的新方法。九个屏幕上显示的信息不一定会导致解决问题的新方法。如果实在找不到好的解决办法,可以暂时搁置。不过,每个屏幕对问题的整体把握肯定会有帮助。

2.金鱼法

金鱼法源于俄罗斯大诗人普希金的童话诗《渔夫和金鱼的故事》。金鱼法的主要思想是从幻想式构思中区分出显示部分和幻想部分,再从解决构思的幻想部分中分离出现实和幻想部分。这种划分反复进行,直到确定解决问题的思路能够实现。因此,从形式上看,金鱼法是一个迭代分解过程,其本质是将幻想和不切实际的求解思路转化为可行解。它的解决流程如图14-12所示。

具体来说,金鱼法的应用可以分为五个步骤:①将问题的概念分解为现实和幻想;②提问和回答,为什么幻想的部分是不现实的;③提问和回答,在什么条件下幻想的部分可以变成现实;④列出子系统、系统和超系统的可用资源;⑤根据现有资源,提出可能的解决方案。

若方案不可行就返回第一步,然后进一步把幻想部分分解成现实和幻想。以此类推,直到有一个完整的、可实施的解决方案。这个简单的过程演示了金鱼方法的创造性问题分析原理,即它首先把现实部分和幻想部分分开,对于不现实的部分,通过引入其他资源,把一些想法从不现实变成现实,然后继续分析不现实的部分,直到不现实的部分全部变成现实。因此,这种迭代方法通常会产生看似不可能的问题的现实解决方案。可见,金鱼法可以带领我们从理想状态出发,去发现现实中的问题。

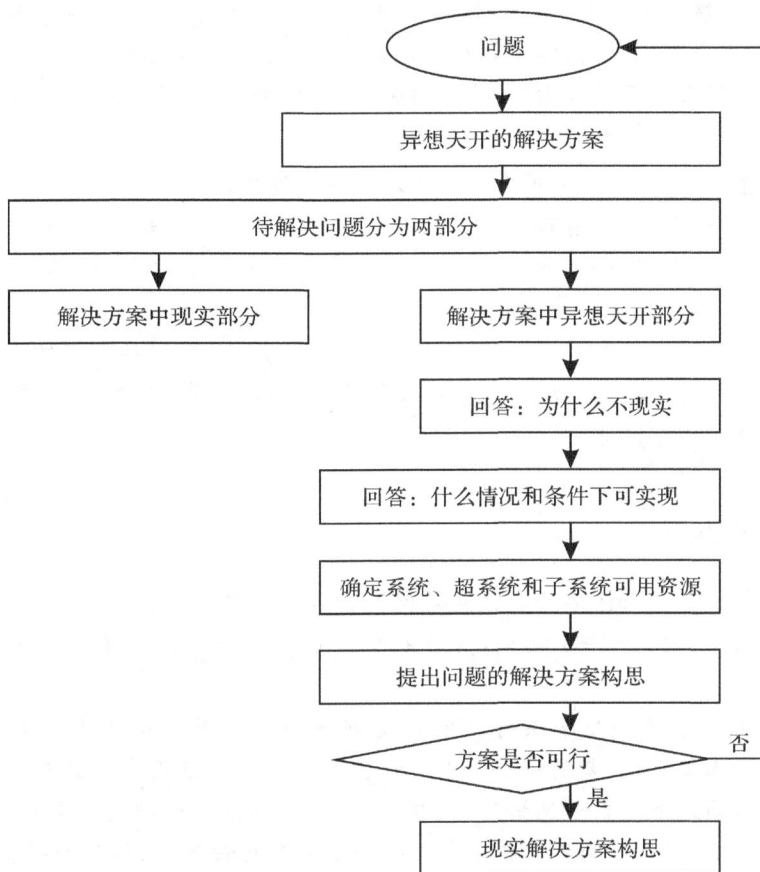

图 14-12 金鱼法流程图

（资料来源：奥尔洛夫.用 TRIZ 进行创造性思考实用指南[M].陈劲,朱凌,郑尧丽,等译.北京:科学出版社,2017.）

本章案例阅读

【案例 14-1】 三顿半:高管团队认知适应性推动商业模式创新

三顿半成立于 2015 年,由吴某等 3 名在零售行业有多年从业经验的创业者创立,是一家咖啡在线零售企业,致力于精品速溶咖啡的场景化研发。高管团队认识到速溶咖啡市场有更为精细化的需求,以"咖啡+咖啡壶"套装的形式推广有别于市场上三合一速溶咖啡的挂耳咖啡,满足顾客对速溶咖啡的更高需求。同时,高管团队在美食交流平台与顾客交流,获取改进意见,增强对速溶咖啡及其消费人群的感知,调配出受欢迎的速溶咖啡。直到产品成熟后,高管团队才携三顿半转移阵地,开始发力淘宝店的运营,同时注重供应链的技术创新。在持续加强与顾客的意见互换和从咖啡龙头企业获取产品创新灵感后,升级速溶咖啡品质的同时也注重对产品辨识度的提升,增强在顾客间、行业内的话题感,使高管团队多维度了解产品在消费人群中的定位与评价,辅助其把控产品的发展方向。另外,话题感也为顾客自发产出优质内容对品牌进行二次传播提供了可能。面对日益增长的咖啡需求,高管团队深知速溶咖啡在场景消费的优势,深挖"超即溶咖啡"的升级以在便捷化的条件下最大化还原出现磨咖啡的口感和气味,构建企业的竞争优势。目前,高管团队统筹分析全链条的消费数据,将"复购率""成图率"等作为重要市场解读指标洞察行业的整体格局和未来走向,并布局线下实体咖啡店的拓展,形成了一套基于产品升级、品牌传播和供应链管理的成熟商业模式。

(资料来源:张洁,侯娜,刘雯雯.高管团队认知适应性如何推动商业模式创新?:三顿半和玛丽黛佳的双案例研究[J].管理案例研究与评论,2020,13(05):566-588.)

【案例 14-2】 中国人的变化观——塞翁失马

塞上有翁失其马,人吊之,翁曰:安知非福。数月其马忽带一骏归,人贺之,翁曰:安知非祸。其子乘之坠折股,人有吊之,翁曰:安知非福。后出兵抽壮丁,多战死,其子以折股仅存,故得父母相保也。

这个故事表现了东方人的人生态度。世界是不断变化的,要理解世界的一种状态就要从该事件存在的对立面来把握。《道德经》曰:"……祸兮,福之所倚,福兮,祸之所伏。孰知其极?其无正也。"讲的也是同一道理。

本章要点小结

1. 直接研究创新的理论包括熊彼特创新理论、TRIZ 理论、商业生态系统、技术生命周期、破坏式创新、创新扩散理论、A-U 模型,其他的理论则是可以从某个角度来考虑创新的影响因素。

2. 创造力是实现创新的先决条件。创新是创造力的展开。创造力的形成过程包括问题/机会识别、信息收集重组、新想法产生以及评估执行调整。创造力的产生和发展受到个人因素和环境因素影响。个人因素包括知识、智力、性格和训练。环境因素包括工作复杂性、领导力、合作关系、奖励、截止日期和目标等。创造力是一种可被认识、学习和获取的能力。

3. 创新思维是人形成创造力的基础。不同的思维方式形成差异化的创新。整体性思维表现出明显的场依赖,关注事物与环境的联系,形成以应用型为主的创新。分析思维表现为环境与事物的分离,关注事物的属性和规律,形成基于理论的创新。

4. TRIZ 是解决发明问题的理论,是专利发明领域的重要方法,它成功地揭示了创造和发明的内在规律和原理。TRIZ 思维秉承矛盾观、理想观、功能观和资源观,强调对发明规律的内在把握和矛盾的整体解决。九屏幕法和金鱼法是 TRIZ 常用的思维方法。

思考和讨论题

1. 亨德森与克拉克的四种创新分类与克里斯坦森所提出的破坏式创新及维持性创新有何联系?

2. A-U 模型与技术生命周期有何相同点? A-U 模型有何创新?

3. 请从创新扩散理论的角度,谈谈破坏式创新的过程。

4. 如何看待整体性思维、分析性思维与创新之间的关系? 试从中国传统文化中找出相关证据。

5. 谈谈 TRIZ 理论对于创新领域研究的借鉴意义。

6. 深入研究某一领域知识和广泛组合跨领域知识都有可能带来创新,谈谈两者区别和联系。

本章参考文献

［1］陈光.创新思维与方法：TRIZ 的理论与应用［M］.北京：科学出版社,2011.

［2］程源,傅家骥.企业技术战略的理论构架和内涵［J］.科研管理,2002,23(5)：75－80.

［3］冯之浚.技术创新与文化传统［J］.科学学与科学技术管理,2000(01)：11－14.

［4］吉尔福特.创造性才能［M］.北京：人民教育出版社,1991.

［5］孔庆新,孔宪毅.试论创造性思维的定义、特点、分类、规律［J］.科学技术与辩证法,2008,25
(2)：25.

［6］罗杰斯.创新的扩散［M］.北京：中央编译出版社,2002.

［7］奥尔洛夫.用 TRIZ 进行创造性思考实用指南［M］.陈劲,朱凌,郑尧丽,等译.北京：科学出
版社,2017.

［8］AMABILE T M,CONTI R,COON H,et al. Assessing the work environment for creativity
［J］. Academy of Management Journal,1996,39(5)：1154－1184.

［9］BANDURA A. Social cognitive theory of self-regulation［J］. Organizational Behavior and
Human Decision Processes,1991,50(2)：248－287.

［10］BOYD B. Corporate linkages and organizational environment：a test of the resource
dependence model［J］. Strategic Management Journal,1990,11(6)：419－430.

［11］GILBERT C G. Unbundling the structure of inertia：resource versus routine rigidity［J］.
The Academy of Management Journal,2005,48(5)：741－763.

［12］HENDERSON R M,CLARK K B. Architectural innovation：the reconfiguration of existing
product technologies and the failure of established firms［J］. Administrative Science
Quarterly,1990,35(1)：9－30.

［13］MUMFORD M D,MEDEIROS K E,PARTLOW P J. Creative thinking：processes,strat-
egies,and knowledge［J］. The Journal of Creative Behavior,2012,46(1)：30－47.

［14］NONAKA I. A dynamic theory of organizational knowledge creation［J］. Organization
Science,1994,5(1)：14－37.

［15］TEECE D J. Profiting from technological innovation：implications for integration,collab-
oration,licensing and public policy［J］. Research Policy,1986,15(6)：285－305.

［16］UTTERBACK J M,ABERNATHY W J. A dynamic model of process and product inno-
vation［J］. Omega,1975,3(6)：639－656.

第十五章
创新管理视角

本章导读

　　创新是当前企业在激烈的市场竞争中取得胜利的重要途径之一。作为一个具有高度系统性的复杂活动，好的创新绩效的达成需要企业各个方面的配合与支持。本章分别从战略、资源与能力、组织、制度与文化四个视角对创新进行定位，并着重探讨企业创新所需要的内外部环境，研究不同创新类型所需要的不同战略、资源与能力、组织，以及制度与文化。

第一节　战略视角

　　创新已经成为企业在不同的竞争层次中取得竞争优势的关键手段。比如，在对在将来三到五年影响组织的所有外部因素的调查中，有71%的CEO将技术创新因素归为首位。同时，竞争战略的制定和实施是企业竞争优势的重要来源。因此，创新与战略成为企业获得竞争优势所必须要着重考虑的重要因素。

一、创新战略

　　以下针对技术领先创新战略与技术追随创新战略、构架创新战略与模块创新战略，及双元创新战略分别进行论述。

（一）技术领先创新战略与技术追随创新战略

　　技术创新战略是基于现有技术能力通过技术学习规划而开展的。安同良根据产业技术进化的类型和企业技术学习的过程，将企业技术创新战略分为技术领先创新战略与技术追随创新战略两种类型，见图15-1。

　　1.技术领先创新战略

　　技术领先创新战略要求企业自觉开展技术创新，争取通过技术创新提高产品或服务质量，赢得市场，获得超额的垄断利润，从而获得竞争优势。技术领先战略对于国家利益也是非常有益的。从国家利益来看，技术领先战略往往会带来长期的利益，具有国家战略意义。获得技术领先可以在国际竞争中获得竞争优势，达到国际领先地位。从比较优势理论和内部优势理论出发，技术领先可以使企业或国家在国际贸易和对外直接投资中占据主导地位。此外，领先技术带来的技术溢出效应会进一步给国家带来超额利润，从而回收创新研发过程中的投资，提升国家整体创新能力。对于企业来说，实现技术领先可以获得全新的技术，从而在行业内形成技术壁垒，阻止竞争对手进入，并设定垄断高价获取超额利润。技术领先不仅能带来短期利润增长，而且成为未来创新过程的基础，有利于企业形成长期技术领先优势，获得长期垄断利润。

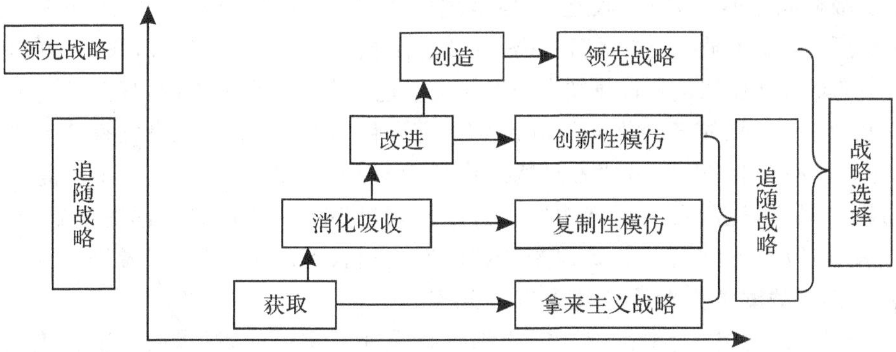

图 15-1 创新战略选择与技术学习战略

(资料来源:安同良.中国企业的技术选择[J].经济研究,2003(7):76-84.)

尽管技术领先战略能够为企业及国家带来超额利润,但技术领先战略也并不是"万能神药"。技术领先的背后是巨大的前期创新研发投入,并且这种投入具有非常大的风险,因此企业在选择技术领先战略前要进行具体缜密的科学合理分析,结合企业自身条件做出战略选择。对于技术领先战略,最为重要的就是创新目标的选择。由于巨额的前期投入,企业所选定行业及研发技术方向必须是拥有很大市场前景的行业。如果企业对收集到的一系列情报信息进行综合分析"发现拟进行开发的新产品生命周期较长""产品边际收益稳定""销售也将出现良好的状况",那么新产品就极有可能以丰厚的产品利润来补偿由于抢先开发高质量产品来弥补新产品所增加的开发费用。此时,企业就可以选择领先型新产品开发战略开发高质量的新产品抢先竞争对手进入市场。

技术领先创新战略也具有一定的缺陷与局限性。首先,这一类行业通常起点高,技术难度较大,风险较高,一旦失败会对企业带来巨大的经济损失。其次,对于新产品,市场需求往往是很难准确预测的,即使技术突破成功,其市场效应也并不确定,商业风险和操作风险都较高。最后,一般情况下领先型新产品开发战略对于资源丰富、研发能力较强的成熟企业往往更加适合。这类企业对于市场具有长期的垄断优势,对于消费者的影响能力较强,可以相对地降低新技术新产品的商业风险。对于小型及新创企业而言,由于资源相对短缺,可能并没有能力承担领先战略的巨额前期投入,也难以承受较大的市场风险。

2.技术追随创新战略

技术追随创新战略是在新产品、营销方法或商业战略成功后出现的,大量企业模仿领导者采取类似的行动。追随策略往往出现在行业领袖出现之后,追随企业学习模仿龙头企业的技术营销方式,改变原有的运营方式,完善原有的战略,以获得竞争优势。追随战略与简单的模仿策略是完全不同的,追随战略是具有创新性的借鉴而不是单纯的模仿,模仿战略是具有明显缺陷的,模仿的企业会很快被被模仿企业的规模优势所击溃。追随战略的本质是学习及创新。学习是追随战略的核心,由于资源的限制,企业无法做到全面的领先优势。并且,产业结构和产品生命周期的更迭会使得原有企业被超越替代。此时,处于劣势的企业可以通过学习和模仿削弱领先者的相对优势,从而在激烈的竞争中获得一席之位。同时,由于全面的变革与创新是非常困难的,但是在已有的领先战略上进行改动是相对比较容易的。追随战略是在已有的领先战略上进行修改完善,是起点比较高的创新活动。相较于领先战略,追随战略往往更加适合中小型企业创新。

尽管追随战略成本小、风险低、收益大，但是越来越多的学者开始对追随战略进行批判。学者主要从三个方面论述了追随战略的劣势。第一，追随者永远无法超越领先者，领先者有追随者得不到的先入为主的优势。比如领先者通过优先进入市场建立企业在行业内的口碑，迅速建立品牌优势和客户认可度；而且领先者会优先控制市场渠道和供给渠道，给追随者的操作制造障碍。第二，领先者建立了行业标准，而追随者只能适应这个标准，追随者的目标市场只能是领先者剩余的市场份额。第三，追随者往往被领先者打压。如果追随者的优势仅仅在于更低的价格、更好的服务或者增加的产品特性，那么领先者就可以迅速找到对策，对追随者进行瓦解攻击。

采用追随创新战略的企业需要注意以下几点：

第一，选择较好的追随时机。追随时机的选择是非常重要的，过早或过晚都无法实现追随创新的战略优势。进入过早，消费者对于新产品还不熟悉，风险依旧较大，开拓市场的巨大投入会使得追随战略的低成本优势并不明显。进入过晚，行业标准已经设立，追随容易可是创新就会难度很大。

第二，追随创新战略一定不能是简单的模仿。简单的模仿会很快被领先者利用规模优势与先入优势挤出市场，无法形成较长期的竞争优势。企业必须对领先战略进行创新和改进，站在巨人的肩膀上开拓出自己的市场。

第三，与竞争者差异化竞争。所谓"知己知彼，百战不殆"，通过对竞争对手和市场的了解才能占领领先者所余下的市场份额。并且，要想占领被领先者所遗漏的市场就需要在领先者的战略上进行改善，差异化自己的产品或服务，比领先者更好地满足遗漏市场的需求。

（二）架构创新战略与模块创新战略

将创新分为突破式创新和渐进式创新是以往最广为接受的分类方式。但是，目前这种分类方式正在出现越来越多的质疑。市场上有许多技术上略微改进却造成巨大的市场影响的创新案例，而突破式创新与渐进式创新均不能很好地代表这一类创新现象。图15-2描述了更加完备的创新分类类型。比如美国施乐公司，世界领先的普通纸复印机制造商，在20世纪70年代中期由于竞争者提供了更加轻便可靠的产品导致施乐公司丢失了大半顾客。而竞争者只是通过很小的技术改进就成功击溃了拥有核心技术与丰富经验的领先企业。为了解释这些现实现象，学者提出了架构创新战略与模块创新战略的全新概念。

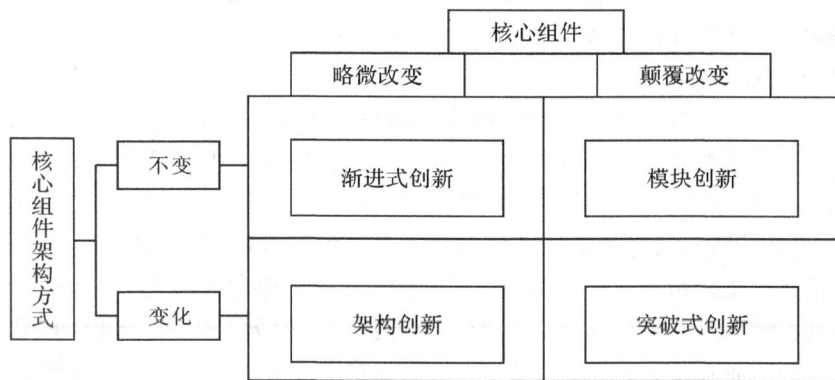

图15-2 创新分类框架

1. 架构创新战略

架构创新是指不改变核心设计理念而通过重新连接产品组件的创新方式。架构创新改变了企业的知识结构，但是沿袭了对于产品组件的知识。产品可以在系统和组件两个层面进行区分。比如，电风扇的主要组成部件包括扇叶、转动马达、安全防护装置、控制系统和外壳。产品的整体架构阐述了各部件是如何系统协调运转的。总的来说，风扇的部件和架构创造了一个空气运动系统。

组件指的是体现核心设计理念的物理上相对可分离的产品部分结构。比如电风扇，设计系统需要一个提供动力的马达，因此根据这个设计需要选择电动马达满足设计需求。这个电动马达就是这个设计理念的物理组件。产品创新需要两种类型的知识将产品和组件进行区分。首先，产品创新需要组件的核心设计目标及组件是如何实现这种目标的。其次，需要架构知识，就是如何系统联系各组件，使它们系统地协调运转。这种架构知识和组件知识就是产品创新的关键点。因此，学者们提出了架构创新的概念。

成熟组织进行架构创新有两个主要的障碍。第一，架构创新因为要与原有架构相适应从而难以识别新的架构。第二，架构创新需要改变原有的沟通渠道、信息处理机制，及问题解决战略。已有的组织结构是以往核心能力的重要组成部分，而对于架构创新，这种组织结构就成了抑制创新的核心刚性。已有研究发现这种障碍是可以被克服的，因此架构创新的实质实际上是对组件知识的重组与链接。

研究发现，在核心理念探索和开发阶段，与核心供应商的整合对于架构创新的开展是有好处的，但是促进架构创新的供应商关系与以往正常交易时的供应商关系是有所不同的。与以往相比，架构创新需要一种促进开放创新与风险共担的激励机制。促成与供应商进行架构创新的方式有集成产品小组、与供应商建立长期合作关系、形成连带责任、建立信息共享机制等。有学者强调了整合活动对于完成架构创新的重要性，通过跨行业的企业层面的分析发现与其他类型的创新相比，架构创新更需要功能的整合。

架构创新更适用于复杂性较高的产品或系统的创新。根据复杂性的不同，可以将研发过程分为系统性研发和分析性研发两种。系统复杂性指研发目标包含多种不可预见的、相互关联的技术，专业化分工对于系统复杂性较高的项目是并不适合的。分析性研发过程指的是在研发活动早期就可以将目标分解且小目标之间的联系是明晰可见的。对于复杂产品系统，比如，航空航天、高铁的研发组织协调和系统集成对于实现技术创新是至关重要的。复杂性是这类行业的典型特征，它们包含大量的子系统和组件，并且这些组件之间的关系是多样而不可预测的。

2. 模块创新战略

任何一种产品都是由内部不同模块进行组合而成的，模块化就是将系统内关联性较强的部分作为一个模块，其余与其关联性相对较弱的部分分离成为另外一个模块的过程。模块创新战略就是对于复杂性系统内部的某个模块有针对性地进行改进创新的创新战略。从20世纪90年代开始，模块化已经成为创新战略的研究热点，并且通过模块化创新的产品往往具备新的特点，使得模块化创新成为提高创新效率或改良产品或服务的一种很好的创新战略。

模块创新需要平衡长期对技术发展的需求和短期市场对产品的需求。汽车工业对于这个问题给出了很好的解决方案。新的组件技术研发会持续地进行，当产生成果时会将这种技术成果进行"冷藏"，当产品需要这种技术的时候再去加以利用并商业化。这些开发工程师将新的技术进行修缮以适应特定的产品。新的技术不能过早的转化应用,技术研发不仅要与产品开发分离,在时间上也要分离。这样在产品商业化的过程中,可以降低技术不确定对于产品商业化的影响。但是,这种分离技术与产品开发的手段有时会带来技术和产品的不匹配,当系统的复杂性较高时,这种分离是不合适的。

模块化创新同样会为企业带来超额利润。比如,索尼公司通过研发一种随动系统代替了之前的磁带放映系统创造出了高质量的产品并赢得了市场。企业要防止模块化创新成果被模仿,并进行持续性的领先模块创新,以延长模块化创新所能带来的利润获得。防止利润被模仿者侵蚀的最好方法就是比竞争者更快的创新。模块化可以加快在某一方面的创新,帮助企业提供更好的解决方案获得持续竞争优势。持续性的模块化创新会增强企业在某一个具体的技术领域拥有竞争者难以企及的技术知识积累,这种技术积累又会成为将来进一步创新的基础。

(三)双元创新战略

"双元"是个很宽泛的概念。双元创新,在这里特指企业同时进行探索性创新和应用性创新。其中,探索性创新是指企业为满足新市场或新客户的新需求,通过引进与现有产品或技术有较大差异的新产品或新技术的创新行为。应用性创新是指不断拓展现有市场、完善现有技术、改进现有产品或服务的创新行为。探索性创新和应用性创新是创新领域探索和应用活动的具体过程。

关于这两项创新之间的关系,目前有两种不同的观点。虽然不同的文献强调公司应该双元化,应该在不同的组织中同时进行探索性创新和应用性创新,但有研究强调公司很难同时推进探索性创新和应用性创新,这些研究认为探索性创新和应用性创新是企业创新活动的两极,企业必须在整个统一体中进行抉择。增加探索将不可避免地以减少应用为代价,反之亦然。探索与应用的不兼容,导致企业要么陷入应用带来的"成功陷阱",要么陷入探索带来的"失败陷阱"。也有不同意上述观点的学者,他们认为企业创新活动可以同时进行探索和应用创新。

探索和应用不是一个连续的变量,而是两种不同类型的活动。已有研究基于演化理论,通过深度和广度搜寻两种搜寻方式分析了探索和应用之间的关系,发现探索和应用是相互竞争的。他们发现在新产品导入的过程中,探索与应用是相互促进、相互加强的。同时,现有研究进一步扩展了双元性的概念。研究认为,企业可以同时探索和应用两种形式:结构二元性和情境二元性。进一步地,探索和应用可以在不同层次上实现平衡和协调,这在同一部门可能是相互冲突的,但在更高层次上却是兼容的。企业还可以通过时间上的有序区分来协调探索和应用之间的冲突。

应用性创新对现有技术进行小幅改进以完善现有技术,因此应用性技术创新有利于提高创新过程的速度,降低成本。对于企业生产活动而言,应用性创新风险较小,对企业绩效的促进作用是可以预见的。首先,应用性技术创新的程度越高,企业不断参与改进现有技术,减少了现有的生产成本,提高了产品质量。由于反复从事类似的活动,效率优势能够促进企业绩效的增长。其次,随着信息网络化程度的提高,企业更容易从外部获取创新成果。企业应用创新程度越高,从外部获得的创新成果的改进和应用效率越高。最后,高度的应用性创新也可以促进探索性技术创新所取得的创新成果的早期完善。

探索性创新行为所追求的新技术与现有技术差别较大,旨在从现有的技术改进曲线跃迁到新的技术曲线上,有利于企业提高创新的效果。探索性创新获得的新技术与现有技术存在较大差异,会给企业带来差异化竞争优势,使竞争对手难以在短时间内模仿,从而促进绩效增长。然而,探索性技术创新需要很长时间才能显示其对绩效的影响,其经济和社会效果具有高度的不确定性,这将给企业带来很大的风险。因此,过于强调探索性技术创新会导致企业短期内面临更大的风险,陷入"探索失败导致更多的搜索和变化,进而导致更多的失败,失败进一步导致更多的搜索"的恶性循环。

二、竞争战略与创新

战略被认为是企业面对外界环境的变化与挑战的精心计划,并且公司战略与企业业务战略是完全不同的。业务战略是多元化公司的产品市场选择。公司战略是业务战略的集合,公司战略不仅决定了企业的产品市场选择,而且决定了在未来不确定环境下企业的经营方式。一个企业也许会有很多的业务战略,但只拥有独一无二的公司战略。

(一)业务层战略与创新

现存业务战略的分类中,由波特提出的基本竞争战略模型是最被广泛接受的一种分类方式。波特根据企业竞争优势与竞争范围提出了两种最为广泛的业务战略类型:低成本战略与差异化战略。低成本战略的主要目的在于降低企业所有成本,甚至达到同行业最低成本水平,从而为顾客提供较低的价格并获得相较于同行业竞争者的竞争优势。差异化战略是力争使企业产品、服务、企业形象等与竞争者形成显著的差异以求获得竞争优势的业务战略,这种战略的核心是取得某种对顾客有价值的独特性。

1.低成本战略与创新

在竞争优势理论中,创新并没有被明确地认为是某种战略的要素之一。然而,在以往的大多数研究中,创新似乎均被认为是使企业差异化并获得竞争优势的重要源泉。创新带来的技术领先似乎与低成本战略相矛盾,事实上,并不是所有的创新都与低成本相矛盾。同时,低成本战略不能忽视差异化战略。否则,只有实施低价扩大销售,成本优势才会被抵消,即差异化基础上的价值相等。在竞争优势中,波特不止一次提到创新对企业竞争优势的影响,它们并不相斥,甚至有些创新可以在降低成本的同时增加差异,这样就更容易获得溢价。

低成本战略以保持低成本地位为核心,属于运营层面的竞争。采用低成本战略的企业产品是基本上同质化或标准化的,并且比较难以实现差异化。正是由于这样的特征,使企业所处的市场中顾客对产品的需求相似,同质产品竞争对手很多,顾客拥有较强的议价能力与很低的产品转换成本。因此,对于运营层的竞争必须关注成本控制、生产质量、稳定性及生产速度。为了实现这种成本控制,企业需要的创新有两个方面:第一,通过对生产过程、工艺及原材料的创新提高生产的稳定性和速度。第二,通过管理创新实现运营成本的降低,提高管理效率,降低管理费用,从而在这种同质化竞争激烈的市场环境下取得竞争优势。

2.差异化战略与创新

低成本战略和差异化战略都重视创新,但在创新模式的选择上有所不同。基于波特的竞争战略理论,现有研究对差异化战略与创新间的必然联系达成共识。采用差异化战略的企业往往更加趋向利用创新解决问题,为了建立与竞争对手明显不同的品牌印象,企业需要很强的创新精神和创新能力作为支撑,从而为顾客创造具有独特性能与质量的产品、服务。差异化战略促使企业不断探索市场新机遇,同时不断进行试错实验,测试创新产品对环境的适应性。这些企业往往通过制造不确定性和变化来区别于同行业的竞争对手。为了发现新的市场和机会,采用差异化战略的企业将更加关注技术的前沿趋势和成果。

差异化战略通过提供与竞争对手明显不同的产品和服务来满足客户的需求,形成相对竞争优势。这种策略的形成主要取决于产品和服务的特性,而不是产品和服务的成本。差异化战略可以分别从产品、服务、人员和形象入手。比如产品可以从产品特性、工作性能、耐用性、可靠性、款式和设计等方面进行改造,而这一系列的 R&D 和改造活动必须以创新为基础。差异化战略往往与新技术的出现密切相关。新的技术带来的新的产品或服务往往具备新的性能,从而能更好地解决现有消费者的问题,带来更好的消费体验。

差异化可以通过产品创新、服务创新及市场创新来获得。产品创新就是通过不同的技术创新手段实现产品性能的提高或者为顾客带来不同的消费体验。服务创新往往是通过服务差异化,增加了产品的附加值。知名的餐饮品牌海底捞就是通过服务创新在竞争激烈的餐饮市场中赢得消费者的青睐,成为火锅领域的领先企业。市场创新就是指与竞争者在不同的市场中开展创新。技术创新的扩散是一个过程,是从单一市场逐渐向其他市场扩散的过程。将技术创新成果提前向还未扩散到的市场销售时,就在这个市场中获得了相较于其他竞争者的先入优势。市场创新中最为典型的代表就是有关金字塔底层市场(bottom of pyramid,BOP)的市场创新。比如印度 Tata 汽车,将汽车工艺弱化从而降低成本,使得低端市场消费者能够消费得起,从而获得了超额的利润。

(二)公司战略与企业创新

公司战略是公司最高层管理者为整个公司确定的长期目标和发展方向。公司战略决定了在特定时间内,公司做什么及怎样做的问题,对于企业的成长和发展是至关重要的。业务战略是被包含在公司战略之中的,公司战略决定了公司的业务组合,确定了业务范围,确定了不同业务的联系方式及未来发展目标。多元化战略与集中化战略是具有典型性的两个公司战略类型。

1. 多元化战略与创新

多元化战略多指企业产品生产的多元化。但是,多元化战略与差异化战略又有明显不同,差异化战略是业务层面的战略类型,它是将同一市场进行细分,是对同一产品进行区分。多元化战略是指企业进入异质市场,将产品种类的丰富与新市场的扩展同时进行。企业进行多元化战略的目的主要在于希望降低商业风险,提高设备和资源的利用率,适应变化的顾客需求,实现规模和范围经济。多元化战略与创新的紧密关系已经得到了学者们的广泛认同。

多元化战略分为相关多元化和不相关多元化,主要区别在于多元化发展的新业务是否与原有核心业务有战略匹配。正是这种差异,使得它们与创新的关系不同。目前普遍认为,企业相关多元化战略与企业创新之间存在明显的相互促进关系,而对不相关多元化战略与企业创新之间的关系仍存在不同的看法。一方面,学者认为坚持企业核心竞争力会给企业带来组织惯性;另一方面,学者认为不相关的多元化战略有利于企业动态能力的发展,使企业能够适应不断变化的外部环境。根据组织研究理论,企业实施不相关多元化战略所建立的官僚组织结构和以财务目标为主体的控制体系,会导致企业管理者以牺牲企业长期利益为代价追求短期利润目标,从而进一步减少或者拒绝开展风险程度较高的研发投资。

2. 集中化战略与创新

集中化战略指企业将经营战略聚焦于特定的目标市场上,为特定的地区或特定的采购群体提供产品或服务,从而确立竞争优势,获得有利竞争地位的战略。集中化战略要求企业业务的专一化,更高效的为特定细分市场提供更好的产品或服务,从而在细分市场上击败市场范围广泛的对手。集中化战略要求企业将大多数资源集中投入于一个特定的目标,突破技术瓶颈,从而形成竞争优势。

集中化战略要求企业首先对行业的价值链进行分析,找到其中利润最为丰厚、结构最为关键的核心行业,然后投入大量的资源集中进行开发从而使企业获得发展。为实现集中,就要将与核心业务不相关的业务进行剥离,集中主攻某几个业务。将非核心业务剥离并进行资产的重组会帮助企业投入更多的资源于主营业务之中。尽管多元化战略在以往的企业经营中为企业带来了非常丰厚的业绩,但是根据最新的研究,越来越多的上市公司将资金慢慢回归主业,将企业资源集中到优势行业。目前,越来越多的企业重新认识到集中战略的重要性,并开始实施集中战略。主营业务回归的目的是保持竞争优势,核心竞争力能否建立和发挥,将决定回归和收缩的"度"。

集中化战略是与多元化战略相对应的一种公司战略。尽管很多研究均指出了多元化战略与企业创新之间的相互促进关系,但是集中战略同样可以为企业带来很好的创新成果。比如,英特尔通过对价值链的梳理和分析,舍弃其他业务专注于芯片这一单一产品的研发与生产,目前仅仅通过这一项业务形成全球技术垄断为企业带来了巨额利润。实施集中化战略就要求企业舍弃很多与主要业务不相关的业务,而为了正常的运营,外包成为集中化战略实施的一个重要的手段。外包促使企业充分利用和整合企业内外部知识和技术资源,特别适合具有前瞻性的未来技术。

第二节　资源与能力视角

一、资源视角

(一)资源基础观

根据资源基础观,企业是各种资源的集合。企业之间资源的差异是企业盈利能力不同的重要原因,也是资源优势企业能够获得经济租金的原因。资源基础观的核心思想主要体现在三个方面:竞争优势的来源、持续的竞争优势和异质性资源的获取与管理。

1.竞争优势的来源:异质性资源

资源包括资产、能力、组织流程、企业属性、信息和知识。这些资源由企业所掌控,用于设想和实施战略以提升其效率与效能等。资源主要分为三类:①实物资本,包括企业使用的材料、生产技术、厂房和设备,以及企业的地理位置和获取原材料的方式;②人力资本,包括企业管理者和员工的经验、智力、人际关系和观念;③组织资本,包括企业的正式报告,正式或非正式的计划、控制和协调系统,以及企业内部和企业之间的非正式联系。然而,并不是所有的实物资本、人力资本和组织资本都是重要的战略资源。事实上,一些资源可能会阻碍企业重要战略的设计和实施,降低企业自身的效率,如企业存在一些不相关的资源,这些资源对企业的战略过程没有实质性的影响。因此,只有能够提高企业战略设计和实施效率的相关实物资本、人力资本和组织资本才可以称为企业资源。那么,什么样的企业资源能带来竞争优势? 如何将短期竞争优势转化为持续竞争优势呢?

按照 Barney 的观点,有价值的资源是企业竞争优势的来源。要将短期竞争优势转化为持续竞争优势,则要求这些资源在本质上是异质的,同时是不能完全自由移动的。总体来说,这种资源需要具备四个特性(如图 15-3 所示):一是有价值,即这种资源可以帮助企业在环境中利用机会,规避风险;二是稀缺,即这种资源在企业当前和未来的竞争中是稀缺的;三是资源难以模仿;四是不可替代的,即没有战略等价物替代这种资源。符合这四个标准的战略资源决定了企业的可持续竞争优势。

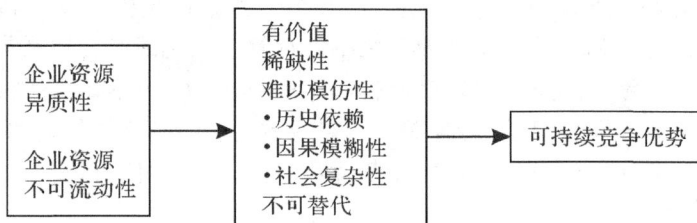

图 15-3　资源特性之间的关系

2.持续的竞争优势:不完全可模仿或者难以模仿性

有价值的稀缺资源可能为企业带来竞争优势。由于拥有其他企业缺乏的重要资源,优势企业可以设计和实施其他企业未曾想到过的和未曾实施过的战略。因此,这些稀缺的价值资源为企业带来了先发优势。仅当缺乏资源的竞争者无法进一步获取这些稀缺资源时,也就是企业资源不完全可模仿时,它们带来的优势才是可持续的。企业资源的不完全可模仿性可能是以下一个或几个因素共同作用的结果。

(1)历史依赖。企业是历史和社会中独特的群体,其获取和利用某种资源的能力也取决于其在时间和空间上的地位。当一个企业先有了某种优势资源,而这种优势资源的价值在之前或当时都没有得到大家的认可,也没有人去模仿。一旦这种独特的历史时刻过去了,那些不具有时间或空间依赖性资源的企业就无法再获得它们了,因此这些资源是不完全可模仿的。

(2)因果模糊性。因果模糊性是指企业拥有的资源与其可持续竞争优势之间的关系不能或不能被完全理解。企业面临的环境变化是不确定的,企业的日常活动是高度复杂的。当企业资源与竞争优势的关系无法清晰理解时,缺乏资源的企业将很难知道要模仿哪些资源。意图模仿的竞争者或许能描述某些成功企业拥有的相关资源,但在因果模糊性的情况下,它们并不确定这些资源是创造持续竞争优势的资源,或者有可能是与其他资源共同作用带来的。面对因果模糊性,模仿者几乎不可能知道究竟采取哪些行动来复制那些具有持续竞争优势企业的战略。

(3)社会复杂性。这些资源可能隐含着一些复杂的社会现象,而这种复杂性超出了企业系统管理和影响的能力。当企业的竞争优势建立在复杂的社会现象之上时,竞争对手模仿这些资源的能力就会受到很大的限制。

3.异质性资源的获取与管理

资源基础观为企业的长期发展指明了方向,即培育和获取能够为企业带来竞争优势的特殊资源。基于资源的观点仍在发展,企业决策总是面临许多不确定性和复杂性。基于资源的观点不能为企业获取特殊资源提供一套具体的操作方法,只能提供一些方向性的建议。但是,企业可以从以下几个方面开发自己独特的优势资源。

(1)组织学习。资源基础观的研究者将企业的特殊资源指向企业的知识和能力,获取知识和能力的基本途径是学习。由于企业的知识和能力不是每个员工知识和能力的简单加总,而是员工知识和能力的协同作用,因此,通过有组织的学习不仅可以提高个人的知识和能力,而且可以促进个人的知识和能力向组织的知识和能力转化,使知识和能力集中,产生更大的力量。

(21)知识管理。知识只有被从事特定工作的人所掌握,才能发挥相应的作用,企业的知识只有通过员工的活动才能体现出来。在经营活动中,企业需要不断地吸收外界的知识,不断地对员工创造的知识进行加工和整理,然后将特定的知识传递给从事特定工作的人。知识处置的效率和速度将影响企业的竞争优势。因此,对知识微观活动过程的管理有助于企业获取特殊资源,增强竞争优势。

(3)建立外部网络。对于处境不利的企业来说,依靠自己的力量去开发所有需要的知识和能力,不仅成本高,而且效率低。通过建立战略联盟和知识联盟来学习优势企业的知识和技能更有效率。此外,在不同公司的员工间创造共同协作及学习的环境,能够激发他们的创造力,促进知识的创造和能力的培养。

(4)获取关键资源。关键资源在所有的资源中至关重要,因此,有必要尽可能地获取和占用关键资源。

(二)资源可得性与创新

传统观点认为,企业创新需要充足的资源,同时为了应对外部环境的变化,需要配置冗余的资源,并及时做出反应。企业是多种资源的集合,这些组织拥有的资源在企业创新行为中扮演着重要作用。借助对资源的配置,企业可以建立自身竞争优势,进一步实现组织目标和个人目标,对环境变化做出反应。但是,企业资源具有不同的特点,在分析企业资源状况时必须结合企业资源的特点。不同的资源具有不同的属性,在进入企业生产体系后,不同的配置方式会形成不同的资源结构,从而导致最终产出的差异。接下来分别介绍资源冗余和资源稀缺对创新活动的影响。

1.资源冗余与创新

资源冗余是一种超过实际需求的资源,这类资源储存在一个组织中,由个人或小团体控制。目前有关资源冗余被广泛接受的定义是:资源冗余指控制者可以随意使用的过量资源。

(1)资源冗余的内涵。资源冗余是指组织在生产一定水平的产出时,超过最低必要投入而导致的资源积累,包括冗余人员、闲置资金和不必要的资金支出等额外投入,以及能够增加产出的各种未开发的机会,这些未开发的资源和机会可以在企业面临困难时起到缓冲作用。企业中的冗余资源以多种形式存在,现有学者们根据不同的标准将冗余资源分为物质冗余资源、人力冗余资源和关系冗余资源。

(2)资源冗余对创新的影响。冗余资源的存在必然会对组织创新产生影响。首先,冗余资源的重要作用是支持企业利用冗余资源来测试一些新的战略和创新项目。由于创新过程中资源的消耗,以及创新活动的不确定性,即使是企业有计划的创新活动也难以提供创新者所需的全部资源。因此,搜寻企业的冗余资源,缓解企业内部约束,为不确定的计划提供支持是非常必要的。冗余资源为组织提供了保障,使企业更有信心地实施新战略,开展开发新产品、进入新市场等活动。

其次,冗余为组织创新和变革提供了资源,提高了企业适应环境变化的能力,提高了企业的长期绩效。资源的冗余带来了管理控制的松散,使组织能够尝试新的机会,参与创新项目,更自由地响应竞争对手的战略,有选择地采取行动适应环境变化,从而缓冲环境变化的影响。

因此,可利用的冗余资源可以转换或重新配置,以实现组织目标,这被认为是组织应对环境变化影响的一种手段。

最后,不同类型的冗余资源对组织创新的影响是不同的。根据冗余控制权的不同,企业已吸收的组织冗余资源可以被分为组合冗余资源和分散冗余资源,并且研究者们证明了冗余资源的组合能够促进企业流程创新,且分散冗余资源能够促进企业产品创新。

2.资源稀缺与创新

(1)资源稀缺的内涵。稀缺性是指对产品创新有利的资源的缺乏,主要包括影响产品创新过程的三种稀缺形式,即时间不足、物质资源不足和顾客不足。时间对于在所谓的超竞争变迁下运行的组织来说越来越重要,这种转变缩小了组织的视野,迫使组织提高创新的速度;在这些超竞争环境中,经济资源越来越紧缩,许多企业必须在资源稀缺的环境下开展各种活动;并且,新兴市场的开放和数十亿低收入人群,使公司有必要为经济来源有限的客户考虑具有节俭性特征的产品创新。

(2)资源稀缺与创新的关系。迄今为止,大多数研究已经考虑到在充足的市场空间方便地提供产品开发流程的情况。当资源稀缺时,会阻碍企业的成长,降低了生存的可能性。但是,研究表明,大量的资源冗余也可能削弱企业识别新商机的能力,进而阻碍了创新过程。资源稀缺可能会促进创造力,迫使企业及时处理问题,缓解外部环境对企业的冲击,并允许企业具备更多的知情权和灵活性来应对竞争对手的战略。当资源稀缺时,企业可以根据现有资源的种类、柔性和流动性将资源重新部署到各种新用途中。

企业通过接受稀缺而非逃避,可以抓住竞争对手看作是阻碍的市场机会。由于许多产品创新发生在资源贫乏的环境中,资源充足的假设可能无法实现。当资源不足时,一方面,能够激发企业的创造力,促使企业改变固有的思维方式。企业转换思维方式,能更好地识别和评估有限的资源,提高资源利用效率。另一方面,有限的资源可以激发企业产生更多的创造性想法,找到更多的资源配置方案,使得企业的创新活动更有效率和效果。

面对资源稀缺,企业可能会设法降低或消除资源需求(例如,放弃现有的增长计划);在内部处理并在有限的条件下继续经营,通过利用手头的资源或获取外部资源来减轻资源约束,促进创新活动的实现。内部应对意味着寻找资源的其他用途,重新配置现有资源,增加新的功能;企业也可能寻求吸引外部资金来资助采购额外的资源。当资本提供者和企业家之间的交易存在信息不对称时,企业就会搜寻不同的选择,如引导方法。引导方法旨在最大限度地减少资本需求,优化现金流量,并以更低的成本确保资源的有效利用。其他替代方案包括通过社会资本、资源共享或企业间联合的方式提高资源利用率。

因此,资源稀缺与冗余对组织创新的影响存在着不同的效应。如何更好地利用资源,构建一个有条不紊的组织流程是非常重要的,这就需要企业具备获取、整合和利用资源的能力。

二、能力视角

(一)吸收能力与创新

1.吸收能力概述

吸收能力的概念源于熊彼特经济理论中关于研发活动和技术创新对经济增长影响的研究,以及外部知识对企业创新过程影响的相关研究。Cohen 和 Levinthal 提出了"吸收能力"的基本定义,即企业识别、消化和应用新技术以实现商业化的能力。他们指出,研发投入对企业技术进步的影响表现在两个方面：首先，研发成果直接促进技术进步；其次，研发投入提高了企业吸收、学习和模仿外国技术的能力，使企业具有较强的技术能力吸收外部技术扩散的知识。吸收能力作为企业内部非常重要的能力，可以影响组织间的学习和知识转移，进而影响企业创新绩效的提高。

　　Cohen 和 Levinthal 对吸收能力的定义和基本理解成为后续研究的重要基础，他们提出的框架模型如图 15-4 所示。几十年来，吸收能力得到了创新、企业绩效、组织间知识转移、组织间学习等领域学者的广泛认可和应用，但他们对吸收能力的定义和理解各不相同。一些学者在应用时没有对这一概念进行定义，而另一些学者则广泛地使用它来描述企业接受技术变革或使用外部知识的能力。

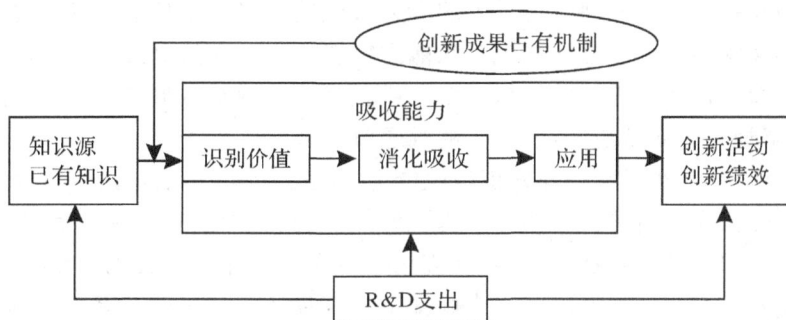

图 15-4　Cohen 和 Levinthal 的企业吸收能力模型

（资料来源：COHEN W M，LEVINTHAL D A. Absorptive Capacity：A New Perspective on Learning and Innovation[J]. Administrative Science Quarterly，1990，35(1)：128-152.）

　　Zahra 和 George 综合了以往研究的观点，并从企业动态能力的角度出发，认为吸收能力是一个通过一系列约定使群体获取、消化、转化和应用知识而形成组织的动态能力的过程，其目的是增强企业赢得和保持竞争优势的能力。Zahra 和 George 进一步区分了潜在吸收能力和实际吸收能力两种吸收能力，前者强调获取和消化外部知识的能力，后者包括转化和利用知识的能力。它们有自己的独立性，但又有互补关系，在组织中共存。实际能力与潜在能力之间的比率是效率因子。该研究不仅促进了吸收能力的概念和维度的相关文献的增多，而且建立了模型来分析潜在吸收能力和实际吸收能力在企业创新与建立和保持竞争优势中的作用，如图15-5所示。

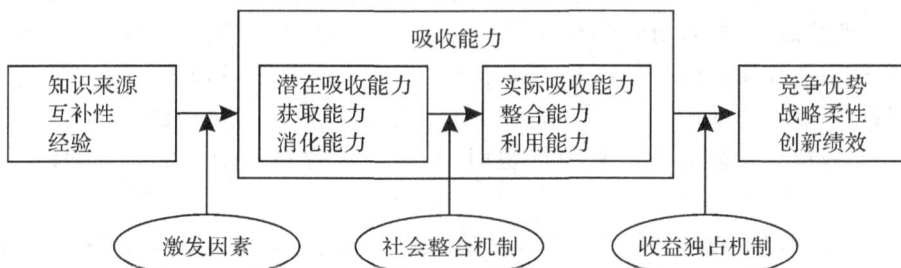

图 15-5　Zahra 和 George 的企业吸收能力模型

（资料来源：ZAHRA S A，GEORGE G. Absorptive Capacity：A Review Reconceptualization，and Extension [J]. Academy of Management Review，2002，27(2)：185-203.）

从图 15-5 可以看出,企业吸收能力的内涵可以概括为:第一,吸收能力是企业在评价、获取和消化的基础上有效整合和利用外部知识的一系列组织实践和过程。第二,吸收能力的实现对企业内外部知识进行编码和整合,对组织实践的发展和优化起着关键作用。潜在吸收能力与实际吸收能力的区分为检验和观察核心能力的变化提供了一个基点,为组织发展提供了一条非线性路径。第三,吸收能力存在于企业个体和组织两个层面。吸收能力作为一系列的知识能力,最终表现为企业创新绩效和竞争优势的实现。第四,企业的吸收能力取决于先验知识存量的大小,知识存量的增加可以提高企业的吸收能力。

2.吸收能力的影响因素

(1)企业知识基础。企业知识库分为个人和组织两个层次,包括企业的先验知识和内部员工的知识。Cohen 和 Levinthal 强调,员工的个人吸收能力是企业吸收能力的基础,并指出他们以前的知识和经验与他们自己的知识吸收能力密切相关。企业中员工的知识水平决定了企业对知识反应的敏感性和准确性。组织中个人或技术团队成员的知识和经验越丰富,知识类别越多,他们能解释的信息就越多,能解决的难题就越多。

Cohen 和 Levinthal 在讨论企业知识吸收能力的决定因素时,也提出了企业的先验知识的概念。先验知识是指企业自身拥有的知识水平和知识内涵,即企业自身拥有的知识水平和知识内涵对企业对外部新知识的认知、吸收和应用起着重要作用。企业的知识吸收能力在很大程度上是其先验知识水平的重要映射。先验知识的广度决定了评价外部知识范围的能力,先验知识的深度影响吸收能力的提高速度。

(2)企业学习的努力程度以及学习方法。为了提高企业的潜在吸收能力,仅仅让企业成员接触相关知识是不够的,还取决于他们的努力程度。如果只强调企业的基础知识,可能会过于被动。事实上,个人和企业在短期内都更依赖自己的知识基础,但从长期来看,获取知识的欲望和热情更为关键,这也是近年来日韩地区企业技术进步迅速,甚至超过西方一些发达国家的原因之一。韩国企业往往采用制造危机的策略来加强学习力度,技术转移的效果尤为显著。所谓制造危机的策略,是指制造一种局面,使企业必须致力于学习新技术,才能解决危机,从而增强学习的积极性。

吸收新知识不仅仅是记忆和背诵,而是将新知识融入现有的知识体系并充分利用,这需要一套有效的学习方法和大量的实践。所谓"干中学",就是吸收和学习新知识的重要手段和必要过程。中国的一些行业,如纺织行业,只注重技术的引进,而忽视了消化和吸收。这种急功近利的学习实践导致了"技术追赶"的陷阱,即引进、落后、再引进、再落后的恶性循环。

(3)研发的双重作用。Cohen 和 Levinthal 认为,企业的研发投资不仅可以解决问题和创造新知识,还可以提高企业的技术吸收能力。研发投入的规模与企业吸收能力的提高密切相关。因此,当吸收能力影响企业的竞争优势时,企业会采取更加积极的研发战略,加大研发投入。

然而,企业往往需要投入大量资源来提高行业的技术吸收能力。此时,单纯依靠面向企业的研发显然不利于行业技术吸收能力的提升,此时需要以政府为主导的研发活动支持。产业成熟度的差异会影响企业对技术的学习和吸收,不同的行业成熟度导致不同的技术积累和知识基础,而政府研发有助于提高产业成熟度。政府主导的研发活动包括基础的、耗时的、有风险的和昂贵的研究工作。

(4)组织的学习机制。为了将潜在的知识吸收能力转化为实际的知识吸收能力,并在企业的创新活动中真正发挥作用,除了作为企业研发活动投入的指标外,组织学习机制的建立起着至关重要的作用。组织学习包括外部学习和内部学习。所谓的外部学习是指技术的模仿、转移和引进,以外部技术搜寻和技能转移为主要形式;内部学习是指组织内部的知识扩散和知识创新活动,以企业内部各部门和成员之间的知识交流和共享为主要形式。

为了保持和改善企业的技术学习,提高企业的技术能力,更有效、更快地吸收新的知识和技术,有必要建立一种外部机制来培养企业的组织学习能力。这种机制可以提供有力的保证条件和发展的驱动力来组织学习,并使员工有一个氛围和环境,使员工善于学习,乐于学习,持续、有效地培养和提高企业的组织学习能力。

在内部学习中,企业内部知识的解释、共享、转化和利用都依赖于内部学习型组织机制。如果企业外部的知识不符合组织的价值观或利益,就难以在企业内部转移、传播或使用。如果组织结构过于封闭僵化,不利于内部成员与外部知识来源的沟通,也会抑制部门之间的沟通,这必然会对企业吸收知识的能力产生负面影响。

技术知识的激活和创新是外部技术环境和市场需求变化的结果。因此,技术机会、市场机会和现有技术储备的有效结合,是提高技术能力和从潜在吸收能力向实际吸收能力转化的关键。只有这样,技术才能真正转化为企业利润。企业从潜在吸收能力到实际吸收能力的转化取决于企业内部的学习机制。

从以上分析可以看出,企业的知识吸收能力会受到四个因素的影响,分别是企业的知识库、学习努力程度和学习方法、研发投入程度、组织的学习机制。如图 15-6 所示。

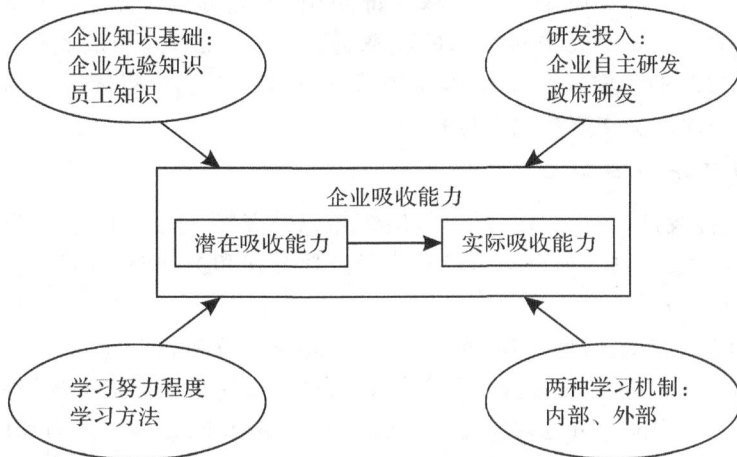

图 15-6 企业吸收能力的影响因素

(资料来源:ZAHRA S A,GEORGE G. Absorptive Capacity:A Review Reconceptualization,and Extension[J]. Academy of Management Review,2002,27(2):185-203.)

3.吸收能力对企业创新的影响作用

自 Cohen 和 Levinthal 在 1989 年提出企业吸收能力的概念以来,吸收能力与企业创新绩效之间的关系一直受到学者们的关注。企业的吸收能力影响着技术在企业内部的扩散和技术转让的收益。企业创新活动增加了企业的知识存量,同时企业创新绩效也会为创新活动的效率提供反馈信息,成为企业知识存量的一部分,进而通过企业吸收能力推动新一轮创新活动。因此,吸收能力可以加快创新,增加创新的频率和数量,创新产生的知识是企业吸收能力的一部分。因此,企业的吸收能力是企业获取新的外部知识、成功吸收和利用知识的关键因素。企业通过吸收能力来提高创新绩效,创新绩效的提高通过增加知识积累来提高吸收能力。这意味着企业吸收能力的自我强化机制将使吸收能力强的企业能够通过早期创新获得新知识,进而进一步提高创新绩效,带来未来的创新动力。

Zahra 和 George 研究发现具有较高潜在吸收能力的企业更有可能保持其竞争优势。与潜在吸收能力低的企业相比,企业可以获得更多的外部知识,而实际吸收能力高的企业更有可能将外部知识转化为企业创新产出,从而获得竞争优势。也就是说,吸收能力强的企业反应能力也强,他们不会等到现有技术过时或市场失灵才寻求发展。相反,他们会通过自我增强机制,不断地对自己的技术知识进行创造性破坏。然而,一些学者对企业吸收能力与企业创新绩效之间的关系提出了不同的观点。例如,Stock 等通过对计算机调制解调器行业 24 年纵向数据的统计分析,论证了吸收能力与新产品开发绩效之间的非线性关系(倒 U 形)。

4.现有研究不足

随着企业创新理论从经济学视角向管理学视角、从发展视角向社会网络和吸收能力视角的转变,企业创新的过程模式从简单的线性模式向创新网络模式转变。企业吸收能力理论为研究企业创新绩效提供了一种新的思路,但目前的吸收能力研究存在两个主要缺陷:首先,对吸收能力所涉及的实际过程关注较少;其次,很少在研发背景之外进行衡量。这两个问题本质上是相关的。吸收能力是一个复杂而难以操作的概念,其识别、消化和商业化外部知识的能力从根本上是面向过程的,不容易通过公开的、可获得的数据来衡量。现有研究大多采用结果导向的指标机构吸收能力,其实质是机构获取外部知识,因此将吸收能力的构建过程视为一个"黑箱"。因此,通常在实证研究中对知识的获取进行衡量,而对知识的利用则被极大地忽略了,这仍是一个未触及的领域。此外,即使是在 R&D 背景下进行测量,也不能形成一致的测量方法,每个研究采用的操作方法也不尽相同。

(二)组织学习能力与创新

组织学习是一种设计-交互过程,通过对组织知识的交流、分析、重组或整合来改善组织活动,增强组织的知识库。因此,组织学习被看作是获取知识和提高能力的过程。

1.组织学习的内涵

组织学习是指组织围绕信息、知识和技能,为实现发展目标和提高核心竞争力而采取的各种行动。它是一个组织不断努力改变或重新设计自己以适应不断变化的环境的过程。经过对文献的整理和总结,学习能力分为四个方面:获取能力、整合能力、转换能力和应用能力。

(1)获取能力。获取能力是指公司识别和获取组织内外知识的能力,对公司的经营至关重要。其中,辨识能力是指通过组织规则或系统对知识进行分析、解释和评价的机制。而在知识的获取上,包括来自组织内部的供给,以及来自组织外部的供给。

(2)整合能力。整合能力是指企业内部为了加强内部文化和价值的一致性,提高工作效率和系统运行速度而进行的所有协调活动。强调知识整合能力是系统化能力、协调能力和社会化能力的整合,这三种能力的提升可以提高整合效果。

(3)转换能力。转换能力是基于组织内的机会不断重新定义产品组合的能力。知识转化的主要活动是问题解决的系统化。知识可以通过自身的经验、过去的历史学习、其他个人的经验和学习以一种更富有自我组织特点的方式快速地传递。

(4)应用能力。应用能力是指组织通过整合其获得的和转化的知识,对现有能力进行微调、扩展和应用或创造新能力的能力。有学者认为,应用能力反映的是企业收集知识并将其融入日常运营中的能力。

2.组织学习与创新

所有的组织都需要单环学习和双环学习。只有当组织采用不同的创新模式时,他们才会选择不同的学习类型。例如,在组织的根本性创新过程中,往往伴随着"双循环学习",这实际上是一个"学习如何学习"的过程。组织通过反思组织愿景、组织学习方法和学习中的不足之处,可以迅速把握技术机会和市场机会,以新的产品和服务不断为自己赢得生存空间。在逐步创新的过程中,单环学习往往是主导的学习模式:代表组织在不改变系统基本价值的情况下监测和纠正错误。

在组织创新过程的不同阶段,往往伴随着不同形式的组织学习。例如,在组织创新的形成阶段,有以获取新的组织知识为主的学习形式;在组织诊断和模式选择阶段,主要表现为概念冲击中的学习;在创新设计和时机选择阶段,学习主要表现为组织冲突;在实施阶段和创新评价阶段,学习的主要形式是在组织的再社会化中学习。不同形式的学习具有不同的特点,在组织创新过程中发挥着不同的作用。

我国在涉及组织学习能力与企业创新能力关系的研究方面起步较晚,未来需要深化的主要领域有:

(1)进一步明确组织学习能力与企业创新的关系,并提出更完善的关系模型。从组织学习能力的构成出发,探讨组织学习能力与企业创新能力的提升和转化关系。比如,组织学习能力直接影响企业创新能力吗? 组织学习能力是否通过知识管理间接影响组织创新? 组织学习能力转化为企业创新能力的机制是什么? 等等。

(2)开发使用于本土企业的研究量表,加强组织学习能力与企业创新关系的实证研究。现有研究中,国外学者已经针对国外企业经营特点开发了测量组织学习能力和企业创新能力的量表,鉴于量表测量结果的主观性以及中国独特的文化和历史背景,因此,制定一个适合中国具体环境的研究量表是非常重要的。

(三)价值攫取能力与创新

1.价值攫取能力

现有管理学学者提出,中心企业的价值攫取能力取决于其他利益相关者变更合作伙伴的转换成本、其他利益相关者的替代成本、中心企业控制信息的能力以及其他利益相关者采取统一行动的可能性。

(1)采取统一行动的可能性。第一个决定因素是利益相关者可以在多大程度上以统一的方式行事。联盟讨价还价能力源于其能够使企业一致行动的能力。通常情况下,利益相关者不会一致行动。这种情况降低了议价能力,因为联盟成员有强烈的动机来破坏"卡特尔式"协议。相比之下,如果利益相关者可以作为一个共同单位,他们的退出威胁将更加严重和更可信。

(2)控制信息的能力。获得讨价还价能力的第二个决定因素是控制信息。鉴于非正式信息是资源基础观的核心,信息可能是议价能力的一个特别重要的来源。控制信息的利益相关者通常会选择只公布符合他们期望的结果。在极端情况下,一些利益相关者甚至不知道租金的存在。

(3)替代成本。第三个决定因素是企业要承担的成本(如获得和部署可替代资源)。如果利益相关方要离开中心企业的活动系统,企业就要重新寻找替代合作方,这势必会产生替代成本。例如,如果一位专家离开,找到一个能够服务于这个职位的新专家需要成本,公司搜索资源也会产生额外的成本。

替代品的可用性也是重置成本的关键因素。如果一个因素很容易被战略等价物所取代,它的讨价还价能力就会相对较小。例如,如果一家公司可以将专家系统替代为一个人,那么这将会降低个人的获利能力。换句话说,供应商对于不同的或专门的投入具有更多的议价能力。当然,如果提供的资源是不可取代的,供应商将具有很大的权力。

(4)退出成本。利益相关者也会面临可能影响交易成本的退出成本。例如,如果个人面临非常高的退出成本时,可能就不会存在退出威胁。对于中心企业来说,这种威胁可能是必要的,以遏制其他利益相关方的退出和额外的租金。同时,如果企业的专业技能提高了大量退出的成本,则会提高企业的议价能力。

2. 互补性资产

企业要获得持续的竞争优势,在具有独特的资源异质性的同时,还需要其他资源的支持与合作。因此,著名学者 Teece 对互补性资源的重要作用进行了讨论,认为互补性资源不仅发挥着排他性作用,而且还塑造了企业未来的战略。

由于各企业和企业所处行业的特点不同,涉及的互补资源也不同,因此互补资源没有统一的分类方法。最常见的是根据创新产品商业化过程中对不同互补资产的依赖程度进行分类,分为通用互补资产、专业互补资产和共同专业互补资产。通用互补资产是企业竞争力形成的基础,它们不是专门用于创新的资产,可以通过市场交易获得,不需要为特定的创新行为定制,如通用制造设备等。因此,通用互补资产不是竞争优势的来源,对技术创新价值的实现过程影响不大。专业互补资产表现出创新对互补资产的单边依赖。率先开展技术创新的企业取得成功的先决条件之一,就是必须拥有不可模仿的专业化互补资产。共同专业互补资产表现出双边依赖,比如联想集团在个人电脑质量和服务上的良好口碑,可以算是专业互补资产。集装箱运输是常见的共同专业互补资产的典型例子,专用货车和码头只有相互结合才能工作。此外,京东也是成功建立互补资源的典型代表,通过自建物流系统和第三方物流系统的结合,实现了跨越式增长。

3. 创新活动中的价值攫取

互补资产的提出主要基于创新的盈利模式。近几十年来,主要研究集中在与创新产品商业化过程相关的行业,如制造业、电信、生物制药和石化行业等。一些学者认为,Teece 对互补资产在创新产品商业化中的应用的初步分析缺乏对从一种核心技术向另一种核心技术转化的特殊情况的考虑。例如,不同的互补资产需要进行调整,以适应新的核心技术。当新技术取代旧技术时,先前组织的互补资产可能会保留其全部价值,可能需要调整,或者可能会完全失去价值。

第三节　组织视角

组织能够为创新活动提供所需的资源,增强对创新风险的承受能力,并帮助创新成果商业化。企业组织模式是组织内部各个有机构成要素的相互作用关系,控制了企业内部的信息流与物流,并最终影响组织效率与创新绩效。组织模式主要通过五个方面对创新绩效产生影响。

第一，组织模式的不同会带来组织灵活性和应变能力的不同。灵活性较强、应变能力较高的企业能够很快地适应市场与技术的变化及要求，迅速做出合适的应变，缩短创新时间。

第二，组织模式的开放程度的不同也会影响企业的创新绩效。开放程度描述了企业对于外部信息知识的接受能力，当开放程度比较大时，企业的创新速度会得到提升，创新成本会大幅降低。

第三，不同模式的组织效率会影响创新过程中信息流及物流的传递速度和整合效果。

第四，组织模式的合作集成能力会影响企业从外界获取创新活动需要资源的能力和成本，并对研发周期的长短、创新能力的提高产生影响。

第五，创新过程是知识创造和积累的过程，不同组织模式拥有的学习能力会对企业创新能力产生影响。学习能力更强的组织模式是更加利于创新活动的。

一、项目组织与创新

在描述组织对项目的影响时，项目管理知识体系指出，即使组织是专门为项目而建立的（如伙伴企业），但项目仍受到以创建项目为目的组织的影响，并且执行项目的组织结构通常限制了为项目获取资源的可能性。一个项目的成败越来越决定着一个组织的未来发展，项目管理不再仅仅是一个项目的内部管理模式，而是成为一个公司整体管理的重要组成部分，即"以项目为基础的管理"。随着项目管理地位的提升，矩阵型组织模式得到了越来越多企业的认同与研究者的持续关注。

矩阵型组织将按照职能划分的部门和按照产品项目划分的部门结合形成矩阵，建立双重指挥链。矩阵式组织的特点在于将不同职能部门的人员组织起来由项目经理领导形成一个独立实体，而领导项目小组的项目经理既可以从公司内部选拔也可从外部聘用。矩阵型组织拥有两条决策链，一条是将不同职能部门进行联系，另一条则是将各个项目小组进行联系。矩阵型组织适合于技术进步较快、要求较高的企业，正是基于矩阵型组织重组资源及组织结构的灵活性，矩阵型组织往往具有相对较强的创新性。

矩阵型组织可以对创新的实现起到很好的辅助和促进作用。在过去，由于职能部门的划分，各个业务部门不可能独立运作，没有良好的沟通，新的想法得不到及时的反馈。此外，职能部门对企业资源的分割，提升了企业通过重组资源实现创新的难度。矩阵型组织使企业通过组建技术创新项目组的方式有效地协调各职能部门的工作，此举可以充分利用现有技术创新成果，缩短创新周期。将各个职能部门人员集中起来为同一个项目目标努力，不仅能够带来不同部门的知识从而激发小组成员的创造力，且通过各个成员使项目小组与各个职能部门建立联系并方便创新资源的获取。此外，小组成员通过参与各种项目了解到了异质化的信息与知识，也会帮助其在之后的项目工作中产生更多更好的创新想法。因此，矩阵型组织能够为企业创新提供良好的组织支持，降低创新过程中的障碍，促使企业创新发展的良性循环。

二、企业组织与创新

20世纪80年代，美国公司80％的高科技创新失败是由于组织模式和技术创新战略之间的不匹配。企业组织应响应技术创新战略，提供能够促进创新的环境，并提供实现创新理念所需的资源。企业组织是创新的基础，最为传统的企业组织形式是职能型组织。但随着市场与技术环境的变化，职能型组织在部分高科技行业中已经无法满足企业快速多样创新的需求，越来越多全新的组织形式正在不断涌现。目前,平台型组织已经成了越来越多的创新企业进行组织构建的目标组织形式。图15-7描述了企业组织形式与创新战略的匹配。

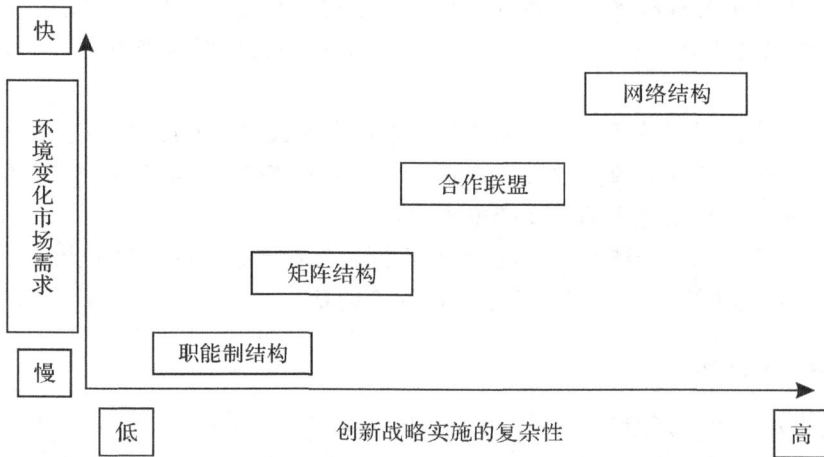

图15-7 企业组织形式与创新战略匹配图

（资料来源:汪波,宋泽海,阎颐.技术创新战略与企业组织模式的适应性[J].科学学与科学技术管理,2005,26(10):71-74.）

(一)职能型组织与创新

职能型组织是目前大多数企业所采纳的组织结构。职能型组织就是按照职能不同划分企业部门,将拥有相似知识和技术的人员集合组成一个部门从事特定的工作。职能型组织结构见图15-8。

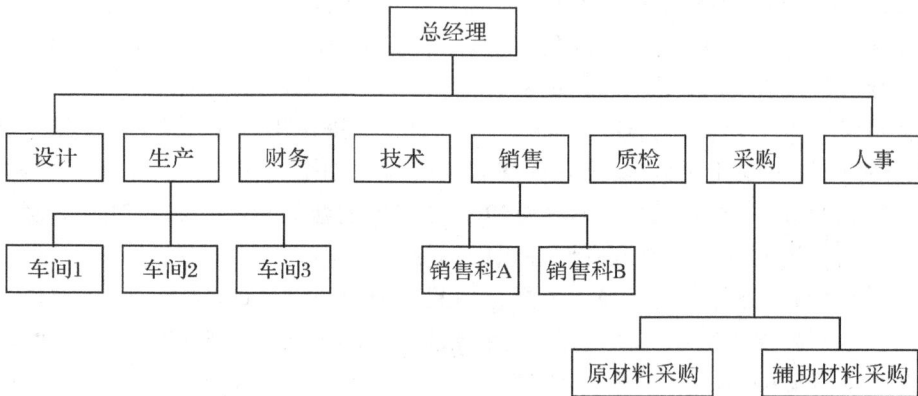

图15-8 职能型组织结构图

职能型组织是基于专业化分工思想与官僚控制思想,期望通过分隔业务流程,通过专业化分工提高组织运行效率的组织结构。职能专业化是职能型组织的典型特征,各职能部门职责明确,专业化程度高,生产及管理效率均比较高。正是由于职能型组织通过专业化分工大幅度地提高了生产效率,使其在工业革命后得到了绝大多数企业的采纳。但是,随着市场与技术的不断演变,相比效率,创新成了企业进一步发展的前提。职能型组织是否能够成为创新的结构保证已经成为企业面临的重要问题。

首先,职能型组织的专业化分工是根据职责的不同设立不同部门,各个部门"各自为政",许多部门甚至"老死不相往来",这样对部门的划分严重地减少了企业内部的沟通频度并阻碍了信息交流。创新是思维碰撞的火花,当部门之间形成壁垒,部门内的知识储备、思维模式又具有很强的相似性时,这种相似的知识与思维并不利于创新的培养。

其次,在网络化数字化智能化时代,供大于求的市场现状使得在交易中顾客的地位与日俱增,只有更好地满足顾客需求的创新才能使企业赢得市场,获得竞争优势。然而,在职能型组织中,企业决策层远离顾客,顾客信息需要层层过滤才能到达决策层。在这种信息的过滤下,许多潜在的市场创新机会也就被一层一层的过滤掉了。职能型组织森严的制度使得顾客意见较难以被企业重视,降低了市场创新的可能性。并且,职能型组织重视控制,规避风险,降低了创新的热情。创新活动具有较高的风险和不确定性,而职能型组织的风险厌恶、重视效率等特征都使得创新并不能在职能型组织中得到支持。

最后,职能型组织具有典型的官僚色彩,这种官僚制度加大了组织惯性,企业既得利益者厌恶改变,使得开展创新活动的阻力加大。比如,谷歌倡导授权与平等,强调自下而上,拒绝官僚体制。正是这样的组织结构促进了谷歌公司的创新能力,使得其逐步成为全球首屈一指的互联网创新企业。

(二)集成产品开发与创新

集成产品开发(integrated product development,IPD)组织最早是在 IBM 实践中总结出的新的组织方式,IBM 正是通过构建 IPD 平台组织成功将创新的血液注入已经庞大僵硬的组织模式中,真正地实现了"让大象跳舞"组织变革目的。目前越来越多的高科技企业期望通过建立 IPD 组织平台重新塑造企业创新活力,带来源源不断的竞争力。集成产品开发来源于系统工程的实践经验,但是集成并不是简单的叠加,有效的集成必须能够增加价值。也就是说,新系统必须具有原来子系统所不具有的新功能。IPD 是企业层面上的创新组织方式,是先将传统意义上的产品开发过程中的各个阶段进行融合再重新划分研发过程。在 IPD 组织中,研发项目的建立需要得到以下两个方面的验证。

首先,明确要开发的新产品是否具有市场需求。传统的产品开发过程中,新产品开发后的市场营销过程经常与预期并不一致,造成研发投入无法得到回报的结果。而这种损失来源于以往组织结构的缺陷,传统组织的产品开发过程中技术研发与市场调研之间往往是由两个不同的部门开展的,部门间的信息不对称就造成了新产品市场化过程的困难。集成产品开发组织中,项目小组的成立在企业进行市场可行性调研之后,充分根据市场的需求设置新产品研发方向。这可以帮助研发人员充分了解市场中的需求并在研发过程中更加有针对性地进行技术突破,避免创新产品商业化过程中的潜在障碍。

其次,集成产品开发组织成立项目小组前会同时考虑企业技术积累与研发方向是否具有匹配性。产品研发过程中所需要的技术可以分为共性技术与个性技术两种类型。在集成产品开发组织中,企业将共性技术模块化存储,形成共性技术支撑平台。新的项目小组的立项同样要考虑企业目前的公共技术平台是否能够很好地支持此项产品的开发。这种共性技术平台很好地解决了不同项目小组重复研发过程中的资源浪费问题,提高了企业创新效率并有效降低了创新成本。

在 IPD 组织中,技术创新与产品创新是分开进行的。技术开发更加注重知识的积累与拓展,产品创新可以通过对已有技术创新成果进行重组与使用形成新的产品结构。因此,IPD 注重技术共用平台的建立。技术的创新需要大笔的资金投入,若想要将这些技术投入回收必须将技术创新成果更高效更多地应用于产品中。并且,一个企业的不同项目中对于技术的需求是重叠的,若合全公司之力进行技术创新并将这种技术成果沉淀构成平台供不同的项目小组使用,就会带来不同小组的创新效率的提高。

IPD 不仅仅适用于大型组织,而且对于中小型企业来说,由于资源的相对匮乏,IPD 所带来的创新成本的下降往往会促进企业创新绩效。

三、跨企业联盟与创新

跨企业联盟的建立将从以下几个方面促进企业创新:

第一,联盟的建立能够有效降低企业创新的成本。创新需要资源的重组,在创新活动中,资源的获取主要有两种渠道。一个是企业通过内部职能部门的协调给予创新活动所需要的内部资源,另一个渠道则是通过外部市场获得外部资源。通过建立联盟关系,企业可以降低与联盟企业的交易成本,从而降低企业获得外部创新资源的成本。联盟研发会带来直接成本及交易成本,但同时也会降低总的创新成本。

第二,联盟关系的建立可以促进企业间的学习。企业学习是企业获得新的知识技能的重要途径,这些新的知识和技术也会促进企业的创新能力。建立联盟关系进行创新,企业不仅会交流理论知识,而且会通过实践交流技术诀窍。同时,建立联盟更加有助于企业学习联盟企业的不能通过理论交流而传递的知识。

第三,联盟的建立可以有效实现创新过程中的资源互补。单独企业的资源能力是有限的,所能承担的创新风险也是有限的。通过建立联盟,共同完成同样的创新目标可以弥补企业自身创新时所遇到的资源有限的问题,更多地获得互补性资源促进创新进程。并且,由于创新的风险比较高,当企业单独创新时往往会将这种风险全部承担,而通过联盟可以分担这种创新的风险,从而鼓励更多的企业进行创新活动。

联盟创新同样会对企业带来一些风险。譬如,联盟研发不可避免地会造成企业技术知识的外溢或加剧了关键技术人才流失的风险。同时,联盟研发可能会培养潜在的竞争者甚至带来企业被合作者挤出联盟的风险。

(一)产学研联盟创新

产学研联盟创新是企业、高校、科研院所通过结成战略联盟共同进行技术创新的联盟形式。在我国,高校科研院所拥有大量的知识创新成果,而这种成果仅存储于研究机构是一种浪费。同时,我国大量的中小型企业创新能力薄弱,缺乏进行技术创新的资源支持。因此,如果企业可以通过与高校或科研院所形成战略联盟获得所需要的技术创新成果并将这种成果合理转化,不仅仅增加了科研院所知识的价值,促进了企业发展,更使得社会资源配置合理化,提高了社会价值。

关于产学研联盟形成动机,主要由四个理论学派提出了四种不同的形成机制的解释。第一,基于交易成本理论,产学研联盟的缔结使得创新过程中的资源交换成本降低,速度加快,交易质量提升。第二,基于资源基础观,科研院所与企业之间存在较强的资源互补效应,互补性资源的获取对于企业创新绩效的提高有着不容置疑的促进作用。第三,基于博弈论的观点,产学研联盟是联盟各方进行博弈后的结果。通过产学研联盟,高校冗余知识实现了价值,而企业通过获得这种创新成果突破了产品开发瓶颈,提升了企业竞争力。第四,基于战略联盟理论,产学研联盟缔结的同时提升了企业与科研院所的竞争能力。

　　基于产学研联盟创新的研究,人们又把参与创新的主体范围进一步扩大,包括政府、企业、学校、研究机构、用户、金融系统等,即所谓的"官产学研用资"。例如,西安交通大学为进一步加强科技成果的转化,加强与其他参与主体的协同合作,充分发挥中国西部科技创新港的作用,提出了"6352 工程",这也是一种结合实际的探索性创新实践。"6352 工程"具体的含义如图 15 - 9 所示。这种模式的本质就是一种新型的平台型组织,就是把离散的资源聚合在一起协同创新,创造价值。

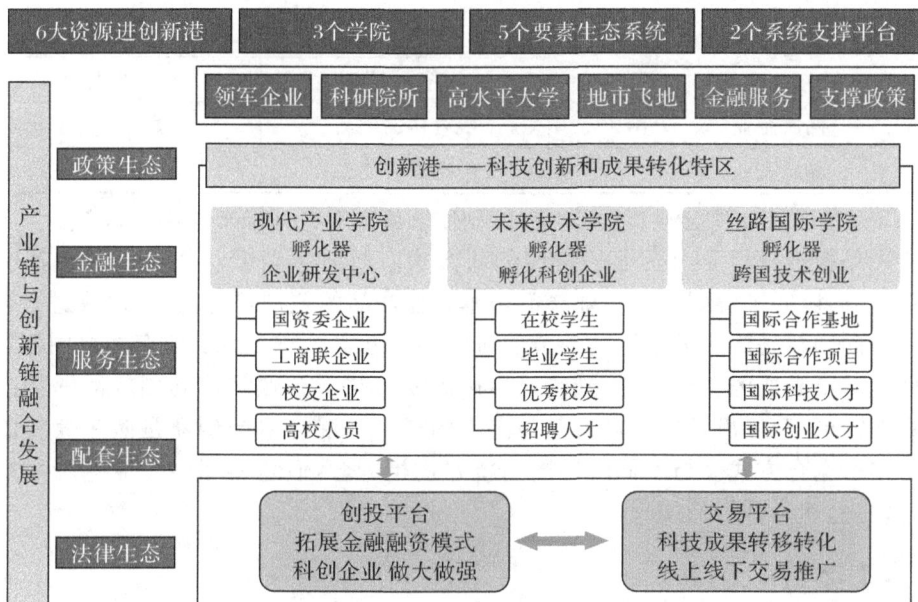

图 15 - 9　"6352 工程"的内涵

(二)竞合与创新

　　竞合这一概念,最早是由美国耶鲁大学学者 Nalebuff 和哈佛大学学者 Brandenburger 于 20 世纪 90 年代中期在《竞合战略》一书中提出的。他们认为:"创造价值是一个合作的过程,自然要通过竞争赢得价值。在这个过程中,我们必须相互依靠,而不是独自战斗。企业应与顾客、供应商、员工和其他相关人员密切合作。"合作竞争是指竞争中的合作,合作中的竞争,企业联盟是合作伙伴之间不同程度的合作和竞争并存的状态。企业间的竞合关系根据企业性质的不同可以分为以下两类。

　　第一,同质企业竞合关系。同质企业指的是在同一行业,生产的产品具有同质性,顾客也具有同质性的企业。由于市场的争夺,这一类企业本质上还是一种竞争的关系。但是在短期内由于不同企业资源知识的异质性及潜在的互补性,为了某一彼此都需要的技术需求,二者会进行合作,共同研发,成果共享。长期来看,它们还是一种竞争的关系。

　　第二,异质企业的竞合关系。异质企业通常是指处于同一产业链不同位置的多个企业,在某一时段为了完成共同的目标进行联盟合作创新。这类企业目标相对一致,竞争关系没有辅助关系强烈,因此主要还是以长期的合作关系为主。

根据竞合参与企业规模大小与实力对比,竞合关系同样可分为两类。一是依附型竞合关系。依附型竞合关系指参与合作的企业规模差别较大,其中以一家或少数几家规模最大的企业为主体,合作研发方向、过程等均主要由大规模企业决定,其余参与合作者进行辅助性合作。二是共生型竞合关系。在共生型竞合关系中,参与竞合的企业规模实力相当,合作竞争中的关系比较平等。

竞合关系的不同导致会有不同的协同创新方式相对应,表15-1阐述了不同的竞合关系所应该采取的合作创新方式。

表 15 - 1   企业竞合方式与协同创新方式匹配表

竞合关系	竞合关系	
	依附型	共生型
同质企业	混合协同创新	横向协同创新
异质企业	纵向协同创新	混合协同创新

(资料来源:万幼清,王云云.产业集群协同创新的企业竞合关系研究[J].管理世界,2014(8):175-176.)

横向协同创新是指行业内企业的协同创新方式。横向协同创新往往是对现有产品的改良,企业通过横向协同了解到竞争企业产品与本企业产品的差别,从而更好地改进本企业技术流程。纵向协同创新是产业链上不同环节的协同创新方式。与上游供应商的协同创新能够帮助企业更好地获得需要的资源,更好地满足生产需要。与下游顾客协同创新能够帮助企业更好地了解顾客需求,开发出具有市场价值与潜力的产品。混合协同创新是两者兼备的协同创新方式。不同的竞合方式会与不同的协同创新方式相适合,但是实际中企业竞合关系并无法严密划分,这只是理论分析的结果而已。

四、商业生态系统与创新

商业生态系统是由组织和个人组成的经济联合体,其成员包括核心企业、消费者、市场中介等。竞争对手在一定程度上是一个基于自然生态系统的思想精心创建的企业网络组织。此后,大多数学者采用上述定义来研究商业生态系统。根据国内外学者研究成果的分类,现有相关研究可以大致分为与自然生态系统的区别与联系、商业生态系统的发展演化机制、商业生态系统与企业价值创造的关系三个方向。

我国学者孔文指出,生态系统的不同组成部分构成了价值链,类似于自然生态系统中的食物链。不同的链条交织在一起,形成了一个价值网络,通过这个价值网络,物质、能量和信息在联盟成员之间流动和流通。然而,商业生态系统中的价值链与自然生态系统中的食物链有着明显的区别:价值链中的每一个环节都不是"吃"与"被吃"的关系,而是价值或利益交换的关系。因此,价值链中一个环节两端的单位更像是共生关系,多个共生关系形成了商业生态系统的价值网络。

已有研究指出:"无论企业是处于商业生态系统的中心之外,还是专注于狭窄的缝隙市场,战略的制定和实施都取决于对网络环境中三个基石的理解。"这三个基石具体指的是:架构、整合、市场管理。其中,架构是指一个企业如何划分其技术、产品和组织边界;整合为企业提供了一种有效的方法来进行跨国合作,共享资源和技术组件;市场管理决定了企业如何完成跨国交易,以及如何在影响商业网络运作的复杂市场动态机制下运作。企业生态系统可以更有效地帮助企业形成创新能力,这种创新能力主要来自两个方面:首先,生态系统中成员企业之间的信息交流和知识共享;其次,生态系统中的成员企业可以成为直接获取技术的来源。

五、众包与创新

由于技术创新复杂性与成本的不断上涨,企业独自的封闭式创新已经越来越不适用于现在的技术变化环境,取而代之的是开放式创新。开放式创新的核心是企业不仅要从企业内部更要从企业外部获取创新所需要的知识和资源。众包以其自由、开放的特点,成为越来越多的企业选择开放创新的方式。众包是指企业将原本由企业内部自己进行的研发与创意获取活动交给网络大众获得解决方案的创新方式。众包并不是简单的外包,它与外包在实施时间、条件、动机、绩效、风险和文化基础上均有明显的不同。

目前,国际市场上有很多知名的众包平台。比如,创新中心(Innocentive)帮助企业解决生物化学问题,Threadless 提供各种 T 恤设计和选择方案,istockphoto 收集世界一流的图片,Goldcorp 在线收集金矿定位和开采信息,Philoptima 提供匹配的社会学专业知识,解决社会问题。国内同样也有许多成功的以众包为核心的企业,如猪八戒网、码市、程序员客栈等。

众包是在新技术环境下进行创新的新的途径,它不仅适应快速创新的要求,针对性地解决顾客需求,降低创新成本,而且增加了企业创新途径,帮助企业在竞争加剧加速的时代获得竞争优势。众包模式的研究需要综合信息、商业、知识等三个领域,融合渗透后才能够完整体现众包的含义。

第四节　制度与文化视角

一、制度视角

(一)制度理论

1.制度理论概述

制度理论是管理研究中被广泛接受的理论,它主要强调合理性、同构性和合法性。制度理论认为,组织的结构和行为不仅是技术环境下各种竞争力量和效率机制的结果,而且在组织如何形成和组织如何运行两个方面受到社会信念结构和规则体系的控制。

制度理论研究的核心是组织趋同现象,组织趋同(也称组织同构)是指不同类型的组织在不同的经营环境下,其正式结构和内部规章制度呈现出相似特征的趋势。制度理论回答了为什么一个组织的正式结构和它的规章制度越来越相似的问题。与这个问题相关的是为什么不同的组织同时采用相似的管理实践和组织模式的问题。例如,是什么推动了组织内的行为?理性、惯例,还是习惯?为什么组织的行为会偏离正式的制度?

2.制度理论的主要观点

合法性机制是组织在制度环境压力下追求组织与分配的过程,制度理论用合法性机制来解释组织趋同现象。制度学派提出组织面临两种不同的环境——技术环境和制度环境,并将制度引入分析。这两种环境对组织有不同的需求,其中技术环境要求组织运转的高效性,即按照最大化的原则进行生产。制度环境要求组织服从"合法性"机制,采取制度环境中被认为是理所当然的组织形式和实践,而不管这些组织形式和实践对组织内部运行是否有效。

（1）合法性。在社会学领域，合法性是一个与社会权威和政治制度相关的问题。现有研究区分了三种不同的权威：合理性法律权威、传统权威和具有特殊威望的权威，并指出官僚制是一种合理性法律权威，是社会合理化的核心部分。组织合法性将社会学讨论引入组织分析中。合法性是指一个群体的行为在由信仰、规范和概念的社会性构成的系统中是合理的、适当的或适宜的一种普遍观念和假设。周学光认为"合法性机制的基本理念是，社会法律制度、文化期望和观念体系已成为被广泛接受的社会事实，具有很强的约束力，规范人们的行为"。

（2）合法性种类。现有研究将合法性的范围从组织内的权威体系扩展到与权威体系相关的要素，并将组织合法性分解为三个层次：制度合法性、管理或治理合法性、技术或产品合法性。从被认可的角度来看，合法性可以进一步细分为规范合法性（被公众认可）、认知合法性（逻辑认可）和制度合法性（被政府认可）。从规范合法性的角度来看，合法性可以分为管理合法性和技术合法性，而制度合法性的目标可以在这两种合法性中进行探讨。对于新组织而言，合法性可以被分为认知合法性和社会政治合法性。前者是指新组织在环境中被接受为正常产品，后者是指新组织的合法性得到重要风险资本家、公众、重要意见领袖和政府的认可，其中社会政治合法性包括规范合法性和规制合法性。基于这种认识，赵孟营将组织合法性分为外部合法性和内部合法性，内部合法性是指组织结构对组织成员的权威认可、支持和服从，外部合法性是指组织结构对组织的权威与组织的社会认同、支持和认可的权力。Wei等学者将合法性分为政府合法性和市场合法性，并从绿色社会责任的角度发现，绿色社会责任能够提升政府合法性和商业合法性，进而影响企业绩效。

（3）合法性机制及作用。"合法性机制是一种制度力量，它诱导或迫使组织采取在外部环境中合法的组织结构或做法。"合法性机制是社会认同的逻辑或合理的逻辑，是一种内在的约束机制。这种机制要求企业组织的权威结构必须得到组织内成员和与外界联系的社会力量的认可。

合法性机制有强意义和弱意义的区别。强意义是指组织的行为和形式完全受到制度的约束，组织或个人没有自主选择，如通过法律规定强制执行。弱意义上的合法性是指制度通过影响资源或激励的分配来影响人们的行为。弱意义上的合法性机制强调制度的激励作用，通过影响资源和利益的配置产生激励作用，鼓励人们采取那些社会公认的做法，如树立榜样、模仿引导等。

制度理论主要从合法性机制薄弱的角度来探讨组织结构趋同现象。例如，有这样一种现象：无论企业的行业或规模大小，从正式的组织结构图上看，大多采用科层制的组织形式，这是组织结构趋同的现象。制度学派解释了这一现象：在企业内部结构中采用科层制往往不是由于特定的技术条件和工艺过程而设计的，而是因为科层制是一种被广泛接受的组织形式。如果企业不采取这种方式，就很难得到公众的认可。

（二）知识产权

1.知识产权概述

知识产权是受到法律保护的智力成果，包括专利、商业秘密、版权和商标等形式。现有研究表明，知识产权是一种法律权利，是一定时期内人们对自己依法创造的科学技术和智力成果的专有权利。从经济学的角度来看，知识产权是增强知识资产重要性的产权；从市场的角度来看，知识产权是一种专有权，是一种强有力的竞争手段。

2.知识产权的特点

(1)知识产权是一种无形资产,是一种隐性知识,难以被竞争者模仿。

(2)可复制性,主要指智力成果体现在一定的载体上,可以通过一定的手段被复制和利用。

(3)独占性。知识产权作为权利人的一项排他性权利而存在。

(4)时间性。知识产权在一定的时期内为所有者使用,一旦超过法定的期限,将变成公共知识。

(5)地域性。若某项知识产权在某一国所获得,那么只能在该国内使用,并发挥效力。

创新是经济增长的引擎,企业进行技术创新是为了获取持续的竞争优势。企业为了能够保持持续的竞争优势,需要对创新成果有一定的保护机制。有了知识产权制度,企业可以通过经营知识产权而获得创新收益,实现实质性的绩效增长。

大量的理论研究和实践表明,健全规范的知识产权法规保护体系,有利于团队和个体创新。

(三)制度与创新

Teece 在 1986 年针对如何从企业创新中获取收益的问题,提出了创新获益机制框架,构建了以独占性机制和互补资产为核心的创新获益框架,指出组织创新被模仿并拥有将创新成功商业化的能力是企业获取创新收益的关键所在。

独占性机制是指创新的外部环境因素,不包括企业和市场结构。这种制度的最重要两方面是技术的性质和法律保护机制的效力,这些因素具有组织创新被模仿的能力。它包含两个重要的内容:一个是创新的技术知识属性(知识的显性和隐性);另一个是专利、商标、著作权、商业秘密等外在的法律保护机制。

1.专利

长期以来,专利在实践中没有被当作一种理论。尽管专利以新的化学产品或机械发明等形式存在,但其中很少部分专利具有完全的独占性。许多专利可以以适度的成本"发明",它们在保护流程创新方面尤其无效。通常,企业专利几乎没有被保护,因为维护其有效性或证明其侵权的法律要求很高。

2.商业秘密

在一些行业,特别是创新嵌入流程中,商业秘密是专利的可行替代品。然而,商业秘密保护是有可能的,但只有企业将产品投放在公众面前,才能保持潜在的技术秘密。通常,只有化学配方和工业-商业过程(如化妆品和食谱)在做出成果之后才能被保护为商业秘密。

3.知识属性

知识的显性程度也影响到模仿的容易程度。编码知识更容易传输和接收,并且更多地暴露于工业间谍活动。隐性知识的定义很难表达,所以很难转移,除非那些拥有知识的人才了解如何向别人展示。调查研究表明,各行业之间或者在行业内,独占方式的差异很大。

二、文化视角

(一)文化的概念

文化是人类的一切精神活动及其与政治、经济相关的产物。按照传统的人类观念,文化是一种社会现象,是人类在长期的精神文化生活中创造出来的产物。文化也是一种历史现象,是人类社会和历史的积淀。确切地说,文化是浓缩在物质中又分离出来的,是一个国家或民族的历史、地理、风俗、生活方式、文学艺术、行为规范、思维方式、价值观念等可以传承下来的东西。简单地说,文化就是一个群体在长期的共同生活和工作中形成的世界观、价值观和思维方式的总和。

人类创造了文化,文化又影响和制约着人类。在古代,中国在经济文化上一直走在西方国家的前面,但到了近代,西方走在了中国的前面。英国学者李约瑟曾经问道:"古代中国虽然对科学技术的发展做出了许多重要的贡献,但为什么中国没有发生科学和工业革命呢?"进入 21世纪,中国正在迅速发展成为亚太地区和世界的一支重要经济力量。与此同时,政府在基础研究方面的投资也在稳步增长。越来越多的研究表明,影响中国人才培养和基础科学创新的主要障碍也许不是经济因素,而是文化因素。

因此,探究中西方文化差异及其对创新的影响,有助于理解文化对于创新形成的影响机理。

(二)中西方文化差异比较

中国传统文化以儒家文化为根基,以释家和道家思想为基础,兼有诸子百家等思想。西方传统文化以亚里士多德的哲学思维为基础,兼有笛卡尔、康德和黑格尔等人的观点。关于东西方文化比较的研究非常多,这里以 Hofstede 和 Kluckholn 的比较研究为例。

Hofstede 的文化理论定义、描述和比较了五个维度的文化,分别为:权力距离,即组织成员对组织中权力分配不平等的期望和接受程度;个人主义倾向,在个人主义倾向较强的文化中,人们联系松散,更注重自身的实际利益,而在集体主义倾向的文化中,人们注重与群体保持良好的关系;阳刚倾向,即男女在文化中的性别角色有明显的差异;不确定性规避,即文化中对不确定性和模糊性的容忍;长期取向,即不同文化在长期利益和短期利益之间的不同权衡。通过对比中西方文化的调查数据,可以看出东西方文化之间存在着很大的差异,见表 15 - 2。

表 15 - 2　中、西文化维度对比

区域	权力距离	不确定性规避	个人主义倾向	阳刚倾向	长期取向
中国文化	80	60	20	50	118
西方文化	40	46	91	62	29

(资料来源:皮尔斯,等. 领导者与领导过程[M].北京:中国人民大学出版社,2003.)

从表 15 - 2 中可知,中国文化和西方文化有着巨大的差异。中国文化崇尚长期取向,人与人之间权力距离大,重视集体主义精神;西方文化重视短期利益,强调人人生而平等,具有强烈的个人主义倾向。相比之下,两种文化都有低风险意识和重男轻女的倾向。

Kluckholn 和 Strodbeck 的文化比较模型综合了中西方文化研究成果,从人性本质、人与自然关系、人际关系、行为模式、关注焦点和空间概念六个角度做了比较,见表 15 - 3。

表 15 - 3　Kluckholn 和 Strodbeck 的文化比较模型

地域	人性本质	人与自然关系	人际关系	行为模式	关注焦点	空间概念
中国	善	和谐	等级	礼治	面向过去	开放
西方	恶	支配	平等	个性	面向将来	隐私

表15-3进一步指明了中西方文化的不同之处。中国传统文化强调和谐与"天人合一"，认为人性本善，以人治而非法治；行为标准以"礼"为尊，以君臣父子的等级制度建立人际关系；时间观念趋向于过去和长期，个人行为以中庸、和谐为标准。西方文化更强调世界是客观的存在，自然运行的规律可以被认识并根据规律驾驭自然；强调个人主义、英雄主义，赋予人完整的权利和义务，强调自身对命运的把握。进一步，中西方文化根源的差异导致了创新形成机理的不同。

(三)文化差异对创新的影响

人们在创新创造的过程中，自觉不自觉地将受到文化的影响。接下来，我们根据文化差异对世界观、价值观、思维方式三方面的影响来比较创新结果的差异。

1.世界观差异对创新的影响

世界观是人们对世界的基本看法和观点。世界观的基本问题是意识和物质、思维和存在的关系问题。世界观可分为两大对立观点：唯心主义和唯物主义。

西方文化发源于古希腊文化。希腊地处地中海沿岸，国土面积狭小，又以丘陵和山地为主，不利于开展大规模的农耕活动。因此，古希腊人通过打猎和捕鱼作为主要的猎食手段。这种依赖于个人能力，较少团队合作的猎食过程培养了希腊人自由独立，征服自然的原始文化。古希腊哲学的奠基者亚里士多德提出本体论的观点，在日后成为西方人认识自然的世界观基础。本体论认为事物是客观存在的，不以人的意志为转移。因此，世界可以通过形式化的方法与细致的编码来被认识和掌握。亚里士多德又提出形式逻辑的概念，运用三段论在脱离具体内容的情况下推理事物，将客观规律从具体事物、经验中抽象出来，是现代意义上科学的开端。由于西方哲学更注重人与物之间的思考，唯物主义的世界观让西方人认识到自然现象可以被学习、认知和改造。通过不断的归纳演绎和逻辑推理，西方人从具体事物中归纳出一般规律，又用一般规则指导了实践，创新在这一过程中被实现。

中华文化发源于黄河流域，地形主要以平原为主，适合农业作物大规模种植。农业耕作需要人们开展广泛的合作，同时农作物生长又依赖于气候环境等多方面因素。因此，中国人很早就形成了集体主义意识和接受不确定性的观点。玄奘西天取经归来开创"唯识学派"，提出"身心不二，万法为识"，认为主体和事物互为因果，难以分离；世界的形态取决于主观的感知。因此，任何脱离环境谈事物没有实际意义，唯有将事物归置于某一情境下，才能掌握事物的属性功能。中国的认知哲学又进一步发展出阴阳理论，阴阳理论认为世间万物都包含阴阳两种属性，彼此又处在不断地变化之中。《论语》指出："逝者如斯夫，不舍昼夜。"《孙子兵法》提出："兵无常势，水无常形，能因敌变化而取胜者，谓之神。"《系辞下传》说："易穷则变，变则通，通则久。"以上思想都明确了事物的运动规律，揭示了事物在矛盾的两端之间转换，周而复始，生生不息。在唯心主义和变化观的影响下，中国人没有深入思考现象背后的本质规律，而是更注重人与人之间关系的思考，因此，尽管中国古代产生了大量的技术创新，然而并未产生科学创新。

2.价值观差异对创新的影响

价值观是人认定事物、辨别是非的一种思维或取向，从而体现出人、事、物一定的价值或作用。中西方文化的世界观差异导致了价值观不同，尤其表现在对知识的态度上。

西方世界对知识的探索坚持求真。亚里士多德在《形而上学》中说："人们开始研究哲学是因为惊奇,过去是这样,现在也是这样……既然人们学习哲学是为了摆脱无知,那么很明显,人们追求的是知识的智慧,而不是实践。"在求真主义的价值观下,西方人逐渐养成了"自由探索真理"的科学精神和"为求真而求知"的求真传统。胡适称之为"自由之思想,独立之人格"。求真主义让西方世界在科学领域取得了巨大成就,在各大基础科学领域奠定了坚实理论根基,为创新提供了丰富的理论环境。

中国对知识的追求具有"实践理性"的特征。中国传统文化以儒家文化为正统,提倡道德实践,强调关注现实。"实践理性"的价值主张是中国传统文化的核心特征。中国的"实践理性"是与中国的文化、科学和艺术相联系而形成、发展和延续的。李泽厚认为,中国的军事、农业、医学和(技术)艺术四大实用文化与实用密切相关。这四个方面都涉及广泛的社会普及性和实践性,直接关系到中华民族的生存,因此发展迅速。相反,在"实践理性"的价值主导下,近代中国科学逐渐落后于西方。吴大猷在《科学、技术与人类文明》一文中指出:"我们的民族有发明、有技术,但是没有科学。"因此,在"实践理性"的价值观下,中国的发明创新主要集中于技术层面,整体上缺乏科学上的创新。

3.思维方式差异对创新的影响

东西方文化价值观的差异进一步导致了思维方式的不同。西方文化下,人们倾向于采用分析性思维认知事物。分析性思维习惯将事物与环境隔离开来研究,通过形式逻辑的方式认识事物的属性,并按属性分类。例如,弗莱明对青霉菌不断的分解和提纯,最终发现青霉素。牛顿假想当影响物体运动的力全部消失的情景,从而发现了惯性的存在。分析性思维通过形式逻辑的方式,通过对特殊现象与所在环境的剥离和抽象,概括成一种可被认识的本质属性和一般规律,并运用规律来解释事物的特征与预测发展趋势。

通过分析性思维的方式,古希腊人真正将科学发现与基于经验的技术发明区分开来。亚里士多德利用形式逻辑,分别在数学、几何学、力学、逻辑学等方面做出了大量创新,迈出了人类科学探索的一大步。

东方哲学则强调在情境下认识事物,习惯采用整体性思维的方式。整体性思维习惯将事物置于环境之中认识,关注于事物与环境之间的联系,执着于将事物与环境视作一个整体发挥作用。整体性思维在我国古代工程、建筑、医疗、艺术等社会实践中都有充分体现。中医学中蕴藏着大量整体观点和系统方法,如脏腑学说、经络学说、五行学说、阴阳学说都是从整体观点来研究人体和疾病的。

然而,整体性思维关注于事物与环境共同作用的同时,忽略了事物本质属性,也因此难以发现事物背后的规律。例如,中国人很早就认识到硫黄和硝石混合会爆炸,还因此产生了四大发明之一的"火药"。但是中国人受整体思维的影响,没有进一步研究爆炸之后的本质原因,没有进一步提纯化学元素,导致"火药"沦为爆竹等仪式性工具。诸如此类,中国人擅长在基于经验的技术领域获取创新,然而在基础科学领域,在漫长时间内未能得到进一步发展,这与中国人的思维不无关系。

世界观、价值观和思维方式差异对创新的影响如表15-4所示。

表 15 - 4　东西方创新文化层次比较

地域	世界观	价值观	思维方式
西方	以本体论为基础。认为世界的规律不以人的意志为转移,可以用形式化的方法、细致的编码,精确地描述世界发展的规律,预测发展方向	以求真主义为基础。认为探索未知是为了摆脱无知。对科学的研究是以追求真理为最高标准,通过研究事物本质属性来掌握客观规律	以分析性思维为主。崇尚逻辑推理,相信认知事物的过程可以通过推理完成,而推理可以抛开内容独立存在
东方	以认识论为基础,强调认知对象和认知主题不可分离,认知的内容和形式不可剥离。认为世间万物处于不断的变化之中,唯有将事物置于特定的情境下才能有效认知	以实用主义为基础,强调经世致用。一切发明创造以服务当时的社会文化和政治秩序为目的,对现象背后的本质规律不求甚解。因此,创新集中于技术、发明层面	以整体性思维为主,强调天人系统下情境认知,关注的是事物与环境之间的联系,以动态的、联系的和循环的视角解释世界

本章案例阅读

【案例 15-1】　　　　　瑞幸咖啡的"快"生意

　　从第一家门店落户北京国贸开始,星巴克入华已经 20 年。截至 2017 年底,星巴克在中国内地共开设了 2000 多家门店,收获了 700 多万会员,平均开店速度约为每年 150 家。在瑞幸咖啡出现之前,这样的开店速度并不算慢。在大多数咖啡从业者看来,咖啡本来就是一门慢生意,咖啡消费习惯需要慢慢培养。一些因疯狂扩张而终归落寞的咖啡品牌似乎也印证了这种观点。因此,尽管所有人都清楚地知道,中国的咖啡市场潜力巨大,有大批的消费群体可以教育、开发,但始终没人点燃一把火。

　　瑞幸的出现点燃了咖啡市场。通过大规模补贴和新颖的咖啡消费体验,瑞幸仅仅用了两年,就开设了 4500 多家门店,交易用户数量超过 4000 万。它用一场"闪电战",让咖啡广告遍布无数个电梯间,让 4000 万人品尝甚至习惯了咖啡的味道。从这个意义上来说,瑞幸用真金白银培育扩大了咖啡消费市场,让咖啡不再是一门慢生意。大规模补贴和营销所带来的客流从线上汹涌而来,必然会对门店的交付能力和供应链造成压力,但瑞幸做到了。这家公司的确在极短的时间内构建了一套完整高效的数字化运营、管理系统和供应链体系。相比之下,这样的速度和效率,体量巨大的星巴克却无法做到。2019 年 5 月,瑞幸咖啡登陆美国纳斯达克股票交易所,成功首次公开募股。作为中国新零售咖啡连锁品牌,从 2017 年 10 月 31 日启动运营到 2019 年 5 月 17 日登陆纳斯达克,从北京联想桥 001 店做出第一杯咖啡到上市,瑞幸咖啡仅用了 18 个月。

【案例 15-2】　　　　京东的互补性资产:自建物流体系

　　2009 年,京东网上商城陆续在天津、苏州、杭州、南京、深圳、宁波、无锡、济南等 23 座重点城市建立了城市配送站,最终,配送站将覆盖全国 200 个城市,所有自建快递公司将提供物流配送、货到付款、移动 POS 刷卡、上门更换等服务。此外,北京、上海、广东的仓储中心已扩建至 8 万平方米,仓储吞吐量全面提升。目前,华北、华东、华南三大物流中心覆盖全国各大城市。

2010 年 4 月初,京东商城率先在北京等城市推出"211 限时"配送服务。2010 年 5 月 15 日,投资数千万的自动传送带在上海嘉定京东商城占地 200 亩的华东物流仓储中心投入使用。工人们手持掌上电脑,驾驶小型叉车,在数万平方米的仓库中分配货物。这是京东当时最大的仓储中心,承担了京东一半销售额的物流配送,也是京东在 2100 万美元的物流建设中投入 70% 的结果。在这里,京东通常每天可以处理 2.5 万个订单,具有每天处理 5 万个订单的能力。在此基础上,2011 年,公司在嘉定建设了面积 15 万至 18 万平方米的超大仓储中心,是鸟巢的 8 倍大。到目前为止,京东的物流网络已经遍布全国,大大提高了运营效率,给京东带来了可观的市场份额和绩效提升。

【案例 15-3】 **华为的集成产品开发平台**

华为是国内最具代表性的成功运用 IPD 组织获得创新绩效的企业。1999 年,华为在面临电子通信行业技术发展迅速而企业内部创新能力僵化的严峻挑战下,斥巨资聘请 IBM 顾问对企业产品研发组织过程进行诊断并提出改进方案。通过实地调研,发现华为研发管理存在诸多问题,比如,对市场机会的不了解,业务策略不完备,跨部门团队运作困难,缺乏技术储备等。基于这些问题,构建集成开发平台无疑是一剂良方。确定研发组织改革方向后,华为利用 IPD 概念、框架和关键要素构建高效的产品开发管理体系解决方案,包括:采用结构化方法、设计需求管理流程、营销管理流程、集成产品开发流程、跨职能团队、业务开发和共同构建模块、分层、异步开发、项目和管道管理、研发 IT 支撑工具等一整套运行机制。在整合开发平台组织的正式支持下,华为已成为全球第一大通信设备供应商、全球领先的信息和通信解决方案提供商。

本章要点小结

1.技术领先创新战略要求企业自觉开展技术创新,争取通过技术创新提高产品或服务质量,赢得市场,获得超额的垄断利润,从而获得竞争优势。

2.追随战略出现在一种新的产品、营销方法或经营战略获得成功后,出现大批企业模仿领先者采取相似的行动。

3.架构创新是指不改变核心设计理念而通过重新连接产品组件的创新方式。

4.模块创新战略是一种针对内部某个模块的复杂性进行改进和创新的创新战略。

5.双元创新是指企业同时进行探索性创新和应用性创新。其中,探索性创新是指企业为满足新市场或新客户的新需求,通过引进与现有产品或技术有较大差异的新产品或新技术的创新行为。应用性创新是指不断拓展现有市场、完善现有技术、改进现有产品或服务的创新行为。

6.实现低成本战略需要对生产过程、工艺及原材料的创新及管理创新,从而更好地降低成本。

7.资源基础观认为,有价值的资源是企业竞争优势的来源。要将短期竞争优势转化为持续竞争优势,则要求这些资源是有价值的、稀缺的、难以模仿的,以及不可替代的,同时是不能完全自由移动的。满足这些标准的战略性资源决定了企业的持续竞争优势。

8.企业要保持持续的竞争优势,需要异质性的资源,然后通过各种能力获取、吸收、利用这些资源建立企业的核心竞争力。

9. 矩阵型组织能够为企业创新提供良好的组织支持,降低创新过程中的障碍,促成企业创新发展的良性循环。

10. 职能型组织具有"重实施轻规划、重控制轻沟通、重收益轻风险、重内部轻环境、重常规轻变化"等特点。

11. 在集成产品开发组织中,企业将共性技术模块化存储,形成共性技术支撑平台。新的项目小组的立项同样要考虑企业目前的公共技术平台是否能够很好地支持此项产品的开发。这种共性技术平台很好地解决了不同项目小组重复研发过程中的资源浪费,提高了企业创新效率,降低了创新成本。

12. 建立跨企业联盟对于企业创新会产生促进作用,比如通过建立联盟关系可以降低企业创新成本,通过外部市场获得外部资源等。

13. 众包是指企业将原本由企业内部自己进行的研发与创意获取活动交给网络大众获得解决方案的创新方式。

14. 制度理论可以看作是开放系统组织概念的发展,它已成为分析组织、解释和理解组织的连续性和变化过程的一个重要维度。该理论强调的是组织环境中的社会文化因素,而不是权变理论和资源依赖理论所强调的任务和技术因素。

15. 早期的制度理论更注重成功组织形式的传播,而不是形式的起源,并试图解释组织形式的功能和理性选择,理解组织领域的相似性和稳定性。制度理论提出了一个关于组织行为的"理所当然"的假设:组织形式和过程应该"合法"才能渗透到组织中。这就是合法性机制。

16. 制度理论的核心观点是合法性。它有很多种分类方法,研究视角不同,分类也不同。

17. 作为文化的传统者和发展者,应该理性看待文化对创新的影响,取其精华、去其糟粕,在批判中学习、利用文化知识来实现创新创造。

思考和讨论题

1. 在目前中国转型经济背景下,企业应当如何选择创新战略?
2. 不同的创新战略带给企业的创新绩效有什么不同?
3. 资源冗余对企业创新有促进作用,那么资源太多会不会阻碍创新,谈谈你的看法。
4. 制度理论的核心观点是什么?
5. 什么是知识产权?知识产权的特点有哪些?
6. 如何克服组织创新中遇到的各种障碍?
7. 如何选择合适的组织创新模式?
8. 结合身边的例子,谈谈中西方文化的相同与不同之处。
9. 就整体思维和分析思维而言,谈谈如何发展两者优势以更好地实现创新。

本章参考文献

[1] 安同良. 中国企业的技术选择[J]. 经济研究,2003(7):76-84.
[2] 陈光华,王烨. 平台型高技术研究机构的组织模式及运行机制研究[J]. 科学管理研究,

2016,34(1):42 - 45.

[3]陈劲,陈钰芬.开放创新体系与企业技术创新资源配置[J].科研管理,2006(3):3 - 10.

[4]程芬,郭瑾,梁喜.产学研联盟知识转移研究述评与展望[J].科技进步与对策,2016,33(11):157 - 160.

[5]方润生.资源和能力的整合:一种新的企业竞争优势形成观[J].研究与发展管理,2005,17(6):21 - 28.

[6]赵孟营.组织合法性:在组织理性与事实的社会组织之间[J].北京师范大学学报(社会科学版),2005(2):119 - 125.

[7]邹文琦.中、日、美文化模式对创新精神影响的比较分析[J].科学管理研究,2001,19(2):13 - 15.

[8]AMIT R,ZOTT C. Value creation in e-business[J]. Strategic Management Journal,2001,22(6 - 7):493 - 520.

[9]BARNEY J B. Firm resources and sustained competitive advantage[J]. Advances in Strategic Management,1991,17(1):3 - 10.

[10]COHEN W M,LEVINTHAL D A. Absorptive capacity:a new perspective on learning and innovation[J]. Administrative Science Quarterly,1990(35):128 - 152.

[11]COHEN W M,LEVINTHAL D A. Innovation and learning:the two faces of R&D[J]. Economic Journal,1989,99(397)569 - 596.

[12]HENDERSON R M,CLARK K B.. Architectural innovation:the reconfiguration of existing product technologies and the failure of established firms[J]. Administrative Science Quarterly,1990,35(1):9 - 30.

[13]PIL F K,COHEN S K. Modularity:implications for imitation,innovation,and sustained advantage[J]. Academy of Management Review,2006,31(4):995 - 1011.

[14]PODSAKOFF P M,MACKENZIE S B,LEE J Y,et al. Common method biases in behavioral research:a critical review of the literature and recommended remedies[J]. Journal of Applied Psychol,2003,88(5):879 - 903.

[15]CROITORU A. The theory of economic development:an inquiry into profits,capital,credit,interest,and the business cycle[J]. Social Science Electronic Publishing,2012,3(1):90 - 91.

[16]TEECE D J. Profiting from technological innovation:implications for integration,collaboration,licensing and public policy[J]. Research Policy,1986,15(6):285 - 305.

[17]WEI Z,YI Y,HAI G. Organizational learning ambidexterity,strategic flexibility,and new product development[J]. Journal of Product Innovation Management,2014,31(4):832 - 847.

[18]ZAHRA S A,GEORGE G. Absorptive capacity:a review,reconceptualization,and extension[J]. Academy of Management Review,2002,27(2):185 - 203.

[19]BARNEY J B. Firm resources and sustained competitive advantage[J]. Advances in Strategic Management,1991,17(1):3 - 10.

第十六章

创新前沿

本章导读

　　随着网络化数字化智能化社会的到来,企业的创新实践呈现出更加新颖和多元的形式,当代创新研究也在熊彼特创新理论的基础上蓬勃发展。本章主要对目前创新领域的前沿与热点问题进行介绍,包括自主创新与协同创新、管理创新、商业模式创新、破坏式创新、探索性与应用性创新、开放式创新以及数字创新等。针对每一种创新,分别解析其内涵、影响因素、价值以及实施等方面的内容,旨在对创新前沿与热点问题进行较为系统的梳理和认知。

第一节　自主创新与协同创新

一、自主创新

　　自主创新(independent innovation)是一个具有中国特色的概念,2006 年全国科学技术大会上首次提出了创新型国家建设和战略定位,2014 年我国政府提出了"大众创业,万众创新",2016 年我国正式提出创新型国家建设的"三步走"战略,力争在 21 世纪中叶成为创新强国。国外研究中最接近自主创新概念的是内生创新(endogenous innovation),这一概念起源于 Solow 在 1957 年提出的内生经济增长理论,由于国外关于自主创新的研究相对有限,因此本章重点关注中国学者对自主创新的研究。

(一)自主创新的定义

　　国内学界关于自主创新的研究成果颇丰,但学者们对自主创新的概念并没有达成共识。在早期研究中,有学者认为自主创新是企业特定的技术创新活动,主要发生在企业技术引进、消化吸收及再创新之后,指企业依靠自身的研发能力完成技术上的突破并获得独创性技术成果。也有学者认为自主创新是创新主体依靠自身的各种能力突破现有技术,解决技术难题,并以此为基础推动创新流程的展开,将新技术推向市场并获取商业利润,进而达到预期目标的创新活动。根据该定义,自主创新需要具备技术内生性和资源内部获取性的双重特征。

　　科学技术的飞速发展,大大加剧了创新的复杂性及风险性,企业仅依靠内部力量已经难以保证创新的成功,越来越多的企业开始引入外部资源进行创新。因此,对自主创新的定义也开始考虑外部资源的作用。部分学者强调创新的自主性,即创新应获得自主知识产权,掌握核心技术的主导权,并形成个性化极强的技术轨道,开发拥有自主概念的产品,为企业带来战略性竞争优势,为企业的良性发展提供支持和保障。该定义认为企业在自主创新的过程中可以广泛获取并充分利用外部资源。也有学者从创新方向的选择、资金的来源、团队的运营、机构的设立以及能力的组合等关键问题进行分析,认为自主创新的资源可能来自企业内部的支持,也可能来自企业外部的顾客、供应商及其他利益相关者。

关于自主创新概念的界定,学界争论的焦点主要在于自主创新是否使用外部资源。在企业的管理实践中,企业创新的过程正由封闭系统向开放系统转变,创新过程中所需的资源不可能全部来源于同一个企业。自主创新的根本特点体现为企业主导产品研发的全过程并拥有获取最终收益的权利。因此,自主创新可以界定为企业通过主导内、外部资源,完成研发任务并取得相应知识产权的创新活动。

(二)自主创新的价值

Solow 的内生经济增长理论指出技术进步是经济增长的主要推动因素,之后大量的实证研究也进一步证实了技术进步对经济增长的贡献。自主创新体现了技术的进步,自主创新对经济增长有重要推动作用。例如,通过比较美日两国的经济和科技政策,原正行和桥本寿郎指出过度的模仿创新导致日本经济在 20 世纪后期持续走低,导致"失去的十年",自主创新才是国家经济持续发展的源动力。Fu 和 Gong 关于新兴经济体的研究指出,自主创新有利于推动发展中国家企业的发展,自主创新获得的技术更容易被国内企业吸收利用,为了加速发展步伐,新兴经济国家必须积极主动进行自主创新。针对中国的发展情境,大量学者指出创新特别是自主创新能够有效改变我国粗放的经济发展模式、推动产业结构升级、向环境友好型社会转变,推动我国经济持续高质量增长,进而提升国家竞争力。例如,戴魁早研究发现自主创新和引进吸收国外的新技术对我国经济增长均有促进作用,而且自主创新的贡献更加明显。项本武基于我国 33 个行业数百个大中型工业企业在 1999—2008 年的各项数据,发现自主创新对我国工业增长有拉动作用,而且这一拉动作用日趋明显。随着经济全球化的深入发展,横跨全球的企业间兼并收购也成为许多企业提升自身创新能力的有效方式,周雪峰等人发现,海外并购推动了外延创新向集成创新最终向自主创新过渡和转化。

在企业层面的研究中,许多学者认为自主创新可以帮助企业建立和保持竞争优势,提高企业绩效。一方面,自主创新可以帮助企业避开直接竞争、缓解竞争压力,在市场上获得更多利润,还可以充分利用企业现有资源,有助于企业资源优势的充分发挥。另一方面,自主创新可使企业在相当长的时间内获得技术领先优势,并可能引导技术、产品甚至是产业发展的方向;自主创新企业可以通过领先积累的生产管理经验,提高生产能力,在成本、技术、管理等方面形成竞争优势;采取自主创新的企业通常都是新市场的开拓者,可以迅速占领市场,甚至获得垄断地位,得到高额利润。基于江、浙、沪等经济发达地带制造业企业的调查数据更是表明,自主创新是企业通过外部学习提升绩效的关键路径。同时,自主创新可以激发企业的开放式创新,对企业绩效产生正向影响。总之,大量学者通过研究发现,自主创新对企业建立和保持竞争优势,推动区域经济发展,提升国家竞争力都有重大价值。

(三)自主创新的影响因素

鉴于自主创新的重要作用和价值,大量学者开始分析影响自主创新的因素,以期发掘促进自主创新的影响因素。根据不同的分类标准,学者们区分了不同的要素。其中,根据影响因素来源的不同,可以分为内部要素和外部要素。外部要素包括制度环境的变动、技术的改变、社会文化因素的影响、市场竞争的压力、社会生产力的发展,内部要素包括企业的创新战略、创新目标、创新范围、创新的心理需求、创新的经济性动机、责任心等。根据研究主体的不同,也有学者将自主创新的影响因素分为个人层面要素、团队层面要素、组织层面要素、组织间要素及产业和制度要素。其中,个人层面要素主要关注高管团队等重要个人的影响,团队层面要素重点关注研发团队的影响,组织层面要素关注组织的资源及结构、文化、控制机制等要素的影响,组织间要素考虑企业间合作的影响,产业和制度要素重点分析与产业和制度相关的要素。

"动机-机会-能力"的研究框架指出,实现目标需要动机、机会和能力的有效配合,三者缺一不可。同理,企业实现自主创新也需要这三个方面的支持。理论界和实践界普遍认为,自主创新能力薄弱是阻碍我国企业开展自主创新的一个重要原因。许多研究表明,我国企业自主创新能力薄弱主要受到企业盈利水平和投入能力、创新收益、创新人才、企业家精神和企业制度等内部条件的制约,因此研发资本的投入已成为提升企业自主创新能力,尤其是高层次自主创新能力的关键。此外,企业的自主创新能力不仅与内部组织能力等要素相关,而且与外部制度环境相关,如企业和政府研发投入的分工协作,金融机构贷款的贡献等。许庆瑞等以海尔集团为例研究了转型经济中企业自主创新能力的演化路径及驱动因素,认为自主创新能力包括二次创新的初级能力和原始自主创新的高级能力,集成创新能力是从低阶走向高阶的过渡能力。

现有研究也分析了影响企业自主创新动机的要素。有学者将影响企业自主创新动机的内在因素分为企业规模、竞争压力、技术引进、出口导向、技术专有等。而自主创新是专业、创造性技能与内在工作动机的综合,社会和企业情境也会影响创新主体的自主创新动机。比如,外部同行的自主研发示范的负向作用、技术专家及研发领先的正向作用。相对于关于自主创新能力和动机影响要素的研究,对自主创新机会的研究相对有限。

基于以上归纳和分析不难发现,现有研究主要关注如何提升企业自主创新的能力和动机,而对企业如何发现和识别自主创新机会的研究非常有限。然而,自主创新机会、动机、能力都对自主创新有着重要的影响作用,三者缺一不可。因此,关注自主创新时,不仅要从企业自主创新能力和动机出发,也要分析企业如何发现和识别自主创新机会,更要关注企业如何实现自主创新能力、动机、机会的有机配合,这也是目前自主创新研究的不足。

二、协同创新

(一)协同创新的定义

协同创新(collaborative innovation)指企业、科研院所、高等学校、政府等各种组织机构,为了减少一次性的大量资源投入、降低创新风险、缩短新产品开发周期、节约成本、实现资源互补和优势互补等目标而形成的合作关系。合作组织体的目的是创新,基础是成员间的共同利益,前提是伙伴间的优势互补,基于自愿以正式契约或非正式契约等形式规定合作期限和目标,约束各利益相关者的行动,明确合作各个阶段中各个主体的权责以及合作结果的分配。协同创新可采取多种形式,包括货币资产、人力资源、专利技术等形式直接合作,也可以通过股份认购等形式参与决策。

(二)协同创新的动因

协同创新是在科技日益发展、社会日益进步、信息交流日益增多的情况下产生的一种创新模式。当前的科技和经济背景下,各领域中知识和技术的深度和宽度都不断增加,新技术的研发日趋复杂,学科交叉的趋势日益显现,跨职能的创新成为新的风向标。在这种背景下,普通企业,尤其是高新技术行业中,仅靠自身的资源禀赋很难实现企业发展。但协同创新给了各利益相关主体扬长避短的机会,各方充分发挥自身优势,通过合作实现技术创新,开拓新市场,共担风险,共享利益。

基于资源依赖理论,企业进行协同创新的动机主要有:减少成本投入、降低风险;实现规模创新;打破企业的知识边界,促进内外部知识转移过程;合作伙伴间优势互补,提升短板;快速进入新市场;等等。然而在现实中,企业进行协同创新的动机十分复杂,许多合作联盟并不是出于单一的合作动机而组建的。学者们对于合作联盟的大量涌现有不同的理论解释,大致可以分为三类,即资源和能力理论、交易成本理论、产业组织理论。

资源和能力理论关注企业的核心能力。该理论认为,核心能力是企业取得长期竞争优势的必要条件,核心能力作为企业的隐性能力,体现在企业内部的隐性知识和人力资源的经验性知识中。随着竞争的加剧和市场的进化,企业内部的资源禀赋和自身能力往往不足以支持企业持续发展。此时,协同创新就为企业的知识管理、组织学习和能力提升提供了行之有效的路径。企业可以有针对性地与异质性资源合作,从而提升已有的核心能力甚至产生新的核心能力。协同创新中,合作伙伴间资源与能力的组合不仅是对现有技术和知识的有机结合,而且促进了新技术的产生。

交易成本理论作为经济学的基础理论之一,将协同创新形成的伙伴关系视为一种经济关系。企业参与市场交易时,由于"无形的手"作用于市场中,市场交易表现出高度的灵活性和资源配置能力,但随着信息不对称性和市场不确定性的提高,交易成本也随之攀升。此时,采取协同创新的企业与合作伙伴由于提前约定了参与主体关于风险和收益的权责分配等问题,约束了主体间的行为,降低了交易成本,形成了共同投资的激励机制,与此同时,不同组织又能灵活应对外部技术环境和市场环境的快速变化。

产业组织理论也为协同创新提供了解释。第一,从技术溢出的角度来看,由于行业内普遍存在的技术溢出现象,研发专利的申请只能在一定程度上保护企业的知识产权,企业难以享受自主创新带来的全部成果,导致整个社会和一家企业在创新活动中难以形成最优投资的平衡。因此,政府和社会要提高创新研发的补贴,并完善专利制度和相关法律。同时,外部环境对创新活动过度的干预又会抑制市场本身的作用,专利制度的可行性有待商榷。第二,从产业组织的角度来看,协同创新将创新的外部效应内部化,避免重复研发和投资,提升资源配置效率,促进企业间的知识流动和转移,多方合作使得"规模创新"成为可能。第三,协同创新也克服了相关法律和制度不健全情况下"搭便车"的现象,促进企业积极实施创新。

(三)协同创新的影响因素

现有研究中,主要从主体、环境、机制和关系网络四大类影响因素对协同创新进行研究。协同创新的主体包括决策、研发、市场、生产和管理五大层面。就企业内部而言,高管团队的创新意愿、技术和知识跨部门的流动、组织的创新氛围、技术人员的专业水平等诸多因素都会对协同创新造成影响。从企业外部环境来看,市场竞争强度、政府政策等宏观环境也是影响协同创新的重要因素。基于协同创新本身,协同的实现机制决定了协同创新的深度和质量,而激励和约束机制则为协同主体提供了一定保障,基于正式或非正式契约形成的信任和承诺也同样影响协同创新。从企业间关系的角度来看,个体企业间的社会关系网络大大降低了企业知识的物理边界,促进了合作伙伴间知识转移的效率和效果,知识的流动促进了企业间正式纽带的产生,从而促进协同创新。

三、自主创新与协同创新的关系及比较

对于企业的发展来说,自主创新和协同创新均有重要价值,企业在不同的生命周期会选择不同的创新方式,两种创新都会给企业带来绩效的提升。但两者在参与主体、创新模式、创新投入、风险和商业目标等方面存在显著差异。明确两者的差异,有助于企业根据自身的情况做出恰当的决策。根据对自主创新与协同创新的上述总结与分析,自主创新与协同创新的比较归纳如表 16 - 1 所示。

表 16 - 1　自主创新与协同创新的比较

对比内容	自主创新	协同创新
参与主体	以企业自身为主	以合作双方或多方为主
技术方式	自主研发	共同研发
资源基础	强调内部和外部资源	主要强调外部资源获取
创新内容	技术或产品	技术或产品
创新模式	技术并购、产学研合作	人才、成果合作,资金入股
风险性	企业独立承担较高风险	合作双方分担风险
创新投入	较大	较小
周期性	自身资源的集合	伙伴间资源的互补性
商业目标	强调企业独赢	强调合作双赢

尽管自主创新和协同创新差异明显,但对企业来说,二者并非简单的选择题。

首先,二者存在相互促进的关系。企业通过内部的自主创新,在一定程度上提升了研发能力,为协同创新打下了良好的基础。而企业具有竞争力的自主创新能力则成为企业吸引优质合作伙伴进行协同创新的条件之一,企业自身的创新实力削弱了伙伴采取机会主义行为的动机,为协同创新结果提供了保证。从协同创新出发时,企业通过与伙伴正式或非正式的契约,吸收了企业外部技术和知识,并在协作过程中动态调整和提升自身的能力,促进了自主创新。也就是说,企业在自主创新和协同创新活动中所积累的知识和技能能够互相促进,因此二者有相互促进的关系。

其次,二者也存在相互抑制的关系。具体而言,有些企业在协同创新过程中,主动或被动放弃了自主创新。这些企业认为协同创新在不确定性和风险性方面更具优势,协同创新就可以实现企业目标,因此主动放弃自主创新。也有企业由于担心合作伙伴对其自主创新活动的抵触或由于合作伙伴的反对,逐步放弃了开展自主创新的努力。也有企业希望兼顾两种创新活动,但由于缺乏相关经验和知识,结果不仅没有形成预期的协同和互补效应,反而破坏了伙伴关系,导致双方冲突加剧,关系破裂。因此,二者之间存在相互抑制的关系。

不可否认,二者之间相互促进和相互抑制的关系同时存在,不同的管理情境会使二者的关系向某个方向倾斜,因此企业在实践中需要分析和研究自身所处的情境,采取最利于创新的方式支持企业发展。

第二节　管理创新

一、管理创新的概念

管理创新(managerial innovation)起源于 Evan 对创新发起者的研究。Evan 发现,高管团队进行的创新多与优化资源配置、改善组织架构、激励机制有关,这些创新被称为管理创新。管理创新涉及组织的人力、财务、成本、营销、市场管理等方面,与组织管理直接相关。

学者们对管理创新进行了更深入的研究,由于研究视角的不同,已有研究主要存在四个方面的差异。一是研究对象和内容。部分学者认为,管理创新主要研究管理理念和管理思想体系;另一部分学者认为,管理创新应该是对管理实践、管理过程和组织结构的创新。二是对"新"的界定。目前学者主要通过两种方式来对"新"进行界定。一种是相对于管理现状来确定是不是创新。以组织为研究单位的研究大多采用这种方法,好处是容易观察。这种方法关注创新的实现,强调"创造加实施"。另一种是基于某一特定的标杆企业进行分析,这种方法关注创新的采纳,强调"模仿加实施"。三是管理创新中创新理念和相关实践是否有必要同时存在。目前学界的基本共识是二者应该同时具备,因为比起创新理论,管理更强调实践性。四是管理创新的目的。组织及其管理者进行管理创新的目的有多种,有的是出于提高绩效等经济目的,有的是为了加强对员工的控制,还有的仅仅是为了显示自己的权力。

二、管理创新的价值

管理创新能增强企业的组织管理能力,优化组织流程,提高组织运作效率,使企业可以有效应对环境变化带来的挑战,进而建立和保持竞争优势。关注管理创新的组织被视为有战略眼光的组织,而只关注具体管理技术变化的组织则显得目光短浅。现有研究也发现管理创新可以提高企业绩效。例如,谢洪明等发现管理创新和企业绩效正相关,并进一步指出管理创新对组织绩效有促进作用;Lin 等认为管理创新是技术或产品服务创新与企业绩效之间的中介变量,由于管理创新植根于企业内部,系统性和原创性较强,可以成为企业长期的竞争优势来源;苏中锋等发现管理创新对企业绩效的提升作用明显强于技术创新。

三、管理创新的影响因素

由于管理创新具有重要价值,因此如何帮助企业有效地开展管理创新就成为目前创新管理研究中的一个核心问题。因此,大量研究开始分析影响管理创新的前因要素。例如,苏敬勤等识别出影响管理创新过程的 13 个关键因素,从内部变革者层面,包括教育、任期、经验、风险偏好、成就需要、创造力、异质性七个因素;从组织层面,包括组织规模、组织结构、组织资源、组织文化四个因素;从环境层面,包括市场动态、制度变化两个因素。他们进一步的分析表明,这些因素在不同的创新阶段发挥的作用是不同的。在管理创新创造阶段,与内部变革者相关的一些因素发挥了关键作用,如教育、经验、成就需要、创造力、高层团队异质性,同时组织文化、市场动态性和制度变化也发挥着同样重要的作用;在创新决策阶段,内部变革者经验、风险偏好、成就需要、组织规模、组织结构、组织资源、组织文化发挥着主要作用;在实施阶段,内部变革者任期、经验、成就需要、创造力、高层团队异质性、组织规模、组织结构、组织资源、组织文化发挥着主导性作用,内部变革者教育的影响相对适中。

　　也有学者从组织特征和管理创新能力两个视角分析管理创新的影响因素。研究表明,组织特征影响因素包括组织规模、组织年龄、组织的正式化、组织复杂性、组织成员自身的特质、组织内部的信息化程度、组织文化、高管团队的特质、领导风格、治理结构等,都会影响组织的管理创新活动。

　　例如,关于组织规模与管理创新的关系,多数学者认为组织规模与管理创新有关。部分学者发现小型组织规模具有较高的灵活性,有较高的管理创新倾向,也更有利于管理创新的实施。然而,另一部分学者持相反态度,认为管理创新需要资金和专业知识的支持,大企业具备更丰富的资源和能力进行这一过程。也有学者保持中立的观点,指出组织规模与管理创新的性质匹配起来才能达到最佳效果。小规模组织擅长新颖型管理创新,而成熟的大型组织则有能力配置大量资源进行管理创新。

　　Harder 将管理创新能力界定为面对多变的外部环境时,企业对自身的管理措施进行改变、拓展和创新等,并将这一能力细化为诊断能力、新知识搜寻能力和执行能力。除了上述三个能力,还包括机会的搜寻、资源的获取、合作伙伴关系、内外因素的综合分析和决策等。

　　例如,诊断能力是识别组织内部的管理问题和组织外部的机会并寻求解决方案或利用机会的能力,用管理者的认知能力、组织资源禀赋等变量来测量。诊断能力越强,发现问题并解决问题的能力也就越强,因而更有利于管理创新。管理者认知能力与组织资源禀赋是诊断能力的两个维度,诊断能力增强意味着管理者认知能力与组织资源禀赋的提高,管理者认知能力的提高有利于机会的识别,而丰富的资源为管理创新提供了物质基础。

　　组织特征和管理创新能力影响因素如图 16-1 所示。

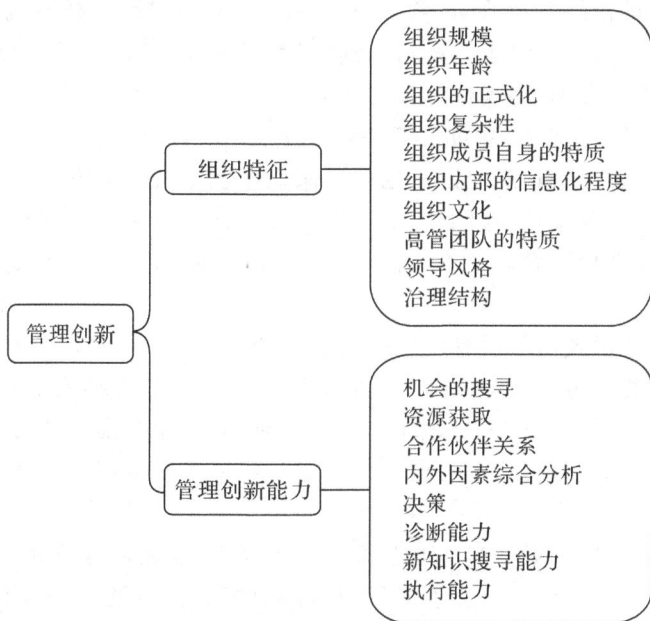

图 16-1　组织特征和管理创新能力影响因素

需要指出的是,组织特征与管理创新能力对管理创新的影响并不是独立的,而是相互作用的。组织特征可以通过管理创新能力来影响管理创新。如不同的组织规模对应着不同程度的资源获取能力,进而影响管理创新的执行能力,最终影响管理创新。管理创新能力对组织特征也会产生影响。例如,搜寻能力越强越有利于识别机会,有利于获取新知识,丰富企业的知识积累,从而影响组织的知识资源禀赋等特征。因此,企业需要实现组织特征与管理创新能力的协调发展,才能更好地促进并有效实施管理创新。

第三节 商业模式创新

一、商业模式创新的概念

早在古典时期,商业模式(business model)就被运用于经济与贸易活动中。20 世纪 90 年代以来,随着互联网的快速发展,商业模式逐渐成了学界研究的重点。最开始的商业模式特指电商的经营模式,后来,商业模式的研究对象逐渐扩展到所有企业。因此,商业模式逐渐演变为一个普适性且含义也非常宽泛的概念,成为目前理论界和实践界非常关注的热门话题。

大量学者对商业模式进行了定义。例如,Amit 和 Zott 指出商业模式是企业在利用商业机会的过程中为创造价值而设计的交易活动的组合方式,其阐明了一个组织如何与外部利益相关者相联系并进行经济交换,从而为交易各方创造价值。Teece 认为商业模式描述了企业为完成价值创造、价值传递和价值获取所采用的设计与结构体系,其核心是以何种方式向顾客传递价值并产生利润。

我们以为,商业模式可以从以下三个方面来把握:第一,从内部管理看,就是利用内部资源、能力,为创造价值进行的系列活动;第二,从外部经营看,就是为开发机会与利益相关者进行的关联交易活动;第三,从平台运营看,就是利用互联网技术(移物云大智链)建立运营平台,形成生态场景,聚合离散资源,实现价值共创共赢。

商业模式的作用贯穿企业价值创造与传递的各个环节,引导企业获取价值与利润,对企业绩效有重要的影响作用。然而,商业模式也难以保证企业持久的竞争优势。原因有二:一是随着市场的变化,已有的商业模式不再适应新市场的要求;二是成功的商业模式会被模仿从而使企业失去其竞争优势。因而,商业模式创新(business model innovation)是企业获得持久竞争优势的关键。

目前学术界对商业模式创新没有形成统一的概念。如 Amit 和 Zott 认为商业模式创新是对商业活动组合方式的再定义,如在内容上增加新的交易活动,在结构上改变交易活动的联系方式,在管理机制上改变进行交易活动的主体。Khanagha 等指出商业模式创新既可以是对商业模式构成要素进行的渐进式改变,也可以是对商业模式的破坏式创新,即产生一种全新的商业模式。

总之,商业模式创新要求对现有的商业模式进行创新,然而现有研究对商业模式创新的本质缺乏明确认识。部分学者认为商业模式创新由商业模式构成要素的变化所构成,他们关注商业模式的构成要素,如 Giesen 等指出商业模式创新是产业价值链、盈利模式等构成要素的创新。另一部分学者则关注商业模式体系结构的变化,关注要素间的联系,如 Santos 等认为商业模式创新是对现有商业模式中的活动进行重新配置。

二、商业模式创新的特征

商业模式创新的特征如图 16-2 所示。

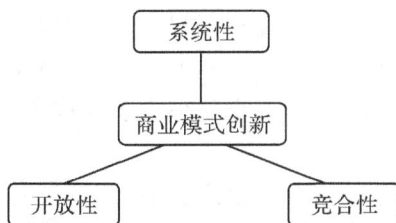

图 16-2 商业模式创新的特征

(一)系统性

商业模式创新最本质的特征是系统性。商业模式创新的系统性要求对商业模式的多个要素实现系统性变革,涉及顾客价值主张、盈利模式、营销模式等多个环节,往往伴随着产品工艺、组织结构、运作流程等的创新。不同于企业传统的技术创新、市场创新等独立要素创新,商业模式创新力求实现多个要素的协同变化,是一种集成创新,需要企业进行较大的战略调整。

(二)开放性

商业模式强调一个组织如何与外部利益相关者联系并进行经济交换,从而为交易各方创造价值。因而,实施商业模式创新的企业把企业边界拓展到企业利益关系及交易结构所影响的所有利益相关者,为价值链上全部相关者创造和增加价值,这就是商业模式创新的外向性。企业在实施商业模式创新过程中会打破原有封闭系统,搭建一个开放的平台,从而建立以企业自身为核心的社会网络体系。在这个网络体系中,企业不再固守既有的产权边界和业务边界,而是从客户、市场等角度出发来设计企业行为活动,实现跨边界的价值创造与传递。客户所在的地方,就是企业的边界所在。相比而言,企业其他以内向性为特点的创新活动强调利用企业内部资源创造价值,如技术创新根据企业擅长的技术特征或功能挖掘其可能存在的商业价值。因而,开放性是商业模式创新区别于其他创新的另一主要特征。

(三)竞合性

商业模式创新强调竞争与合作,即"竞合",而不是"竞争"。实施商业模式创新的企业通过与价值链上不同企业的竞争与合作关系来实现价值的共同创造,其竞争优势源于企业所在的社会网络体系,而不是传统的差异化和低成本。商业模式创新需要在这种社会网络体系中建立一个闭环的价值逻辑,并协同与上游与下游的利益关系,形成利润积累,从而为交易各方创造并传递价值。在这个网络体系中,实施商业模式创新的企业不再简单地追求传统意义上的差异化与低成本,而是根据价值逻辑设计交易结构,构建一条由全部利益相关者参与的协同共赢的价值链条,并谋求整个交易结构体系中的枢纽地位,建立其基于该社会网络体系的竞争优势。

三、商业模式创新的分类

本小节从创新程度和要素变动情况这两个分类标准进行介绍。

(一)创新程度

Linder 和 Cantrell 根据创新的程度把商业模式创新分为挖掘型、调整型、扩展型及全新型四类。其中,挖掘型商业模式创新并不改变企业既有的商业模式,重在提升现有商业模式的利用率;调整型商业模式创新重在做出适当调整,包括产品和服务、优化成本、目标市场的选择、定位和技术的改变等,增强其价值创造与传递能力,从而提高竞争优势;扩展型商业模式创新把现有商业模式的核心逻辑运用于新领域;全新型商业模式创新则是为企业引入全新的价值逻辑,实现商业模式颠覆性创新。

Osterwalder 以创新程度为基础把商业模式创新分为三种类型。一是存量型商业模式创新,即通过新的方式,如运用新的资源、联系新的合作伙伴、设计新的交易机制等,提供与过去相似的产品或服务,这种创新方式适用于能获得新资源、新分销渠道的企业;二是增量型商业模式创新,即在企业现有商业模式中引入新要素,当企业在某方面滞后时,采用增量型商业模式有利于增强企业竞争优势;三是全新型商业模式创新,即颠覆式创新商业模式,掌握市场中某项新技术的企业可以通过这种商业模式创新在新市场形成过程中把握机会。

另外,基于创新程度,Mahadevan 区分了"妨碍型"商业模式创新与"战争型"商业模式创新。其中,"妨碍型"商业模式创新的创新程度较低,强调通过实现规模经济、垄断关键资源、控制企业所处的生态系统等方式提高现有顾客的转换成本。这种商业模式创新适用于行业领导者。一方面,行业领导者在企业规模、学习经验、资产控制、供应链的配置上具有较大的优势;另一方面,该创新与企业现有商业模式差异化较小,但能充分利用企业资源所带来的可持续性来获得价值。因此,采用"妨碍型"商业模式创新能使企业将重心放在可持续性而不是新颖性上,利用其自身的资源优势,通过规模经济等方式提高现有顾客的转换成本,从而实现企业长远发展。"战争型"商业模式创新的创新程度较高,强调降低现有顾客的转换成本以吸引新顾客,通过提高交易效率、扩大经济规模以及与新顾客建立良好关系等方式来建立自己特有的优势,并宣传其特殊的价值主张。"战争型"商业模式创新适用于行业新进入者,因为新进入者没有充足的资源,无法获得较高的可持续性,而是通过商业模式的差异化来获得价值。因此,对于行业新进入者而言,采取"战争型"商业模式创新有助于企业建立其独特的难于模仿的商业模式,提高竞争优势。

(二)要素变动

根据商业模式创新要素变动的情况,可以将其划分为:价值主张变动引发的创新、资源组合变动引发的创新、运作流程变动引发的创新、界面模式变动引发的创新四种类型。

价值主张指企业计划为顾客创造并提供的价值,回答产品是什么、顾客是谁这一系列基本问题。价值主张以信息的形式在企业内、外部进行传递,反映了企业经营的核心思想。价值主张一旦改变,将会影响企业生产的产品种类及特征、生产需要的资源、利用资源进行生产的运作流程以及各种对内对外的标准和规则,从而引发企业商业模式的创新。例如,餐馆将其价值主张由为顾客提供就餐价值改为除了就餐价值还要增加顾客的时间价值、便利价值,这项价值主张的改变可能表现在增加外卖上,那么其销售方式与作业流程等都将发生一系列的变化,如增加食物包装盒、送餐员。

资源组合指企业为实现其价值主张所需的全部资源,包括原材料、人力资源、品牌商标、专利技术等有形、无形资源,是企业开展运营活动的物质基础。资源组合的变化将导致生产流程、产品成本模式、市场定位等要素的变化,进而引发商业模式多层次的革新。例如,对于电视制造企业而言,液晶显示技术的出现使液晶显示屏代替了传统的显像管,原材料这种资源的改变,必将导致生产流程、成本结构等要素的变化,从而引发商业模式的变革。

运作流程指企业相互关联的活动,这些活动将企业资源有效地结合在一起,从而生产出产品或服务。齐严认为企业运作流程包括战略计划流程、产品开发流程、销售流程、订单完成流程等,涉及产成品的生产与销售、原材料的采购等活动。这些变化将促使商业模式由内而外改变,从而引发商业模式的创新。例如,福特公司轿车生产线的改变就是一种运作流程的变化。传统的组装方式是工人分批次围绕固定不变的汽车进行组装,这种作业方式效率低、难以管理。福特通过引入流水线生产,将作业方式改为不同工序的工人固定位置,而让汽车零部件随传送带移动。流水线作业大大提高了生产效率,扩大了生产规模,降低了生产成本,引发了商业模式的创新。

界面模式指企业为了实现既定的价值主张,在企业内、外部或企业之间进行互动决策时所遵循的标准和规则,包括营销原则、采购原则、公众原则、环境原则等。企业定价方式、成本结构、生产流程、目标市场等创新都将改变界面模式,从而引发商业模式创新。例如,计算机公司改变市场定位,由高端市场向下拓展低端市场,即由原来高价格、低销售量向低价格、高销售量改变,其定价模式、生产批量、销售模式均将发生改变,带来了商业模式的创新。这种创新改变了企业与市场的接触方式及企业形象。

四、商业模式创新的动因

本书重点介绍技术、需求、市场竞争这三个因素对企业商业模式创新的推动作用。

(一)技术

商业模式随着互联网技术的出现而兴起,早期商业模式创新也主要集中在互联网企业。因此,Amit 和 Zott 等学者认为互联网技术是商业模式创新的主要推动力。后来,Yovanof 和 Hazapis 等提出产业融合也会导致商业模式创新,使企业更大程度获得技术变化所带来的利益。Willemstein 等基于生物制药企业得出了企业技术升级是商业模式创新的动力之一的结论。可见,技术发展推动了商业模式的创新,这种推动作用在各个领域都得到了证实。

(二)需求

随着研究的深入,学者们发现许多商业模式创新并非源自供给方的技术进步,而是为了满足顾客需求。例如,美国西南航空公司根据消费者需求,推出了短途廉价航空服务;德勤咨询公司对多家企业对比研究后发现,推动企业进行商业模式创新的重要动因之一是满足消费者长期存在但被忽视或未被满足的需求。因此,需求拉动作为商业模式创新的动力之一,也得到了理论界与实践界的普遍关注。例如,三星电子抓住全球市场和三星自产 PC 机对先进动态随机存取存储器的需求,不断缩小技术差距并超越,成功克服半导体行业的后发劣势。

(三)市场竞争

市场竞争是企业寻求创新的重要驱动因素,也是企业商业模式创新的驱动力。IBM 的调研结果发现,约 40% 的公司高管担心竞争对手的商业模式创新会对整个行业前景产生重大影响,因此希望自己也能参与并掌控这种创新活动。学者们从竞争视角出发,详细分析了商业模式创新的竞争因素,证实了市场竞争是商业模式创新的另一个驱动力。

五、商业模式创新的途径

目前关于商业模式创新途径的研究主要从商业模式的构成要素出发,探讨如何通过提高各要素的价值或改变要素之间的关系,来实现商业模式的创新。例如,Osterwalder 强调改变原有商业模式构成要素的重要性,认为商业模式创新企业可以通过改变价值主张、目标客户、分销渠道、顾客关系、价值结构、收入成本结构等因素来实现商业模式创新。Davila 等则详细叙述了如何从价值主张、供应链及目标客户来进行商业模式创新。具体而言,企业可以通过延伸现有产品的价值或开发新产品以改变进入市场产品的价值来实现价值主张的改变;通过改进与运营伙伴的关系及运营整合以改变送达产品价值方式来实现供应链的创新;通过开发新的细分市场来实现目标客户的创新。Weill 等探讨了改变要素之间关系的途径,提出商业模式具有战略目标、营收来源、关键成功因素和必须具备的核心竞争力这四个核心元素,指出改变商业模式的组合方式能实现商业模式创新。

综合现有研究可以发现,学术界关于商业模式创新的实施路径有不同的观点。

部分学者认为价值创新贯穿了商业模式运作以及商业模式创新的全过程。此过程以新的价值主张和逻辑为出发点,并结合一定的外部环境确定企业的资源组合形式。接下来,基于价值形成逻辑与资源组合设计相应的运作流程。然后,在既定的价值形成逻辑、资源组合以及运作流程条件下设计界面模式。这一类观点认为价值主张是商业模式的核心,价值主张变动引发的商业模式创新才是企业最深层次的创新。

另有一部分学者强调资源整合的重要性,并基于资源整合提出商业模式创新的路径。他们认为商业模式的创新路径是从技术创新开始的,通过价值链上企业及企业内部的资源整合形成新的核心竞争力,从而产生新的盈利点。因此,企业需要关注技术创新及市场需求等因素变化及其产生的商业机会,及时把握住机会进行商业模式创新。例如在电视机制造业,液晶显示技术的出现使得液晶显示屏代替了传统显像管,企业只有识别了这项技术及市场需求的变化,抓住机会进行商业模式的创新,才能实现企业的目标。

技术创新驱动商业模式创新,包括两个层面,一是产业层面,即高新技术如互联网技术、数字技术、3D 打印等,促使产业的上下游重新整合,促使制造业的商业模式更加开放等,如数码技术颠覆了照相机和胶卷行业的商业模式;二是企业层面,即企业的技术创新行为,会推动企业商业模式变革,成为商业模式变革的催化剂,如阿里巴巴旗下的淘宝、天猫、支付宝、阿里云、蚂蚁金服等不同的商业模式。

第四节 破坏式创新

一、破坏式创新的起源与概念

亚历山大建立的马其顿帝国曾是世界上第一个横跨欧亚非三大洲的国家,但是这个庞大的帝国却快速衰败破亡,这种现象在社会科学界被称为"亚历山大难题"。在管理界也出现了"亚历山大难题",很多曾经处于巅峰状态的巨头企业,后来却迅速没落,处于追赶中的小企业反而逐步取代先驱企业成为行业的领导者。哈佛学者克里斯坦森对这一问题进行研究后,提出了新理论——破坏式创新(disruptive innovation)。

所谓破坏式创新指组织开辟不同于市场主流的技术和商业模式,针对小众顾客或非顾客,从某一细分市场入手,逐渐进入主流市场,成为行业领导者。这种创新对行业结构和竞争都有颠覆式的影响。

破坏式创新根据瞄准的目标市场可以分为低端市场破坏和新市场破坏。现有的商品和服务对某些顾客来说是过分满足的,即相比顾客真正的需求,顾客不得不付出更多而获得了一些并不需要的功能。此时,企业需要在现有价值主张和主流市场的基础上进行市场破坏,即通过供给相对低效、低价的产品和服务来吸引对主流市场过分满足的顾客。与之相对,新市场破坏则是创造出了全新的价值主张,针对非顾客群体,即由于各种原因未进入主流市场进行消费的人群。针对这一群体,企业深入了解顾客需求,提供与之匹配的市场。因此在破坏式创新中,企业要兼顾低端市场和潜在市场,尽可能多地吸引这些市场中的顾客。例如,奥特莱斯经营模式对传统商场的破坏式创新等。

二、破坏式创新的价值

克里斯坦森通过破坏式创新对管理界的"亚历山大难题"做出了解释:大型企业快速衰败的原因在于片面迎合最佳客户的要求,把投资集中到最能带来利润的领域中,而忽略了非主流用户以及非消费者的需求。他认为,破坏式创新最大的特点是不依靠技术优势,而是依靠市场和技术之间的协同效应实现创新。另外,破坏式创新并未在竞争更加激烈的主流市场采取行动,而是偏离市场的主流需求轨迹,开辟低端市场和潜在市场。最初,破坏式创新产生的产品和服务并未针对市场主流的需求,但破坏式创新成果的迭代和更新可能吸引了曾经的主流市场的注意力,越来越多的主流顾客加入新的价值网络。总之,破坏式创新以低端市场为自己的最初目标,采用渐进式的方法占领市场,通过改变行业结构和竞争现状,重新划分市场格局,甚至代替主流厂商,创造出全新的行业。

基于破坏式创新的关注重点,一般认为初创企业、小规模企业以及新兴市场中的企业更倾向于采取这种战略性创新。这一理论为发展中国家创新创业提供了新的思路,也提供了企业突出重围的重要机制。中国拥有庞大的消费人群,多样性极强的市场需求,也拥有众多不具竞争力的低端制造厂商。因此,破坏式创新的研究意义巨大。

三、破坏式创新的影响因素

影响破坏式创新的因素众多,具有代表性的观点有:Markides 认为,具有破坏性的技术、商业模式等影响了破坏式创新;宋建元和陈劲研究发现,企业创新能力直接影响破坏式创新绩效,而高管团队的创新意愿、支持程度、组织学习水平、组织资源禀赋、组织文化和激励机制等因素又影响着企业创新能力;王志玮、林春培经过实证分析得出,企业对新知识的吸收能力推动了破坏式创新;沈志渔等认为,基于传统的"STP"战略,企业首先要细分市场、确定目标、定位客户群体,通过创新产品和服务、创新营销渠道等,实现顾客价值创新;黄栋等通过研究新能源汽车行业,提出组织外部环境中政府政策对破坏式创新也有影响。

通过对现有研究的综合分析可以得出,破坏式创新的影响因素可以分为企业内部因素和企业外部因素。企业内部因素包括组织结构、领导支持、技术支持、知识吸收能力、产品等;外部因素包括消费者市场、供应商、营销商、政府政策等。其中,技术、产品、消费者市场的整体性是企业破坏式创新取得成功的重要前提。根据破坏式创新的内涵和分析模型,低端技术、突破性产品和中低端市场是企业进行破坏式创新的基础,因此,需要将三者进行组合分析,才能帮助企业抓住机会,获得破坏式创新的成功。

四、破坏式创新与突破式创新的辨析

破坏式创新与突破式创新都偏离了组织原有的技术和创新路径,融合了外部大量的新知识,针对潜在顾客的需求,带来了区别于主流市场的产品和服务,创造了新的价值主张,可能会改变行业结构和竞争格局。两种创新方式都强调对新市场的开辟和新顾客的吸引。许多研究混淆了这两种创新,但实际上二者存在明显的区别,如表 16-2 所示。

表 16-2 破坏式创新与突破式创新对比

对比项目	破坏式创新	突破式创新
概念	开辟不同于市场主流的技术和商业模式,针对小众顾客或非顾客,从某一细分市场入手,逐渐进入主流市场,成为行业领导者,对行业结构和竞争产生颠覆式的影响,与维持式创新相对	突破现有的关键共性技术,研发全新的技术,产生全新的生产函数和生产模式,与渐进式创新相对
是否连续	否	否
能力的变化	能力破坏型	能力提升型
创新来源	价值主张	技术进步
目标市场	低端市场,潜在市场	高端市场
进入策略	价格战,以低价吸引顾客	性能战,以新性能吸引顾客
风险与收益	资金投入少,周期短,风险较低,成功率较高	要求一次性投入大量资金和其他资源,持续时间长,高风险,极易失败
适合情境	新兴市场,发展中国家,中小企业等	成熟市场,发达国家,大公司等

五、破坏式创新与维持式创新的对比

破坏式创新与维持式创新都属于企业的成长机制。维持式创新是企业沿着原有的技术创新轨迹进行的渐进式、升级式的创新,瞄准主流市场,对主流产品不断进行改进,提升性能属性,优化配置,精益求精,满足主流市场中高端顾客群体的需求。而破坏式创新则是偏离了原来的创新轨迹,另辟蹊径,关注低端市场和潜在市场,开发全新的价值主张。

对企业发展而言,这两种创新机制往往被同时采纳,二者相辅相成,相互促进。维持式创新以提升企业的吸收能力为核心,发展到一定阶段后可能难以满足企业更进一步的发展需求,此时破坏式创新将会发挥更大的作用,而破坏式创新开辟新市场后,仍会回归维持式创新。

第五节　探索性创新与应用性创新

一、探索性创新与应用性创新的概念

探索与应用(exploration & exploitation)的研究起源于双元理论的提出。双元指组织既需要满足现有商业需求的高效管理，又需要适应环境的变化。研究表明，双元是组织生存及成功的前提。基于双元理论，March提出探索与应用，并指出应用与改进、效率、选择、执行等活动相关，组织通过运用现有资源确保目前的生存；而探索则关注搜索、变异、试验、发现，组织通过投入新的资源实现未来的发展。企业的长久生存与成功依赖于探索与应用之间的权衡。

随着研究的深入，学者对探索与应用的概念产生了两种不同的看法。部分学者认为，应用是对现有知识的再利用，而探索是学习新的知识，两者的区分标准为是否有学习过程。另一部分学者则认为，探索与应用均属于学习的过程，其不同在于学习的类型和程度上的差异。应用是通过本地搜索、经验改进、选择现有路径的再利用等方式学习，而探索则是通过变异、试验等方式学习。现有研究大部分遵循后一种看法，原因在于组织中任何活动在某种程度上都涉及学习的过程，即使是复制以往的行为活动，也会产生经验的累积及学习曲线的变化。

后续研究将探索与应用运用于创新领域，提出了探索性创新（exploratory innovation）与应用性创新（exploitative innovation）。探索性创新是以寻求新的可能性为目的而进行的一种大幅度、激进式的创新行为。通过探索性创新，企业设计新的产品，开辟新的细分市场，发展新的分销渠道，以满足新的消费者和市场的需求。探索性创新要求企业偏离原有的技术和知识路径，吸收与已有知识库不同的新知识。采用探索性创新的企业会尝试同行没有的经营战略和技术，因而具有更大的风险。

应用性创新（也有称开发式创新）是一种已成熟的、小幅度的、渐进的创新行为，其意图是对现状进行改进，满足现有消费者和顾客的需求。应用性创新是按照相对机械和固定的组织内部特征以及相对稳定的组织外部环境，沿着企业一贯的知识路径，以企业现有的知识库为基础，深化企业现有的价值主张和创新轨迹，改进和提升现有的知识和业务。因此，应用性创新的核心是深化和补充企业现有资源和能力的内核和外延，包括推广产品和服务的应用场景，提高技术对不同情境的适应性。总之，应用性创新是对企业现有资源进行优化，不求"新"，更求"精"。

二、探索性创新与应用性创新的价值

探索性创新更关注不确定性较高的项目，目的是学习不同于企业知识库的技术、知识、营销渠道等。新知识能够有效提高产品开发绩效，包括开发速度、创新性和多元性等。许多研究也表明，在企业可承受的限度内，探索性创新能使企业快速打开新市场，完成技术改革，提高自身的竞争力。因此，探索式创新有助于企业求新求变，通过变革性较强的方式提高企业绩效。

应用性创新十分依赖企业已有的学习路径和创新路径，以强化和提升现有资源和能力为目的，表现为产品、服务和流程等效率的提升。因此，应用性创新的结果在时间和空间上大概率是可预测的，且一般不涉及市场探索的过程，降低了成本，会对企业绩效产生积极影响。

总之，探索性创新与应用性创新均对企业十分重要，各有自己的优缺点以及使用情境。企业应根据自己的实际情况和所处的不同阶段采取相应的创新方式。

三、探索性创新与应用性创新的对比

无论是探索性创新还是应用性创新都对企业具有重要的价值，但两者在创新目标、创新结果、组织结构等方面存在显著差异，具体见表16-3。

表 16 - 3　探索性创新与应用性创新的对比

对比项目	探索性创新	应用性创新
目的	开辟新的市场	改进现状,满足现有消费者和顾客的需求
来源	新知识	已有知识
过程	大幅度、激进式、偏离原有路径	小幅度、渐进式、沿着原有路径
特点	实验性、冒险性、探索性、未知性	实践性、效率性、保守性、提升性
结果	产生新事物	优化现状
风险	长期的较高风险	短期的较低风险
组织文化	风险追求型、求新求变型	风险厌恶型、保守专一型
组织管理	半标准化流程、半正式组织	标准化流程、正式组织

关于探索性创新与应用性创新的关系,目前存在两种观点。①竞争论认为探索性创新与应用性创新存在相互竞争的关系。原因有三:一是组织中大多数资源处于有限的状态,探索性创新占据较多资源会导致用于应用性创新的资源不足,反之亦然。二是组织的资源禀赋相同时,企业会对新技术的研发反复进行自我强化,尽管探索式创新更注重对外部新知识的搜寻,可能进行多次新尝试,但也极有可能因此分散精力,最终失败;从这个角度来看,应用性创新更可能成功。三是探索性创新与应用性创新在组织路径与思维模式上存在显著差异,使得同时追求两者较为困难。由于企业的资源和注意力有限,很可能无法兼顾两种创新。因此,探索性创新和应用性创新更像是单选题,二者存在竞争关系。②另一部分学者则质疑两种创新的互斥关系,Cupta 等学者认为二者在一定程度上可以协调。由于资源的可延展性强,因此企业外部的资源可以帮助企业弥补内部的不足,降低企业压力。同时,在学科交叉较小的领域间,二者呈现正交关系。即在两个异质性较高的领域内,探索性创新和应用性创新可以共存。因此,二者并非对立面,而是创新的不同维度,属于正交关系。

四、探索性创新与应用性创新的平衡方式

探索性创新与应用性创新对企业的绩效都能产生积极的影响,但两者各有利弊。具体而言,探索性创新能帮助企业获取新知识、抓住新机会、开辟新市场,但具有一定的风险,很多新想法处于未开发阶段,而且产生试验成本,使企业难以实现收益的积累;应用性创新有助于提高效率、降低成本,但决策时选择次优方案,使企业稳定于次优状态。因此,学者们指出探索性创新与应用性创新均对企业成功与长期生存有重要意义。

尽管现有研究一致认同成功的企业既要进行探索性创新又要进行应用性创新,然而,如何较好地平衡两者却缺乏明确的阐述。目前,最具争议的是二元平衡(ambidexterity equilibrium)与间断平衡(punctuated equilibrium)。

(一)二元平衡

二元平衡的重点在于平衡两种创新,利用一种创新的冗余资源为另一种创新进行服务和补充,"两条腿走路",兼顾两种模式的创新路径,重在互补。因此,二元平衡论实际上是对二者间协调关系的应用,同时也对创新提升企业绩效提出了前提条件:组织的资源禀赋相对丰富,

可利用的冗余资源较多。否则,二元平衡战略无法弥补两种创新本身存在的资源互斥和排他性。在组织设计上,实施二元平衡策略的组织应具有高度的差异化,子单元间联系松散。具体而言,探索式活动通过反复的试验获得成功,较少关注具体的单元和过程,因而进行探索式活动的单元通常较小,中心化程度低,并伴随着松散的文化体系和过程管理。相反,应用式活动注重降低变异性,提高效率和控制,需要严格的过程管理体系和紧密的协调控制,因而进行利用式活动的单元通常较大,中心化程度高,伴随着紧密的文化体系和过程管理。正是由于探索与利用对其所依托的子单元设计上具有较大的差异,因而,同时进行探索与利用会使组织差异化程度增大。图 16-3 为二元平衡。

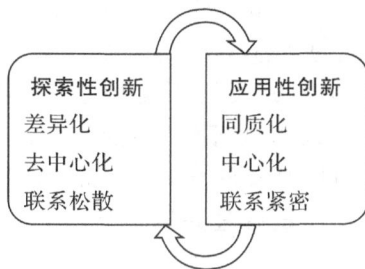

图 16-3 二元平衡

(二)间断平衡

虽然二元平衡有助于企业实现两类创新活动的互补,从而建立竞争优势,但是这种平衡实际上更关注二者的协同作用,而忽略了两种创新对资源的竞争和互斥性。因而,有学者提出了另一种平衡策略——间断平衡。间断平衡的重点在间断性,即企业在不同的发展阶段,要根据特定的情境包括组织内部特征和组织外部环境等变化,集中企业资源专注于某一种类型的创新,探索式创新和应用式创新按照某种顺序交替出现。间断策略更关注两种创新点的对立关系,一方面,企业可以在某段时间内集中资源专注于某种创新,更有可能产生规模创新效应;另一方面,间断策略更具柔性,可以根据发展需要对创新活动进行适时调整。从企业长远发展的角度来看,间断策略兼顾两种创新,同时能提升效率和对环境的适应性。因此,资源相对紧缺的企业更倾向于使用间断平衡策略,只需在一段时间内采取一种创新方式。间断式平衡的基本特征就是在一个特定的时间段二者互相替代。

总之,基于探索与应用正交关系的观点,或企业处于资源比较充裕的情况下,适宜采用二元平衡,此种平衡要求企业在组织设计上具有高度的差异化,且子单元间联系松散。基于探索与应用竞争关系的观点,或企业在资源有限的情况下,采用间断平衡更有利于企业发展,在组织设计上,需要小而灵活,子系统间联系紧密。图 16-4 为间断平衡。

图 16-4 间断平衡

第六节 开放式创新

一、开放式创新的起源与概念

开放式创新(open innovation)最早是由美国学者 Chesbrough 于 2003 年提出的。根据内部研发能力和外部资源的利用能力,Chesbrough 得出结论:内部研发能力强,但不注重外部资源利用的企业在创新的速度和绩效上都不占优势。因为这类企业采取了封闭式创新,专注于提升自身的研发能力,忽略了企业外部大量的资源和知识。

本节总结了不同视角对开放式创新的定义,具体如下。

(1)资源视角。Chesbrough 认为开放式创新就是对内外部资源的同时利用。企业选择合适的外部创新资源结合内部研发能力进行技术创新,然后利用已有的市场知识和资源或吸收外部渠道将技术推向市场。Hastbacka 肯定了内外部资源和内外部市场知识的共同作用,并指出开放式创新的实现过程是通过共同资产投资、联合生产、技术转让等形式进行的。

(2)流程视角。在这一视角下,学者强调开放式创新的动态性。Chesbrough 在 2006 年从知识流动的角度解释了开放式创新,认为企业有针对性地控制知识的吸收和内外部转移,从而推动创新。Lichtenthaler 也从知识管理的角度阐释开放式创新,从开发、保存、利用新知识的流程进行系统性创新。

(3)认知视角。该视角超越具体的技术层面,从认知的角度看待开放式创新。West 将创新从具体操作的实际层面提升到了认知的意识层面。封闭式创新使企业拥有创新的绝对控制权,而开放式创新则要求企业打开边界,以开放包容的姿态客观看待多元化的创新模式,尽可能提高创新效率。

学界普遍认可 Chesbrough 于 2003 年提出的开放式创新的定义,即"为加速内部创新和扩展创新的外部应用市场而使用内外部知识流"。该定义强调跨越组织边界的内外部资源的流动,各种资源和知识的内部化和外部化同时存在。而封闭式创新强调对组织内部资源和知识的依赖,企业需要凭借自己的资源和能力实现发展。具体的封闭式创新模式与开放式创新模式如图 16-5 和图 16-6 所示。

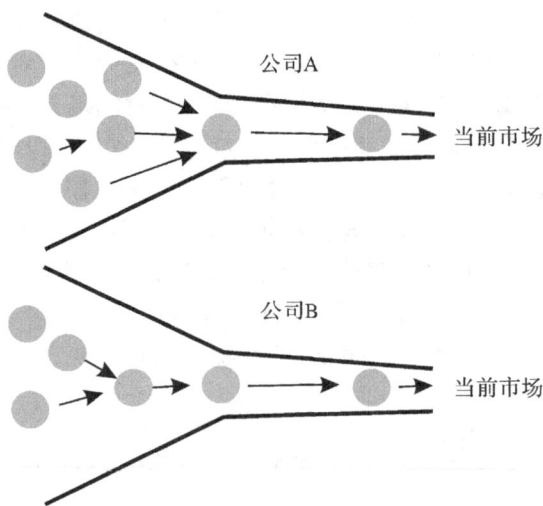

图 16-5 封闭式创新模式

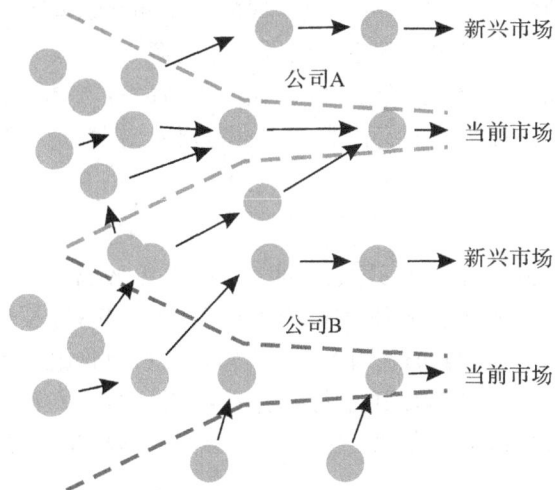

图 16-6 开放式创新模式

（资料来源：CHESBROUGH H W. Open Innovation：The New Imperative for Creating and Profiting from Technology[M]. Boston：Harvard Business School Publishing，2003.）

二、开放式创新的流程

基于 Chesbrough 的定义，Gassmann 和 Enkel 认为开放式创新的流程可以分为内部化、外部化和耦合三种。

内部化指企业跨越边界吸收多个来源的外部知识，扩充自身的知识基础，从而进行创新。例如，海尔推出的"海尔智家"平台，直接为海尔企业外部的上下游厂商、顾客、潜在顾客以及职业创客与海尔内部的研发和营销团队提供了交流的平台，跨越企业边界，从组织外部大量吸收各类知识，实现价值主张的开放式创新。外部化指企业将内部资源、知识和能力等向外部转移。开源软件是外部化的鼻祖，在信息相关的行业中尤为普遍，企业会对产品细节进行免费详细的披露。其他外部化的方式包括专利和技术的转让、机器设备的捐赠、资源的互换。耦合过程通过与互补性企业合作将由外向内和由内向外两种流程相结合，其中给予和拿来都是成功的关键。

三、开放式创新的分类

（一）基于知识和资源的流动方向

根据流动方向的不同，Chesbrough 和 Crowiher 将开放式创新分为内向型开放式创新（inbound open innovation）和外向型开放式创新（outbound open innovation）。内向型开放式创新指企业利用外部的各种资源，整合到企业内部进行创新，包括与上下游企业合作、嵌入外部知识网络、技术外包、购买外部知识产权、投资新创企业以跟踪潜在的技术机会等。这一创新的重点是资源获取过程的开放，即企业通过各种方式从外部主体获得创新资源，是一个外部资源内部化，由外向内（outside-in）的过程。此外，张振刚等在内向型和外向型开放式创新的基础上补充了双向开放式创新，即强调二者的交互关系。

针对同一个企业来说，外向型开放式创新则是与上述定义反向的过程。外向型开放式创新指企业成了其他组织的知识源,主动将企业掌握的技术和知识向外部转移,以促进其他企业的创新绩效。企业通过各种方式向外部主体输送创新资源,包括技术转移的衍生企业、专利技术的授权和转让、公开核心技术等外部化方式。这一创新的重点是资源开发过程的开放,即企业通过外部化的方式借助外部主体的资源和能力进行研发活动,是一个内部资源外部化,由内向外(inside-out)的过程。

(二)基于市场化情况

Dahlander 和 Gann 根据企业进行开放式创新是否获得收益划分了四种维度:①购买/整合(acquiring),指企业采取市场方式从外部购买创新所需的知识;②授权/出售(selling),指企业采取市场方式通过出售或许可获得内部发明与技术知识的商业价值;③释放/披露(revealing),指企业对自身技术和知识以专利等形式进行选择性披露;④来源/出处(sourcing),指企业采取非市场交易的方式获得外部创新资源。表 16-4 给出了不同类型的开放式创新的比较。

表 16-4 不同类型的开放式创新的比较

比较项目	外向型创新		内向型创新	
	释放/披露	授权/出售	来源/出处	购买/整合
交易类型	非经济交易	经济交易	非经济交易	经济交易
焦点	与外部主体分享内部资源	出售给外部主体或进行授权	从外部主体获得创新知识和解决方案	直接购买或通过其他方式获得创新方案
收益	促进资源有效配置;促进渐进性创新	从中获得经济利益,实现多方互惠的结果	广泛吸收外部创新知识与方案;促进破坏式创新	获取合作伙伴的资源与知识;杠杆性地利用合作伙伴的互补性能力
风险	无法成为利润来源;内部资源和知识的泄露风险	对自身产品与技术的过度承诺	资源有效配置的问题	花费各种成本与外部主体保持关系;泄露内部资源和知识

(资料来源:DAHLANDER L,GANN D M. How open is innovation? [J]. Research Policy,2010,39(6):699-709.)

(三)基于创新的过程与结果

Huizingh 从创新过程和创新结果两个层面对开放式创新进行分类:①公共创新(public innovation),指企业的创新过程封闭但创新结果对社会大众开放;②私有开放式创新(private open innovation),指企业在创新过程中保持开放但独享创新结果;③开源创新(open source innovation),指企业对于创新过程和结果均保持开放的状态。

(四)基于开放程度

Tina 细分了开放式创新的开放程度:开放深度和开放广度,并对应着四种策略。①开放深度和广度都较低的战略,一般以市场为导向;②开放深度低而开放广度高的战略,大多以企业的创新平台或某些社会群体为基础;③开放深度高而开放广度低的战略,一般指企业间的合作关系;④开放深度和广度都很高的战略,以网络的使用为前提。

四、开放式创新的意义

开放式创新的提出主要是为了解决企业在创新过程中出现的共性问题,如企业内部创新成果的商业化难度较高,同行业的竞争企业间闭门造车,导致重复研发、浪费资源等。

开放式创新对现代企业的生存和发展至关重要。根据资源基础观的相关理论,开放式创新使企业跨越组织边界,获取关键性外部技术、知识和资源,弥补了组织内部资源的不足,降低了对企业资源的要求,也降低了投入成本的风险;从外部网络的视角来看,开放式创新给了企业与外部主体建立联系的机会,促进了创新网络的建立;从组织学习的视角来看,企业跨越组织边界的知识管理活动,提高了企业接触新知识、新技术的可能性,也进一步提高了企业的学习能力。

五、开放式创新的管理策略

由于开放式创新对企业创新绩效十分关键,而且目前研究表明两者关系不确定,且同时受企业内外部因素的影响,因此,本书将从创新组织内部管理、创新组织间的关系管理以及知识的流程管理三方面进行介绍。

第一,组织内部的创新管理。Chesbrough 提出的漏斗模型表示,从研发到商业化的过程中,企业进行开放式创新的战略调整对企业的各项能力都提出了更高的要求,包括外部知识搜寻能力、吸收能力、合作能力以及创新能力等,通过与优质的外部合作伙伴合作,提升企业的创新解决能力,有助于形成更加开放多元、包容性更强的组织文化,为开放式合作创新打下基础。同时,组织内部的创新是外部合作创新的强力支撑,外部创新并不能完全取代内部创新,知识和资源的开放一般是有针对性和选择性的,在组织内部,开放式和封闭式的创新活动共存。因此,组织需要兼具两种创新方式的组织职能和架构,同步推进开放式和封闭式两种既相互促进又相互抑制的创新,动态调整和平衡组织结构、职能以及成员间关系,化解和避免相关冲突。

第二,组织间的关系管理。关于开放式创新中各方主体的关系强度,强度较高的联结确实在一定程度上降低了不确定性和相关风险,也促进了跨越组织边界的知识流动和知识转移,对新技术的开发起到了一定的推动作用;但与多个外部主体建立相似的强关系也会消耗大量成本,对新产品开发的效率和效果产生抑制作用。因此,实施开放式创新的企业需要不断吸引新的创新伙伴,通过联结较弱的关系降低契约的冗余程度,适当放弃过时的伙伴关系,扩展自身所在网络,优化网络的成员结构、知识结构、关系结构、能力结构等,保持网络各项能力的动态平衡,增强创新能力和技术探索能力。关于开放式创新中各方主体的关系属性,开放式创新的各主体间基于一贯的善意或者某方面突出的能力产生了信任,进而基于信任建立了资源、知识、技术共享的合作创新关系,在这种关系结构下,跨越组织边界的交流极为重要,组织应该积极通过新技术合作等形式,拓宽多方交流的途径和渠道,协调彼此关系,避免和化解冲突。

第三,创新知识的流程管理。创新实际上就是创造并应用新知识。开放式创新中的知识往往跨越组织边界流动,创造和应用知识的方式和途径也日趋多元。组织在享受知识转移的便利时,也面临着自主创造还是从外部购买新知识,独立拥有还是与外部主体共享新知识的两难困境。因此,企业需要提升自身的知识管理能力,根据创新目的以及知识特性,优化企业知识库的结构和内容,促进知识的跨组织流动和转移,并随着创新目的和创新战略的改变动态调整和平衡知识创造与知识应用,提高知识应用能力。

第七节 数字创新和数字创新生态系统

一、数字创新

(一)数字创新的概念

数字创新(digital innovation)产生于数字技术蓬勃发展的数字经济时代,是现代企业追求的创新之一。已有研究从不同的角度定义了数字创新,如 Yoo、Lee 等人认为数字创新是数字与物理产品相结合导致了数字产品的创新;Yoo 于 2012 年又从数字创新的结果进行研究,认为对数字技术的使用促进了产品和服务创新、流程创新及商业模式创新;Fichman 等人的研究中则强调了 IT 技术的使用和支持;Nambisan 等人着重分析了创新过程,强调在创新过程中使用数字技术。

本书结合已有研究的定义,总结了数字创新包含的三大核心要素——数字技术、创新过程、创新结果,并尝试对数字创新给出一个较为全面的定义:在创新过程中采用数字技术,并带来创新产出。其中,数字技术指以大数据、互联网、物联网、云计算、区块链、人工智能等技术,有效组合了信息、数据和沟通。创新过程强调数字技术的采用和支持。创新结果包括数字产品创新、数字组织创新、数字流程创新、数字商业模式创新等。

(二)数字创新的分类

基于以上定义,根据不同的创新结果,数字创新可分为数字产品创新、数字过程创新、数字组织创新和数字商业模式创新。

(1)数字产品创新。数字产品创新指企业提供的新产品或新服务中体现数字技术的采用和支持。数字产品主要包括单纯的数字产品,如各类应用软件和 App 等,这类产品往往无物理实体依托,存在于虚拟的产品空间,同时非常依赖数字基础设施的建设和支持。数字产品也包括物理组件中数字技术的嵌入,如智能手机和智能家电等产品,这类产品中数字技术有物理实体的依托,表现为数字技术的进步、物理部件的升级以及二者间的智能联动。这类智能化产品的出现模糊了不同产品间的界限,突破了产品间的隔离,体现出了数字创新的开放性和协同性。

(2)数字过程创新。数字过程创新指数字技术改变了原有的组织流程,这种改变可以是优化,也可以是颠覆。在数字经济的大背景下,数字技术渗入了企业活动的各个阶段,创意的产生、新产品研发、生产、市场营销、物流仓储、销售、售后、会计管理等诸多环节都可能被数字技术优化或者颠覆。在生产和物流仓储等阶段,数字技术衍生出许多新功能,使得万物互联成为可能,有效连接了互联网和实体平台,帮助企业建立工业互联网平台;在销售和市场营销等阶段,数字技术的广泛应用打破了企业与顾客在时间和空间上的隔离,顾客参与成为价值创造十分重要的一个环节;在会计管理等阶段,数字技术推动了会计一体化进程,基于共享服务中心的会计处理平台成为许多企业会计改革的目标,使前中后台的界限不再明显,业务数据与会计数据更加透明化和一体化。

(3)数字组织创新。数字组织创新指组织由于采用数字技术而带来的组织形式或组织治理方面的改变。针对数字技术,为了更好地开展数字创新和企业数据治理,许多企业在高管团队中专门设立了首席数据官(chief digital officer,CDO),CDO不仅要对企业所需数据进行处理和分析,更成了新型组织架构中重要的一层,为组织结构、组织运行、组织流程乃至组织文化都带来了变革,即数字化转型。

(4)数字商业模式创新。数字商业模式创新指企业采用数字技术导致了商业模式的改变,这种改变可以是优化,也可以是颠覆。数字技术嵌入企业活动改变了企业原有的价值主张轨道和价值获取及创造方式,改变了企业与价值网络中上游供应商、下游顾客,以及外部合作伙伴等多个利益相关者之间的关系,并将这些主体的物流系统、信息系统以及资源配置更加紧密地结合在一起,进而改变了企业与外部利益相关者之间、企业内部不同部门之间、企业与顾客之间、营销渠道之间的连接关系,最终体现为商业模式的数字化创新。

二、数字创新生态系统

(一)数字创新生态系统的含义

Adner认为,创新生态系统是一种协同机制,处于生态系统内的各个组织相互联系,通过协同机制实现创新,为用户提供解决方案,创造价值。张超认为,数字创新生态系统是数字时代对创新生态系统的进一步探索和突破,数字技术的广泛应用进一步延展现有的创新生态系统理论,重塑了创新主体之间开展创新的模式,这引发了学术界对于数字创新生态系统的关注和思考。目前国内外对于数字创新生态系统的研究较少,对于数字创新生态系统的概念内涵仍处于探索、界定阶段。

国外研究中,Suseno强调了数字创新生态系统的价值创造功能,认为数字创新生态系统利用数字技术模拟组织和利益相关者之间的互动和关系,创造新的产品和服务,以创造价值。Teece强调了数字创新生态系统中平台的作用,平台上的创新者和其互补性的组织构成了数字创新生态系统。Helfat在Teece的研究基础上定义了数字创新生态系统,他沿用了Teece所提出的"平台",认为数字创新生态系统是由平台领导者建立和治理的、基于数字平台的创新生态系统。Chae强调了数字生态系统中的元素的异质性,将数字创新生态系统定义为一个异构元素的网络,如技术、方法、概念、业务应用领域、组织和机构背景等,这些元素随着时间共同进化。

国内研究中,张超强调了系统中的复杂关系,认为数字生态系统由异质性的数字主体及其之间的复杂关系构成,是一个通过主体之间不断交互提升、进行信息共享和传递、开展合作与创新的复杂适应系统,并提出了创新导向的数字生态系统和数字赋能的创新生态系统。杨伟强调了数字创新生态系统的成果,认为数字创新生态系统是指动态合作竞争的主体利用数字技术创造新的产品、流程、商业模式的生态化组织体系。

(二)数字创新生态系统的主体

余江认为,数字技术的应用使得企业的创新更具开放性和互动性,突破了时间、空间的限制,使得企业能够与多种个体、异质性的企业甚至其他产业进行合作,因此也面临非产业链企业的冲击。例如,人工智能领域中的智能驾驶技术引发百度、小米、华为等多个互联网、通信公司进入汽车行业,传统的车企面临全新的合作者和竞争者。魏江指出,数字创新生态系统所包含的主体呈现出数字化、虚拟化、多样化的特征。在这种情况下,数字创新生态系统中的主体难以界定,更具变化性与新颖性,企业精准研判生态系统中的主体更加困难。

　　许多学者提出,数字创新生态系统中的主体包含了组织及与组织有关的各种类型的利益相关者。Zahra 认为数字技术为用户提供了便利,使得用户增加了企业对新兴创新机会的发现和理解,能够共享和共同创造新的数字创新。Nambisan 等认为,社交媒体上的互动使创新者和企业家能够以一种增量和归纳的方式创造新的机会。Suseno 强调了消费者和专业人士的作用,认为数字创新生态系统包含了组织、消费者领域的利益相关者及专业领域的利益相关者,并模拟他们之间的互动和关系,利用数字技术创造新的产品和服务。Jacobides 提到了互补者的重要性,Teece 和 Helfat 从平台的视角进一步明确互补者的内容,提出数字创新生态系统中存在软硬件、平台领导者、向平台领导者输入的供应商、互补性资产的提供者、与平台进行互动的其他实体和机构。杨伟强调了科研机构的作用,认为数字创新生态系统包含五类主体:消费者、科研机构、平台运营者、网络运营者、数字产品或服务生产者,其中科研机构能够为创新提供基础技术。

　　也有不少学者从与数字技术的相关性视角讨论数字创新生态系统的主体。Yoo、张超认为数字化创新主体包括由数据或数字技术形成的创新主体以及数字赋能的创新主体。Chae 认为数字创新生态系统以数字数据作为创新来源,包括了组织、技术、法规、知识、数据服务公司以及数字技术的高级用户等。此外,许多数字应用程序和数字基础设施是该生态系统的强大驱动因素。张超从生产要素的角度出发,认为数字生态系统中的主体包括数字生产要素、数字要素的提供者、数字要素的使用者。

(三)数字创新生态系统的结构

　　数字创新生态系统借鉴了生物学中的生态系统概念,是一个高度关联的整体。企业想要构建并利用数字创新生态系统提高创新的效率与效果,就需要了解其形态结构,包括其包含的成分、各部分的功能、相互之间的关系等。但现有研究对数字创新生态系统尚未形成清晰的结构,对其如何运行也较为模糊,主要有以下几个方面:

　　(1)以数字技术为基础。Storz 和 Parker 认为在数字背景下,创新过程中的集体之间的协作是通过数字基础设施能力实现的,如知识共享和工作执行平台、众包、众筹、虚拟世界、数字创客空间和专门的社交媒体等。Nambisan 等指出,这些数字化技术的范围、功能等特征塑造了数字创新生态系统的范围、内容和方向。

　　(2)分层化、模块化的架构。Beltagui 认为数字创新生态系统是模块化分层结构,并以生物学中的"进化"来描述系统中创新的运行机制,即通过对模块进行有计划的改变或者非预期的改变来进行创新。新技术替代原有产品、生产链、供应链等部分模块可以形成创新产品,或一些产品的潜在功能也能够提供新的市场机会。

　　(3)共演的网络结构。Boudreau 与 Parker 认为数字技术注入创新成果和过程中使创新向预定义更少、更分散的创新机构转变,形成以网络为中心的创新。张超认为数字平台为数字创新生态系统提供了技术架构及协调工具,促使生产者、利益相关者与用户进行跨空间、跨边界的交互协同,强化了网络结构。同时,Boudreau 和 Parker 认为生态中其他成员也能通过平台来设计新产品,组织和个人都能够共同追求创新,强化了数字创新生态系统的协调机制,实现生态中的主体共同演进。

　　(4)创新的无界性与核心主体的动态性。Nambisan 等指出,随着数字技术与传统行业深度结合,行业的边界、产业链的边界、组织的边界不再像过去一样明确。数字技术的收敛性使得不同行业、不同形态的组织、技术聚集在一起,增加了新的数字化生产要素,重组和优化原有的传统生产要素，使得数字创新具有无界性。Beltagui 指出，也正因为存在不可预计的创新结果及系统的高度变化性，生态系统中的领导者是可变的，并不一定能一直占据核心地位。Boley 认为，数字创新生态系统可以根据环境的动态需求，形成或溶解领导结构。

（四）数字创新生态系统的治理

数字创新生态系统面临着异质性主体及其主体数量显著增加所带来的复杂性，新的生产要素——数字技术和数据资源也进一步加剧了复杂性导致的协调问题，复杂的主体间关系需要使用治理手段保障生态系统的良性运行。目前有关数字创新生态系统的治理问题主要有以下几方面的研究：

（1）数字要素的治理。数字技术的发展引发对生态系统中新的数字生产要素的治理问题。例如，张超认为数字技术的高速迭代性的特点带来了不同行业与组织之间产生巨大信息落差的数字鸿沟的治理问题，开源性的特点导致了数字技术的归属权、使用权等数字确权的治理问题；Song 认为要重视对数字基础设施的治理。张超指出，由于数字创新生态系统依赖平台运作模式进行价值共创，因此数字平台的治理也成为最重要的治理问题之一。

（2）政府的治理作用。政府作为常见的治理主体，如何在新的数字环境下发挥作用成为学者关注的内容。周晓英指出，随着数字创新生态系统成为数字创新的基本组织运行方式，政府进入了数字治理阶段，起到了规划者、规则制定者、监督管理者、平台建造者、示范者、促进者、服务者等的作用。余维臻与刘娜发现政府所扮演的角色动态地发生变化，在不同阶段所侧重的作用不同，与数字创新生态系统进行共演。在生态系统构建和数字创新涌现的初期，政府起到引领、主导、管控作用，成长期政府起到引导、赋权的作用等。

（3）综合治理模型。目前关于数字创新生态系统的相关研究较少，正处于发展阶段，只有少部分学者研究了具体的治理问题及解决方案。面对数据治理问题、复杂异质性主体协调问题、平台治理性问题等，杨伟综合性地提出传统制造业可以通过灵活动态的方法，进行"试探性治理"，并具体地提出了试探性治理模型。

三、数字创新生态系统的结构框架与创新机制构建

本书将数字创新生态系统的结构分为数字技术基底、数字平台、主体三部分，将生态系统的创新机制划分为数字重构创新、数字增生创新、数字迭代创新、数字平台创新，分别对应了数字技术基底作用于企业的四种方式：解耦重构、增生、迭代、融合集成。

（一）数字创新生态系统的结构框架

刘洋认为，数字创新是指通过数字技术与传统产业、传统技术融合，产生新产品、新服务、新流程、新商业模式等。Fichman 指出，数字创新与传统创新的关键区别在于数字技术的应用，企业需要在技术、组织、过程、模式等各方面做出转变以适应数字技术带来的变化。Yoo 认为数字创新的核心是数字技术的嵌入与融合，这重塑了企业等创新主体进行价值创造的方式，给现有的创新生态系统赋予了数字化的新含义，催生出了数字创新生态系统，并逐渐成为数字时代企业开展创新的重要手段。因此，数字创新生态系统兼具数字创新和创新生态系统的特征，既表现出数字创新所赋予的强主体异质性、强资源流动的特点，又具备了创新生态系统的开放性、复杂性等特点，存在着共生耦合、竞争合作等复杂网络关系。本书将数字生态系统的结构分为三大部分，如图 16-7 所示。

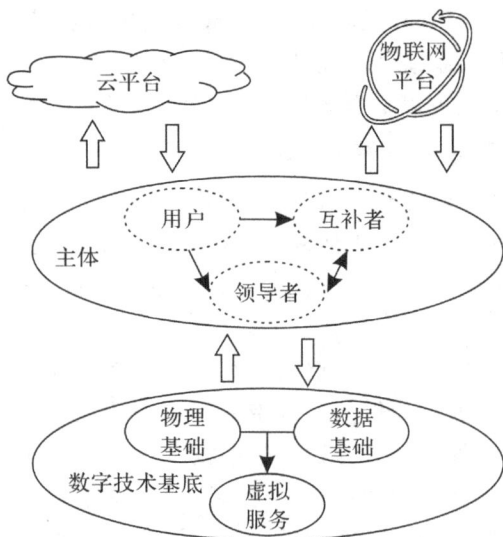

图 16-7　数字创新生态系统的结构

1.数字创新生态系统的三类主体

根据数字创新生态系统中各类组织、个人所起的作用,可以将其中的主体分为领导者、互补者、用户三类(Nambisan et al;Teece;Helfat;Yoo)。数字创新生态系统围绕领导者建立,领导者是生态系统的核心主体,有可能是一个或者多个组织,起到建立、维持和治理数字创新生态系统的作用,如阿里生态圈中阿里集团。互补者则涉及范围较广,任何能够帮助领导者、帮助数字创新生态系统产出成果的组织或个人都可以是互补者,起到提供资源、技术、服务等的作用,如产业链上的企业、非产业链上的跨界运营的企业、高校与科研院所、政府、数字技术的开发者、数字平台的运营维护者、其他利益相关者等(Teece;杨伟)。用户则是企业服务的对象,如数字技术的使用者、企业的产品使用者和服务的对象等。

领导者、互补者和用户都是潜在的创新主体,产出创新成果。在数字经济时代,用户具备了数字化的身份,能够通过各种社交媒体、平台等参与生态系统中的领导者的创新过程、提供创新意见,也能通过开源平台独立创新,用户在数字创新生态系统中对于创新的推动作用更为明显。数字技术使得组织边界、产业边界变得模糊,创新主体也呈现出多元化、去中心化、平台化的特征,不再局限于同一价值链上的上下游伙伴组织网络,而是一系列实现共同价值主张的多边的企业组织,不同领域、不同产业上的组织都有可能参与进来,开放的外部合作使得价值创造已经从企业内部转移到外部(Parker)。不同知识的主体利用数字技术迅速地进行资源的交换、动态的交互,创新主体的边界得到延展,任何一个组织都有可能抓住机会开展创新,做大自身,使得生态系统的领导者易主,或者以自己为核心建立新的数字创新生态系统,甚至颠覆整个生态系统(Beltagui),因此数字创新生态系统中的领导者与互补者能够相互转化,互补者同时也是竞争者。同时,每个主体在生态系统中活动时都能影响其他主体(Chae),形成了生态系统中的多边的、无界的、去中心的、共同演进的局面(杨伟)。

2.数字创新生态系统的基础:数字技术基底

Porter 指出,数字创新需要组织建立完整的技术基础设施,包括硬件、软件、云、通信系统等。Nambisan 等指出,数字创新生态系统的一个关键要素是数字技术,数字技术能够为数字创新生态系统形成数字技术基底,起到类似于"土壤"一样的作用,能够为数字生态系统中的组织、用户的价值创造提供最基本的"原料"。具体来说,数字技术基底又可以分为实体的物理基础与虚拟的数据基础,以及二者结合后形成的各类虚拟服务。实体的物理基础包括计算机、数据机房、机柜等各类硬件;虚拟的数据基础主要包含各种网络信息、数字资源、大数据等进行解码以后形成的二进制计算机代码等。物理技术和数据基础结合能够为企业、用户提供各类服务,如各种线上沟通方式、云平台、数据传输方式等虚拟服务。

从微观的角度看,数字时代的各种虚拟资源是统一的。以各类 App 的用户数据为例,不同用户的行为数据经过解码,最终都成为具备高度相似性的二进制计算机代码。在计算机上通过对代码、数据的重新组合能够从用户的行为数据中获得新的结论,并为新的用户服务提供素材。即虚拟数据的底层代码的逻辑、编码方式存在同质性,使得数字创新呈现了融合性、收敛性、可溯源性、可重新组合性(余江;Yoo;Nylen)的特点。各种各样的虚拟技术最终都可以成为计算机代码、算法,为创新的产生提供了高度集中性的资源基础。正因各类数据底层代码的同质性,不同的虚拟数据又可以经过重组,同物理基础结合并展开应用,形成异质性的分析结果,提供新的服务。因此,从宏观来看,数字创新是变化的,通过代码的重组能够获得动态的、持续改进的创新结果,具有自生长性(余江);也是动态的、可自我参照的、可延展的,物理基础与数据基础的结合能够产生各种各样的虚拟服务。

3. 数字创新生态系统的主体连接方式:数字平台

数字平台可以理解为虚拟服务的一种,但相比商品化、市场化的服务,数字平台在系统中起到了重要作用。数字创新生态系统依靠数字平台提供了一个链接窗口(余江),逐渐成了企业创新活动的中心(De Reuver),生态系统中的主体——领导者、互补者和用户可以通过平台共同或单独地开展创新(杨伟),对接全球资源,大大提高资源使用和企业创新的效率(Teece;Majchrzak)。具体地,我们将数字平台分为代表性的两方面,一是云平台,通过云平台,各类创新主体能够输出或输入各类知识资源、信息资源等,并进行迅速地沟通交流;二是物联网平台,依托于高精度的数据支持,物联网能够为创新主体进行实体资源的高效率传输和运送。

总的来说,数字技术基底、各类创新主体以及数字平台共同组成了创新生态系统。数字技术基底为数字创新生态系统提供了"地基",为生态系统提供了技术支撑;数字平台则是数字创新生态系统中的"大厦"及"管道",为数字创新生态系统中的"居民"即主体,提供了信息传递、物资传输、关系联络与交互的方法。异质性的数字创新主体通过云平台进行沟通交流、虚拟资源的传输,将信息、虚拟资源上传到云平台,设置一定的权限即可使得其他指定主体从云平台获取相应的内容,若不设置特定权限即成为开源、公用的虚拟资产。物联网则帮助主体进行实体资源的传送,通过利用数字数据支撑的万物互联系统,各主体能够通过物联网高效地传递实体物资。数字技术基底和数字平台能够帮助企业发现用户需求、促进异质性组织的合作和协调、充分获取各类资源、提供创新技术的支撑,主体们可以通过对数字技术基底的运用实现创新,同时也会根据创新的需求对数字技术基底提出更高的要求,促进数字技术基底对硬件、软件不断升级创新。

(二)数字创新生态系统的创新机制

数字创新生态系统如何推动创新成果产生,其创新机制是什么?现有研究对该问题的探索还比较薄弱。本书认为要重点关注数字技术(数字基础设施、平台等)如何与创新主体进行互动,以促进创新成果形成。Nambisan 等认为,数字技术不仅仅是一个背景,而且是一个积极的创新成分。我们需要关注数字技术以何种方式支撑企业的创新互动,也就是数字创新生态系统中数字技术基底如何作用于生态中的创新主体。

数字创新生态系统中的创新可以分为两方面，一方面是数字技术的创新，即数字技术本身的不断迭代或突破，数字技术的自生长性使得数字产品可以无限次优化更新（Boudreau；Ciriello），可以在现有的数字技术上进行进一步延展或者重新突破；另一方面是数字背景下的创新，数字技术赋能生态中的创新主体，与企业的创新活动、创新过程融合，或者使新产品具有数字实体特性（Lyytinen）。

从数字技术的创新来看，由于数字技术所具备的设备层、网络层、服务层、内容层的层次模块化架构，我们将数字技术纵向总结为基础层、服务层、内容层。其中，基础层包含硬件设施、数据等；服务层指由基础层形成的单个的产品、服务等，如某个 App 应用软件；内容层指网络化、平台化、集成化的内容平台和系统等，如安卓系统、苹果 IOS 系统、华为开发者联盟平台等。基础层能够对数字技术本身进行不断突破，服务层能够形成单个的、新的产品或服务，内容层能够形成平台式的、网络化的服务。纵向来看，数字技术本身能够实现技术、产品、平台等方面的创新，而这些都将成为生态系统中的主体进行创新的基础。

数字技术自身产生的三类创新基础作用于企业创新主体，构成数字背景下的创新，包含四种创新机制。其中，基础层能够将企业的原有资源、硬件软件、产品结构等进行解耦重构，我们称之为"数字重构创新"，例如，过去利用传真、短信、纸质信件、书籍报纸、硬盘等物理通道传递信息，但信息技术的发展让我们可以利用邮件、云网盘、各类即时通信软件对信息进行存储和传递。服务层则包含两类，一类是对企业的产品或服务进行某一模块的增加，我们称之为"增生"，形成"数字增生创新"，数字技术的高度灵活性使得其能够对原有产品或服务嵌入新的功能（Kallinikos），如电商的出现使得在原有的线下购物的基础上增加了网上购物的渠道；第二类我们称之为"迭代"，即对企业的产品、服务进行修补、优化、改良，如对手机软件的漏洞进行修补、对各类功能不断完善，这类创新我们将其形容为"数字迭代创新"。内容层则可以进行融合集成，形成一个平台，进行"数字平台创新"，例如，苹果应用商店相当于提供了一个平台，能够上架各种类型的软件，能够通过这个平台集成不同功能的 App，为顾客提供集中化的服务。

数字创新生态系统的创新机制见图 16-8 所示。

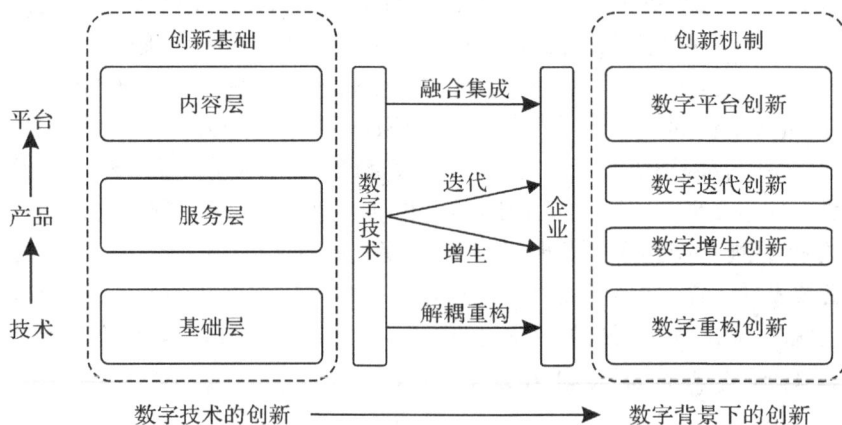

图 16-8　数字创新生态系统的创新机制

本章案例阅读

【案例 16-1】 HCL"宠溺"员工

随着互联网的蓬勃发展,IT 行业竞争激烈,几乎所有的 IT 服务供应商都宣称以顾客为中心,产品和服务同质化现象十分严重。HCL 是一家位于印度的 IT 服务公司,除了重视顾客需求,这家公司也将员工需求放在了重要位置,进行了一系列"宠溺"员工的组织改革和管理创新。

除了采用自上而下的管理制度,HCL 还引入了反向责任制,即对公司中约 1500 名管理人员进行全方位评估,评估标准是全部员工的反馈,并将评估结果全部公开。尽管结果并不与薪酬机制挂钩,但公开的结果仍能引起管理人员的重视。

HCL 推倒了传统的垂直金字塔组织结构,创新性地采用了水平金字塔组织结构。新的组织结构中包含超过 30 个兴趣社团类的小型组织,员工可以在社区中协作,摧毁了固有的部门边界,也避免了"一言堂"和自上而下的行政流程。经过几年的发展,这些兴趣社团产生了许多可行性极高的创新性想法,明显提升了企业利润。

另外,HCL 为了切实将员工放在首要地位,设立了专门处理员工投诉和抱怨的质询部门,这个部门只为公司内部员工服务,以质询处理的速度和满意度为考核依据,大大提升了质询部门解决员工需求的动机和意愿。

通过一系列对员工的"宠溺",HCL 表明了强烈的价值主张,即员工创造价值,结果也证明,管理创新为 HCL 带来了更高效的创新和更稳定的组织构成,发展速度和发展质量均优于行业中的竞争对手。

【案例 16-2】 Farmigo——连接农户和顾客的食品社区

Farmigo 是美国一家在线农产品销售平台,顾客可以直接在平台上与种植农产品的农户对接。从消费者和农户的角度来看,Farmigo 是一个在线农贸市场,买卖双方通过平台直接沟通,完成交易,农户种植的新鲜果蔬直接送到了消费者手中;消费者节省了去实体市场选购的时间和各种成本,农户则在线管理农产品的销售和运输流程,Farmigo 为双方都节省了成本。

Farmigo 的创新不止于在线销售平台,"食品社区"才是其商业模式最根本的创新。通过将地理距离较近的顾客和农户整合到同一个"食品社区",通过"食品社区"收集顾客需求,形成实时订单,再将订单交付给社区内的农户,完美地解决了生鲜食品类电商的痛点:高昂的物流和仓储成本。

许多传统行业经过互联网思维的赋能,都展现出了全新的商业模式,而这些商业模式不再是简单的降低成本,扩大规模,而是关于价值主张的重新定义,开辟一片全新的创造并传递价值的网络和系统。

【案例 16-3】 海尔与开放式创新

经过数十年的发展和成长,海尔已成为全球企业开放式创新的典范。从遍及全球五大洲的研发中心到旗下独立的开放创新平台 HOPE(Haier Open Partnership Ecosystem),海尔开辟了一个开放式创新生态系统。

海尔的智能产品——空气魔方,是全球首款可以自由组合的模块化智能空气产品。空气魔方的背后是一个跨越 8 个国家和地区,拥有内外部专家学者 128 人的开放创新平台,其间进行了超过 980 万次的用户意见交互,通过筛选 81 万个社区粉丝的反馈,总结出 122 个实际的产品需求,最终展示出了空气魔方。

借着互联网的东风,通过开放式创新,海尔构建了一个庞大的工业互联网帝国,遵循着"开放、合作、创新、分享"的理念,使整个世界都成了海尔的研发中心。与一切提供创新思维的主体进行合作,共享创新解决方案,达成各方利益最大化,在海尔开放创新平台上成功实现技术合作超过 200 例。

本章要点小结

1. 自主创新指企业通过主导内、外部资源,完成研发任务并取得知识产权的创新活动。自主创新不论是对企业建立和保持竞争优势,还是推动经济发展,提升国家竞争力都有重大价值。企业自主创新需要自主创新机会、自主创新动机及自主创新能力的支持。

2. 协同创新,指企业、科研院所、高等学校、政府等各种组织机构,为了克服创新过程中所面临的高额投入、不确定性等因素,实现规避风险、缩短研发周期、节约成本、优势互补等目标而组成的合作伙伴关系。协同创新的动机非常复杂,相关研究可归为三类,即资源和能力理论、交易成本理论、产业组织理论。协同创新影响因素可归纳为主体因素、环境因素、机制因素和关系网络因素四类。

3. 自主创新和协同创新对企业都有重要价值,但两者在参与主体、创新方式等方面存在显著差异。自主创新和协同创新有着复杂的关系,既相互促进,又相互抑制。

4. 管理创新包括组织结构和管理活动的创新,涵盖了涉及财务、人力资源、后勤、成本、预测和营销等方面的管理,与组织管理直接相关。管理创新可以帮助企业增强组织管理能力,优化组织管理流程,提高管理运作效率,使企业可以有效应对环境变化带来的挑战,进而建立和保持竞争优势。现有研究主要从组织特征、管理创新能力这两方面分析影响管理创新的因素。

5. 商业模式创新是对商业活动组合方式的再定义,如在内容上增加新的交易活动,在结构上改变交易活动的联系方式,在管理机制上改变进行交易活动的主体。商业模式创新具有系统性、开放性、竞合等特点。现有研究主要基于创新程度对商业模式创新进行分类,也有学者提出基于商业模式要素变动的分类方式。商业模式创新的动力有技术推动、需求拉动和竞争逼迫。

6. 目前关于商业模式创新途径的研究主要从商业模式的构成要素出发,探讨如何通过提高各要素的价值或改变要素之间的关系,来实现商业模式的创新。关于商业模式创新的实施路径有不同的观点,如基于价值创新的商业模式创新路径或者基于资源整合提出商业模式创新的路径。

7. 破坏式创新是指企业偏离主流市场的技术路径和创新模式,针对潜在顾客和低端客户,从低端市场破局,破坏式创新会对行业结构和竞争格局产生颠覆性的影响。破坏式创新分为低端市场破坏和新市场破坏。破坏式创新的影响因素可以从组织内外部进行分类,其中企业内部因素包括组织结构、领导支持、技术支持、知识吸收能力、产品等;外部因素包括消费者市场、供应商、营销商、政府政策等。

8. 破坏式创新与突破式创新具有许多共同点,但两者在概念划分、技术来源、目标群体等方面都具有显著的差异。破坏式创新与维持式创新是企业创新的两种不同的模式,它们在促进科技发展、企业壮大、社会进步的过程中发挥着各自重要的作用。

9. 探索性创新是以寻求新的可能性为目的而进行的一种大幅度、激进式的创新行为。通过探索性创新,企业设计新的产品,开辟新的细分市场,发展新的分销渠道,以满足新的消费者和市场的需求。

10. 应用性创新遵循渐进式、升级式的创新轨迹,主要为了提升现状,而非彻底改变现状,是为了满足现有顾客的需求。应用性创新主要依靠企业现有的知识库,提高对已有知识的利用率,提升现有产品或服务的效能。

11. 探索性创新致力于较高风险的投资,以获取全新的知识、技能和流程,有助于提高企业产品创新的灵活性、新颖性和多样性。

12. 探索性创新与应用性创新在创新目标、创新结果、组织结构等方面存在显著差异。关于探索性创新与应用性创新的关系,目前存在两种观点:一种观点认为两者是连续统一体的两个端点,呈替代关系;一种观点认为两者是相互影响的两个维度,呈正交关系。

13. 探索性创新与应用性创新的平衡方式有二元平衡与间断平衡。

14. 开放式创新指"为加速内部创新和扩展创新的外部应用市场而使用内外部知识流",包括由外向内流程、由内向外流程和耦合流程三个流程。目前学者们基于不同的维度对开放式创新有多种分类方式。

15. 开放式创新对企业发展十分关键。为实现开放式创新对创新绩效的贡献,企业应当从创新组织内部、创新组织间关系以及知识流程三方面进行管理。

16. 数字创新产生于新兴的数字化智能化时代,是现代企业创新实践的新方向。数字创新主要包括数字产品创新、数字过程创新、数字组织创新和数字商业模式创新。数字创新管理的重点在数字化转型。

17. 创新生态系统是一种协同机制,处于生态系统内的各个组织相互联系,通过协同机制实现创新,为用户提供解决方案,创造价值。

思考和讨论题

1. 你是如何理解自主创新与协同创新以及两者之间关系的?

2. 谈谈你对管理创新的认识。如何帮助企业有效地开展管理创新?

3. 商业模式创新是什么? 现有研究中对商业模式创新的实施路径存在争议,你是如何看待的?

4. 请你结合具体例子解释破坏式创新。

5. 你是如何理解探索性创新与应用性创新以及两者之间关系的? 在管理实践中,企业如何有效实现两者之间的平衡?

6. 你是如何理解开放式创新的? 企业实施开放式创新时应当注意哪些问题?

7. 请你结合时代背景和具体案例解释数字创新。

8. 创新理论之间是相互交叉而非独立的,那么,各创新理论的异同点有哪些,它们之间又是什么关系?

9. 请用 1~2 个例子说明最新的创新理论实践,并谈谈你的看法。

本章参考文献

[1] 吾布力,杨建君.跨职能意见冲突、知识探索与突破性创新的关系研究[J].管理学报,2020,17(02):234-242.

[2] 高良谋,马文甲.开放式创新:内涵、框架与中国情境[J].管理世界,2014(06):157-169.

[3] 何郁冰.国内外开放式创新研究动态与展望[J].科学学与科学技术管理,2015(3):3-12.

[4] 解学梅,吴永慧,赵杨.协同创新影响因素与协同模式对创新绩效的影响:基于长三角316家中小企业的实证研究[J].管理评论,2015,27(8):77-89.

[5] 李丹,杨建君,赵璐.企业间知识库兼容性、知识转移与企业知识创造绩效:双边关系质量的调节机制[J].科技进步与对策,2020,37(05):141-150.

[6] 刘洋,董久钰,魏江.数字创新管理:理论框架与未来研究[J].管理世界,2020,36(07):198-217,219.

[7] 罗珉.组织自主创新:理论观点与研究视角述评[J].当代经济管理,2010,32(1):7-14.

[8] 王雎,曾涛.开放式创新:基于价值创新的认知性框架[J].南开管理评论,2011,14(2):114-125.

[9] 王志玮,陈劲.企业破坏性创新概念建构、辨析与测度研究[J].科学学与科学技术管理,2012(12):29-36.

[10] 魏江,刘洋,应瑛.商业模式内涵与研究框架建构[J].科研管理,2012(05):107-114.

[11] 闫春.近十年国外开放式创新的理论与实践研究述评[J].研究与发展管理,2014,26(04):92-105.

[12] 原正行,桥本寿郎.现代日本经济[M].上海:上海财经大学出版社 2001.

[13] 张峰.开放式创新实证研究述评与未来展望[J].外国经济与管理,2012,34(05):52-58.

[14] 刘飞,朱七光.提升企业自主创新能力[J].合作经济与科技,2011(15):44-45.

[15] 张军,许庆瑞.提升企业自主创新能力:从哪里出发?[J].清华管理评论,2017(07):32-39.

[16] 周雪峰,王卫.海外并购视角下制造企业自主创新能力演化路径研究:以金风科技为例[J].科技进步与对策,2021.

[17] 朱建民,朱彬.企业破坏性创新影响因素及路径选择研究[J].科技进步与对策,2015(13):94-100.

[18] 刘洋,董久钰,魏江.数字创新管理:理论框架与未来研究[J].管理世界,2020,36(07):198-217.

[19] 杨伟,刘健,武健."种群-流量"组态对核心企业绩效的影响:人工智能数字创新生态系统的实证研究[J].科学学研究,2020,38(11):2077-2086.

[20] 杨伟,周青,方刚.产业创新生态系统数字转型的试探性治理:概念框架与案例解释[J].研究与发展管理,2020,32(06):13-25.

[21] 余江,孟庆时,张越.数字创业:数字化时代创业理论和实践的新趋势[J].科学学研究,2018,36(10):1801-1808.

[22] 余维臻,刘娜.政府如何在数字创新中扮演好角色[J].科学学研究,2021,39(01):139-148.

[23]魏江,刘洋. 数字创新[M]. 北京:机械工业出版社,2020.

[24]张超,陈凯华,穆荣平. 数字创新生态系统:理论构建与未来研究[J]. 科研管理,2021,42(03):1-11.

[25]周晓英,张秀梅. 数字内容价值创造中政府的角色和作用[J]. 情报科学,2015,33(10):3-10.

[26]ABRAHAMSON E. Management fashion[J]. Academy of Management Review,1996,21(1):254-285.

[27]RAPHAEL A,ZOTT C,et al. Creating value through business model innovation[J]. Mit Sloan Management Review,2012,53(3):41.

[28]BARNEY J. The resource-based model of the firm:origins,implications,and prospects[J]. Journal of Management,1991,17(1):97-98.

[29]BEERS C V,ZAND F. R&D cooperation,partner diversity,and innovation performance:an empirical analysis[J]. Journal of Product Innovation Management,2014,31(2):292-312.

[30]BERCHICCI L. Towards an open R&D system:internal R&D investment,external knowledge acquisition and innovative performance[J]. Research Policy,2013,42(1):117-127.

[31]BIRKINSHAW G H,MOL M J. Management innovation[J]. Academy of Management Review,2008,33(4):825-845.

[32]CHANG Y Y,GONG Y,PENG M W. Expatriate knowledge transfer,subsidiary absorptive capacity,and subsidiary performance[J]. Academy of Management Journal,2012,55(4):927-948.

[33]CHRISTENSEN C M. The Innovator's dilemma:when new technologies cause great firms to fail[J]. Social Science Electronic Publishing,1997,40(4):59.

[34]DAMANPOUR F,ARAVIND D. Managerial innovation:conceptions,processes,and antecedents[J]. Management & Organization Review,2012,8(2):423-454.

[35]VAIO A D,PALLADINO R,PEZZI A,et al. The role of digital innovation in knowledge management systems:a systematic literature review[J]. Journal of Business Research,2021(123):220-231.

[36]GUO H,SU Z,AHLSTROM D. Business model innovation:the effects of exploratory orientation,opportunity recognition,and entrepreneurial bricolage in an emerging economy[J]. Asia Pacific Journal of Management,2016,33(2):533-549.

[37]SYDOW J,MÜLLER-SEITZ G. Open innovation at the interorganizational network level:stretching practices to face technological discontinuities in the semiconductor industry[J]. Social Science Electronic Publishing,2018(155):9-50.

[38]KHANAGHA S,VOLBERDA H,OSHRI I. Business model renewal and ambidexterity:structural alteration and strategy formation process during transition to a Cloud business model[J]. R & D Management,2014,44(3):322-340.

[39]STEFANO M. Open innovation:the new imperative for creating and profiting from technology[J]. Innovation Management Policy & Practice,2004,21(3):223-224.

[40]TEECE D,PISANO G. The dynamic capabilities of firms:an introduction[J]. Industrial

and Corporate Change,1994,3(3):537 - 556.

[41]TEECE D J. Business models,business strategy and innovation[J]. Long Range Planning, 2009,43(2 - 3):172 - 194.

[42]VACCARO I G,JANSEN J,BOSCH F,et al. Management innovation and leadership:the moderating role of organizational size[J]. Journal of Management Studies,2012,49(1): 28 - 51.

[43]LOOY A V. A quantitative and qualitative study of the link between business process management and digital innovation[J]. Information & Management,2021,58(2):85 - 92.

[44]YOO Y,BOLAND R J,LYYTINEN K,et al. Organizing for innovation in the digitized world[J]. Organization Science,2012,23(5):1398 - 1408.

[45]YOO Y,HENFRIDSSON O,LYYTINEN K. Research commentary-the new organizing logic of digital innovation:an agenda for information systems research [J]. Information Systems Research,2010,21(4):724 - 735.

[46]ADNER R. Match your innovation strategy to your innovation ecosystem[J]. Harvard Business Review,2006,84(4):98.

[47]BELTAGUI A,ROSLI A,CANDI M. Exaptation in a digital innovation ecosystem:the disruptive impacts of 3D printing[J]. Research Policy,2020,49(1).

[48]BOUDREAU K J. Let a thousand flowers bloom? an early look at large numbers of software app developers and patterns of innovation[J]. Organization Science,2012,23(5SI): 1409 - 1427.

[49]BOUDREAU K. Open platform strategies and innovation:granting access versus devolving control[J]. Management Science,2010,56(10):1849 - 1872.

[50]BOLEY H,CHANG E. Digital ecosystems:principles and semantics[C]// 2007 Inaugural IEEE-IES digital ecosystems and technologies conference. IEEE,2007.

[51]CHAE B. K. A General framework for studying the evolution of the digital innovation ecosystem:the case of big data[J]. International Journal of Information Management, 2019,45:83 - 94.

[52]CIRIELLO R F,RICHTER A,SCHWABE G. Digital innovation[J]. Business & Information Systems Engineering,2018,60(6):563 - 569.

[53]DE-REUVER M,SORENSEN C,BASOLE R C. The digital platform:a research agenda [J]. Journal of Information Technology,2018,33(2):124 - 135.

[54]DE-VASCONCELOS G L A,FIGUEIREDO F A L,SALERNO M S,et al. Unpacking the innovation ecosystem construct:evolution,gaps and trends[J]. Technological Forecasting and Social Change,2018(136):30 - 48.

[55]FICHMAN R G,DOS SANTOS B L,ZHENG Z E. Digital innovation as a fundamental and powerful concept in the information systems curriculum[J]. Mis Quarterly,2014,38 (2):329.

[56]HELFAT C E,RAUBITSCHEK R S. Dynamic and integrative capabilities for profiting from innovation in digital platform-based ecosystems[J]. Research Policy,2018,47(8):

1391 − 1399.

[57]JACOBIDES M G,CENNAMO C,GAWER A. Towards a theory of ecosystems[J]. Strategic Management Journal,2018,39(8):2255 − 2276.

[58]KALLINIKOS J,AALTONEN A,MARTON A. The ambivalent ontology of digital artifacts [J]. Mis Quarterly,2013,37(2):357 − 370.

[59]LYYTINEN K,YOO Y,BOLAND R J. Digital product innovation within four classes of innovation networks[J]. Information Systems Journal,2016,26(1):47 − 75.

[60]MAJCHRZAK A,MALHOTRA A. Towards an information systems perspective and research agenda on crowd sourcing for innovation[J]. Journal of Strategic Information Systems,2013,22(4):257 − 268.

[61]NAMBISAN S,LYYTINEN K,MAJCHRZAK A,et al. Digital Innovation management: reinventing innovation management research in a digital world[J]. Mis Quarterly,2017, 41(1):223 − 238.

[62]NYLEN D, HOLMSTROM J. Digital innovation strategy:a framework for diagnosing and improving digital product and service innovation[J]. Business Horizons,2015,58 (1):57 − 67.

[63]PARKER G, VAN ALSTYNE M, JIANG X. Platform ecosystems:how developers invert the firm[J]. Mis Quarterly,2017,41(1):255 − 266.

[64]PORTER M E,HEPPELMANN J E. How smart,connected products are transforming competition[J]. Harvard Business Review,2014,92(11):64.

[65]SONG A K. The digital entrepreneurial ecosystem-a critique and reconfiguration[J]. Small Business Economics,2019,53(3):569 − 590.

[66]STORZ C. Dynamics in innovation systems:evidence from Japan's game software industry [J]. Research Policy,2008,37(9):1480 − 1491.

[67]SUSENO Y,LAURELL C,SICK N. Assessing value creation in digital innovation ecosystems:a social media analytics approach[J]. Journal of Strategic Information Systems, 2018,27(4SI):335 − 349.

[68]TEECE D J. Profiting from innovation in the digital economy:enabling technologies, standards,and licensing models in the wireless world[J]. Research Policy,2018,47(8): 1367 − 1387.

[69]TILSON D, LYYTINEN K, SORENSEN C. Digital infrastructures:the missing IS research agenda[J]. Information Systems Research,2010,21(4):748 − 759.

[70]YOO Y,HENFRIDSSON O,LYYTINEN K. The new organizing logic of digital innovation: an agenda for information systems research[J]. Information Systems Research,2010,21 (4):724 − 735.

[71]YOO Y,BOLAND R J,LYYTINEN K,et al. Organizing for innovation in the digitized world[J]. Organization Science,2012,23(5SI):1398 − 1408.

[72]NAMBISAN S,ZAHRA S A. The role of demand-side narratives in opportunity formation and enactment[J]. Journal of Business Venturing Insights,2016(5):70 − 75.

第六篇

发展篇

第十七章
经典管理理论与评述

本章导读

作为科学研究或日常看待问题的基础,理论的重要性不言而喻。本章将集中探讨管理研究中常用的经典理论,在对它们进行简要介绍的基础上进行了相关评述,最后列出了与该理论相关的经典文献和书籍,以期起到抛砖引玉的作用。本章将管理研究中常用的理论分成三个方面,即组织方面的理论、社会方面的理论以及制度方面的理论,具体包括:代理理论、交易成本理论、不完全契约理论、利益相关者理论、社会交换理论、社会资本理论、社会学习理论、结构洞理论、社会网络理论、新制度主义理论、资源依赖理论、企业核心能力理论。

第一节　组织方面的理论

一、代理理论(agency theory)

自 1976 年被麦克·简森(Michael C. Jensen)和威廉·梅克林(William Meckling)提出以来,代理理论便已被广泛运用于会计、金融、营销、组织行为以及社会学等领域。然而,这一理论发展过程中同样也面临着不少批评,主要在于它过于依赖经济视角解释管理行为和结果,并且聚焦于单纯地降低成本,对道德或公平问题关注不够。关于该理论的介绍与评述,本小节将主要围绕如下几个问题展开:什么是代理理论? 代理理论为组织理论的发展作出了哪些贡献? 代理理论有哪些不足? 通过阅读本小节,读者可以对这一理论形成一个大致的认识。

(一)什么是代理理论

出于对阿罗-德布鲁尔体系中企业"黑箱"理论①的质疑,学者们在 20 世纪六七十年代开始对企业内的信息不对称和激励等相关问题进行深入探讨,试图形成对企业这一经济组织更为全面的理解,代理理论也正是在这一基础上形成的。对这一理论做出贡献的学者包括 Wilson、Spence、Ross、Mirrless、Holmostrom、Grossman 等。代理理论涉及两个重要的主体,即委托人和代理人。基于该理论的相关观点,资源所有者是委托人,而负责使用及分配这些资源的经

---

① 企业"黑箱"理论源于学界对新古典经济学的生产理论的批判,其实质上是企业理论对企业内部组织方式、生产行为的解释力问题。新古典经济学一直将企业视为一个"黑箱",即企业是一个与消费者处于同等地位的,在市场和技术约束下追求利润最大化的基本分析单位。"黑箱"理论将企业的一切组成要素都视为企业资本的一部分,着眼于资本在内部流动中增值的功能。企业理论要想打开企业的"黑箱",至少需要回答两个基本问题:第一,企业成长的动力机制是什么;第二,什么决定了企业的异质性,即不同企业之间竞争优势的来源是什么。

理人员则为代理人。因此,代理理论试图解决委托人和经理人之间的冲突以及联合二者利益的成本问题。代理理论与解决代理关系中可能出现的两个问题有关。第一个是代理问题,发生于以下情况:①委托人与代理人的愿望或目标发生冲突;②委托人难以验证代理人的实际行为或验证该行为需要付出昂贵的代价。这里的问题是委托人无法验证代理的行为是否适当。第二个是当委托人和代理人对风险的态度不同时出现的风险分担问题。这里的问题是,由于不同的风险偏好,委托人和代理人可能会选择不同的操作。由此可看出,该理论侧重于分析企业内部权力结构安排及企业成员间的代理关系,重点是在给定超出人们假设的前提下,确定最有效的支配委托人与代理人关系的合同。

从信息经济学的根源出发,代理理论主要沿着两条路线发展,即实证主义理论和委托人-代理人理论。其中,坚持实证主义理论的学者专注于确定委托人和代理人可能存在目标相互冲突的情况,然后描述限制代理人自我服务行为的治理机制。因此,实证主义者一直关注描述解决代理问题的治理机制。Jensen 将这种兴趣描述为"为什么某些合同关系产生了"。基于该问题,实证主义理论存在着两种不同的主张。一种主张强调,基于结果的合同可以有效地抑制代理商的机会主义。另一种主张强调,信息系统可以遏制代理人的机会主义行为。尽管实证主义理论所强调的这两种不同的主张,在一定程度上都促进了相关研究的发展,但值得注意的是,实证主义理论也被组织理论的研究者批评为"极简主义",微观经济学家甚至批评其缺乏逻辑性。另外,实证主义研究者只关注大型公共公司所有者与管理者之间委托-代理关系的特殊情况,客观上也限制了该理论的使用范围。作为信息经济学的一个分支,委托人-代理人理论集中研究"如何通过设计一个补偿系统来驱动代理人为委托人的利益而努力"。对于不可观察的行为(由于道德风险或不利选择),委托人有两种选择。一种是通过投资于信息系统(如预算系统、报告程序、董事会和其他管理层)来发现代理的行为。另一种选择是根据代理人行为的结果签订合同。这种基于结果的合同通过使代理人的偏好与委托人的偏好一致来激励行为,但是,它是以将风险转移给代理人为代价的。之所以会出现风险,是因为结果只是行为的一部分。政府的政策、经济气候、竞争对手的行动、技术变革等,可能导致结果的不可控制的变化。结果产生的不确定性不仅导致无法进行预先计划,而且带来了必须由某人承担的风险。当结果不确定性低时,将风险转移给代理的成本就低,随着不确定性的增加,尽管基于结果的合同具有激励作用,但转移风险变得越来越昂贵。通过严格的数学模型①,委托-代理理论能有效地研究信息不对称下的激励模型和约束机制。与实证代理理论相比,委托人-代理人理论更加抽象,但二者却相互补充:前者主要强调多种可选择的契约,后者则在此基础上指出在信息不对称、结果不确定等情境下何种契约是最有效的。

(二)代理理论为组织理论的发展作出了哪些贡献

代理理论重新确立了激励和利己主义在组织思考中的重要性,使我们了解到大多数企业的存活时间的长短是基于利己主义的。同时,代理理论还强调了跨研究主题共同问题结构的重要性。综合而言,代理理论对组织理论发展的贡献主要体现在三个不同的方面。首先,体现

---

① Mirrless 用分布式函数的参数方法和著名的一阶化方法建立了标准的委托-代理人模型。详见 Mirrless 于 1974—1976 年发表的三篇文章:Optimum accumulation under uncertainty:the case of stationary returns to investment(1974);On the assignment of liability:the uniform case(1975);The optimal structure of incentives and authority within an organization(1976)。

在对信息的态度上。代理理论视角下,信息被视为一种商品:它具有成本,可进行自由买卖。这对于正式信息系统(如预算和董事会)和非正式信息系统(如管理监督)起着非常重要的作用,这实际上也就意味着企业可以通过投资于信息系统以控制代理过程中存在的机会主义。其次,体现在对风险的认识上。代理理论认为企业的未来充满不确定性,而这种不确定性被视为一种风险与机遇的结合,这也就意味着委托人和代理人对待不确定性的态度不同将会导致不同的结果。当委托人或代理人对不确定持规避态度时,往往会做出相对保守的决策;当委托人或代理人对不确定持积极态度时,所做的决策往往比较激进。代理理论通过将结果不确定性的后果推到其对创造风险的含义,扩展了组织的思维。最后,代理理论沿着科斯1937年的"雇员与企业家之间的关系"这一话题,将企业内部权力结构问题形式化和模型化,弥补了已有理论对企业内部权力分析的不足,这是已有理论所未能做到的。

(三)代理理论有哪些不足

尽管代理理论的提出弥补了其他已有理论对企业内部权利分析的不足,为企业制度理论的研究作出了重大贡献。但由于基本假设的局限使得该理论存在一些缺陷,主要体现在如下几个方面:

首先,该理论的前提假设遭到众多学者的质疑。①代理理论建立的一个重要的前提条件是"经济人"假设。事实上,代理人兼具"经济人"和"社会人"的双重属性。受市场规律的影响,代理人不可避免地会追求自身的经济利益,但作为社会活动的主体,代理人同时受到社会意识形态的影响。因此,单纯地将代理人定义为"经济人"而忽视其社会属性,具有一定的片面性。②代理理论只假定了代理人的道德风险问题,属于道德风险单向模型。但在实际操作过程中,委托人的道德风险也是不容忽视的。也就意味着,委托-代理模型应该是风险双向模型。

其次,代理理论认为代理成本产生的最重要原因是由于委托人与代理人之间的利益相悖,以及双方的信息不对称。但在具体的企业经营实践中,委托人与代理人之间的利益并不总是相互冲突的,很多时候甚至具有根本的一致性。具体而言,代理人努力工作以提升企业的绩效,不仅是增加自身收入的重要手段,而且也符合委托人的利益。此外,现代企业制度、经理人市场、声誉机制等的不断建立与完善,也使得企业所有者和经营者的利益出现融合。因此,代理理论所坚持的委托人和代理人之间利益相悖的论点与具体的企业实践是存在一定差距的。

最后,代理理论认为在企业的权利结构方面,资本家占据着绝对的控制权,"知本"只是被资本的雇佣者,这也就意味着在企业内部资本才是唯一重要的资源。事实上,这一假定只是在业主制企业内才成立,随着人力资本价值的提升而逐渐失去根基。

(四)延伸阅读

[1]JENSEN M,MECKLING W. Theory of the firm:managerial behavior,agencycosts and ownership structure[J]. Journal of Financial Economics,1976(3):305－360.

[2]FAMA E. Agency problems and the theory of the firm[J]. Journal of Political Economy,1980(88):288－307.

[3]FAMA E,JENSEN M. Separation of ownership and control[J]. Journal of Law and Economics,1983(26):301－325.

[4]EISENHARDT K. Agency theory:an assessment and review[J]. Academy of Management Review,1989(14):57－74.

二、交易成本理论(transaction cost theory)

交易成本理论起源于科斯(Coase)在 1937 年发表的著作《企业的性质》(*The Nature of the Film*),科斯是最早从新古典主义的角度定义企业与市场在理论上联系的学者之一,后来奥利弗·威廉姆森(Oliver Williamson)等人对这一理论作了进一步的发展。作为解释企业为什么存在以及如何确定企业边界的重要理论,本小节将主要围绕交易成本的内涵、基本假设以及对交易成本理论的评述三个方面,对这一理论进行介绍。

(一)交易成本的含义

在揭示交易成本内涵之前,有必要先了解何为"交易"。作为最早将交易的概念进行阐述的学者,康芒斯在其经典著作中将交易视为制度经济学中的最小分析单位,但遗憾的是,康芒斯未从成本和收益的角度对交易进行深入分析。在康芒斯交易概念的基础上,科斯在 1937 年《企业的性质》中将交易成本解释为"市场上发生的每一笔交易的谈判和签约的费用,以及利用价格机制存在的其他方面的成本"。阿罗于 1969 年在一篇文章中提出,交易成本的存在通常会抑制市场的形成。因此,根据阿罗的观点,交易成本可被视为"经济制度运行的费用"。受阿罗思想的影响,威廉姆森认为可将交易成本比喻为"经济世界中的摩擦力",经济系统运行所付出的代价即为交易成本。在威廉姆森看来,交易成本是由于制度摩擦,尤其是由于产权不清导致的摩擦所产生的成本,具体包括搜寻成本、信息成本、决策成本、议价成本、违约成本、事前交易成本、事后交易成本。由于威廉姆森对交易成本的分析较为全面和系统,此后的研究大多基于他的观点对交易成本进行定义。

(二)交易成本理论的基本假设

交易成本理论对行为分析的基本假设主要包括四个方面,即有限理性假设、机会主义假设、外部性假设以及不确定性假设,具体如图 17-1 所示。

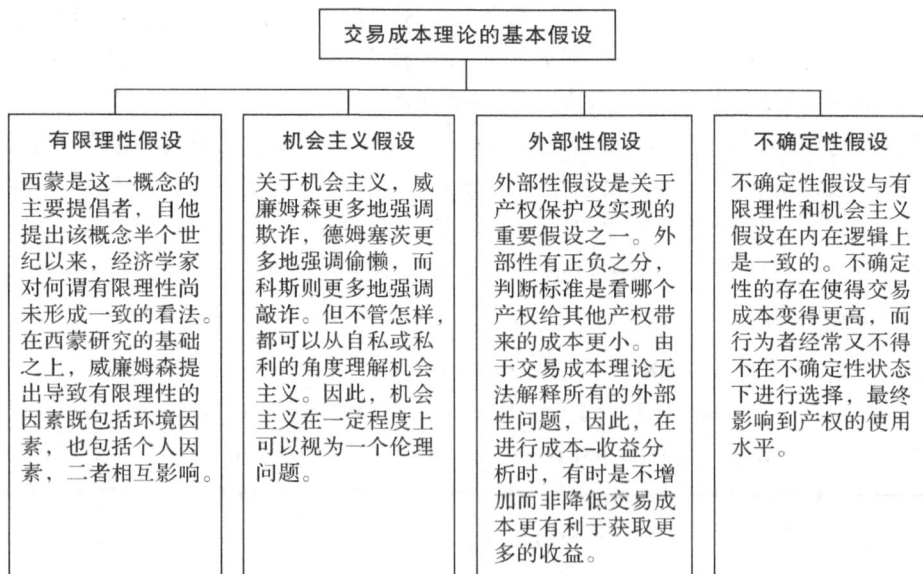

交易成本理论的基本假设

有限理性假设	机会主义假设	外部性假设	不确定性假设
西蒙是这一概念的主要提倡者,自他提出该概念半个世纪以来,经济学家对何谓有限理性尚未形成一致的看法。在西蒙研究的基础之上,威廉姆森提出导致有限理性的因素既包括环境因素,也包括个人因素,二者相互影响。	关于机会主义,威廉姆森更多地强调欺诈,德姆塞茨更多地强调偷懒,而科斯则更多地强调敲诈。但不管怎样,都可以从自私或私利的角度理解机会主义。因此,机会主义在一定程度上可以视为一个伦理问题。	外部性假设是关于产权保护及实现的重要假设之一。外部性有正负之分,判断标准是看哪个产权给其他产权带来的成本更小。由于交易成本理论无法解释所有的外部性问题,因此,在进行成本–收益分析时,有时是不增加而非降低交易成本更有利于获取更多的收益。	不确定性假设与有限理性和机会主义假设在内在逻辑上是一致的。不确定性的存在使得交易成本变得更高,而行为者经常又不得不在不确定性状态下进行选择,最终影响到产权的使用水平。

图 17-1 交易成本理论的基本假设

(三)对交易成本理论的评述

威廉姆森将交易成本应用于经济组织问题的研究,创造了交易成本经济学这一新制度经济学的重要分支。他在融合多种学科研究方法的基础之上,探讨了企业为何存在以及企业存在的边界条件等核心问题。交易成本理论的提出与发展在延伸经济学研究范畴的同时,其跨学科的方法也进一步完善了经济学研究的方法论。正如每种理论都有其局限性一样,交易成本理论也不例外。

首先,威廉姆森出于合同分析的目的将交易视为最基本的分析单位,而契约分析则是贯穿交易的基本法。根据威廉姆森的观点,个体间所形成的契约是构成整个经济组织乃至人类社会的关键要素。这种分析方法使得所要分析的对象变得更加直观和简单,但同时也忽略了契约关系与技术关系存在紧密关联这一客观事实。事实上,在现实的经济组织中,技术关系通常为契约关系的形成奠定基础,而技术关系具有工艺性的客观属性,是不可以任意分割和改变的。因此,在具体的分析过程中,若只是从交易成本的角度进行分析,难免会忽视技术关系不可分割的属性。此外,由于预测以及所拥有经验和能力等方面的限制,契约也不可能是完全的。

其次,威廉姆森在其分析框架中使用"契约人"这种相对抽象的概念,排除了社会环境、法律准则、道德标准等社会因素对个人行为的影响。此外,交易成本以有限理性和机会主义等基本假设作为所有制度下人的行为准则,这显然与实际情况不符。要想更好地理解人类行为的实质,就必须同时考虑其他社会因素。

最后,威廉姆森从交易频率、不确定性和资产专用性三个方面对交易进行了分析,交易类型的差异会导致成本的差异,通过选择恰当的治理结构来使交易成本最小化。基于此,威廉姆森提出了如何实现交易类型与治理结果最优匹配的问题。但值得注意的是,契约世界纷繁复杂,简单的分析框架不可能涵盖所有的细节,要想更全面地解释现实世界,还需要考虑其他因素。

(四)延伸阅读

[1]WILLIAMSON O E. Transaction cost economics:the governance of contractual relations [J]. Journal of Law and Economics,1979(22):233 – 261.

[2]WILLIAMSON O E. Economic institutions of capitalism[M]. New York:Free Press, 1985.

[3]WILLIAMSON O E. Comparative economic organization:the analysis of discrete structural alternatives[J]. Administrative Science Quarterly,1991(36):269 – 296.

[4]WILLIAMSON O E. Calculativeness,trust and economic organization[J]. Journal of Law and Economics,1993(36):453 – 486.

三、不完全契约理论(incomplete contract theory)

不完全契约理论是由哈特(Oliver Hart)、格罗斯曼(Grossman)和莫尔(Moor)等学者提出的(也称为 GHM 模型),该理论是现代契约理论的重要分支,是从对现代企业理论和产权制度进一步深入分析研究过程中发展起来的,许多传统契约理论以及企业难以解决的问题都可以通过运用不完全契约理论进行很好的解释。因此,不完全契约理论成为契约理论中最有发展前途和突破性的理论方向。本小节将主要从不完全契约理论的提出、主要观点、理论贡献等方面对不完全契约理论进行介绍和评述,通过阅读本小节,读者可以对不完全契约理论形成大致的认识。

（一）不完全契约理论的提出

作为契约理论发展的新分支，不完全契约理论兴起于 20 世纪末。在理想的状态下，契约应当是完备的，包含了契约双方在未来预期所发生事件中的所有权、责、利。然而，由于未来的不确定性以及契约双方在主观认知、能力等方面的偏差，使得绝大多数契约都不可能是完全的。换言之，在脱离了新古典的完美市场假设后（如信息不对称），契约将不再完全。事实上，契约的不完全性很早就被学者所注意到了，科斯（Coase）在其极具代表性的论文中就谈到，"随着商品和劳务供给的契约期限变长，加之预测未来行为可能产生结果难度的增加，买方试图通过契约的形式规定对方该干什么就越不现实，也越不合适"。此后，以威廉姆森和哈特为代表的经济学家也进一步意识到，由于有限理性以及交易成本的存在，现实中的契约难以实现其完备性。既然契约具有不完备性，那么当那些在契约中未予以明确规定的情况发生时，签订契约的双方谁能决定这些变故？针对该问题，Grossman 和 Hart 在 The Costs and Benefits of Ownership: A Theory of Vertical and Lateral Integration 一文中，独创性地提出了"剩余控制权"的概念，并深入地分析剩余控制权在不完全契约中的重要作用。Hart 和 Moore 在随后的文章 Property Rights and Nature of the Firm 中进一步分析了企业的本质。这两篇文章的发表，奠定了不完全契约理论的基础。基于对契约不完全性的认识所发展起来的理论，不完全契约理论与完全契约理论（又称为委托-代理理论）有着本质的区别。具体而言，完全契约理论在事前规定了所有情况下当事人的权责，因而问题的重心在于事后的监督；而不完全契约理论认为不可能将所有的情况通过契约的方式予以规定，因而问题的重心在于对权利进行制度安排。

（二）不完全契约理论的主要观点

Grossman、Hart 和 Moore 在不完全契约理论的提出和发展过程中发挥了非常关键的作用。其中，哈特教授关于不完全契约的主要观点有：第一，由于世界总是充满了不确定，因此人们总不可能预料到未来的所有情况；第二，即使人们可以预料到未来的所有情况，签约双方也难以用共同的语言将这些写入合约；第三，即使签约双方可以达成一致，他们也很难将契约的内容交予第三方裁决。他们认为契约的不完备性和剩余控制权在确定企业边界和财务结构等方面扮演着非常重要的角色。"剩余控制权"的概念，即合约中没有明文规定的权利。

由于第三方裁决机构（如公证处、法院）很难有效证实契约中的部分内容，从而使得协议双方所签订的契约只可能是不完全的，这也就意味着试图通过在事前制定详细的规则以明确双方的权、责、利是难以实现的。由于不完全契约不能将所有情形下的权责在事前予以规定，因此那些详细规定的权利，即剩余控制权就归资源所有者拥有。简单地理解，就是谁拥有资产、拥有多少资产，谁就有剩余控制权。他们还进一步提出了剩余索取权与剩余控制权对应的观点，即谁拥有剩余控制权，谁就享有剩余索取权。

基于契约的不完备性，Hart 等人还进一步解释了权利是实物资产所有权的具体体现，那些拥有实物资产所有权的主体能控制相关的人力资本。基于该观点，企业的性质取决于那些拥有或控制的非人力资本的主体。由此可见，不完全契约理论所研究的重点在于如何实现资本所有权和剩余控制权的合理搭配。

（三）不完全契约理论的理论贡献

不完全契约理论的理论贡献可从表 17-1 所示的三个方面进行分析。

表 17-1　不完全契约理论的理论贡献

理论演化的视角	不完全契约理论最大的贡献在于,解释了交易成本的来源以及交易成本的决定因素。契约的不完备性使得只有资产的所有者才拥有资产的支配权,这种支配权被哈特称之为"剩余控制权",这是一个突破性的创新
产权归属的本质	不完全契约理论认为科斯的解读并没有将产权归属的本质纳入考虑,不完全契约理论指出企业内部雇主与员工间的契约是不完的,雇主因为拥有剩余控制权从而在决定员工工作属性等方面拥有绝对权利。因此,不完全契约理论在解释企业边界等相关问题上扮演着非常重要的角色
内部所有权结构的设计	结合 GHM 模型,哈特等人强调契约是团队生产理论建立的基础,契约的不完备性往往会导致所有权结构分配的无效性。因此,不完全契约理论的提出与发展也进一步促进了产权结构的相关研究

虽然不完全契约理论的提出对相关理论的发展作出了重大贡献,也被视为最有研究价值的主流经济学理论之一,但其在企业理论和组织理论方面的重要性受到了学者们的批判。学者们对不完全契约理论的批判主要基于两个方面:一方面,该理论由于在逻辑上存在些许问题,尚未形成能被广泛认可的理论框架。具体有如下四种表现形式:①对导致契约不完全原因的解释大不相同;②基本假设受到质疑,如"参与人风险中性""可观测但不可预测"等;③Zingales 等对该理论中的实物资本决定论提出了质疑;④Williamson 对该理论的理论依据提出了质疑。另一方面,在新的时代背景下,尤其是知识经济时代的到来,冲击了不完全契约理论对相关问题(如企业性质)的解释。因此,如何完善不完全契约理论,使其价值得到更大的发挥依然需要作出很大的努力。

(四)延伸阅读

[1]GROSSMAN S J,HART O. The cost and benefits of ownership:a theory of vertical and lateral integration[J]. Journal of Political Economy,1986,94(4):691-719.

[2]HART O. Firms,contracts,and financial structure[M]. Oxford:Oxford University Press,1995.

[3]HART O,MOORE J. On the design of hierarchies:coordination versus specialization [J]. Harvard University Department of Economics,2005,113(4):675-702.

[4]HART O. Incomplete contracts and public ownership:remarks and an application to public-private partnership[J]. Economic Journal,2003(113):69-76.

四、利益相关者理论(stakeholder theory)

利益相关者理论源自西方学者对于企业股东利益最大化的反思,该理论的提出使得原有的"股东至上主义"的治理模式的根基受到严重冲击。自 20 世纪 60 年代提出以来,经由 Ansoff、Freeman、Clarkson、Mitchell 等学者们的不断发展,目前该理论已在管理学、企业伦理学、法学以及社会学等诸多学科中得到广泛应用,并已取得了丰富的成果。本小节试图从利益相关者理论的提出、应用及评述三方面对这一理论进行简要介绍,通过阅读本小节,读者们可以对利益相关者理论有一个大致的了解。

(一)利益相关者理论的提出与发展历程

作为现代企业管理理论的一个新分支,利益相关者理论产生于 20 世纪 60 年代,它的产生既是对以股东利益最大化为目标的"股东至上①"公司治理模式的质疑,同时也是对当时西方社会所兴起的社会责任运动的"理论回应"。20 世纪 70 年代以后,利益相关者理论开始逐渐被西方的理论界和实践界所接受。到 20 世纪 80 年代中期,利益相关者理论得到进一步的发展,在理论界和实务界都产生了极为深远的影响。1985 年斯蒂格利茨(Stigliz)提出了"多重委托代理理论"(multiple principal agent theory),他将这一理论称为"利益相关者理论",正式提出了"利益相关者"这一概念。1993 年克拉克森(Clarkson)在多伦多大学建立了"克拉克森伦理研究中心",利益相关者理论的应用和发展获得了极大进步。20 世纪 90 年代初,利益相关者理论逐渐完善并成为一门独立的理论体系,"股东至上"理论受到利益相关者理论的强烈挑战,有被逐渐取代之势。20 世纪 90 年代后期,公司治理研究的学者也开始从利益相关者理论的视角分析如何在保护诸多利益相关者合法利益的前提下,实现公司价值的最大化。

上面主要介绍了利益相关者理论的大致发展过程,在该过程中学者们都作出了不同的贡献。真正使其成为一个独立的理论分支还应归功于 Freeman,他在 1984 年关于利益相关者的经典研究成果为利益相关者的概念及其理论体系日益成为实践和理论所关注的话题奠定了坚实的基础,最终使利益相关者的观点独立并发展起来,成为一个独立的理论分支。总体而言,利益相关者理论的核心在于企业社会责任,伦理管理是其思想精华。

(二)利益相关者理论的应用

由于对企业社会责任等核心问题的关注,利益相关者理论自提出以来就被运用于不同的研究领域,本小节主要从公司治理、社会责任和业绩评价三个方面介绍利益相关者理论是如何被具体运用的,如图 17-2 所示。

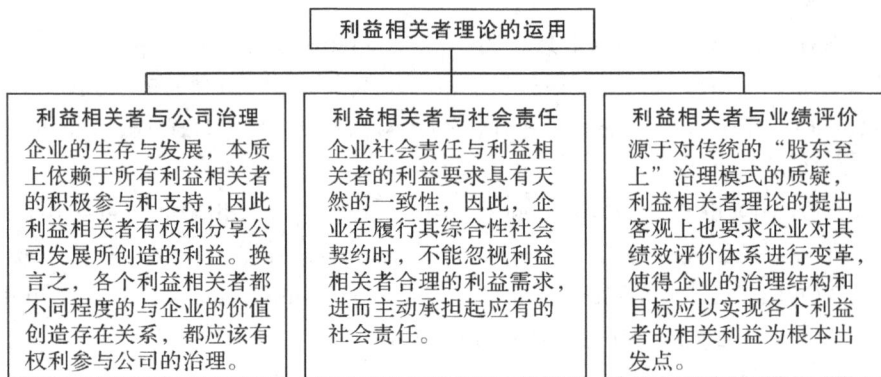

图 17-2　利益相关者理论的运用

---

① 股东至上理论的代表人物有利兰(H. E. Leland)与派尔(D. H. Pyle)、格罗斯曼(Sanford J. Grossman)与哈特(Oliver Hart)等,该理论主要强调股东是企业的所有者,企业的财产是由他们投入的实体资本形成,他们承担着企业的剩余风险,因此享有企业利润的剩余控制权和剩余索取权。企业经营的目标在于股东利益最大化,作为企业主要经营者的管理者只有按照股东的利益行使控制权才能保证有效的公司治理。在 20 世纪 80 年代之前,股东主权至上和私有财产权不可侵犯被市场经济奉为圭臬,股东在企业中拥有着独一无二的地位。从 20 世纪 90 年代开始,股东至上理论受到了利益相关者理论的挑战。股东至上理论所强调的股东至上,忽视了其他人力资本的价值。而企业的价值主要靠人力资本来推动,因此人力资本才是主动性的资本,是企业价值增值的最重要资源。因此,公司的技术创新者和经理人应该处在公司的中心地位,而不应该是被动激励或雇佣的对象。

（三）对利益相关者理论的简要评述

利益相关者理论的提出为企业社会责任的研究做出了诸多贡献,然而,结合对现有与利益相关者理论相关研究的梳理和现代企业的具体实践,可以很直观地看出该理论所坚持的一些观点在当前的经济理论中其实早已不再适用。具体而言,为员工发展创造有利条件、保证消费者合法权益、与供应商建立和维持良好的合作关系、回报社会等都是企业实现可持续发展,为利益相关者创造长期利益的基本要求。换言之,公司的良好发展是利益相关者利益实现的重要手段。因此,关注并保护利益相关者的利益不仅是企业发展的目标,而且也是实现自身发展的题中之义。从这个角度来看,利益相关者理论更多的只是补充了传统企业理论所忽视的一些要素,而非是一种替代,其核心价值在于使公司意识到为了确保自身价值的最大化,其他利益相关者的利益也应当被关注。

虽然利益相关者理论自提出以来就受到了学者们的广泛关注,但该理论并未彻底取代"股东至上学说",也未能完全瓦解"股东至上主义"的根基。之所以会出现这种局面,根本原因在于该理论未能形成一个严密的理论体系,在具体的企业实践上也缺乏可操作性。综合而言,大致体现在如下几方面:第一,对利益相关者的界定和分类缺乏一致性;第二,研究方法过于主观;第三,尚未形成统一的理论体系;第四,在实践上缺乏可操作性;第五,难以解释企业的"机会主义问题";第六,利益相关者的利益诉求存在法律形式上的"缺位"。

（四）延伸阅读

[1] FREEMAN R E. Strategic management: a stakeholder approach[M]. Cambridge: Cambridge University Press,2010.

[2] MITCHELL R K, AGLE B R, WOOD D J. Toward a theory of stakeholder identification and salience:defining the principle of whom and what really counts[J]. Academy of Management Review,1997,22(4):853-886.

[3] 唐纳森. 有约束力的关系:对企业伦理学的一种社会契约论的研究[M]. 邓菲,赵月瑟,译. 上海:上海社会科学院出版社,2011.

第二节　社会方面的理论

一、社会交换理论(social exchange theory)

自 Homans 提出社会交换理论以来,Blau 和 Emerson 等学者对该理论进行了发展和完善,此后交换理论便成为社会心理学领域的主要理论观点之一。该理论取向是基于早期的哲学和心理取向,一方面来自功利主义,另一方面来自行为主义,这两种理论基础的痕迹在当今的交换理论版本中仍然显而易见。社会交换理论强调,人类的所有行为都受一定的交换活动所支配。换言之,人类的所有社会活动都体现为一种交换,即人们在社会互动过程中所形成的关系只是一种交换关系。在社会交换理论的相关研究中,霍曼斯和布劳的研究最具典型性,本小节将主要围绕两位学者的相关观点对社会交换理论进行简要介绍。

（一）理论来源

通过对相关文献进行梳理发现,霍曼斯的理论主要源于三个方面。第一,亚当·斯密的交换学说以及马克思的经济理论。亚当·斯密在其经典著作《国富论》中强调,交换是一种极为常见的社会现象,人们期望通过交换以获取相应的回报。马克思也旗帜鲜明地指出,交换是生产得以实现的重要前提。霍曼斯从他们的研究中汲取灵感,提出了人们的一切社会活动都可被视为一种交换的观点。第二,文化人类学家的交换思想。人类学家们关于原始部落中的经济和社会交换的相关观点,使得霍曼斯进一步坚信交换是人类社会生活中的一种常见现象。同时,霍曼斯还认为随着社会文明的发展,人类社会交换已经演变为一种物质与非物质的综合性交换。第三,斯金纳关于个体主义的心理学学说。受到行为心理学的启发,霍曼斯坚信"斯金纳箱实验"的结果也可用于解释人类行为。

与霍曼斯的理论来源相比,布劳理论的思想来源更加多样。其中,功能理论、冲突理论以及交换理论在布劳的理论中尤为突出。具体而言,布劳受到功能理论对人类社会看法的影响,借鉴了功能理论中的"共同价值观"和"整体控制"等相关概念。布劳还将冲突理论中的辩证观点纳入自己的社会交换理论中,并采用了冲突理论中"权力会导致反对力量"的观点。作为霍曼斯交换理论的延续与发展,布劳关于微观层次上的交换行为观点主要是基于霍曼斯的相关理论和观点提出的。

（二）主要内容

霍曼斯主要从奖励和惩罚的角度对社会行为进行了研究,其主要观点是那些得到奖励的行为通常会被继续进行,直至边际效用为零。基于此,他提出了如下几个命题。第一个是成功命题,指出产生积极后果的行为很可能会重复。第二个是刺激命题,指出过去在某种情况下获得奖励的行为将在类似的情况下进行。第三个是价值命题,指出行动的结果对行动者越有价值,行动就越有可能被执行。第四个是剥夺-满足命题,限定了刺激命题,引入了减少边际效用的一般理想:一个人最近一次获得某项行为的特定奖励越频繁,该奖励的额外单位就越不值钱。第五个是攻击-赞同命题,指出了个人何时会对不同的奖励情况做出情感反应。当人们没有得到他们所期望的,他们就会变得愤怒和进取。霍曼斯后来认为,如果他们没有得到合理的回报率,他们可能会生气,这将分配正义的规范概念引入了他对二元交换的分析之中。根据霍曼斯的观点,上述单个命题只能对人类的某一类或部分行为进行解释,当这些命题联系在一起时,则能对整个社会制度和社会进行合理的解释。

布劳从报酬和成本的角度构建了他的微观交易理论,与霍曼斯不同的是,布劳采取了更加经济和实用的行为观而非基于从实验行为分析中得出的强化原则。正如希思所指出的,这两种观点之间的区别主要在于,个体在决定下一步行动时是前瞻性的还是后顾性的。功利主义普遍认为,个体会根据使他们受益的预期报酬选择使利益最大化的前瞻性行动。强化理论则强调个体的后顾性行动,即个体会通过评估过去对他们有益的东西而采取下一步的行动。布劳的微观交换理论虽然尚处于萌芽阶段,但这是将源自经济学的功利主义应用于社会行为的首次尝试之一。布劳认为社会交流是社会生活中至关重要的过程,是群体之间以及个人之间关系的基础。他主要关注外部利益的相互交换以及这种社会互动所产生的结社和新兴社会结构形式。根据布劳的观点,"社会交换……是指个人的自愿行为,这些自愿行为是由他们期望带来的回报所激发的,并且通常是由他人带来的"。在对比社会经济交换时,他强调了这样一个事实,即在社会交换过程中,交换所涉及的义务的性质仍然没有得到明确规定。他认为,社会交流"涉及一个人帮别人一个忙的原则,尽管人们普遍期望将来会有回报,但它的确切性质无法进行预先规定"。

（三）简要评述

通过梳理相关研究，对霍曼斯和布劳理论的评述如表 17 - 2 所示。

表 17 - 2 对霍曼斯和布劳理论的简要评述

人物	相关评述
霍曼斯	(1)霍曼斯研究的立足点是心理学，他对社会行为的解释归根结底是对心理学的解释； (2)尽管霍曼斯试图建立一个社会学的演绎系统，但他并未提出一个成熟的解释体系； (3)霍曼斯将微观行为的经验研究视为其工作的重点，因此，霍曼斯的社会交换理论更多的是用于探讨微观的或个体层面的问题，而对宏观的或社会层面的问题则缺乏解释力； (4)霍曼斯将人类社会的关系简单地等同为动物为了实现生存所发生的交换关系，实质上是对人类社会性这一重要假设的无视
布劳	(1)布劳社会交换理论得以建立的基本前提——人类行为是以交换为指导的，是无法进行证明和解释的； (2)布劳在其理论中未能明确定义集体组织的界限； (3)布劳所提出的理论未能深入地辨析他自身所提出的集体与集体之间以及集体内部的差别

（四）延伸阅读

[1]EKEH P P. Social exchange theory[M]. Cambridge：Harvard University Press，1974.

[2]COOK K S，EMERSON R M. Power，equity and commitment in exchange networks[J]. American Sociological Review，1978(43)：721 - 739.

[3]EMERSON R M. Social exchange theory[J]. Annual Review of Sociology，1976(2)：335 - 362.

[4]HOMANS G C. Social behavior as exchange[J]. American Journal of Sociology，1958(63)：597 - 606.

二、社会资本理论（social capital theory）

20 世纪 80 年代中后期，伴随着社会经济的高速发展，诸多新的社会、经济等问题层出不穷，原有的政治、经济、社会理论难以有效地解释这些新的现象和问题，社会资本理论便是在这种背景下产生的。作为一门新生的社会科学理论，社会资本理论自提出以来就受到学术界的广泛关注。近年来，社会资本理论更是被广泛地应用于政治、经济、制度、文化等相关领域，在增强其他理论对相关问题解释力的同时，也使得自身得到进一步完善和发展。本小节将主要从社会资本理论的提出与发展、主要观点及相关评述等三个方面对社会资本理论进行简要介绍。

（一）社会资本理论的提出与发展

社会资本概念的起源最早可追溯到经济学中资本的概念，马克思在其经典著作《资本论》中也深刻地论证了个人资本与社会总资本之间的关系。随着研究的持续推进，政治学、经济学、社会学等不同领域的学者们也从各自的研究视角对社会资本以及与之相关的问题进行了深入探讨。正式提出社会资本这一概念的学者是莱达·汉尼芬（Hanifan），他在 1916 年的一部经典作品中从社会学的角度将社会资本定义为一种能帮助社会群体中的个体获取资源以满足其需求的社会关系,这种社会关系的存在还有助于形成稳定的社会秩序。作为社会关系网络中的参与者,个人或家庭可利用由他们自身所构成的连带关系获取资源以实现其利益诉求。六十多年后,法国学者皮埃尔·布迪厄沿袭莱达·汉尼芬的思想,在其著作《社会科学随笔》中从社会学的角度使用社会资本这一概念。随后,布迪厄又从社会关系网络的视角明确界定了社会资本的概念。布迪厄强调,社会资本本质上是一种资源的集合体,这种资源又与特定的网络关系密不可分,每个处于这种社会网络中的个体都有机会使用那些实际或潜在的资源。作为第一个将社会资本与社会关系网络结合在一起进行研究的学者,布迪厄强调了社会资本以关系网络的形式存在。在此基础上,布迪厄又进一步将资本按照不同的形式分为经济资本、社会资本和文化资本,并分析了不同资本之间的区别与相互关系。受布迪厄思想的鼓舞,美国社会学家詹姆斯·科尔曼拓展了社会资本理论的研究。在《社会资本在创造人力资本中的作用》一文中,科尔曼探讨了社会资本与人力资本之间的关系,强调了社会资本是一种实现人力资本的有效资源。此外,科尔曼还认为,社会资本研究的目的在于形成对社会结构的研究。他将社会资本与物质资本和人力资本置于同等重要的位置,并说明了个人自出生以来就拥有这三种资本。其中,物质资本是有形的,而人力资本和社会资本是无形的,它们彼此间可以相互转化。科尔曼对社会资本理论研究的最大贡献在于将社会资本置于社会结构层面进行分析,为社会资本理论由个体层面的研究向社会层面的研究的转化提供了理论基础。随着社会资本理论研究的持续推进,美国学者罗伯特·帕特南进一步将社会资本理论拓展到经济、政治等领域,从而为学者们研究其他现象如民主政治、公民社会、劳动就业、社会参与等提供了新的视角。此后的学者如福山(Fukuyama)、奈克(Knack)、伯特(Burt)、林南(Lin)等的研究进一步丰富了社会资本理论的研究,同时也使得社会资本理论成为其他学科研究的重要范式。

(二)主要观点

社会资本理论自提出以来就受到众多学习者的关注,表17-3总结了部分学者关于社会资本的观点。

表17-3 部分学者关于社会资本的观点

学者	主要观点
皮埃尔·布迪厄	(1)作为较早对社会资本进行定义的学者,布迪厄基于关系主义的方法论提出了"场域"和"资本"的概念; (2)场域是个动态变化的过程,变化的动力是社会资本; (3)基于不同的形式将资本分为经济资本、文化资本和社会资本。其中,经济资本是文化资本和社会资本得以建立的基础
詹姆斯·科尔曼	(1)将社会资本与人力资本和物质资本置于同等重要的位置且三者间可相互转化; (2)社会资本嵌于人际关系和社会结构中,能为社会网络中的个体提供便利
罗纳德·伯特	(1)作为最早将社会资本由个体拓展至企业层面的学者,伯特将社会资本定义为个体能从社会关系网络中所获得的一种资源; (2)提出了经典的"结构洞"理论,强调了组织应通过建立不同的社会网络关系以获取新的资源

学者	主要观点
罗伯特·帕特南	(1)通过将社会资本与政治学研究联系起来,强调了社会资本是整个社会所拥有的资源; (2)将社会资本从个体上升到集体层面,为其他现象的研究提供新的视角
其他学者	(1)弗朗西斯·福山认为社会资本的实力是成就社会经济差异的重要因素; (2)亚历山德罗·波茨认为社会资本是嵌入的结果; (3)哈皮特和戈沙尔将社会资本划分为三个维度,即结构维、关系维和认知维; (4)托马斯·福特·布朗的本体论起点是系统主义,按照系统主义"要素、结构和环境"的标准将社会资本分为微观、中观和宏观三个层面; (5)林南的社会资本概念在综合其他学者的思想后最为综合,首先提出了社会资源理论

（三）相关评述

就目前而言,学者们对何为社会资本存在着不同的看法,即理论界对社会资本的内涵未形成统一的认识,这种不一致使得社会资本理论的研究处于一种相对割裂的状态,从而抑制了社会资本理论的应用与进一步发展。此外,学者们尚未就社会资本理论的分析框架和测量方法达成共识。因此,社会资本理论仍有很多需要发展的地方。尽管存在诸多不足,但不可否认的是,社会资本理论为我们更加清晰地探究社会发展的内在动因提供了新的理论视角。社会资本理论的研究范式,也使得学者们开始重视政治、经济等非制度性因素。社会资本理论的提出还突破了传统的资本分析框架,提出并强调了社会关系网络等也是一种资本。此外,社会资本理论还揭示了诸多相互矛盾概念间的互动与平衡,突出了社会关系网络、制度等要素在经济乃至社会发展中的重要作用,为其他学科的研究提供了新的理论视角,同时也为我们更好地看待和分析多变的社会现象提供了理论依据。

（四）延伸阅读

[1]COLEMAN J S. Social capital in the creation of human capital[J]. American Journal of Sociology,1988,94(5):95 - 121.

[2]PUTNAM R. The prosperous community:social capital and public life[J]. The American Prospect,1993(13):35 - 42.

[3]FUKUYAMA F. Social capital and civil society[J]. IMF Working Paper,2000(74):1 - 19.

三、社会学习理论(social learning theory)

社会学习理论是在"刺激-反应"学习原理及认知学习论基础上发展而来,兴起于 20 世纪 60 年代,也被称为"造型理论"和"榜样理论"。该理论的主要观点在于,人类的学习大多是基于社会性互动中对所尊崇主体行为的观察、模仿而产生的。基于该理论,观察学习以及自我调节在引发人的行为中扮演着重要角色,人的行为与环境间的互动也不可忽视。社会学习理论的代表人物有班杜拉(Bandura)、米勒(Miller)、多拉德(Dollard)等,其中美国心理学家阿尔伯特·班杜拉(Albert Bandura)的研究最具典型性。基于此,本小节将主要就班杜拉的研究对社会学习理论进行相关介绍。

(一)班杜拉其人

阿尔伯特·班杜拉,加拿大裔美国心理学家,斯坦福大学心理学系教授。他的研究对教育学、心理学(包括人格心理学、社会认知理论等)等不同领域的相关研究都作出了巨大贡献,并且在从行为主义到认知心理学之间的转换过程中也发挥了重要作用。他是社会学习理论(又被称为社会认知理论)的创始人和自我效能感的理论构建者,他在 1961 年所主导的波波玩偶实验对于后世的相关研究也有着深远影响。1977 年《社会学习理论》一书的出版,标志着班杜拉社会学习理论体系的诞生。自《社会学习理论》出版后,班杜拉继续在理论和经验等方面丰富和完善社会学习理论体系,并于 1986 年完成《思想与行动的社会基础:社会认知论》一书。由于他在心理学领域的杰出贡献,班杜拉被认为是最伟大的在世心理学家,并且也是有史以来最具影响力的心理学家之一。班杜拉在心理学理论研究方面的杰出贡献以及将心理学知识应用于公益事务的热忱和成功,使得其学术生涯中获得过心理学内外的多种荣誉和奖励。此外,他还担任了《美国心理学家》《人格与社会心理学杂志》《实验社会心理学杂志》等 20 余种杂志的编辑。

(二)社会学习理论的核心内容

社会学习理论的核心内容主要包括观察学习理论、三元交互理论、自我调节理论以及自我效能理论四个方面,具体如图 17-3 所示。

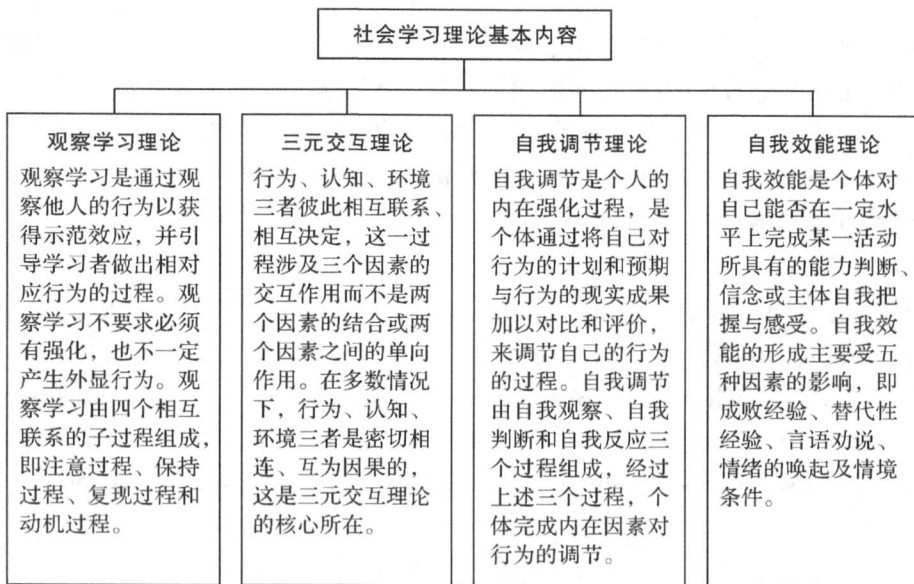

社会学习理论基本内容			
观察学习理论	**三元交互理论**	**自我调节理论**	**自我效能理论**
观察学习是通过观察他人的行为以获得示范效应,并引导学习者做出相对应行为的过程。观察学习不要求必须有强化,也不一定产生外显行为。观察学习由四个相互联系的子过程组成,即注意过程、保持过程、复现过程和动机过程。	行为、认知、环境三者彼此相互联系、相互决定,这一过程涉及三个因素的交互作用而不是两个因素的结合或两个因素之间的单向作用。在多数情况下,行为、认知、环境三者是密切相连、互为因果的,这是三元交互理论的核心所在。	自我调节是个人的内在强化过程,是个体通过将自己对行为的计划和预期与行为的现实成果加以对比和评价,来调节自己的行为的过程。自我调节由自我观察、自我判断和自我反应三个过程组成,经过上述三个过程,个体完成内在因素对行为的调节。	自我效能是个体对自己能否在一定水平上完成某一活动所具有的能力判断、信念或主体自我把握与感受。自我效能的形成主要受五种因素的影响,即成败经验、替代性经验、言语劝说、情绪的唤起及情境条件。

图 17-3　社会学习理论的基本内容

(三)对社会学习理论的简要评述

对班杜拉社会学习理论的评价主要体现在如下几个方面:

首先,基于认知心理学的相关研究,班杜拉提出了观察学习、三元交互、自我调节、自我效能等概念,有效地融合了强化理论与信息加工理论。相关研究不仅挑战了已有研究对刺激-反应的重视而对具体过程的忽视,而且还通过结合学习心理学与社会心理学的相关研究,有效地推进了学习心理学的发展与完善。

其次,自我效能理论的提出为人类行为动机和学习相关研究的发展提供了新的契机。具体而言,班杜拉不仅第一次深入地阐释了自我效能理论的具体内涵和理论价值,而且还将如何培养和提升自我效能视为学习最为关键的目标之一。自我效能理论的提出不仅弥补了传统动机理论仅关注诱因的缺陷,而且也为其他学科如教育学等的发展提供了重要的支撑。

最后,社会学习理论仍存在一些缺陷,是一个尚待完善的理论。这主要体现在如下四个方面:①班杜拉在提出社会学习理论的相关思想时主要是以儿童为研究主体,在研究过程中将儿童视为一个静态的主题,忽视了儿童的成长可能会对观察学习产生一定的影响;②将人类行为视为个体认知因素和外部环境因素各自独立决定的结果,而未能辩证地看待内外部因素如何相互作用,进而对个体行为所产生的影响;③对于自我认知和自我调节在行为主义学习中所发挥作用的探讨仍流于表面;④尽管班杜拉意识到了行为的交互作用,但他却未能发现不同行为之间的因果关系,导致心物二元论。

(四)延伸阅读

[1]BANDURA A. Social learning theory of aggression[J]. Journal of Communication, 1978,28(3):12-29.

[2]BANDURA A,WALTERS R H. Social learning and personality development[M]. New York:Holt,Rinehart and Winston,1963.

[3]BANDURA A. Model of causality in social learning theory[M]. New York:Springer, 1985.

四、结构洞理论(structural hole theory)

结构洞理论是人际网络理论大家庭的成员之一,它主要强调人际网络中存在的结构洞能为处于该位置的组织和个人带来资源上的优势。同其他网络理论相比,结构洞理论强调从结构上分析和利用人际网络,因此思路更为清晰,更易于实际操作和把握。作为网络分析的重要概念,结构洞对社会网络和社会资本理论的发展起到了重要作用。本小节将主要从理论内涵、分类及相关评述等方面对结构洞理论进行论述。

(一)结构洞的理论内涵

结构洞理论是在 Granovetter 关于找工作的研究,Cook 等关于网络交换论的研究,以及 Burt 对于结构自主性和厂商边际效益的研究等三种经验研究的基础上提出来的。结构洞自提出以来,就引起了管理学领域研究者们的广泛关注。所谓的结构洞,指的是社会网络中某个或某些个体和部分个体发生直接联系,但与有些个体不发生直接联系,从整个社会网络来看似乎出现了"洞穴"的现象。因此,结构洞是非重复的联系间的断开,是一种非冗余性关系,图17-4就很好地解释了结构洞的真实含义。

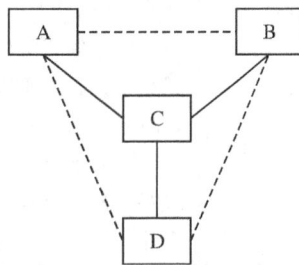

图17-4 结构洞示意图

在图 17-4 中,假设网路中有 4 个参与者 A、B、C、D,其中 A、B、D 之间不存在直接的联系(图中用虚线表示),但它们与 C 都存在联系。在网络中,A、B、D 只有通过 C 才能彼此联系,因此 C 占据了结构洞:AD、AB、BD。由此可见,结构洞是非冗余联系人,结构洞的存在使得洞两边的参与者可以带来累加而非重叠的位置收益。在整个社会网络中,占据中心位置的个体由于能获取更多非重复的多样化信息,从而使其拥有保持信息和控制信息的优势。

(二)结构洞的分类

在对相关文献进行梳理的基础上,本小节对结构洞进行了分类,具体如表 17-4 所示。

表 17-4   结构洞的分类

分类	内涵	示意图
局部结构洞	聚焦行动者对其直接联系人的结构性间隔,数值上以其直接连接间的密度和凝聚性来计算	
次级结构洞	结构洞局限于聚焦行动者的自我中心网,而在直接联系人的自我中心网络中,直接联系人又会对其直接联系人进行结构间隔,由此形成的结构洞对于聚焦行动者来说就是次级结构洞	
全局结构洞	相对局部结构洞而言,全局结构洞是一种高层次的结构抽象,一般只要两部分节点之间存在间隔,没有直接连接,就可以认为其间存在全局结构洞。全局结构洞的缺点在于,需要对网络进行额外的处理,这种处理无论在方法要求还是计算量上都具有一定的难度	
自益型结构洞	一些利益相关者为实现自身利益最大化,在没有发生直接联系的利益相关者网络中建立结构洞,使自己处于结构洞的中心位置,从而获取信息优势和控制优势,并极力控制结构洞两端参与者之间的信息传递,使自身牢牢占据中心位置	
共益型结构洞	为了促进创新网络中的一些不可能发生直接联系的利益相关者之间进行有效的信息资源流动而在他们之间建立的结构洞,这种结构洞中的结构洞占据者是为了促进所有处于结构洞中的利益相关者之间更加有效的交流,从而促进整个创新网络运行效率的提升	

(资料来源:孙笑明,崔文田,王乐.结构洞与企业创新绩效的关系研究综述[J].科学学与科学技术管理,2014,11(35):142-152.)

（三）对结构洞理论的简要评述

一个好的理论应该是建立在已有知识基础之上，并能为复杂的现象提供新的视角，是可证伪的且有经验研究的支持；理论必须清晰且不琐碎，可应用于个人、组织甚至更大的社会群体。以 Burt 为代表所提出的结构洞理论，是组织研究中一个难得能完全满足上述几点要求的理论之一。而 Burt 似乎并不满足于纯粹的理论研究，他还将结构洞理论应用于不同层次的研究，并与已有的理论成果进行对话。虽然结构洞理论的提出发展了组织分析的网路结构视角，在经济社会学界、组织研究领域产生了强烈的影响，但这也并不意味着结构洞理论是完美的。在该理论的抽象层次，依然存在一些瑕疵，如对竞争的说明不够清晰；在应用方面，Burt 并未控制其他变量，如对升迁异常重要的人力资本。从经济学的角度来看，通过结构洞来获取竞争优势无疑是重要的，但若从组织学的角度研究结构洞存在的原因以及结构洞为什么未被填充可能更有意义。此外，Burt 的研究主要聚焦于企业的中层管理人员如何借助已有的或构建新的关系网络来进行晋升。但值得注意的是，在企业内部存在晋升的同时也存在人员的降职和离职，而结构洞并不能很好的对此类关系网络的变化情况进行解释。

（四）延伸阅读

[1]WALKER G, KOGUT B, SHAN W. Social capital, structural holes and the formation of an industry network[J]. Organization Science, 1997, 8(2): 109 – 125.

[2]BURT R S. The social structure of competition[M]. Cambridge: Harvard University Press, 1992.

[3]BURT R S. Structural holes versus network closure as social capital[M]//LIN N, COOK K, BURT R S. Social Capital: Theory and Research. New York: Routledge, 2001.

五、社会网络理论(social network theory)

社会网络理论是社会科学中少数不是还原论的理论之一，该理论适用范围极其广泛——从小组到整个全球系统的各种分析层级。尽管该理论在不同层级上使用的过程中会出现一些例外的情况，但这并没有改变社会网络理论的本质。自 20 世纪 70 年代 Granovetter 和 Tichy 等将社会网络理论引入管理学的研究中以来，社会网络理论受到了学者们的广泛关注。该理论的研究主体为特定的社会行动者，包括社会活动中的个体、群体和组织等所形成的一系列的社会纽带。社会网络理论的核心思想是将社会网络系统作为一个整体，进而对行动者的行为予以解释。社会网络理论从节点和联系的角度看待社会关系，其中，节点是网络中的各个参与者，联系是参与者之间的关系，节点之间存在多种不同的联系。在最简单的形式中，社会网络是所研究节点之间所有相关联系所构成的地图。本小节将从社会网络理论所产生的理论来源、在具体实践中的运用以及简要评述等三个方面对该理论进行介绍。

（一）理论来源

社会网络理论的产生是受到诸多传统理论共同作用的结果。正如 Scott 所总结的，有三项研究为社会理论早期的发展作出了贡献：①依赖于传统数学图论的社会计量分析；②侧重于人群之间集团形成的人际关系学；③探索欠发达地区社会关系结构的人类学，这些研究直到 20 世纪 60 年代才成为一个连贯的理论框架。学者们通过综合以前的理论传统并将其扩展为正式和非正式的社会关系，从而大大提高了社会网络的分析方法。在此期间，学者们还通过提出区块建模和多维缩放来改进社会网络的技术。区块建模考虑了节点在社交网络中的特定位置,这种方法使学者们能够识别具有相似网络位置的节点或所谓的结构等效节点。另外,定标技术允许学者们将社会关系转换为社会距离,从而在社会空间中映射这些关系。随着研究的不断推进,到20世纪90年代,社会网络理论已在管理学等诸多领域被广泛应用。

社会网络理论有三个非常核心的概念:集中性(centrality)、内聚性(cohesion)和结构等效性(structural equivalence),这些概念都有着具体的理论渊源。Freeman提出了三种不同的方法来表明结构的集中性:程度、亲密性和中间性,这篇开创性的文章对集中性进行了更加细微的探讨。Freeman的文章还激发了后续的研究,以评估不同形式的网络集中性如何以不同的方式与信息流相互作用。例如,博尔加蒂的模拟研究确定了流程的类型,他证明了不同中心位置的值取决于流程的特征。内聚性主要衡量的是一组节点之间的互联程度。长期以来,这种措施一直可用于检测较大的社交网络中的子群体或集团。在媒体效果研究的背景下,网络内聚性是调节人际关系网影响力的重要结构特征。弗雷德金的纵向研究也强调了在凝聚力更高的社交网络中,个人影响力比凝聚力较弱的社交网络更强。结构等效性表示两个或多个网络位置与网络的其余部分共享相似的连接模式。由于等效节点连接着一组相似的参与者,它们更有可能接收相似的信息或社会影响力。在理解扩散过程时,伯特的研究发现,创新更可能通过对等的结构而不是直接联系来流动,这表明对等结构的影响可能比内在的影响更能预测行为。

(二)具体运用

1.社会网络与大数据

互联网技术的迅猛发展使得社会网络成为当前用户数量最多、传播效果最好、影响范围最大的新媒体平台,社会网络中数量庞大用户群实时共享的海量信息造就了社会网络大数据。通常而言,社会网络大数据具有典型的"4V"特征:数据量规模大(volume)、数据类型多样(variety)、增速快(velocity)、可用性高(veracity)。就单纯的数据角度而言,社会网络大数据可简单理解为多来源的异质性数据结构,具体包括文本大数据、时间序列大数据、网络大数据、图像大数据等,这类数据往往彼此独立却又相互关联。与调查访谈数据、场内数据等传统数据相比较,网络大数据通常在时效性、关联性、可解释性等诸多方面具有先天优势。在深入挖掘、处理和分析网络大数据的基础上,可对外部市场环境以及相关市场主体的动态形成更为清晰的认识,从而能帮助个人和组织等进行更好的决策。

2.社会网络与知识管理

知识作为个人、组织甚至是整个国家发展的重要资源,如何促进知识的有效流通和利用显得尤为重要。Granovetter在早期的研究中开创性地提出,与强联结相比,弱联结由于有着更低的成本和更高的传播效率,从而更有利于知识的传递与共享。此外,强联结通常意味着行动者之间有着更高的互动,在具体的关系形态上更为亲密。因此,基于强联结所传递的信息和知识具有较高的重复性,网络内成员间所持有的相似的信念、高频率的互动往往会使得原有的认知结构被进一步强化,从而减少了与其他新观点和知识相融合的机会,最终不利于新知识的创造与产生。Cross基于社会网络分析的方法探究了组织内成员知识的来源,结果表明成员大多数的知识来源于其他同事。Nerkar的研究也揭示了组织内成员的网络中心度越高,与其他人进行知识转移的可能性也越大。这些研究无一例外的都在强调,社会网络在组织信息的传递、共享与创造过程中扮演着极为重要的角色。

3.社会网络与企业国际化

诸多理论和企业的实践表明,国际化已成为企业获取竞争优势、实现高质量和可持续发展的有效手段。要想顺利地实现国际化,企业需要不同方面的资源支撑,由于自身资源的限制,企业往往可通过利用与其他企业或组织所构建的社会网络获取相应的资源。社会协同网络可从如下不同方面推动企业国际化的进程:第一,为高层管理者或决策者提供重要的渠道以获取信息和知识;第二,通过借鉴和参考其他企业的经验,对管理者现有的管理和运营方式产生影响;第三,对企业如何进入以及选择何种国外市场产生影响;第四,为企业间跨国商业协议的达成创造良好的条件;第五,使企业克服在实施国际化过程中受到单一资源的限制。

(三)社会网络理论的贡献以及未来可能的研究方向

社会网络理论与方法的提出为理解媒体效应提供了独特的视角和分析工具,使人们能够更好地理解微观和宏观的社会结构如何中介和调节媒体效应。创新扩散的理论研究了媒体信息在社交网络中传播的路径,意见领导力和领导强度等相关概念提供了对影响这种流动的关键变量的新的视角。虽然社会网络理论是在20世纪大众传媒技术的黄金时代发展起来的,但随着学者们在社会媒体时代和媒体技术迅速发展的时代继续对其进行研究和完善,社会网络理论将继续发挥更大的作用。以下将主要从三个方面介绍社会网络理论未来可能的研究方向:

第一,诸如社交网站、微博、在线推荐系统之类的新媒体技术为进一步应用和扩展社会网络理论提供了新的机会。未来社会网络理论在该领域的研究大致可分为两类:一类是基于网络媒体的运用是否以及如何影响诸如创新传播和弱关系等相关理论在不同形式的社会媒体中运作方式的差异。第二类研究可通过社交媒体获得的大量新颖数据,以以前无法实现的方式严格测试基于社会网络的媒体效果理论。例如,可以使用大数据集来降低调查数据的潜在偏差,从而创建关于消费者和政治行为在反馈扩散的随机对照实验。

第二,聚焦于媒体效应研究的学者已开始将社会网络理论和方法扩展到经典的社会扩散过程之外。例如,可以通过超链接网络分析和追踪信息在主流媒体和博客之间的传播,或者确定主流媒体与博客作者之间的互动程度对媒体和公共议程制定的影响。就具体操作而言,语义网络中的节点是单词,关系是这些单词在各种媒体中的同现,通过对不同节点进行映射,可以识别内容如何随着时间的变化而跨越不同的网络模式,这种网络方法为核心媒体效应理论的研究提供了新的方法。

第三,社会网络分析中所使用统计方法的不断进步,使得学者们有望建立一个更加完整的社会结构模型以解释媒体效应影响的复杂程度。特别地,模型的发展允许多重联系(多种类型的联系)、多种模式(多种类型的参与者)和多层次网络的存在,这些使得学者们能更好地揭示创新扩散和媒体信息的社会影响。这些发展在新的媒体环境中尤为重要,因为在新媒体环境中,参与者既可能是生产者,又可能是消费者。在此情境下,人们可能会从许多不同类型的源中访问内容并使用许多不同类型的媒体,进而推动社会网络理论在新媒体时代下的发展。

(四)延伸阅读

[1]SCOTT J. Social network analysis[J]. Sociology,1988,22(1):109-127.

[2]FREEMAN L. The development of social network analysis[J]. A Study in the Sociology of Science,2004,1(687):159-167.

[3]WASSERMAN S,FAUST K. Social network analysis:methods and applications[M]. Cambridge:Cambridge University Press,1994.

第三节　制度方面的理论

一、新制度主义理论(new institutionalism theory)

　　新制度主义是在 20 世纪 70 年代后期兴起的一个充分关注组织与外部环境,特别是制度环境的组织理论,它是在组织与制度研究者们不断对话和反思中发展起来的。Meyer 和 Rowan 于 1977 年发表的《制度化的组织:作为神话和仪式的正式结构》一文揭开了新制度主义研究的序幕,在文中他们提出了组织为什么会出现趋同的现象? 对于这一问题,其他理论如种群生态理论、权变理论以及资源依赖观等都不能予以很好的回答。新制度主义理论则主要聚焦于组织生存的制度环境,强调组织是个开放的系统,组织的架构和运作都受到制度环境的影响,这就为组织研究提供了一个新的视角。本小节将主要介绍组织研究领域的新制度主义,从该理论的产生、主要观点及相关评述三个方面对这一理论进行介绍,读者们通过阅读本小节,可以对新制度主义理论形成一个大致的了解。

(一)新制度主义理论的产生

　　关于制度的研究最早可追溯到公元前 300 多年的古希腊时期,亚里士多德对城邦制度的研究开创了制度研究的先河。从此,制度一直成为学者们研究的热点,尤其是在政治学领域。随着社会的变化和研究的不断深入,新古典理论研究范式的局限性日益凸显,主要表现在对研究对象关系复杂性和整体性重视不够,忽视了制度在社会生活中的地位和作用。20 世纪 70 年代,全球环境变幻莫测,具体表现为:欧美各国面临着滞涨的局面;凯恩斯主义由于无法解释纷繁复杂的社会、经济现象,受到其他学说代表的批判;新古典理论受到强烈的冲击。在此背景下,学者们在进行驱动经济发展要素的探讨时开始关注制度层面的因素,有些学者甚至采用原本属于经济学领域的方法来对相关的政治问题进行分析,从而催生了诸多新的理论和方法,新制度主义理论便是其中之一。新制度主义理论的坚持者强调,行为主义最大的缺陷便是忽视了对制度的探讨。因此,对行为主义的批判和旧制度主义的反思是新制度主义产生的根源。作为学术界研究的热点,新制度主义理论的研究领域主要涉及经济学、政治学和社会学等。

(二)新制度主义理论的主要观点

　　作为一种新的研究范式,新制度主义理论的观点体现为如下四点:

　　第一,制度——从规则到观念、资本与规制。制度在新制度主义理论中扮演着非常重要的角色,是制度分析方法的关键起点。在新制度主义理论体系中,制度被视为"一系列被制定出来的规则、守法程序和行为的道德伦理规范,它旨在约束追求主体福利或效用最大化利益的个人行为",强调的是一种关系,是一种约束。作为一种规则,制度还体现为某种结构性的安排如组织。此外,制度还可被视为一种特定的资源要素,它所具备的约束性特征在一定程度上还能降低行为的不确定性。作为社会资本,制度也支撑着人和人之间的信任。

　　第二,个人主义是新制度主义的理论出发点。为了弥补行为主义固有的缺陷,新制度主义将制度与政治行为和行为互动联系起来,基于经济人假设分析政治中的个人、集体和国家间的关系。经济人假设被引入新制度主义理论之后,政治学的相关概念得到了进一步拓展。作为该应用的大力推崇者,布坎南强调政治活动的核心属于一种公共选择。"政治人"与"经济人"

在本质上类似,都是利己和理性的,且依据个人偏好以实现自身利益最大化的方式进行活动。

第三,制度变迁是一个交易过程。新制度主义强调,制度是否变迁以及如何变迁主要取决于变迁所产生的成本和收益。因此,从某种意义上而言,制度变迁可被视为利益的转移与再分配。从前因的角度而言,制度变化的触发因素可分为"诱致性制度变迁"和"强制性制度变迁"两种不同类型。前者是自下而上受利益的驱动,具有渐进性、自发性、自主性的特征;后者是自上而下由政府强制推行,具有突发性、强制性、被动性的特征。两种类型的制度变迁在现实中往往是交替进行的,都需要国家的支持。

第四,国家是制度安排的一种具体表现形式。新制度主义理论强调国家具有双重属性:一是国家具有提供社会公共服务、维持社会稳定、促进个人发展等功能;二是国家是制度的制定者和实施者。新制度学派的著名学者诺思将国家起源主要归结为两种,即契约论和剥削论。诺思在对这两者进行批评的基础上提出了暴力潜能论,后续学者对这一思想进行了补充和完善。

(三)对新制度主义理论的相关评述

通过梳理相关文献,对新制度主义理论的评述具体如表 17-5 所示。

表 17-5 关于新制度主义理论的评述

贡献与不足	相关评述
贡献	(1)新制度主义理论可以看作是一个对外开放系统组织观的发展,有助于更为准确地解释组织的连续性和变革过程; (2)强调组织环境的社会和文化要素的重要性,并运用合法性机制来解释组织趋同现象,弥补了权变理论解释上的不足; (3)新制度主义将经济人假设引入政治学领域的分析中,使得政治学中的理性概念得到拓展和延伸,破除了近代以来政治学界形成的对理性的迷信
不足	(1)将经济人假设作为新制度主义理论的出发点,无法解释所有的政治行为; (2)新制度主义理论的一个根本论点认为,一种能提供适当个人刺激的有效制度是促使经济增长的关键因素。从整个人类社会发展的角度去看,该理论观点是无法立足的; (3)将制度视为推动经济增长的关键因素,并强调制度变迁是一种交易过程等相关论点,并未真正揭示制度背后产生的根本原因,是一种本末倒置的论断

(四)延伸阅读

[1]DIMAGGIO P,POWELL W. The iron cage revisited:institutional isomorphism and collective rationality in organizational fields[J]. American Sociological Review,1983 (48):147-160.

[2]OLIVER C. Strategic responses to institutional processes[J]. Academy of Management Review,1991(16):145-179.

[3]NORTH D. Institutions,institutional change,and economic performance[M]. New York:Norton,1990.

[4]SCOTT W R. The adolescence of institutional theory[J]. Administrative Science Quarterly,1987(32):493-511.

二、资源依赖理论(resource dependence theory)

20 世纪 70 年代,随着外部政治、经济、社会、文化等环境多样性和环境不确定性的增强,组织管理研究已由原来的"封闭系统研究模式"进入"开放系统研究模式"。在这样的研究模式下,组织研究必须同环境相结合,考虑环境因素可能产生的影响,由此便产生了诸多新的研究流派,资源依赖理论正是在此背景下产生的。该理论主要关注组织行为如何受组织所利用的外部资源的影响,并强调组织能比其竞争对手更快地收集、更改和利用原材料的能力对于成功至关重要。1978 年 Pfeffer 和 Salancik 合著的《组织的外部控制:资源依赖的观点》的出版,标志着资源依赖理论的正式确立,资源依赖理论此后成为组织理论和战略管理理论领域最为重要的理论基础之一。根据资源依赖理论的观点,组织是一个开放的系统,要了解组织的行为,必须结合组织生态。通过对相关文献和资料的整理,本小节将主要从基本观点、具体运用以及简要评述三个方面对资源依赖理论进行介绍和评价,通过阅读本小节,读者们可以对该理论形成一个大致的了解。

(一)基本观点

由于资源依赖理论内涵的独特性和使用范围的广泛性,其当前已成为与新制度主义理论并列的两个重要的组织研究理论流派。该理论的核心思想是:组织的生存和发展需要各种资源,这些资源主要源于周围环境,因此组织应当与周围环境相适应和作用才能实现其生存与发展的目的。

资源依赖理论提出了四个重要假设:①对组织而言,生存是最重要的问题;②为了实现生存的目标,组织需要获得相应的资源,而有些资源是组织自身所无法生产的;③组织必须与所依赖的环境因素互动,这些因素通常包含其他组织;④组织的生存建立在一个控制它与其他组织关系的能力基础之上。资源依赖理论的核心在于,组织需要获取环境中的资源以维持自身的生存,任何组织都不可能实现完全自足,所有的组织都需要与环境进行交换。基于资源依赖理论的相关观点,组织成功主要指的是组织使自身的权利最大化。因此,资源依赖理论将组织之间的连接描述为一组基于交换资源的权利关系。资源依赖理论还强调,通过与其他组织建立关系(即依赖)能帮助组织获得相关资源。而且,组织通过最小化自身的依赖关系或者通过增加其他组织对其的依赖来改变与外部环境之间的依赖关系。综合而言,资源依赖理论主要强调了环境的影响,以及组织间的关系。通过具体剖析组织如何采取合并、联合、游说等方法改变环境,说明组织不再仅仅是为了适应环境,同时也会对环境进行一定的改造,进而更好地实现自身的生存与发展,这是资源依赖理论一个鲜明的特点。

(二)具体应用

1.资源依赖与企业兼并

相关研究指出,目前资源依赖理论已成为仅次于交易成本理论,用以解释企业为什么从事并购活动的有效工具。从资源依赖的角度来看,企业兼并其他公司的理由有三点:首先,通过吸收一个重要的竞争对手可减少组织间的竞争;其次,通过兼并来管理与投入来源者之间的依赖关系;最后,通过采用多元化经营的方式,组织可有效降低对现有资源的依赖。彼此依赖的企业(如买方、供应商、竞争对手)之间的兼并是减少依赖的有效机制。同时,依赖性的强度还能有效预测发生兼并的可能性。

2.资源依赖与建立合资企业

资源依赖理论也是用来解释合资企业同其他组织间关系(如战略联盟、研发协议、研究联盟、联合营销协议等)的主要理论基础。类似于该理论视角下有关企业兼并的相关研究,资源依赖理论着重剖析了组织间所形成的关系怎样能帮助企业获取资源以降低不确定性和相互依赖性。资源依赖理论视角下的研究证实了彼此间的相互依赖往往是合资形成的重要前提,利用组织间的关系能有效减少国内外环境复杂性并获得相关资源。

3.资源依赖与董事会研究

虽然代理理论是董事会研究中常用的理论,但资源依赖理论对该领域也有一定影响。因此,结合资源依赖理论能更好地理解关于董事会的相关研究。有证据表明,董事会成员的数量和公司的环境需求之间具有一定的正向关系。此外,资源依赖理论视角下的相关研究也表明,董事会的规模和组成是基于对外部环境条件的理性反应。坚持资源依赖理论的部分学者还集中探讨了董事会规模与企业绩效之间存在何种关系,他们发现了董事会规模与企业财务业绩之间的正向关系。然而,不少学者对这一论断提出质疑并指出,董事会的组成和规模不仅取决于外部环境,而且还取决于企业目前的战略和以前的财务业绩。

4.资源依赖与政治行动

由于企业组织无法降低对较大社会系统(如政府)的依赖,所以它们常采取其他手段以降低这种依赖性。企业通过政治行动,利用政治手段改变对外的经济状况,进而为自己创造一个更有利于自身利益的环境。有研究指出,那些严格依赖政府的企业实施政治行动的可能性更大。虽然"创造环境"的主题可能是管理学者最为忽视的问题,但该领域的相关研究表明:①政治行为与企业所面临的环境依赖程度有关;②面临相同环境的企业可能会选择不同的政治行为来管理它;③与政治环境建立联系的企业会产生绩效效益。与并购、合资公司和董事会不同的是,政治活动没有经历理论复兴,因此,从某种意义上而言,政治行动的研究尚处于一个起步阶段。

5.资源依赖与高管继任

基于资源依赖理论,不良的企业绩效可归因于组织行为与环境匹配的不一致,而高管继任是对外部环境变化的一种战略反应。因此,通过高管人员的替换在一定意义上可提升企业绩效。也就是说,当一家企业的业绩不佳时,它们很有可能会替换原来的CEO。从这个意义上来看,在市场竞争更激烈、外部环境不确定性程度更高时,CEO的任期也会更短。在关于高管继任者选择的过程中,正如资源依赖理论所预测的大企业具有较强的组织惯性,当由于经营不善而需要更换CEO时,其候选人更有可能来自企业内部。资源依赖理论在高管继任中的应用表明:①组织内高管的权力受外部依赖性的影响;②高管继任可以减少对环境的依赖。虽然资源依赖理论有利于强化组织内高管继任,但并未广泛用于对人员流失现象的解释,其他传统观点如代理理论则更为普遍。

(三)简要评述

资源依赖理论很好地解释了组织如何通过对依赖关系的了解来寻求替代性的资源,降低对唯一性资源的依赖,进而更好地应对环境。因此,资源依赖理论的核心贡献在于,解释了组织与环境之间的相互依赖关系,并提出了组织可通过采取多种不同的策略来改变自己、选择环境和适应环境。与交易成本理论具有一定的相似性,资源依赖理论也强调了某些要素对组织行为的约束。但与交易成本理论不同的是,资源依赖理论采取的是一种相对明确的政治方法以实现组织的管理动机,并强调组织自主与生存之间的平衡。此外,资源依赖理论将组织间关系作为基本的分析单位,这一理论的应用范围从微观到宏观,分析单位跨度极大。和新制度主义一样,资源依赖理论已发展成一个较为宽广的理论视角,但该理论还存在某些未解决的议题,其中有两点尤为重要:①依赖的属性是怎样的,是客观情境还是主观感知? ②组织间关系的不同形式是依赖驱动还是普通的市场所驱动的?

为了推动资源依赖理论的进一步发展,可从如下三个方面进行拓展:①将资源依赖理论同其他理论视角相结合;②进一步探讨降低环境依赖性的其他策略;③进一步剖析资源依赖理论适用的边界条件。作为一个有效的理论框架,资源依赖理论在组织研究中有着良好的应用前景,学者们应共同努力以促进该理论的完善与发展。

(四)延伸阅读

[1] PFEFFER J, SALANCIK G R. The external control of organizations[M]. New York: Harper & Row, 1978.

[2] PROVAN K G, BEYER J M, KRUYTBOSCH C. Environmental linkages and power in resource-dependence relations between organizations[J]. Administrative Science Quarterly, 1980(25): 200 – 225.

[3] PROVAN K G. Interorganizational linkages and influence over decision-making[J]. Academy of Management Journal, 1982(25): 443 – 451.

[4] PFEFFER J, LEONG A. Resource allocation in United Funds: an examination of power and dependence[J]. Social Forces, 1977(55): 775 – 790.

三、企业核心能力理论(core competence theory)

1990 年普拉哈拉德和哈默发表的 The Core Competence of the Corporation 一文,掀起了企业核心理论的研究热潮,文章的主要观点"企业的核心能力是获取持续竞争力的来源"被广泛传播和接受。1998 年,Mansour Javidan 在其经典著作 Core Competence: What Does it Mean in Practice 中对核心能力的相关思想进行了丰富和拓展。核心能力研究作为管理理论界的前沿问题之一受到广泛关注,有些学者甚至据此提出了新的竞争范式——基于能力的竞争与战略。本小节将主要从企业核心能力理论提出的背景、主要观点及相关评述三方面对这一理论进行简要介绍,通过阅读本小节,读者们可以对该理论形成一个大致的了解。

(一)企业核心能力理论提出的背景

从实践背景来看,企业核心理论的提出主要是基于对美国企业为何会失去竞争优势等相关问题的反思。二战后的 20 多年时间内,美国企业几乎在所有产业中都具有国际竞争优势。到了 20 世纪 80 年代,日本企业的迅速崛起向美国企业发起了挑战,其中最为典型的是日本的汽车成功进入并占领美国市场。值得注意的是,汽车行业间的竞争仅仅反映的是美日企业在国际市场上竞争的一个方面。在同日本企业的竞争中,美国企业原有的绝对竞争优势已逐渐消失。基于该现实背景,无论是美国的理论界还是实践界都开始反思和探讨美国企业的竞争优势为何会逐渐丧失,核心能力理论由此应运而生。就当时而言,核心能力理论更多的是用来阐释日本企业为何会崛起以及美国企业怎样在新的国际竞争中重获竞争优势。普拉哈拉德和哈默在 1990 年提出核心能力这一概念后,在其他相关学者的补充下,核心能力理论得到不断完善,成为 20 世纪 90 年代最前沿、最先进的理论之一。

从理论背景来看,核心能力理论的出现是源于现代企业理论的局限性。现代企业理论无法有效解释企业实践过程中的一些现象,如企业运用外部资源从事过度负债的活动。此外,诸多主流的企业战略理论也存在固有的局限,这些也为核心能力理论的产生与发展奠定了基础。如在 20 世纪 80 年代初,波特的竞争战略理论在战略管理领域占据核心地位,但波特所提出的五力模型依然未能打破将企业视为"黑箱"的限制,以及以产业为研究对象使其在指导企业实践中缺乏针对性。基于此,一批研究企业理论和企业战略的学者指出,必须寻求一种新的理论以重新认识和分析企业。在此过程中,有学者强调可将立足点放在企业自身具有的特殊能力上,从企业内在成长角度分析,企业的核心能力理论由此便产生并在后续的研究过程中被不断发展和广泛应用。

(二)企业核心能力理论的主要观点

企业核心能力理论作为不同学科交叉融合的成果,尽管当前还未能形成独立、完整的理论体系,但学者们在一些观点上已大致达成了共识,具体如图 17-5 所示。

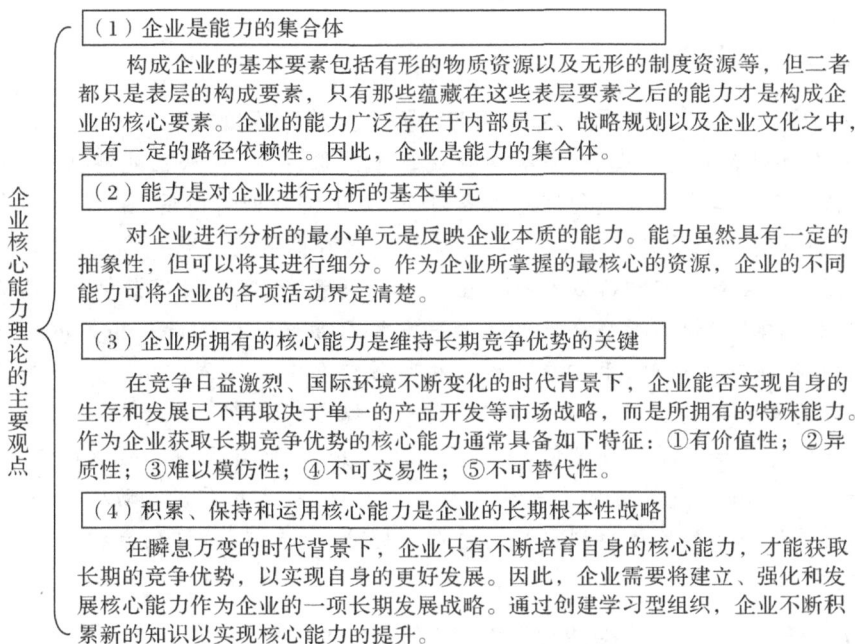

企业核心能力理论的主要观点

> **(1)企业是能力的集合体**
>
> 构成企业的基本要素包括有形的物质资源以及无形的制度资源等,但二者都只是表层的构成要素,只有那些蕴藏在这些表层要素之后的能力才是构成企业的核心要素。企业的能力广泛存在于内部员工、战略规划以及企业文化之中,具有一定的路径依赖性。因此,企业是能力的集合体。

> **(2)能力是对企业进行分析的基本单元**
>
> 对企业进行分析的最小单元是反映企业本质的能力。能力虽然具有一定的抽象性,但可以将其进行细分。作为企业所掌握的最核心的资源,企业的不同能力可将企业的各项活动界定清楚。

> **(3)企业所拥有的核心能力是维持长期竞争优势的关键**
>
> 在竞争日益激烈、国际环境不断变化的时代背景下,企业能否实现自身的生存和发展已不再取决于单一的产品开发等市场战略,而是所拥有的特殊能力。作为企业获取长期竞争优势的核心能力通常具备如下特征:①有价值性;②异质性;③难以模仿性;④不可交易性;⑤不可替代性。

> **(4)积累、保持和运用核心能力是企业的长期根本性战略**
>
> 在瞬息万变的时代背景下,企业只有不断培育自身的核心能力,才能获取长期的竞争优势,以实现自身的更好发展。因此,企业需要将建立、强化和发展核心能力作为企业的一项长期发展战略。通过创建学习型组织,企业不断积累新的知识以实现核心能力的提升。

图 17-5 企业核心能力理论的主要观点

(三)对企业核心能力理论的相关评述

企业核心能力理论主要源于战略管理理论、经济学理论、知识经济理论和创新理论等相关理论,该理论对企业如何获得持续竞争优势进行了深入的探索。企业核心能力理论的提出与发展不仅破除了传统的企业"黑箱论"对相关研究所形成的束缚,而且也对现代企业理论的核心观点提出了挑战,对企业理论的深入研究和企业成长都有重要意义。但该理论尚未形成完整的体系,依然存在些许不足,具体表现在如下几方面。首先,企业核心理论缺乏相对严密的概念和核心假设,相关学者对一些基本性的问题尚存在争议。与其说它是一种"理论",还不如说是一个"学派"或"思潮"。其次,企业核心能力理论尽管从一个新的视角解释了企业产生长期竞争优势的源泉,但对于采取何种方法有效地识别核心能力却缺乏深入的探讨。同时,企业核心能力理论也未能清晰地阐明可通过采取何种可行的方案、途径积累和管理企业的核心能力。最后,从本质上而言,企业核心能力理论聚焦于探讨企业如何更好地成长和获取竞争优势,而对于企业战略管理以外的其他管理实践或现象则未给予足够的关注。此外,该理论对企业如何适应外部环境的分析也有些单一。

(四)延伸阅读

[1]PRAHALAD C K,HAMEL G. The core competence of the corporation[J]. Harvard Business Review,1990,68(516):79－91.

[2]PRAHALAD C K. The role of core competencies in the corporation[J]. Research Technology Management,1993(36):40－47.

[3]BARNEY J. Firms resources and sustained competitive advantage[J]. Journal of Management,1991(17):99－120.

本章案例阅读

【案例 17－1】 为什么是资本雇佣劳动而非劳动雇佣资本?

为了使用乙所拥有的某台设备,甲有两种最基本的选择:一是从乙处购买;二是从乙处租赁。在签约、协商等成本为零且契约完备的条件下,关于设备如何使用、保养、维修等一系列条款都可以通过具体的合同予以明确。此时,甲无论是选择购买还是选择租赁,二者并没有太大区别,所有权变动与否对甲方和乙方都不存在影响。然而,现实的情况是协商、签约都或高或低地存在一定的成本,契约的不完全性也使得甲方和乙方难以将与设备相关的所有条款都通过合同的形式予以明确。此时,甲方选择购买和租赁就会有所不同。由于乙方是设备的所有者,拥有该设备的剩余控制权,能决定设备"出现未做规定的情形下的用法"。若将剩余控制权租赁给乙方,设备可能会被不合理地使用,甚至导致报废,这明显不符合资源配置最优的原则。设备的所有者由于付出了足够的成本来获得剩余控制权,从而有更强的动机去合理地使用、保养和维修设备,使得设备的价值得到更好的发挥。因此,所有者掌握"剩余控制权"是实现资源优化配置的重要条件。

【案例 17－2】 利益冲突引发 ZP 公司的停产危机

ZP 集团是一家生产、销售生物制剂的大型企业,2016 年成功上市,在 2019 年却陷入了严重的社会危机。之所以会出现窘境,主要是因为公司在生产过程中排放的"三废"严重影响了居民的正常生活。事实上,当地居民早就向 ZP 集团反映过此事,但公司并未引起足够重视,2019 年爆发的社会危机,使得公司不得不进行歇业整顿。在居民的强烈要求和当地环保部门的介入下,ZP 集团最终安装了先进的"三废"处理设备,并赔偿了附近居民的经济损失。这一事件除了造成公司直接损失财务资产将近五亿外,还降低了公司的社会形象。这一案例说明,准确判断利益相关者的属性并清楚其利益要求,对企业的长远发展意义重大。

【案例 17 - 3】　　　　　　　落水村社会资本与旅游社区治理实践

落水村是泸沽湖畔一个依山傍水的自然村,隶属于云南省宁蒗县。从 20 世纪 80 年代开始发展旅游产业,经过几十年的发展,落水村的旅游产业得到了极大完善和提升。为了保证每个家庭平等地参与旅游业的权利,落水村旅游社区制定了富含当地特色的"家屋制度"。具体而言,通过构建村内的社会关系网络,使得村民们的利益得以绑定,从而形成利益共同体,在此基础上由本村向外村拓展。通过该种形式,以落水村为主体的泸沽湖周边的村民很好地传承和保护了当地的民族文化,且通过各个村落间的有效交流,当地的民族文化还得以进一步传播。此外,泸沽湖景区为了更好地规范社会治理,凝聚社会网络力量,专门制定了行业管理规章制度。景区治理与村内社会网络的有机结合不仅规范了社区治理的秩序,而且使当地的民族文化得到了很好的保护。

本章要点小结

1. 代理理论主要研究的是委托人(股东)和其委托的代理人(经理)之间的关系。代理理论有两种明显不同的研究方法:一种是被称为实证手法的研究;另一种是被称为规范手法的研究。代理理论重新确立了激励和利己主义在组织思考中的重要性,使我们了解到大多数企业的存活时间的长短是基于利己主义的。该理论在假设前提、重要基础以及权力结构等方面仍存在些许不足,需要进一步的发展和完善。

2. 交易成本理论也称交易费用理论,源于诺贝尔经济学奖得主科斯于 1937 年发表的著作《企业的性质》。该理论对行为分析的基本假设主要包括四个方面,即有限理性假设、机会主义假设、外部性假设以及不确定性假设。威廉姆森将交易成本应用于经济组织问题的研究,创造了交易成本经济学这一新制度经济学的重要分支,这不但拓展了经济学的研究范围,而且其跨学科方法本身就丰富了经济学研究的方法论。

3. 不完全契约理论是由哈特、格罗斯曼和莫尔等学者提出的,该理论是现代契约理论的重要分支,在理论演化的视角、产权归属的本质以及内部所有权结构的设计等方面作出了重大贡献。虽然不完全契约理论对已有理论作出了重大贡献,但其在企业理论和组织理论方面的重要影响也受到了学者们的质疑,将不完全契约理论与中国实际问题相结合仍有很长的路要走。

4. 利益相关者理论源自西方学者对企业股东利益最大化的反思,是对传统的"股东至上主义"治理模式的一种挑战。该理论自提出以来就得到了广泛运用,如利益相关者与公司治理、利益相关者与社会责任、利益相关者与业绩评价等。该理论所强调的问题,实质上是经济理论中早已论述过的东西,它的最大贡献在于提醒公司应更多地关注股东以外的其他利益主体的利益,以确保公司价值的最大化。

5. 社会交换理论是在 20 世纪 60 年代兴起于美国,进而在全球范围内广泛传播的一种社会学理论。该理论的代表人物有美国的布劳、科尔曼、埃墨森和德国的奥佩、胡梅尔,而霍曼斯和布劳的研究最具典型性。由于对人类行为中心理因素的强调,社会交换理论也被称为一种行为主义社会心理学理论。该理论主张,人类的一切行为都受到某种或明或暗的、能够带来奖励和报酬的交换活动的支配。因此,人类的一切社会活动都可以归纳为一种交换。

6. 社会资本理论产生于 20 世纪 80 年代,作为一门新生的社会科学理论,其自提出以来就受到学术界的广泛关注。学者们根据自己研究的偏好提出了不同的观点,就目前而言,社会资本理论没有统一的定义,也缺乏大家一致认同的分析框架和测量方式,仍有很多需要发展的地方。

7. 社会学习理论是在"刺激-反应"学习原理及认知学习论基础上发展而来,其基本内容主要体现在四个方面,即观察学习理论、三元交互理论、自我调节理论以及自我效能理论。该理论强调,人类的学习多半是在社会交往中通过对榜样人物示范行为的观察、模仿而进行的。它着眼于观察学习和自我调节在引发人的行为中的作用,重视人的行为和环境的相互作用。

8. 结构洞理论是人际网络理论大家庭的成员之一,它主要强调人际网络中存在的结构洞能为处于该位置的组织和个人带来资源上的优势。作为网络分析的重要概念,结构洞对社会网络和社会资本理论的发展起到了重要作用。

9. 新制度主义理论是在 20 世纪 70 年代后期兴起的一个充分关注组织与外部环境,特别是制度环境的组织理论。新制度主义理论主要聚焦于组织生存的制度环境,强调组织是一个开放的系统,组织的架构和运作都受到制度环境的影响,为组织研究提供了一个新的视角。新制度主义作为一种新的研究范式,其在兴起和发展过程中形成了不同流派,不同流派和学科共同构成了新制度主义的理论体系。

10. 资源依赖理论萌芽于 20 世纪 40 年代,在 70 年代以后被广泛应用于组织关系的研究之中,目前与新制度主义理论并列为组织研究中的两个重要理论流派。资源依赖理论属于组织研究理论的重要理论流派,是研究组织变迁的一个重要理论,它在某种意义上揭示了组织的自选择能力。

11. 企业核心能力理论的出现是源于现代企业理论的局限性,该理论主要源于战略管理理论、经济学理论、知识经济理论和创新理论,是当今管理学和经济学交叉融合的理论成果之一,它对企业如何获得持续竞争优势进行了深入的探索。这一理论不仅打破了传统的企业"黑箱论",而且对数十年居于主导地位的现代企业理论提出了挑战。

3 思考和讨论题

1. 委托代理理论和交易成本理论是研究经济组织的两种不同理论方法,还是同一种方法和理论的两种不同的称谓? 它们之间是怎样的关系? 请根据自己的理解进行分析。

2. 试从研究范式的角度,谈谈交易成本理论和新古典增长理论之间的联系与区别。

3. 中国目前尚处于发展中国家行列,法律法规尚不完善,在这样的背景下,政府应如何有效地运用不完全契约理论对国家进行治理?

4. 运用社会交换理论的相关观点,分析在当前"互联网＋"的时代背景下,虚拟社区知识共享的驱动要素。

5. 社会资本理论的发展和社会资本的概念内涵的演变紧密相关,试根据社会资本概念的发展轨迹梳理社会资本理论的不同发展阶段。

6. 试论述结构洞理论的理论基础,并说说结构洞理论在中国的企业管理实践中是否适用,为什么?

7. 请分别从理论和实践的角度,论述资源基础理论和资源依赖理论的区别与联系。

本章参考文献

[1]陈宏辉.企业利益相关者的利益要求:理论和实证研究[M].北京:经济管理出版社,2004.

[2]戴中亮.委托代理理论评述[J].商业研究,2004(19):98-100.

[3]金婧.印象管理理论在企业战略管理中的应用:回顾与展望[J].管理学季刊,2018(2):113-143.

[4]李东红,席酉民.企业核心能力理论评述[J].经济学动态,1999(1):61-64.

[5]梁鲁晋.结构洞理论综述及应用研究探析[J].管理学家(学术版),2011(4):54-64.

[6]林南.社会资本:争鸣的范式和实证的检验[J].香港社会学学报,2001(2):1-38.

[7]刘洋.威廉姆森交易成本理论评述[D].长沙:湖南大学,2004.

[8]吕萍.霍曼斯与布劳的社会交换理论比价[J].沈阳师范学院学报(社会科学版),1996(3):27-29.

[9]马迎贤.资源依赖理论的发展和贡献评析[J].甘肃社会科学,2005(1):116-119,130.

[10]倪娟.奥利弗·哈特对不完全契约理论的贡献:2016年度诺贝尔经济学奖得主学术贡献评介[J].经济学动态,2016(10):98-107.

[11]盛亚,范栋梁.结构洞分类理论及其在创新网络中的应用[J].科学学研究,2009,27(9):1407-1411.

[12]史密斯,希特.管理学中的伟大思想:经典理论的开发历程[M].徐飞,路琳,苏依依,译.北京:北京大学出版社,2016.

[13]孙笑明,崔文田,王乐.结构洞与企业创新绩效的关系研究综述[J].科学学与科学技术管理,2014,11(35):142-152.

[14]苏启林,申明浩.不完全契约理论与应用研究最新进展[J].外国经济与管理,2005,27(9):8.

[15]唐纳森.有约束力的关系:对企业伦理学的一种社会契约论的研究[M].邓菲,赵月瑟,译.上海:上海社会科学院出版社,2001.

[16]夏清华,陈超.以海尔为案例的中国本土制造业企业商业生态重构研究[J].管理学报,2016(2):165-172.

[17]肖斌,张衔.利益相关者理论的贡献与不足[J].当代经济研究,2011(4):22-26.

[18]叶浩生.论班图拉观察学习理论的特征及其历史地位[J].心理学报,1994(2):201-207.

[19]BANDURA A,WALTERS R H. Social learning theory[M]. New York:Springer,1977.

[20]BANDURA A. Social learning theory of aggression[J]. Journal of Communication,1978,28(3):12-29.

[21]KOOPS J A,BIERMANN R. Resource dependence theory[J]. Palgrave Macmillan UK,2017(6):135-155.

[22]BURT R S. Social contagion and innovation:cohesion versus structural equivalence[J]. American Journal of Sociology,1987,92(6):1287-1335.

[23]COOK K S. Exchange and power in networks of inter-organizational relations[J]. Sociological Quarterly,1977,18(1):62-82.

[24]FREEMAN R E. Strategic management:a stakeholder approach[M]. Cambridge:Cam-

bridge University Press,2010.

[25]GOULDNER A W. The norm of reciprocity[J]. American Sociological Review,1977 (25):165 – 167.

[26]HART O,SHLEIFER A,VISHNY R W. The proper scope of government:theory and application to prisons[J]. Quarterly Journal of Economics,1997,112(4):1127 – 1161.

[27]HEIDBREDER E G. Public policy,institutional formation,and multilevel policy-making-or "how to get it to the people?" [J]. International Journal of Public Administration, 2017(16):1175 – 1185.

[28]HILLMAN A J,WITHERS M C,COLLINS B J. Resource dependence theory:a review [J]. Journal of Management,2009,35(6):1404 – 1427.

[29]NAHAPIET J,GHOSHAL S. Social capital,intellectual capital,and the organizational advantage[J]. Academy of Management Review,1998,23(2):242 – 266.

[30]JANSEN D. Networks,social capital,and knowledge production[M]. Berlin:Springer International Publishing,2017.

[31]JENSEN M D,TATHAM M. Policy analysis,international relations,and European governance-beyond disciplinary boundaries[J]. International Journal of Public Administration,2017,40(1):1 – 5.

[32]KATHLEEN M E. Agency theory:an assessment and review[J]. Academy of Management Review,1989,14(1):57 – 74.

[33]MARTYNOV A,SCHEPKER D J. Risk Preferences and asset ownership:integrating prospect theory and transaction cost economics[J]. Managerial and Decision Economics, 2017,38(2):125 – 143.

[34]MULDER M. Competence theory and research:a synthesis[M]. Berlin:Springer International Publishing,2017.

[35]PERRY-SMITH J E,MANNUCCI P V. From creativity to innovation:the social network drivers of the four phases of the idea journey[J]. Academy of Management Review,2017,42(1):53 – 79.

[36]SHI W,CONNELLY B L,HOSKISSON R E. External corporate governance and financial fraud:cognitive evaluation theory insights on agency theory prescriptions[J]. Strategic Management Journal,2017,38(6):1268 – 1286.

[37]SMIDT H,THORNTON M,ABHARI K. The future of social learning:a novel approach to connectivism[C]// Proceedings of the 50th Hawaii International Conference on System Sciences,2017.

[38]TAKAHASHI N. The emergence of generalized exchange[J]. American Journal of Sociology,2000,105(4):1105 – 1134.

[39]WILLIAMSON O E. Transaction cost economics:the governance of contractual relations [J]. Journal of Law and Economics,1979(22):233 – 261.